U0898259

THE HISTORY OF AN OBSESSION

GERMAN JUDEOPHOBIA
AND THE HOLOCAUST

强迫症的历史

德国人的犹太恐惧症与大屠杀

［美国］克劳斯 · P. 费舍尔 著
佘江涛 译

译林出版社

图书在版编目（CIP）数据

强迫症的历史：德国人的犹太恐惧症与大屠杀/（美）克劳斯·P. 费舍尔（Klaus P. Fischer）著；佘江涛译. —南京：译林出版社，2017.1（2022.11重印）
书名原文：The History of an Obsession: German Judeophobia and the Holocaust
ISBN 978-7-5447-6645-6

Ⅰ.①强… Ⅱ.①克… ②佘… Ⅲ.①纳粹大屠杀－研究 Ⅳ.①K152

中国版本图书馆 CIP 数据核字（2016）第 231691 号

著作权合同登记号　图字：10-2013-392 号

强迫症的历史：德国人的犹太恐惧症与大屠杀［美国］克劳斯·P. 费舍尔 / 著
佘江涛 / 译

责任编辑　陈　锐
装帧设计　水玉银文化
校　　对　刘仁军
责任印制　单　莉

出版发行　译林出版社
地　　址　南京市湖南路 1 号 A 楼
邮　　箱　yilin@yilin.com
网　　址　www.yilin.com
市场热线　025-86633278
排　　版　南京展望文化发展有限公司
印　　刷　江苏凤凰通达印刷有限公司
开　　本　718 毫米 × 1000 毫米　1/16
印　　张　30
版　　次　2017 年 1 月第 1 版
印　　次　2022 年 11 月第 4 次印刷
书　　号　ISBN 978-7-5447-6645-6
定　　价　68.00 元

目 录

致　谢

不久以前，我做了一个让人神经崩溃的噩梦，我梦见了大屠杀。噩梦的开始是，我受邀给一群似乎地位显赫的人士做讲座。当我开始演讲的时候，我发现自己孑然一人，手里拿着话筒，身处恐怖的、停尸房般的博物馆，里面塞满了犹太受难者的尸体，因受到严刑拷打而损害严重，残缺不全。惊恐之中，我快速穿过这间可怕的屋子，不时撞上奇形怪状的尸首，每具尸首都有鲜明的体征表明死因。我气喘吁吁，试图向看不见的听众解释我所看见和所描述的东西都是真实的，听众应该相信我的证词。正当我在讲述这一信息的时候，这间屋子的墙壁、天花板、地板开始滑动，改变了位置。地板变成了渗透鲜血的尸体。我十分惊恐地试图跨过尸体，找到出口。就在这时，我一身冷汗地醒了过来。

噩梦暗示着两件事情：一是我认识到我正在触及一种最原始形态的邪恶；二是我感觉到令人悚然的疑虑，即我是否有能力深入其中，去理解这种邪恶，并向其他人解释这种邪恶。令人庆幸的是，在写作本书的过程中，我得到了我的家人、我的朋友，以及对我助益匪浅的理性批评者们众多热情的支持，特别是我的太太安。没有莱奥纳德・马萨克的鼓励，没有我们对“作为一个犹太人意味着什么”这一问题持久不懈的交流，我对犹太人经历的理解将会缺乏有价值的洞察。同样，假如没有杰弗里・伯顿・罗素对邪恶和人类的攻击性提供有价值的回应，我就远不能在总体上把握邪恶的本质，特别是纳粹的本质。在写作本书的过程中，罗素一直是坚定而严苛的批评家。他对关键问题的眉批，经常以极度痛苦的表白形式出现，即当他读到纳粹的残暴和谎言最恶劣的情景时，他颤抖不已。此时，我知道我的写作处于正确的轨道之上。

我要向罗杰·莱登和格哈特·霍夫迈斯特表示感谢，他们阅读了手稿相当多的部分，提出了有所助益的建议。我要向阿兰·汉考克学院的良友和同事加里·比尔利，以及在不同研究机构工作的我的学生表示感谢，他们帮助我澄清我的思想和观点。我要向希拉·哈蒙表示感谢，她为整理手稿做了无价的工作。还有康提纽姆出版社的编辑弗兰克·奥韦斯，他是一位尖锐的批评家和敏感的导师，我要向他的支持和有价值的建议表示感谢。

在写作本书的过程中，我亲身感受到了我一直在理智上知道的事情：痛苦的过去永远在当下的表层之下不远，我们对付它的本能办法就是去抑制它。在德国、奥地利、匈牙利、波兰旅行的时候，这一点十分明显，对于许多人来说，犹太人受难和大屠杀的主题一直是一个禁忌，包括我的一些亲戚，他们有意回避讨论这一问题。为了使未来的世世代代不再去经历类似的恐惧，当务之急是面对这种极端邪恶，只有它才能定义大屠杀的含义。为此，我真诚地希望我的书能作出些微的贡献。

导　言

由国家发起的对600万犹太人的杀戮通常被称为“大屠杀”，它是20世纪最大的犯罪。鉴于这种强加在无辜受害者身上邪恶而有计划的残暴，未来的历史学家们可能为其贴上历史上最重大犯罪的标签。对这一事实的认识，无疑导致了历史学家们提出两个关键的哲学问题：一是这样的邪恶是如何在许多人认为是进步的西方突然爆发出来的？二是给世界提供了最杰出的科学家、音乐家、哲学家、神学家以及作家的德国人，为何屈服于一种在1900年任何一位理智健全的人都不可能预言出现的兽性？本书试图回答这一显然令人费解的问题。

任何一位希望解释这一重大事件的人，从一开始都应该表明自己所持有的假定，以及通过自己的著述传达的信念。指导本书的一条主要原则是，努力避免在叙事过程中经常会遇到的两个极端：德国人恐惧症和辩护性的修正主义。五十年前，当施加在欧洲犹太人身上的可怕暴行刚刚结束时，许多人想指控所有的德国人要对纳粹政权的邪恶行为负责，这是可以理解的；但是，由于这样一个意味着普遍罪行的总体指控，就相当于用一把定罪的刷子把所有的德国人玷污，所以盟国很快就制止了这种反向的种族主义方式。仁慈而头脑清醒的人们认识到，你不能用罪恶的领导层所犯下的罪行来指控整个民族，从而陷入与促使纳粹杀戮600万犹太人一样的非理性的想法当中。

然而，在这一巨大罪行的符咒之下，一些历史学家继续以公开或更加聪明的暗示主张普遍性的德国人原罪的论点。[①]在最极端的陈述当中——正如本书作者在一次美国历史学会年会的大屠杀讲座上所闻——这一论点断言：德国人是独一无二的，他们的所作所为起因于他们是天生的种族主义者和军国主义者。正如一位演讲者的断言：可能是德国人血液中某种化学上的反常，导致了他们犯下如此十恶不赦的罪行。同样的观点在本书作者1989年收到的匿名信中也有所体现，信中认为：决不能允许德国再次统一，因为我们必定立刻就要"打起精神，应对第三次世界大战。德国已经公正地获得了一直跪下去的权利，获得了承受永久残疾的权利。别忘了，对于那些因其反社会行为而被处以无期徒刑的人来说，难道社会要免除他们无假释可能性的终身监禁的处罚吗？"正如这些极端观点所坚持的，如果一个人最初假定所有的德国人都是邪恶的，那么他就会偏向于在德国历史中寻找，并一如既往地去发现选择性的证据来支持这一论点。不过，在这一形式中，它正是纳粹观点的另一种变异：犹太人都是邪恶的。这一观点来自种族主义的信条：一些人类群体由于遗传的构造，是完全有罪的。在大屠杀之后，仁慈而文明的人不能认可这一信条，因为这等于是给予了希特勒最终的胜利。

---

① 丹尼尔·乔纳·戈德哈根在其得到广泛讨论和具有争议性的著作《希特勒的自愿行刑者：普通的德国人和大屠杀》(1996) 再次复活了这一论点。该书坚持认为：大屠杀不是由少数纳粹精英杀手所犯下的罪行，而是许多"普通的"德国人所为，他们被作者所称的"种族灭绝主义的反犹太主义"所驱使；在希特勒掌权之前的一百五十年，这种致命的反犹太主义就深深地根植于德国的文化当中，因而为大屠杀提供了必要的和充分的理由。更坦率地说，作者指控作为整体的德国民族，因为许多德国人疯狂的、杀戮性的对犹太人的仇恨，已经成为他们生活的主题；这种仇恨像"母乳"一般，否则我们如何可以解释为何那么多德国人自愿而快乐地投身于对犹太人的集体屠杀？因为根据作者的观点，杀戮是不能借助普遍的人性来解释的，因此言下之意似乎是，这类导致大屠杀的种族灭绝主义的思维和实践是专属于德国人的特性，这种特性不是一般的人性——"超越历史的"或者"适应文化的"，而是某种特别的东西。因为目的专一，作者进而把每一个德国人描绘为反犹太分子，甚至包括纳粹的受害者和抵抗者，作者还拓宽了为大屠杀承担责任的范围，以证明他的核心信条：大屠杀是德国的国家计划。为了支持他的指控，即"普通的"德国人援以血腥的自愿之手，执行着杀戮的计划。作者在某种程度上集中于"普通的"犯罪者，他们管理着劳动营，在东部前线发动集体的杀戮，在战争末期实施了死亡之旅。作者试图显示这些犯罪者没有被强迫犯下他们的可恶罪行，也不是没有思想的机器人，只会听从命令或者屈从心理的压力或混乱。他们完全按照自己"种族灭绝主义"的信念行事。至于有多少"普通的"德国人直接参与了大屠杀，戈德哈根认为大约10万到50万。因此，通往奥斯威辛之路与其说是弯曲的，不如说是笔直的，德国的国家计划正反映了德国民众最深切的希望。鉴于该书的煽动性及其定罪性的道德论调，它很快就引发了争论的风暴，尤其是在德国，这一点无须大惊小怪。

无可否认，今天令人尊重的历史学家不再持有如此极端的观点，更多的却是大屠杀否认者的叫嚣，他们声称杀戮从未发生；更多的是聪明的诡辩者伶牙俐齿的断言，他们坚持认为，大部分德国人并不知晓或者被迫执行命令。也有一些辩护者坚信：希特勒和其亲信要负全责，并且暴行是许多其他民族一起犯下的，这使得他们和德国人一样坏。通过可以想象到的策略——从简单的否认、对命令的服从、境遇的开脱、受骗（我们也是希特勒的受害者），到相对的淡化（我们都是坏人），等等——一些修正主义历史学家已经试图洗刷历史记录，声称：尽管也许是误导，但是纳粹分子希望德国过得最好，他们并没有犯下反对者所归于他们的滔天大罪。

假如一种研究方法是处罚性的，另外一种就是开脱性的，且两者都明显令人无法接受，那么，还有其他什么解释性的策略能使我们更有可能接近真相呢？我们必须理解：鉴于我们不同的知识投入，甚至最谨慎而诚实的历史学家，也必然在价值判断上有所不同。那些在知识和道德上关注犹太人经历的历史学家，无论他们对德国人多么公正，都可能去夸大德国人的罪行，而德国的历史学家则可能会弱化这一罪行。近年来，人们一直就多少德国人实际知道和参与了大屠杀进行争论。迄今为止，这主要是一场单方面的争论，因为正如人们所感觉到的，德国人似乎厌恶和厌倦了有关纳粹的争论；他们要继续他们的生活，要铸造一个统一和富裕的德国。用许多人的话来说，他们需要终止整个肮脏的事件，他们不需要被那些不断提供无限量罪恶药剂的人所打扰。他们并不介意是否有超出以前数量的德国人涉足大屠杀。他们想知道是什么意识形态的安排促发了一些研究，这些研究似乎暗示着尽可能多的德国人卷入了对犹太人的杀戮。

一个相关的问题涉及了祖先们的罪行，即在什么程度上德国过去的几代人要对大屠杀负责？近来在英裔美国人社群中出版的几本书复活了“民族性格”这个概念，一些是好意的，另一些在意识形态和道德上是值得怀疑的。[①]民族性

---

① 除了已经提到的戈德哈根的著作，最著名的复活了德国民族性格概念的著作是保罗·劳伦斯·罗斯的《德国人的问题／犹太人的问题：从康德到瓦格纳的革命的反犹太主义》（1990），该书是对德国知识分子生活中犹太恐惧症的透彻研究，但是这本书也受困于作者虚构的知识框架，借助这一框架，似乎每一位德国的思想家，无论他是自由主义的、保守主义的、社会主义的、民族主义的，都属于“革命的反犹太主义”。

格存在于漫长的历史因果关系链的结构当中。在这一结构当中，作为不可避免地导致某种结果的前因，人格和社会运动是联结的。确实，思想是有结果的，但是路德的思想引发了宗教改革，而非大屠杀。用“反犹太主义”这一术语——从语言学和历史学的角度来看天生就是含糊的——来指控德国历史中的每一位主要的思想家，可能会塑造出对犹太人轻微的、温和的或极端的敌意；但是把这一术语从过去的文化背景中剥离出来，这种“联合犯罪”并不能与依然需要解释的大屠杀事件建立因果关系。所有这些研究经常将德国史转变成所谓的异常思想和行为的实验室。这些研究假定德国的过去是一个独特的连续体，与其他民族的过去是显然不同的，因此孕育了导致纳粹出现的变态特性。纳粹的出现是有逻辑的，也是不可避免的。

根据这一观点，犹太恐惧症不仅是大屠杀发生的必要条件，也是充分条件。反犹太主义的言论被从数百年的犹太恐惧症中搜集出来，并被显示为奥斯威辛和万字旗的先兆。在这种依然在许多研究中盛行的形式当中，这相当于一个滑坡效应的观点，它是一个没有根据的假定，即一个假设的行为过程通过一系列步骤，导致了不受人欢迎的，甚至是灾难性的结果。因此，当马丁·路德1543年写作了《论犹太人和他们的谎言》一文时，关键的第一步就此迈出。一些人认为，路德是“纯粹和简单的种族主义者”，他在这篇文章中启动了某些思想，犹如链条中的连接环，它们导致其他类似性质的思想（费希特、阿恩特、扬），这些思想又导致了其他的思想（杜林、马尔、瓦格纳、施托克尔），最终，这一倾倒的多米诺骨牌在希特勒和大屠杀那里得到了令人痛苦的结果。正如下面所要揭示的，除了抽干德国历史所有正常的东西，从而给整个民族贴上标签之外，对大屠杀为何在德国发生的问题，这一方法没有得到任何些微的理解。

是犹太恐惧症（被定义为非理性的害怕）、对犹太人的偏见和仇恨引发了大屠杀吗？除了其他方面，这一答案依赖于我们正在谈论的是什么种类的犹太恐惧症或者反犹太主义——基督徒的、外国人恐惧症的、社会歧视的，或者生物学—种族的；也依赖于它表达自身的强烈程度。但是，我的观点是：没有单一世系的犹太恐惧症是德国所发生事件的充足理由。正如在德国和欧洲其他国家所普遍理解的一样，反犹太主义意味着对犹太人的偏见，意味着将犹太人排除出公职之外，将犹太人降低到没有基本权利的少数人群体。但是，反犹太主义偏见不是对大屠杀发生的充分解释。只有当对犹太人的仇恨超出了偏见，成为变态的时候；只有当它将对个别犹太人的仇恨和对整体犹太人强烈而非理性的仇恨结合起来的时候，我们才可能开始对大屠杀建立因果的关系。

为了把握更深层的关系，对犹太恐惧症在德国是如何被制度化的，并以什么形式被制度化的进行提问，也是重要的。例如，它是教会发起的从而得到教会认可的吗？它是国家发起的从而得到法律许可的吗？它体现在政党、市民协会或商业协会、特殊利益集团，或者文化传统当中了吗？它得到教育机构的推动或强化了吗？

在检讨这些问题的时候，人们发现德国人的记录不是非常好，犹太恐惧症深深地体现在德国人的生活和思想中，但是与俄罗斯或者东欧国家相比，也不是最坏的。因为德国的犹太人在19世纪很快地被同化到德国社会当中。正如将要显示的，东欧的犹太人也是如此，他们把德国看作躲避迫害的庇护所，看作他们最高贵精神追求的国度。换句话说，在1933年之前，历史的记录并不支持灭绝犹太人的意图。在大众歧视性的犹太恐惧症和大屠杀之间不存在直接的因果关系，从路德到希特勒不存在反犹太主义的因果链。真正导致灭绝犹太人思想的前因，可以在第二帝国创建那代人的种族主义思想中发现，因为就是在种族主义的幻觉和妄想的温床上，希特勒的一代成长起来。战争和可怕的战败结果，打开了政治极端主义的泄洪闸门，给顽固的纳粹精神提供了养分，这一精神的核心是病态的反犹太主义。换句话说，在1918年之后，对犹太人的仇恨在德国比在任何其他的国家都要得到强化，它依附在右翼的社会运动上，特别是依附在纳粹党身上，成了纳粹党领导人（希特勒、希姆莱、戈培尔、罗森贝格、海德里希、鲍曼）个人的强迫症，所有这些人都残忍地仇恨犹太人。

在1933年到1939年间，这种灭绝犹太人的犹太恐惧症成了国家发起的东西，它在这六年内的目标就是剥夺德国犹太人在德国的公民权利、生活和房屋。第二次世界大战使得另外几百万犹太人归到希特勒的控制之下，从而进入到实际的种族灭绝阶段。首先需要解释的就是对犹太人问题的“最终解决方案”——这个词是纳粹分子对杀戮犹太人委婉的说法。这里的主要难题在于，德国人是否在整体上希望灭绝犹太人。在什么程度上，纳粹领导层成功地对德国人进行了灌输，让他们支持这样的魔鬼计划？用一个结论性的答案回答这个问题——后面的一个章节将提供答案——原则上是不可能的，因为即使有后见之明和更多的信息，我们也不能确切地知道在德国人的集体意识之上是什么东西，特别是在极权主义的背景和总体战的时代。另外，为犯罪政权及其帮凶犯下的罪行去指控整个民族，也存在着某种在道德上产生抵触的东西。最近的尝试是扩大犯罪者的范围，宣称那些杀害犹太人的人是全体德国人的"代表"，而德国人必然是由同样残暴的仇恨犹太人的人构成。这些尝试犯了两个重要的逻辑谬误：一是构成的谬误，它宣称局部的真实就是整体的真实；二是非典型性的普遍化的相关谬误，它试图从大屠杀杀戮者的构成推论出全体德国人，即德国人必定是同等的杀戮者，假如这不是事实上的，那也是意图上的。本书的目的是：既不指控，也不开脱；既不设计欺骗性的逻辑陷阱去诱捕所有的德国人，让他们成为残暴的犹太恐惧症的患者，也不设计逃脱的舱口，让德国人不再接受道德的责任。作为整体的德国人并不希望灭绝犹太人，也没有被灌输到脑子完全坏掉去支持大屠杀。我们发现，围绕在大屠杀身上的严密面纱证明我们的观点是合理的，这一面纱明显有许多漏洞，有关德国人残暴地对待犹太人的信息很早就泄露了出去，纳粹分子十分怀疑他们的种族灭绝计划会被德国人接受。即使有超出过去假定的，更多的德国人知道"最终解决方案"，同时，德国的机构直接或间接地卷入大屠杀当中；但是这些都不能否定这样的事实：纳粹领导层相信德国人是不会支持如此巨大的杀戮计划的。

事实是，纳粹领导层建立了巨大的恐怖机器，这一机器找到了许多自愿的帮凶，只有相对数量很少的德国人公开和坚决地破坏和捣毁这部机器。许多德国人为大规模杀戮助了一臂之力。本书研究的关键问题是为何这种情况会发生。集体杀戮者，特别是种族灭绝的工程师阿道夫·希特勒到底在想什么？包括希特勒，这些杀戮者是否精神错乱，或者他们是否仅在这个领域或者其他领域患有幻觉的思想？我的意图本质上是"没有希特勒，就没有大屠杀"，但这并不是打算去清除德国人的责任。希特勒是德国人无可争议的独裁者，他作出了灭绝欧洲犹太人的单边决定。对这一问题是无可争议的。唯一遗留的问题是，希特勒何时下达了灭绝犹太人的命令。对这一问题，历史学家的答案是不同的。一些人认为他一直怀有灭绝的念头；一些人认为他是在确信战争失败的时候才下达集体杀戮犹太人的命令的，因为在他扭曲的灵魂中，种族灭绝的方案是种族赎罪的最终方案,未来德国强大的种子生发于此。

希特勒可能是恶魔的肉身,但是德国人直到最后都给了他无条件的支持。我们如何解释为何“正派”、文明、受到良好教育的德国官员会和一个残忍的政权合作。我们对这一讨论的聚焦,依赖于德国人所呈现出来的人类学和文化的特性,尤其依赖于这样一些文化特性:集权主义、极端的种族优越感、对军国主义的偏爱,以及心理上的一些习惯——极端的刻板、傲慢、强迫性的遵守秩序。这些文化特性转而与某些心理特性相联系,这些心理特性不仅是疯狂的纳粹领导人和他们建立的机构(盖世太保、党卫队、党卫队保安处等)的特点,而且也是许多普通德国人的特点,他们在某种程度上分享了这些特性,使他们被畸形的思想所迷惑。

最令人不安的是,如何能够解释许多杀手心安理得地去执行他们的任务?在这里,我们的焦点将集中在某些防御机制(丧失人性、人格分裂、心理投射、麻木不仁、丧失现实感),扭曲的意识形态思想,十足的虐待狂等方面。本书将要显示的大屠杀的集体性行为,符合在历史上重复出现的人类行为的某种模式,它也在心理实验中部分得到复制。确实,根据其动机、内涵和结构,残暴有其自身的逻辑。所有的人都是潜在的杀手;我们作为个人相互杀戮,我们还相互组织起来集体杀戮。战争是人类杀戮的最高组织行为。大屠杀也是一场战争,不过是独特的战争,因为对手是非战斗人员,大屠杀挑战了传统的军事思想。然而,对于希特勒来说,犹太人是特别有害的,是具有毁灭性质的战斗人员。由于这一原因,他认为自己同时发动了两场战争:一场是传统的,一场是种族的,后者与前者同样重要。因此,根据这一点,假如没有希特勒发动的第二次世界大战,也就没有大屠杀。特殊的心理才能想象和发动这样一场末日启示的战争;变态的人格被用来实施这场战争;心理机制和组织机制被用来灌输、诱惑、感染民众,并赋予大屠杀以正义之名。假如对大屠杀事件做一个远距离的认识,所有这一切也需要在细节上给予解释。

最后,每一位研究大屠杀的历史学家都会面对这样一个问题,它涉及这一事件的“独一无二性”。大屠杀是特殊的,在历史上没有类似的事情吗?或者它仅仅是人类史上先前种族灭绝的缩影吗?另外,这两种观点—— 一种是宣称独一无二性,另外一种是断言重复发生——是否相互排斥?艾萨克·多伊彻谈论了独一无二性,他断言:

> 对于那些试图理解针对犹太人的大屠杀的历史学家来说，最重要的障碍是这场灾难绝对独一无二的性质。这不仅仅是时间的问题、历史视野的问题。我怀疑一千年后，人们将比我们今天能更好地理解希特勒，以及奥斯威辛、马伊达内克、特雷布林卡等集中营。他们会有更好的历史视野吗？恰恰相反，可能后人没有我们理解得多。

恩斯特·诺尔特提出了富有争议的相反观点，即纳粹主义的行动，包括大屠杀，必须与其他从事类似种族灭绝行为的极权主义制度一道来看待。他认为，如果给大屠杀贴上绝对独一无二性和最彻底邪恶的标签，把这一事件看作绝对单一的，那么历史学家将永远受到谴责。独一无二性否定了传统的历史信条，即每一个历史事件都存在于时空当中，体现了重复出现的人类特性，而非单一的德国人、犹太人、中国人或印度人的性质。一个未明确阐述但经常被假定的推论是大屠杀是独一无二的，它必然是由某种存在于德国人性格中的独一无二的东西引发的。对于一些当下的历史学家而言，独一无二性的论点蕴含着德国人独一无二性的论点，这样，那些相信这一解释理论的人必然发现，只有德国人显示，而其他民族没有显示的一个特性或者一组特性。这样，对于这样的历史学家而言，大屠杀只是在德国人那里设定了原罪的存在。

本书试图避免以上两个极端，它认为大屠杀在种族灭绝的规模和强度上确实是独一无二的，但是人们必须把它作为人类邪恶的历史显现接受下来，这种邪恶存在于过去，因此也可能在未来重复自身。德国人犯下的罪行，需要对特殊的使之成为可能的德国的条件进行分析，但是对于我们这些不是德国人的人来说，假定这些条件是内生于德国人总是快慰的。整个人类历史进程中相关的种族灭绝的行动，否定了特殊的德国人疾病的论点。更有可能的是，那时的德国人是强迫服从的、遵守秩序的民众，具有集体组织行动的天分。他们认可残忍的领导者使他们当中的许多人卷入甚至积极参与实施种族歧视、排除和灭绝的计划。这一计划显示了鲜明的德国人认真彻底的特点，它如此致命，以致先前的种族灭绝相形见绌。

在解释和描述导致大屠杀的事件中，从一开始表明一个人知识和道德的假定是重要的。本书采取的道德观点不同于18世纪启蒙运动的价值观，这些价值观相信理性、自由、人类尊严、宽容、得到被统治者同意的统治，以及通过运用科学的人文主义追求真理。同时，在基督教和康德哲学的基础上，人们必然断言：人本是曲木，不可能被造就成完全笔直的。五千年文字记载的历史证明人类不是善的，更不用说是完美的，18世纪大多数思想家都知道这个道理。假如给予人专门的灌输、贿赂、腐化，大多数人会乐意帮助任何一种犯罪，甚至种族灭绝。邪恶是历史中的现实存在；它既不是我们原始遗产的一部分，也不是由社会环境决定的。邪恶是一种道德的缺陷，它来自扭曲的本能和变态的欲望："它蜷伏在我们意识最深的地方，散发着对上帝的恨和对死亡的爱。致命的邪恶把我们和虚无联系起来。"

决定本书叙事的基础是几个解释性的假定和策略。第一是存在着修辞和行为的对应，一个人所信的和他所为的对应。阿道夫·希特勒和他的亲信是真正的信徒，他们相信犹太人对德国有着致命的危险，因此必须被驱逐和消灭。希特勒所说的他的"花岗岩般坚实基础"的信仰，特别是对犹太人的仇恨，是真诚相信且按其行事的。第二是要绝对相信希特勒和他的党羽是残暴的犹太人的杀戮者。第三，我们假定纳粹领导层是离经叛道的，具有天生的操纵权力的能力。元首设定的管理风格的基调，就是操纵他人和不信任他人："我只告诉他需要知道的。"作为最诡异的罪犯，他曾经说过："这是一个古老的生活信条：能够口头讨论的任何东西，都不应该记录下来。"由此推论：在判断希特勒和他最亲密的圈子之间的精确性和真实性的时候，一个人应该宁可使之过于谨慎为好，因为他是在和一帮精神错乱的说谎者打交道。另外，欺骗在纳粹德国被制度化，在研读纳粹的"官方"文件时要极度地谨慎。当然，文献是历史重构的飞轮，但是，偏爱官方或政府的文件可能是一个大的陷阱。大屠杀是一个犯罪政权实施的，它的官方资料原则上是不可信的，因为它们受到了谎言和其他思想错乱的污染，充满了遗漏、迂回、夸张、隐瞒、委婉，这对犯罪的思想是习以为常的。接下来是范围更广、较少受到污染的信息，包括日记、自传、文学、画报、杂志，以及大量其他跨领域的资料，它们必然覆盖在这一复杂和令人悲痛的事件上。

尽管在最广泛的意义上，以下的方法是跨学科的，采用了心理学、社会学、文学、哲学和历史学的概念，但是它的重点一直是放在人类的选择和行为，而非经常倾向于变为具体化的抽象之上。确实，我们看到或者体验到特殊的东西，我们经常在普遍的意义上进行思考。这就是我们为了解释事件，并给予这些事件以意义所付出的代价。重构复杂历史事件的行为需要许多解释性的原则，但是这些有助于理解的帮手有时会变成自身的对手，它们推动着叙事，并且把叙事包裹在抽象的云雾之中。大屠杀不应该消解在语言学或者统计学性质的一种抽象之中。抽象是不负责任的，而人类却是负责任的。受害者、罪犯、旁观者，不是社会的、宗教的、经济的或心理学范畴的具体体现；他们是作出积极或者消极选择和决定的人类存在者，这些选择和决定使他们成为受害者、罪犯、英雄、同谋或旁观者。概念有助于理解现实，它们表现现实，但不会再生现实。我希望尽管使用了许多抽象的术语，但人类的元素一直是以下叙述的中心，因为只有采取这样的方式，大屠杀才能在我们的集体记忆中获得重大的意义。

第一章

犹太恐惧症的兴起：强迫症的进化

意识形态的妄想和狂热的仇恨

1939年9月1日，阿道夫·希特勒同时发动了两场世界大战，一场是进攻波兰及其西方盟军的传统军事战争，另一场主要是进攻欧洲犹太人的生物学种族的战争。就是第二次世界大战导致了当代历史中最为巨大的犯罪，因为涉及对600万以上民众流水线式的种族灭绝，并由一个当代工业国家发起，这一犯罪史无前例。在过去的历史中，从来没有整个群体的民众因为被官方认定是下等人、致死的社会病毒携带者，以及与德国的敌人联手企图消灭德国民众而被单独圈定出来实施种族灭绝。

我们如何解释这一骇人听闻的犯罪？谁为此负责任？杀戮者是怎样向自己、德国民众和世界证明这一行动是正义的？面对这一犯罪的超大规模和独特性，一些历史学家想知道他们是否能完全解释这一事件。例如，让—弗朗索瓦·利奥塔提出这样一个问题："我们如何去测量一个毁灭了所有测量工具的地震？"他的意思似乎是，大屠杀是意义的死亡、所有道德联系的毁灭。正如尼采的疯人极度痛苦地呼号上帝已死一样，这一死亡和毁灭使我们放开了地球与上帝的联系，并把人类投入黑暗的深渊。在这个意义上，大屠杀是历史的，也是本体论意义上的悲剧，因为它不仅杀戮了600万无辜的民众，也因为它粉碎了自古以来的道德禁忌，毁灭了西方对理性规范法则的信仰，以及发现客观真理和得到更美好世界的可能性。

假如大屠杀本质上是非理性史无前例的爆发，那么，我们能够希望以理性的术语解释它吗？换句话说，正如一位大屠杀的幸存者坦言，这一罪行不是价值观念的倒置——在这一情景下，理性的术语是可以解释的——而是"超出邪恶的所有范畴的与道德无关的东西"。这是真实的吗？假如我们的邪恶范畴不足以解释大屠杀的现实，或者假如我们的解释方法过于狭隘，以致不能使我们理解这一非理性行为的性质，那么，这肯定是真实的。大屠杀的罪行确实不是"与道德无关的"，而是"非道德的"，因为它是计划它并证明它是合理的人犯下的罪行。大屠杀是德国领导层和许多普通德国人身上悲剧成分的道德失败，这一失败是十分广泛的，因为除了对犹太人顽固的偏见之外，它还涉及政治和社会层面上保护文明的价值观念以抵抗野蛮冲击的集体失败。

在讨论大屠杀的问题时，引入"与道德无关"的范畴是不合时宜的，因为这一行为是清楚地知道他们的所作所为和为何作为的人群犯下的。因此，他们的行为受制于人类主要道德传统所理解的对与错的道德标准。依据时间考验传承下来的人类道德标准，人们不可能说对600万无辜民众的集体屠杀是一个高贵的行动，用一个刽子手的话来说：这一高贵的行动要为后人永远铭刻在铜板上。这句不道德的话是由奥蒂洛·格罗博科尼克表述的，他求助于种族灭绝的种族主义意识形态来证明他参与大屠杀的合理性。这一意识形态建立在专属于他本人，专属于顽固不化的纳粹精神，又悲剧性地专属于许多德国人的妄想的思维模式基础之上。这些德国人把反犹太主义作为规范加以吸收。

在这种对于纳粹分子来说等同于激情信仰的妄想或者空想的思想模式中，其中当然存有某种逻辑，它激励着大规模杀戮者的行为，并且使他们的行为正义化。但是，因为它是在现实中没有理性基础的妄想逻辑，因此人们不可能允许它作为所有人的行为规范和准则发挥功能。这一解构主义的逻辑如今试图动摇西方对一个可知和客观的世界存在的信仰，把所有道德的判断化解成仅是主观知觉的主张。我们必须把这一逻辑列入我们混乱世界的危险幻觉的行列。

在漫长的历史中，有着一批批受到最具毁灭性妄想控制的人群，纳粹分子只是最晚近的一批。1096年，在十字军骑士发动第一次圣战之前，一些更为狂热的十字军骑士被一种特别的对犹太人的仇恨所控制，这种仇恨起源于他们自身的基督徒的恐惧和诱惑。这些十字军骑士袭击了法国北部和德国的犹太人集聚区，任意地屠杀了数千名犹太人。他们认为这个行为是正义的，因为他们宣称犹太人谋杀了基督，他们没有通过皈依基督教认识到他们生活方式的错误，他们顽固地坚持他们罪恶的生活方式："看，替被钉在十字架上的基督复仇的时刻到来了，犹太人的祖先杀害了他。现在不要让一个残渣余孽逃脱，甚至是幼儿或者在摇篮里吃奶的婴儿。"当时的文献甚至指出，杀戮犹太人被看作令人尊敬的行为，因为"任何杀死一个犹太人的人，其所有罪行都将得到赦免"。已经和基督徒邻里和平相处多年的犹太人受到背叛，遭到抛弃，被交给残暴的狂热者。这些狂热者除了施虐的偏好之外，还把意识形态的热情付诸行动。面对这样强烈的感情，由世俗或者教会的管理机构通常施行的正常约束完全崩溃；事实上，这些管理机构和它们背后的普通市民或者农民，成为集体杀戮的积极参与者。这一暴力行为由意识形态作基础，它没有成为致命的唯一原因是，对犹太人的仇恨是正在积聚的力量，并且是教皇乌尔班二世此刻发出十字军东征信号的特别表达方式。然而，正如萨洛·W.巴伦所指出的，1096年是这一不断增长的妄想发展的真正转折点：

> 从法国到巴勒斯坦，在犹太人聚集区留下的是血迹和闷烧的废墟……这些让犹太人第一次看到了他们的仇敌和朋友，看到了在西方世界犹太人地位的极度不稳定……从第一次十字军东征开始，反犹太主义的迫害就具有危险的传染病特点，在充满巨大激情压力的历史时期，它变成了跨越国界的大众心理错乱。

另一起跨越国界的大众心理错乱是巫术。在研究反犹太主义狂暴或者女巫狂热事件当中，我们已经能够清晰地看到各种各样构成德国国家社会主义理论和实践的因素。就巫术而言，那些被妄想控制的人相信，一些人和魔鬼勾结要推翻上帝和他的世俗政权。这一信仰诉诸《圣经》得到了认可，特别是《出埃及记》(22：28)那个段落说：人不应该"容忍女巫活着"。假如《圣经》是上帝话语的文字记载，他命令信仰者去杀戮女巫，那么一个真诚的基督徒就必须去杀戮女巫。这一信仰在现实中导致完全无辜的民众被确认为女巫，受到拷打和杀戮。借助知识分子的妄想，空想的世界变得有血有肉；它的杜撰者以某些特别的词汇美化了这一世界。例如，正是以这种方式，像《锤击女巫》(1486)这样的书籍得以问世，这本书是一个辨认女巫十分便利的参考指引，这本手册包含了可怕的性别歧视的假定：女巫一般情况下可能都是女性，"因为她们更柔弱，且更为愚蠢、迷信和淫荡"。也正是以这种方式，像宗教裁判所这样的机构得以存在，这些机构监督异端邪说，对完全无辜的民众施加了难以计数的残暴。在中世纪后期登峰造极之时，对女巫的搜捕成了欧洲的灾祸。它使"数十万男女被杀戮，数百万人受到恐怖的威胁，几个世纪最优秀的思想家的灵魂受到污染，在基督教社会的记载上留下了丑恶的印迹"。

由于纳粹具有相似的妄想信念和行为方式，因此它信仰犹太人代表了20世纪巫术的回归。无疑，纳粹的主要目标不是字面意义上意思陈旧的女巫，而是"女巫化"的犹太人，他们成了纳粹暴行的中心对象。正如诺曼·科恩所说：灭绝犹太人的能量来自"类似鬼神学的迷信"，而非来自犯罪者经济或者政治的动机。许多德国人，尤其是那些受到纳粹党、希特勒青年团、冲锋队、党卫队等纳粹机构灌输的人，完全沉浸在信魔者的思维当中，让人想起了现代早期巫术的狂热。第二次世界大战一结束，强迫症烟消云散，一些德国人十分公开地坦承这一点，哲学家卡尔·雅斯贝尔斯的话尤其著名：

> 在过去的十二年当中，我们的身上发生了某种事情，它似乎重塑了我们的整个存在。形象地说，魔鬼像雨水一样一直在袭击我们，和他们一道，他们把我们席卷到夺走我们视听的混乱当中……我们已经体验到了类似中世纪晚期巫术疯狂的东西。

导致大屠杀的意识形态动机的来源，必定处于人类的妄想及其行为推论——恐惧、强迫症狂、心理投射、寻找替罪羊、攻击行为——当中。假如以这种方式来看，大屠杀迫使我们恢复一个对我们自身古老的但似乎在现代抑制了的真理，即：人类在某种程度上天生倾向于集体的妄想，并且顽固地坚持这些妄想，而无视相反的证据。反复出现的人类妄想行为的事件似乎证明，假如受到具有非现实幻想和危险幻觉性质的文化的灌输，大多数人会心甘情愿地支持几乎所有怪异的行为，包括大规模杀戮。当恶毒的、毁灭性的信仰以宗教或者世俗信仰的方式被包裹起来的时候，并得到广泛的制度化的支持，这一点尤为真实。斯宾诺莎曾经写道："所有的仇恨中没有比来自极端奉献或者神圣更深刻、更虔敬的，它本身是作为虔敬来珍惜的。"具有讽刺意味的是，斯宾诺莎讨论了犹太人对其他民族的、应该是超出短期利益的仇恨，他认为它导致了对犹太人同样强烈的仇恨。通过类比放大阿克顿爵士有关"权力趋向腐败，绝对的权力绝对产生腐败"的名言，也可以说：来自信仰的仇恨趋向腐败，来自绝对信仰的仇恨绝对产生腐败。假如信仰是权力的道德对应物，当两种都宣称自己是"上帝选民"的信仰体系发生绝对和难以和解的敌对冲突时——正如它们在过去的两千年所发生的那样——人类友爱的最大腐败就可能发生。

阿诺·J.迈耶注意到历史上重复出现的宗教的剧烈变化，特别是十字军东征和1550年到1648年的宗教战争，他认为大屠杀是第二次世界大战的产物，它是过去种族灭绝更为可怕和毁灭性的复现。尽管这个观点在一定程度上似乎削弱了大屠杀的独特性，但是其优点在于，它将种族灭绝的主要原因正确地诊断为疯狂的宗教热情，这股热情全方位地策动了种族灭绝的犯罪者。迈耶也正确地指出，在各种各样的圣战中，诸如十字军东征、异教徒的屈从，或者宗教改革时代（1517—1648）的宗教灭绝等，欧洲人投入的文化能量并没有随着宗教战争的结束（1648）而削弱，而是在18世纪短暂的沉寂之后以不同的形式被重新启动，或者仅仅是被重新定位。事实上，可以认为由错置的信仰释放的能量不仅被重新定位，而且被世俗化，在过去的两个世纪，它将自己依附在诸多极端的意识形态身上，包括法西斯主义。我们记得，在过去的五十年，东方和西方发动了意识形态的热战和冷战，为了明确的改变心灵和思想的目的，或者说为了消灭恶的另一方，战争涉及双方人力和自然资源的整体发动。在这场冲突期间，我们也见证了意识的宗教模式的再度出现，尽管它现在已经嫁接到世俗事业以及世俗的拯救形式上了。

似乎投入到宗教冲突或者意识形态冲突的文化能量，一直具有产生大众妄想的潜能，这些妄想很快转变成大众的侵犯行为。[①]整个社会不时地被非同寻常的各类非理性思想所控制。在最糟糕的时代，当所有的东西似乎共谋反对一个特定群体的时候，就会出现集体性地退化到意识的前逻辑或者神话的形式当中。历史事件的发生不再被视为自然的产物，服从于正常的因果程序，而是混乱的世界背后发挥积极作用的隐秘和无常力量的体现。在这一世界当中，失去定位的社会感觉到自身漂浮不定，很快就会沉没。当一个社会整体或者大多数成员视自己受到了真实的或者假想的敌人威胁的时候，以前所有的冬眠的思想模式就会被发动起来，接着渗透进整个群体的思想当中，以致普通的、正常的、聪明的民众不仅似乎相信最怪异的言论，而且乐意根据它们行事。

历史学家非常清楚，人类的记录令人困惑地充满了这样的非理性爆发——从魔鬼和女巫的信仰，到赎罪的神学或者意识形态。但是，假定这样的非理性意识模式仅仅存在于未开化或前工业社会，则是十分严重的错误；相反，可以说它们在20世纪最为强烈和最具有毁灭性。

我们依然不很清楚人类的心灵，以致不能确认非理性思想赖以发挥作用的心理或生理的过程。我们只知道心灵具有创造的能力，可以想象上千个不同的世界，并以惊人的不同方式将它们概念化。我们的思想模式，以及我们在其中将其清晰表达的符号形式，只是大致接近而不能体现现实，尽管这些思想模式企图将现实装入其中。然而，我们通过痛苦的体验同时发现，对意识进行理性的架构，能够使我们更好地理解、更有效地适应真实世界。

对意识的架构在很大程度上是符号或者文化的过程，但是它也由非理性的恐惧、妄想狂的错觉，以及放纵的激情所形塑。正如被认为是普通的、理智的、礼貌的个人经常会滑入非理性的思想模式，对整个社会来说也是如此。意识的结构整体上从来不是理性的，在“离奇古怪”力量的冲击之下，它可能部分或整体地变成具有对现实极端不同感受的神话或空想的意识。

因为哲学家和心理学家在大多数情况下对意识的逻辑而非意识的心理更感兴趣，因此他们并非一直对意识的非理性形态给予充分的关注。我们西方文

① 社会的和历史的心理学家探讨了大众妄想这种现象，以及在某种程度上它与各种信仰体系的关系。

化传统的重心，是知识的逻辑甚于知识的心理，即理性甚于非理性。从亚里士多德开始，西方世界将大多数文化的能量投入到理性的发展上，我们从这种投入中收获的奖赏，在很大程度上是与我们对物理世界的把握，以及利用它满足我们的物质利益相对应的。另一方面，理性的进化有机地和自利联结起来，非理性通常得不到承认，人们也普遍不能理解，对于非理性来说存在着一种逻辑，它也有着相伴随的符号的表现。

我们求助于心理学、社会学或人类学，总之是多方位的解释，来考量非理性。为了预先阻止一些通常提出的对这些解释的反对意见，有必要记得作为个体或集体的人在历史上所造成的罪恶与苦难的程度。黑格尔称，历史是一张民众和民族的幸福被牺牲其上的屠宰凳子。他无疑是正确的。五千年的历史和超过1.5万场的战争，证明了历史中极端邪恶的现实存在。因此，理解邪恶不仅需要超出对它的历史描述，还要对它进行哲学、社会学或心理学的分析，把握其相关意义。

无论采用什么办法，对原因的认识并非一直包含对它们结果的理解，也不能为那些造成巨大苦难的人们的行为进行辩解。总之，大多数的人类罪恶是意识选择的结果，这种结果自身建立在各种各样的动机之上，从显而易见的自利、对支配的渴望、对残暴的快乐、对宗教绝对之物的信仰，到变态的理想主义或者十足的妄想。不幸的是，罪恶有时来自表面高尚的意图，这也是邪恶的狡黠之处。在人类当中没有透明的东西，似乎在动物世界也是如此。我们很少表里如一，我们在所有特定的时间里，将许多提高生命的东西和大量否定生命的东西结合在一起。为了强化前者抵御后者毁灭性的结果，人类创造了文明，在其理想的形式中，文明包含了对礼貌、合作和社会秩序的制度化；但是，正如个人会变得妄想、腐败，或者具有毁灭性一样，对于文明自身的秩序来说同样也是如此。大屠杀是德国文明终极的堕落，而且为了理解这种腐败，我们有必要尽最大的能力去理解其成员的思想模式，阐明为何如此众多的支持纳粹精神的德国人接受了非理性的思想，阐明他们如何将自己的想法架构为妄想的思想体系，使他们视犹太人为下等人和魔鬼，并出于这个理由，将他们进行种族灭绝。

正如先前提到的，信奉这样一个妄想的思想体系，包括它的组成要素，不是德国人的专利，而是整个人类史上重复出现的。在下一章讨论纳粹特殊的动力之前，我们首先阐明一些建立在各种历史表现基础上的、有关其特性的普遍看法。

以巨大的毁灭性力量冲击任何一个共同体的社会灾难，都会引发惊恐的反应，以及心理的极大痛苦。为了对付危机的冲击，这种反应的复原依赖于经历灾难的社会的制度稳定性。因为所有社会都一直面临着来自内外的潜在的巨大变化，又因为其制度的构造很少是强壮得足以抵制持续的灾难和艰难，因此它们一直处于火山口上。在整个历史的进程当中，人类社会经历了经常性的创伤，对一些创伤的回应采用的是自我挫败的处理机制，它加剧而不是减弱了这一问题。

民众无论何时遭受到明显难以理解的灾难的冲击，他们几乎都会本能地倾向于“屈从”他们的激情。假如危机持续下去，他们正常的思维模式将可能被这些创伤性的经历所扭曲。社会心理学家进行的独特研究显示了个体和整个社会是如何对危机的境遇作出反应的。例如，他们证明，使社会成员凝聚起来的，不仅是共同的制度和传统，而且是公共意识的独特架构。外在的结构是其精神本质的尺度。在过去大多数人类社会的历史当中，精神本质的内涵，即精神基础，受到了宗教的、神话的、想象的主题和进程的强大渗透。因此，人们不应该惊讶的是，对危机或灾难的理性反应，尽管也伴有常识和生存的本能，但是也被投入到依靠公共精神基础的意义框架当中，这一精神基础由神话、传说、英雄史诗、宗教信仰构成。这就是为何在历史上许多共同体的意识当中，人们总能在宗教历史当中发现其世俗历史的原因所在。历史事件在神话的符号当中，或者通过神话符号得到渲染，或者得到解码。

过去或者现在，对巨大灾难的公众反应通常伴随着非理性的思想模式，但是有时对这种模式的坚守超出了危机自身，因为社会否认了危机真正的性质，产生出固执的防卫机制去否认真相，并且采用不恰当的处理机制去医治这种危机。历史充满了这样的事例。奥托·弗里德里希的著作《世界的末日》，对其中的一些进行了精彩的描绘。他在书中叙述了各种各样对灾难的反应，这些反应如此强烈，以致当时的民众相信世界的末日已经降临。涉及的历史事件有410年对罗马的洗劫、1209—1244年的宗教法庭、1347—1350年的黑死病、围绕着托马斯·闵采尔和其他宗教改革宗派打算创造的“新耶路撒冷”的世界末日景象和灾难、1755年里斯本地震、1905年俄国革命以及奥斯威辛。我们还可以增加巫术狂热、十字军东征、中世纪千禧年的异端邪说等等。然而，重要的是要去理解，巨大的压力折磨着社会，而这些压力并非必然以显而易见的诸如恶性的瘟疫、毁灭性的饥馑、地震、战争的灾难形式出现。创伤可能是由巨大的社会变迁时期引发，在其间，古老的传统文化被化解，但是新的文化尚未形成而去取代它们。

在大多数危机中，最初的反应似乎是理性的分裂。人们感觉到世界四分五裂，甚至行将就木。人们所经历的这类历史事件，必然是由巨大能量和极端仇恨的隐秘力量所发起的。在宗教社会，这类事件产生了世界末日的焦虑，上帝在惩罚社会，或者撒旦的力量处于失控状态。也许此刻在灾难的综合征当中，一些集体的人类记忆被启动，一些神话的思想模式被发动起来，这些模式将原始的、恐惧的、令人不安的意象刺激出来。

因为大灾难被理解为规模十分巨大的事件，因此人们假定它不是普通人或者可知的物质原因所导致，它必定是潜藏的、依然不为人所知的力量或犯罪者所为。正如詹姆斯·罗兹谈到纳粹对战败以及随之而来的经济崩溃的回应，在灾难综合征的舞台上，受到感染的人们视自己为无助的受害者，展现出以下一些心理症候，它们的典型反应是：感到受到侵犯和强暴，自我怜悯，悲叹自己的命运。然而，几乎同时，他们歇斯底里地猛烈抨击假想的罪犯，这些罪犯用过去宗教的语言来说就是“肉身的恶人”。

在研究这种由宗教社会和20世纪纳粹所展示的灾难综合征的时候，詹姆斯·罗兹确定了几种共同的反应：首先是完全的错位，其次是对被集体灭绝的强烈恐惧，接着是揭露作恶者，揭示真理，最后是善战胜恶。恐惧的目标最初可能完全是空想的，如《启示录》中的巨兽、靡菲斯特、巴比伦的娼妇。然而，这一空想在奸笑的犹大或者完全无辜的人那里逐步获得了血肉。这些人被假定是有罪的，因为他们是外国人、异教徒、女巫和麻风病人等。揭露罪人的任务经常落到边缘的知识分子或空想家手上，他们宣称拥有远比理性的、形式分析的方法更为深刻的、特别的、神秘的认知方法。在这一以空想力量、神秘启发、心灵洞察为基础的更好的认知形式之上，这些自我标榜的拯救专家开始向社会宣称什么东西在真正威胁着它，必须采取什么行动去治愈它。根据纳森·阿德勒的观点，这些空想家是依靠“用幻觉沉迷”来应对危机的，他们绕开现存的政治和社会的权力，直接求助于容易受骗上当的大众，以传诵的神话来寻求正当的理由。阿德勒认为："衰落、毁灭和更新的世界末日的精神是他们定位的中心，他们作出的反应要么充满激情，要么过度活跃，要么作为被动的观察者俯首称臣；他们可能成为傲慢的超人和蔑视他人的自我实现者，或者成为重新发现人民的民粹主义者。"

许多这样的人——包括宗教的空想家（菲奥雷的约阿希姆、英国的约翰·维克里夫、法国的彼得·瓦尔多、意大利的萨伏纳罗拉、德国的托马斯·闵采尔）和他们世俗的对应者（罗伯斯庇尔、墨索里尼、罗森贝格、希特勒）——都宣布了不同寻常的启示，他们告诉追随者，他们不是上帝或者历史的弃民，而是消灭施恶之人的选民。与施恶者——无论是撒旦、犹太人、贵族还是资本家——的相遇是即将来临的善恶大决战，规模巨大。这里弥漫着非常紧迫的情绪，恶的力量几乎赢得了优势。

从受害和绝望的感情出发，受到感染的社会借助某种心理的放大开始蠢蠢欲动，集体性地关注真正的罪犯，关注如何可能去击败他们。可以说，天平从受害者的眼里倾倒，被人灭绝的焦虑尽管依然强大，但已经明显减弱。恶人被揭去了面纱，解放的信条得到传播，一场本体论意义上的战争已经开始。假如极端的恶在本质上已经被揭露——正如希特勒所言，它犹如一个犹太人蹲伏着，而犹太人是"正在腐烂的尸体中的蛆"——那么，人们需要极端的方法去除致癌的脓肿。换句话说，因为敌人是恶的化身，他们企图消灭备受折磨的社会的成员，这样就必须采取最极端的手段将他们清除出去。所有建立在被人灭绝的极端恐惧基础上的妄想狂的扭曲，将把灭绝他人的策略作为唯一的治疗剂来免除痛苦。

正如这类想法所想象的，在善的力量和恶的力量即将到来的战争中，世界的未来将得到彻底地决定。这一信仰的典型特征是，它的有效性依赖于设计出一个充满希望的、乌托邦式的未来。正如埃里克·霍费尔所言："除非信仰也是一个对未来的信仰，除非它具有千年王国的成分，否则它是无力的。"随着恶的毁灭，一个新的时代以新耶路撒冷、工人的天堂、千年帝国的形式在黎明出现。对这些信仰的理性阐述，展示了一个明确的、可辨的、潜藏在千年王国术语当中的结构。依靠这些术语，社会冲突被赋予了超验的意义。正如诺曼·科恩所说，这类信仰结构促发了中世纪许多善恶大决战的运动，比如十字军东征、自由精神兄弟姐妹会、菲奥雷的约阿希姆的神学、塔波尔异教社团、宗教改革的再洗礼教派。我们还可以说，播种在这些运动中的信仰结构和末世论的预言，后来在各种历史哲学以及左翼和右翼的救赎主义政治意识形态中被世俗化。

纳粹体制中的仇恨根基，必然处于大众妄想的边缘运动之中，位于妄想（空想）的思想体系当中。这些思想并非产生于著名的思想家，而是来自异化的、经常位于社会边缘的个人。在极端变化的时代，他们有时出自身份低微的阶层，激发人数众多的追随者，宣布宗教或伪宗教的预言，其中仇恨和希望的强烈感情混为一体。出现在第一次世界大战之后的犹太人世界的阴谋神话，是纳粹思想的核心神话，它来自幻觉思想的领域，“骗子和教育程度不高的狂人，为了无知者和迷信者的利益炮制着它们”。纳粹意识形态和它的基本心态，是第一次世界大战所产生的意识危机的结果；对犹太人的仇恨不是危机意识的原因，而是危机意识的重要因素，因为已经被成见化的犹太人是毁灭德国人民的魔鬼，他们因此受到谴责。纳粹分子能够说服德国人中有地位的人，这是确定无疑的。这要归功于在欧洲的文化中，特别是在德国的文化中长期存在的犹太恐惧症的传统。

几种对犹太人的仇恨：西方的观点

历史没有像记载犹太民族那样记载其他民族。犹太人被欣羡和嘲讽、恐惧和迫害、鄙视和妖魔化，他们在过去三千多年一直是民众强迫症的对象。法老在埃及将他们沦为奴隶；亚述人剥夺了他们北部的王国（以色列王国）；巴比伦的尼布甲尼撒毁灭了剩下的王国（犹大王国），并挟持了一万多有价值的犹太俘虏“流放巴比伦”；希腊人和波斯人压迫和鄙视他们；罗马人在巴勒斯坦剥夺了他们的家园，将他们驱散到世界各地；穆斯林的狂热分子袭击他们；基督教的东征军在执行他们神圣的任务之前，数以千计地杀戮他们；宗教裁判所将他们驱逐出伊比利亚；波兰人和俄罗斯人以种族灭绝的计划恶毒地屠杀他们；德国人将这种对他们的漫长仇恨推到了顶峰，在大屠杀中杀戮了600万人。然而，经受了三千多年的磨难，犹太人依然坚守他们的宗教信仰和种族行为。按照休·特雷弗—罗珀富有启发性的描述，犹太人是“难以理解的民族”，是历史中最伟大的不顺从公认信念的人；根据每一条社会学的法则，他们应该很久之前就在历史中消失了，正如在他们之前的所有种族，被更强大的种族从家园上连根拔除，或者被征服和同化。

这种历史的命运并没有发生在犹太人身上，因为他们进化出一种对上帝独特的一神论信仰。上帝启示了他们，定下了契约，指定他们是他的选民。他们的神圣经文——《希伯来圣经》(《旧约》)——后来在犹太人痛苦的历程中，通过一系列书籍得到了详尽的阐述。这些书籍是犹太教士（拉比）的评论、训诫、注释、教诲，它们被称作《塔木德经》，这一犹太法典(《塔木德经》)成为了他们独一无二的宗教和种族认同感的基础。他们以顽固的韧性，坚守着自己613条戒律和禁令，并将它们在习俗、仪式、宗教假日中制度化，从而在没有成为统一的政治民族生存的情况下设法保存了他们的历史存在。他们成为了在其他民族中生存的民族，顽强地坚守着自己神圣的法则和古老的习俗，在那些觉得他们的信仰既奇怪又具有侵犯性的民族手中谋求生存，忍受着可怕的痛苦。对于其他古代世界力量强大的民族来说，比如埃及人、希腊人、波斯人、罗马人，这些民族也具有强烈的使命感，犹太人把自己当作上帝的选民，使他们感到特别的难堪。因为这似乎暗示，假如只有犹太人被上帝选中，那么所有的其他民族就因未被上帝选中而低人一等。

绝大多数犹太人都避免提出这样的暗示。他们坚持认为，他们的宗教是普遍的，并向所有想要皈依的人开放。另外，他们指出，他们被选择的意识意味着具有一种宗教和道德的义务，去完成上帝希望他们去实现的标准，成为照亮世界其余地方的道德灯塔。无论是归因于双方种族的还是宗教的偏见，除了一些例外和接纳，犹太人和他们栖居国主人之间的障碍，成为了他们之间文化关系的不变状态。犹太人的宗教和文化，明显地丰富了基督教和伊斯兰教文明，犹太人的商业活动甚至给最遥远的波兰或俄罗斯的乡村都带来了繁荣，但是这些事实并没有去除这一障碍。差异带来分离，而能够感知到的相互排斥的差异趋向于带来巨大的分离。当历史处于种族差异意识强烈的时候，来自政治弱势地位的犹太人的排他反应带来了无休止的误会和迫害。我们知道历史上犹太人在折磨他们的人手中所承受的巨大痛苦。人们很少去研究，如此的迫害在犹太人的内部发展中产生了什么影响，即他们有能力还是没有能力重新发现祖国，并塑造潜在的团结意识，以超越犹太教士的规则和思想所主宰的破碎的、隔离的世界。在犹太人被波斯人和后来的罗马人强迫生活在他们的巴勒斯坦祖国之外，散居在异国他乡之后，特别是他们反抗罗马人（66—70）失败之后，这一点变得尤为真实。来自希腊语“diaspora”这个词的意思是“犹太人在祖国之外的散居”。随着时间的推移，“diaspora”有了另外的含义，指的是一种由“无家可归者”或外国社会的“局外人”所引发的生活方式，从而带来失去个人自身的身份和文化的诸多问题。

犹太人成为了没有国家的民族，成为一个在其他国家栖居的不同社群的松散共识。当大多数犹太人，特别是那些后来生活在东欧和西欧的犹太人，追随着巴比伦（美索不达米亚）的犹太人社会，而非亚历山大港更有实力的犹太人社会的宗教和政治行为的时候，犹太人的历史发展获得了一个宿命的过程。亚历山大港的路径后来在摩尔人的西班牙，被追随了与耶稣同时代的亚历山大港的斐洛的犹太教现代改革派所实践。斐洛试图在文化差异的鸿沟上架起桥梁，显示希伯来智慧和希腊（柏拉图）智慧之间有着紧密的关联。这一行为代表着高贵的努力，不仅揭示了犹太人对世界的信仰，也塑造了能使犹太人和非犹太异教徒生活在一起的文化对话。相反，犹太教士的路径直到19世纪对于大多数犹太人来说都处于主导地位，它要求延续最严格的法利赛犹太教；它的目标由《塔木德经》的犹太教士作者进行了详细的阐释，就是要从外部世界隔离并由此成为孤立的犹太人社会，把信仰者紧紧束缚在经文的规则和行为规定的日常行为中。信仰者将在封闭的世界中终结一生，将他们与外部世界的行为限定在纯粹的经济关系中。

接受如此严格的宗教和文化的孤立生活，是为了避免适应和同化的外部压力，这可能使得犹太人社会作为一个特征鲜明的宗教团体存活下来，但是它也迫使其成员变成某种僵化的文化存在。孤立在任何情况下都不意味着独立，因为犹太人依然生活在更大的、竭尽全力压制他们的基督教社会当中。这一在社会和政治低人一等的背景下分离的重要结果是心理上的。在一个犹太人永远是虚弱的异己者的世界中，他们的身份被那些控制他们的人所固定，以致他们成为了产生他们的社会的发明物。他们没有自治的权力去定义自我，被迫按照统治他们的社会安放在他们身上的消极成见行事。根据反讽的方式，人们可能会说犹太人确实是世界民众选择出来的选民，也就是说，犹太人是被不公正地选择出来接受特殊待遇的，因为他们的敌人相信，他们对被选择出来的感觉意味着自己高人一等，而非在他们的上帝眼里宗教上的差异。

正如先前所提及的，犹太恐惧症具有漫长的历史，因为犹太人在他们的王国灭亡之后存活下来，并且在其他民族的社会当中过着流放生活的时候，试图将他们的宗教和社会传统永远保存下来。不可避免的是，在各种各样的古代国家中，一个异己的少数民族的生存产生了许多敌意，接下来产生了许多犹太恐惧症的进化传统，每一个民族都为这一传统增添了自己独特的贡献，同时利用了现存的仇恨。人们使用了大量的学术研究工作来定义这一特殊仇恨的性质及其各个方面：这种特殊仇恨的起源；根据一个社会对它的先入之见，它所具有的潜在的和显著的功能；在特定的时空，它所具有的强度。一个用于描述对犹太人仇恨的术语"反闪米特主义"（anti-Semitism），因为其含糊性而受到了严格的审视。这个术语实际上直到1879年才被杜撰出来。威廉·马尔是一个二流的德国记者，是反犹太联盟的创始人，他采用这个术语作为政治口号，打算在无党派运动的后面联合尽可能多的德国人，与据称是有组织的犹太人施加在德国社会身上的致命影响作斗争。

尽管"反闪米特主义"在今天是标准的学术术语（也叫"反犹太主义"），但是，由于它来自压迫者伪造的杜撰，因此依然在几个方面是非常含糊的，它使得我们要谨慎小心地使用它。这些压迫者用前缀"anti"（反）坦率地宣称与"semite"（闪米特人）对抗。"semite"是同样含糊的术语，因为它可以指称阿拉伯人、阿拉姆人、巴比伦人、亚述人、埃塞俄比亚人以及犹太人。由于习惯于种族主义的信仰，相信这种意识形态的威廉·马尔和他的同时代人，混淆了语言学的术语和种族的术语——他们喜欢把"雅利安人"和"闪米特人"进行比较，并且犯了对种族主义者来说十分平常的主要谬误，即相信生物遗传可以解释和决定文化的差异。他们的手法是把他们的仇恨掩盖为建立在科学考量基础上的理性对抗。

任何对大屠杀的讨论都应该意识到语言的陷阱，并且不要让讨论被大屠杀犯罪者的术语所控制。无论何时讨论大屠杀，我们都将采用"犹太恐惧症""对犹太人的仇恨""反犹太主义"或者"反犹太人的偏见"这些术语，而不是"反闪米特主义"。换句话说，依靠选择客观的或者更为描述性的标签，并把它们贴在仇恨散布者身上，责任的过失就可能转移到它真正的归属地，这样就会消除对大屠杀破坏性潜能的疑虑。意识到这样一个事实也是重要的：我们正在涉及一个不断进化的历史的仇恨。在显示共同特征的时候，这种仇恨也以不同的历史措辞表达了自我，同时依赖存在于各种时间点的犹太人与其敌对者的特殊关系。例如，把马尔的具有种族主义色彩的术语投射回遥远的过去，把它作为解释工具去描述基督徒对犹太人的敌意，是完全不合适的。总之，犹太恐惧症具有漫长的历史，它的含义需要超越社会学的或心理学的认识，因为这种认识只告诉我们仇恨犹太人的人的感受或行为；它的含义也需要历史学的理解，因为它向我们显示这种仇恨的起源和它随着时间如何发生进化，即不断变化，并使自身适应新的环境，同时也保留其本质的仇恨特性。

根据社会学的措辞，犹太人代表着一个独特的外围群体，其标志是在他们居住的每一个社会严格遵守独特的宗教和习俗行为。根据普遍人性的措辞，对任何外围群体的敌意都是以偏见的形式表现出来的。偏见这个词最初来自拉丁文praeiudicium，犹如在确立一个先例的法律文本当中，它意味着一个建立在一系列过去被视为正确或具有束缚力的决定基础之上的判断。先例的法律含义，事实上一直在“偏见”一词的语言学运用中发挥作用，因为它意味着一个建立在不充分和扭曲的证据基础上的预先判决，而证据建立在某些先例基础之上，先例随着时间的过去被不加批判地接受下来。社会心理学家已经揭示了，作出预先判断的人倾向于过度概括，以成见去思考，不加批判地接受他们部落的（种族优越感的）信仰。根据戈登・奥尔波特的观点，假如预先判断在新的知识面前不可逆转，它就成为了偏见。众所周知，习俗的习惯和信仰不会轻易发生变化，尤其当它们被以某种“鲜明个性的符号和信仰，以及适合自身需要的标准和‘敌人’”制度化时。一个社会越是隔离，它越没有可能去改变其基本的思想范畴，除非面对巨大的压力、自我的利益，或者例外的思想开放。

社会心理学家发现，偏见在功能上与个性的发展和认知的表达相关联；他们还认定了“偏见的人格”“集权主义的人格”，或者“极其简单的思想”，并且对认知语言的范畴进行了图绘。依靠这些范畴，具有偏见的人架构了他们的意识，并以此解释世界。尽管人们发现具有偏见的人和没有偏见的、宽容的人思维方式不同，尽管偏见是一个人和一个以群体（以种族）为中心的现象，尽管它由于不可逆转必须与只是不正确的概括相区别；但是不容改变的事实是，我们没有正确的办法去阻止有偏见的判断，因为我们依然被政治、文化、种族、语言分割为数以千计的不同的和敌对的群体，因为我们并不拥有价值中立和毋庸置疑的方法去评判我们对其他群体作出概括的真实价值。我们所有的人注定从我们自己的参照点出发作出价值评判的言论，但是同时假如我们是诚实的话，跨群体的敌意已经告诉我们如何去认知：我们对其他群体作出的一些判断，要么是现实的，即与经验的现实一致；要么是带有建立在谎言、成见、自私的信念或个人仇恨基础之上的偏见。假如这些判断属于后者，它们可能会进一步分解为大众成见的、恐惧外国人的、空想的判断，根据其强度可以从社会角度对它们进行测定。人们将发现，在妄想的思想体系中，在仇恨组织架构的比例当中，反犹太人的仇恨表现得最为强烈。这一体系顽固地抵制变化，并证实自己强迫症状严重，在某个时间点力度巨大。

在从历史的角度描绘犹太恐惧症的轨迹当中，我们能够确认几个显著的阶段：(1) 对犹太人相对温和仇恨的古代。(2) 随着基督教的来临和扩张，积聚能量的时代。基督教谴责犹太人是基督的谋害者，是赎罪的破坏者。在某些时刻，其突出标志是十字军东征或宗教裁判所的暴力大爆发，并伴随着个人和群体各种各样的妄想性想法。(3) 短暂的退潮时代，它发生在宗教战争期间（1540—1648)，以及宽容和启蒙运动的时代（1650—1815）。(4) 以潜在毁灭的方式出现的新的犹太恐惧症高潮时代，它是在19世纪民族主义和种族主义的冲击下形成的。(5) 最终大潮的时代，它由第一次世界大战和纳粹运动发起，在大屠杀中达到高潮。从历史哲学的角度来看，一个人可以认为犹太恐惧症的进化是一种线性模式，也就是说，发展来源于一个起点，并且向终点前行；从大众的讨厌、偏见和仇恨，到灭绝的愤怒。同时，一个人也可能认为是一种循环模式，犹太恐惧症从一个时代到另一个时代，从一个社会到另一个社会，以各种形式和强度水平重复着自身，展示出并非特别必然的从温和的偏见到残忍的种族灭绝的进程。正如纳粹运动所明确证明的，两种哲学的观点并非必然相互排斥，因为被加固成为仇恨运动的偏见能够穿过社会和文化，依靠滋养过往的仇恨和加剧其潜在的致命潜能而得到发展。同时，历史事件的偶然性就是这样：几乎没有什么运动展示了可以在遗传学角度加以预言的其演变的内在必然性。构造起来的叙事预言了历史事件，而这一历史事件是通过回述过去得到解释的，它同时还把不相关联和只是少许类似的历史事件集中起来，削足适履，使得它们适合理论。这种叙事在大屠杀的案例中可能有着特别的诱惑力；但是正如先前所提及的，正是因为这个原因，它经常导致扭曲的看法和对过去带有偏见的判断。因而，以下对犹太恐惧症的大致描述，只是被用来说明过去对犹太人偏见的几种形式，而不是认为像链条上的连接环，这些偏见不可避免地在大屠杀中达到顶峰。

中世纪的基督徒和犹太人

尽管早在公元前6世纪犹太人就被剥夺了他们的民族自治权，但是古代世界的人们一直认为犹太人构成了一个“犹太民族”，并且持有独特的民族和宗教特性。结果是：犹太人和他们的异教邻居之间的关系一直处于紧张和仇恨之中，有时上升到种族灭绝的愤怒程度。例如，《以斯帖记》记载了对处于流亡状态的犹太人社会的憎恶，它刻画了历史上第一个种族灭绝犹太人的设计师哈曼的形象，他是宗教审判官的原型，在其他与他一样的仇恨犹太人的人当中，他后来承担了一系列历史的化身——西班牙的宗教裁判官托尔克马达、艾森门格尔、马尔、弗里奇、张伯伦、德鲁芒、埃卡特、罗森贝格、施特赖歇尔、希姆莱、希特勒。哈曼命令“毁灭、杀戮、消灭所有的犹太人，无论老幼妇婴”，这一命令幸运地遭到了波斯国王的阻止，因为国王爱上了美丽的以斯帖。国王挫败了这一计划，吊死了邪恶的哈曼，并允许犹太人消灭他们的敌人。

然而，无论是波斯人还是罗马人，对待犹太人与对待其他被他们征服的民族一样，没有什么不同，这说明这样一个事实：古代的反犹太人并不具有强烈的宗教体系，并且肯定不具有种族主义的体系。[①] 当然，群体之间的敌意有时十分

① 彼得·沙费尔在其《犹太恐惧症：古代世界对犹太人的态度》一书中认为，这一古代反犹太人的立场是犹太恐惧症，它和在一些基督徒那里以及在所有种类的种族生物学的反犹太主义中发现的恶意的、强迫症式的反犹太主义不同。他认为，古代人感到受到了犹太人的威胁，他们对犹太人的态度是恐惧和仇恨矛盾的混合体。当然，在这个意义上，说反犹太主义早于基督教是完全正确的。然而，从他的分析当中，我们并不清楚的是，犹太恐惧症是否是反犹太主义的血亲，或者是从反犹太主义中分离出来的，这也是废弃“反闪米特主义”这一术语，用“犹太恐惧症”取而代之的另一个好的理由。“反闪米特主义”在语言学上是含混的，缺乏强有力的、（转下页）

强烈，人们引述来自非犹太教徒作家的许多事例说明反犹太人偏见的存在。例如，埃及的祭司和历史学家曼涅托试图驳斥《出埃及记》的《圣经》故事，他散布这样的传奇故事：摩西实际上是一个叛教者，挑动犹太人、黑人、麻风病人组成的流浪者造反，旨在推翻政府，用邪恶的异教来取而代之。这个传奇后来被亚历山大的神学家所润色，并且得到适当的修饰，无疑为弗洛伊德写作《摩西和一神教》(1938) 一书作出了贡献。希腊和罗马的知识分子不满犹太文化，认为它是贫瘠的和迷信的，有时犹太人因为传闻的野蛮行为而受到谴责。例如，据说犹太人是"奇怪的"，他们崇拜驴子，他们在神庙里进行秘密的活人献祭，或者他们热衷于其他神秘的活动。这种谴责是十分普遍的，但是他们从来没有被组织化为一以贯之的反犹太人意识形态，在古代的任何国家都未得到世俗或者宗教组织的支持。

直到基督教的出现，犹太人才被自动地作为一个可疑的民族，一个不相容的民族，也是一个有罪的民族被挑选出来。有罪是因为他们杀害了上帝的儿子耶稣。当然，耶稣也是犹太人，他最紧密的追随者也是犹太人，是反叛的和异教的犹太人。然而，从一个小型的、异教的犹太人团体开始，基督教扩展成一个世界的宗教。在很大程度上，这一功绩要归因于一个人——大数的扫罗，也就是圣保罗。他是来自小亚细亚大数的说希腊语的犹太人，皈依基督教后成为了其最伟大的传教士，并给基督教带来了一个复杂的神学思想框架，它可能让基督教的创始人也会感到惊讶。从圣保罗开始，人们能够发现在基督教那里两个决定性的变化：一是基督教运动不再坚持排外的犹太人会员身份；二是将耶稣钉上十字架的罪责从罗马人转移给犹太人。因为犹太人被归罪杀害了上帝之子，他们越来越被基督徒视为该诅咒的民族，在《新约》当中那段归属于犹太群体的叫喊就是明证："他的血归在我们和我们的子孙身上。"(《马太福音》,27：24ff)

圣保罗自己也是犹太人，他并不蔑视犹太人，但是他十分明显地相信犹太教是一个过时的宗教，因此他非常努力地劝说追随他的犹太人皈依基督教。在《罗马书》中，我们发现他反复和急切地恳求犹太人皈依基督教："弟兄们，为了

（接上页） 我们与犹太恐惧症相联系的心理学内涵。各种形式的犹太恐惧症是外国人恐惧症、宗教恐惧症、种族恐惧症，还有卡文·兰格缪尔所称的妄想恐惧症。在许多案例中，可以认出这些恐惧症的综合现象，它证明这一不断进化的人类强迫症的多面性质。

以色列，我对上帝的希望和祈祷是犹太人可以得到拯救。”（10：1）然而，犹太人却依然对“上帝的正义一无所知”（10：3）。圣保罗借上帝之口说：“我一整天都向一个不服从、不买账的民族伸开我的双手。”（10：21）犹太人坚定地拒绝承认耶稣是救世主，他们顽固地坚守他们错误的信仰。他们拒绝皈依基督教的顽固，以及人们越来越相信他们是杀害基督的罪人的信念，都激怒了基督徒，促成了周期性敌意的爆发。正如莱昂·波利亚科夫所认为的那样：“对于基督教这个组织来说，犹太人是一个犯罪的民族，是具有本质意义的。”早期教会的一些神父都严词谴责犹太人，基督教神学家奥里金认为：“我们完全可以充满自信地断言，犹太人将不能回归他们最初的状态，因为他们犯下了最令人厌恶的罪行，他们阴谋反对人类的救世主。”尼撒的格里高利更具谴责性，他斥责犹太人是“主的谋害人、预言家的刺客、上帝的谋反者和敌视者，是魔鬼的伙伴、毒蛇的一族、告密者、诽谤者、污染心灵者、伪善的酵母、魔鬼的最高法院，以及所有美好事物的敌人和诅咒、敌视、投石击毙的对象”。甚至圣奥古斯丁在题为《反犹太人》一书中对犹太人发起了全面的攻击，他将犹太人描绘成邪恶的民族，它已经被上帝新的选民所取代。这一观点在他有着重大影响的著作《上帝之城》中体现得更为突出。这本书因为两个城市的思想成为基督教神学理论的伟大里程碑之一。一个是上帝之城，它由生活在基督教精神之中的人所组成；一个是人的城市，它由追求肉欲的人（异教徒、犹太人、无信仰者）构成。还是圣奥古斯丁，他详细阐述了圣保罗的一个思想，即犹太人的皈依标志着世界的末日，意思是犹太人的顽固延迟了基督再度降临，挫伤了基督教信仰者赎罪的希望。

尽管一个人能搜集很多早期教会神父对犹太人的邪恶攻击，但是他不应该忘记——正如史蒂文·卡茨所提醒我们的——处于形成期的教会没有对犹太人施加迫害。然而，一旦国家成为基督教的，对犹太人合法的约束就开始了。开始于早期罗马帝国，继续于中世纪初期的基督教统治，许多古代犹太人的权利被停止，改宗被禁止，犹太祭司的司法权被剥夺或废除，与基督徒的性关系被严禁，大多数法律的保护被撤销。然而，在1096年第一次十字军东征之前，几乎没有出现什么特别的、大众性的反犹太人行为的爆发。犹太人的移居点在整个欧洲建立起来，特别是在加洛林王朝期间。在欧洲，犹太人主要担当商人、官员、医生、工匠，甚至地主的角色。在官员层面——涉及主教和犹太教士——犹太人和非犹太异教徒之间的关系是宽容的，有时甚至是友好的。在穆斯林社会，因为犹太人和阿拉伯人在种族、宗教、文化上的相似，他们的待遇甚至更好一点。犹太商人紧紧跟随着阿拉伯征服者。这些征服者不断扩大真主的世界，为伊斯兰文明从比利牛斯山到印度、从摩洛哥到中国的扩张做着准备工作。就是在摩尔人的西班牙，犹太人在他们漫长和充满麻烦的历史中找到了为数不多的避难所之一，不过在基督徒15世纪重新征服了西班牙之后，这一情况不复存在。

正如先前所提及的，大众对犹太人仇恨的根本转变和1096年的第一次十字军东征一道开始。在前往圣地打击异教徒之前，狂热分子组成的掠夺团队在法国北部和德国屠杀了大约一万名无辜的犹太人，发动了非理性的对犹太人的仇恨，它后来在基督徒无力解决的各种危机的冲击下不断出现。正如卡文·兰格缪尔所揭示的，有关1096年以及随后的十字军东征，或者中世纪的巨变，最不寻常的东西是对犹太人仇恨的“空想”性质，它完全建立在不断增长的对犹太人及其邪恶生活方式的妄想性信念。世俗和教会的权力机构都正式地反对这种大众暴力的爆发，但是它们对犹太人内在的敌意使得它们在危机当中显得冷漠和含糊其辞，因而不能也不愿意阻止杀戮性的反犹太人行为。天主教会在格里高利一世表达的观点和英诺森三世等教皇或拉特兰会议更为尖锐的宣言之间摇摆。格里高利一世坚持认为非信仰者应该得到友好的对待，并且要用清晰的、“和颜悦色的”理性去说服他们，后来书写在教皇诏书中的一种观点是，犹太人有权利作为犹太人生活在基督教社会。英诺森三世或拉特兰会议宣布犹太人是基督徒的奴隶（第三次拉特兰会议，1179），或者要将犹太人和基督徒在社会上隔离开来，强迫前者穿上特征鲜明的服装，并称他们为“基督徒名声的亵渎者”（第四次拉特兰会议，1215）。世俗和教会的权力机构联手禁止犹太人拥有土地，将他们排除在行会之外，限定他们从事卑微和边缘的职业，比如放贷、沿街叫卖、二手货的非法交易。到黑死病来临之时（1347—1350），基督徒对犹太人成见的空想性质已经找到了安身之地。黑死病给一大堆现存的有关犹太人邪恶生活方式的黑暗传说增添了“往井里投毒”的神话。这样，根据兰格缪尔的观点，人们杀戮犹太人不再是十字军东征的副产品，而是组织化的暴民的复仇，他们沉迷于犹太人往井里投毒、亵渎上帝、杀害儿童进行祭祀活动等妄想之中。

十分详尽地关注这些存在于犹太恐惧症进化的体系当中的妄想成分是重

要的，因为其中的一些后来得到了现代化和变形，服务于纳粹对犹太人的妄想。这里至少有十个妄想，它们中间的大多数在中世纪末稳固地确立下来：

(1) 犹太人的顽固
(2) 流浪的犹太人(亚哈随鲁)
(3) 与魔鬼联盟的犹太人
(4) 犹太人恶臭的气味
(5) 犹太人的淫荡
(6) 血统的诽谤和杀害儿童进行祭祀
(7) 亵渎上帝
(8) 犹太人的世界阴谋
(9) 往井里投毒
(10) 无生产能力的犹太人寄生虫

正如先前所发现的，犹太人是顽固的这种想法，指的是他们拒绝皈依对于基督徒来说似乎是不证自明的真理，特别是基督是救世主的信仰。他们对皈依的拒绝特别让自以为是的基督徒恼火，因为人们普遍相信：除了其他事件，比如提斯比人以利亚的出现，以及反对基督者的统治以外，犹太人的皈依是耶稣再临的前提。用莱昂·布洛伊的话来说："所有民族的拯救被犹太人的恶意残忍地延缓了。"与犹太人顽固的神话相关联的是流浪的犹太人，这个神话直到1602年才以书面的形式正式表述出来，但是从古代开始，它就以多种形式出现，十分著名，并在整个中世纪流传。除了现在它以一个神话人物来加以体现之外，这个神话的核心依然是犹太人的顽固和罪恶。这个人物后来被称为亚哈随鲁，他被认定在钉死耶稣的那天出现，在耶稣去往受难地各各他的路上嘲笑他；这样，救世主惩罚他在地球上流浪，他被遗弃，郁郁寡欢，直到末日审判和世界末日的到来。对于容易上当受骗的人来说，流浪的犹太人的神话似乎被实际的经验证据所印证，因为整个中世纪后期的基督徒见证了这样一个事实，即犹太人到处被追逐，在城市之间流浪，在任何土地上都没有任何定所。经过几个世纪适当地润色，这个神话在1542年变得有血有肉起来。那年，路德教会的牧师保卢斯·冯·艾岑在汉堡教堂遇见了一位长着胡须的流浪汉，他的名字叫亚哈随鲁，艾岑判定他是在基督去往各各他的路上诅咒他的犹太人，耶稣回以“直到我回来永远走下去”的诅咒。这个建立在传奇故事基础上的传说，以及艾岑与名叫亚哈随鲁的人的遭遇最终在1602年出版，书名叫《一位名叫亚哈随鲁的简要描述和故事》，它非常流行，在几年内出版将近五十个版本。

依靠隐喻的延伸，对亚哈随鲁的诅咒当然是对整个犹太民族的诅咒，不仅是他们的顽固，而且是他们魔鬼般的天性。在一个魔鬼对于民众来说是现实的时代，民众相信魔鬼是存在的，因为他们相信极端的邪恶是存在的，不信仰上帝的人或者犹太人必然和魔鬼联盟。假如耶稣是救世主，犹太人可能等待的唯一的人就是反基督者。就是以这种方式，基督教的作家散布着这样一个传说：犹太人是反基督者的支持者。在最后的日子里，犹太人这种对基督的拙劣模仿将复兴神殿，短暂地主持新的犹太帝国，直到被基督徒毁灭。根据罗伯特·S. 维斯特里希的观点，反基督者的神话来源于十字军东征时代对犹太人的屠杀，预示了控制20世纪30年代德国人的千禧年思想，这种思想把阿道夫·希特勒当作了德国的世俗基督，他将清除德国的恶之源——犹太人。

人们可能已经发现，在《新约》和早期教会神父的作品中，犹太人和魔鬼就被联系在一起，比如在尼撒的格里高利或者圣约翰·克利索斯托的作品中，犹太人的集会是撒旦集会的化身。将犹太人魔鬼化的一个重大结果是，基督徒施加在犹太人身上的恐惧和仇恨的冲动得到了投射。在中世纪的民间传说和艺术作品中，犹太人有时被描绘为母猪，皮肤黝黑、鹰钩鼻子、卷毛头、气味污秽。在各种木刻当中，他有着魔鬼的尾巴和山羊胡子，骑在一头雄山羊身上。犹太人被视作巫师和魔术师，能够施展各种妖术。在一个基本上未开化的世界里，这些肖像画对愚昧的民众产生有力的冲击，他们基础的信息来源要么是口口相传的文字，要么是视觉艺术。让我们来审视一下历史上的视觉文献：《埃塞克斯郡的名录》（1277）将亚伦描绘为魔鬼的儿子；16世纪著名的系列印刷品《犹太人的浴室》描绘了魔鬼在浴室里支持犹太人；17世纪的印刷品显示了魔鬼参加了犹太人的集会，并参与了犹太人的仪式；无数的卡通画将犹太人描绘成鹰钩鼻、丑陋、斜眼、不断算计着恶毒主意的人；菲利浦·鲁普雷希特在尤利乌斯·施特赖歇尔的《冲锋队》杂志中使这种诽谤的艺术登峰造极。总之，在审视这种巨大的、累积的、仇恨犹太人的视觉题材时，人们不应该惊讶于陈旧的犹太人形象被作为现实接受下来。

假如犹太人是魔鬼的门徒，那么他们必然拥有某种相关联的性格特征。例如，因为魔鬼散发着污秽的气味，犹太人也必然散发出恶臭。魔鬼最为著名的肉身之一是靡菲斯特（Mephistopheles）。尽管这一名称不是中世纪的，但是它来自希腊语各种各样的词素——mē是“不”的意思，phōs是“光”的意思，philos是“爱”的意思，即他不是爱光的人，是堕落天使路西法的拙劣模仿者。靡菲斯特这个词最有趣的词缀是mephitic，在拉丁语中，它是尖刻的、硫黄味的、恶臭的意思；在希伯来语中，tophel是说谎者的意思。当然，魔鬼是这一切的统称，犹太人的含义也是如此。因此，假如魔鬼散发着恶臭，犹太人也是如此。事实上，人们相信犹太人散发着恶臭，这一信念非常强烈，持续数代不退，这促使德国的学者研究犹太人屁的特性和来源。纳粹种族主义者汉斯·F.京特强烈地秉持这一信念，并承诺借助化学分析研究这一问题。

正如莱昂·波利亚科夫所揭示的那样，这其中还有大量的性影射。犹太人被显示出十分具有男性气概，十分沉迷于肉欲，因此对把精神纯洁、不受欲望影响作为拯救前提的基督徒形成了致命的威胁。魔鬼是物质的王，他利用人的身体作为诱惑的工具。基督徒的理想是耶稣和圣人的理想，他们超越了身体的物质诱惑，渴望精神的纯洁。众所周知，性的放弃在基督徒的信仰中是最崇高的理想。相反，性的沉迷被斥责为邪恶。为了使信仰神圣化，教会为所有性的表达盖上了羞耻的面纱，排除了色情的词汇、意象、行为和人，它们的信仰是：“对上帝的爱优于男女之间的爱，贞洁高于婚姻，处女比妻子神圣。”身体经常被贬为污秽和令人厌恶的物体，是许多贪欲或难以控制的欲望的温床。作为性欲的中介，身体能够与其他身体发生关系，结果是严重阻碍了人与上帝的关系。魔鬼被强烈地认为是“性欲象征性需求”的来源，这些需求使得基督徒没有把自己奉献给上帝。

在魔鬼之后到来的是淫荡的犹太人，这解释了犹太恐惧症一直显示出强烈的性色彩的原因所在。事实上，把性行为投射到恶魔或犹太人身上，可以解释为将自身禁忌的冲动外在化，这些冲动不仅是性的，而且可能也是被掩饰的对妨碍教会和上帝的权威抗议的感情。

与这种性幻想相关的是同样非理性的信念：不管犹太人外表看上去是多么男性化或性欲旺盛，他们本质上也是虚弱和多病的民族，需要周期性地注入强壮的基督徒的血液，以保持犹太人的健康。在许多犹太人所承受的折磨中，有经期大出血和痔疮大出血。人们相信，犹太男人因为被切割了包皮，因此会有月经，需要基督徒的血液来恢复精力。最有效的基督徒的血液是小孩子的血液；因此，将小孩子献祭，吮吸他们的血液，这些罪人会精力充沛，充满奇迹般的力量。就是以这种方式，祭祀杀牲的古代神话在犹太人祭祀杀孩的神话中找到了新的表现方式。第一个所谓的杀孩案发生在1144年的英格兰。在耶稣受难日的黄昏，人们在诺威奇附近的树林里发现了一具年轻学徒的尸体，谣言迅速传播开来：当地的犹太人可能根据犹太教士的指令，犯下了这一邪恶的罪行以嘲笑救世主的受难。然而，当地的行政机构并没有相信这一谣言，诺威奇的行政长官试图保护当地的犹太人，但结果是不成功的，因为城市里爆发了骚乱，其间，一个骑士杀死了一个犹太人，骑士是犹太人的债务人。结果是，城市为这位名叫"圣威廉"的年轻学徒举行了祭祀，建起了有利可图的祭坛，吸引了许多朝圣者。接着，诺威奇的案件引发了整个欧洲祭祀杀孩案件的洪水，每次都导致了诽谤性的指控、暴乱，以及对犹太人的大屠杀。当愤怒形成的威胁失控的时候，神圣罗马帝国的皇帝腓特烈二世召集了一个由显要人物组成的委员会——其中包括皈依的犹太人——来调查犹太人谋杀基督徒的孩子，以及在逾越节将他们的血液注入未发酵的面包的谣言。委员会回馈的报告是，没有任何证据确认这一传闻，相反，犹太人非常厌恶血液的流动，因为他们的饮食和宗教法则充分说明了这一点。1236年，腓特烈二世发布了重要的金玺诏书，在其中他明确澄清了对犹太人的指控。但是，正如莱昂·波利亚科夫所指出的那样，到那个时候，谣言已经深深地钻进集体意识当中，甚至腓特烈的帝王法令也无法改变这一危害了。

祭祀杀孩的指控与另外两个妄想相关联：圣体亵渎，以及相信犹太人的世界是由秘密而神秘的犹太教士阴谋分子的社团组织和控制的，他们策划推翻基督教文明。犹太人亵渎圣体的定论起源于13世纪，当时第四次拉特兰会议(1215)确定了圣餐变体论的信条，它相信耶稣的肉体和血液体现在圣餐的圣饼和红酒当中。13世纪末，人们谴责犹太人通过亵渎或侮辱圣饼来"毁坏"和"折磨"耶稣变成圣餐的身体。这一犹太人世界阴谋的神话，后来在19世纪著名的欺骗性文献《锡安长老会协议》中浮出水面，不过它在诺威奇案件之后就已经出现了，它声称祭祀杀牲是在法国纳博讷的一次犹太教士秘密会议上计划的。据一位改宗的犹太人披露：西班牙的犹太人每年在纳博讷聚会，选择一个基督徒用于每年的献祭，这在他们的宗教文献中被确定下来。这一举动的理由是：犹太人强烈地相信他们只有依靠嘲弄基督和每年用一个基督徒献祭来放血，他们才能获得自由和回到他们的祖国。于是，权力地位最高、影响最大的西班牙犹太人，每年都会在法国南部的纳博讷聚会，抽签决定在哪个城市放基督徒的血。

正如腓特烈大帝的调查团所指出的那样，这是明显荒诞不经的。尽管如此，犹太教士的作恶者计划献祭杀害基督徒儿童的妄想继续在发挥作用，它强烈到替代十字军东征成为了集体灭绝犹太人的理由。这一狂热很快在欧洲蔓延，并且经常使基督徒卷入这些犯罪行为，因为谎言必须得到个人和社会的蓄意编织、掩盖或者保护，经得起审视。也有一些案件，基督徒自己要么隐藏，要么绑架孩子，然后谴责这是犹太人所为，进而为更多的犯罪行为提供借口，包括掠夺犹太人家舍，杀戮无辜的犹太人。无论在哪里，只要所谓的犹太人的罪行发生，公共的祭坛就会被建起来，朝圣的行为就会得到安排，假定的受害者就被奉为圣徒。例如，1462年巴伐利亚恩丁格献祭杀孩案件发生之后，一出著名戏剧《恩丁格犹太人》每年吸引了大量的观众。在瑞士的伯尔尼，游客们依然能够参观到献祭儿童喷泉，它献给1294年在这个城市失踪的一个小孩。他的失踪使得全伯尔尼的犹太人因为谋杀而受到谴责。

1315年，一场可怕的饥馑席卷欧洲，接着是饥饿的农民成群结队到处掠夺，屠杀了数千的犹太人，尤其在法国南部的阿基坦公国。就是在那里，另一个对犹太人的谴责——他们在井里投毒——出现了，这在后来的黑死病当中还得到了强化。谣言可能开始于一个麻风病人，他在帕特南勋爵的领地被捕获，他供认一个犹太人送给他一包毒药，内含人血、人尿、三种秘密草药、圣饼的面粉，让他投到井里。这起事件启动了一场猛烈的谴责：犹太人正在往井里和泉里投毒。它在黑死病中得到了相当的强化，使民众心智错乱，易于接受各类非理性的信念。根据莱昂·波利亚科夫的观点，1347年可以和1096年相提并论，因为它在许多方面标志着在欧洲大部分地区欧洲犹太人的命运。除了以愤怒的上帝、魔鬼或两者一道的方式出现的不同寻常的宇宙力量被视为负有责任之外，对于许多敏感的民众来说，他们清楚的是，魔鬼的力量是散漫的，污染着空气，毒化着水质。假如魔鬼要借助不同寻常的奴才的帮助方能施展魔力，“假如他不从人类的渣滓当中，不在所有类别的垃圾中，不在麻风病人中去寻觅，总之，不在既是上帝又是魔鬼的选民的犹太人中去寻找，他又能在哪里招募到他们呢？这样，犹太人被大规模地提升为他们的替罪羊的角色”。

为了支撑很大程度上基于非理性思想的对犹太人的成见，也就是说，使它在经验的现实中无懈可击，降低犹太人的社会地位是必须的。就是以这种方式，犹太人满足了自我实现预言的邪恶逻辑，这种逻辑将外围群体定义为低人一等的，并把压制他们并使他们符合人们长期持有的内心意象付诸实施。当受害者自己都相信这一点的时候，这一自我满足预言的最高成就就出现了。比如，据说波兰的犹太教士在党卫队围捕时告诉他的教徒服从纳粹杀手，他说：“我们没有杀害耶稣吗？我们自己没有大声呐喊‘让血降临到我们头上来’吗？”无论基督徒想到怎样的令人厌恶的东西，他们都倾泻给犹太人。犹太人被禁止拥有中世纪权力真正来源的土地，他们也被排除在行会之外。迫于经济上的压力，他们从事了基督徒认为不仅是低人一等的，也是不道德的职业，尤其是放贷。犹太人热衷于放贷，实现了重要且非常有用的经济功能，但是也把他们置于许多恶毒的指控当中，特别是吸血鬼的指控。这一指控数世纪来在欧洲每个地方不断重复，并具有一点事实依据：犹太人放贷利率极高，有时达到本金的一倍。但之所以这么做，是因为他们一直是处于社会低人一等的地位。在欧洲的大部分地方，他们没有法律地位，也没强制执行的权力，他们不得不经常指望基督徒债主的承诺。几乎没有同时代的人感受到犹太人双重困境的悲剧；他们喜欢称犹太人为依靠基督徒邻里的生产性劳动生存的吸血鬼或寄生虫。这一指控构成了起源于中世纪的“非生产性寄生虫”终极神话的背景。数个世纪以来，这一神话以不同的形式反复出现，它坚持认为犹太人不像基督徒从事生产性或者与土壤相关的劳动，而是喜欢依赖城市中心土地的丰厚，在那里，他们从事纯粹算计的或抽象的金钱操纵，克卢尼修道院院长尊者彼得在12世纪就指控犹太人是一帮城市人，他们依靠努力工作的基督徒农民的劳动生存，用不公正的金钱交易欺骗这些农民。这位修道院院长和所有进行这类指控的人没有提及的东西是，犹太人不能从事手工劳动的职业。正如摩西·门德尔松后来公正抗议的那样：“他们捆绑我们的双手，然后抱怨我们没有使用它们。”

到中世纪末，现代犹太恐惧症的大多数要素都已经形成。这是一种仇恨，归根结底来自基督教文化自身的虚弱和不安全感。从心理学的观点来看，犹太恐惧症是基督教信仰者内心对自己宗教真理疑虑的表现；一种缓和这种疑虑的方式是将犹太人钉在十字架上，在犹太人身上投射基督徒内心的疑虑、恐惧和厌恶。根据史蒂文·卡茨的观点：

> 对疾病、污染、未见之物、未知之物、难以控制的力量、魔鬼和怪物、巫婆和巫师、自然和超自然的恶意力量、恶人和堕落天使、罪恶、神学上的腐败、神学上的谎言、正当的和压抑的性行为、自我、灵魂、原始需求和它们的外在表现、经济上的竞争和它的结果、政治上的失败和征服，等等以上一切的恐惧，都投射给犹太人了。

然而，依靠迁移犹太人，甚至给予他们可怕的、周期性的教训，基督徒依然不能使他们的不确定性平定下来，因为只要犹太人在基督徒的社会存在并活动，他们就活生生地提醒着：他们是不信奉基督者，是宗教的反对派。

思想具有社会和政治的结果，在犹太恐惧症的案例中，其形式是诬蔑、强迫集中居住、驱逐，甚至灭绝。为了标记出他们与普通、正派民众的区别，犹太人被迫穿不同的制服和戴特殊的徽章，比如在法国是黄色的圆形补丁，它类似一枚硬币，它的颜色和形状标志着嫉妒、贪婪、邪恶。在德国，犹太人被要求戴红色或黄色的统一帽子，在波兰是绿色的帽子，在意大利和西班牙是黄色的补丁。

与这种对个人的诬蔑一道出现的是身体上的隔离和驱逐。1290年，爱德华一世将犹太人驱逐出英格兰，他们直到17世纪中期才得以返回。在后来的几十年中，他们被驱逐出法国，并在德国的许多城镇被驱逐。在15世纪后期，基督徒最终重新征服了西班牙，其间，犹太人和摩尔人一道成为了宗教裁判所的目标。宗教裁判所1479年正式在西班牙建立，用来确认和拷打异教徒和基督教叛教者。第一裁判官托马斯·托尔克马达（1420—1498）实施了恐怖的统治，许多犹太人遭到了屠杀。宗教裁判所一直密切监视着改宗的犹太人，显示出对犹太人总体上根深蒂固的怀疑，并带来了一些丑恶且新颖的成见，特别是相信犹太人的血液是恶劣的，带来恶劣的性格，不可逆转，因为它通过遗传一代代地传承下来。就是以这种方式，生物学的种族主义首次在历史上出现，显然它的形式是初级的，但十分恶毒，足以让人们相信，纳粹分子并非第一个痴迷于血液污染和血液净化的。只是十三年后，当基督徒完成了西班牙的征服后，斐迪南和伊莎贝拉把犹太人驱除出西班牙，1498年葡萄牙也模仿了西班牙。到1500年，整个西欧，除了德国和奥地利的一些地区，都没有犹太人了。

到中世纪末叶，犹太人已经脱离了实际的人类生存，变为“没有人性的”神话中的恶魔人物。因此，对犹太人的仇恨被认为是美德。事实上，正如史蒂文·卡茨提示我们的，一个人越是仇恨犹太人，就越是虔诚。因此，纳粹并没有创立犹太人在精神上是邪恶的信念，教会已经显示这一点。纳粹分子给这一神话的信念增添的是其起源的不同解释。他们认为邪恶存在于犹太人的血液中，而非其宗教中。他们处理犹太人的方式也不一样，是从速的种族灭绝。正如后来所说的，中世纪对犹太人问题的解决要么改宗皈依，要么被驱逐出境；如果做不到这点的话，人们就允许犹太人作为局外人强迫集中居住，成为边缘化的存在，无论他们到哪里都被贴上标签，受到鄙视。基督徒不借助种族灭绝行动来解决犹太人问题的原因是，基督徒伦理建立在爱和对罪恶的宽恕上，不允许犯有这样不敬神的罪行。

移民和强迫集中居住

到1500年，世界犹太人的文化中心从西南欧（意大利、西班牙、葡萄牙、法国）迁移到东北欧（波兰、俄国西部）。犹太人伟大的黄金年代与犹太人—穆斯林—基督徒在伊比利亚半岛的合作相联系，它在经济和文化两个方面极大地丰富了世界，因此也肯定了弗朗茨·鲍斯的观点：“文化的进步依赖于提供给一个社会群体能够向他的邻里学习经验的机会。”但是，黄金时代到此走到了尽头。伊比利亚的犹太人作鸟兽散，在土耳其、巴勒斯坦、叙利亚，甚至新世界找到了自己的避难所。近东的犹太人被称为“塞法迪犹太人”（西班牙或葡萄牙籍的犹太人或其后裔），他们对自己的伊比利亚传统、高度神秘和思考性的神学、秘传的民俗、先进的商业技能感到骄傲。北部的犹太人大量拥入波兰和俄国西部，他们具有高度发达的文化修养感和商业才能，这些都有利于东欧落后的乡村。这些东欧的犹太人，也就是人们熟知的“阿什肯纳兹犹太人”（德系犹太人），他们讲的是被称为意第绪语的德语和希伯来语混合的方言，他们遵守犹太教士严格的规则，在自己的社区中过着与外界隔离的生活。这些在奥地利和德国四处生活的犹太人被强迫在称为“犹太社区”的地方集中居住，在隔离的居住区中生活。这些地方通常位于城镇最恶劣的地区，人口拥挤不堪。在这些隔离的强迫集中居住区生活的犹太人，被基督徒社区严格控制。犹太人不得不支付随意的、特别高的赋税，并佩戴专门的黄色徽章或帽子。他们被禁止与基督徒社交，并在夜晚禁止离开他们的居住区。

三百多年来（1500—1800）——准确的时间依据居住地的不同而不同——犹太人基本上是被隔离的，被强迫集中居住，但是，变化之风也冲击着他们孤立而充满焦虑的生活。基督徒的宗教战争（1540—1648）把整个欧洲带入强烈的宗教仇恨的战场，也侵害了欧洲的犹太人，特别是那些依然生活在德国的犹太人。新教改革之父马丁·路德是一个神经质的天才，具有本质上属于中世纪的思想，他以彻底的、毫不含糊的、来自对绝对之物深切需求的对立观点看待世界。一旦他发现真理，一旦他看见真理，他就会以尖刻的挖苦和鄙视去谴责所有不符合他自己观点的所有观点。路德可以作为分裂和矛盾人格的教科书典型。正如海因里希·海涅所说：

> 他是一个梦想的神秘主义者，也是一个行动的实践者。他的思想不仅有翅膀，也有手。他是冷酷的、学究型的作家，也是一个充满灵感的、沉迷于上帝的预言家。白日长时间地投入辛苦的劳作，总结出教义上的差异；夜晚拿起长笛，仰望星空，灵魂融化在旋律和奉献中。同样一个人，能够像渔妇一样破口大骂，也可以像少女一样多愁善感。

路德起初向犹太人伸出援手，因为他在感情上认同由他所鄙视为魔鬼的罗马天主教会让犹太人所承受的痛苦。他提醒他的德国同胞，耶稣是一位犹太人，他教诲了爱的纯洁的信条，因而基督徒的责任就是用爱和怜悯之心去对待犹太人，特别是当他看到天主教不能实现基督徒理想的时候。在一本作于1523年的名为《耶稣基督生来是犹太人》的小册子里，他说：

> 最初的传道者是犹太人，假如他们对待我们这些异教徒犹如我们这些异教徒对待犹太人一样的话，在犹太人当中就不会再有一位基督徒……我们应该以亲如兄弟的态度对犹太人加以报答，这样我们可以使他们中的一些人改宗皈依……我们只是异教徒，而他们是基督的后代。我们是异邦人和外来人，他们是基督的血亲、兄弟姐妹。

这段文字写于1523年，当时他和天主教会之间的斗争达到高潮。二十年后的1543年，在路德宗内部和外部发生了漫长的、十分保守而反对改革的斗争，路德将自己的怒气发泄到犹太人身上。他谴责他们是阴险的寄生虫，“坐在火炉边暴饮暴食，塞满自己的肚子。一边烤着梨子，一边放屁。他们剥削着我们的钱财”。在对犹太人物质贪婪的商业信条给予更严酷的道德谴责的同时，路德还提醒他的读者，犹太人犯有杀害基督，以及与魔鬼交易的罪行。他说：

> 第一，他们烧毁了他们自己的教会或学校……
>
> 第二，我建议拆除和焚毁他们的房屋……
>
> 第三，我建议没收他们所有的祈祷书和《塔木德经》的文本，它们教唆人们通奸、说谎、诅咒、亵渎……
>
> 第四，我建议禁止他们的祭司布道。
>
> 第五，我建议剥夺犹太人在公路上的安全通行。
>
> 第六，我建议没收他们的所有现金和金银财富……
>
> 第七，……让所有的人能够向他们投掷硫黄和石块。
>
> ……让他们像疯狗一样被赶出德国。

如此尖刻的言语有时达到了污秽的程度，正如路德许多情绪的爆发都是在他狂暴的时候。这些言语使得一些历史学家确信：“第一位伟大的德国民族预言家和德语的锻造者，确立了犹太人这个词彻底贬抑的和完全可怕的意义。”同时也让他们确信，路德对犹太人发起的攻击比希特勒在《我的奋斗》中人们所发现的更为邪恶；他整个启示录式的思考——犹太人在其中是魔鬼的孩子——是通往大屠杀之路的关键第一步。对路德的指控存有一定的真实性，因为在整个中世纪的神学家当中还找不到可以和路德恶毒攻击犹太人相匹配的事例；回想起来，甚至圣约翰·克利索斯托的反犹太人的爆发相较而言也远为温和，当时犹太人和基督徒势均力敌，为争夺皈依者相互竞争。确实，马丁·路德引发了宗教战争而非大屠杀，他与阿道夫·希特勒分享了——假设不在同样一个世界——同样的对犹太人的刻骨仇恨，这种仇恨显示出明显的鬼神学的特征。然而，路德是基督徒，而非种族主义者。尽管他的爆发走到了极端，但他相信犹太人是根据上帝的形象创造出来的人类，是可以拯救的。他没有塑造产生希特勒的世界或者思想框架。路德和他的支持者所做的，只是集中了现存的中世纪对犹太人的偏见，将它们留存于未来；当纳粹犯下大屠杀罪恶之际，其贡献在于，如果邪恶横行于市，势必出现良心的钝化。

路德发起的宗教改革带来了宗教狂热状态的强化，这种狂热加剧了现存的反犹太人的态度。然而，基督徒倾向于相互灭绝的事实意味着：先前很大程度上为犹太人保留的灭绝愤怒被替代了，因而得到了些许的减轻。这一例外发生在东欧。中世纪后期，犹太人在那里发现了庇护所，建立了稳固的国中之国。波兰国王没有理会天主教神职人员的反对，给予波兰的犹太人优厚的待遇，以致1565年一个教皇的使团惊讶地发现："在这些地区可以发现大批的犹太人，他们没有遭受到在其他地方遇到的轻蔑……他们拥有土地，从事商业活动，研究医学和天文学。他们拥有大量的财富，不仅被视为令人尊重的人，还成为了领导……总之，他们具有所有的公民权利。"然而，这种状况注定没有得到延续。波兰在17世纪因为没有能力创造一个强大的、集权化的国家，它开始衰落了。此时，内部的分裂恶化为严重的动荡。最不吉利的事情发生在1648年。那时，乌克兰的俄罗斯农民——他们大多数是东正教徒——反抗他们的波兰地主以及代表他们利益的犹太金融代理商。俄罗斯农民的造反导致了对犹太人和波兰人的大范围屠杀，最终导致了俄波战争，瑞典后来也参与其中，最后演化为任何人都可以参与其中的混战，十万犹太人遭到屠杀。

东欧的犹太人对这些通常被认为是自十字军东征以来最糟糕的屠杀作出了回应，他们退却到管理有序的孤岛世界，在严格的《塔木德经》研习的围墙后面把自己埋藏起来，这种情况在立陶宛和白俄罗斯尤其明显。然而，对于这种原教旨主义来说，有一个例外发生在波兰南部和乌克兰，在那里，类似于欧洲的福音派教会的基督教运动，诸如德国的虔信派和英国的卫理宗，犹太教出现了感情上的转向，除了对《塔木德经》持有更为自由的解释之外，犹太教信仰者们还在犹太教奥秘派以及犹太人的民间传说和诗歌中重新发现了丰富的神秘主义传统。他们自发地发现一种内心的宗教，它点燃了炽热的救世希望，这一宗教在富有人格魅力的传教士摩尔达维亚的伊斯雷尔·本·埃里泽（1700—1760）手上达到了顶峰。他的追随者被称为哈西德派教徒，他们把自己的名字给予了最伟大而神秘的现代犹太教——哈西德派。

启蒙运动和解放运动

西欧对犹太人的观点和态度的根本性变化发生在启蒙运动年代。启蒙运动自身是三个世纪来反对古代宗教和世俗权威的顶峰。启蒙运动最显著的推进是对世界的“去神话化”，是把世界重新定义为只是处于运动中的事物，它服从于能够被人类心智理解的理性进程。启蒙思想者具有新的科学原则和更宽广的人文视野，他们是通过重新发现古典遗产获得的这一视野。启蒙思想者试图规划新的人文主义宇宙观，以取代旧的宗教宇宙观，并且相应地来改造世界。启蒙运动之光来自它的中心法国，并成为了一场国际性的思想运动。它主要得到前卫知识分子的支持，他们系统地阐述了欧洲发达国家正在兴起的商业阶层的价值观念。这些得到广泛的大城市市民和中产阶级利益支撑的价值观念断言：所有人生来自由平等，应该从传统的、专制的控制方式中解放出来。对于一些人来说，这些新的人类解放的信条以及与其对应的词汇和短语——“理性”“进步”“人类尊严”“被统治者同意的政府”“自由事业”——都几乎变成了世俗的千年运动，这一运动旨在用更新的材料建设中世纪的上帝之城。

基督教千年精神演变为其世俗的对应物是无可否认的，不过，不同的是得到这种世俗的拯救所依靠的方法。正如卡尔·贝克所认为的，18世纪不是13世纪的重演，而是以西方文明为轴心的激进变化，从上帝和超自然的力量变为人类及其世俗的希望和渴望。拯救的方法也是不同的；科学作为方法取代了宗教，依靠这种方法，人们能够征服古老的敌人（无知、迷信、贫穷、战争），得到世俗的天堂。换句话说，启蒙运动是人类意识的一次重大的定位；同样重要的是，它也是心理上的转变，因为它说出了更乐观的、更宽容的话语。启蒙运动宣称人类本质上是良善的，良善的生活应该在此生的财富中，而非在来世中追求。所有这一切都可以通过有意义的社会和政治变化来实现。

启蒙运动许多设想后面的精神是新科学，它的支持者需要一个合作的、累积的、经验的和进步的世界；它的自我纠正原则允许采用旧的神学从未能够采用的方式纠正错误，因为新的科学不像信仰是建立在教条和未经检验的前提之上的，它要求经验上可以确定的事实。毫无疑问，鉴于对科学的这种信仰，对宗教的信仰必定会消失，事实也是如此。约翰·洛克作出了最初的努力，英国的自然神论者阐述了纯粹"理性的"、消除奇迹或神秘元素的宗教，从此开始，启蒙运动稳固地沿着哲学怀疑论、世俗人文主义、无信仰的方向发展。宗教变得越来越理性主义，越来越没有神秘感、激情感或来世的成分。尽管18世纪依然保留了对基督教传统的信奉，但是它的哲学先锋（伏尔泰、休谟、卢梭、康德、莱辛、杰斐逊）在本质上持有自然神论和怀疑论的思想。他们倡议更广泛的宗教宽容，在观念上希望政教分离。

像所有被压迫的少数人一样，犹太人欢迎启蒙运动的赐福；另外，当启蒙运动的思想在所谓的民主革命时代（1776—1848）付诸实践的时候，他们也成为新价值观的主要受益者之一。犹太人逐渐从公民权缺失的状态中解放出来。1781年，18世纪最开明的统治者之一奥地利的约瑟夫二世发布了他的第一个《宽容特许权法案》，其理由是，这是基督教要做的事情，同时它也对国家有用。确实，犹太人越来越受到宽容，因为这不仅是正确的，而且在经济上也是有用的。普鲁士国王腓特烈·威廉一世很久之前就告诉他的贵族们："犹太人和他们的商务似乎无害，而且对我们和国家有用。"事实上，就是在普鲁士，驼背的犹太人摩西·门德尔松向更大的世界打开了窗户，他几乎是独自一人发起了与占据统治地位的柏林以及德国其他地区的知识分子领袖的对话；主要是和戏剧家和哲学家戈特霍尔德·埃夫莱姆·莱辛（1729—1781），他的伟大戏剧《智者纳坦》代表着普遍宽容和同情最经久不衰的文献之一。门德尔松的朋友普鲁士公务员、基督徒威廉·冯·多姆不仅在德国发起了激烈的争论，而且在法国也是如此，他的著作《犹太人公民权的提高》（1781）在那里出版。这本书控告社会虐待犹太人，倡议给予犹太人完全的公民权和平等。1791年，法国革命议会大会承认犹太人具有完全的公民权，诸如莱茵兰、威斯特伐利亚、瑞士、意大利北部这些由法国统治的所有地方也是如此。巴伐利亚、巴登以及符腾堡模仿奥地利的模式承认了犹太人的公民权，但同时保留了某些限制。在1806年被拿破仑战败的普鲁士邦施行了内部的改革，在1812年承认犹太人的经济而非政治的解放。拿破仑战争结束之时，所有西欧和中欧的犹太人从先前没有人权的状态中解放出来，成为他们居住的国家的公民或国民。

解放运动的诱惑促动许多犹太人离开了他们的强迫集中居住区。这一诱惑是一把双刃剑。第一，它引发了与同化相关联的宗教和文化问题，接着，同化产生了动摇犹太人宗教信仰和文化的危险。第二，同化意味着人们希望犹太人接受成为有充分资格的法国、德国或意大利公民所必须具有的特质，同时它提出了一个棘手的问题，即犹太人所定居的民族社会是否把他们作为有充分资格的国民接收下来，并且作为对作出这种让步的回报，乐意承认他们有额外的权利来保留犹太人的身份。第三，欧洲犹太人自身是否能够为了与基督教徒的邻里和平相处作出让步？

在解放运动和资本主义扩张潮的冲击下，犹太人离开了强迫集中居住区。此时此刻，犹太人很快发现财富是社会地位的主要决定因素之一。犹太人作为贸易商和借贷人经验丰富，并且通过维护旧有的封建秩序所得甚微，他们很快变成了现代化的大代理商。甚至在民主革命之前，他们就作为宫廷犹太人，为管理整个欧洲皇室的金融事务提供服务。他们的大都市心理素质和能说多种语言的能力——几个世纪的必需品——使他们能够形成让他们的竞争者嫉妒的国际商务关系。罗斯柴尔德国际家族的崛起，也许是资本主义扩张年代犹太人成就最杰出辉煌的事例。这一家族的创建者迈耶·阿姆谢尔·罗斯柴尔德（1743—1812）最初是法兰克福一家银行的小职员，后来在城市的犹太胡同建立了自己的事业，涉足钱币、勋章、古董生意。在拿破仑战争期间，他积聚了大量的财富，在欧洲的五个金融中心——法兰克福、巴黎、伦敦、那不勒斯、维也纳——他的五个儿子建立了五家子公司，并且同时为德国、法国、英国、意大利和奥地利政府服务。这五个儿子优化了其父亲精明的商业洞察力和杰出的对时机的把握能力，使得罗斯柴尔德家族成为世界上最令人羡慕和厌恶的金融机构。罗斯柴尔德极度相信低价买入、高价卖出的政策；他们精于利用价格差在几个市场买卖国际货币，这是一个诡计多端的冒险，要求具有对当地金融、政治状态的直接知识，以及完美的对时机的把握。他们小心地选择代理人，代理人则准确地汇报当地的情况，这样，罗斯柴尔德家族成为比任何新闻机构都更消息灵通的组织。

罗斯柴尔德家族不仅成为了传奇性财富和权力的象征，而且成为犹太人仇恨者喜欢的靶子。正如汉娜·阿伦特在其他地方所说："还有比这样一个家族更好的证据证明一个犹太人世界政府的想象概念吗？在一个家族中有五个不同国家的国民，至少与三个政府有着密切的合作……政府间经常性的冲突从没有一刻动摇过其国家的银行家们利益上的团结。为了政治目的的任何宣传都不可能创造出一个比现实本身更有效的象征物。"然而，为了我们的目的，审视这一金融成就的另一面也是重要的，即它对于这个犹太家族的影响及其所受到的同化和国家化的诱惑。尽管迈耶·阿姆谢尔·罗斯柴尔德成功地将他的五个儿子安置在不同的欧洲国家的首都，但是他也导致了家族统一性的最终弱化，因为几个罗斯柴尔德被民族化为德国人、奥地利人、法国人或英国人。正如弗里茨·斯特恩谈论犹太人那样，尽管他们厚颜无耻，但是他们也为民族国家的荣誉和认同而奋斗，相对轻松地跻身最高层的国家圈子里，经常表现出明显的谨慎和保守的姿态。迈耶·卡尔·冯·罗斯柴尔德是阿姆谢尔·罗斯柴尔德的孙子，他是1867年北德意志议会的议员，并且在普鲁士的上议院任职；维也纳的萨洛蒙男爵跻身于维也纳最高层的宫廷圈子，获得了一个五十年投资北奥地利铁路的特许权；巴黎的詹姆斯男爵和他的儿子阿尔方斯在巴黎社会都是同样声名显赫；纳坦·迈耶的儿子莱昂内尔·罗斯柴尔德成为了英国下议院的首位犹太人议员，他的儿子纳坦内尔在1885年被维多利亚女王封为世袭贵族。尽管罗斯柴尔德家族试图依靠保持家族和商业的犹太性质来遵循严格的风俗习惯，但对民族政府的这种认同则既重视家族又重视民族的忠诚。

不像罗斯柴尔德家族或者后来的布雷施罗德家族，大多数犹太人依然生活在社会经济的边缘。只有少数人因为对国家的经济有用处才能获得显赫的地位。然而，这些人对于持续的歧视，以及发端于解放运动的、弗里茨·斯特恩所称的“同化的痛苦”都是脆弱的。这种痛苦涉及由分裂的忠诚所造成的困境，它经常使这些人的爱国主义与他们的宗教或家庭忠诚相冲突。

处于异教徒世界的危险和诱惑之中，犹太人的堡垒一直是家族，因为就是在这里，犹太人的模式——宗教的、道德的和民族的——被内在化了。犹太人一直视自己为少数民族，他们相互认为是一个延伸的大家族里面的人。解放运动能够解除犹太社会的纽带并弱化它的关系吗？犹太社会的先锋——它的领袖和成功故事，诸如摩西·门德尔松、路德维希·伯尔内、海因里希·海涅、费利克斯·门德尔松、罗斯柴尔德家族——正朝着同化、现代化、世俗主义的方向发展。为了避免反犹太人偏见和依然存在的限制，越来越多的犹太人皈依基督教，卡尔·马克思的父亲海因里希就是这样做的，他用18世纪的启蒙传统而非自己犹太人的信仰教育他的孩子。

甚至在犹太教内部，一些分裂在19世纪初期也在扩大。那时，一些犹太人支持启蒙运动，特别是被称为哈斯卡拉的犹太教变种，它与正统的犹太教决裂。改革者们向两个古代传统——《塔木德经》的主导地位和犹太教士的统治——发起挑战，他们坚持认为，犹太教必须使自己适应现代社会，重视诸如洛克、康德、黑格尔这样的非犹太哲学家的贡献。1818年，具有改革思想的犹太人建立了犹太人科学学会，它是一个教育和宗教的机构，学会会员以强烈的人文主义色彩传授广义的神学，并鼓励与非犹太人进行文化对话。改革的犹太教发端于德国的犹太教堂，具有改革思想的犹太教士在那里简化教堂的崇拜仪式，在布道中取消了犹太人救世主（弥赛亚）的降临或死者复活的部分，加入了管风琴和合唱团，用本国的语言而非希伯来语咏唱赞美诗。对现代性的这一让步，受到正统犹太教的强烈挑战。1843年，当改革运动的极端分子作如下宣布的时候，这一挑战达到了顶峰：

> 第一，我们承认摩西教中存有无限发展的可能性。第二，无论从学说还是实践的立场来看，通常以《塔木德经》指派的辩论、论文、观点对于我们来说没有权威性可言。第三，我们对把以色列人带回巴勒斯坦土地的救世主不抱希望，他对我们也不抱希望；我们不知道祖国在哪里，但是依靠出身和公民权我们知道我们属于哪里。

这一不同寻常的表述，体现了有史以来虔诚的犹太人作出的最大让步，这个让步后来证明没有被大多数犹太社会所接受，它对犹太人乐意使自己认同非犹太民族的主张也没有引发广泛的认同。大多数虔诚的犹太人开始视自己既是犹太人，同时也是德国人、法国人或英国人，他们要求法律上的彻底解放，在被视为公民的同时，也要被准许按照他们的宗教行事。欧洲国家乐意承认这种要求的程度，决定了欧洲犹太人被他们所居住的民族社会融合、同化、宽容的相对程度。

民族主义和欧洲种族主义年代的犹太人

在后拿破仑时代，在欧洲许多社会对犹太人的融合和宽容存在着长期的争论。这些争论在那些犹太人数量较多并达到较高社会意识水平的地区明显而强烈，主要是在法国和德语国家。在思想家们那里似乎比其他优先的问题是：在宗教、伦理和文化的范畴，犹太人的民族性格是否与德国人或法国人的民族性格相匹配。法国人对他们的文化和宗教身份有着非常一致的感觉，他们对犹太人的反对主要集中在宗教，后来主要集中在经济领域。法国的犹太人数量比其他国家少很多，在18世纪后期才刚刚超过5万人，在地理位置上主要限制在东部的阿尔萨斯和洛林。法国的反犹太人偏见主要是由三类人士表达：一是反动的罗马天主教作家；二是犹太教的改宗者，他们积极地反对过去同一宗教体系的成员；三是社会主义的批判家，他们因为犹太人推行资本主义的行为而攻击他们。然后，德国人在几个方面的反应更为强烈：第一，因为犹太人从未像在英国和法国那样完全被驱逐出德国，因此他们成为一个真实的存在，而非仅仅是一个根植于民间传说或艺术的存在；第二紧跟着第一，犹太恐惧症构成了持续的、顽固的传统；第三，德国人缺乏对民族身份一致的感觉，会受到民族主义符咒的强烈影响，最终沿着狭隘的文化和后来非理性的路线把自己排他性地圈定起来，以致越来越多的德国人拒绝接受融合其他非日耳曼民族的或宗教的少数民族，尤其是犹太人。

争论“犹太人问题”的小册子，在拿破仑战争之后如洪水般泛滥于德国，这个争论正如在下一章所见，对19世纪后期的犹太恐惧症产生了深远的影响。19

世纪70年代之前，这一争论依然在传统基督教的范围内受到引导。在反犹太人方面，它的出发点是安德里亚斯·艾森门格尔对犹太人宗教和行为的指控，他的两卷本巨著《被揭露的犹太人》(1706)对犹太人的信仰和所谓的错误行为进行了研究，为仇恨犹太人的人提供了羞辱他们对手所需的全部军火，即犹太人属于一个完全不同的民族，他们蔑视其他民族的信仰，他们遵循着双重道德标准——一个是他们自己的，另一个是外部目的的；他们还用活人献祭，进行圣体亵渎。艾森门格尔所研究的范围，他对希伯来语、阿拉姆语、阿拉伯语的了解，以及他机智的暗示和曲折的解释，这一切都使他的著作成为对犹太人仇恨的主要源泉，直到19世纪后期，生物学和种族主义的观点完全改变了这本书的认知框架为止。但是直到那个时期，艾森门格尔的书籍在其他地方还没有对等物，一直是德国犹太恐惧症的起始点。艾森门格尔依然希望犹太人皈依基督教，如果失败了，就把他们赶回强迫集中居住区。19世纪初期的批评家似乎也是一样的，他们在浪漫的民族主义的影响下写作，尤其是在席卷德国一些城市（维尔茨堡、班贝格、拜罗伊特、法兰克福、汉堡）的反犹太人骚动中，把传统的基督教犹太恐惧症和新的、粗野的、诞生于政治挫折和反资本主义情感的民族主义结合起来。同时代的犹太观察家认为，这场德国人的愤怒是一个新条顿主义，是一种新型的、浪漫的外国人恐惧症，它由右翼的浪漫主义运动（阿恩特和扬）释放，它拒绝犹太人曾是德国民族一部分的观点，因为犹太人缺乏必需的基督教—日耳曼精神。然而，许多反犹太人的批评家依然相信皈依这两个精神是可能的，广大的中产阶级和德国许多州的领导也如此相信。骚乱被无情地镇压了，犹太人的同化在继续向前，尽管采取的形式是勉强的承认，而非成熟的法律和社会的解放。1848年法兰克福议会公开主张给予犹太人完全的平等权，这是对18世纪人的自然权利的民主信仰的重申。

然而，在19世纪的最后二十五年，一种新型的犹太恐惧症出现了，它不仅掀起了一波新的席卷欧洲的仇恨浪潮，而且制造了纳粹思想得以培育的土壤。这就是建立在伪科学理论基础上的生物学的种族主义的出现，这些理论由达尔文的追随者编造出来，他们扩展和错误地解释了达尔文的生物学发现，去适合他们的意识形态安排。接着，生物学的种族主义和新型的、好战的民族主义、帝国主义聚集起来。然而，最不幸的是19世纪后期的思想家们，尤其是生活在非民主或非自由主义社会（诸如德国、奥匈帝国、俄国）的思想家们，开始放弃了启蒙运动的价值观，背弃了平等、民主、自然权利和理性。这是一次深远的文化转向，对现代犹太人具有重要的意味。

种族主义根植于民族的偏见，在欧洲有着长期和丑恶的历史。欧洲大陆是有着广泛差异的民族群体的大杂烩，它们之间的紧张可以回溯到数千年前。民族主义的兴起加剧了这些紧张，因为民族自决和扩张的理想现在得到了意识形态的支持，并上升到准宗教的水平，甚至上升到本质上千年论的水平，它威胁要在重新开始的冲突中爆发。最尖锐的民族紧张存在于日耳曼人和斯拉夫人之间，尤其是位于从巴尔干到黑海漫长、宽阔的带状欧洲部分，在那里，数个世纪不断变化的征服，已经把这些地区分裂成多民族的、多语言和多宗教的混合体。也就是在欧洲的这个部分，大多数犹太人居住于此，后来被种族问题放大的民族主义制造出了最严重的伤害。另外，在这些地区，泛斯拉夫主义或泛日耳曼主义的增长，作为一种强大的力量，在解散多民族的帝国中，在统治精英复兴帝国的梦想中起到了推动作用。

民族冲突必然激发的最阴险的影响是种族主义，它在19世纪起源于个人或社会偏见，发展成总揽一切的、宣称拥有进入世界历史万能钥匙的意识形态。种族主义的思想家在颂扬他们种族优越性的时候，主要诉诸新的生物科学，以及有目的地采自生物学的社会含义。公共的讨论非常强烈地集中在神奇的达尔文的术语上，比如“自然选择”“遗传性”“生存斗争”“适者生存”；潮水般的印刷品关注于种族血统、种族行为、种族繁衍、种族提高。借助达尔文的发现，公众自然想知道哪些社会、哪些民族最为优越以及为何优越。必然的结果是，民族中心论的研究者们一下就得出了草率且对自己有利的结论：皮肤的颜色是生物的优势，因此也是社会优势的主要决定因素。阐明最优势民族和最低劣民族的种族特性，以及依靠比较人类学证明哪些性质提升生存能力，哪些性质弱化生存能力，仅仅是无足轻重的问题。普遍的共识是：竞争、勇敢、大胆和进攻的性质提升了生存能力；同时，软弱、妥协、和平，总之是消极的特性，从社会生物学的角度来看是不受欢迎的。

这类想法和新兴的优生学运动相联系，它发端于英国，由达尔文的表兄弟弗朗西斯·高尔顿爵士创立。高尔顿是这一信念——在铸造个人性格时，遗传的作用高于环境——有力的倡导者。他和朋友卡尔·皮尔森一道，呼吁民族同心协力去繁衍一个优等的人类种族，方法是鼓励适者生育，同时假如是必需的话，采用绝育的手段阻止那些虚弱的、无能力的、患病的人生育。就是在社会优生学的讨论过程中，皮尔森和其他人推动了国家社会主义的理想，其形式和五十年后的纳粹采用的相差不多。例如，皮尔森用个人有机体的类比来描述民族，并警告说，除非一个民族是同质的整体，否则它不能在生存竞争中生存下来。因此，阶级的冲突完全是分裂性的，必须在一个新的社会主义国家连根拔除。在这个国家当中，每个个人不再考虑社会等级，为了共同的利益相互合作；在这个国家当中，依靠适当的优生办法，最强壮的、最聪明的人获得领导的地位。

在所有种族主义理论家当中，种族主义最有说服力的布道者是法国的亚瑟·德·戈比诺伯爵和英国的休斯敦·斯图尔特·张伯伦。戈比诺经常被视作首位“雅利安”(白种人)优越性的代言人，他的四卷本文集《论人类种族的不平等》(1853—1854)和张伯伦的《19世纪的基础》被普遍认为是20世纪法西斯主义主要的意识形态基石之一。他们两个人都是文化保守主义者，对现代工业化和民主的社会弊病采取坚决反动的态度。两个人还企图用种族主义的术语来解释文明的兴衰，认为使得文明成为可能的创造性增长的基因，存在于雅利安人的种族优越性当中，两个人不加鉴别地、错误地将雅利安人作为标签从语言学转移到生物学。两个人也是彻底的反犹太主义者，视犹太人不仅是种族上次等的种类，而且是破坏性的社会力量。假如雅利安人或条顿人是文化的创造者，犹太人一直是文化的毁灭者，一旦犹太人把他们的印记贴在任何运动上，它的活力就会遭到破坏。张伯伦指出，基督教因为其双面的表现，即一半是犹太人的，一半是雅利安人的，因此是一个典型的事例。它的雅利安人的一面，在象征主义和神话方面极为丰满；犹太人的一面，在对仪式和法规严苛的遵守中色调强烈。这样，基督教中最好的成分——它原始的活力和童真的信仰——被犹太人的因素扭曲成难以容忍的信条，这一信条强调罪恶、罪行和惩罚，而不是拯救、爱和神恩。在这些反思的过程中，张伯伦对犹太人的深深反感使他得出了惊人的结论：鉴于雅利安人英雄的特性，耶稣必定是雅利安人，而非犹太人。

戈比诺和张伯伦的另外两个相似之处应该得到注意。第一是他们的著作尽管装作是科学的或学术的，但实际上是带有政治意图的真正的种族主义小册子；在这里，他们代表着一个新兴的文学体裁，它由假装成学术著作样子的文本构成，但将它归属于一种通俗的辩护更为合适。第二是他们的著作在德国最为流行。戈比诺的种族主义理论得到了作曲家理查德·瓦格纳极为成功地推广。事实上，戈比诺和瓦格纳在发现他们的审美感是如此相似之后，建立了紧密的友谊。在拜罗伊特的瓦格纳的社交圈里，戈比诺的种族主义信条得到了热心的推广。1894年，路德维希·舍曼将戈比诺的著作翻译成德文，并在弗赖堡建立了戈比诺协会。张伯伦也与瓦格纳和德国有着密切的联系。作为一位英国移民，一位大英帝国融学者、冒险家、士兵为一体的富裕家族的后裔，张伯伦被瓦格纳的音乐所吸引，并定居德国，娶了瓦格纳的一个女儿，成了激进的日耳曼主义和狂暴的反现代主义的焦点。他的《19世纪的基础》一书到第一次世界大战爆发时销售了10万册，各种泛日耳曼组织和反犹太组织热情地赞同这本书的信念。另外，张伯伦还加入了一些非常有影响的社交圈子，也算得上是德国皇帝的朋友，他的思想得到了统治精英们的支持。在20世纪20年代，张伯伦积极地支持纳粹党人，他们认为他是他们当中的一员，将他的著作奉为"战斗之书"，视作党照亮胜利之路的灯塔。

在19世纪后期，种族主义和几个捣蛋的观念相互滋养。一种决定性的反动力量开始流行，反对条理清晰的、经典的、理性主义的思想模式，它深远地动摇了西方文明的平衡。理性至上是启蒙运动的标志，它受到了一些奇思妙想的作家越来越多的挑战，他们强调意志、非理性、主观、直觉或人类生活无意识的主导作用。历史学家称这种知识的反革命为"活力论""非理性主义""新浪漫主义"或"新神秘主义"。这些标签是有启发性的，但也是误导性的。对理性的造反主要是指向工业文明的精神，这涉及对都市生活、技术理性，以及资产阶级生活普遍存在的驯服的、缺乏激情的、没有英雄色彩的日常工作的深度不满。依靠一些直觉的逻辑，远古的思维模式从不同的文学和哲学领域突然汇聚起来，开始挑战有关人类理性，以及通过科学、资本主义、议会民主来实现社会秩序完善的中产阶级（启蒙运动）不证自明的假设。

弗里茨·斯特恩认为，这种精神状态一旦被社会和政治清晰地表达出来，并得到组织化的时候，它就是"文化绝望的政治"，并且他注意到这种精神状态深远的反对改革和反现代的态度。许多知识分子和青年人谴责技术的非人性趋势、“低等阶级”政治的危险，以及美学趣味的堕落，他们采纳了一种深厚的反民主的、精英主义的、带有非常强烈的反犹太主义色彩的态度。他们不喜欢为人类的利益去掌握现代世界的力量，而是偏爱一头栽进神话的、古代的生活方式当中。在其最极端的形式中，它以一种在德国名为“种族主义的”意识形态的、强大的地下运动的方式证明自己。

鉴于西方文化中的这些分歧，在19世纪后期出现了犹太恐惧症的猛烈爆发，也就不足为奇了。迫害犹太人成为了欧洲几乎每一个地方大众的消遣。那个时期，最多产的犹太人迫害者可以说是法国人爱德华·德鲁芒，他绞尽脑汁想出一连串羞辱犹太人的话，相比之下，其他人的话就显得温和许多。在他两卷本的《犹太人的法国》(1886)和他在1892年创办的《自由言论报》上发表的大量言论中，德鲁芒不断地对犹太人发起谴责，说他们在身体和心理上都与众不同，散发着臭气，在金融上剥削法国人，破坏法国文化，把法国出卖给德国人。19世纪90年代发生的两个事件强化了法国的犹太恐惧症：一件是政府丑闻，涉及犹太银行家雅克·德·雷纳和敲诈者科尔内留斯·赫兹对政府官员的巨额行贿；一件是德雷福斯案件，可以说它是19世纪末最著名的事件。德雷福斯案件影响巨大，因为它揭示了在法国军队、罗马天主教以及右翼保守主义当中，存在着广泛的反犹太人偏见。同时，它也揭示了反对德雷福斯的人面对着甚至更大规模的、更有力量的、支持德雷福斯的共和主义和社会主义的阵营。在左拉发表了《我控诉》之后，这一点得到了证明。法国和英国的犹太人是先进的自由主义民主政体的公民。在法国，启蒙主义的思想比其他地方的都强大，犹太人更好地同化进了法国知识分子的生活，比如伯格森、邦达、涂尔干的职业生涯都显示了这一点。法国人通常在接受他们未来的知识分子领袖时，从不考虑到他们的宗教和种族背景。正如佩吉的一位学生所说：“我们一直和我们的犹太同志友好地生活在一起，犹如和我们的基督教同志生活在一起一样。我们从未感受到犹太人与我们不同。一个人必须承受其宗教和种族痛苦的想法，对我们似乎是难以忍受的。”

相比之下，正如我们所见，犹太恐惧症在德国和奥匈帝国得到了更加强烈的、制度性的强化。然而，在第一次世界大战前，整个世界对犹太人最危险的地方是东欧和俄国，而不是德国。就是在这些地方，政府实际上通过歧视性的立法以反对犹太人。例如在罗马尼亚，政府对大约25万犹太人启动了严厉的法律限制，剥夺了他们的投票权和获取公共职位的权利。然而，对东欧犹太人最为毁灭性的办法，是由俄国政府在19世纪80年代发起的。犹太恐惧症在基督教的西欧一直很强盛，除此之外，犹太人在俄国面对着沙皇专制体制及其精神支柱东正教会紧密结合的力量，不仅俄国国家君主至上的性质体现了对俄国犹太人的危险，而且其高度的救世主的性质也加强了这一威胁。莫斯科人的意识形态，以及对两头鹰这个拜占庭象征物的采用，都在宣布莫斯科是第三个罗马、一个新的耶路撒冷、作为基督教中心的罗马和君士坦丁堡合乎逻辑的继承者。一个把自己想象为宗教上选择出来的国家，必然和一个势均力敌地扬言自己为神选的民族发生冲突。俄国民族主义的兴起保持了强烈的天启的、救世主的期待，使得俄国人的排外意识，以及含蓄而持久的犹太恐惧症更加突出。有趣的是，俄国人的内心景观充满了救世主的思想，以至于它激励着相当可观的神学思想的杂交，刺激着俄国的犹太人以民粹主义和犹太复国主义的形式展现类似的救世主式的期待。

对犹太人的歧视和屠杀，数世纪以来在俄国的体制下一直是系统性的。政府对犹太人主动积极的歧视在19世纪80年代初期沙皇亚历山大三世统治时期得到了强化，他通过一系列法令禁止犹太人购置土地资产（1881），限制他们进入大学和中学，强迫那些生活在俄国中部的犹太人迁移到西部省份，即所谓的"犹太人指定居住区"（1890）。在那里，犹太人被限制在自己的土地上，被全面地监视、控制，并受到人身攻击，以这些行为对斯拉夫极端主义分子作出让步。据估计，在19世纪末，有500万以上的犹太人生活在俄国，他们当中的大多数人生活在指定居住区，并且通常生活在悲惨的经济状况之下。发端于1881年，通常是由沙皇的官员策动的针对犹太人的乱民暴力行为，表面上看是因为犹太人要对亚历山大三世的被刺负有莫须有的责任，实际上是将犹太人从俄国主要的城镇驱赶到犹太人指定居住区，并且满足不断增长的犹太恐惧症情绪的胃口。就是在这一对犹太人普遍的仇视之后，公开出版的反犹太人最恶毒的文献之一《锡安长老会协议》，在俄国和其他地方带来和发现了自愿的信奉者。这份文献由沙皇的秘密警察捏造，以莫里斯·乔利和赫尔曼·戈德舍有关文学和政治的小册子为基础，由24篇据说是犹太人领袖作出的"协议"或演讲构成。这些领袖解释他们是如何采用了自由主义、社会主义、无神论的颠覆性力量去破坏西方文明的，并为建立犹太国家做好准备的。首次出版于1903年的这个协议和数百种反犹太人的小册子在俄国广泛流传，并且后来由布尔什维克主义的流放者带到西方，他们包括阿尔弗雷德·罗森贝格、马克斯·埃尔文·冯·舒伯勒—里希特，以及数以千计的保皇分子。在西方，他们煽动着最终进入纳粹运动的仇恨火焰。

经济贫困和政治迫害的联合效应，解释了俄国的犹太人大批逃离俄国的原因。一些流亡者被正在兴起的巴勒斯坦犹太复国主义运动所俘获，这一运动鼓动犹太人在巴勒斯坦重新建立一个犹太国家，但是另一些流亡者把西方和美国作为更好的生活地点。许多犹太人把刚刚统一的德国视为永恒的天堂；他们被德国的发达技术，优越的教育体制，具有世界声誉的伟大诗人、哲学家、思想家，以及刚刚赋予犹太人具有完全公民权的法治国家所吸引。1871年在犹太人获得法律上的解放之后，普鲁士下议院一位犹太议员如释重负地说："在多年徒劳地等待之后，我们最终在安全的港口靠岸。"从大屠杀之后的视角来看，这一判断的悲剧性错误急切地需要一个解释。

第二章

德国人和犹太人，1700—1871

作为一个德国问题的犹太人问题

无论是过去还是现在，无数访问德国的游客，都会震惊于这个国家的风景如画和得到完美保存的乡镇，友好而整洁的民众，功能流畅的运输系统，尤其是它那欢乐的氛围。对游客来说，令他们流连忘返的有啤酒屋，女服务员穿着紧身连衣裙和镶着花边的宽松上衣，抓着几个巨大的啤酒杯子，精力旺盛的乐队演奏着快乐的乐曲；有咖啡屋，那里有丰富的点心；有巨大的博物馆、剧场和歌剧院，高雅艺术在那里得到十分精细的组织和展示。但是，如果一个游客具有敏锐的感觉和语言的知识，他或早或晚一定会感到疑惑：德国国土的面貌和它的民众吸引力不够。例如他会发现：德国人非常不喜欢外国人，尤其是那些决定在那里定居的人；他们非常褊狭，非常有民族优越感；他们从不批评自己的价值观或风俗习惯，哪怕是温和的；为了在竞争中获取优势地位的迫切需求，使他们不惜破坏规则；不可能承认世界上其他的民族或制度可能比他们的更好。

远甚于今天，德国人在过去还有一个令人讨厌的习惯，他们一直服从权威，并且是本能地、不假思索地服从。服从被视为美德，孩子在非常严格的约束下，根据十分僵化的规则长大成人，他们要么服从习惯的力量，要么模仿礼貌的行为，以致一个人无法分辨两者的差异。数个世纪以来，世俗和宗教的机构——包括教会、国家、家庭、学校和军队——培养了德国民众服从权威的习惯，这一习惯可能构成了德国人国民性格中最大的盲点。历史学家戈登·克雷格作为学生在1935年访问过德国，并在慕尼黑同美国的领事哈撒韦进行了一次讨论。他想知道为何德国人作为公民心甘情愿地、卑贱地服从世俗的权威，同时作为哲学家或者神学家表现出难以抑制的个人主义。他从一位明显欣赏和理解德国人的人那里得到了最富有启迪性的答案。

> 哦，天啊，我生活在慕尼黑南部的一个小村庄，那里的人工作勤奋，对人友善，普遍对政治没有兴趣，我和他们相互喜爱、尊重。但是，假如某个穿制服的人来到他们当中说："齐步走！"他们就会齐步走。假如这个人说："去砍掉哈撒韦的头，他是一个坏人！"他们就会回答道："我们不知道他是坏人。"但是，他们就会同时把我的头砍掉。

自此我们领会到，哈撒韦有趣的评论包含了对德国人、他们的自我形象、他们的文化特性、他们与其他人的关系的致命真相。对于克雷格来说，哈撒韦的评论和一位英国的精神病专家从一个党卫队集中营的卫兵那里得到的印象相似。这个卫兵之所以这样做是因为规则这么说的："从明天开始，我们有了新的阶级敌人犹太人。规则是这么说的。"当然，数世纪以来，德国人被灌输了犹太人是敌人的思想，但是规则在纳粹统治时期构成了官方的许可。德国人一直需要这种许可把他们的信念或偏见变成官方的行为。德国人为不同寻常地落实具体事务而具有的这种组织化、集体性天赋，给他们对犹太人的仇恨增添了特别致命的成分。

在现代世界，德国人的犹太恐惧症的思想轨迹，从安德里亚斯·艾森门格尔1706年出版的《被揭露的犹太人》开始，直到阿道夫·希特勒1925年书名和仇恨大致相应的《我的奋斗》，其中的狂热、残暴、仇视犹太人构成了其核心的强迫症之一。在1706年和1925年这两个时间点之间，人们不能不注意到一个不间断的关于犹太人问题的对话，它从退潮到涨潮，到沸腾，直到升腾至狂热的程度。犹太人问题对于许多德国人来说一直是当下的。启蒙者要"提升犹太人"，使得他们成为优良公民；浪漫主义的民族主义者要他们皈依日耳曼民族的价值观，以及日耳曼民族的精神；自由主义主张社会同化的人建议通婚，保证更高程度的对人类价值观的忠诚，而非仅仅对犹太人的宗教、家庭或民族社群的忠诚；19世纪后期具有种族倾向的民族主义者，要把他们驱赶到犹太人强迫集中居住区，剥夺他们的公民权利，或者甚至灭绝他们。

德国人对犹太人和犹太人问题的成见是顽固的和强迫症式的，对于现代实际生活在德国领土的犹太人数量来说是不成比例的。在艾森门格尔的时代，德国的犹太人不超过5万人；一个世纪多一点时间之后，也就是在1820年，犹太人的总人口大约是25万，大多数生活在普鲁士；到1871年德意志第二帝国成立，犹太人的人口为38.3万（占总人口的1.5%）；在1925年，犹太人的人口上升到56.4万（占总人口的0.9%）；到希特勒掌权的时候，犹太人的人口为50.3万（占总人口的0.76%）。这些数字显示了犹太人口的上升相对是温和的，同时相比于1871年到1933年之间总人口数量，实际呈现出稳步的下降。一些历史学家认为，犹太人尽管数量是少的，但是他们在观感上引人注目，因为他们生活在大城市，在某些职业，比如企业、商业、法律、医疗、新闻业、艺术等“自由职业”有突出表现。毫无疑问，他们充分利用了解放运动提供给他们的有利机会，进入了精英中学和大学，数量比例远远超过当地的德国人，并获得了相应的好处。正如人们所见，他们的创造性贡献蔚为壮观，因此在许多德国人当中也引起了惊愕、担心和嫉妒，但在任何时候都不能说犹太人对德国人的财富或精神福祉构成威胁。事实上，犹太人在政治上从未被很好地组织，作为德国人，他们也没有认为自己适应了新的文化风俗，因此犹太人没有构成任何真正的威胁。

然而，正如上面所提及的，犹太恐惧症首先不是建立在现实基础上的，而是建立在错误的看法、成见和妄想基础上的。由于这个原因，犹太人问题真的是德国人的问题或者麻烦，对这个问题的理解首先要求揭开德国人自身中的这一问题的面具。总之，这不是犹太人的妄想，而是德国人的。这个问题的性质存在于特定的历史发展中，它塑造了德国人对其犹太同胞的看法，正如先前所指出的，主要是长期的犹太恐惧症的基督教传统；塑造了可能归因于浪漫主义运动的明显不同的文化和道德盲点，尤其是19世纪后期极端的民族主义派别；塑造了对生物学种族主义乌托邦的极端痴迷；塑造了无论从个人还是集体角度，德国人都没有能力在人性的、普世的意义上定义他们作为德国人的身份，这个意义就是包容和宽容不同的宗教和民族群体。为了理解大屠杀，还必须另外增加几个德国人的“文化特性”：夸张的秩序感及相应的对权威（集权主义）的服从；过度的对军事及其生活方式（军国主义）的欣赏；对民族优越性的骄傲感及相应的对外国人或“未同化成分”的偏见；植根于以往宗教和哲学传统的对以世界观形式体现的，放之四海而皆准的意识形态解释的强烈需求。

解放运动时期的德国人和犹太人

在弗里德里希·尼科莱名为《塞巴尔都斯·诺特汉克》（1776）的作品当中——这是一本机智的、具有讽刺意义的成长小说，有点模仿伏尔泰的《老实人》——主人公被要求写作一篇爱国主义的论文来论述祖国的光荣，但他不知道他应该写作的祖国是什么。这个故事说明了一个德国人在其大部分历史中一直在较劲的问题，它涉及德国人没有能力去铸造一个共同的民族身份。事实上，人们可以认为德国历史的主题之一就是寻求民族的统一和认同。在过去五百年的历史当中，德国人忍受了内部宗教和政治的分裂。直到中世纪末，德国依然是一个地理上的措辞，其摇摇欲坠的帝国——日耳曼民族的神圣罗马帝国——被各种使政治权力掌控在封建诸侯手中的离心力量撕扯得支离破碎，这些诸侯守护着分散化的国家行政管理。与此同时，其他欧洲国家已经朝着集权控制的方向行进。宗教改革运动增强了宗教分裂，这一分裂不仅进一步弱化了一个同质的民族国家的发展，而且在宗教战争中得到了爆发。这场战争留给了这个国家经济上的灾难，并使德国内部分化成1789个独立的公国，使它受到更强大国家的支配。

三十年战争的结果是，德国的人口下降了大约35%，从2100万人减少到大约1350万人。德国的部分地区，大多数在北部和东北部的中部地区，包括普鲁士、萨克森、汉堡，没有受到太大的影响。其他地区却承受了可怕的损失。符腾堡、巴拉汀及波希米亚在人口方面经历了灾难性的损失。尤其在战争的最后阶段，当瑞典人自瑞典挥师南下进入巴伐利亚州的时候，他们留下的是毁灭和掠夺。在这场战争的最后十八年，大约1.8万个村庄连同1500个城镇、200个城堡遭到了毁灭。除了第二次世界大战,现代战争中还没有实例像三十年战争那样承受了如此巨大的人口损失。最终的结果是小贵族、诸侯贵族和政治专制主义的胜利,这一胜利得到了宗教权力机构的认同。在新教的北方和天主教的南方,德国民众都习惯于对诸侯权力或教会权力最严格的服从感。路德派的传统尤其如此。这个传统遵循路德与世俗权力达成的妥协,把自由限制在内心生活当中,用纯粹的宗教或精神的术语对自由进行定义,劝诫信仰者在其他所有领域服从诸侯权力。无数路德派的牧师在讲道坛上鼓吹"服从权力"这一箴言。在18世纪从事大众启蒙的时候,一位新教牧师提醒其善良的教区居民:"上帝要求我服从权力,要求我完成被赋予的任务。假如我没有这样做,我对上帝是有罪的,因为权力不是偶然实现的,而是上帝安排在这里的。"

这些服从权力的习惯被教会和国家认同,并在家庭和学校体系中得到强化。在18世纪的革命之风中,这些习惯存活下来,尤其是通过普鲁士军国主义的传统,体制化地渗透到19世纪,最终在1871年构成新的日耳曼帝国的基础。民主理论和抗议的浪潮席卷了西方世界,当然也影响了德国,但是它的规模十分微小,因为与欧洲其他地方相比,在德国启蒙运动十分微弱,封建权力依然十分强大。业已建立起来的权力机构,通过与相对虚弱、缺乏安全感、经济上没有独立性的知识分子阶层的妥协,吸收了民主的抗议。只有新教的北方明显受到了启蒙运动的平等主义思想的影响,并且甚至在那里,它也被限制在像柏林、汉堡、莱比锡、哈雷、哥廷根这样的大城市里,限制在几个著名的知识分子圈子里。它依然缺乏以不断自信的中产阶级形式体现的强大经济的支撑,而在英国或法国,中产阶级通过经济和政治的变化已经获得了这种支撑。

德国启蒙运动的中心是柏林,尤其在腓特烈大帝统治时期(1740—1786),这位哲学家国王一度是伏尔泰的朋友,也是法国文化的爱慕者、科学和艺术的赞助者。这位普鲁士国王邀请伏尔泰前往柏林作为他的宫廷诗人,鼓励法国百科全书派思想的宣传推广,并推进柏林科学院在其院长、法国科学家和哲学家莫佩尔蒂的主持下工作。在大众的层面上,启蒙思想得到名为"大众哲学家"一个团体的推进,属于这个团体的弗里德里希·尼科莱(1733—1811)是一位柏林的书商和流行作家,最为有名,且富有影响。尼科莱赞成一种简单的哲学,对于德国知识分子来说明显也是乐观主义的哲学,这一哲学后来被包括歌德和席勒在内的著名知识分子大加嘲讽。但毫无疑问的是，尼科莱在文学上的成就——体现在小说、讽刺作品、散文、游记等方面——为其赢得了广大的读者群。尼科莱最著名的合作者是犹太哲学家摩西·门德尔松（1729—1786），他1743年来到柏林，不为人知，一无所长，说着一口蹩脚的德语，但通过努力工作和坚忍不拔的心智，得到了当时少数欧洲犹太人享有的知识分子杰出人士的地位。据说，1743年他第一次通过柏林城门的时候，海关官员的记录是："今天通过了六头公牛、七头猪和一个犹太人。"这一记录概括了当时大众对犹太人的看法。

一代人之后，很大程度上要归功于门德尔松的成就，这一画面得到了戏剧性的变化。被腓特烈大帝的前任们——他的父亲腓特烈·威廉一世、腓特烈一世、腓特烈·威廉（大选帝侯）——邀请来到普鲁士的犹太人数量，从1850人增加到4245人。门德尔松倡议犹太人把自己从犹太人强迫集中居住区的精神枷锁中解放出来，放弃他们陈旧的仪式，接受德国的文化。门德尔松自己一生都是虔诚的犹太人，他抵制了各种使他皈依基督教的强行的、笨拙的努力。他的文化角色是一位开启与有教养的、有文化的德国人进行对话的中介人。这种角色给这位温和、驼背的犹太人相当大的负担。为维持生计，他在一个丝绸厂做会计；像他孤独的前辈、在阿姆斯特丹磨镜片的巴鲁克·斯宾诺莎一样，他依然抽出充足的时间和精力进行哲学思考，培育重要人物的圈子。像斯宾诺莎，尽管温和并讨厌争论，但他依然是一位有名的充满勇气的人。例如，他大胆地告诉普鲁士国王腓特烈二世——这位国王经常嘲笑德国文化，拒绝在他的图书馆存放德国图书，他的周围都是法国顾问——要认识到和尊重德国文化的重要性。由一位与越来越多的德国天才相比肩的犹太人指出德国本土文化的重要性，是多么令人惊讶，也是多么具有讽刺意味。

新的人文主义传统在后来的一代创造了由赫尔德、歌德、席勒构成的古典主义魏玛的综合体。在命定去铸造德国文化这一新传统的新起文学天才当中，有戈特霍尔德·埃夫莱姆·莱辛，他是门德尔松的亲密朋友。在去柏林之前不久，犹太医生古姆佩茨亲自把他介绍给门德尔松。那时，莱辛已经在信仰者和异教徒两个方面，与狂热的信仰问题进行了斗争。他的结论是：只有理解和宽容能够解决古老的跨群体之间的仇恨和强迫症的问题。就是以这种精神，他创作了一部轻喜剧《犹太人》（1749），戏剧的主题以刻意的机智方式展示给德国公众,以使这部戏剧能够被更好地接受。戏剧的故事是简单的:一位男爵和他的女儿受到了强盗的袭击,被一位勇敢的旅行者解救。为了报答旅行者富有勇气的介入,男爵想把女儿嫁给他。旅行者告诉男爵:非常遗憾,他不得不拒绝,因为他是一位犹太人。

旅行者:我是一位犹太人。

男　爵:犹太人!多么残酷的不幸……

莉泽特:犹太人!

小　姐:这有什么区别吗?

莉泽特:嘘,小姐,我过一会儿告诉你差异。

男　爵:这里出现了上帝不让我们表达感谢之情的情况。

旅行者:这是多余的了,因为你希望如此。

男　爵:但是,我至少希望命运能允许我这样做。

旅行者:这个提议是徒劳的,因为上帝已经给予我许多,超出我的需要。我要求的唯一奖赏是未来你要更友善地判断我的民族,而不要一般化。我不能在你面前掩盖自己,因为我对自己的宗教感到惭愧。不!但是我发现你好意地看待我,但恶意地看待我的同族。一个人的友谊……对我来说总是难以抗拒的。

男　爵:我对我的行为感到惭愧。我发现你的一切让我充满喜悦。假如犹太人都像你一样,那是多么值得敬重。

旅行者:假如基督徒都具有你的品质,那是多么值得赞美。

(落幕)

正如一位德国文学研究者所认为的那样,这位旅行者是德国文学中第一位有教养的犹太人,确实,这位犹太人依然承受着羞辱和限制,但是他在他的德国创造者看来应该得到平等的对待。准确说来是三十年后的1779年,在戏剧《智者纳旦》中,莱辛把犹太人法律和社会压迫的主题上升到更高的认知水平。这部戏剧是高贵的哲学诗篇,突出了德国启蒙运动对人性的憧憬。在第三幕著名的戒指寓言中,莱辛激发了普遍的宗教宽容的理想。莱辛指出:无关宗教的差异，所有的民族在所有的时刻都产生了优秀的人物。潜藏于人心之中的邪恶来源于自恋和民族偏执。只有通过爱他者来实现内心内在的转型，才能够最终改变人类仇恨的倾向。换句话说，莱辛的呼吁不是号召德国人去争论，通过立法去改变自身，而是建立道德的正派感。通过采用文学教育的方法，莱辛希望改变心灵和意识，这体现了德国启蒙思想家更为谨慎的方法。他们相信，在社会条件没有革命性改变的情况下，意识的变化可能是有效果的。

在社会没有破坏性或剧烈变化的情况下，希望心灵的根本变化没有得到实现。莱辛及其同时代的启蒙分子无疑为更大的宽容和对宗教差异的尊重准备了道路，并且事实也证明了，德国犹太人的困境被越来越多有教养的人们所承认，他们当中的许多人也严肃地伸出援助之手，将犹太人融合到德国人的生活和文化当中。1788年，在莎士比亚《威尼斯商人》中扮演夏洛克的演员，在开场白中对大多数是柏林犹太人的观众解释说：犹太人享有极好的尊重，不应该受到其角色不得不表达的观点的侵害，这确实是一个进步的标志。通过分享文化的兴趣、通婚和改宗，犹太人开始与德国人建立更为紧密的社会关系。门德尔松的六个孩子就是范例。他的两个大儿子约瑟夫（1777—1848）和亚伯拉罕（1776—1835）保留了犹太人的身份，建立了银行，最小的儿子纳坦（1782—1852）皈依了路德宗，成为了政府官员；他的大女儿多萝西·门德尔松·法伊特（1764—1839）过着最有趣的生活，她结过两次婚，皈依了新教，作为文人雅士和公共人物聚会的主人，她十分出名。最小的女儿亨丽埃特（1774—1831）为巴黎的女孩子开办了寄宿学校，对社会产生了深刻的影响。她在学校主持了一个沙龙，吸引了施特尔夫人、本雅明·贡斯当、作曲家加斯帕尔·斯蓬蒂尼这样的人物。二女儿蕾莎（1767—1831）保留了犹太人的身份，看上去过着相对平稳的生活。

多萝西·门德尔松在18世纪80年代在柏林主持了一个沙龙，吸引了一批德国作家、犹太商人的夫人和女儿，她嫁给了犹太银行家西蒙·法伊特，并生有两个孩子。1795年，在亨丽埃特·赫茨主持的沙龙里，她遇上了充满激情的浪漫主义诗人弗里德里希·施莱格尔，疯狂地陷入了情网，她公开上演的风流韵事成为传遍柏林的丑闻，也为写作两部公众注目的小说——施莱格尔的《卢辛德》（1799）和多萝西同样撩人的《佛罗伦萨人》（1801）——提供了充足的素材。多萝西皈依新教,是为了使自己与施莱格尔的关系“合法化”,后来她跟着施莱格尔去了维也纳,他们两人在那里皈依了罗马天主教。马库斯·赫茨博士的夫人亨丽埃特·赫茨是伊曼纽尔·康德的朋友和通信者,是另一位杰出的犹太女性。在她周围聚集了一大群柏林名流,他们蜂拥在她的沙龙里,欣赏着她的智慧和美貌。神学家弗里德里希·施莱尔马赫将她视为“灵魂的伴侣”,弗里德里希·尼科莱为她的美丽和聪慧大唱赞歌。

然而,对其同时代人产生最大吸引力的是拉赫尔·莱温(1771—1832),她与其自身犹太性的斗争,为我们认识犹太人与德国人的关系提供了最深刻的洞见。拉赫尔·莱温是犹太银行家的女儿,相貌平平,但是充满了聪慧和优雅,承受着犹太人和妇女的双重禁忌,从未完全能够解决这两者的差异。数十年来,德国最杰出的名流——来自不同社会等级和宗教信仰的男男女女——出席她在猎人街小阁楼房间举办的文学晚会。当然,出席这些文学晚会的有她的犹太朋友,包括摩西·门德尔松和亨丽埃特·赫茨的儿子和女儿,以及一些有趣的客人、政治家,他们当中有威廉·洪堡和亚历山大·洪堡、诗人弗里德里希·施莱格尔、路德维希·蒂克、阿达尔贝特·冯·沙米索、克莱门斯·冯·布伦塔诺,后来还有年轻的海因里希·海涅。拉赫尔·莱温像对自己又一个儿子一样培养海涅,海涅称她是宇宙中精神最丰富的女性。出席她的文学晚会的还有政府官员,比如弗里德里希·根茨、瑞典大使古斯塔夫·冯·布林克曼,甚至还有大帝的侄子霍亨索伦家族的路易·斐迪南王子。然而,拉赫尔真正与自己犹太人身份的内心斗争发生在她孤独之时,发生在她广泛的通信中。这些信记录了她和自己犹太人身份漫长和悲剧的斗争。一方面她要“铲除”自己身上的这一身份,即使它意味着完全的连根拔除。但是另一方面,她一再地遭遇这一身份,直到她最终皈依基督教,嫁给了普鲁士的一位外交官之时,她似乎再次在精神上确认了它,因为她已经厌倦了不断徒劳地想使自己合法化为真正的德国人。

拉赫尔的一生和斗争是有教养的犹太人的象征,他们在自己的宗教中越来越不能发现灵感,为了对意义和身份有新的认识而转向德国文化。作为浪漫主义运动,以及这一运动对感情和激情强调的结果,这变得尤其真实。正如先前所提及的,德国启蒙运动主要被限制在少数知识分子当中,在方向上保持着远离政治、小心翼翼和形而上的特点。德国的启蒙思想家没有像法国和英国的启蒙思想家那样，形成对王权专制主义抵抗的意识形态；他们的伦理思考依然根植于前资本主义的假设，即谴责过度的风险和利润，反对积极的政治参与。德国的启蒙运动设定了人性和自我培育高贵的哲学理想，但是它把这一理想设想为在纯粹美学和精神的领域个人自我提高的典范，忽视同时改变理想实现的前提——政治体制——的重要性。另外，德国的启蒙运动没有产生和法国或英国一样强大的公民权利传统。德国的政治和法律理论强调个人相对于国家的责任，而不是保护个人的自由。由于德国的思想家对自由思想采取深入沉思的态度，因此他们倾向于以路德宗的角度视自由为个人良心的自由，视自由为自我发现的精神历程，与外部的政治权威没有什么关系，而这个权威是要严格服从的。

但是，从集体的意义上来说，德国人越来越认识到他们的政治软弱，以及在文化和政治上对外部强国过度的依赖性，尤其是法国。正如上面所提及的，三十年战争不仅仅在经济上摧毁了德国，而且造成了深刻的心理创伤，让德国的文化生活一个多世纪来出血不止。在重建被毁灭的文化景象的工作中，德国的启蒙思想家最初视法国为典范，他们听从了腓特烈大帝的偏见，即好的文化和法国文化是同义词。在德国的文学教师约翰·克里斯托弗·戈特舍德（1700—1766）的著作《诗的批评艺术》中，他建议遵守严格的法国古典主义范式，使这种范式成为法律："希腊人对罗马人是什么，法国人对德国人就是什么。"同时发生的拿来主义还发生在哲学领域，整个18世纪的大部分时间是跟随笛卡尔的理性主义哲学，而非英国的经验主义哲学。直到18世纪中叶，有着自我意识的莱辛依然说："相比于法国人，德国人依然是野蛮人，而且比最野蛮的祖先还野蛮。"这样的文化落后性的表露被恶毒的评论家——比如法国的评论家雅各布·莫维隆——也顺便强化了，他嘲讽德国人，并且挑衅他们举出一位有创造天才、拥有世界声誉的德国人。当然，他顺带忘记了莱布尼茨，不过德国人很快就证明他错了。他们发动了一系列伟大的运动：从狂飙突进、浪漫主义，到哲学的唯心主义；他们还创造了伟大的音乐传统，包括巴赫、汉德尔、海顿、莫扎特、贝多芬。事实上，莱辛和门德尔松的这一代也没有什么可以羞愧的，因为他们提供了未来几代建立其上的知识基础。

然而，事实不容否定，德国人试图明确他们独特的文化风格，同时并不反对外来文化，尤其是法国文化。德国伟大的知识发酵，事实上是与法国大革命以及作为革命基础的启蒙思想同时发生的。法国大革命挑战德国人去正视他们自己的身份，以及他们对自己的民族性的认识。最初，有教养的德国人热情地回应自由、平等、博爱的呼唤，种植自由之树，挑战自己的权力机构作出自由的让步，但是当法国革命党人将他们的民族带入暴力的造反当中，并利用自由的口号作为帝国主义扩张的借口之时，疑虑逐步产生了。拿破仑对德国的征服，使有思想的德国人直面他们民族的虚弱。尽管拿破仑声言要创制一个建立在启蒙运动世界主义理想基础上的欧洲合众国，但是他实际的侵略行为证明的是另外一件事。拿破仑刺耳地主张民族主义的霸权，从而也释放或重新点燃了古老的部落意识。这在德国尤其真实，那里掀起了民族主义狂热的波澜，直面拿破仑的征服和对欧洲的统治。

德国人对法国人统治的反对是双重的：第一是促进了主要由普鲁士带头的针对拿破仑的民族主义起义，第二是发动了一场知识的反革命，自从前浪漫主义的狂飙突进时期（1770—1785）就已经启动。狂飙突进运动所抵抗的正是法国大革命所依赖的理想——理性、全人类的博爱、人的民主权利等启蒙思想。这一反革命是一场浪漫主义运动，有着各种表现形式，极其复杂。正如雅克·巴赞很久以前所评论的：浪漫主义显示出既反复出现又独一无二的短暂特性，因为它表现了人类一代又一代重现的特点或需求，同时也具有特殊的短暂关联，正如它发生的1770年至1830年间通常被历史学家贴上浪漫主义时代的标签。

在18世纪后期，浪漫主义的冲击被德国作家、音乐家弄得极具生命力，极为丰富，但是我们也必须在讨论反犹太人偏见的背景下记得以下这一点：德国的浪漫主义非常强烈地反对启蒙运动和法国文化理想中它所觉察的错误的东西，它以十分刺耳的言辞表现了自己。上一代的历史学家给德国浪漫主义更为极端的表现贴上了反抗“西方”的标签。由于没有人明确地知道“西方”真正是什么，也不知道它是否能够被明确定义，因此复兴德国特殊道路的战时模式，或者与西方的价值观相分离，从知识的角度似乎是徒劳的。真相是浪漫主义主要是一场美学运动，被限制在文学、音乐和美术当中，只是在外围且不充分地关注了一下政治目标。假如浪漫主义具有普遍的政治冲击，尤其在德国，那么它是由拿破仑1806年至1813年占领德国所促动的反法国的抵抗运动，是对法国思想和实践的反冲击。但是，悲剧性的是，在德国浪漫主义运动中，存有一个言辞非常尖锐、发布德国民族优越性好战观点的政党。尽管它只是吵吵闹闹的小党，但其历史意义是十分严重的，因为后来它被嫁接到德国军国主义、民族主义和犹太恐惧症上面，对欧洲人民产生了严重的威胁。

德国军国主义的开端经常被追溯到1807年，那一年哲学家约翰·戈特利布·费希特（1762—1814）进行了煽动性的、爱国主义的《对德意志民族的演讲》。这些爱国主义的演讲献给了一个分裂的民族，它当时受到拿破仑的羞辱和征服。在这些献给痴迷的柏林听众并在法国占领军眼皮下的演讲中，费希特谴责所有公民的自私和对爱国的漠视，呼吁通过奉献于高贵的爱国理想和最严厉的纪律，再生国家的强大。他提醒德国人，他们是神选民族的后代，因此拥有道德的权利去完成历史的使命；他倡议建立一个以调控经济和以最高级的爱国主义形式教育德国人民的教育体系为基础的集权国家。这样一个民族对于一个德国人来说意味着什么，依然不完全清晰，因为它被分裂成三十多个公国，有着许多方言，被现存的社会和职业的差异弄得彼此分离，依然忍受着宗教改革重大错误路线的痛苦，这场改革把德国人根据宗教路线进行了划分。

费希特及其同时代的人，企图在所有的差异当中恢复他们相信是独一无二的德国性的基础，即多元性中的统一性。他们认为，本质的属性是民族，这个概念一段时间被浪漫主义以高度的神秘主义形式所遮蔽。例如，哲学家赫尔德在其《关于人类历史哲学的思想》（1784—1791）一书中认为：历史显示了上帝的印记。在赫尔德和后来的黑格尔看来，上帝是神圣的教育家，他持续和长期地教育人类去获取较高层次的意识和创造性的潜能。上帝通过他历史设计的工具——民族——证明他的意志。也就是说，每个民族都负有执行上帝设计的某一部分工作；每一个民族都是独一无二的，不是因为种族的或生物学的差异，而是因为它具有对它自己独一无二的意识。这一意识来自它与自然的土壤、特别的气候之间特殊的相互作用，以及它与其他民族的关系。一个民族的特性是其展示文化经验的产物，尤其是那些体现在神话中的经验。民族最具创造性的时刻可以在它们的神话、史诗或民歌中发现。这些创造是它们集体存在和心理纽带象征性的体现，这些纽带把它们的成员整合进紧密的共同体当中。赫尔德没有对不同民族的相对优点作伦理上的判断；根据他的观点，每一个民族都有它的重心，应该被允许去完成它神圣的潜能。这一大度的观点尊重不同民族各具特点的文化贡献,支持民族自我身份自由地展现,在整个欧洲重新激起了民族的骄傲和历史成就感。在德国,它激发了新的历史意识(历史相对论);激发了相应的古代民间传说的重现,比如在格林的童话、《尼伯龙根之歌》、阿尔尼姆和布伦塔诺的《少年魔角》当中;激发了诗歌、音乐作品的创造性涌现。

不幸的是,这种对民族的颂扬包含了一些令人不安的特点,因为它经常潜藏在热情的宗教和千禧年的术语当中。在恩斯特·莫里茨·阿恩特(1769—1860)或弗里德里希·路德维希·扬(1778—1852)的著作中,日耳曼民族不再是许多不同的和价值平等的民族中的一员,而是独一无二的、上帝挑选的、比其他民族更优秀的民族。因而,面对法国人的统治,必须教育所有德国人热爱自己的国家,犹如他们热爱自己的上帝一样。用阿恩特的话来说:"宗教的最高形式是热爱祖国,其热情要超过热爱法律和王子、父亲和母亲、妻子和孩子。"他认为,启蒙运动教导四海之内皆兄弟、散布平等的毒药是错误的,这个极端的错误可能已经被犹太人播种了。"你们吹嘘的博爱主义和世界主义要受到诅咒,你们颂扬的犹太人的世界大同主义是人类智慧的高峰要受到诅咒。"在无数的诗歌,尤其在著名的赞美诗《德意志祖国》(1813)中,阿恩特明确表述了一种德国民族主义的排他性和侵略性,它具有确切的种族主义色彩、扩张主义思想,以及对英雄的领导能力的赞美。

在表达民族主义信念上更尖锐刺耳的是弗里德里希·路德维系·扬,后来德国的几代人都尊他为大众体育协会的创始人,这些体育协会把竞争性的运动和狂热的民族主义联系起来。被德国人充满感情地称为"体育之父的扬",教育年轻的德国人培育他们的身体和他们的德意志性。对于扬来说,德意志性意味着普鲁士的秩序和责任,意味着对祖国的爱,意味着重新激发出古代的和"真正的"德国人的性格特性,比如直言的诚实、无所畏惧的坦诚、坚定的忠诚。不论是自然的还是人为的,扬一直让人想起他是这个国家的土包子,他不喜欢修饰的生活习惯或者言语,偏爱与普通的人为伍,因为他们不装腔作势,朴实无华。确实,扬是反动的、讨厌文明的通俗作家,他将文明与颓废的法国联系起来;他强硬的德国人优越性的信条,似乎与纳粹的信条没有什么差异。扬的梦想是创造一个日耳曼尼亚或条顿尼亚,它种族纯粹,在社会层面上围绕着狂热的爱国主义得到整合,在政治上由一位伟大的、"被铁与火锻造的元首所统治"。

扬的这种外国人恐惧症的民族主义，确切地预示了种族排他性的民族主义，后者后来在德语中被指属于带有种族含义的民族主义。浪漫主义者不能为这些强硬的思想负责，至多只能为一些变态的纳粹价值观负责，尽管后来一些历史学家把纳粹的价值观归因于他们。然而，浪漫主义运动提供了一些情感和象征的表现形式，它们为德国人民事先设定了一些种类的公共理念，尤其是美学的、情感的、爱国主义的理念。因为浪漫主义运动是现代德国文化意识中起着决定性作用的时刻，深深地穿透进德国生活的肌理，因此它的信念和价值观成为民族形象最密切的部分，坚持远远超出了封建的和前工业的世界进入机器时代。事实上，德国浪漫主义的历史意义，部分是它保留了乡村的、古代的和前工业社会的意识形式，这种意识当时正飞速地让位给一个不同的物质世界和不同的意识。德国的浪漫主义是启蒙运动理性主义的反动，试图将世界“重新神话化”，将其再次定义为冒险故事、巫术、神话、传奇和想象的奇观，即浪漫主义是一个值得称颂的事业，只要它不把想象和经验的现实相混淆，或者以后者为代价抬高前者。浪漫主义者和德国哲学唯心主义者当中的极端主观主义者，是这一倾向的典型，他们将感情、激情、感觉或思想与他们同具体现实的关联相分离，将它们作为自治的力量。施莱尔马赫在其《独白》(1800) 一书中从根本上认为，真实的世界是想象的世界，想象的世界是真实的世界；即使最伟大的爱离我们远去，我们依然能够拥有它。

> 外向成功的不可能性，并不能阻止内部的进程。……只要我们彼此拥有——她和我，想象就可以把我们送往爱的天堂，尽管我们实际上并未相遇……是的，人们知道如何运用想象这一神圣的力量，唯有它能够使精神自由，并且使精神超越所有压迫和限制！对于我来说，想象提供了现实压制的东西。

以相似的路线，路德维希·蒂克也表达了这种偏爱想象而非现实、内心感情高于感情外部参照点的倾向。他认为，他的任务不是去描绘世界，而是沉溺在知觉激发的感情当中：“我不希望去描绘植物或高山，而是此时此刻统摄我的感情和情绪。”在这一点上，哲学和文学汇聚起来，因为它通过对客体重新定义为或将其神秘化为感知者的主观思想,消除主客观的联系。例如,在费希特那里,客观的现实被完全集中在正在感知它的心灵之中,因此自我就是世界自身。

根据传统去铸造公共意识并非特别有用,传统称颂感情的卓越,并赋予它们比理性更大的认知价值;或者把想象力提升到经验的检验之上。混淆历史和神话是不健康的。德国人给了世界一些伟大的概念性工具和理解历史的实践,但是他们没有始终现实地或诚实地观察自己。在公共领域,他们自身的集体意识一直强烈地受到神话力量的影响。那些相信神话教育价值的人认为,一个民族对过去共同的感知创造了民族自己的真理,这个真理独立于经验可感知的过去的客观现实;因为过去是不可知的,或者在客观上是不能证实的,因此对一个社会来说,视自己与一个伟大的英雄史诗般的过去相关联是更有效的。汲取神话源泉的需求,可能对于一些德国人来说是一种防御机制,他们依靠这种机制试图逃避政治的和社会的破碎世界。

德国人的集体心理最富有力量的神话,是对神秘的救世主(元首)的信念,他是一位有着超人力量和视野的人,在民族处于最危险的时刻,他将从外国统治的压迫和束缚中把德国人民拯救出来,并引领辉煌的持续千年的民族再生。众所周知,这个主题以中世纪皇帝腓特烈·巴巴罗萨的形式,体现在救世主式的国王神话里。这位皇帝没有死,而只是在屈夫霍伊瑟山洞里一张大橡树桌子旁的椅子上安睡。传说这位皇帝的红胡子在不安和骚动的几个世纪不间断地生长,一旦胡子绕桌子一圈,并且在德国最需要它的时候,他就会从沉睡中醒来,激励德国人形成统一的力量,摧毁压迫者,引进一个辉煌的新帝国。这一神话让数代德国人痴迷,特别是阿道夫·希特勒,他相信巴巴罗萨在贝希特斯加登附近的山岭中沉睡。希特勒把自己视为救世主式的国王后来得到了证实,他发起了以“巴巴罗萨计划”为名的对俄国伟大的十字军东征。

当然,许多民族有他们的神话,人们可以根据几个基本的神话——新亚当、新耶路撒冷、山巅之城、西境拓梦、命定扩张论、靠自己力量成功的人、平等之类的神话——来研究美国的历史;而不是根据神话高贵的启示,以及对那些相信神话是决定性因素的民众的影响,来研究神话的内容。巴巴罗萨、齐格弗里德、尼伯龙根、瓦尔哈拉殿堂和它的英雄卫士、辉煌的千年帝国、某个终极世界的突现(众神的黄昏)等神话所要告诉我们的是:一个被死亡意象困扰的不安和分裂的民族，经常偏爱于对现实进行幻想，从历史的角度视自己为确定无疑的魔鬼力量的牺牲者。浪漫主义者并没有创造这种观念——它深植于德国的传说和民间传奇当中——但是，他们在德国人的精神生活当中强化了这种观念。他们也强化了德国人由深刻的心理和社会分割所引发的分裂感或分离感，这一主题在民族最伟大的文化标志那里得到了突出的体现——从歌德或托马斯·曼的浮士德传说的各种变换，到E.T.A.霍夫曼在《恶魔的灵药》中有关“另一个我”或双面人的故事，到在魏玛和波茨坦鲜明对比的体制中体现的“两个德国”，到作为天主教徒和新教徒的德国宗教生活的分离现实，到共同体和社会、文化和文明之间社会学的二分法，一直到分裂东德和西德的柏林墙。

浪漫主义者也沉浸在其他几种强迫症当中：极端的邪恶现实、非理性的权力、死亡阴影中生活的阴暗面。极端邪恶的现实，在欧洲人的意识当中有着漫长的历史，但是几乎没有国家像在德国那里得到如此突出的强调。在德国人的集体意识当中，他们相信自己生活在一个充满巨大邪恶的世界中。这一信念在他们历史的关键时刻就会浮现出来。它在马丁·路德生动和不安的观念中，在其新教的追随者当中，发挥着关键作用。它体现在丢勒和巴洛克艺术家的艺术观念当中，体现在一些浪漫主义的诗人（诺瓦利斯、蒂克、卡莱斯特）和他们种族主义的蹩脚追随者对死亡的美化中。在两次世界大战的德国军队对死亡的风格化中，它也是有力的因素。

最后，浪漫主义的运动在赞美未受玷污的乡村和社会等级古老的中世纪传统时，假定了一个本质上反动的世界观。一些对中世纪社会的怀旧，是对现代工业化的可恶结果及其带来的肮脏城市和非人性工厂的反动。当然，资本主义制度下的异化主题在社会抗议中也十分突出，它激发了自由主义和社会主义运动。不幸的是，在德国的19世纪后期，它也和极端的种族主义运动、民族主义反动的“鲜血和土地”的观念、犹太人同工业资本主义最恶劣放纵的成见性联想都联系了起来。

直到19世纪末，人们所描述的浪漫主义运动更为阴暗的方面才完全显示出来，而且是以大多数浪漫主义者所拒绝的反常方式显示出来的。在19世纪初期，大多数德国人和犹太人视浪漫主义运动是一个自由的运动，并且强烈地认同它的积极因素：感情的敏感、诗和音乐的美、心理的深刻。

犹太人对解放运动的回应

犹太人对解放运动，对1780年到1848年间德国文化伟大的黄金时代的回应是：他们受到了强有力的吸引。对于许多年轻的犹太人来说，这一回应几乎等同于一次诱惑。从政治的角度来说，解放运动只实现了一半，1812年颁布的《普鲁士法令》允诺犹太人具有法律框架下的完全平等权，但它本身充满了漏洞，在拿破仑战败之后又被明显地缩减了，直到1871年才被全德国完全施行。然而，机会之窗为德国的犹太人打开了，他们当中的许多人看到了希望之土的些许光亮。在整个19世纪上半叶，犹太人对德国社会的文化适应一直没有减弱，以至于不仅引发了德国人和许多内心痛苦的犹太教士的关注，后者确信许多犹太年轻人正为他们的信仰感到羞耻。在拿破仑占领期间，许多犹太人坚定地支持德国的事业，一些犹太人在普鲁士的军队中服役。梅诺·伯格就是其中的一位，在拿破仑战争期间，他在炮兵部队做几何学教官，并且是第一位也是长期服役的唯一一位犹太军官。伯格的军旅生涯受到他犹太身份的严重影响，这一身份也使他受到周期性反犹太偏见的影响，推迟了他的擢升，直到1847年他才完成从中尉到少校的提拔，那时他已经服役三十四年。

那些企图获得高等教育许可的犹太学生，也经历了同样的限制。1810年，由威廉·冯·洪堡创建的、第一任校长费希特主持的柏林大学，招收了第一批247位专业分类的学生，其中有16位犹太学生。就在三年前，第一份在德国出版的犹太杂志《苏拉米斯》出现在公众面前。杂志的编辑大卫·弗兰克尔呼吁德国的犹太人，假如他们要求自己的孩子享有有意义的、有成效的生活，他们就要支持现代的教育体制。许多犹太人已经知道弗兰克尔所告诉他们的，即社会进步需要教育。事实上，他们热切地抓住新的机会，并组建自己的学校，或者更通常的是送他们的孩子去德国的高级中学和大学。犹太人的学习越来越和犹太教会堂相分离，意味深长地把其附着在世俗的教育机构上。到19世纪中叶，新一代受过大学训练的、深受西方学问视野影响的犹太学者，开始重新审视犹太教的遗产，犹如哲学家和后来的《圣经》高级考证家对基督教的遗产所做的重新审视。

在1819年末，德国爆发了反犹太人的“hep！ hep！”骚乱。就在这时，一批前卫的犹太知识分子建立了犹太人文化和科学协会，它热衷于重新审视犹太教的信仰和实践，这项工作开始于摩西·门德尔松、德国的犹太启蒙运动，以及改革的犹太教的扩散。文化和科学协会在1819年建立的有趣之处不是它的新颖，甚至也不是重新审视犹太教信仰的公开努力，而是它的两位重要的建立者——爱德华·甘斯和海因里希·海涅——在帮助建立该协会之后不久就皈依了基督教。弗里德里希·施莱尔马赫坚信犹太教已死，而这个协会更是给这一信念额外的强烈印象。确实，在整个19世纪早期，一直存在着真正的犹太人皈依基督教信仰的洗礼浪潮。在某些国家有整个家庭的皈依，比如特里尔的马克思家和柏林的许多犹太人家庭。

尽管恪守传统的人担心犹太信仰的存活，他们无疑出现了过度的反应，但不可否认的是，德国文化对犹太人发挥着有力的推进作用，以至于——正如戈舍姆·舍勒姆所认为的那样——许多犹太人“开始给德国的历史领域投送了渴望和隐秘的目光，作为对犹太历史领域的可能的替代”。正如一些人所喜欢说的，是什么导致了德国人与犹太人的共生共存或者文化的对话。戈登·克雷格使用了“家族相似”的类比去谈论德国人与犹太人的关系，因为这两个集团作为略有相似的历史和文化的经验结果，分享着许多相似的价值观：强烈的家庭观念、努力工作的观念、对宗教的献身、对教育的尊重。因为现代的大多数犹太人，特别是东欧的犹太人在移居西方世界时，首先遇到德国人，他们得到了明显是德国式的精神和知识的框架。犹太人把自己紧紧附着在德国的精神上，用另一个隐喻来说，他们经常成为“另一个我”，一半是犹太人，一半是德国人，没有能够将这两面融为一体，因为德国人从来没有让他们这样做。

这也许是历史最大的讽刺之一：由历史的偶然事件铸造的犹太人与德国人的密切关系，在非犹太人和犹太人诸多相似的对应中最具有易爆性。为了探寻德国人与犹太人密切关系和相互渗透的本质，埃里克·卡勒一度认为这种关系是极不稳定的，因为通过和谐与不和谐的关系，它经历了漫长和曲折的、触及最敏感的生存神经的时期，就这个意义来说，两个民族都处于致命的爱恨关系的魔咒之下。德国文化历史学家弗里德里希·希埃伯格把德国人和犹太人都描绘为两个“被羡慕”和“被仇恨”的民族：

> 这两个民族一样没有能力使他们讨人喜爱,一样含糊不清地介于谦逊和傲慢之间,一样对世界不可或缺同时也是麻烦,一样具有侵略性,一样倾向于自我怜悯,一样被不加区别地诽谤的同时因为他们大胆的思想而被欣羡,一样拥有音乐天赋和对沉思性思想的天赋,但在一点上他们是无可救药的不同,那就是他们对暴力的态度。这两个民族与我们的生活深深地交织在一起。

对于希埃伯格具有诱惑力的相似之处是历史经验的偶然结果,而非内在的倾向,在许多事例中,这些相似之处是降临在这两个民族头上历史不幸的结果。这两个民族从未在政治领域定义过它们的性格,因为它们在过去的大部分时间是作为跨国的民族,直到最近才把自己融合到一个紧密的民族共同体当中。受到历史挫折的打击,他们通过培育精神而非政治的追求补偿它们身份的匮乏。一直到19世纪中叶,德国知识分子的生活大部分全神贯注于与生存意义、人类存在和上帝的关系、世界的邪恶和痛苦、艺术文学哲学历史等领域的超越作用相关的形而上的问题。多萝西·门德尔松的丈夫、诗人和批评家弗里德里希·施莱格尔对年轻的德国人发表演讲,他告诫他们不要“把文化浪费在世俗的低级政治的领域,而要在永恒教育的圣洁之火下,把你们内心的存在奉献给学术和艺术的神圣王国”。因此,德·施特尔夫人把德国描绘成诗人和哲学家的国度是一点也不过分的。在这个国家1770年到1848年间第一次伟大的知识分子的躁动期,德国确实是哲学家和诗人的国度,但这是因为当时占优势地位的封建制度很难使德国人把自己创造性的能量投入到政治的渠道当中。因此,正如犹太人在几个官方许可的领域发现了发挥能力的出口,德国的知识分子也倾向于在“安全的”抽象思考的王国表现自己的能力。

因此,德国人和犹太人被迫去置换生命力,将这些能量投注到相似的学术或思考的追求当中。正如前面所示,在不关心政治的18世纪德国知识分子当中,犹太人遇到了共鸣的伙伴,探寻着文化对话的可能性,摩西·门德尔松和莱辛之间的友谊——一位代表着犹太人的启蒙运动,一位代表着德国人的启蒙运动——提供了德国人和犹太人文化对话的范例。莱辛最伟大的戏剧《智者纳旦》所反映的,不仅是德国人和犹太人在启蒙的人道价值观方面共同对话的基础,而且也是具体经验的匮乏，只是表露了它的高贵修辞。因为不关心政治，德国人和犹太人只是把新的世界概念化；他们把宗教与哲学的抽象观念投射到具体的现实上面，但又不得不将现实交给别人在政治上实施他们的抽象观念。

不关心政治的德国人是相当多讨论的主题，而对不关心政治的犹太人的讨论就远为稀少。然而，瓦尔特·拉克尔多次注意到这一事实，他认为犹太人“在抽象思维的水平上显示了巨大的能力，但政治涉及直觉、常识、智慧、预见，在这一方面，他们没有留下令人印象深刻的记录”。这一判断也适合德国人。甚至当两个民族使自己关心政治的时候，他们也是以思考的形式，在目的论的范围内看待政治，把它作为永恒原则或法则必然的显现。例如，19世纪的许多思想集中在黑格尔和马克思的哲学周围，前者从崇高的唯心主义的高度，后者从世俗化的犹太教与基督教的千禧年观点来看待历史的进程。

不仅德国人和犹太人在相似的思想模式中彼此相遇，而且他们也用同样的语言表达了自己。从门德尔松开始，德国的犹太作家几乎普遍使用德语去表达最内心的思想，他们一生都在采用德国人的知识框架，包括他们最终被流放的时候。特奥多尔·赫茨尔是以色列国家的精神奠基之父，是犹太复国运动的领袖，他用德语写作了《犹太人的国家》一书，东欧的犹太人把德国看作充满机会的地方，渴望被德国的语言和文化所同化。用一位东欧的犹太人的话来说：

> 德国知识分子生活的代表人物的作品和思想，在东欧的犹太人那里得到广泛的传播。许多年轻犹太人的理想就是成为德国教授的信徒去学习德语，享受德国的自由和文化……甚至那些不能旅游的人也被德国所吸引。我的内心渴望这个民族的精神，我向往德国——我几乎要说，我向往我所说的语言的祖国。

德国人和犹太人紧密的语言关系体现在意第绪方言当中，这种语言被许多低阶层的东欧犹太人所使用。意第绪语是中世纪高地德语方言的遗存，夹杂着一些来源于希伯来语和斯拉夫语的词汇，它用希伯来文字书写，被东部和西部社会的犹太人广泛使用。尽管在两个民族之间仇恨强化的时候，意第绪语对于一个在德国社会使用它的人来说是一个耻辱，但大多数德国人在理解或领会意第绪语的词汇上几乎没有什么困难。甚至在同时能说意第绪语、希伯来语和德语的有教养的城市犹太人那里，1830年之后，意第绪语也在迅速地衰落。

关于两个民族集团真正的基本属性，刚刚描述的德国人与犹太人的密切关系经常孕育了一些基本的错误。犹太人自身容易为这种文化上的误解添砖加瓦，他们相信人道的、宽容的、文明的德国人的理想。对于许多犹太人来说，这一理想体现在诗人弗里德里希·席勒过于理想化的形象当中，他“比他们实际遇到的德国人还要真实”。我们可以称这种理想化的形象为“魏玛的成见”，它涉及这样一种信念：在德国最高的层次上，它的范例是席勒、歌德、赫尔德、巴赫、贝多芬，以及其他古典教育的精神。但是，这样的观点是不真实的，因为魏玛的文化并不存在于诗人和作家不问政治的小圈子之外。他们在19世纪初期创造了一个简明的但稍纵即逝的文明精致的飞地。犹太人错误地把这种德国当成真实的德国，或者他们通过与德国人充满麻烦的交往假定：德国古典主义与自由主义的文化会逐渐战胜一个新浪漫主义的、非自由主义的德国。正如在19世纪逐步明确的，一个规模更大的德国将成为俾斯麦和德国皇帝的普鲁士化德国，成为“铁与血”的土地，而非诗人和哲学家的国度。

索尔·阿舍尔（1767—1822）是一位犹太书商和学者，他是最早认识到这种另一个德国的危险的人物。早在1815年，作为一个醉心德国的人，他就提及过当时发生的恐惧外国人的民族主义浪潮。阿舍尔反对针对犹太人的气氛上的变化。这种变化的戏剧性程度在1820年德国观众那里就能测定出来。当时他们正在欣赏《希伯来的旋律》的音乐演出，这些观众被告知犹太人的抒情处理并非像表面那样真的有趣。这是一个代际态度的戏剧性翻转。因为人们依稀还记得二十年前观众所得到的公开道歉：在整个莎士比亚的《威尼斯商人》的演出中不会持有反犹太人倾向。

气氛上的这种变化，可能归因于浪漫主义的民族主义的兴起，以及对纯粹德国民族性格的拥护。当然，这种性格意味着对所有异己因素的排除。克里斯蒂安·弗里德里希·吕斯（1781—1820）是一位柏林的历史学家，他发动了一场漫长而火爆的有关德国人民族性格和犹太人民族性格之间关系的辩论。他用武断的言语论述了这场辩论，让人们确信德国人和犹太人具有不可改变的差异，因此不可能在德国人的民族共同体中共存：“一个民族不可能成为单一的整体，除非通过对它性格中的所有品质进行内部的整合，这一整合是用思想、语言、信仰及忠诚等印证的。”

这一对德国人与犹太人问题的极端论述，得到了整个德国知识分子团体的肯定。他们包括费希特、雅克布·弗里德里希·弗里斯、卡尔·威廉·格兰特瑙等。对于作为犹太人的犹太人来说，这一论述使得他们难以在德国找到安全之家。本质而言，一小撮患有外国人恐惧症的民族主义分子所说的是，犹太人必须清除他们的犹太性，成为德国人。那么也就十分清楚的是：他们并不就此认为犹太人只是必须皈依基督教，而是必须成为德国部族中的成员，同时必须接受整个德国的价值观和风俗习惯。在德国1871年统一之前，不存在“德国公民”，只有普鲁士人、巴伐利亚人、符腾堡人、萨克森人、奥地利人等等。因此，普遍意义的“德国人”不意味着德国公民，而是民族群体的成员。只要犹太人保留了宗教和伦理上的特性，那么在数量不断增加的知识分子和普通德国人眼里，他们就可能永远不被接受为完全的德国人。这些知识分子和德国人相信一个建立在古老血统纽带基础之上的神秘祖国。

那些在19世纪初叶把祖国想象为古老血统纽带的神秘共同体的人已经怀疑，皈依基督教，或是在文化上认可德国的价值观，就能够把犹太人从他们的犹太性上拯救。费希特愤怒地认为，改变犹太人可能意味着，“给予他们公民权的唯一方法就是在同一天晚上砍掉他们的头，以便用没有犹太人思想的人取代他们”。反动的哈特维希·冯·洪特—拉多夫斯基更进一步，他要求要么清除犹太人，要么给他们绝育，以便在德国消灭犹太害虫。在19世纪几乎没有人乐意支持这样种族灭绝的思想，洪特—拉多夫斯基因为政治行动而被囚禁，后来因为他的犹太恐惧症的言论而向犹太人公开道歉。但是，对于许多犹太人来说越来越清楚的是，无论他们做什么——皈依、同化，以及比德国人还完美——在他们的德国同伴那里都一直存在着恼人的疑虑：一旦是犹太人，就一直是犹太人。

犹太人对顽固地拒绝把他们作为平等的对象加以接受十分苦恼，四位有趣的犹太皈依者的经历证明了这一点。他们是弗里德里希·尤利乌斯·斯塔尔(1802—1861)、爱德华·甘斯(1798—1839)、路德维希·博尔内(1786—1837)和海因里希·海涅(1797—1856)。前两位出于便利皈依了基督教，以便作为大学教授继续他们的学术生涯,当时委任大学教授的先决条件是必须具有基督徒的身份。斯塔尔的真实名字叫约尔森,是普鲁士主义和父权制国家的保守主义基督教的卫道士。在他的著作《历史视野中的法哲学》(1830)中,斯塔尔坚定地拒绝了建立在自然法基础上的抽象权利的观点,因为自然法支持传统和习俗。他得出一个可能受到犹太教士训练强化的、有启示意义的结论:法律必须是一个民族宗教传统的体现,以及相应的道德和习俗实践的体现。斯塔尔属于不断增长的犹太背教者中的一员,他坚决地拒绝犹太教,甚至认为没有皈依基督教的犹太人在基督教的德国没有立足之地。作为柏林大学的法学教授,以及后来普鲁士上议院的议员,他成为了普鲁士保守党最有影响的哲学代言人。他在柏林大学的前任爱德华·甘斯也皈依了基督教,成为了右翼黑格尔主义者。他编纂了黑格尔的《历史哲学》和《法哲学原理》,在大学事务中扮演了重要的角色。像斯塔尔一样,他非常不满自己的出身,避免和犹太人接触。在1838年他签署了一份由司法部门流传的请愿书,请愿书中呼吁取消犹太人获取法学学位。

斯塔尔和甘斯用人们期望敏锐的法律思想所应具备的冷漠超然,摆脱了自己的犹太性。不像他们二人,诗人博尔内和海涅发现,从社会和心理上将自己融入德国社会的主流更为困难。路德维希·博尔内最初的名字叫犹大·勒夫·巴鲁克,为了在马库斯·赫茨门下学习医学,他从法兰克福前往柏林,但是他很快就受到了亨丽埃特·赫茨的影响,通过她的社交圈子,他又受到了柏林世界主义的魅力和宗教怀疑论的影响。他从医学转到法律,在各种各样德国的大学就学,最后在1808年获得吉森大学的法学学位。不久,他在法兰克福市政府获得了一个职位。在再次强加的新限定出现后不久的1815年,因其犹太人的身份,他被非正式地辞退。三年后,他皈依了基督教,采用了新的名字路德维希·博尔内。他把自己彻底改造为作家,以及一本新杂志《规模》的出版人,热情地推进人类的解放事业。卡尔·马克思和海涅也发现,对于自由主义知识分子来说,德国不是一个友好的地方。傲慢的检察官和没有趣味的读者使博尔内苦恼,他停止了出版,作为一位政治和文化的流放者,他去了巴黎。他精心构思的散文是不被同时代德国人欣赏的小宝石。许多德国人对他发动了持续的反犹太人的攻击。一些人因为他攻击两位德国顶级的符号歌德和席勒而从未原谅他,而博尔内的意图只是唤醒德国人超越歌德和席勒培养出来的高度,使自身承担起自由主义的变革。后来，他烙上了非爱国主义犹太人的称号，对此他回答道：

> 这多么像一个奇迹！我已经体验了它一千回了，然而它对我来说永远都是新鲜的。一些人谴责我，因为我是犹太人；另一些人因此而原谅我；三分之一的人因此而赞美我。但是所有人都想到这一点。他们似乎被犹太人的魔圈所固定，没有人能够从里面走出来。我也十分清楚这一邪恶的魅力来自何处。可怜的德国人！他们生活在最底层，受到上面七个阶层的压迫，他们通过谈论比他们还要低层的、住在地窖里的民众来释缓自己的焦虑。不，我生为犹太人并没有让我对德国人心生恶意，也从来没有使我产生妄想。是的，因为我是奴隶，因此我比你们更爱自由。是的，因为我生来没有祖国，我对祖国的渴望比你们更为强烈。我要再一次完全的自由，我要从底部开始建立自己的自由之屋。像我做的一样去做吧，不要满足于用新瓦去覆盖腐朽的政治大厦的屋顶了。

博尔内在流放中去世，被忽视和遗忘。一定程度上相似的命运也降临到海因里希·海涅的身上。不同的是，一些德国人可能尝试过，但没有能罢免他的职务，因为他作为歌德之后最伟大的抒情诗人得到了广泛认可。他的经历和我们在博尔内身上发现的是相同的模式，和斯塔尔、甘斯相比相似度要少一点。海涅出生在法国占领的杜塞尔多夫（1797），命定是经商的。他最初从事法律的职业，在波恩、哥廷根、柏林读书，但是他发现自己反而对文学产生了兴趣。1825年为了得到后来他所说的“欧洲文化的门禁卡”，他皈依了基督教。但是，他的皈依触及了难以愈合的痛处，因为海涅很快就发现，正如他坦言承认的：他进入了一个空洞的地方，既非基督徒也非犹太人在那里游荡，并受到两者的鄙视。他对德国浪漫主义的、理想大于现实的依恋，激发出一些德国文学中最伟大的诗歌的灵感，著名的是《罗勒莱》，它像他的许多诗歌一样，唤起了对德国的土地、民族和过去热烈而渴望的感情。直到纳粹时期，就是海涅报复性的、德国式批评家的个性，导致人们质疑他的血统，攻击他的诗歌力量是矫揉造作的，受到典型的好挖苦的污点的损害，这些污点对犹太人的精神来说习以为常。真相是：海涅是一位诗人,也是一位讽刺作家,他是独一无二的,因为他对德国、德国人民和德国丰富传统的热爱激发了一种真实的渴望,同时作为一位局外人,这种爱又促使他去想象这个国家悲剧性的盲点。因此,几乎没有哪位对德国社会的批评家像海涅那样客观和真诚,这可能能够解释为何在海涅讥讽了德国人文化上的妄自尊大和夸张的民族主义之后,他们不能容纳他的原因。对于德国人来说,海涅是和平的破坏者,是一只赞美他们传统中最优秀的东西、批判最恶劣成分的牛虻。在认识到德国人过于自以为是,拒绝检验他们宗教的虔诚,对民主没有一点兴趣之后,海涅永久地流亡法国,在那里尖锐地批判德国人,徒劳地唤醒自鸣得意的德国市侩,让他们摆脱梦境般的、不关心政治的生存状态,使他们加入自由和民主的世界。

海涅对自由、民主德国的梦想将被长期搁置;同时,他喜欢从远处热爱他的祖国,他坦承他将尊重它的国旗,只要德国人没有辜负他们伟大思想家高贵的主张。一位年轻的德裔犹太人在巴黎推销海涅的《德国:一个冬天的童话》以体现对他的支持。这位年轻人就是现代共产主义之父卡尔·马克思,他在与他的德国犹太人意识角力的时候,也有着和海涅十分相似的经历。

马克思1818年出生于莱茵省的特里尔,当时它刚刚加入普鲁士。马克思的父母都来自有着许多犹太教士的家族,这些教士也是最近才离开犹太人强迫集中居住区狭小的空间。他的父亲海因里希·马克思是特里尔仅存的三位法律专业人士之一。他们当时都面临着被辞退,因为普鲁士行政当局重新强加了一些古老的法律条款,它们禁止犹太人拥有政府或公务员的职位。为了保留他在省法院的法律职位,海因里希和他的家庭皈依了路德宗,这一步使得他赢得了司法官的头衔以及舒适的生活,成为社会杰出的成员而免于金钱的忧虑。海因里希一生一直是一位小心翼翼的、羞涩的、充满感激心的犹太人。但是,他的长子卡尔很早就显示出强烈的独立思想、伟大的热情和非同寻常的意志力,作为当代最伟大的社会主义的开拓者,他在世界上打开了自己的道路。卡尔·马克思的历史是特殊的德国人与犹太人的历史,因为他以共产主义的形式注入世界的哲学体系,本质上是德国的(黑格尔式的)唯心主义和犹太教与基督教千禧年主义的知识融合。

在马克思年轻的学生时代,他在波恩和柏林的大学学习法律,吸收了黑格尔的唯心主义，加入了年轻的自由主义者团体，其中许多成员和自己一样是犹太人。他在大学与进步的、具有批判性的思想家们的紧密关系，特别是与批评家布鲁诺·鲍尔的关系，使他在1841年获得博士学位后没有得到学校的任命。自从他成为文科中学学生的时候，一位德国犹太人，甚至是当时被解放的德国犹太人的脆弱社会地位，就一直是他思考的问题。他为德语作文毕业考试写作了题为《青年在选择职业时的考虑》的文章。在这篇具有高度启发性的随笔中，马克思的生命历程得到了鲜明的预示。它论述了克服自私和服务人类，同时似乎意识到等待一位理想主义的犹太人的极限，它终止了理想主义的涌动，认为“我们不可能总是从事我们自己感到适合的职业；在我们处于决定社会关系的位置之时，我们已经或多或少地被这些关系所固化”。

1841年，假如不是更早，年轻的马克思认识到，在普鲁士统治的社会中，其社会关系不会导致自由的精神，甚至在大学当中。大学被国家所控制，被诸如约翰·艾希霍恩这样反动的部长警惕地注视着。在没有获得大学职位之后，马克思作了下一步的选择，他进入了报界，加入了自由主义的中产阶级报纸《莱茵报》，成为了一名调查记者。一年后，他就成为了主编。他和另一位犹太记者摩西·赫斯紧密合作，后者向他展示了通往社会主义的道路。马克思写作了一系列深刻的论述公民权的文章，严厉地批评了莱茵议会反自由主义的程序，以及它旨在限制言论自由的高压条令。他也展示了著名的道德愤怒的首次闪现，这些愤怒的闪现以具有穿透力的学识和轻蔑的讽刺相结合的形式传递出来，我们可以把它们和他的后期著作联系起来，同时它们在马克思为受剥削的农民和莱茵省葡萄栽培者使人感动的辩护中找到了发泄口。

马克思从事报纸出版的工作，使他面对面地遭遇到保守的基督教时代的权力现实，包括它既得的利益、社会的权利、意识形态的正当性。在为《莱茵报》工作的时候，马克思和他的社交圈子深入地讨论了犹太人问题，两篇文章指出了解决犹太人问题的方法，一篇是马克思的，一篇是鲍尔的。在鲍尔的小册子《犹太人问题》中，他对整个犹太教与基督教的传统进行了知识上毫无顾忌的攻击，他试图动摇两个宗教赖以生存的知识基础。他天真地假定，通过发起对宗教意识致命的打击，彻底解放和自由的社会条件就会自动地产生。马克思用他自己题为《论犹太人问题》(1843) 的随笔作了回应。他认为，无论多么可嘉，宗教的消灭不会自动地涉及与宗教相联系的政治体系的消灭,也不会消除“人类”解放的现实障碍,即体现在当代资本主义当中的经济和社会关系。马克思认为,在用犹太教而非犹太人的民族性格来确定犹太人问题上,鲍尔的错误尤其突出。犹太人的民族性格是由他的生存方式决定的,主要是通过讨价还价和借贷。真相就是,犹太人的个性成为了现代资本主义最糟糕成分——自私和贪婪——的直接体现。马克思把犹太人的身份认定同资本主义的贪婪结合起来,他彻底地断言犹太人的社会解放就是把社会从犹太人手中解放出来。这一断言有时被称作犹太人的自我仇恨的事例。毫无疑问,像许多世俗的犹太人,马克思可能羞于其犹太人的身份,他在其厌恶的经济体制中困惑地遭遇到它。他渴望通过对犹太人和资本主义的攻击否定他与犹太人身份的联系。另一方面,似乎不可能的是,马克思充满了犹太人的自我仇恨,以致他试图通过将其替代为资本主义来清除这种仇恨。这导致了一个荒诞的结论:他的共产主义信念的主要动机,必须在他无力解决的一些深层心理问题中寻找。

假如马克思对犹太人的攻击不能轻易地被认为是犹太人自我仇恨的事例,那么一定可以被认为是一股正在出现的世俗的犹太恐惧症的潮流。它在当时的青年黑格尔派和后来社会主义运动的一些分支那里十分突出。正如在马克思那里所发现的,这股潮流认为,犹太人要因将现代资本主义自私自利的价值观内在化而受到惩罚;另外一个罪行是犹太人坚持顽固的宗教,在其中,上帝是残酷的、有复仇心的和自私的。

当行政当局在1843年因为其信奉极端的思想取缔《莱茵报》的时候,马克思从事报纸出版的生涯在德国终结了。到那个时候,马克思已经超越了自由主义,转向社会主义,并打算采取一系列决定性的步骤与整个欧洲的政治当局展开斗争。他娶了儿时的恋人燕妮·冯·维斯特法伦,一位特里尔的普鲁士官员的女儿,这位官员是马克思的父亲在莱茵省法庭的上级。离开《莱茵报》后,马克思告别了德国。他尖刻地抱怨说他“厌倦了行政当局的虚伪、愚蠢和野蛮,厌倦了我们的服从、柔顺、躲避和琐碎。政府再次给予我自由。在德国,我不能做更多的事情。在这里唯一可以做的就是贬低我自己”。

我们知道后来的故事:马克思首先去了巴黎,在那里他成为了坚定的共产主义者。后来他被驱逐出法国,在比利时住了三年,与恩格斯结伴在《共产党宣言》中对共产主义和它的政治目标作了首次重大的阐述。当1848年革命在巴黎爆发，接着蔓延到欧洲的几大首都——柏林、维也纳、布拉格、布达佩斯——的时候，马克思富有煽动性的小册子都还没有印刷完毕。随着大多数保守主义反动政府的逃跑，马克思《共产党宣言》中的开场白似乎成为了现实：一个幽灵确实在欧洲游荡，但是，这个幽灵实际上是虚弱的资产阶级自由主义，而马克思却误判它是共产主义。尽管如此，马克思回到德国，用《新莱茵报》重新出版了《莱茵报》，并试图推进社会的革命重建。不幸的是，改革者的统一而民主的德国的伟大希望破灭了，并且彻底地改变了德国的未来、卡尔·马克思以及德国的犹太人。正如后来所证明的，业已建立的体制依然得到大多数德国人的支持；更重要的是，得到了大多数军人的支持。他们很快发动了一场反革命，终结了民主的、企图为统一的德国起草民主宪章的法兰克福议会。

今天回顾这个故事，审视堆积在来自法兰克福自由主义者的代表团身上的讥讽是十分痛苦的。当时，这个代表团试图把一顶新生德国的皇冠送给普鲁士的腓特烈·威廉四世，但是国王告知代表团，他不能从排水沟也就是民众那里，而只能从贵族那里得到皇冠。这个自由主义者的代表团很快被轰出柏林，被保守主义的报纸《十字军报》讥讽为“在丢弃的人民主权至上论中生活的乞丐和破产的思考者”。在反革命运动出现之后，卡尔·马克思也被永久地驱逐出德国。他抵达伦敦，在那里度过余生，创作他最重要的著作，并组织国际共产主义运动。

跟随马克思的生活，我们能追踪到一位世俗的和激进的犹太人的生涯。这种生涯后来在著名的德国社会主义者身上反复出现。他们包括斐迪南·拉萨尔、爱德华·伯恩斯坦、卡尔·考茨基、罗莎·卢森堡、古斯塔夫·兰道尔、库尔特·艾斯纳。鉴于迫害和压迫的传统，以及强烈的对普遍正义的信仰，犹太人更容易同情失败者，他们也许还能提供更敏锐的知识框架去清晰地表述他们的抗议。正如甘斯和斯塔尔，尽管许多具有社会良心的年轻犹太人渴望适应德国的价值观，但是他们几乎本能地转向自由主义，更多的是转向激进的事业。这不仅存在于艺术、科学或社会科学激进的创新者的政治意识当中，也存在于他们的知识意识当中。他们作为局外人的地位——甚至在他们认为自己是局内人的时候——给予了他们一生一定程度的超然感，从而使得他们能够察觉到各自社会所具有的力量和缺陷。他们的头脑相当清晰地生活在其中,而那些沉浸于其中的人们经常遮蔽了这种清晰力。相反,这也给他们带来了持续不断的来自社会的谴责,这些社会不能容忍批评和误解,正如德国人的事例,甚至最温和的对民族的批评都被认为是颠覆性的。

现代犹太人的社会良心,在19世纪几场伟大的民主运动中得到了体现,尤其是在民主和民主社会主义当中。德国人和犹太人的悲剧是,德国追求的是非民主的道路,它开始于第二帝国(1871—1918);在魏玛时期(1919—1933)的失败经历之后,在第三帝国(1933—1945)的极权主义体制中,集权主义和非自由主义传统的经历可谓登峰造极。

第三章

第二帝国时期的德国人和犹太人

1862年9月30日，奥托·冯·俾斯麦长驱直入普鲁士下议院，预算委员会正在那里详细讨论如何打破国王和立法机构之间就军队拨款已经形成的宪法僵局。他发表了一个攻击性的演讲，他轻蔑地将宪法解决的可能性置于一边，傲慢地宣布："这个时代最重要的问题不是由演讲和多数人同意的解决方案决定，这是1848年和1849年的错误，而是由铁与血解决的。"在后来的九年，俾斯麦实现了他的宣言，以非宪政的方式解开了宪法的僵局，扩大了普鲁士国家的权力，履行了他说给迪斯雷利的大话："他将对奥地利宣战，解散德意志邦联，征服中等和更小的邦国，在普鲁士的控制下实现德国国家的统一。"这位"铁血首相"依靠机灵的外交和"铁与血"统一了德国。击败法国之后，他于1873年1月18日在凡尔赛宫的镜厅庆祝他伟大的成功，并举行了德国主要诸侯贵族出席的庆典，宣布普鲁士的威廉国王为新的、统一的德国的皇帝。

大多数德国人被爱国主义的狂热所驱使，作家、音乐家、艺术家都将这一事件理想化，对此大加欢呼。画家安东·冯·维尔纳用巨幅的、历史性的画卷记录了这一浪漫主义的辉煌时刻。当然，并非所有的德国人对普鲁士化的德国的前景都欣喜若狂。一些独立邦国的统治者迫于哄骗或贿赂加入了统一的国家；天主教徒害怕一个普鲁士的国家意味着一个新教徒的国家即将出现；

自由主义者对普鲁士精英的反动倾向持保留态度；社会主义者没有任何理由不怀疑它是一个压迫的统治。犹太人也有充分的理由小心翼翼，尽管在普法战争期间，大约有七千名犹太人在德国军队服役，表现杰出。德国主要的犹太人报纸《犹太汇报》对统一的新闻作出了回应，它小心翼翼地提醒读者，犹太人为实现法治下的人类尊严和平等作出了艰苦的斗争，他们已经走过了漫长的道路，而且他们还没有达到自己的目标。这个新统一的德国明确地给予犹太人充分的法律意义上的平等权。然而，痛苦的经验告诉犹太人：法律容易被废除，可以通过许多限定被侵犯，或者通过各种形式的社会歧视被动摇。尽管在法制国家犹太人被作为公民对待，但是，公民权的获取和解释控制在具体的邦国及其官员手中，因此谈论普鲁士或巴伐利亚的公民权更为准确。这一公民权是德国公民权的前提。正如后来所证明的，一些邦的政府使得犹太人的归化变得尤其不可能。①

当然，鼓舞人心的是，德国人似乎在法律和社会的水平上接受和宽容了犹太人，但是犹太人在德国人那里接受的待遇，他们与德国人交往所获得的含糊信号，使他们一直未能驱散某种不舒服或者怀疑的感觉。甚至解放运动参与者的语言也带有潜藏的假定，似乎并没有被启蒙运动对多元主义社会的信仰所激励，在这种社会当中，所有公民的权利都得到了保护。第二帝国从开始一直到它结束，犹太人问题一直没有散去，大多数德国人假定犹太人最终将被同化，并放弃他们作为犹太人的孤立状态。犹太人的拒绝导致了惊讶、担忧以及直截了当的歧视，其极端的形式是驱逐。在犹太人和犹太人仇视者所施加的虐待之间横亘的东西，归根结底是德国人的状态。只要它是一个文明的状态，遵守公正和人道的原则，犹太人就能够指望得到相对体面的对待。德国人的状态一直是一个文明的状态，但从1933年希特勒掌权那一刻起，德国就不再文明了。然而，正如对不同社会比较观察所显示的，存在着不同程度的文明。在19世纪后期的背景

① 杰克·韦特海默在1987年出版的题为《不受欢迎的陌生人：帝国时代的东欧犹太人》一书显示：犹太人，尤其是东欧的犹太人，几乎不可能从骗人的公务员和法官那里获取公民权。他们经常在严格的命令下行事，拒绝给予犹太人公民权。这本书的优点不仅在于提醒我们在19世纪很多德国官员对待犹太人的方式，而且也显示了甚至在今天德国人依然保持了对外国人的歧视态度和法律。

下，德国人的状态不在最好的名单中，但也不是最坏的。为了理解德国政府和社会文明因素的最终崩溃，有必要揭示其体制上的脆弱，确认其特殊的性质，公正地指出它是如何影响犹太人的。

尽管大屠杀在帝制的德国不可能发生，但在这里存在着三个主要的结构性脆弱，它们动摇了德国人状态的基本稳定性，在失败的战争额外创伤的压力下，使得某种力量得以出现，这些力量让希特勒迅速掌权，并使得其杀戮性的对犹太人的仇恨成为政治的存在。这些结构性的先决条件是：

1．一个混合的、未整合的、半封建和半工业化的社会体系，具有长期军国主义和集权主义的传统。

2．大众被民族化为社会控制和国际侵略的工具。

3．在社会的许多部门，存在着对生物学和种族主义信仰的尊重。

混合的社会体系：第二帝国，1871—1918

俾斯麦依靠把普鲁士制度的军国主义的集权主义特点强加给德国其他部分的手法统一了德国。因此，普鲁士霍亨索伦家族的国王成了德国的皇帝，普鲁士的首都柏林成为了德国的首都，普鲁士的制度和思想习惯，开始弥漫在国家意识的方方面面。当然，一个新的普鲁士化的德国具有许多优点，正如对它进行最为严厉批评的批评家弗里德里希・尼采也承认的，包括对权威的尊重、对责任的强烈奉献、努力工作、对优良秩序根深蒂固的意识。同时，普鲁士军国主义传统一直没有和它的文明状态相匹配。这一传统美化从军精神，把军官的地位置于所有民众之上，成为社会尊重的最高等级。历史学家弗里德里希・迈内克后来非常不满他自己的普鲁士出身，不满普鲁士对第三帝国的影响，他在晚年悲哀地承认，在普鲁士的特征中一直存在着两种倾向：一种是有文化能力，一种是没有。他相信前者是人道的、个人主义的，是新教徒的良心中派生出来的；后者是残酷的、集体主义的，是长期军国主义传统的结果。对权威服从的普鲁士精神，被依然赋予皇帝的半神化地位符号化了，它渗透到第二帝国的许多方面。

新的普鲁士化的德国具有最高意义上的军国主义特征，非常贴近阿尔弗雷德·瓦格茨对军国主义的经典定义:“军人的地位高于民众,强调军事的考量、军事的精神、军事的理想、军事的规模等价值观。为了军事的目的,强加给一个民族沉重的负担。漠视福利和文化,浪费一个国家最优秀的人力用于非生产性的兵役。”总之,新的德国采取了欧洲其他国家都没有采取的方式,将古老的军事封建价值观制度化和永久化。它给年轻的德国人灌输这样一种理想:作为一名“德国人”,首先意味着他是一位勇敢和忠诚的战士。仅有的另一个把武士偶像化为文化角色典范的国家,就是日本。

事实上,在帝制的德国,军事的组织高于其他所有的机构,并享受着过去只有教会的从业人员才配享有的声誉。军官团像偶像一样得到尊重。流行的一种说法就是证明:人生是从中尉开始的。任何穿上皇帝军装的人,都会立刻比普通人的地位要高。作为地位最高等级的成员,每一个德国军官都不受平民的控制,他只服从皇帝。军事等级有其自身的荣誉和法律,即荣誉军事法庭。但是,因为军队不服从文官统制,因此它本身就是法律。约翰·维勒—贝内特公正地认为,德国军官团听命于皇帝,就如罗马禁卫军和罗马皇帝的关系一样。不过他没有说,军事等级几乎都是从贵族阶层选拔和招募的,它从来不会容忍一个犹太人加入其中。

年轻的皇帝威廉二世代表着德国人对军事事务的喜爱。这位皇帝蔑视平民,轻蔑地称他们为软弱的东西。这位皇帝信任军队,而不是国会或者宪法。他的修辞蓄意地采用高调的军事的或者尚武的语气。对于习惯了语调优美的德语的外国人或德国人来说,这种语气听起来具有令人难以忍受的挑衅性。在对选派到中国镇压义和团的军队演讲的时候,这位皇帝命令他们不要收容任何俘虏,要像匈奴人那样战斗。这句话后来被同盟国的宣传者使用,产生了巨大的效果。他们把所有的德国人赋予了魔鬼的特征。威廉军刀霍霍的修辞充满了诸如“粉碎”“血战”“不屈的意志”等词汇。整个德国教官或军官都对他们的下级如此咆哮。威廉也喜欢用皇家权威的夸大表现加深对臣民的影响,同时恐吓臣民他不能容忍对其权力的反对。那些了解这位皇帝的人知道,皇帝的多数话都是夸张的修辞,是用于公共消费的;同时,尚武的语言和姿态被认为是最值得模仿的,这一点从社会的角度理解具有意义。

弗里德里希·尼采怀着巨大的恐惧,观察到了德国人的生活和文化的军国主义化。他不仅为德国语言的音乐性而担心，也为在过去几代德国人中保持这种音乐性的感情和感觉而担心。尼采并没有对他所认为的严厉的军事习惯恶意地侵入德国公民的日常生活作出过激的反应。严格的服从、尚武的语言、必须执行的命令、毫不动摇的忠诚、狭隘的军阶意识、相似的军事迷信等等的军事习惯，在母亲养育孩子的方式中，在父亲训斥他们的家人中，在雇主组织他们的商务、接待他们的客户中，在公务员管理公共领域中，开始复制其自身。

然而，由新的尚武的皇帝散发出来的权威光环根本上说是虚幻的。在霍亨索伦权力的光辉之下潜藏着许多社会力量，它们和封建君主政体的自负是不匹配的。在工业迅速增长的时代，德国的君主政体遵守着前工业时代的传统价值观。在处于上升期的资本主义当中，企图使陈旧的封建政体的社会永存，已经引发了不到一个世纪前的法国古老政体的崩溃。有什么理由假定德国能逃脱同样的文化落后的可怕结果。第一次世界大战前的德国犹如革命前的法国，是一个混合的社会，它见证了在现代资本主义和机械技术的背景下封建政治机构的顽固。

从政治的角度来看，新的帝国包含了一些反常的事物与不和谐的声音。俾斯麦的宪法建立了露骨的独裁政治，在其中，作为首席执行官的皇帝被赋予了以下的权力：任命和辞退首相；控制整个外交政策；担任武装部队总司令；一旦出现社会动荡宣布军事管制；剥夺持不同政见的邦国的领土主权；召集、推迟、解散议会；颁布和监督联邦法律的执行；解释宪法。这些彻底的自由裁量的权力，可能在专制主义的时代是更为合适的，但是在一个工业的时代就不适合了。在后一个时代，被分享的权力，或者说至少是势均力敌的权力，在削弱社会冲突上证明更为有效。当然，势均力敌的权力以两院制、政党的发展、劳工工会主义的崛起、有权势的商业卡特尔等形式得到了发展。不幸的是，俾斯麦和他的继承者都没有为了政治民主培养德国的民众，而是选择权宜的实用主义联盟和形成特殊的利益集团来解决政治问题。在帝国的统治下，国会在很大程度上被排除在主要的决策程序之外，因为占据统治地位的保守派精英成功地维持，甚至扩大了普鲁士在新的帝国压倒一切的影响。尽管表面上看是矛盾的，但是新的帝国的政治现实是由强有力的普鲁士邦构成的，它拥有实际的对军事力量的垄断，在上议院占据统治地位，其非自由主义的选举程序偏爱更为富裕的阶层。

当然，德国并没有逃脱人民主权的压力，但是人民对大众民主参与的真正要求不是被钝化，就是被封建的保守机构所指派。这种被沿用的策略，可能部分归因于许多德国人数世纪以来对较高权威的服从，还要归因于宗教或哲学的代言人（路德、费希特、黑格尔、特赖奇克）对权力持有者神圣性的合理化。对处于统治地位的独裁制的反对相对来说就效果甚微了，因为这个国家最好的群体没有选择任职于议会，因为政党逐步成为了狭隘的经济利益集团，而非能够成功地表述那个时代重要社会议题的国家政党。这些议题包括：封建精英和劳动大众之间不断加宽的鸿沟；在欧洲的国家共同体当中德国新的外交角色；一个视自己高于国家法律之上的军事机构傲慢的排他性。

尽管实际上在帝制德国的政治生活相对自由，社会民主形成了稳定的进步，比如到1912年，社会民主党成为了国会中最大的党，但悲哀的事实是：对政治有意义的参与依然排他性地被一个狭隘的、经常是傲慢的精英集团所控制，这个集团决心要让它的统治存续到20世纪。那些建立第二帝国的人，尽管向空中抛帽庆祝人民主权至上，但是他们非常清楚权力依然保存在封建阶级的手中。普通背景下警觉的德国人，特别是犹太人注意到，他们的宪法没有以《人权法案》或《人权和公民权宣言》的形式提及基本的公民权利。

从经济的角度来看，正如拉尔夫·达伦多夫指出的那样，新的普鲁士化的德国独裁精神以工业和封建国家“成果丰硕的错误联盟”展示了自己。德国刚刚统一之时，国家就设法自上而下来管理工业化的进程，比如提供无息贷款，宽容辛迪加、托拉斯、卡特尔，并作为所有者拥有巨大的财产和大型的企业（煤矿、高炉、公共设施）。国家通过训练有素、富有效率的公务员所构成的复杂网络管理着这些企业。因此在德国，私有企业被国有企业所替代；在那个时代，欧洲最有动力的工业扩张是政府计划和控制的结果，甚至工业化最臭名昭著的结果——失业、疾病、工伤、恶劣的工作条件——都在国家的保护之下。由于对普通公民一直采取家长式管理的态度，封建国家没有看见，对于工业化世界的公民来说，在扩展日益增多的财富的举措中存在着矛盾。家长式管理的传统，以及它对激进社会主义的根本恐惧，导致新的普鲁士化的德国采取了使它成为欧洲最进步的福利国家的举措，同时保持了它封建的外观。因此，德国以非常奇怪的方式成为了一个混合的国家：在家长式管理的意义上，它是封建主义的，但同时也是资本主义的。

然而，如此规模的家长式管理创造了民众服从和依赖的环境，同时培养了一种错觉：没有什么伟大的东西能在没有国家干预下完成，并且除了国家之外，个人是微不足道的。这就是奥斯瓦尔德·斯宾格勒后来所指的普鲁士的本能，它促进好的市民去为公共利益而非个人或自私的利益工作。在这个意义上，普鲁士人的目标旨在推进国家主义和社会主义。这是以一种奇怪方式显现的国家社会主义的征兆。每个公民都被希望对国家毫无疑问地服从和忠诚，国家以慷慨的社会福利对这种全面的奉献给予奖励，比如养老金、失业保险、残疾保护、医疗保险。社会的希望是，所有的德国人都将自己定位于服从命令的德国人，服务于国家的需要；反过来，根据表现、才能、对国家的忠诚，由国家对所有的德国人作出判断。

然而，这些信念依然是愿望性的想法，因为实际上占据统治地位的保守主义精英不愿意包容大多数人，让他们更多地分享消耗性的资源，并且，家长式管理不能掩盖第二帝国分配正义上的巨大差异。因此，阶级的冲突大量存在。正如弗里茨·斯特恩恰当指出的，帝国的精英没有建立与不断增长的工人阶级联系的桥梁，而是在扩建壕沟。另外，帝国的领导阶层越来越多地用敌意的词汇，依靠对所有类别的德国人都熟知的心态表达它的不安全感。这种心态把世界分为朋友或者仇敌。政治上笨拙且在许多方面如小丑的皇帝威廉二世（1888—1918）的即位，象征着新的德国的虚弱。年轻而造作、不成熟也没有安全感的皇帝，明显是德国的写照，因为他体现了一个没有发现自己稳定身份的国家，它试图通过令人恼怒的姿态和武断的自我肯定来掩盖它的虚弱。

德国的知识分子精英是文化和教育的卫士，反映了体现在新的帝国制度中的紧张和异常。俾斯麦用“铁与血”铸造了新的德国。在这样做的时候，他是向知识分子发动了明显的甚至是嘲弄性的挑战。一个诗人和哲学家的国度是如何回应一个新的、军事化的德国的呢？知识分子远没有向权力言说真理，而是很快向它投降。令人惊讶的是，大多数俾斯麦执政之前的自由主义批评家向他的成功投降。在普鲁士军队凯旋之后，他们扮演了令人吃惊的完全变脸，放弃了他们的和平民主理想，把它作为非现实的白日梦。精神王国的幻象与歌德和浪漫主义的诗人紧密相联，许多有教养的犹太人不无反讽地依然把它当作“真正的”的德国。这个幻象很快让位给军事大国新的幻象。正如一个帝国行政官员所认为的那样，在其中，军国主义是平民的心灵状态。

俾斯麦的马基雅维里主义的成功，给许多德国的知识分子留下了深刻的印象，这些成功也似乎得到了社会达尔文主义，以及在主要的学术圈子里对斗争、竞争、力量普遍尊崇的支持。这些德国知识分子开始坚信，生活的本质存在于权力当中。甚至弗里德里希·尼采也将自己的生命奉献给他所称的“权力意志”，这个词汇后来被纳粹大张旗鼓地宣扬。可是，他过去曾经警告过德国人：没有精神深度伴随的权力政治，只会使德国人愚蠢和野蛮。他现在还认为：“权力意志在哪里匮乏，哪里就会堕落。”作为一种解毒剂，他敦促德国人去重新发现他们的生命之根，通过英雄的“自我征服”去超越颓废的资产阶级的物质主义，提高“对退化毫无怜悯之心”的超人所组成的高贵阶层的统治地位。尼采高度暗示性的、格言性的哲学，使它得到了大量粗糙的误解，权力意志和超人的概念能够——结果也总是——与斗争和适者生存的粗糙的达尔文主义观点，与新浪漫主义对权力神话、富有领袖魅力的英雄角色、辉煌征服的幻象等信仰融合为一体。

换句话说，尼采对权力的精神化，只是在种类上与其他一些较少含蓄、更具攻击性的话语存在差异。在具有种族倾向的民族主义者的话语中，权力意志很快就从尼采对“精神超越”的信仰掺杂为野蛮的统治和放纵的侵略。对神话的信仰，是将民众和他们共同的过去联结起来，这一信仰能够轻而易举地变成集体的妄想和革命的冲动。在粗糙的达尔文生物学和“种族卫生学”的影响下，哺育更高类型的人，而不再保证教育出“拥有耶稣之心的恺撒”的想法，导致了国家资助的人类种马场的计划，导致了通过绝育或种族灭绝清除不适应生存的人。无论高级还是低级的知识分子，都沉迷于他们对权力的颂扬之中，视它为现实的最高来源和认可，而非某一特殊目标的实用工具。同样，用黑格尔的话来说，他们视国家为绝对意志在尘世的显现，而非习惯性的一套人类制度。从这一点出发，创造名言“犹太人是我们的不幸”的历史学家海因里希·特赖奇克反复坚称：每一个德国公民必须将自己虔诚地奉献给国家。

在第一次世界大战前德国知识分子社会相当大的范围内，我们能够发现一个强烈的反民主的偏见，以及对政治专制主义的偏好。这些态度与克制和妥协是水火不容的。在第二帝国，这些反民主的偏见渗透到不断扩大的德国教育体系当中。从表面上看，德国拥有世界上最令人敬佩的教育体系，与其他国家相比，给更多的年轻人提供了免费的综合教育。从纯粹的技术角度来看，它是一个良好的体系，它教育年轻人读写和计算，使这些技能成为根深蒂固的习惯，构成优秀的职业工作或学术工作的基础。但是，德国教育的体制是在严厉的集权主义，以及精英主义信仰和实践的背景下架构的。教育体系蓄意地生产认真负责的、训练有素的、服从听话的国家仆人。它绝不鼓励年轻人的主动性、创造性或者不顺从。在一个民主体制中，教育在观念上鼓励自我发现的艺术，而在精英主义的德国，它要求出于服务国家的目的，掌握官方认同的知识。

一些德国的保守主义分子尽管对德国的年轻人能读能写，能够成为不断增长的工业世界的优秀工人感到骄傲，但是也在思考他们是否可以不转向极端主义或其他途径而稀释了高雅文化的品质。对“粗俗”大众的恐惧，在19世纪后期是一个十分普遍的话题，在诸如保守派作家保罗·德·拉加德和尤里乌斯·朗本的作品中十分突出。然而，这种恐惧被极度地夸大了，因为德国的学校体系依然控制在国家的行政机构手中，它们具有明确的保守主义和集权主义的倾向。这一倾向强调严格的纪律、完美的秩序，以及对权威的服从。这在精英的中学、文科中学，以及占人口比例很小、学生主要来自富裕的中层和中上层阶级的大学尤为真实。不言而喻，这不是民主体制中的教育，而是职业仕途的教育和德国人所称的“教化”（Bildung），其官方宣传的意思是丰满的通才教育。但是，它实际上意味着获得有教养的、经常是傲慢的古典学问的表皮，一个人为了显示自己社会的优越性对其进行展示。文科中学松散而错误地模仿了希腊和罗马的模式。它们既没有教授具有真正深度的古典遗产的价值观，相反却强调语法的结构而没有向作品本身注入快乐；也没有造就身心丰满的公民。这些学校生产的东西经常是书呆子式的、精英主义的狭隘思想。这些人是优秀的技术员、公务员、多产的教授，但很少是在社会或政治上投入的公民。这些学校造就的学生后来被称为——他们也骄傲地自称——“不关心政治的德国人”。他们是消极的追随者，或者顺从的仆人。

因为德国的教育制度保持了它的集权主义和非民主的基础，当它在魏玛共和国期间获得机会的时候，它拒绝对自身的改革，并热切吸纳了反犹太人的偏见，因此它必然被认为是大屠杀主要的制度性罪犯之一——要么拒绝传授真理，要么积极地灌输给年轻人新浪漫主义的神话、沙文主义的信仰和种族主义的信条。甚至教育领域最好的一面，那些在当代世界许多知识领域作出贡献的、有学问的德国人，也为狭隘的“德国精神”的兴起作出了贡献，这一精神用18世纪民主价值观中它所敌对的东西来定义自身。

1914年，当一群伟大的德国知识分子把自己投入到明斯特大学社会学教授约翰·普兰格提出的“1914年思想”的时候，以上的情形就清晰地出现了。具有讽刺意义的是，这些知识分子包括德国人和犹太人，他们是维尔纳·松巴特、阿道夫·冯·哈纳克、托马斯·曼、保罗·欧利希、弗里茨·哈伯、马克斯·利伯曼、弗里德里希·瑙曼、马克斯·普朗克、瓦尔特·拉特瑙、恩斯特·特勒尔奇、弗里德里希·迈内克、马克斯·舍勒等。尽管这些思想家在哲学或学术上存在差异，但是他们都一致认为，盎格鲁—撒克逊的自由主义没有真正的道德脊梁，它用道德相对论、富裕、普遍快乐的信条有意或无意地强化了社会腐败的各种力量。为了替代中产阶级的自由主义及其物质主义的价值观，他们强调更为保守的生活方式，在其中，传统的意义、荣誉、爱国、历史的意识占据主导地位。在社会领域，这意味着一个没有阶级分割的有机共同体，一个在其中每个个人或团体都为公共利益工作的社会。德国社会学家马克斯·韦伯、恩斯特·特勒尔奇、斐迪南·滕尼斯都希望德国不要成为盎格鲁—撒克逊式社会，它原子化而无根基。他们强调共同体而非社会的重要性，强调有机整合的民族共同体，而非追逐享乐主义欲望的自利个人的集合。

弗里德里希·瑙曼在其极有影响的著作《欧洲中部》(1915)提议，在德国的保护伞下，在欧洲中部建立国际新秩序，德国将作为自由放任的自由主义西方模式的社会经济替代物发挥作用。瑙曼和他的群体不仅支持德国民族主义的事业，而且为了把工人阶级整合到他们的民族共同体中玩弄起社会主义的观念。这类知识分子中有一些是修正主义的知识分子，他们强调阶级的合作而非阶级的斗争，认为民族性的纽带比阶级的纽带更重要。当阿道夫·希特勒在20世纪20年代和30年代使用有点相似而更为种族主义语言的时候，他几乎是在重复帝国时期在知识分子当中长期流行的思想。

大众的民族化

为了将迄今被剥夺公民选举权的大众整合到保守主义的社会秩序当中，第二帝国的统治精英设想了一个在德国人控制下的强大中欧、一个在东方的扩张主义政策，以及对海外殖民帝国的攫取。快速的工业化并没有伴随着民主化的到来；并且依靠将劳动人口排除在任何有意义的政治参与之外，统治精英只能设法加深已经通过工业革命给社会造成的社会差距。鸿沟不断扩大的社会问题，成为了形成完善的社会政策的动因，依靠这一政策，扩大的富人和穷人之间的"悲剧鸿沟"可能缩小。不幸的是，社会鸿沟的缩小没有通过真正的社会改革，而是通过权宜的办法弱化，甚至讨好极端的要求。例如，俾斯麦通过采取掌控国外政策的方式处理国内的政策。他精明地操纵党派或利益集团，去推进他自己的狡猾目标。他自我中心地认为，这些目标和德国的利益是一致的。这一目标远没有带来社会秩序持续的和谐，因为持续的和谐需要废除旧秩序的特权，而非短期的联盟、权宜的友好，或者人为设计的讨伐，比如针对天主教的文化战争，以及毁灭帝国的社会主义敌人的战役。

尽管俾斯麦假定新的帝国政治上缺乏稳定而小心翼翼地避免国外纠缠，但是他的继任者面对着尖锐的社会问题，开始求助于部族的民族主义和帝国主义以获得工人大众的支持，并把他们整合到同质的民族共同体当中，其方法不外乎是经济的、政治的或者心理的。在威廉二世的时代，德国人民处于公开协调组织的事业的狂热当中，其形式是流行的帝国主义、海军竞赛、爱国主义协会和利益集团的兴起。一批有影响的领导人，比如约翰尼斯·米格尔、海军上将阿尔弗雷德·铁毕子、卡尔·比洛和国王本人，都拥护国内动员和国外扩张的政策，这些政策除了激情未到火候，预示了纳粹对一切的讨伐。

视自己为恺撒再生的威廉二世要让他的国家变为世界强国，甚至是超过英国的强国。他肯定知道帝国如此宏大的设计会使他与英国以及其他列强发生冲突。从出身来看，他一半是英国人、一半是德国人。他的母亲维多利亚公主是英国维多利亚女王和萨克森—科堡的阿尔伯特的女儿。1888年他登基时，接替的是有着改革之心和自由主义思想的父亲腓特烈三世的短暂统治，他急切地要为德国规划新的发展历程。他辞退了俾斯麦，并支持新的世界政治。他浸淫在19世纪后期帝国主义的文学当中,梦想着一个更为伟大的、依赖海外殖民地的帝国。这位皇帝欣赏帝国主义的作家和冒险家,比如拉迪亚德·吉普林、西塞尔·罗兹、海军上将马汉,最重要的是休斯顿·斯图尔特·张伯伦,他的日耳曼人优越性的理论吸引了皇帝的想象,极大地刺激他侵略性的话语。

接着,这位皇帝激励其他人响应帝国主义的号召。海军大臣阿尔弗雷德·冯·铁毕子为了帝国主义的政治,在建造世界最强大的海军,协调组织辉煌的公关战役中发挥了重要作用。他还详尽地阐述了广受欢迎的保守主义"风险理论",这一理论呼唤一个强有力的德国舰队,它能够阻止世界最强大的海上国家,能够使德国人追逐他们的殖民目标,保护他们的供给线。这些帝国主义的观点通过大量的大众协会——最著名的是泛日耳曼联盟、海军联盟、殖民联合会、陆军联盟——得到散布。这些组织确实把战争宣传和美化为一项高贵的事业,赞美为生存的战争,为德国人民要求生存空间,宣称德国人是未来的主宰性种族。

这些帝国主义分子包括非常广泛的范围,不仅有占据统治地位的普鲁士精英,也有工业界和学术界的著名成员。我们也发现一些后来纳粹运动有趣的支持者和追随者,其中包括泛日耳曼联盟的创立人阿尔弗雷德·胡根贝格(1865—1951);工业家和军火大王古斯塔夫·克虏伯·冯·博伦·温德·哈尔巴赫(1870—1950);海因里希·特赖奇克的学生、枢密院顾问海因里希·克拉斯(1867—1953),他是一个坚定的反犹太人强迫症患者,后来为希特勒开放了泛日耳曼联盟的大门;富裕的工业家弗里茨·蒂森(1873—1951),他后来为纳粹党提供了金融支持;另一位富裕的偶像、煤炭巨头埃米尔·基尔多夫(1847—1938),他向纳粹的金库倾泻了大量的金钱。然而,这些人只是正在出现的民族主义冰山的一角。这一冰山吞噬德国社会广大的部分,包括中低层阶级、中产阶级、学术界、学生,甚至一部分工人。从更大的国际视野来看,这是非常危险而幼稚的侵略主义,它对整个世界充满错误的认识,并显示了膨胀的民族中心论的信念:德国能够承担和维持世界最大规模的陆军和海军。

几乎没有什么组织比泛日耳曼同盟更充满这种妄自尊大,它的成员支持疯狂的扩张主义政策,宣称日耳曼种族的优越性,要求在东方的生存空间,急切地等待救世主式领袖的降临，他将把德国人从犹太人的威胁中拯救出来。在审视泛日耳曼同盟，以及类似宣称为德国代言的组织的时候，有一点很快就变得十分明显：这些组织对世界的其他地方投射出非常狭隘和野蛮的信号，以及一种甚至不再假装要解放人类或为人类的自由而斗争，而是毫不羞耻地谈论征服和镇压的景象。换句话说，作为一个民族的德国人，不再尝试向世界传递慷慨和人道的信号。确实，德国人有时重复着歌德的名言："世界将在德国人的天性中繁荣昌盛。"但德国向世界真正的要求是霍夫曼·冯·法勒斯莱本所写的国歌中的第一句："德国，高于一切的德国。"国歌里意味的是对民族优越性不断上升的断定，而非体现在席勒《欢乐颂》中的启蒙运动"四海之内皆兄弟"的信条——这一过去时代的信念，在帝国时代的德国已经烟消云散。毫无疑问，有许多德国人强调丰富的文化遗产和令人敬佩的科技进步所体现的民族成果更好的品质，但是它被好战的断言所压制：德国是伟大的，因为德国人是最伟大的。过去的传教士至少宣称，有时还传播"罗马治下的和平""自由平等博爱""民族自决""为了民主让世界更安全"等宣言；但是与此相比，正如汉斯·科恩所说，"只有德国人除了自我中心的权力和自我荣耀以外什么也没提供"，这在1871年到1945年间肯定是真实的。

不少德国人注意到这一民族的弱点，正如J.福禄贝尔所言，他们也希望德国人不要不断地使用赞美他们性格特征的一些属性："德国人的精力、德国人的忠诚、德国人的爱情、德国的严肃、德国的歌曲、德国人的葡萄酒、德国人的深刻、德国人的彻底、德国人的勤奋、德国的女人、德国的处女、德国的男人。"为了满足自我的成长，尼采希望德国人不要把自己变为民族主义的丰碑，而是将自己"去德国化"，成为优秀的欧洲人。但这是一个不能实现的希望，因为尼采自己也开始怀疑，他和德国人一起发现了"德国人是何物的问题永远不会消亡"。在第二帝国时期，大家的共识是：真正的德国人属于一个民族血统的共同体，他们赞同分享所宣称的德国人生活和文化优越性的民族信念。与这种民族中心论——对犹太人来说它具有潜在不祥的含义——的信仰相联系的是一种不断增长的信念，即最好的社会在文化和民族上是同质的，而非不同的或多元的。这些幻象始终是狭隘的、排外的、吝啬的，它们排斥外国人、少数持不同意见者，以及民族不同的民众。

对种族主义的尊崇和民族偏见

犹太人在第二帝国

卡尔·马克思喜欢的隐喻——特别在早期著作中——是“剥去幻想的面纱”，即穿透以既定神话和社会主张形式出现的社会神秘之处，揭示其本质的、起决定作用的机制。毫无疑问，这就是后来马克思所做的，他通过揭露作为人类贪婪和剥削的残暴组织的制度，无情地解剖了资本主义和资本家。在对资本主义的批判中，他并非完全地超脱和完全地解析，他的著作其实上升到了相当高的道德主义水准，充满了启示录和鬼神学的意象。工人的形象从血肉之躯的人类得到了提升，变成了神话中的西西弗斯和普罗米修斯；同时，资本家被剥夺了人性，成为了蛇发女妖和复仇女神，成为了“吮吸活劳动才能生存的吸血鬼”般的魔鬼，他们拥有“对劳动的鲜血吸血鬼似的饥渴”。另外，马克思把资本的机器比作巨人族和食人兽；把资本家比作食尸鬼，把孩子的血榨取为资本。当人们读完马克思对资本主义制度及其典型的操纵者——资产阶级及其追随者——的指控之后，一个抽象的新世界出于政治行动、宣传、革命性变革的目的被创造出来。人被剥去了个人的特性——正如马克思明确承认的——只是“经济范畴的人格化，是特殊的阶级关系和阶级利益的体现”。

这一剥去幻想的面纱，在其后发现蛇发女妖美杜莎之颅的过程，与反犹太人的批评家完全不同吗？反犹太人的批评家，在每次金融运作失败和社会危机的发展中发现了贪婪的犹太人。人们可能会持反对意见，马克思揭露了真正的社会不公正和真正的压迫者，而犹太人的仇恨者沉浸在幻觉中。即使这一反对意见包含了一定的真理，它也没有触及真正的问题。真正的问题不是体现在两个观点中的相对真理，而是支撑着两个观点的思想类别。我认为，这类思想不合理地使用了潜在的心理失常，例如将个体成见化、人格化、具体化，以便证明一种在犹太恐惧症情况下的幻想，或者证明一种如在卡尔·马克思情况下的社会学理论。

在帝制的德国，关于犹太人什么是真实的、什么是幻觉的呢？尽管对犹太人进行集体的描述是可能的，但是不可能以单一的意愿或目的把他们作为抽象之物。在一般的意义上，鉴于他们的宗教、习俗以及职业或专业的交往，德国的犹太人组成了鲜明的群体。由于历史的原因，他们一般都偏爱居住在城镇里，城市越大，居住的犹太人就越多。他们从事着过去向他们开放的那些自由职业。这说明了一个事实：他们高度集中地出现在商业、法律、医学、新闻，以及那些迎合新的大众读者的领域。大多数普通的德国人与犹太人在城镇和乡村、在零售和批发市场交往，因为犹太人已经成为了流动商品的中间商。许多犹太人成为了独立的店主、小企业主，至于一些著名的才俊则成为了运营银行、报纸、出版康采恩、大公司和工厂的大企业家。后一个阶层的犹太人在金融上的成功尤其显著，立刻引发了嫉妒和鄙视。

在这些新人当中，最引人注目的是埃米尔·拉特瑙。他是一位工程师，在1881年他亲自见证了托马斯·爱迪生在巴黎博览会点亮了电灯泡，并和这位美国发明家就在德国推广这一技术进行了谈判。1883年，他组建了德国爱迪生公司。在拉特瑙去世的时候，他的公司一共雇用了7万人，公司不仅负责为德国的大部分地区提供电力，还在世纪之交为世界的其他很多地方提供电力。拉特瑙的儿子瓦尔特·拉特瑙成为了其父亲的电力托拉斯的经理，1916年帮助组织了德国的战时经济，后来成为了魏玛共和国的外交部长，被右翼犹太人的仇恨者刺杀。

拉特瑙属于处于上升中的犹太人才俊的群体，他们在大学和威廉时代德国的技术学校接受了优秀的科学训练，在建立新的工业康采恩的时候运用了学到的知识。I.G.法本化学托拉斯的创始人之一海因里希·卡罗，是一位西班牙系的犹太人，他在苯胺染料领域的发现，使得他的公司成为了合成染料以及橡胶、石油和硝酸盐的合成替代物等领域的世界级杰出制造商。另外一位犹太化学家是阿道夫·弗兰克，他发现了碳酸钾的衍生物可以作为肥料的用处，并把他的产品出口到美国。可能最有趣的犹太化学家是弗里茨·哈伯，他是一位来自布雷斯劳的皈依基督教的犹太人，他开发出一种从空气的硝基硝酸盐中合成氨的方法，后来帮助了德国的战争机器制造自己的用于爆炸的硝酸盐，以及开发毒气。正如弗里茨·斯特恩所认为的那样，他在1914年不可能预见到“他为德国人制造了毒气，而德国人把它作为另一类毒气杀戮了数以百万计的自己的同胞”。

哈伯像许多德国犹太人一样，是一位成功地被同化的德国人。作为发明家、皇帝威廉学院的院长、国家枢密院顾问、诺贝尔奖获得者，他的职业生涯可以成为犹太人积极进取和获得成功的教科书范例。但是,甚至这位伟大的成功者,以及德国人生活和文化的捍卫者,也痛苦且悲剧地发现,他所有的爱国服务在纳粹统治下也没有意义。1933年,哈伯被解除了所有学术职位,不情愿地流亡国外,一年后伤心地去世。

当然,我们可能发现,犹太人最显著的成功故事发生在金融和银行领域,因为现代商业企业的扩张需要大规模的资本流动。正如先前所提及的,犹太人享有在这个领域的优势,在过去五百多年为农民、贵族提供借贷服务,因此获得了能让自己处于“刀刃”之上的知识和洞察力。一些著名的运营着大型银行的犹太家族,除了已经提及的罗斯柴尔德家族,还有门德尔松家族和柏林的布雷施罗德家族、汉堡的沃伯格家族、科隆的奥本海默家族。个别的犹太人也在建立德国重要的银行中发挥突出的作用。德意志银行的奠基者之一是路德维希・班伯格,后来他成了帝国议会的代表。另一位犹太银行家是欧根・古特曼,他把德累斯顿银行的运营扩展到全国范围。

弗里茨・斯特恩记载了银行家格尔松・布雷施罗德和奥托・冯・俾斯麦之间紧密的伙伴关系,用大量的细节展现了犹太银行家和铁血首相的生活是如何交织在一起的,以及金融的专业知识是如何对帝国的建立和伟大地位作出贡献的。这是一个极其富有启迪性的研究,它总结性地论证了犹太人在积极的意义上所发挥的重要金融作用,也清除了两个反犹太人的神话:一个是犹太人喜欢巨额财富,一个是习惯利用这些财富获取不应有的政治影响和权力。相反,斯特恩认为,甚至布雷施罗德的财富也缺乏明显的政治影响力,因为在普鲁士的政治体制中它没有移动权力的杠杆。尽管布雷施罗德参与了俾斯麦私人的金融事务,对此进行了精心管理,并经常提供精明的信息和建议为这位首相服务,但是他从来没有进入俾斯麦的社交圈子,至多只是一个有价值的、受到尊敬的局外人,他必须对德国政治体制对他所规定的限制心满意足。

铁血帝国的力量需要金融上的支持,犹太人的黄金在此提供了明显的帮助,正如它把德国从毁灭性的三十年战争中拯救出来提供的帮助一样。在1870年到20世纪期间,犹太银行家冒着风险将他们的资本投放到许多工业企业上,其中对于经济兴旺尤其重要的是不断扩张的运输系统。科隆的亚伯拉罕・奥本海默给德国第一批铁路公司之一莱茵河铁路公司提供了金融支持,并且管理了这家公司，它的铁路连接了科隆和安特卫普。莫里斯・德・赫施男爵的绰号叫"土耳其"，他在1869年接受了土耳其政府的合同，铺设一条连接维也纳和君士坦丁堡的铁路；第一列东方快车1888年驶离维也纳。到那时，赫施已经成为德国最富有的企业家之一，但他也是一位非常慷慨和关心社会事务的人，他捐赠了数百万给予有价值的事业，特别是支持了数百万俄国的犹太人，由于沙皇的压迫，他们逃到了西方。

另一位工业巨子是喜欢炫耀的贝特尔・亨利・斯特劳斯伯格，他是一位皈依基督教的普鲁士犹太人，机智而有天赋，在英国、美国和他的母国德国追名逐利。斯特劳斯伯格是一个依靠"空气"生活的人，从来不用自己的钱而是用别人的钱投资，依赖对未来的许诺。但是他思维敏捷、富有魅力，足以说服严肃的投资者——其中包括外国政府——投资他庞大的计划。在帮助英国投资者在东普鲁士铺设一条铁路之后，他在德国、俄国、匈牙利延伸和建设铁路线，同时积聚了巨量的纸上财富，这成为了未来投资者的灾难。他的帝国在1873年崩溃，那时罗马尼亚政府拖欠了一条他在罗马尼亚正在建设的铁路线的费用。仅此一次，他的时机选择是灾难性的错误，因为1873年那年，德国的市场崩溃，导致了长时间的、席卷了众多投资者的萧条。这些投资者像赫施一样一直依靠着膨胀的金融价值和风险投资生活。

在造船业，最伟大的犹太人成功的故事是阿尔伯特・巴林，他从汉堡—美国航运公司的客运部经理做起，最后晋升到公司的总经理。巴林的与众不同之处是，在运输数以百万计的犹太移民从东欧前往他们的目的地（通常是美国）上显示了杰出的组织能力。像赫施一样，巴林是一位有着强烈社会良知的人，他在接纳自己的客户方面作出了让步，甚至在他们启程去新世界的前后彻底地改善了他们的住宿条件。在他的客户上路之前，他建立了拥有教堂和犹太会堂的微型村落。巴林把汉堡—美国航运公司变成了世界主要的运输商之一，甚至在最恶劣的冬季利用他的船只为富人和名人提供快乐的巡游。皇帝和巴林都喜欢船，但皇帝更喜欢战舰而非客轮，他拒绝听从朋友的意见在国际事务中采取温和的进程。就是巴林最终告诉皇帝德国战败了。皇帝离开了德国，而巴林服用过量的安眠药离开了世界。

除了在银行业、商业、运输业之外，犹太人也大量涉足正在出现的大众传媒业，包括报纸、期刊和图书的出版。在许多方面，犹太人是爱书的民族。两千多年来，他们就依靠文字生活，因此如鱼得水似的从事印刷绝非偶然。尽管在这一领域犹太人有着不同寻常的非凡表现，但是他们远没有像他们的诽谤者所相信的那样占据主导地位。这里还是一个成见的问题。从表面来看，一些犹太的报业大亨似乎主导了市场，在柏林和法兰克福尤其明显，但是除了所有的犹太人控制的报纸，仍有数以百计的非犹太人报纸。犹太人的仇视者坚持认为，“犹太人的出版”是激进的，甚至是“犹太教的”，但事实并非如此。在报纸业或出版业中，正如在其他地方一样，犹太人实际上倾向于成为温和的中心，而非极端的保守主义或极端的社会主义。另外，犹太人很少宣传“犹太教的”观点，也就是说，他们很少公开维护犹太教的思想。但是，正如后来人们所见，对于犹太人的仇视者来说，这并没有造成什么差异，因为他们很快就创造出一个完全想象的犹太人的“特性”“信念”“精神”等条目。从长期来看，保护自己免受这些恶毒的指控是不可能的。这些指控包括犹太人坚持自己的立场，显示自己的精神特性。

现代犹太新闻业之父是莱奥波德·索尼曼，他在1866年创办了《法兰克福汇报》。索尼曼在柏林有两位一样伟大的报业大亨同伴，一位是莱奥波德·乌尔施泰因，一位是鲁道夫·摩西。乌尔施泰因在1877年购买了《新柏林日报》，后来增加了《柏林早报》。他的五个儿子参与之后，乌尔施泰因的公司成为了最庞大的出版康采恩之一，直到纳粹把它击碎。更有影响的，特别是在大众市场更有读者的是摩西的公司。其奠基人鲁道夫·摩西在1871年出版了《柏林日报》，这是第一份主要由广告而非由读者做财务支撑的报纸。摩西通过创建两份主要为工人大众服务的便宜报纸——《大众报》和《晨报》——扩大了自己的帝国。到1914年，摩西的报纸总发行量在约400万的总人口当中达到了25万份。犹太人很少出现在图书出版业，著名的出版人是塞缪尔·菲舍尔和库尔特·沃尔夫，他们主要是为大众提供服务的出版商，但是保持了非常高的文学水准。

紧接着“犹太人的”出版或者银行，在犹太恐惧症患者的心理世界一直构成最重要因素的机构是受到极度诽谤的百货商店，尤其是纳粹分子从来没有停止过对这一恶魔般的百货商店的疯狂攻击。这些商店被认定吞噬了许多德国人的小杂货店的生命，让它们垂死挣扎。事实再一次证明完全不是那么回事，尤其是19世纪的百货商店，它是创新的奇迹，因为它将许多小商品在一个中心区域集中起来，以优雅的环境、阅读室和休息室、餐馆以及低廉的价格，给消费者从未有过的吸引力而诱惑着他们。百货商店应该是消除了对喜欢讨价还价的犹太人的成见，因为它的交易价格固定。但是，对犹太人的仇视仍未改变，它很快以新的形式替代了古老的成见，也就是说，格尔松、格伦菲尔德、蒂茨、绍肯、维特海姆的百货商店是犹太人更大的经济阴谋，它的目的是接管德国的经济。

这类对犹太人的经济成功的仇视，经常来自正在被现代化快速忽视的社会经济团体，他们因为自己的经济困境而谴责犹太银行家和批发商。他们猛烈攻击自己假想的没有寄托的、有进取心的、冷漠无情的犹太人，这些犹太人毫不考虑他们假定的对他们的无辜受害者的伤害，在经济成功的梯子上攀爬。这种感情在德国各地的农民当中尤其强烈。尽管第二帝国期间在建立各种为农民提供服务的借贷机构方面取得了进步，但是犹太人贷款的传统形式在乡村依然没有减弱。农民已经习惯于数个世纪以来直接向犹太中间商直接交易的传统，这不仅发生在金融交易中，也出现在更为广泛的涉及牛、小麦、啤酒花、羊毛、皮制品和木材等商业交易当中。在德国的一些地方，特别是在法兰克尼亚、黑森和威斯特伐利亚，犹太人的商业交易者保持了他们的领导地位；从事牛交易的商人有四分之三是犹太人。

在整个19世纪后期以及此后的时期，德国的农业一直处于危机当中，因为德国的农民不能适应生产和管理的最新科学方法，因此在世界市场缺乏竞争力。许多农民欠了犹太借贷人的巨款，他们偏爱和犹太人交易，因为人们认为，与欠那些令人尊敬的德国机构的钱相比，欠犹太人的钱没有那么丢脸，这些农民经常被迫将他们超出抵押的农庄出售给犹太债主。每当犹太人在拍卖他们委托人负债的财产获取利润的时候，怨恨在乡村达到了反犹太人仇恨的高峰。在19世纪后期，像奥托·鲍克尔、赫尔曼·阿尔沃特那样的反犹太人煽动者，在政治上组织的就是这种仇恨。尽管工业化和现代化十分快速，但是农业贸易和前工业贸易的顽固性在德国依然非常强势，就是在这些受到现代化替代或威胁的集团，比如农民、传统工匠、缺乏竞争力的商人、负债的容克地主，反犹太人的偏见非常强烈。

这类经济上的反犹太人仇恨，在文化上的对应物是这样一种谴责：犹太人正在污染德国的文化纯洁性，他们用自己犹太人精神的粗鄙物质主义价值观感染德国。根据彼得·盖伊富有启示性的表述，作为现代化的代理人，犹太人并不必然具备现代主义的文化内涵，他们是自己历史地位的主人，也是牺牲品。犹如在其他领域，对于德国人来说，在文化领域当中犹太人也是处处可见，但与其是作为艺术家、作家或音乐家，还不如说是作为犹太艺术家、作家或音乐家。另外，许多犹太艺术家被贴上了轻蔑的标签，或者与先锋派运动消极地联系起来，这些运动被文化的保守主义分子唾弃为非德国的或者颓废的。但什么是犹太作家或者犹太精神呢？一个人如何客观地将德国艺术家和犹太艺术家区别开来呢？正如德国那个时期最伟大的画家之一、犹太人马克斯·利伯曼所认为的那样："绘画和犹太教有什么关系？"像无数的德国犹太人，利伯曼坚持自己强烈的人文主义信念，他并没有发现在显示对人类尊严的尊重和对自己民族或宗教立场的骄傲之间存在着道德上的不匹配。他说："我一生中的首要问题是，你是什么样的人？而从不是，你是犹太人、基督徒、异教徒吗？"这没有改变他作为犹太人的自我形象，因为他曾挖苦地承认他生为犹太人、死为犹太人。

事实上，许多犹太人越来越相信，没有理由一个人不可以同时是犹太人和德国人。在受过教育的德国犹太人当中，被德国文化同化或者适应德国文化的进程在飞速进行。受过教育的犹太人渴望拥有德国人的教育，并骄傲地以良好的通识教育的形式展示这种教育的特征，他们始终用钢琴和书架艺术化地装饰自己的屋子，强制自己去博物馆、戏剧院或歌剧院。他们在私人会谈或公共谈论中引用古典作家（席勒、歌德、康德）的名言，这成为了许多犹太人确认自己的德国人特征的途径。他们做得绝佳，以至于他们比许多德国人还要维护德国的高雅文化。例如，在1750年和1800年之间，巴赫的全集没有得到印刷，因为德国的音乐精英认为巴赫是过气的音乐学究。甚至到19世纪20年代，巴赫的音乐几乎没有得到印刷。犹太作曲家费利克斯·门德尔松·巴尔托迪（1809—1847）是伟大的哲学家摩西·门德尔松的孙子，他从伯祖母萨拉·莱维和拥有巴赫《马太受难曲》全部手稿的指挥家卡尔·弗里德里希·策尔特那里了解到巴赫的这部作品。策尔特对这部作品能否得到演出深表怀疑。但在1827年，门德尔松在其住宅安排了一场私人演出，他让策尔特相信《马太受难曲》应该得到复活。门德尔松和演员爱德华·德弗里恩特在巴赫这部巨作上花费了巨大的劳动，对它进行了编辑和删节，使其达到了可以控制的演出标准。此时，这位年轻的犹太作曲家说："想想吧，一位喜剧演员和一位犹太男孩必须复活世界上最伟大的基督教音乐。"1829年3月11日，巴赫的《马太受难曲》由门德尔松指挥，在柏林面对座无虚席的听众上演。之后，柏林的名人在策尔特的住宅里举行了盛大的聚会。有一个故事说：德弗里恩特夫人轻声对门德尔松说："告诉我，坐在我边上的蠢货是谁？"门德尔松用餐巾布挡着嘴轻声说："那个蠢货是哲学家黑格尔。"

犹太人在其他领域也是德国文化的支持者。格奥尔格文化圈的成员围绕在诗人斯特凡·格奥尔格周围，用几乎疯狂的热情培育着德国语言和文化的纯洁性。这些成员主要是犹太人。"回到康德"运动，企图证明康德学说的认识论和道德的关联，这个运动由奥托·利布曼富有挑战性和争论性的论文《康德和他的追随者》(1865)发起，在整个19世纪后期由赫尔曼·柯亨和他在马尔堡大学培养的学生承担。这些学生当中包括恩斯特·卡西雷尔，"他每一口气都呼吸着高雅的德国文化"。这些哲学家继承了启蒙运动的传统，以及它对人类自由和宽容的憧憬。根据彼得·盖伊的观点，他们转向席勒或康德，因为他们"提出了一个响亮的、明显是可以被引用的声明；并且，康德的批判哲学为理性的宗教提供了基本原理。这一宗教承诺允许被解放的犹太人使自己的宗教观点适合一个普遍的——他们希望得到普遍尊重的——方案"。

柯亨的梦想是，德国将成为文化的熔炉，在其中，犹太人和德国人成为一家人。他的梦想没有实现，但是却代表着他的那一代许多犹太人的希望。柯亨是少数擢升到终身教授地位的犹太教授。允许获取终身教授等级的人，通常被要求皈依基督教。弗洛伊德没有被允许获得教授职位，许多伟大的天才——不论皈依的还是没有皈依的——都遭遇到了持续的歧视。在小学或中学，雇用的机会可能更为糟糕，在政府的雇用也是如此。犹太人被有效地排除在上层公务员、内阁职位之外，尤其是排除在最受国民尊敬的军官团之外。未受洗礼的犹太人在普鲁士军队中，或者在普鲁士主宰的其他邦的军队中，是不可能成为一位军官的。正如弗里茨·斯特恩所说，在德国没有德雷福斯案件，因为德国没有德雷福斯。

然而，尽管存在着这些形式的隔离，正如许多德国犹太人自己的观点和个人的表白所显示的那样，他们感到自己是德国人，并且认同犹太教士莱奥波德·施泰因的主张：

> 我们是德国人，我们不要其他东西！除了德国这个祖国，我们没有其他祖国，我们不希望其他祖国！唯有依靠我们信仰，我们才是犹太人，在其他方面，我们效忠我们生活的国家。

假如我们回顾第二帝国，以及犹太人对生活在那里的状态的看法，我们就会清晰地发现，尽管有许多困境和羞辱降临到个别的犹太人身上，但是犹太人在德国有着在家的感觉，他们组建家庭，并且参与到德国的生活和文化当中。犹太人把自己奉献给了德国，他们沉浸在德国文化之中，并给予德国经济的强盛以金融上的支持。他们得到的奖励是可观的，因为四分之三强的犹太人属于殷实的中等阶级，相比之下，他们是一群享受着比平均水平的德国人收入更高的小资产阶级分子。他们的住宅和豪宅是他们物质上成功的见证。他们并没有显眼到他们随时会被清除的地步，或者他们在德国的生活十分危险，以致他们必须准备好行李箱，随时等待通知走人。那么，什么能够解释在德国存在的对犹太人仇恨的顽固性呢？它是如何表现自身的？同时为何对德国的犹太人是潜在的危险呢？

第二帝国反犹太人偏见的多样性

第二帝国反犹太人偏见可以比作水流中的漩涡，它在强度上经常变化，一直产生着吞噬犹太人的危险，最终，漩涡变成了有着政治和文化强度的更大涡流，种族主义仇恨的恶魔从中浮现，在阿道夫·希特勒纳粹运动中变形，最终成为致命的东西。这些漩涡里有持续的反犹太人的基督教的偏见，它们谴责犹太人为杀害基督的人，指控他们犯有各种各样反基督教社会的罪行；有民族主义的偏见，它们控诉犹太人是“异己的存在”，是一个国家中的国家；有经济上的自我利益，它们控诉犹太人是欺骗诚实的德国人的吸血鬼；有大众歧视性的偏见，它们以各种羞辱的形式（斥责、排挤、嘲笑）指控个体的犹太人；有种族生物学的信念，它们诬蔑犹太人在种族上是劣等的，对于一个社会来说具有生物学健康的危害。这些偏见绝非在孤立中运作，而是在许多情况下构成了相互关联的背景或综合征，它们在单一的个体中，也在更大的集团中运作；另外，就是在第二帝国期间，这些反犹太人偏见公开地爆发，成为了组织化的政治运动的重要组成部分。

传统基督教对犹太人的偏见在德国依然强大，尤其是在乡村，宗教信念在那里根基极深，民众紧密地依附在他们的宗教机构身上。例如，巴伐利亚奥伯阿默高的村民依然十年一次上演耶稣受难剧，这可以追溯到1633年，以庆祝耶稣的诞生。用情节剧的道德语言上演的受难剧，其根本的主题是犹太人在耶稣十字架受难中的罪行。尽管纳粹是非宗教的，但是它依然把这部戏作为真正的民间文化保留了下来。事实上，纳粹在这部戏中发现的有价值的东西是其反犹太人的信息，它相信这一信息超越了其宗教的起源。在迷信的农民和被迷惑的患有犹太恐惧症的人当中，古老的宗教神话依然能发现其忠实的听众。在1867年和1914年间，有十二件审讯涉及在德国和奥地利的祭祀杀孩。前十一件没有起诉成功，第十二件的定罪是谋杀，而非祭祀杀孩。宗教机构也是有信誉的，据说像科隆和布雷斯劳大主教那样的教士就公开表明谴责古老的反犹太人诽谤。但当教皇庇护九世利用反犹太人的情绪爆发破坏这种教士发起的启蒙的时候，以上的作为就显得无济于事了。教皇宣称犹太人是“耶稣的敌人，他们没有上帝，只有他们的金钱”。

在世俗的物质主义时代，由各种意识形态产生的攻击和仇恨的思想在不断增盈，其中包括帝国主义、民族主义和社会达尔文主义。因此，人们不应该对反犹太人偏见很快适应了新的潮流而大惊小怪。当然，仇恨是一样的，但是它的语言是民族主义或种族主义的了。犹太人被患有外国人恐惧症的德国人视为另类的民族，它不可能同化进日耳曼民族。因此极端的、种族倾向的民族主义的兴起破坏了早先犹太人可能属于日耳曼民族的信念。当欧洲，尤其是德国从宗教的反犹太主义转向部族净化的时候，犹太人可能就得不到一丁点同情和怜悯，因为皈依基督教甚至向国家宣誓效忠也无济于事。犹太人现在和未来都是犹太人，他们不可能成为德国的犹太人或犹太的德国人。对于一个种族主义者来说，这些都是矛盾的。根据种族主义的犹太恐惧症的观点，犹太人被“犹太人的血液”天生污染了，这种血液完全决定了他们的行为方式。正如彼得·普尔策所言，不是道德让犹太人变坏，而是犹太人让道德变坏。普尔策恰当地把这一对犹太人仇恨增进的阶段称作“细菌学的”阶段。在一个种族意识越来越强的世界，犹太人对德国（雅利安）社会造成了生物学健康的威胁。从传统宗教的向种族主义的犹太恐惧症的转变，可以在诸如尤利乌斯·朗本和欧根·杜林这样有着高度影响力的作家的著作中清晰可见。

杜林和朗本视“犹太人的邪恶”来自“犹太人的血液”，而非犹太人的宗教和文化。正如先前所提及的，这一指控与达尔文的生物学，尤其是和优生学运动的出现，以及它对生产健康族群的许诺存有关联。德国学术界的成员开始放弃平等的理论，而支持可能存在于各种种族群体之间的天生不平等。语言也发生了变化，出现了生物学隐喻和灭绝性的词汇，诸如“寄生虫”“杆菌”“根绝”“灭绝”“根除”。例如，“根绝”通常是用于与消灭寄生虫相关的词汇。在对日耳曼民族加以纯洁的讨论中，几个种族倾向的代言人为灭绝犹太人辩护，认为它是最好的从德国人民中去除寄生介入者的方法。例如，拉加德拒绝把犹太人变为德国人的观点，认为这种观点是无用的办法。取而代之，他认为驱逐甚至灭绝的方法是最好的。拉加德在他的一本书里认为：“犹太人是寄生虫和杆菌，宣称人不能同旋毛虫和杆菌妥协，旋毛虫和杆菌也不会服从教育。要尽快和彻底地灭绝他们。”这些思想所产生的严重结果可能在1944年得到了显示，国防军发放了拉加德的选集，据说是给正在灭绝犹太人的士兵以支持和安慰。

具有影响力的经济学家和哲学家杜林，也传递了同样的信息。他坚持认为，犹太人是独一无二的物种，具有完全不同的民族信仰，因此不能同化进德国文化当中。在他各种论述犹太人问题的小册子里，尤其是在其好斗的《作为种族、道德和文化问题的犹太人问题》（1881）中，杜林把他自己展示为一个种族主义者和一个灭绝主义分子，他号召对世界的犹太人进行杀戮和灭绝，并且借助更高的历史法则使这类种族灭绝的思想合法化。朗本和杜林以种族排他性的思想模式表达了自己的观点。他们把犹太人设想为致命的外国有机物，他们把自己嫁接到他们德国人的主体上，因此必须通过外科手术加以去除，以拯救民族的身体。德国面临的现实和任何被犹太化的国家面临的现实一样。假如一个国家要作为一个健康的国家生存下来，就必须去犹太化。传统基督教的去犹太化的方法是通过洗礼，这是无用的，因为犹太人毁灭性的天性在遗传上就被固定下来，因此无法改变。这种种族的摩尼教先于纳粹运动，它的家谱是由欧根·杜林、尤里乌斯·朗本、保罗·德·拉加德、奥托·鲍克尔，以及一批喧闹的种族倾向意识形态分子和官方授意的优生学倡导者所创建。

历史学家思考了这种刺耳且非理性信仰的原因，把它们归于一系列不同的但也相关的起源，比如部族的民族主义、新浪漫主义、种族主义。例如，乔治·摩西很久以前就认为，相当数量的德国人，特别是那些属于保守主义的中产阶级和上层阶级，以及技能熟练的工匠，都深受正在出现的民粹主义意识形态的影响。这种意识形态把各种有关鲜血和土地的部族观点和新浪漫主义、种族主义的乌托邦结合起来。在某种程度上，正如有时人们所称谓的，这一新的种族倾向意识形态是现代化的反动；是由被疏离的知识分子和社会阶层发出的反冲，他们感到自己受到了现代资本主义和自由主义民主潮水的威胁。这一反冲带来各种异质的团体，比如民族主义的教师和他们的学生、农民、新浪漫主义的知识分子、边缘化的职业团体（没有竞争力的小店主、不被人需求的工匠、商店或者办公室的职员）、军刀铿锵作响的军国主义分子和他们在民众中的拥护者。正如奥托·格拉高后来所说，对于他们当中的许多人来说，社会问题就是犹太人问题。这些团体不是面对正在出现的由大城市组成的世界，面对商业企业狂热的步伐，而是企图发动堂吉诃德式的反革命，旨在夺回更为原始的、根深蒂固的、他们想象在过去已经存在的世界。换句话说，他们珍惜的价值观属于前工业化的时代。他们围绕着土地和国家中的根深蒂固、社会等级，以及对受到时间尊敬的习俗和传统的遵从。根据他们的看法，犹太人体现了他们厌恶的一切：他们是城镇的居住者，并把自己当作现代资本主义和民主的力量。

正如先前所显示的，这种对现代化异化效应的新浪漫主义的反抗在欧洲十分广泛，但是，正如乔治·摩西所指出的："德国运动的化学过程是十分不同的。"因为它的反动冲击深深地扎入民族的意识当中。在德国，种族倾向的反革命成为了一个民族的强迫症，它的许多反革命信仰在学校、军队、青年组织、大众文学、大众娱乐中被制度化。受到良好教育的中产阶级成员，特别容易受到种族倾向意识形态的影响，并且在精英主义的、非民主的、反犹太人偏见的框架中，年轻人之间经常发生不同文化的渗透。许多研究集中在这一顽固的反自由主义，以及它的"文化绝望政治学"的种族倾向意识形态上面。这些研究显示，德国社会相当大的一部分，尤其是受过良好教育的中产阶级，保持了深远的保守主义特性，坚守着前工业社会的价值观。这对于德国的学生来说尤其真实。法国和英国的学生强烈地认同社会平等、社会正义，以及对生活贫困的人给予经济上的帮助。和他们不同，德国的学生倾向于成为精英主义者和文化保守主义者。学生、教授，以及一个不断增长的、种族倾向的民族主义者的亚文化群体，忙碌于探寻他们的条顿之根，急切地思考条顿传说、神话、童话故事的意义。这些团体声称在《埃达》《尼伯龙根之歌》，以及在古代德国人晦涩的符号中发现了神秘智慧。他们从事各种神秘的艺术，企图复活古代德国的民间风俗，包括露天集会、露天剧场和自然崇拜。美术成为了这种部族自恋宣传的通行工具。

就是在这一领域，理查德·瓦格纳辉煌的舞台创作，结合了音乐、剧场和德国人的自恋，可能在德国人的集体心理中，对强化部族民族主义产生了最大的冲击。当然，瓦格纳的音乐对希特勒所产生的影响是众所周知的，但是，它对数百万的德国人也有某种类似的影响。他们对瓦格纳的音乐声响兴奋不已，感到被它通俗化的浪漫主义启示、对日耳曼民族优越性象征的召唤、对异教圣杯（帝国）的寻求、对骑士征服的颂扬、对胜利激越的欢呼（胜利！胜利！胜利！神圣！）高高举起。正如我们众所周知的，瓦格纳和他圈子里的人都是客厅里的种族主义者和犹太恐惧症患者。大师自己写了恶毒的小册子《音乐中的犹太人》(1850)，攻击犹太人在音乐中有害的影响。在其中，他谴责犹太人缺乏音乐的敏感，因为根据推测，他们缺乏对德国的土地和人民的感情。他宣称，犹太人仅仅会通过折中的、借取他人的文化模仿创造性。无论作为艺术家还是公民，对于他们来说都是不存在希望的，除非他们不再成为犹太人，并成为民族共同体的一部分。不再成为犹太人的真正含义，或者它如何能够产生，从来没有被这位狂想性的作曲家，或者任何一个疯狂的犹太恐惧症患者言说清楚，因为这总是意味着他必须放弃自己反犹太人的偏见，而他没有准备去做这件事。令人非常好奇的是，一些瓦格纳最亲密的支持者和朋友就是犹太人，最著名的是他喜欢的钢琴家约瑟夫·鲁宾斯坦，还有他至交、指挥家赫尔曼·列维。他们两人都试图美化这位大师反犹太人的冲动，认为它们来自“最高贵的动机”。

对条顿男女英雄的赞美，也成为了雕塑家和画家所喜欢的主题，著名的代表是卡尔·霍普勒。他用费德斯的假名，炮制了大量的绘画作品，都是些沐浴阳光的肌肉男。这种视觉艺术接下来与受到图恩瓦特·扬激发的大众体操协会产生了联系。德国的体操运动员成为了年轻的主要楷模；他们展示了身体的健美，颂扬着种族倾向的理念，排斥作为非德国人的犹太人。

当然，并非所有这些种族倾向的和新浪漫主义的信仰，都在散布猛烈的以驱逐和灭绝为核心的反犹太主义的信息，但累积的效应是，大众歧视性的对犹太人的仇恨得到了提升。它们包括对讨价还价和不诚实的犹太人老套的文学描写，包括对犹太人更为邪恶的、妖魔化的形象塑造，在这里犹太人成为了致命的杆菌。它们包括最高雅的文化圈子，也包括奇怪的、半疯狂的小册子撰写者群体。例如，富有影响力的小说家古斯塔夫·弗雷塔格在《维泰尔·伊茨格》一书中创造了否定性的、犹太金融吸血鬼文学形象——一个恬不知耻、身形丑陋、不诚实的犹太人，他企图颠覆日常生活中的德国人直率、诚实的道德品质。在威廉·拉伯著名的小说《饥饿的牧师》中，我们可以发现类似的肖像。在其中，拉伯对比了一位德国人和一个犹太人是如何在世界上获取成功的。德国人追求着诚实的道路，成为了一个贫穷的海边教区的牧师；同时，那个犹太人开始了肆无忌惮的、不诚实的、增加自我财富的人生历程，最终在河里淹死。然而，作为对犹太社群的小小讨好，拉伯引入了一位"优秀的犹太人"，他真诚地克服了其种族的弱点，成为了一位诚实的德国人。这种对比两种精神特性或文化特性——德国人和诚实的、犹太人和不诚实的——的文学技巧，以及相伴随的身形上的对比——金发漂亮的雅利安人和鬈发、黝黑、鹰钩鼻的犹太人，成为流行小说家和艺术家普遍的行为。根据戈登·克雷格的估计，可能大约有2000万德国人是从低俗的垃圾小说中汲取了他们的精神养分，这些小说每周分期连载，教诲他们把犹太人视为高利贷者、下毒者、谋害儿童者和犯罪大师。

人们通常一致认为，这些形形色色的犹太恐惧症在19世纪最后二十五年才整合成有组织的政治运动。其原因似乎主要是双重的：第一是1873年的金融崩溃，以及随后的萧条；第二是东欧的犹太人持续不断向德国和奥地利的流入。在19世纪70年代初期，经济自由主义者通过了一系列经济上的改革方案，其中最重要的是一个法案，它把企业投资者的债务限定为他们投资的实际数额，而非他们自己的资产。这一举措促进了风险资本家的投资洪流，并且至少暂时创造了令人印象深刻的经济繁荣。但是，因为新的投资没有管控，许多欺诈的投机分子也参与到这场疯狂扩张的狂欢当中。1873年,金融市场崩溃,许多企业倒闭,公众在寻找替罪羊。贝特尔·斯特劳斯伯格和其他肆无忌惮的犹太投资者一道,成为了主要的被指控的罪犯。他被挑选出来作为更大的犹太阴谋的实例。然而,顺便被遗忘的事实是,两位国会的犹太议员拉斯克尔和班伯格反复警告商业社会,要反对导致危机的、肆无忌惮的欺诈行为。另外也被忘记的是,布雷施罗德一直与疯狂的经济推动者保持距离,并亲自介入,以阻止危机变得比现在更为糟糕,人们普遍没有认识到,许多犹太人和德国人一样卷入危机而破产。公众要的不是替罪羊,而是犹太人替罪羊。这是公众所能接受的东西。

事实上,在1873年的崩溃之后,政治上的犹太恐惧症出现了,几个军事上的煽动者策划了这一恐惧症。德国反犹太人事业最初的代言人之一是帝国宫廷牧师阿道夫·施托克,他在1878年创建了基督教社会党,目的是把工人阶级从马克思主义的社会主义的控制中解救出来。施托克是一位中士的儿子,将军事和牧师的生涯结合起来。他最初服务于一个贫困的矿区,然后作为军队牧师服役于部队,最后被委派到宫廷。他见证了工人阶级生活的艰苦环境,他们对教会和国家的忠诚被迅速瓦解的可能性令他十分惊讶。由于感受到大众诉求的重要性,这位愤怒的牧师希望创造一支右翼力量,来抵御他所发现的在政治左翼那里产生的威胁。作为一位帝国宫廷的牧师,施托克享受着霍亨索伦王朝的支持,他与保守的《十字军报》的关系使他进入了舆论制造者的行列。他还以柏林城布道团团长的身份,与低层阶级建立了密切的联系。这个布道团是路德教会的慈善组织,为穷人履行牧师职能。施托克的反犹太人战役是由机会主义的政治理由和个人理由而非理性信念促发的。下中产阶级受到越来越组织良好的、来自下层的工人阶级,以及来自上层的封建利益集团的威胁。因为代表在经济上被取代的下中产阶级,他把犹太人当作便利的替罪羊,让他们为1873年萧条引发的不幸和一系列与之相关的金融丑闻负责。他还暗示"犹太人的资本"只是支持大企业的利益,而非德国的小业主。他认同小业主普遍的抱怨,他们宣称自己被大企业和银行家所毁灭。因为这些大的机构控制在犹太人手中,因此所有小企业家承受的痛苦必然是由犹太人引发的。这种错误的推理中存在着充分的可信性,它对一知半解的人和容易受骗的人具有相当的吸引力。正如汉娜·阿伦特所认为的那样,许多银行家是犹太人,更为重要的是,由于历史的原因,银行家通常的形象具有了明确的犹太人特性。

施托克的党遭到了可悲的失败，它在1878年国会的普选中只获得1422张选票，但是施托克反犹太人的言辞在保守主义的圈子里，尤其在诸如《十字军报》和《日耳曼尼亚》这样的保守主义报纸中找到了乐意接受其思想的读者。在一系列充满感情的文章中，《十字军报》攻击政府的财政政策，说它们是由犹太人，同时是为犹太人制定的。它把俾斯麦最亲密的金融心腹、银行家戈森·布雷施罗德挑选出来，作为经济萧条的主要罪魁。主要的天主教报纸《日耳曼尼亚》也作出了同样的断言，它重新印发了俾斯麦二十五年前发表的反对犹太人解放的演讲，这使得俾斯麦感到局促。《日耳曼尼亚》还诽谤德国犹太人的动机，坚持认为过多的犹太人集中在有利可图的商业上，而在"生产性的"企业上犹太人又过少。它建议良善的天主教徒，对犹太企业的联合抵制可以抵消富裕的德国犹太人不合比例的数量。

施托克反犹太人的运动，不仅在整个德国得到了回应，在各地撞击出反响，而且也显示出某种形态。一些好战的犹太人仇恨者，为了推动自己的事业利用了犹太恐惧症；另外一些人将犹太恐惧症变为政治的策略，将德国人整合到一个共同的、用强烈的民族主义意识和反犹太人的信念维系的整体当中；整合的政治方法在特别保守的民族主义者那里尤其流行，其中最能说会道的代言人是镀了金的、具有学术水平的犹太人仇恨者、历史学家海因里希·特赖奇克。1879年，就在施托克建立基督教社会党仅仅一年之后，特赖奇克在精英的保守主义期刊《普鲁士年鉴》发动了自己反对犹太人的知识运动，他采用了纳粹分子无休止重复的口号——"犹太人是我们国家的不幸"。特赖奇克的攻击主要是受到民族主义者而非种族主义者信仰的促动，他的假定是，德国只有成为一个有结合力的民族共同体，具有单一的意志和目标，才可能变得强大。他狂暴地谴责任何形式的双重国籍或双重效忠，要求严格遵从自己以及其他有教养的德国人特有的、浪漫主义化的民族主义。

数十年来，富有灵感的民族主义激情不断发生强烈的、热情的爆发，这些爆发让这位历史学家和神话学家无法控制自己，他对其他观点充耳不闻，以此保护自己。他不仅成功地向许多他周围的柏林大学的年轻人灌输其教条，而且成功地将反犹太人的思想变成了令人尊重的观点。特赖奇克骄傲地宣称："现代反闪米特主义的祖国是德国，在这里，体制得到了解决，口号得到了铸造。”德国文学在反犹太人的写作方面最为丰富。事实上，德国是否是世界上最反犹太人的国家，是一个看法不同的问题，但是特赖奇克和志趣相投的犹太人仇恨者尽力使德国这样做了。尽管特赖奇克呼唤反犹太人事业的号角声招致了其一些同事的猛烈抨击，包括著名的历史学家特奥多尔·莫姆森，但变得清晰的是，在这次学术交流期间和之后，特赖奇克学术界的大多数同事都持有了反犹太人的信念。

施托克和特赖奇克开始以自己独特的方式，明确而有力地表达了越来越敌意、越来越不宽容的针对犹太人的立场。特赖奇克代言的是保守主义精英，施托克则代表在社会或经济上失意的人。有人可能想弄清楚前者是否比后者更有影响力，但是因为纳粹运动这个广泛民粹主义运动的到来，审视表现自我的反犹太人的大爆发就显得特别重要起来，他们的所作所为与施托克是一致的，都是以民粹主义和高度充满激情的形式体现的。19世纪70年代以及随后的时期，这类犹太恐惧症经常是失意的社会集团敌意的表现，它们几乎都承受了经济萧条的痛苦，因为自身的麻烦而谴责俾斯麦或犹太自由主义。另一个明确而有力表达这些受压抑的挫折和敌意的代言人是威廉·马尔（1819—1904），他在1879年打造了“反闪米特主义”一词，并且写作了两本有影响的图书——《犹太人的镜子》（1862）和《犹太人对德国人的胜利》（1879）。马尔采用了心理学方法，将恐吓的策略迂回地注入反犹太人运动中。他认为，犹太人远非身体虚弱，或者政治上缺乏力量，他们实际上是非常强大和阴险的民族，他们决心吸空德国人民的种族力量，将其作为自己真正的、恶魔般目标的开端。这个目标就是在德国建立新耶路撒冷。马尔的反犹太人预言，已经带有明确的启示录和千禧年的性质。他认为，德国人和犹太人被锁定在一场殊死的战斗中，并警告人们时间已晚，唯有对世界犹太人一致的反击才能遏制住德国民族的厄运。

威廉·马尔尖锐的警告绝不是异常的例外。1874年，满足中产阶级需要的文学杂志《园亭》发表了一系列反犹太人的文章，谈论柏林的股票交易和投机欺诈。奥托·格拉高（1834—1889）撰写了这些文章，它们反映了下中产阶级（工匠、小生意人、小商人、小公务员）的不幸，他们为自己的困境谴责犹太银行家和政客。他们的类似妄想狂恐惧的主要承接者，通常是俾斯麦的好友和心腹——犹太银行家戈森·布雷施罗德。正如弗里茨·斯特恩所言：

> 他体现了所有社会不幸的人所憎恨的一切：他是一个拥有传奇性财富和权力的犹太人，是一个扰乱等级秩序的暴发户和财阀。他似乎适合所有反犹分子的成见：犹太人是煽动者和阴谋家，是腐蚀者和永远的幕后操纵者，总之，犹太人是具有阴暗力量的人。就是犹太人的力量使得非犹太人心神不安，使得反犹分子疯狂。他依靠股票的倒卖积累自己的财富，蔑视人们应该赚钱糊口的神圣原则。在新的反犹太主义中有一种强烈反资本家的成分，而布雷施罗德这位国际银行家，这位值得尊敬的高利贷者，是犹太人和资本家所有邪恶的表征。

有这样想法的德国人很可能属于中产阶级、小资产阶级阶层，他们尤其感到了在资本主义体制下反复发生的经济波动的威胁。这样的集团感到无人代表、被人忽视，不知道如何是好。正如保罗·马辛指出的，自由主义除了提供了对自由企业高贵的言辞之外，没有给予他们任何东西；保守主义过于遥远和精英主义，无法说服他们；社会主义根据历史法则注定将他们一笔勾销。国家社会主义策动了他们的失意。

这些不同的愤恨最终被几个反犹太人的煽动者从政治上组织起来。1879年，威廉·马尔建立了反犹太者联盟；1880年，两个新的政党——社会帝国党和德国改革党成立了，它们把反犹太人的愤恨和偏见作为其主要的平台。1881年，一直承受着严重经济困境的小贵族马克斯·利伯曼·冯·索纳贝格，以及弗里德里希·尼采令人厌烦的姐夫伯恩哈德·福斯特建立了德国人民联盟，这个组织致力于同议会民主和犹太人开战。福斯特是一个轻微错乱、被解雇的教师，后来移居巴拉圭，打算建立一个名叫新日耳曼尼亚的纯雅利安殖民地。然而，他在乌托邦种族主义方面奇怪的试验悲惨地失败了，1889年他自杀身亡。利伯曼、福斯特和社会帝国党的创建人恩斯特·亨利希一道，在1881年搜集“反犹太人请愿书”，共有22.5万人签名，这些人呼吁停止犹太人移民，并把他们从公务机关驱逐出去。他们把请愿书上交给俾斯麦。首相的大臣们用简洁的回答拒绝了请愿书：“政府没有打算采取行动剥夺犹太人的权利。”

然而，犹太人问题并没有消失；事实上，在19世纪的最后二十年，反犹太人的书籍、杂志、党派、公共演讲到处扩散，在德国泛滥成灾。各类反犹太人积极分子的聚集地就是反犹太者联盟。它的创建人之一是特奥多尔·弗里奇(1852—1933),他后来成为了当代最有影响的犹太人迫害者之一。弗里奇后来被纳粹分子吹捧为大使级的导师,他出版了一系列猛烈轰击犹太人的作品,一开始是1887年的《反犹太人教义问答书》,顶峰之作是1907年的迫害犹太人的巨著《犹太人问题手册》。他还在莱比锡建立了自己的出版社——铁锤出版公司。这家出版社促进反犹太人书籍的出版,通过其定期出版的杂志《铁锤》熟练地利用大众的种族主义偏见。这些出版物的主题都是一样的:犹太人和诸如共济会成员、天主教徒、耶和华见证人这样的其他阴谋组织成员合谋,秘密策划对整个世界权力的控制。类似妄想症的紧迫语气贯穿在弗里奇的作品当中。在其《犹太人问题手册》中,他甚至附加了详尽的清单,他认为犹太人要为这些罪行负责:谋害、叛国、伪造、强奸。此类对犹太人的迫害后来得到了尤利乌斯·施特赖歇尔和阿道夫·希特勒的赏识。

1887年,马尔堡大学的自由主义分子、黑森邦农民的代言人奥托·鲍克尔著有臭名昭著的迫害犹太人著作《犹太人:我们时代的王》。他是第一个官方的"反闪米特主义者"。他作为独立派被选举为国会议员,鲍克尔是为数不多的自封的民粹派领袖之一,他把对犹太人的仇恨作为自己政治上自我扩张权力的手段。他在讲台上呼吁将犹太人和德国人分隔开来,把犹太人当作外国人对待,限制他们的权利。尽管鲍克尔最后失去了职位,从公共视野中消失,但是他播下了未来的反犹太人活动生根于此的种子。

更让人讨厌的反犹太人煽动者是赫尔曼·艾尔沃特,他过去是一位教师,因为盗用基金专门给清苦学生使用而被解雇。由于散布有关俾斯麦和布雷施罗德的诽谤故事,他在监狱里被监禁了一段时间。像鲍克尔一样,艾尔沃特浑水摸鱼,把萨克森邦农民和工匠的不满情绪组织起来,巧妙地将最恶毒的诽谤注入他反对犹太人和社会主义者的十字军当中。1892年,他被选上保守党的国会议员。同年,艾尔沃特喧闹的下层阶级给保守党施加了压力,使它接受了新的计划——《蒂沃利计划》。这个计划开篇的第一句话是:"我们与犹太人对我们大众生活产生的横行而腐烂的影响作斗争。"尽管这一计划企图俘获大众追随者,但是,无论大众的反犹太人言论还是煽动者的言论都没有显示出持续的政治力量。鲍克尔在1889年建立的反闪米特人民党获得了稳步的但并不引人注目的增长，从1889年的1.2万张选票，上升到1893年的26.4万张选票，最终在第一次世界大战前夕获得35万张选票。各种各样昙花一现的反闪米特政党从未打算选举出超过20个以上的代表进入国会，鲍克尔和艾尔沃特失去了他们的席位，消失于无名之中。但是这些政党、它们的利益集团，以及那些领导这些政党、利益集团的人，都证明了广泛的对犹太人仇恨的存在。不过，这些反犹太人的煽动者一直设法给自己安上一个光鲜的外表，摆出一个高贵的民族主义者的姿态，宣称代表纯粹的民族利益，而非狭隘的党派利益。

代表民族的而非狭隘党派利益的主题，更多地在奥地利得到宣称，在那里，民族冲突比德国远为强烈。哈布斯堡帝国是一个多元民族、多元宗教、多元社群的帝国，占据统治地位的日耳曼民族发现自己被其他民族集团替代的潜在危险。这些民族包括捷克人、匈牙利人、斯拉夫人、克罗地亚人、犹太人。结果是，患有外国人恐惧症的日耳曼精神得到了增长，这种精神带有刺耳的反犹太人的弦外之音。当阿道夫·希特勒1907年抵达维也纳的时候，这座城市的市长是反犹太人的卡尔·卢格（1844—1910），希特勒后来称他为“所有时代最高贵的市长”。卢格是一位基督教社会主义者，在充满经济困难和金融丑闻的时代，他被下中产阶级的选民推举为市长。他本质上是一位浪漫主义的反动分子，喜欢回归更为有机的种族主义的资本主义。他的目标是总体上将犹太人逐出有影响的职业和公共生活。

卢格的政治对手是格奥尔格·里特尔·冯·舒纳勒（1842—1921），他是一个地主、奥地利参议院议员、泛日耳曼民族主义党的创始人之一。舒纳勒也开启了与“罗马决裂”运动，这一运动号召结束罗马天主教文化和宗教的统治地位，其口号是“没有犹大王国，没有罗马，我们建立日耳曼尼亚的苍穹”。舒纳勒呼吁奥地利和德国合并。他的狂热的对犹太人的迫害，以及他的保守主义的民族主义，都给希特勒留下了深刻的印象。

确实，维也纳可能是欧洲最种族主义类似妄想狂的首都。就是在这里，斯拉夫圈子的恐惧和犹太人阴谋的谣言联合起来，制造了一个非常容易被利用的、极其不稳定的气氛。也就是在维也纳，特奥多尔·赫茨尔痛苦地认识到，犹太人从未被任何非犹太人的社会完全接受为平等的人，他为犹太人新的大量流失辩护，几乎单枪匹马地再次激发犹太复国主义的事业。维也纳的犹太人数量从1857

年仅仅6217人增长到1910年的175 318人。从人口统计学的角度来看，大量犹太人生活在这座城市的莱奥波德，它位于跨越多瑙河运河的第二区。这些犹太人的大多数是来自东欧的加利西亚，被称为东方犹太人。在说德语的地区，他们得到的待遇清楚地表明德国人仇恨犹太人的性质，尤其是丑恶的外国人恐惧症的和种族主义的弦外之音。

东欧犹太人浪潮从两个主要的德国人的土地上岸——东部的奥地利和被称为波兹南的普鲁士东部地区。19世纪60年代后期开始，东欧犹太人稳步流入上述地区。最初，它是各种各样霍乱传染病和饥馑的结果，但后来是俄国支持的大屠杀所致。受到惊吓、竭力反对移民的德国人似乎也发现，尽管有超过200万的犹太人逃到西方，但是这些难民的大多数移居到了法国、英国和美国，而不是说德语的地区。德国政府甚至比奥地利政府还厉害，制定了严厉的办法阻止这些移民定居德国。每一项可能的策略——从让人羞辱的调查到强制重新安置的骚扰——都得到了采用，以便把这些移民轰出德国。甚至那些没有计划在德国停留，只是到其他国家短暂过境的外国犹太人也被圈在指定的边境区域，成群地赶到营房当中，服从令人羞辱的驱除跳蚤和杀菌的程序，然后被塞进封闭的火车车厢，运送到口岸城市，在那里，附加的营房隔离和毫无理由的侮辱等待着他们，直到他们最终前往新的家园。在玛丽·安丁从普沃茨克前往波士顿的旅途上，她提前看到了出于傲慢的德国官员之手的后来发生的大屠杀。

> 我们这些移民被成群地集中在一起，塞进车厢，像牛一样从一个地方被赶到另一个地方……在一片大的田野中，面对着一座有着大院子的孤零零的房子，我们的火车在田野边上停了下来。一个管理人命令乘客赶紧从车厢里出来。……他催促我们进入一间和这座房子差不多大的大屋子，然后进入院子。许多穿着白衣服的高大的男女在那里等着我们，女人接待妇女和孩子乘客，男人接待其余乘客。这是另一个令人困惑的混乱场景，父母丢失了孩子，孩子们哭爹叫娘；行李被集中地扔在院子的一个角落，无人搭理，最后依然如此；那些穿白衣服的德国人高声发出命令，一直在抱怨，要人们“快一点，快一点”。困惑的乘客像温顺的小孩服从着所有的命令，偶尔问的问题就是他们还要做什么。一点也不要感到奇怪，在一些人心里

> 出现了被强盗、谋杀犯劫持的故事。我们在这里被带到一个与世隔绝的地方，只能看见一座房子；我们的物件被取走，我们的朋友和我们隔离；一个男人过来监视我们，似乎要探知我们的价值；面貌奇怪的人驱赶着我们，似乎我们是一群不会说话的动物，无依无靠，毫无反抗；我们看不见自己的孩子，只能听着他们哭喊，暗示发生了可怕的事情；我们自己被赶到一个小屋子里，一口大锅在小火炉上沸腾；我们被脱去衣衫；我们用一种材质可能恶劣的、滑滑的东西擦拭身体；没有任何准备，热水淋到我们的身体上；然后我们又被赶回小屋，在那里坐下，用一块超大的羊毛毯裹住身体；粗糙的大袋子被拿了进来，里面的衣物被倒了出来，我们只能看到一片蒸汽，同时听到女人的命令，让我们尽快穿上自己的衣服，否则就错过我们没法听清的机会。我们被迫从所有剩下的衣服中挑出自己的衣服，蒸汽模糊了我们的眼睛；我们窒息、咳嗽，恳求这些女人给我们时间。她们依然坚持在催促我们，否则我们就会错过火车。还好，我们没有被杀害。她们只是让我们做好余下行程的准备，清洗掉所有危险疾病的可能。感谢上帝。

由于后见之明，这样的经历可以构成太多的东西，但是它们说明了德国人对外国人所具有的类似妄想狂的恐惧。我们现在知道，从来没有发生拥进德国的移民潮，但是却给了人们这样一个感觉。无疑，这样的感觉一部分是基于这样一个事实：东欧的犹太人十分突出，他们喜欢群居，衣着特色鲜明，说意第绪语，他们奇怪的举止让德国人恼怒。由于这些东欧的犹太人组成了排他的社区，因此给许多德国人——具有讽刺意味的是，也包括被同化的德国犹太人——留下了这样的印象：一个相当于国中之国的不相容团体正在被植入德国社会之中。对于许多德国人来说，这些东方的犹太人提供了令人不快的视觉，他们似乎为了寻找生意在维也纳或柏林的人行道上急速奔跑。他们被诬蔑为“令人讨厌的元素”，蜂拥进德国社会，带来虚无主义的意识形态。政府官员把他们当作带来瘟疫的寄生虫。特赖奇克说这些“流浪汉”除了可恶而糟糕的德语口音之外，没有任何属于德国人的东西，“他们的长袖衣服散发着恶臭，前额留着必须有的鬈发”。甚至德国的犹太人也努力使自己的行为像德国人一样，他们防备着这些东方的同宗者。用一位德国犹太人的话来说：“他们懒惰，永远擅长欺骗他人，这些都让西部的欧洲人不得不充满了令人厌恶的想法。一个邪恶的期望油然而生——应该从世界上清除掉这些令人不快的东西。”瓦尔特·拉特瑙是一位被同化的德国犹太人，他明显真诚地表示犹太人正成为“德国人民身体中外来的有机物”，因此正如卡尔·马克思在他之前所做的那样，他对自身犹太人的传承表达了深深的暧昧。

假如身为犹太人的瓦尔特·拉特瑙看见某个东方的犹太人都会感到不愉快，那么当阿道夫·希特勒第一次见到他所称的这些“裹在长袖衣服里、留着黑色鬈发、散发着让我要生病的臭气的东西”的时候，他的恼火就更为厉害了。突然之间，根据犹太恐惧症的观点，瓦尔特·拉特瑙的外国有机物成为了“有毒的脓肿”“腐烂的酵母”“杆菌”，发动一场杀灭一个致命病毒的战争要求英雄主义的方法，它们要和巴斯德、科赫曾经使用过的方法相媲美。到了1914年，希特勒和其他患有种族主义的犹太恐惧症的人已经发生了变化，他们不再认为犹太人是异己的民族，而是认为他们是致命的杆菌，因此必须被彻底消灭。

我并不想主张，希特勒在战前维也纳对犹太人的看法是一种共同的看法，但是证据显示，它在这个社会的方方面面是十分广泛的，超出了通常的假定。正如杰克·维特海默尔提醒我们的，对没有被同化的犹太局外人否定性的成见，也表明了德国人普遍对外国人持有的一个长期问题：“本质上德国人对外国人的态度是剥削性的。德国人不仅没有想到他们的国家是那些受迫害的和贫困的人的避难所，而且他们对外国人的评估完全取决于他们的用途。”在第二帝国对外国人愤世嫉俗的处理，不仅与纳粹德国形成明显的关联，而且与战后的联邦德国也是如此。乐意吸纳外国人的团体，并且允许这些人成为国民是一个民族特性的重要尺度，假如这一点是真实的，那么清楚的是，第二帝国不仅远离自由主义的尺度，而且形成了胚胎形式的“纳粹时代的意象和政策”。

换句话说，对东方犹太人的偏见体现在反犹太人仇恨最恶意的形式当中，即恐惧外国人的民族主义和生物学的种族主义。在第一次世界大战之前，这种公然的反犹太人偏见没有构成多数人的观点，它们依然限制在极端的种族主义圈子内。然而，这些极端的圈子和主导这些圈子的怪人，在塑造未来思想和政策方面发挥了重要作用。相关的事例是格奥尔格·兰茨·冯·利本菲尔斯，他给希特勒灌输了许多种族主义的思想。1905年，利本菲尔斯是阿道夫·约瑟夫·兰茨的假名，他创立了“新殿堂会”，其成员都是金发碧眼的男人，他们被这位主人劝告与天生具有同样长相的雅利安女人配对，在德国制造出新的种族秩序。利本菲尔斯在他的杂志《女神奥斯塔拉》中散布其种族主义的思想。这本杂志的封面通常用万字徽来装饰，它在德国和奥地利销售得非常快。事实上，1908年秋季刊发行量达到了10万份。就在这一年，利本菲尔斯完成了他的主要著作《理论动物学或索多玛小猿和神圣电子的科学：早期的和最近的世界观导引及对皇室的和贵族的辩护》。这是一部漫谈性质的著作，试图显示历史是黑暗儿童（索多玛小猿）和光明儿童（雅利安人）之间的永恒冲突。利本菲尔斯宣称，英雄的雅利安人拥有导电的身体器官以及内嵌的导电输送器，但是他们的能量被几个世纪来累计的种族不纯所耗费。他希望通过纯洁种族的优生学，在雅利安种族当中再次给予这一英雄品质以活力，从而帮助雅利安人重新点燃他们电磁的、放射性的器官，变成无所不知、智慧无比、无所不能的人。对于所有低级的种族来说，特别是犹太人，利本菲尔斯推荐了一种国家支持的奴役、绝育和灭绝的政策。

利本菲尔斯不仅是一个疯狂的怪人，而且是一个骗子。他的真名叫阿道夫·约瑟夫·兰茨，他曾经是奥地利圣十字修道院西多会的修士。1899年他离开了修道院，称自己为“男爵”，授予自己一个博士的头衔，另外还遮掩了自己的出身。除了自己在文学方面的活动之外，利本菲尔斯还在上奥地利的威芬斯泰因聚集了一些和他想法相同的邪教分子。在那里，他会集了他的门徒，升起一面万字旗，给条顿的精神念诵富有魔力的咒语。根据研究利本菲尔斯怪异生涯的维尔弗里德·戴姆的观点，阿道夫·希特勒实际上在那时遇见过利本菲尔斯，并向他询问过日耳曼光与春的女神奥斯塔拉的一些陈旧问题。事实上，万字符号、种族主义的历史理论、雅利安纯洁性的圣杯、类猿人种的灭绝，所有这一切精神上的失常，都被利本菲尔斯为希特勒预先制造出来了。

然而，把利本菲尔斯和种族主义的邪教分子挑选出来，作为种族主义偏见唯一的提供者，是十分错误的。在种族主义的民粹分子和学者当中，存在着相当多的种族主义思想的养分共享和积极合作。例如在1900年，武器制造商弗里德里希·阿尔伯特·克虏伯赞助了一次论文竞赛，论文的主题是：“我们从达尔文主义原则以及把达尔文主义用于内部政治发展和国家法律当中能学到什么？”

评审团的主席是社会达尔文主义者恩斯特·海克尔。大多数竞争者都信仰雅利安人的优越性,支持某种反犹太人的隔离。比赛的一等奖获得者是慕尼黑的医师威廉·沙尔迈耶,他用竞争、适者生存这些宽泛的社会达尔文主义思想来描绘所有人类的行为,建议对种族上虚弱的人种给予温和的忽视。他特别相信雅利安种族代表了人类成就的顶峰,严格的优生学努力,尤其是国家支持的这一努力,将保持雅利安人的纯洁性和领导地位。

克虏伯竞赛中另一位竞争者是路德维希·沃特曼,他获得三等奖,后来因为出版种族主义期刊《政治人类学评论》而得到了很高的声望。他的期刊是少数学术期刊中唯一专注于种族主义研究的。阿尔弗雷德·普洛茨是德国优生学运动的奠基者,他出版了最受人尊重的文献之一——《种族主义和社会生物学文献》。普洛茨的出版物成为了先锋的种族主义思想的论坛。他后来创造了"种族卫生学"这个短语,建立了秘密的日耳曼人协会,并因为对种族主义的贡献,得到了希特勒的慷慨奖励,获得了大学的教席。一些下一代的主要优生学家和遗传学家,换句话说,就是在国家社会主义保护伞下的科学家,都受到沃特曼和普洛茨的影响。他们其中有欧根·费舍尔、弗里茨·兰茨、奥特马尔·冯·维斯舒尔,最后一位是未来奥斯威辛集中营的"死亡天使"约瑟夫·门格勒博士的导师。这一伙人当中最富有热情的人是欧根·费舍尔,他将门德尔的遗传学运用到种族卫生学上。1934年,费舍尔吹嘘他是在学术圈子推广沃特曼思想的第一位科学家,并且"用对种族主义科学的热情点燃了年轻人的心"。费舍尔的同事弗里茨·兰茨是阿尔弗雷德·普洛茨的门徒,经常为普洛茨的杂志提供稿件。在第一次世界大战爆发之前,普洛茨的《评论》得到德国许多学者热切的阅读,成为所有种族主义信条的交流中心,其中包括兰茨和利本菲尔斯的伪科学迷思。

尽管阿尔弗雷德·普洛茨试图澄清他并非想让种族卫生学受到反犹太人偏见的影响,他谴责这些偏见是迷信,但是这一运动在第一次世界大战以后精确地朝着这个方向发展,并且与极端种族倾向和民族主义的反犹太人偏见交换养分,给这些偏见令人尊敬的科学外表。阿道夫·希特勒种族主义的世界意象并非他自己妄想的产物,而是德国和西方其他地方(包括美国)"令人尊敬的"科学发现的结果。当希特勒和其他纳粹分子读到费舍尔或利本菲尔斯的文章时,他们只不过是在吸收在学术和大众圈子里被广泛接受的思想。

在这些信条里面体现的信息是准确无误的：所有的生命一生都从事着无休止的生存斗争，假如放弃斗争就注定灭亡。像个人一样，民族也从事着无止境的、适者生存的斗争。一个民族的战斗质量依赖于其民族和种族的纯洁性，以及创造生产价值的工人、凶猛的斗士、富有个人魅力的领袖哺育适应力最强人种的能力。那些污损民族的人——犹太人、吉卜赛人、亚洲的低等人、精神疾病患者、身体上残疾的人——都要通过适当的国家手段加以清除。对于所有人种来说，雅利安人（白种人）种族处于人类成就的顶峰。因为德国是雅利安种族的故乡，因此德国人被赋予神圣的使命，即大量繁殖和统治世界。但是，种族的混杂已经走得太远，以致时间确实已经晚了。因此，只有国家支持的立法才能保护雅利安种族免受劣等种族的感染。1913年，欧根·费舍尔以"绝对的确定性"大胆预言：白种欧洲人将被灭绝，除非政府，尤其是德国政府制定和实施明确而一贯的种族政策。阿道夫·希特勒和纳粹政府提供了这一政策。

在1914年，没有人能够预言事态肯定不会按照纳粹塑造的方式发展。尽管在德国社会已经出现了先前讨论的不祥的错误路线，但是，德国的状态是一个文明的法治状态，它保护努力挣钱的犹太人的权利。按照彼得·普尔策的话来说，犹太人自身发现"在欧洲生活是可以忍受的，而对于许多人来说，它是明显不错的。他们就像在家里，犹如任何地方的任何人在家里一样"。当然，有理由惊讶，因为对犹太人的仇恨不仅感染了粗野或无知的民众，这一点在整个历史上都有显示；而且从生活的所有方面潜移默化地深入到受过教育的民众的思想中，另外还栖居在许多社会和政治的机构当中。虽然我们可以在第二帝国和第三帝国之间画一条垂直的关系线，但是没有理由在1914年假定，反犹太人的感染已经侵蚀了整个社会，并把犹太人弄进了地狱。然而，第一次世界大战的爆发及其暴力后果提供了一些条件，它们加重了这一感染，并将它转变为狂暴的疾病。

第四章

病态的犹太恐惧症的兴起，1918—1933

第一次世界大战及其后果

在“八月炮火”开始大作之前不久的1914年8月2日，大量的战争演说在整个德国回响。在慕尼黑的音乐厅广场，当从陆军元帅大厅的阶梯传来宣战的消息时，数以千计的人欢呼雀跃。在人群当中，距离面对广场的露台两侧的石狮子不远的地方，站着一个年轻人，他似乎处于狂喜的状态，此刻的激动让他神魂颠倒，根据他张开的嘴和闪闪发光的眼睛判断，他正短暂地体验着一个征兆：命运正在召唤他进入伟大的事业。照片里的这个人是阿道夫·希特勒。用理查德·汉泽尔的话来说：“画面永远凝结在这一精确的瞬间，就在此刻，阿道夫·希特勒的事业成为了可能。照片所拍摄的正在被宣布的战争，形成了对他的崛起不可或缺的社会混乱。”战争的激动让希特勒不能自已，以致“那几个小时像一次赎救，把我从青春的烦恼心情中解脱出来……今天我可以无羞地说：我被感激的热情所席卷，我跪了下来，发自充溢的内心感谢上苍，它赐予我好的命运，让我生活在这个时代”。

希特勒对即将来临的战争的紧张惊险感到狂喜，无论是真实的还是间接感受到的，1914年8月的大多数德国人也共享着同样的心态。国家被真实的战争精神错乱所控制，年轻人和老人都一样欢欣鼓舞地欢迎为德国而战的前景。被压抑的社会挫折，连同强烈持有的民族主义信念公开爆发，并至少在一瞬间形成了非常整一的、有着共同目标和目的的民族。左翼政党保证在胜利到来之前暂时搁置不同意见，和政治的对手结合起来。皇帝骄傲地宣布敌对的政治堡垒处于友好的状态，在一个国家之中，党派的争斗暂时停了下来，“我不再承认党派，我只承认德国”。

大多数德国人陶醉于这种民族主义狂热弥散的情绪之中，他们把战争看成激动人心的消遣，甚至把自己从多年的不满、被疏离或者失败之中拯救出来，并且希望到圣诞节战争完全结束。年轻人被父母、老师、恋人所怂恿，迫不及待地奔赴前线，一个后来纳粹冲锋队员回忆道：“我感觉自身有一种冲向前线的冲动。最终被允许参与这一神圣战斗的渴望变得非常强烈，上升到几乎病态的程度。”年轻的德国人从小就习惯了男子气概和为祖国牺牲这些崇高理想，同时他们被维系在一些心理和行为的培养上，包括自宗教战争之后对陌生人的仇恨；在崇拜的女性的欢呼声中，以激昂的行军方阵奔赴前线；疯狂的决心赋予感情以心理的力量。

这也包括大量的德国犹太人，他们抓住这个时刻证明他们的忠诚，证实他们的德国人特性。一个协会宣称：“所有犹太人必须尽职，但是德国犹太人必须做得更多。”许多德国犹太人和德国同伴一样，因为同样的理由欢迎战争的到来，但是也许有更特别的原因：战争给了他们机会去令人信服地证明他们是忠诚的德国公民，愿意为德国拿生命作赌注。就他们在德国人口的比例来说，他们参加战争的人数证明了这一点。尽管在1914年前犹太人在德国部队服役的人数只有3500人，但在1914年到1918年间，他们在武装部队的服役人数就大约有10万人。其中8万人直接投入战争，3.5万人因为勇猛而获得勋章，2.3万人获得了未正式任命的军衔，2000人成为军官。总共有1.2万德国犹太人在战争中失去生命。

志愿兵中最年轻的人是十三岁的犹太少年约瑟夫·齐皮斯，他在前线失去了两条腿。第一位议员志愿兵是路德维希·弗兰克，他也是一位犹太人。莱奥·贝克最初是一位最重要的犹太知识分子领袖，在东部和西部前线作为战地犹太教士提供服务，安慰犹太士兵，满足他们的宗教需求。弗里茨·哈伯是皇帝威廉学院的领导人，他通常不炫耀沙文主义，但还是在《93人宣言》上签了字。《93人宣言》是一份由93位著名知识分子签署的公开声明，他们证明德国对比利时的入侵是合理的，否定所有对德国战争暴行和侵犯国际法的指控，并大胆地肯定德国军队和人民是一体的。其他犹太知识分子也签署了这个沙文主义的文件，其中包括保罗·埃尔利希、路德维希·富尔达、保罗·拉班德、马克斯·利伯曼、马克斯·赖因哈特，这是一个由知识分子精英组成的给人印象深刻的群体。弗里茨·哈伯很快使学院跟上了战争的步伐，让他的化学知识用于毒气的生产。和其他两位著名的犹太科学家、也是未来诺贝尔奖得主詹姆斯·弗兰克和里夏德·维尔施泰特一道，哈伯负责研发各种各样的化学武器，甚至亲自指导在前线的实际进攻。犹太诗人恩斯特·利绍尔（1882—1973）创作了最具侵略性的、充满仇恨的战争诗篇，诗歌的名字叫《仇恨英国人的赞美诗》，它立刻给他带来的声誉：

被天恨，被地恨；
心也恨，手也恨；
我们爱恨如一人；
英国，我们只有他一个仇人。

在维也纳的犹太人社会，这位维也纳的诗人并非是唯一作出如此兜售战争评论的人。甚至西格蒙德·弗洛伊德至少在最初也宣称“我的里比多也献给了奥匈帝国”。他承认他是第一次感到自己是奥地利人。弗洛伊德爱国主义的热情很快就冷却了，因为他的三个儿子都被应召入伍，且承担了艰巨的任务。他的犹太同事也受到了应召：马克斯·艾廷顿为战争胜利的前景激动不已，卡尔·阿伯拉汉姆被派往柏林附近的外科中心，桑德尔·弗伦兹被派往匈牙利的轻骑兵部队。还有一些奥地利犹太人很快参与了国家的服务。作家和后来的和平主义者斯特凡·茨威格最初为奥地利的战争成就撰写了宣传文章。在20世纪将对哲学进行革命性改造的路德维希·维特根斯坦急忙从剑桥赶回，成为奥地利军队枪炮手的志愿兵，尽管疝气可以让他免除兵役。

许多理想主义的青年奔赴1914年奥地利的战场，再也没有回来。每个人都假定战争将于圣诞节很快结束，但是战争很快变成了一场消耗的拉锯战，造成了令人震惊的人员和物资损失。甚至铁石心肠的军国主义分子在看到伤亡名单的时候也倒吸一口凉气。1914年固若金汤的前线很快出现了裂缝。左翼政党不情愿地投票支持战争拨款，但是希望保守主义的统治阶层做出重大的政治和经济上的让步。当这些让步没有兑现的时候，政治的分歧以复仇的方式重启。然而，值得注意的是，只要战争持续，对取得战争成就的支持就一直在持续。对战争极度兴高采烈的原因只能是：官方对痛苦麻木不仁，许多德国人错误地相信他们的领导能给予他们丰硕的战争果实。

德国最高统帅部缺乏协调多线作战的能力，同时面对具有数量和生产能力决定性优势的敌人，这些都使得德国绝无可能赢得长期的消耗战。到了1916年，这变得越来越明显，并且被冯·兴登堡和埃里希·鲁登道夫的团队特别糟糕的决策弄得更加复杂。在坦嫩贝格和马苏里亚恩湖重创俄国人之后，在大多数德国人眼里兴登堡和鲁登道夫成为了超人英雄，他们的声望使得德国皇帝或者任何一个平民都变得十分矮小，以至于没有人敢质疑他们政策的智慧。只要军队能够忽悠公众相信胜利就在眼前，对取得战争成就的支持就依然会令人震惊的强大。

真相是德国的军事独裁者，包括陆军元帅冯·莫尔特克、法尔肯海因将军，以及兴登堡和鲁登道夫的团队，笨手笨脚地制造了一个又一个灾难。1914年，他们高度自夸的施利芬计划没有实现承诺的对西线的打击；1915年和1916年，在西线徒劳无益的壕沟战中他们牺牲了100万士兵；1916年，他们竭力将英国海军击退出日德兰半岛的行动失败。1917年，他们犯下了三次几乎注定失败的大错：他们抛掉了必须和西方大国缔结适度和平的任何机会，批准了无限制的潜艇战，从而不可避免地把美国带入了战争；他们还愚蠢地批准列宁从瑞士进入俄国发动俄国革命；最终在1918年他们准备了一系列无望的战争，面对确定的失败，他们委派市民去安排停火事宜，然后又谴责他们“刺穿”了德国军队的后背。

战争的趋势和失败的可能性，对战斗部队和支持战斗部队的德国民众产生了深远的心理冲击。四年野蛮的战争涉及恐怖而伤心的体验，这一战争在根本上重铸了许多人的人格。最初他们在花雨中奔赴战场，追求英雄之死；然而，他们最终没有获取辉煌的胜利，而是发现了无尽牺牲的梦魇。正如罗伯特·维特所指出的，他们所体验的是潜伏在角落里、同时被他们塑造的极权主义国家三个基本的性质：整体的犯罪、国家的强制、建立在民众幸福基础上的一种新的专制统治。由于战争具有对中央计划的内在要求，对于德国人民来说，战争成为了一所社会主义的学校和一场集权主义的教育。后来一些人指称它是“战壕社会主义”，因为数以百万计的人在战壕里相识，并学会了像同志一样相互信任，而不再是不同的社会群体的成员。

战壕也培育了新的、令人恐惧的人类：没有感伤的、被剥夺情感的、被管制的、残酷的、暴力的人。诗人恩斯特·荣格后来把这种有效率的杀手美化为更高类型的人类存在，即未来的新人，他们狡猾、有力、无情，同时疯狂而头脑简单，他们将击碎没有脊梁的资产阶级文化的后背。正如荣格所正确预言的：“战争不是终结，而是力量新的提升。新的形式将充满血，可能被坚硬的拳头所掌握。”许多年轻人参与了世俗的十字军，并且与其心理上的团结特征分享了“前线的体验”，这些特征包括同志情谊、风暴般的突击、自我牺牲，他们一生都对这些体验十分珍惜，并积极地在和平年代推动士兵共同体的复制。这也是希特勒最喜欢的梦想，他在音乐厅广场的那一天就发现了这个梦想，后来企图通过将士兵的友谊情感永久注入和平年代，消灭阶级差异，将战壕精神注入日常生活，在第三帝国实现这一梦想。

第一次世界大战是人类杀戮行为的分水岭，因为它加速了杀戮的步伐，现代民族国家据此完善了发动整体行动的技巧，包括科学的、技术的、经济的、科层的、心理的，其目的非常明确，就是灭绝他们的敌人。根据奥默·巴尔托夫的观点，第一次世界大战提供了动机和组织化的技巧，它们成为后来国家组织的大规模杀戮——包括大屠杀——实验的标准。巴尔托夫提醒我们，死亡营在结构和组织上的模型是这次世界大战的经验：“整合了几个军事环境的所有属性，诸如制服和铁丝网、瞭望塔和点名、等级和秩序、训练和命令。大屠杀因此是一个军事化的种族灭绝，通过杀戮所有需要杀害的目标，同时保证任务执行者的安全，使得一切都变得更有成效。”这里存在着某种可怕的东西：现代工业国家把自己变成了组织化杀戮的机器，无论其目的是拯救民主，保护国家的自身利益，还是更让人困惑的是灭绝种族的敌人，或者实现追求英雄主义和死亡的浪漫主义渴望。对于许多年轻人来说，第一次世界大战提供了使他们偏向法西斯生活方式的经验，包括对伪宗教的民族主义和夸张的军国主义的颂扬。

因为第一次世界大战对于许多年轻人来说是一所法西斯主义的学校，因此也是恶毒的犹太恐惧症的学校。当战争的潮水转向的时候，在武装部队内外潜在的反犹太偏见开始出现。1916年6月，议会中反犹太议员向国防部长提出了征兆不好的问题：有多少犹太人在前线服役？谣言流传了一段时间，犹太人是逃避者，他们避免在前线承担责任，有意选择安全和有利可图的职位。希特勒后来重复着这些错误的断言，声称犹太士兵是躲在后方的胆怯纸人。

> ……行政管理部门的官员职位被犹太人占据。几乎每一个职员都是犹太人，每一个犹太人都是职员。我感到惊讶，大批上帝的选民成为了战士，我情不自禁地把他们和在前线没有代表的犹太人加以比较。

这种恶毒谣言的结果是，国防部发起了一场全方位的犹太人的人数调查，但是它从没有发布它的发现，而是宣称结果只为了内部信息而非公共消费。正如先前所指出的，现实是犹太人承担了和德国人一样的责任，但是这个事实被有意地压制了，因为公众需要寻找替罪羊。这种寻找替罪羊是自发的，并且得到患有犹太恐惧症的党派、协会和利益集团的积极推动。在普通大众当中，一个人能发现所有种类的诽谤性的反犹太人评论，结论是："犹太人没有赚够，因此战争还没有结束。"当战争对德国人变得不利的时候，统治阶层的精英和诸如泛日耳曼联盟、祖国党这样的反犹太人团体联手，为了将政府对战争错误运作的责任转嫁出去，把人们的注意力从普通德国人承受的损失和不平等中分散出去，蓄意地激发犹太恐惧症的感情。战败使得对这种策略的运用变得更为普遍。四年来这个国家一直被灌输胜利就在眼前，当它知道停火令人羞辱的条款和接下来《凡尔赛条约》的条款，确实震惊不已。《凡尔赛条约》的条款剥夺了德国的武装部队、商业海运，以及欧洲和海外有价值的领地，还要求严重地危害其未来经济生存的严厉赔偿。更糟糕的是，这个国家陷入了政治的混乱、君主制度的崩溃、国内战争，以及政治动荡的年代。

战败的震惊伴随着集体的不信任感，它们导致了一系列模糊了崩溃原因的否定，在恐惧、怀疑、隔离的氛围中，在民主的基础上重建这个国家的社会经济和政治的根基变得非常困难。因为战争不是在德国的领土上发生的，军队以相对良好的秩序返回国家，因此许多德国人相信军队从来没有在战场上被击败，而是在国内被社会主义者、和平主义者、自由主义者或者犹太人破坏的。那些最应该为失败受到谴责的将军们反而把自己的战败归因于失败主义以及国内的破坏。阿道夫·希特勒将一些无形的力量归结为“十一月的罪犯”，他们被假定“在背后刺伤了德军”。

在紧随着德国战败的普遍崩溃中，除了旧的欧洲躺在废墟当中，几乎没有一件事是清晰的。战争吞噬了近200万德国人的生命，而且造成了更多的永久性伤害。一代年轻人在欧洲的战场上流血而死，存活下来的人因为战争的经历留下了永久的创伤，缺乏心理上的资源，这些资源却是建立稳固而和平的社会所必需的。出自战败的创伤，出自权威古老象征的消失，暴力、国内冲突、极端主义的年代到来了。战后的混乱一直延续到20世纪20年代，并且在1929年的大萧条中被重新点燃。以这种动乱为背景，人们必然发现政治的病状在增长。和在欧洲其他地方一样，在德国，一代政治极端主义者在政治的舞台上游荡，寻找着救世主式的领导人，他能够把他们从战场无意义的牺牲中拯救出来，恢复已经和古老权威一并消失的集体目的感。

第一次世界大战也带来了以国际共产主义形式出现的世界革命。正像在俄国一样，工人和士兵组成的委员会在德国出现，最初是在1918年10月下旬，基尔的水兵发生暴动，然后在整个德国蔓延。在柏林，人民代表委员会宣布自己是新政府的行政分支；在慕尼黑，独立社会党的库尔特·艾斯纳得到工人、士兵、农民委员会的支持，他宣布成立社会主义共和国。俄国革命的再现似乎即将到来，然而事实上，对共产主义的恐惧被夸大了，因为德国不是俄国。在俄国，城市的工人阶级比德国的工人力量在比例上小得多，他们在正规的工会阵线方面也缺乏技巧，也缺乏富有技能的工艺传统，而这些都使得德国的工人先天具有更加保守主义的特征。工人、士兵、农民委员会的激进主义很快得到了多数派社会党，也就是通常所说的社会民主党的控制。他们由小心翼翼的工会主义者领导，这些人包括弗里德里希·埃伯特、菲利普·谢德曼、古斯塔夫·诺斯克，他们对意识形态毫无兴趣，甚至对为了共产主义去颠覆社会秩序更无兴趣。他们拥护社会民主，主要聚焦基本的生活议题，这些议题包括更高的工人工资、更好的社会福利、更好的工作条件。在统治精英崩溃期间，权力暂时移交给社会民主的力量，尤其是社会民主党（多数派社会党）。1919年1月，他们击溃了唯一一次革命左翼发动的严重暴动，发起者是卡尔·李卜克内希和罗莎·卢森堡领导的斯巴达克斯党。但是，社会民主党这么做，得到了军方及其法西斯雏形的自由军团的帮助。自由军团抵抗着德国社会的共产化和民主化。弗里德里希·埃伯特与传统军事精英的魔鬼协定可能挽救了温和的社会主义者，使他们摆脱了共产主义革命的极端行为，但是它也注定新的、在魏玛正在建立的民主共和国的短命。埃伯特最初同意不干预军队传统的结构；他不知道的是，这也使得他的党没有能干预行政部门、大学、大型公司的传统保守主义秩序。这些机构和集团厌恶民主进程，它们成为企图毁灭民主共和国的右翼保守主义极端分子的聚合地。

从共和国成立开始，就能确认出三股主要的政治势力：一是革命的左翼，它在1919年被击溃，但是继续推进世界共产主义的事业，厌恶在比例上大得多的多数派社会党；二是温和的多数派社会党，他们暂时和天主教中央党、资产阶级中间派的民主党派合作，从而给予魏玛共和国一口苟延之气；三是正在增长的保守主义右翼，最初它被战败所震惊和瘫痪，但是力量很快得到了恢复，把自己作为传统德国价值观真正的承担者。战后政治的标志就是这三股势力，但是当埃伯特和社会民主党同传统的军事工业精英在1918—1919年达成协议的时候，结果已经注定是保守主义的右翼占据上风，因此也预先阻止了在德国社会的制度和传统当中进行任何根本的社会变革的可能性，也在左翼的共产主义者和右翼的保守主义者眼中使社会民主失去了信用。

1918年到1923年间，德国经历了如此紧张的社会经济和文化的震荡，以至于它无法治愈许多内部的分裂，无法保护自身免于不断增长的右翼极权主义的威胁。在这五年间，德国处于实际上是国内战争和大萧条的状态。仅在1923年一年，虚弱的共和国就从一个危机蹒跚到另一个危机：鲁尔被法国人占领；共产主义—社会主义的体制在图灵根和萨克森取得了政权；共产主义的暴动在汉堡发生；巴伐利亚落入了右翼反动派手里，他们威胁要退出德国；德国的东部边境受到波兰人的威胁；460万德国马克才能兑换1美元。尤其是在德国的货币及其经济在毁灭性通货膨胀冲击下发生崩溃之后，资产阶级的文明处于崩溃的边缘。历史学家康拉德·海登认为，这次经济的动乱是“货币的死亡”，是物质富裕乐观景象的终结，是对进步的世俗信仰的终结。许多生活在这个时期的德国人失去了对政府、对它美好的言辞、对它有关储蓄受到法律保护的保证等等的所有信任。九年来，他们向政府牺牲了他们的生命和他们的储蓄；而回报却是，政府的战争借贷、储蓄、投资现在都分文不值，因为政府浪费了三分之一的国民财富用于一场无效的战争。五年间的社会舆论气氛充满了狂暴和寻找替罪羊的期望。这就是为什么这些年被正确地称为国家社会主义和复活的犹太恐惧症的孵化期的原因。这两个现象是紧密相关的，正如它们预示了在越来越多的德国人当中意识的"再神秘化"。

犹太恐惧症的聚集

在1920年，在帕绍的第41巴伐利亚警卫团的汉斯·克诺登，给巴伐利亚的总理古斯塔夫·冯·卡尔递交了一份标题为《解决犹太人问题的建议》的紧急报告，在其中，他提供了几乎和1942年1月万湖会议规划一样的解决方案。这位年轻人被一位著名的国会议员描述为"特别善意的、可敬的年轻人"，他受到最高贵的拯救民族和国家于不幸的崇高意图的促动，提供了如下的"人道建议"：

1. 犹太人要在24—48小时内在指定地点报到，然后被移送到集中营。
2. 抵制这些措施的犹太人将被处决，他们的财产将被没收。
3. 给犹太人提供援助和支持的德国人将得到同样的下场。
4. 假如协约国报复，应立即采取把犹太人饿死的措施。协约国一旦发动实际的入侵，就立刻对犹太人进行屠杀还以颜色。
5. 只要受到内部和外部敌人威胁，对犹太人的收容就要一直持续下去。如果犹太人在收容中活了下来，并且内部和外部的敌人都被消灭，存留下来的犹太人将被全部驱逐出德国，前往巴勒斯坦，同时没收他们的所有财产。任何返回德国的犹太人将被判以死刑。

这个年轻人"可敬的意图"被认为是病态狂热者的咆哮，立刻被行政当局拒绝，但是他提出的极端建议可能被比行政当局愿意承认的更多的人所接受。首先，在1918年战败之后，病态的犹太恐惧症在军队有牢固的根基。到那时，犹太恐惧症已经在军官团和军队行政部门的各层级蔓延开来。帝国军队的瓦解并没有消除反犹太人的偏见，因为这些偏见很快就转移植入了正在激增的、在1919年至1923年整个德国迅速生长的准军事组织。事实上，就是自由军团和许多相关的退役军人协会、种族主义联盟以及防御性的协会，成了核心的犹太恐惧症的培育基地，我们可以把它们和纳粹运动联系在一起。

自由军团的起源可以追溯到1918年冬季革命的骚乱。那时，帝国统治的崩溃导致了革命左派和社会民主力量之间更残酷的权力斗争，前者试图对德国社会进行革命化，建立共产主义的体制；后者试图安排向社会民主的和平过渡。无论哪派都没有足够的力量，也没有得到德国人民的支持。正如先前所见，社会民主党借助军队和关联的自由军团组织粉碎了革命的左派。1918年冬季，帝国的军队因为战败、士气的丧失、停战的条款所要求的快速遣散，以及《凡尔赛条约》对这一遣散的再次确认，很快自我瓦解。《凡尔赛条约》要求德国军队的规模缩减到10万人。多数旧帝国的军官和服役军人认为自己体现了德国的全部精神。他们当中的许多人拒绝放下武器，继续发挥着志愿兵的作用，积极地跟随着他们的指挥官参加各种政治冒险，要么反对他们国内的左翼敌人，要么在东部抵抗波兰人或者立陶宛人。他们失去了战争，也失去了他们的军官领袖——皇帝，因此这些军官主义者认为他们面对着一个社会主义统治下沉闷的前景，他们知道这个制度对旧的军事体制充满敌意。估计在1919年有大约27万名军官，他们中的许多人来自旧式贵族。他们享有免于文人统治的实际豁免权，并发挥着令普通德国人嫉妒的一定程度的社会影响力。战败的震动、军事和社会特权的丧失、社会主义体制下沉闷的“没有英雄气息”的生活前景，都让他们目瞪口呆，因此他们变成狂怒的反革命分子，拼命地寻找新的帝国战旗，以及能够为自己的困境加以谴责的敌人。

正如罗伯特·维特所显示的那样，这些准军事的力量是纳粹主义的先锋，他们制造了后来可以用来定义希特勒的政治青年即冲锋队队员的犹太恐惧症心态。这些组织的青年——他们当中的许多人最终找到了进入纳粹运动的路径——强烈地相信领袖的原则，厌恶民主，仇视中产阶级“庸俗的”价值观，把犹太人看作他们种族主义的敌人，要求“无犹区”，重新将德国军事化。阿道夫·希特勒利用这些人作为击槌攻击民主的魏玛共和国。一些大屠杀著名的杀戮者——马丁·鲍曼、鲁道夫·霍斯、埃里希·冯·戴姆·巴赫·扎勒维斯基、埃里希·科赫、库尔特·达鲁伊格、汉斯·弗兰克、莱因哈德·海德里希都出自这些人当中。

他们当中的许多人都具有喜欢掠夺的强盗心态。战争已经存在于他们的血液之中，他们后来将从他们暴力的经历当中创造一个完整的新浪漫主义神话。正如他们当中的一位后来记录了他的自由军团在东部的冒险：

> 我们向着天空咆哮高歌，在他们背后扔手榴弹。……我们看见了鲜血。我们生活的土地被毁灭，发出呻吟。一度平静的村落在我们路经之后，被火焰熏黑，化为灰烬，燃着余火。我们点燃了葬礼的柴堆，远不是在那里焚烧枯枝烂叶——在那里，烧毁了我们的希望、我们的渴求；烧毁了市民的牌位，以及文明世界的法律和价值观；烧毁了一切……这样，我们趾高气扬，醉醺醺地满载掠夺品归来。

这种恶毒的心态与来自被围困的保守主义右翼的相关的社会和政治团体的仇恨态度相互滋润。这些右翼包括公务员、军官、学者、企业家。在紧随德国战败的最初震动之后，极端右翼对它的政治对手发起了歇斯底里的战役，犹太恐惧症在其中发挥了非常重要的作用。这场战役最初的动因来自海因里希·克拉斯和他的泛日耳曼联盟，它得到了著名的军事领导人和越来越极端化的资产阶级的支持。克拉斯和他的反动追随者视新的民主是来自犹太人的毒药。他们主张犹太人与其说是自由选择出来的，不如说是具有内在必然性的投毒者。这意味着他们在生物学意义上是邪恶的，因此用他的话来说要被毒打致死。克拉斯这位枢密院顾问代表着一个数量稀少、政治上危险的封建精英团体，它正受到被社会民主广泛力量替代的危险。在第一次世界大战之前，克拉斯就在其狂暴的反犹太人的著作《假如我是皇帝》(1912) 一书中拉响了反犹太人的警报。在书中，他谴责已经推进社会民主党成为多数派的选举，认为它是犹太人策划的一场民主欺诈。克拉斯的圈子要承担主要责任的战败，却为他提供了额外的自用弹药库，借此他可以继续把所有德国的灾难归咎于犹太人。他的泛日耳曼联盟与军方携手，在破坏1914年“国内和平阵营”中发挥了作用，发动了一场经济上得到很好支持、政治上组织良好的战役。这场战役的目的是诽谤不同的阶层和种族的敌人——自由主义者、社会主义者、和平主义者以及犹太人。

就在民主派的领导人正企图在魏玛奠定新共和国基础的时候，克拉斯的泛日耳曼联盟建立了德国保卫和抵抗联盟。这是一个反民主的和犹太恐惧症的武装行动团体，它的目的是为日耳曼民族的再生而战，清除“犹太人有害的、毁灭性的影响”。这个种族主义组织在组织技能和宣传方面预演了纳粹运动。在整个德国，它在草根的水平上把自己变成大区和分部，并发动了宣传的闪击战。根据阿尔弗雷德·罗斯的观点，1920年就发行了764.2万份宣传品。另外，这个联盟有自己的报纸《德国种族报》，并拥有自己的“科学的”种族杂志《政治和人类学月刊》。这两份出版物上都印有万字徽。

正如罗伯特·维特指出的，保卫和抵抗联盟不仅为纳粹主义准备了道路，而且也推荐了纳粹主义的一些领导人。著名的有尤利乌斯·施特赖歇尔，他是1923年至1945年间德国最臭名昭著的犹太恐惧症杂志《突击手》的编辑；迪特里希·埃卡特，青年希特勒的导师，他和阿尔弗雷德·罗森贝格共同编辑了纳粹党的党报《种族观察者报》；年轻的莱因哈德·海德里希，他是党卫队的领袖，党卫队保安处的领导，以及大屠杀的主要设计者之一。

除了给志趣相投的组织或利益集团提供友好的支持外，保卫和抵抗联盟还把目标锁定在战后心怀不满的人身上，它包括大量的社会上无家可归的人，经济上穷困潦倒的人。这些德国人遭受了战争、革命、复仇性的和平条约的重击，对他们的国家未来真切地充满恐惧。就是在这一如此混乱的状态中，这个联盟和类似的犹太恐惧症组织开始投下了它们的诱饵，蓄意激发潜在的和明显的反犹太人的偏见。用克拉斯同伙康斯坦丁·冯·格布萨特尔将军的话来说，犹太人可以用避雷针来防范因为第一次世界大战造访德国的不公正行为。这样，数量不断上升的犹太恐惧症患者，将犹太人挑选出来作为每一件错误的替罪羊。

首先，犹太人被谴责为逃避军事责任而破坏了战争的成果，他们为了自己物质上的收获，剥削国家资源和经济资源，鼓励外国犹太人作为廉价工人流入德国，但实际上这些工人是作为他们种族同谋的同胞来颠覆德国的血统。其次，犹太人被谴责给予革命者、心怀仇恨的政客以支持和鼓舞，他们正通过赔偿、领土割让、粗鲁的轻视和羞辱奴役着德国人民。第三，犹太恐惧症患者拒绝民主的魏玛共和国，把它视为“犹太人共和国”，因为它的宪法是由犹太人雨果·普罗伊斯起草的，它的民主性质是以有利于犹太人的方式制作的。最后，当第一次世界大战带来的文化变化开始在德国民众的生活中清晰可见时，犹太恐惧症患者几乎立刻谴责犹太人，要他们为所有消极性的后果负责，其中包括现代主义明显的堕落，以及折磨着更多民众的社会经济的不幸。

推翻一个根植于蓄意的谎言或者妄想之中的负面影响是困难的，并且一些犹太人对彻底消除犹太恐惧症感到绝望。阿尔伯特·巴林在自杀前不久承认：“一个人不可能掌握现在正在发挥作用的力量，但是必须以顺从的方式观察它们的变化。我被深深的、无法摆脱的忧郁紧紧控制。”巴林的绝望是早熟的，也是有根有据的。因为在1919年至1923年间，这种引发大屠杀灭绝性的犹太恐惧症业已诞生，它已经具备了先前提及的奇思怪想的所有性质：紧随着战败及其结果（革命、《凡尔赛条约》、政治动荡、经济崩溃）之后灾难综合征的释放；对群体灭绝的恐惧；被普遍接受的“启示”和选举的迹象；对极端邪恶的揭露；为创造新的、重新获取活力的第三帝国，赎罪的政治力量发起的动员；等等。就是在一个小型的、被称为德国工人党，后来被重新命名为国家社会主义工人党的种族主义啤酒屋俱乐部的圈子里，这类想法和信念采取了特别有害的形式，最终被投射到整个政治舞台上去了。

纳粹犹太恐惧症的兴起

病态的犹太恐惧症的兴起，是德国的现象，而非纳粹的现象。毕竟“纳粹”是这样一些德国人，他们信仰纳粹的意识形态，其中包括：种族优越，一个受管制的和同质的社会共同体，服从一个有个人魅力的元首，生存空间的征服，创造一个持续千年的新的日耳曼帝国。不可能清晰确定有多少德国人相信纳粹主义全部的五个主要特征，多少人相信部分，多少人一点也不信，因为我们缺乏必要的知识和方法论意义上的工具能够使我们作出明确的解释。从纳粹分子掌权之前的投票数据，从战争不利时对他们政策的热情支持，我们能够确定的是：数量可观的、所有社会集团的怀有民族主义思想的德国人，似乎全部或者部分认同这些纳粹的原则。他们坚持这些原则的原因是某些遗传的文化特性的结果。这些特性在第二帝国时期得到了固化，并教导德国人民无条件地尊重权威，羡慕军事化的生活方式，德国所有一切的优越性，怀疑——假如不是蔑视——少数民族和外国人。纳粹分子建立了这些民族中心论的文化特性，使它们大大超越了第二帝国已经达到的夸张地步。他们带入到已经十分夸张的民族主义、军国主义或种族主义当中的热情力度，连同他们发动实施它们的疯狂决心，对头脑清醒的德国人和外国观察家来说是新颖的，也是令人惊恐的。

纳粹分子一旦掌握了权力，他们就调动了一个现代技术国家的所有资源，用他们意识形态的妄想灌输给德国民众，把他们作为自己设计的代理人。我们现在得知：纳粹分子在整个德国民众那里成功地布下了他们的妄想之网，但是，他们是如何使德国民众紧密地涉足他们最重大的犯罪——大屠杀——将是留到最后一章来解决的问题。开始必须说的是，纳粹分子是富有激情信仰的德国人，他们有着将这一信仰植入作为整体的德国民族之中的疯狂决心。他们的信仰不是突如其来的彻底失常，它植根于一些德国非民主的、非自由主义的传统，它建基于其上并加以夸大。当然，德国可能会在不同的方向前行，比如民主的、人道的、和平的方向；但是，民主的魏玛共和国没有发展出自由主义的制度，这些制度的建立需要用民主的价值观和实践对德国民众进行“再教育”。相反，德国人沿着妄想和毁灭的道路前行，而这条道路是由阿道夫·希特勒和纳粹党为他们绘制的。

纳粹运动产生于巴伐利亚战后的混乱。在六个月的时间里（1918年11月—1919年5月），巴伐利亚被一系列政治动乱弄得四分五裂，其中包括维特尔斯巴赫王朝的衰亡、库尔特·艾斯纳领导的社会主义政府的建立、施瓦宾“咖啡馆”无政府主义者的统治、共产主义政权下的恐怖统治，以及右翼力量的反革命，这支力量最终为初期的纳粹运动准备了基础。艾斯纳和大多数施瓦宾无政府主义者，以及苏维埃形式的极端主义分子都是犹太人的事实，给普通巴伐利亚人留下了持久的印象，强化了已经存在数个世纪、潜伏的基督徒反犹太人的偏见。随着极端左翼的毁灭，巴伐利亚政治指南针的指针无误地指向极端右翼。社会主义名誉不好的实验，被谴责为国际共产主义和世界犹太人的颠覆代理人的工作。希特勒试图通过他更为聪明的宣传，把这些力量之间的联系强行敲打进许多巴伐利亚人的脑子里，不过在此前很久，他们就将它们串联在一起了。

总之，许多巴伐利亚人在1918—1919年暴动之前就患有犹太恐惧症，他们比以往更加确信：左翼的革命——用阴谋的种族主义道力会的创立人鲁道夫·塞巴滕多夫的话来说——已经“被低级的种族（犹太人）制造出来腐化德国人。……从现在开始，必须以眼还眼、以牙还牙”。就是出自道力会和类似的种族主义团体，纳粹党招募了它早期的成员。就是从1920年开始，被古斯塔夫·冯·卡尔领导的右翼政府所统治的巴伐利亚成为了一块磁铁，吸纳了所有类别的极端主义团体，它们策划推翻民主的共和国。巴伐利亚政府通常对准军事的右翼极端主义组织视而不见，它们包括最不听话的自由军团部队。在正规军的保护下，它们可以自由地行动。厄尔哈特旅在1920年3月卡普暴动期间，在推翻魏玛共和国中发挥了主要的作用，它没有成功，却在巴伐利亚找到了避难所。那些对马蒂亚斯·埃茨贝格尔和瓦尔特·拉特瑙实行政治刺杀的极端主义分子也是如此。慕尼黑的军区司令部的主要官员公开认同纳粹的目标，并且一些像褐衫冲锋队未来的首领罗姆这样的人经常在慕尼黑的啤酒馆里游荡，或者在自由军团的各个阶层和类似的转业军人协会中搜寻，为纳粹党招募新的成员。这些人视自己为一个重新获取活力的德国的先驱，视自己为对共产主义、民主、和平主义、自由主义、国际主义以及国际金融犹太人进行十字军东征的骑士。他们相信就是这些犹太人构成了一种力量，把以上的一切联系在一起。为了与这些能够感觉到的邪恶作战，好战的右翼斗士将恶魔般的妄想植根于巴伐利亚，后来又植根于德国其余的地方。这些妄想将腐蚀德国民众的道德良心。

德国工人党最初起步于一间小的种族主义的啤酒馆，它成立于1919年1月5日。它的创始人（安东·德莱克斯勒和卡尔·哈勒）及其早期成员都是名不见经传的工人，他们要把德国的工人阶级从国际共产主义的钳制下拯救出来。他们对共产主义和资本主义都一样持有反对态度，他们设想了一个清除了所有异己力量的（犹太人、和平主义者、外国人）种族倾向的国家，这个国家依靠广泛的中产阶级和工人阶级的支持，并且显示了完美的社会良心。最初，这个新党的成员分为四个群体：具有强烈种族主义信念的小资产阶级民族主义者；对德国的拯救具有奇异万灵药的业余知识分子；具有坚定的保守主义和集权主义思想的军人；具有阴暗的过去、利用政党满足自己机会主义目的反社会人物。在第一群体有党的创立人安东·德莱克斯勒和卡尔·哈勒；第二个群体有戈特弗雷德·弗德尔、迪特里希·埃卡特、阿尔弗雷德·罗森贝格、马克斯·埃尔温·冯·施伯纳—里希特；军事领导人中有著名的里特·冯·埃普、恩斯特·罗姆、阿尔弗雷德·鲁登道夫，后来还有赫尔曼·戈林；在人数不断增加的反社会暴徒或者骗子群体中有赫尔曼·埃塞尔，在阿道夫·希特勒取代他的角色之前，他是这类人的代表。

尽管他们有不同的社会来源，但他们都被德国战败和后来的严重结果——国内冲突、革命、经济灾难、侮辱性的《凡尔赛条约》——引发的广泛而混乱的变化弄得完全迷失了方向。出于信念或者社会关系，他们也是强硬的民族主义者和无可救药的军国主义者，认为新的民主变化对他们的社会存在形成致命的威胁。首先，他们是无耻的犹太恐惧症患者，把所有降临在他们国家的不幸怪罪给犹太人。戈特弗雷德·弗德尔是纳粹党的金融专家，他谴责犹太人通过可耻的战争获利，他们与外国势力叛国的商务联系引发了德国的经济崩溃。他控诉犹太人是旨在破坏事态正常进程、蓄意引发危机、银行挤兑、萧条的国际阴谋的一部分，所有的一切都是为了他们的利润。弗德尔为经济上的小人物代言，他们被战争的混乱边缘化，穷困潦倒。他们感到被大企业和大工会欺骗和出卖，满怀乡愁地依附在和谐的民族共同体这一前工业社会的幻象之上。在这个共同体当中，市民、工人、农民、士兵为着祖国的利益进行合作。希特勒后来利用了边缘化的经济集团（手工艺人、小企业拥有者、农场工人、用人、半熟练的工人）的恐惧，通过采用里夏德·霍夫施塔特在其他背景下所说的“类似妄想狂的政治风格”，刺激他们聚合到政治行动当中。

弗德尔的犹太恐惧症在性质上主要是经济的；但是，在振兴纳粹党的意识形态坚定分子当中，对犹太人的仇恨呈现出更为有害的意识形态的尺度。灭绝性的犹太恐惧症的主要催化剂是希特勒的政治导师迪特里希·埃卡特。他是一个二流的记者，花里胡哨的爱国戏剧的作者，自我膨胀、装腔作势的人。像纳粹党核心圈子的其他成员一样，埃卡特在心理上是不稳定的，道德上是堕落的，政治上是危险的。从1918年至1920年，他出版了高度煽动性的报纸《在平凡的德国人当中》，这张报纸专长于反犹太人、反共产主义。他也是种族主义道力会的著名成员，因此成了纳粹党的助产士。他的社会关系使德国工人党在1920年12

月获得了《慕尼黑观察者报》这份报纸。后来这份报纸由埃卡特编辑，重新命名为《种族观察者报》，成为了纳粹党的意识形态喉舌。埃卡特在希特勒那里发现了德国的救世主，他把这位年轻而无经验的煽动者置于自己的保护之下，丰满他的羽翼。希特勒反过来十分崇敬埃卡特，视他为纳粹运动的楷模和精神教父，后来把《我的奋斗》献给他作为纪念。埃卡特1923年12月去世，他留给纳粹运动最后的遗产是起草了一本有毒而荒诞的宣传小册子《从摩西到列宁的布尔什维克主义：希特勒和我的对话》，在其中，他回溯了两千年的历史，机敏地将所有现存的反犹太人的诽谤端了出来，并给读者惊人的启示：犹太人和恶魔结盟，不仅寻求对世界的统治，更令人恐惧的是，他们在寻求对世界实际的毁灭。但是，这本小册子采用确定的观点戛然而止：虽然他们可能毁灭世界，但是犹太人终将是短命的，自我毁灭。

1919年的某一天，为了逃避布尔什维克主义，年轻的波罗的海的德国人阿尔弗雷德·罗森贝格出现在埃卡特的办公室，询问埃卡特是否能够使用“一位反耶路撒冷的斗士”。这位兴奋的编辑据说眼睛都没有眨，回答说“当然可以”。罗森贝格作为“犹太人问题”、布尔什么维克主义、纳粹种族主义意识形态专家臭名昭著的职业生涯就这样开始了。罗森贝格出生于爱沙尼亚的瑞威尔（塔林的旧称），母亲是爱沙尼亚人，父亲是立陶宛人。从文化上来说，罗森贝格属于德国人称的外国领土的德国人，属于那些生活在波罗的海国家、俄国以及欧洲或者海外其他地方德国人社区的德国人。这些“小德国人”经常培育一种夸大的德国民族性的感觉，显示出强烈民族主义和种族主义的色彩。尽管罗森贝格追求着一种技术的职业，在里加和莫斯科学习建筑学，但他让自己沉浸在种族主义哲学的知识氛围当中，以致当他遇见希特勒之后，两个人立刻成为了心灵的知己。罗森贝格是一个喜欢沉思、学究气很重、狭隘的意识形态工作者，被人称为“受教育极度有限的人”。像希特勒一样，他的世界知识主要来自种族主义的宣传小册子，以及许多可疑的观点和理论。他从雅利安人优越性的自利信条的圈套出发，建立了一种世界观，接着在一系列著作中把这种世界观投放到世界。它们包括《变化时代的犹太人的踪迹》（1920）、《塔木德经中的不道德性》（1920），以及巨著《20世纪的犹太人神话》（1930）。

罗森贝格对散布反犹太人偏见最著名的贡献之一，是他作为《种族观察者报》总编辑的工作。这份报纸是犹太恐惧症宣传最成功的工具。罗森贝格也是传播狂热的犹太恐惧症宗教观最重要的知识分子的代理人。这种宗教观几个世纪以来已经毒害了俄国文化，并以特别恶心的形式在《锡安长老会协议》中浮出水面。罗森贝格在去埃卡特办公室很久之前已经将自己沉浸在这一协议当中。后来，他说服希特勒这份文献是绝对真实的，在1923年出版了他自己编辑的版本。

罗森贝格还把另一个波罗的海的德国人带入党内，他就是马克斯·埃尔温·冯·施伯纳—里希特。他是一位工程师和德国外交团的前成员。在第一次世界大战期间在东欧和土耳其工作，建立了各种各样名人会聚的圈子，其中包括巴伐利亚皇室成员、工业巨子、高级教士、俄国流亡者和军官。他最重要的关系之一是鲁登道夫将军。这位将军是德国人民心中战争的传奇英雄，是协约国眼里被诅咒的战争罪犯。他逃到瑞典以躲避协约国和革命的社会主义者的愤怒，并在那里写作了对自己有利的回忆录，等待有利的时机能够回到德国。在斯巴达克斯党分子被击溃之后他就回到了柏林，在协约国裁军委员会监视者的鼻子下面涉足政治阴谋。这些监视者和用着化名的将军住在同一家宾馆。这位将军依然被认为是民族的象征符号，被各种各样的民族主义团体搜寻。他让自己卷入了旨在推翻他所厌恶的民主共和国及领导人的卡普暴动。他告诉他的夫人，他希望问心无愧地处以他们绞刑，看着他们悬挂摇摆。当暴动失败的时候，他很快否认所有的责任，移居巴伐利亚这个对右翼更友好的避难所。在那里，一系列重大的事件使他卷入了希特勒推翻政府的阴谋。他的政治判断从来不能和他的军事才能相媲美，并且在不断地退化，特别是在他和妻子玛格丽特离婚，娶了第二个妻子玛蒂尔德·肯尼茨之后。她是一个恶毒的、伪知识分子的庸医，用种族主义、异教徒和反犹太人的偏见毒害了鲁登道夫的思想。他开始相信，1918年11月大崩溃的主要原因是各种颠覆性势力的聚合，他们包括和平主义者、社会主义者、共济会成员、耶稣会成员和犹太人。这些人在背后给德国军队捣蛋。他在他的《生活回忆录》中说道：

> 我逐渐认识到引发民族崩溃的邪恶力量，以及在它们当中德国种族自由的真正敌人……我越来越清楚地认识到，我们社会结构中存在着真

> 菌……以及秘密的跨民族的势力，例如犹太人和罗马人，还有他们的工具，即共济会、耶稣会这些神秘而邪恶的组织。

这种采用了寄生和鬼神学隐喻的语言，成为了疯狂的犹太人仇视者类似妄想症精神状态的明确特征。很明显，这些类似妄想症的咆哮不仅来自社会上贫穷或者精神上扭曲的民众，而且在鲁登道夫和其他人的案例中，也来自光彩照人、获得巨大成功的领导人。正如在其著作中所显示的，鲁登道夫真诚地相信犹太人是真菌和寄生虫，他们和布尔什维克主义者、国际金融资本家联手，企图“阉割我们的男子气概和民族气概，以致其他具有更为强大的民族意志的人能够统治我们”。舍弃了所有理性的能力，这位将军借助了完全妄想的原因来说明犹太人正在接近他们的目标，并根据数字命理学的理由宣称就在1923年这一年，犹太人将发动对日耳曼帝国的攻击。

> 这是……一个“耶和华年”。像1914年一样，这个数字（1+9+2+3）相加是15；它是由10和5两个数字构成。根据犹太人的迷信，它们是耶和华（Jahweh）这个词的前两个辅音，因此能够使有犹太教和基督教的秘术家在这一年获得成功……摧毁帝国的时刻已经到来。

这种类似妄想症的思想在妄想的、鬼神学的框架中移动，在1918年至1923年间得到了惊人的传播。它产生于一种被出卖的感觉，产生于集体灭绝挥之不去的恐惧，它似乎在保守主义和种族倾向的右翼那里最为强烈。在这个右翼那里，它涵盖了不同的阶级和职业宽广的范围。鲁登道夫和希特勒，将军和下士，都相信日耳曼种族的肌体已经被犹太人的细菌感染。他们两人都采用了歇斯底里的言语描绘德国人身体上出现的情况：被强奸，被阉割，感染了梅毒，被奴役，被灭绝。他们两人都认定犹太人是耽于声色的作恶者；最终他们两人恶毒的暗示必须对灭绝者反灭绝，把他们绞死或用毒气处理掉。

极度活跃的军国主义者及其得到很好财务支持的出版公司，不断地给这些恐惧增添燃料。对于他们来说，每一个危机或者灾难都立刻被解释为犹太人恶行的另一个例证。谣言被当着事实，最极端的解释比理性的或者中和的判断更让人确信。最恰当的事例是：《锡安长老会协议》在许多民族主义和犹太恐惧症的圈子里得到广泛的接受。这份文献由逃避共产主义的俄国移民带到德国。在德国的主要城市，尤其在柏林和慕尼黑，俄国移民构成了相当规模的群居地，他们在那里利用散步的时间到处宣传和策划复仇。例如在柏林，费多尔·温贝格这位前沙皇的官员出版了俄语日报《呼唤》，在其中，他和其他倡议者一道，主张消灭所有犹太人作为对犹太人问题的“最终解决方案”。为了支持这一恶毒的建议，温贝格还在德国散布了第一批《锡安长老会协议》。正如前面所示，这份文献声称是对犹太长老秘密会议的记录，他们发誓要通过民主、自由主义、和平主义、共产主义这些颠覆性的力量毒害基督教文明，从而推翻这一文明。《锡安长老会协议》也概述了一些技术性的方法，借此可以建立世界性的犹太国家。路德维希·穆勒·冯·豪森用戈特弗里德·祖尔·毕克的假名在1919年7月出版了这个协议的德语版，这个版本印有“先进前哨”的字样，它是“反犹太人傲慢联盟”拥有的一家出版社。这本书到1933年出版了33版。其廉价的大众版由弗里奇的铁锤出版社出版，到希特勒掌权之时售出了10万册。1922年7月24日，德国外交部长瓦尔特·拉特瑙被右翼极端主义分子刺杀，当时他正乘敞篷车前往他的办公室。年轻的刺杀者之一恩斯特—维尔纳·特肖后来在法庭上证实，他的团体受到《锡安长老会协议》的强烈影响，他们坚信犹太外交部长是这部犹太恐惧症的文献中提及的300个长老之一。

这个刺杀外交部长的年轻人绝非异常的事例。在1920年，一位犹太人的观察者记录了他出席几次《锡安长老会协议》讨论会议的情景：

> 演讲者通常是教授、教师、编辑、律师，或者诸如此类的人。听众由受过教育的阶层、公务员、商人、退休官员、女士组成，当然首先是由学生，来自各个系科、所有年级的学生组成……激情被煽动到沸点。在这些人的面前存在着活生生的所有不幸的原因——那些人制造了战争，带来了战败，发动了革命，召来了所有的痛苦。这一敌人如此贴近，伸手即可以触及，然而他是在黑暗中潜逃的敌人……我观察着这些学生。几个小时前，他们也许在世界著名学者的指导下，在一个讨论会上发挥着自己的心智去解决法律或者哲学的问题；而现在，年轻的血液在沸腾，眼睛闪光，拳头紧握，沙哑

> 的声音在发出欢呼或者复仇的咆哮……假如我被认出是犹太人，我怀疑是否能够身体不受伤害地离开。

这段文章含义深远，因为它准确地揭示了犹太恐惧症的知识分子化在德国文化精英那里发生了。尽管有许多平民相信那些犹太人恶行的传统成见，但是大量专业人士把犹太恐惧症知识分子化了。他们包括大学教授和他们的学生、教师、律师、公务员、记者、军官、现役军人、商人，他们相信犹太人是德国的不幸。这一妄想可以说是从社会阶梯的顶端渗透下来的，而非从底部向上移动的。

为了理解这一社会的异常现象，有必要认识到一个令人痛苦的事实：教育并非一直等同于启蒙或者其接受者心智的提高。教授们能够传授并且确实传授了仇恨和强迫症，他们在美德方面没有垄断权利。事实上，妄想的力度和持续的时间依赖于其知识分子的犯罪者持有妄想的韧性。犹太恐惧症的兴起和扩张，很大程度上依赖于推动它的知识分子精英，以及在日常生活中强化它的文化和政治机构。即使如此，人们还是感到惊讶：这一野蛮的、愚蠢的、精神失常的仇恨竟然对受过良好教育的现代德国人具有如此广泛的说服能力。那些看到如此结果而感到失望的人应该会认真地思考：一旦从他们的犹太恐惧症的解释中抽去所有明显的原因——社会经济的、政治的、文化的、心理的——也许存在着某种无法约束的、在历史中周期性发作的极端邪恶。

毫无疑问，在纳粹的圈子里，这种类似妄想症的犹太恐惧症是一种无时不在的力量，从作为一个种族主义啤酒馆俱乐部的政党诞生开始，经过了一些胜利，一直到在德国的大城市、工厂、文化地标的瓦砾中其暴力的终点。它构成了罗森贝格《种族观察者报》的主题、施特赖歇尔《突击手》中疯狂的咆哮、纳粹顶层领导的暴力语言，尤其是阿道夫·希特勒、约瑟夫·戈培尔、海因里希·希姆莱向犹太人展示出来的强迫症的仇恨。据说犹太恐惧症最丑恶的展示发生在《突击手》当中，它是尤利乌斯·施特赖歇尔在1923年至1945年间出版的种族主义画刊。施特赖歇尔被无误地称为“第一号犹太人迫害者”，他在1923年加入纳粹党，因为在犹太恐惧症中，他看见自己偏见的镜像；在阿道夫那里，他看到了德国未来的救世主。当他1922年第一次听希特勒演讲时，他着迷于自己的所见所闻，以致走上讲台对希特勒说：“我是尤利乌斯·施特赖歇尔。此刻我知道我只能成为追随者，而你是领袖！我送给你一场已经在法兰克尼亚建立的群众运动。”施特赖歇尔和希特勒的相遇采用启示的形式，随后紧跟的是皈依，在许多纳粹著名领导者的生活当中，或者在纳粹宗教不知名的追随者那里，这绝对不是例外。在戈林、戈培尔、希姆莱、施佩尔，以及其他汇聚在阿道夫·希特勒魔咒之下的人的经历中，都以相同的词汇记录了这一相遇。

1923年，施特赖歇尔创办了最后成为世界最为臭名昭著的反犹太人画刊《突击手》，这是一份可怕的、淫秽的、仇恨的杂志，它是纳粹领导层及其政治步兵——褐衫冲锋队队员——扭曲生活和变态人格的镜像。《突击手》也反映了施特赖歇尔个人的强迫症和失常。众所周知，他是一个性变态者、一个恶霸，习惯拿着皮鞭阔步游荡，作为法兰克尼亚的大区领导人，他在痛打政治犯中找到了极大的乐趣。戈登·克雷格记得施特赖歇尔在慕尼黑大学大厅的演讲，他用最令人厌恶的词汇滔滔不绝地谈论他最喜欢的犹太人主题。正如克雷格的回忆：

> 三个半小时，这个粗野的恶霸穿着褐衫，挺着大肚子，倾泻着我在公共演讲中难以想象的污言秽语，更不用说是在大学讲台了。他提供了犹太人掠夺成性的“科学的”证据，在这一点上他坚持认为：假如一个人在动物园留意的话，他就会注意到金发的德国儿童总是在沙箱里快乐地玩耍，而黝黑的犹太儿童在食肉动物的笼子面前期待地坐着，寻求着他们感染在血液里的欲望的替代性满足。大厅里的听众全神贯注，许多人做着笔记。

我认为，施特赖歇尔在《突击手》中虚构的色眯眯的、有性强迫症的犹太人，实际上是他自己行为的反映，这种行为根据多数标准来看是野蛮的和不文明的。事实上，可以说施特赖歇尔和希特勒最紧密圈子的其他成员都是卑鄙而有强迫症的人，他们乐于彼此陪伴，认为女人是性的对象，喜欢与政治对手大打出手，不相信“值得尊敬的”或者“有教养的”东西。纳粹运动使得这种反社会性格的野蛮冲动合法化，允许德国的施特赖歇尔们将他们的变态“正常化”。

二十多年来，施特赖歇尔在《突击手》中提供源源不断的、令人恶心的反犹太人文章。空前绝后的种族主义偏见的妖术达到如此腐烂的极限。在它的全盛期，《突击手》每期销售50万份，用令人毛骨悚然的犹太人不检点行为或者犯罪行为的故事来取悦它的读者。这些故事包括祭祀杀婴、强奸、金融操纵、邪恶的政治阴谋，等等。菲利普·鲁普雷希特（笔名FIPS）是画刊的漫画家，他通常把犹太人画成矮小、肥胖、丑陋、胡子拉碴、流口水、无精打采、性反常、鹰钩鼻、猪眼、凸嘴唇的样子。为了将犹太人非人化，他还把他们画成蛤蟆、吸血鬼、秃鹫、昆虫、蜘蛛、细菌和毒菌。其他钝化读者的策略包括显示犹太人缺乏任何真正的人类特性，比如爱情、欢笑、忠诚、友谊、同情，把他们描绘为只有身体上的冲动，暗示他们因此在道德上受到污染，并根据上述推论，主张他们不适合在正直的德国人的社会中生活。

施特赖歇尔相信犹太人是生物学上的恶魔种族——最初是长着“半人样的”魔鬼。这种信念绝不是变态，而是在种族倾向的右翼不断发展的信仰。在与施特赖歇尔或者希特勒相似的人那里，这一妄想似乎追随着某种发展进程：一开始是流行的歧视性偏见，即犹太人因为他们奇怪的宗教信仰和尖刻的商业行为，是人们不信任的疏离的局外人；后来是完全膨胀的妄想，用戈培尔的话来说，犹太人是反种族的，他们构成了德国患病民族身体中的脓肿。一旦犹太人的仇恨者把许多一般德国人共有的“大众歧视性的”偏见转变为“生物学种族的”犹太恐惧症，他们也就把偏见转变为致命的心理强迫症。

在名为《戴着面具的宗教》（1924）这本没有名气的书中，卡尔·克里斯蒂安·布里把这一犹太恐惧症的妄想描绘为一种变态的宗教再神秘化的表现，认为犹太恐惧症患者实际上企图用自己重新具有活力的种族主义基督教替代古老的基督教。犹太恐惧症在这一新的宗教中构成了关键的因素，因为它向所有的人解释了世界的邪恶。布里用餐桌上的盐罐子作为类比说明了强迫症的犹太恐惧症。他指出：正常的人只是看到一个盐罐子；但是犹太恐惧症患者没说多少话就总是提出这样一个论点，即犹太人在腓尼基时代就在食盐的贸易中欺诈，甚至在今天的食盐行业犹太人雇主的比例还高得惊人。布里认为，这样的人肯定不能只看到一个普通的盐罐子，而是必须给其核心的、经常发作的强迫症一个通风口，那就是犹太人邪恶的影响。

不再看到简单的人类，而是看到恶魔般种族怪物的德国人，从现实逃到神话幻想的世界。他们接受了非理性的、有着其独特信仰和礼拜仪式的宗教。在检验纳粹领导人及其核心追随者类似强迫症狂的心态时，詹姆斯·M. 罗兹认为，推动纳粹主义的动力是世俗的千禧年信仰，它类似于在《圣经》，尤其是在《但以理书》和《启示录》里建立的末日意识。那些显示这类意识的人相信自己是离奇古怪的大灾难的牺牲者，形成了相应的灾难综合征，体验了神秘的启示，邪恶的力量引发了他们的苦难；并从他们的启示中知道，他们是被选出在善恶大决战中面对和战胜邪恶的力量；最后他们坚信，他们将引领出一个天堂般的存在秩序（新耶路撒冷和千年帝国）。罗兹令人信服地显示，纳粹分子以及许多德国人，完全被第一次世界大战释放出来的灾难性世界所扭曲，他们真诚地相信邪恶的力量要灭绝他们。依靠特别的启示，并以他们所相信的非理性认识形式，比如种族直觉、“血统的呼唤”、神奇的洞察为依托，他们进而揭开了幻觉的面纱；除了其他方面，他们发现犹太人是主要的给德国人民带来痛苦的人。犹太人是“有着许多头的怪物”。纳粹警告道：一个头是犹太人的国际金融资本主义；其他头是共产主义、自由主义、共济会、和平主义，以及其他支持魏玛共和国的力量。纳粹相信，这个共和国的领导人要么是真正的、要么是有嫌疑的犹太人。他们用颠覆性的意识形态煽动无助、迷失方向的大众，摧毁了帝国，建立了控制在犹太银行家、零售商、百货商场巨头、左翼知识分子和出版大亨手中的腐败政治体制。

拯救之路开始是揭露“犹太人的邪恶”，最后是将犹太人灭绝。在希特勒及其核心追随者的心中，这不仅涉及去除犹太人的“感染”，而且要沿着健康的种族路径彻底地重建德国民族。纳粹分子实际上相信他们能够通过种族优生学，在生物学的意义上创造新型的雅利安人，从而获得自我的神圣化和永恒。当然，这种种族千禧年的前提条件是终结种族污染。纳粹的种族主义者相信，德国人的血统已被与犹太人的性行为所污染。当然，这种妄想在第一次世界大战之前兰茨·冯·利本菲尔斯和其他带有种族倾向的种族主义者那里就出现了，但是它还相对孤立，缺乏组织。1918年之后，这种妄想很快在德国相当多的人那里传播。甚至在这一妄想最终在纳粹运动那里找到归宿之前，它已经通过无数的小册子和流行的低俗小说得到蔓延。

最有影响的低俗小说之一是阿图尔·丁特的《反血统之罪》（1917）。这个故事说的是一位学者发现了令他惊恐的事情：他的家族被感染了犹太人的坏血。他最初娶了一个犹太女人，他第二任妻子是雅利安女人，但也给了他一个受损害的儿子，他显示出明显的"犹太人的"特性。这怎么可能？谁能够感染或者糟蹋他的儿子？答案显示了一个令人惊讶的阴谋。事实证明：他的前妻之父建立了寄宿公寓，专门吸收年轻的、金发的、无知的雅利安少女，其中包括这位学者的第二任妻子，并把她们暴露在有魅力的犹太男人面前。一旦怀孕，寄宿公寓的主人就无情地将"被污染的"雅利安少女驱逐出去，并很快用尚未被糟蹋过的处女填补空缺，这样又开始了一个污染周期。丁特的小说卖得很快；到1934年，销售量已经达到了25万册。丁特也见过希特勒，受到他的影响，并被任命担任了几年图林根大区领导人。

种族污染的主题也得到了多产的、患有犹太恐惧症的出版家特奥多尔·弗里奇的推动。他谈及"种族的变形"，并在他的一本书《犹太人成功的谜语》(1919)中声称，警察的文件可能证明犹太人有着特殊的、引诱雅利安女人的性需求，并且雅利安女人悲剧性地、经常是无法解释地屈服于犹太人的引诱：

> 一个相当低劣的犹太人遇见了一位良好中产阶级身份的女人。他审视着她，让她当场瘫痪，她转身随他而去。相似的事件也发生在大街上，一个红发的犹太服装商站在他的店门口。一位年轻正派的、只有十来岁的少女从那里经过。这个犹太人在她耳边私语了一下，她转过身来，在橱窗前逗留了一会，目不转睛地盯着橱窗后面的犹太人。不多久，她就跟着这个犹太人进入了商店……问题现在出现了：这里是否有《塔木德经》的诡计在起作用？据说一些犹太人精于此道，以至于能迫使女人摇摆和颤抖，好像被电击所控制……谁能够解开这一谜底？也许是这一瞥，也许是《塔木德经》的狡猾和生活的经历，知悉了人与人之间的关系，特别是神秘的同情力量？或者是犹太人的能量在某种程度上也发挥着作用，能够控制女性的心理？

由于没有认识到自己性的扭曲和投射，这些作家炮制了大量让人兴奋的故事，在其中，犹太人充满了魔鬼般的性欲，不断地困扰和威胁纯洁的雅利安妇女。紧接着，施特赖歇尔在《突击手》里的卑鄙故事，汉斯·佐贝莱因恶毒而虚假的小说，特别是《信仰德国》(1934)和《良心的命令》(1937)，极大地促进了这种种族主义的成见。像以下叙述雅利安妇女侥幸逃脱犹太性变态者的短文在佐贝莱因小说中是极其典型的结局。

> 爱情拥有了深不可测的力量；它来自只能迂回进入超感觉的一个地方。爱情战胜一切。爱情能够奉献到自我牺牲的地步，能够战斗到死，能够无休无止、无饥无饿地工作……汉斯笑着对贝尔塔说："你真是太聪明了。"此刻贝尔塔躺在开满鲜花的草丛中间，列举着有关爱情的一切……他们就这样每天在露天从早到晚游荡，带着奇妙的体验和启迪回到家中……在一个炎热的日子里，他们去湖里游泳。汉斯游得很远，贝尔塔在岸边看不到他了。突然她感到一群躺在他周围的男人在盯视她。她用自己的盯视回敬了他们，但几张露齿而笑、面带胆怯的犹太人面孔盯着她，以致她气得发抖，几乎要呕吐，她希望汉斯能够此刻和她在一起……突然，一个晒得黝黑的犹太人跳了出来，挡住她的去路道："我可以请这位美丽的女士品尝咖啡或冰激凌吗？请！你太美丽了，简直是维纳斯的化身。""请走开。""为什么？孤零零的女孩，孤零零地在这儿不好。"他戴着角质架的眼镜，咧嘴而笑，像魔鬼一样向她贴了过来。贝尔塔向后退了几步，面色苍白，被几个犹太人突然围了起来，一个企图抓住她的手，无礼地说道："你不会拒绝我的，甜心，是吗？"他向其余的人招手，叫喊道："快点，到赌场去。"这群人发出尖叫、狂笑、咆哮，以致没有人能听到可怜的贝尔塔的乞求和哭泣。她轻声地低语道："汉斯，汉斯，救命！"淫荡的手在她的身体上抚摸、推搡……"发生了什么事情？"汉斯突然出现在那里，浑身湿透，气喘吁吁。他盯着贝尔塔，看着撒旦的果实，脸变得像白纸一样。他的眼睛直勾勾的，闪烁着绿光，在汉斯的快拳下，犹太人接二连三地倒下，其余的落荒而逃。当他恢复正常脸色时，他发出了坚定而满足的笑声。

精确地测定许多类似充满仇视的、在第一次世界大战前在德国出版的图书所产生的冲击力是困难的。正如一些人所宣称的，有一件事是绝对错误的，即这些信仰被限制在政治右翼疯狂的极端分子那里。也不能认为极端的犹太恐惧症只是纳粹独有，因为证据清晰地指出它已经发生了变化，超出了纳粹的核心圈子。另一方面，偏激的对犹太人的仇恨在阿道夫·希特勒那里找到了致命的表现形式，这个人将他的强迫症变成了公共政策，这一点也是无可辩驳的。

阿道夫·希特勒的犹太恐惧症

数年来，阿道夫·希特勒的政治对手们狡猾地暗示他的血管里有犹太人的血液。1930年，希特勒咨询他的私人律师汉斯·弗兰克，要求他调查这些指控，希望预先阻止对他的政治命运来说潜在的、灾难性的失败。希特勒已经把政治运动和毫不妥协对犹太人的仇恨捆绑在一起，假如有人发现这个最直言不讳的反犹太人的煽动者本身就是犹太人，他明显在冒一个彻底的政治信任的风险。据说，弗兰克调查了希特勒祖先的背景，并发现希特勒的父亲是玛丽亚·安娜·施克尔格鲁贝尔的私生子，而在怀孕的时候，她在格拉茨的一个犹太人家做厨师。弗兰克后来宣称，他的调查显示，那个名叫弗兰肯贝格尔的犹太人家庭从孩子一出生就支付了抚养费，因而心照不宣地承认这个孩子的父亲是家里十九岁的儿子。面对这个消息，据说希特勒勃然大怒，抨击这个故事是公然的谎言，坚持认为他的祖母亲自向他保证这个故事是伪造的，她只是因为过于贫穷才接受了这家犹太人的钱。假如希特勒真的向弗兰克这么说的话，他明显是在撒谎，因为他的祖母在他出生前四十多年就去世了。然而，汉斯·弗兰克的叙述清晰地显示出希特勒对犹太人的强迫症，包括他类似强迫症狂的恐惧：他自己可能已经被犹太人的血统“感染了”。

这种犹太人血统污染的恐惧在1938年7月变得更加明显。那时，希特勒合并他的祖国奥地利才几个月。奥地利土地登记局接到一份命令，对杜勒斯海姆以及周边地区进行土地勘查，决定这块地方是否适合军事演习。次年，杜勒斯海姆的居民被强迫疏散，村庄连同树木茂密的村外被迫击炮弹炸得面目全非，又被坦克彻底碾平。杜勒斯海姆村庄是贫困的瓦尔德韦尔特尔的一部分，是位于多瑙河和波希米亚边境之间奥地利的一部分，也是希特勒祖先的出生地。假如希特勒不想掩盖他最大的羞耻——他可能是一个犹太人，为什么其祖国奥地利胜利的征服者会支持去除其祖先的根，并让其父亲的出生地和祖母的墓地面目全非呢?

尽管对希特勒祖籍进行了六十年的研究，但没有具有说服力的证据表明，在希特勒的家族中有让人质疑的犹太人的关联。其实这可能并没有什么差异，因为心理的关联是首要的。这种关联是一种思维方式，它使得希特勒认为他和德国人受到犹太人的感染是一件重大的事情。从希特勒自己的写作、演讲和他个人对不同人的谈话当中，我们发现他对普遍的犹太性问题，以及对自己特殊的潜在的犹太性问题有着非理性的强迫症。在希特勒每一次涉及德国不幸所发表的公开言论中，他都特别把犹太人拎出来作为主要的罪人之一。他在这样的场合使用犹太人这个词的时候，都会采用恶毒的、表现其内心深处仇恨的声调。根据罗伯特・G. L. 维特的观点，希特勒"感到犹太性是一个他体内的邪恶，是一剂需要清除的毒药，是一个需要清除的魔鬼"。

对犹太人的仇恨既是个人的，也是意识形态的。希特勒谴责犹太人是因为作为战前维也纳一个不合格的艺术家的个人失败，同时也因为犹太人被假定的对雅利安文化的有害影响。当希特勒抵达维也纳时，没有工作、孤苦伶仃、无人爱恋，他开始将自己内在的缺陷和不满投射到这座城市相当数量的东方犹太人身上，这些人体现了每一件他仇恨的东西。他回忆道："一天，当我走过城市中心的时候，突然碰上一个幽灵包裹在扎着腰带的长袖衣服里，头发卷曲。"他在想是否这个"幽灵"就是他在故乡林茨看到的更有德国人长相的犹太人。他告诉我们，他接着在想这个奇怪的东西是否也是德国人。希特勒说，答案是响亮的"不是"。犹太人永远也成为不了德国人，因为他们在种族和宗教上是不同的，他们的差异是巨大的，性格是异己的，以至于必须用一切手段把他们从德国社会中清除出去。希特勒感觉犹太人是一种异己的存在，同时用自己的信念在感情上予以强化，这一信念就是他们散发着不同的气息，他们整个腺体是腐烂和攻击性的。[①]希特勒让自己沉浸在仇恨犹太人的通俗文学当中，他很容易得到像《德国人民报》和兰茨・冯・利本菲尔斯的《女神奥斯塔拉》这样的小报刊。希特勒的眼睛很快就亮堂起来：维也纳"臭气熏人的"犹太人只是冰上的一角，是最深层的社会疾病最能看到的迹象。像水蛭一样，犹太人将自己吸附在德国社会的身体上，吮吸着它的血液。希特勒恶毒地认为，无论我们何时切开一个社会的

① 正如前面所提及的，犹太人具有不同体味的信念可以追溯到中世纪。希特勒强烈地赞成这一信念，并认为和他们的长鼻子一道，明显恶臭的体味是犹太人突出的特征。

溃疡，我们“都会发现一个小犹太人在里面，他被突然射进的阳光弄瞎，像居于腐烂尸体中的蛆”。

假如希特勒因为每一种社会疾病谴责犹太人，那么他还认为他们对他个人的不幸也要负责。他可能还要谴责他们，因为他的母亲死于一个犹太医生爱德华·布洛赫博士之手，他没有能够医治好她的晚期乳腺癌，并用臭烘烘的液态碘仿涂抹在她化脓的伤口上，使她忍受了酷刑般的痛苦。对西线的毒气进攻使希特勒双目暂时失明，1918年10月，当他重见光明的时候，他再次体验了母亲的受难，再次激动起来，他把充满母亲身体的有毒碘仿和把他眼睛弄瞎的毒气联系起来。他经历了精神病时期，其间他看到了所有罪恶的起源，以及与之战斗的方法。希特勒沮丧地躺在帕斯沃克医院的病床上，再度体验了母亲最后所受的折磨。正如鲁道夫·比尼恩指出的，这一次有一个例外，那就是母亲成了替代性的，她是正在被玷污的德国。一旦希特勒把两个犹太人负有责任的事情联系起来，他就发现了解决犹太人问题的方法。

没有人准确地知道希特勒何时获得这个最初的启示，即犹太人是这个世界每一种社会恶性肿瘤的病源；也没有人清楚他是如何获得这一见解的。它可能是一个精神病时期的产物，其间他想象犹太人强奸和灭绝了他的两个母亲：克拉拉和他的替代母亲——德国。它可能是1918年至1923年间德国灾难的结果，这些灾难让他确信德国的主要敌人——共产主义者和西方的富豪统治集团——被世界犹太人所控制。它可能是在其个人生活中与犹太人有着个人和痛苦的经历，尽管没有可信的证据确认这一看法。最后，希特勒有害的犹太恐惧症可能是他永不满足的仇恨欲望表现，它来自并代表着他自己的自我仇恨的投射。

希特勒是典型的沉默寡言的人，受到统治和毁灭的激情所驱使；同时，他是一个政治天才，能够通过机智的演讲和一流的组织能力，用自己的厌恶来感染大众。他也具有一种直觉，知道如何采用大众民主的可能性去达到自己邪恶的目的。在大众传播的年代尚未登上舞台的时候，希特勒就知道如何把政治变为大众的剧场，如何运用所有可以得到的技术将他的计划商品化，以富有魅力的图像、象征物和“声音”出售给他的观众。希特勒后来得到“一群政治化妆师”的支持，其中有著名的约瑟夫·戈培尔，他成功地将自己推销出去，使自己成为一个普通的、富有爱心的人，他同情德国人民的痛苦，承诺给他们带来根本的变化。他将毁灭性的意向掩盖起来，诉诸崇高的理想和德国历史的传统。他承诺恢复法律和秩序以安抚中产阶级对无法无天的恐惧，承诺民族的振兴讨好保守主义，用崭新而强大的军队的迷人幻象来取悦军国主义者，并向工人保证在国家社会主义的统治下没有人忍饥挨饿。总之，他告诉听众，他们是邪恶阴谋的牺牲品，这样就免除了他们的个人责任。他知道他们痛苦的原因所在，他能够认定罪犯；借助德国人民的帮助，他能够发动一场解放战争，消灭给德国人民带来痛苦的人，领导他们走向光辉的未来。

无论希特勒还是他传达的信息，都一直看不出一目了然的邪恶，因为他知道当符合自己的政治目的时，该如何去掩饰自己和他的政治偏见。假如他显示出一目了然的邪恶，民众就不会如此自愿地追随他。纳粹的宣传机敏地掩盖这样一个事实，即希特勒是一个危险的精神病患者，有着完全扭曲和非真实的对现实的幻象。直到为时已晚的时候，人们才认识到他是实际上有多么危险。但是，并不缺乏证据说明许多德国人选择相信。他们选择相信他抛出的大话和幻象，同时有意忽视一个国家假如对它们加以实施的话，将导致的毁灭性结果。当希特勒沉浸在政治聚光灯下的时候，他有着在他获得政治权力之后决心实施的明确政治计划。

希特勒宏大计划的细节对每个人来说都是熟悉的，但有一点今天经常被忽视，就是从他政治生涯的一开始，这些细节就为人所熟知。在他的战斗之书《我的奋斗》当中，他详细而清晰地表明，他将把德国变为世界的强国；他还明确而清晰地表明，雅利安种族是生物和文化进化的顶峰，注定要统治整个世界。由于德国是雅利安种族的核心地区，因此希特勒呼吁德国人民承担起白人的责任，征服欧亚世界，播下即将到来的千年之种。在希特勒种族主义强迫症的思想中，种族的概念最终和空间的概念联系起来。一个民族的伟大首先并最终依赖于其种族的纯洁性，但是在另一个意义上，它也依赖于自身远超于劣等民族再生自己的能力，以及净化由犹太人、吉卜赛人或亚洲人等劣等民族造成的种族污染的能力。让像德国人这样不断增长的种族适应一个有限的空间，注定会使他们隶属更强大的种族。这就是为何希特勒为德国人民在空间巨大的东欧和俄国要求生存空间的原因所在。

希特勒承诺德国要么是世界强国，要么就不再有德国。但是，一个在地理上和人口上的小国，一个危险地位于欧洲中心的小国，如何能够成为世界大国，并与苏联、美国或者大英帝国相竞争？根据希特勒的观点，这要求严格地调动它所有的物质资源，并将人力资源中好战和侵略性的冲动制度化。希特勒要求培养种族主义的坚强的、冷酷的、服从的、坚定的青年一代，他们将热衷于战争和征服。未来希特勒青年团的信条反映了斯巴达式的教育方式：

> 德国青年必须至精至简，敏捷如猎狗，坚韧如皮革，刚强如克虏伯钢材。他必须学会去除自我，忍受斥责和不公正，要变得值得信赖、沉默、服从和忠诚……女性教育的目标必须刻不容缓地成为未来德国的母亲。

希特勒告诉劳施宁，纳粹国家的主要目标是教会所有的德国人具有残忍的习惯及良知。他坚持认为，只有以这种方式，德国人民才能得到历史的伟大地位。在希勒特的心目中，种族的再生和生存空间的征服是互为需要的。那些认为犹太恐惧症在希特勒宏大计划中只是发挥次要作用的历史学家在两个问题上是错误的：第一，因为希特勒相信创造一个新的雅利安种族类型的绝对必然性是德国伟大地位的前提条件；第二，因为这个信仰需要把犹太人作为一个种族类型同时消灭掉。因此犹太恐惧症是希特勒种族主义哲学不可或缺的一部分。这些信念可以追溯到他早期的公开演讲，它们构成了《我的奋斗》论证的中心线索。换句话说，希特勒世界观的基本观点，也就是他所谓的“花岗岩的基础”是对雅利安种族的生物学和文化优越性的信仰。

希特勒大胆地宣称，人的强弱完全取决于血统。世界存在着优越的血统和低劣的血统。希特勒是一个天然的自然主义者，相信自然依靠鼓励强者的繁衍和阻碍弱者的繁衍来推进着“更高层次的繁育”。然而，人类通过允许优越的血统和低劣血统的混合，以及人为地（社会地）保护虚弱种类的生存，使其能够再生产，从而颠覆了自然的设计。作为一个空想的社会生物学家，希特勒自信地断言：只有当动物和它们物种的代表配对的时候，才能得到最好的血统，所谓山雀配山雀，小雀配小雀，白鹳配白鹳，田鼠配田鼠，豺狼配豺狼。任何不同物种的跨界交配天生产生虚弱的或者不能生殖的物种。因为人性是自然的一部分，种族纯洁性的生物学法则是适用的。自然鼓励种族群体之间有着清晰的区分，同时也促进各群体当中统一的特性。这样，白种人、黑种人或者黄种人寻找着自己的种类。因为人类的种族团体在质量上是不同的，因此杂交破坏了种族的纯洁性，产生了低劣的后代。当犹太人和雅利安人交配时，最糟糕的血统污染就此发生。希特勒认为，这件事就像跨物种的交配——这真是生物学上的谬论，因为没有哪个人类群体形成了物种。

根据希特勒的种族分类法，人类种族分为三个明显不同的种族团体：雅利安文化的缔造者、文化的承担者、文化的毁灭者。希特勒坚持认为，只有雅利安人创造了文化；他是人类的普罗米修斯，“从他最光明的前额一直迸发着天才的神圣火花”，因为他拥有创造性的“种族原子核”。他承认亚洲人拥有高度的文化，但这仅仅是因为雅利安人为此提供了创造性的动力。如果缺乏雅利安持续的影响，例如日本文化“就会僵硬，落入休眠当中……是雅利安的文化浪潮把它从休眠中惊跳出来”，其他的种族群体是不能够成为文化承担者的。

至于犹太人，希特勒认为他们没有真正的文化，因为他们没有能力创造文化。犹太人仅仅在利用别人已经创造的东西。他们是纯粹的寄生虫，依靠健康的文化肌体过活。希特勒成见性的犹太人是“一个寄食者，像有害的杆菌，假如只有一个适合的培养基发出扩散的请求，他就会越来越多地扩散”。犹太人一直在其他民族的社会中偷偷摸摸地生存，他们在那里打着宗教社区的幌子，秘密地建立了他们自己的国家。希特勒坚持认为，他们的巨大谎言是：他们只是在宗教上有所不同，在其他方面和德国人一样也是属于德国人。相反，希特勒确信犹太人“一直是一个具有明确种族特性的民族，它从来不是一种宗教”。两千多年来，犹太人设法保留他们的种族和文化特性，其纯洁性的程度远超世界上的其他民族，但是，他们这样做一直是以其他民族为代价的。他们的角色完全是寄生性的，因此对于他们社区的生物和社会的健康来说是毁灭性的。

当然，在希特勒让人注意到犹太人毁灭性的影响时，他引述了各种各样犹太恐惧症的观点，首先是他们已经对他们居住的国家的经济福利施加了腐蚀性的危害。在希特勒1922年4月12日慕尼黑党的会议上所作的题为《真理的煽动者》这一最具有煽动性的演讲中，他质问如何能够认定罪行，无情地揭开了他认为德国社会危机真正罪犯的面具。他认为，答案是质询谁在德国的不幸中获益最多。换句话说，通过认定那些正过得很好的人，人们就能搜查出那些引发所有不幸的人。希特勒认为,一个人立刻想到的就是股票投机商、银行家,以及类似的资本主义的代理人,但是假如他要真正得到危机的真相,就必须完全揭开幻觉的面纱。希特勒坚持认为,假如我们这么做的话,我们就会发现"国民的结核病""腐烂的酵母",一言以蔽之,就是不朽的犹太人。希特勒宣称,只有纳粹运动是富有勇气的,足以认清这一首要的真理,因为它也把自己看作代表着上帝的选民,带有保持其血统纯洁性的使命。希特勒视自己拥有特殊的建立在血统基础上的认知方法,即"血统危急认知"的方法,依靠它,一个人能够揭露对德国民族有机体的健康在生物学意义上有害的东西。另外,希特勒视自己为当今雅利安的耶稣,将把金钱的借贷者从庙宇中清除出去,也是反对虚伪的犹太金钱之神的煽动者。

希特勒经常提及生物学的甚至寄生虫学的形象,这些都强烈地表明,他相信整个日耳曼民族,包括他自己在内,已经被犹太人的血液"污染了"。他在这样一些场合的想法上升到了类似妄想症强度的高度,这也可以解释为何他无条件地相信犹太人世界阴谋的存在,正如《锡安长老会协议》所预言的。他对所谓的恶行习惯性的反应一直就是把它归咎给策划阴谋的犹太人,无论这个犹太人是一个贪婪的借贷人、一个法庭上的蛊惑者、一个假装同情的自由主义者、一个和平主义者,还是一个布尔什维克主义者。在希特勒心中,结果都是一样的:犹太人煽动社会的分裂,从内掏空一个健康的社会,为最终接管世界铺平道路。

埃伯哈特·贾克尔已经注意到这一事实:希特勒特别相信一个民族的种族价值是由它自身的种族感、它的领导形态、它发动战争的能力所决定的。这三个性质在民族主义、元首原则或领导原则、军国主义那里得到了体现。当希特勒企图把这三个假定连贯起来,以达到把它们整合到更大的纳粹世界观当中,他开始认识到犹太人支持着三个相反的原则——国际主义、民主及和平主义。换句话说,希特勒相信犹太人推动那些试图破坏所有健康社会的原则。这导致他进入非理性的沉思:国家在某种程度上说实际上是一个有机体,像其他有机体一样,它们暴露在腐生菌面前。在正常的条件下,这些腐生菌的功能就是分解有机物的残骸,使其成为最基本的成分,被正在生长的有机体再次利用。有机体通过自己的适应性机制阻止这些进攻,但有时攻击力过于毒性,它们攻破和毁灭整个有机体。这对于社会有机体来说也是如此。它也暴露在侵略者、歹徒、贫困、疾病、阶级冲突或者战争等腐生菌面前。根据希特勒的观点，所有社会有机体最致命的腐生菌是犹太人，他们是最致命的病原体的类似物，因此不可避免地破坏整个社会体系。

这一观点的非理性逻辑使得希特勒得出一个结论：作为一种致命病原体的犹太人必然是恶魔的化身，是颠覆健康和善的幽灵。作为这一妄想性的思想体系的结果，希特勒真切地想象到了“罗圈腿的犹太私生子”，他们潜伏在黑暗的街角后面，伺机强奸毫无防备的雅利安少女，用他们犹太的精子污染她们。这种邪恶的谩骂决不限于他私人的圈子，而是经常出现在他的写作和公开演讲中。例如，在《我的奋斗》第十章，他描绘了德国在第一次世界大战中战败的“真正”原因。他很快越过了对德国战败任何现实的讨论，一头栽进了有关“犹太人无底的谎言”所造成的“道德投毒”的黑暗沉思当中。经历了对梅毒之恶奇怪而神经质的大段论述之后，他最终谴责是犹太人使德国国家肌体遭受了梅毒的侵袭。《我的奋斗》这一段落以及相当大的部分，回响着对血统污染及恶魔般的犹太人带来的血统投毒毛骨悚然的惊恐。对于犹太人将德国人退化这一潜藏的、“真正恶魔般的意图”，希特勒发出了咆哮和乱语，他庄严地呼吁国家神圣的义务，以保持血液的纯洁性。下面是希特勒用来描绘犹太人的带有偏见绰号的举例：

（1）恶魔的化身
（2）雅利安血统的玷污者
（3）腐烂的酵母
（4）水蛭和吸血鬼
（5）卖淫和梅毒的供给者
（6）雅利安女人的强奸者
（7）有害杆菌
（8）蛆
（9）投毒者
（10）瘟疫

（11）罗圈腿的私生子

（12）臭气熏人的动物

（13）寄生虫

（14）真菌

（15）股票交易的统治者

（16）说谎大师

（17）异族成员

（18）幕后操纵者

希特勒绝对地确信，一个民族的伟大依赖于其血统的纯洁性。这一种族主义信仰的必然结果是这样一种恐惧：一个民族无论何时允许自己退化，它都是“犯下了违背永恒天意的意志的罪行”。在别的地方，希特勒称种族污染为原罪。尽管犹太人已经破坏了德国血统的性质，但是一个旨在消除有毒犹太人的完美的种族主义政策，依然可以治愈疾病，将德国民族的有机体变得完全健康。因此，种族国家具有明确的使命：哺育种族上最纯粹的、能生育的、健康的人种，以至整个民族群体最终分享到高贵种族财富的祝福。从这些限制出发，距离希姆莱的种族种马农场、党卫队、对劣等民族（犹太人、吉卜赛人、残疾人、智力迟钝者、亚洲劣等人）的灭绝就只有一步之遥了。希特勒坚持认为，对于种族污染唯一有效的解毒剂就是保持德国人血统的纯洁，在犹太人消灭德国人之前灭绝犹太人。对于希特勒来说，这是一个“要么拥有一切、要么一无所有”的建议，因为犹太人“对于整个德国的毁灭来说是最大的煽动者。无论在世界什么地方，我们都能发现对德国的攻击，而攻击的制造者就是犹太人”。犹太人企图颠覆的不仅仅是德国，可怕的事实是，犹太人“企图把许多国家带入不安定的状态，剥夺它们的利益，将它们带入相互的战争之中，以这种方式，借助金钱权力的帮助和宣传，逐步实现对它们的控制”。希特勒总结道：

犹太人魔鬼般的目标是消除国家，使得其他民族混乱的退化，降低最高级民族的种族水平，同时通过消灭民族的知识精英，用自己民族的成员加以替代以实现对种族大杂烩的统治。

可怕的必然结果是，德国必须在这一全球性的危机中承担领导地位，其推荐的国策就是消灭犹太人。在《我的奋斗》当中，希特勒清晰地阐述了犹太人应该如何被连根拔除的策略，即采用毒气：

> 假如在战争初期和战争期间，1.2万或1.5万这个国家的犹太腐败者遭受了毒气，犹如10万所有阶层和行业最优秀的德国工人在战场上必须忍受的，那么前线数百万人的牺牲就不是徒劳的。反之，1.2万个无赖被及时地消灭了，数以百万计的守秩序的、有价值的德国人就为未来保存下来了。

这并非要求有后见之明来理解希特勒思想的含义，尤其是他对聆听他毫无节制的长篇演讲的听众滔滔不绝重复的犹太恐惧症的偏见。他对犹太人的看法，以及他一旦掌权对犹太人的处置是公共记录的问题。他的对手——包括犹太人和正派的德国人——都悲剧性地低估了他的犹太恐惧症意图的严重性。

第五章

魏玛时期的德国人和犹太人

德国基础的分裂

在第一次世界大战的前夜，一部名为《布拉格的学生》的电影，给已经为那一代剧场粉丝所熟悉的屏幕引介了一个令人困扰的主题：分裂人格的悲剧。电影故事来源于E.T.A.霍夫曼、浮士德传奇，以及埃德加·爱伦·坡的威廉·威尔逊，讲述的是贫穷学生鲍德温与魔术师签订了一份协议，魔术师答应年轻人获得美好的婚姻和用之不竭的财富；作为回报，他要完全控制这个年轻人镜子中的形象。签订协议之后，鲍德温爱上了美丽的女伯爵，但是她的求婚者以决斗向鲍德温发起挑战。然而，女伯爵的父亲企图阻止这一决斗，因为这位学生是一位有名的、优秀的击剑手。允诺放求婚者一条生路之后，学生匆忙赶到约定地点——当然，受到魔术师的阻止没有准时到达那里——他惊恐地发现他自己的影子已经代他行动了，杀死了求婚者。学生感到耻辱，他邪恶的自我已经破坏了他善良的自我。分裂是决定性的、无法恢复的。在最初签订魔鬼协议的阁楼，学生朝着他的影子开枪，但射击的却是自己。于是，那个实际上是魔鬼化身的魔术师走进屋子，把协议撕成碎片，扔到学生的尸体上。

《布拉格的学生》所引介的分离人格的主题，在战后缠绕着德国的影坛，并且引发了一批分裂人格的电影，如《他者》和《两面人》。在这些电影中，杰克尔博士和海德先生的主题是潜藏于同一个人当中的两个对立倾向的投射。当然，对分裂状态的认识给自我的基础提出了质疑，因为它涉及这样一种发现："他者"或较为黑暗的一面不仅替代了较好的一面，甚至替代了后者的地位，而且构成了整个人不可或缺的部分。在电影《泥人》和《侏儒》中，增加了两个反映德国社会的主题：变态的时代以及在其中变态生物的制造。这些生物绝望而失败地试图引导正常的生活，战胜生活的孤独，被人爱，被人倾慕；但是，当他们遭遇到拒绝、嘲笑和仇恨的时候，他们会爆发出行凶的狂怒。在中世纪的传奇中，假人是犹太教士洛伊用泥土做成的动物，洛伊在其心脏放上具有魔力的标记，从而赋予其生命。在1915年的电影版本中，工人在犹太教堂挖井，挖出了一尊雕像，把它交给了一个古董商。古董商借助在一本神秘魔法书籍中发现的犹太教士洛伊提供的指南，使它获得了生命。这尊雕像最初的功能只是一个顺从和机械的仆人，但是它显示出明显的人类感情的痕迹，它爱上了古董商的女儿。当受惊的女儿拒绝它的爱的时候，它勃然大怒，以自己的方式毁灭了一切。最终，泥人从塔上跳下，将自己摔为碎泥片。侏儒是一个人造的生物，当他发现自己是谁，并为何受到人的拒绝时，他就会扩散毁灭和破坏。齐格弗里德·克拉考尔告诉我们：侏儒的形象和他成为暴君以及人性鄙视者的生涯，以惊人的方式预言了阿道夫·希特勒的生涯。像希特勒一样，侏儒使自己成为一个大国的独裁者，然后"发动了为自己痛苦进行的前所未闻的复仇，以此外化了他自我的仇恨"。克拉考尔指出，在《侏儒》上映的同时，哲学家马克斯·舍勒正在做有关德国的行为在世界引发仇恨的讲座，他暗示德国和侏儒相似，是不正常的环境的产物，承受着根深蒂固的自卑情结，阻止了社会的发展。

正如克拉考尔相信的那样，假如电影向我们展示了更深的心理层面的集体心态，那么我们应该把1914年至1933年德国电影看作德国精神中不和谐和深层分裂的体现。这些电影所展示的，并且历史所确认的，是德国人用各种各样深深的烦恼，以及内在的、自暴自弃的态度回应战后的混乱状态。这些态度涵盖从国际战线的退却和抵抗的被动攻击的形式，到国内战线的反抗和服从的倒退行为。尽管随着旧帝国秩序的分崩离析，德国人体验了对自由短暂的感觉，但是他们的不安全感和内在的分裂阻止了他们以真正的民主方式重建他们的社会秩序。他们对现代性的恐惧远比他们对自由的热爱强大，他们对整体性的渴望——并将此与集权主义相联系——远比个人的创造性有力。最终，他们选择了逃避自由，最初是支持教父兴登堡父亲般的权威，而后支持坏教子阿道夫·希特勒任性的权威。

一个甚至在战前就与自身深深冲突的社会，会发现在战败、耻辱和经济的废墟中重建一个破碎的社会系统是困难的。尽管这具有相当高的可能性，但也不是不可避免的。具有讽刺意味的是，当德国人践行民主的时候，民主只是加剧了现已存在的社会分裂。多党的体制，连同它不稳定的联合和平庸的政治家，缺乏一个以坚定的共和主义者形式出现的强有力的民主脊梁。共和主义者不会将民主的实践与宽容那些发誓要毁灭民主的人的消极态度相混淆；而平庸的政治家既没有智力也没有勇气按照伏尔泰的格言行事：存在这样一种情况，在其中，不宽容是人类的权利，并且这种情况涉及社会中一些自身是不宽容的群体，从而就会威胁宽容本身的原则。换句话说，不宽容无论在哪里变得具有社会的毁灭性，自由主义社会的法则都不能宽容它；假如人们应该得到宽容，他们就必须停止成为狂热的人。

十四年来（1919—1933），德国人不乐意尝试民主，因为民主从一开始就被战败、背叛感蒙上了污名，因此它仅仅是虚弱的芦苇。民主宪法本身是雨果·普罗伊斯的作品，他是一位犹太人和进步的自由主义者，在战前是一位边缘化的学院局外人，当旧的秩序崩溃之时，为了帮助民主的新德国，他从灰暗中脱颖而出。在他一门心思地努力为他受到战争破坏的国家发现最好的制度安排时，他折中地从几个方面进行了选择：美国的宪法、欧洲议会代议制最好的几个特性，甚至1848年法兰克福议会流产的宪法。普罗伊斯不得不与敌对的政党和社会利益集团合作，进行必需的被迫妥协。在几次小心翼翼的修订之后，最终的文献在许多方面都是德国社会不和谐的镜像。然而，从纸面上看，这是一个极好的民主文献，提供了广泛的自由和许多进步的创新，这些都使得它成为世界上最民主的宪法之一。然而，普罗伊斯个人怀疑这个民主宪法是否会在一个民族手里发挥作用，因为这个民族在心理和历史上都没有为自我管理有所准备。他甚至十分怀疑这样一个制度是否应该交给一个民族，因为它身体的每一个肌腱对此都有抵触。

一个民主制度的先决条件不仅是一部民主的宪法，而且是社会乐意将其主要机构民主化，其中包括行政部门、学校、警察、军队。但是，十分清楚的是，大多数德国人并没有准备这样做。霍亨索伦家族退位了，但是家族的将军们，或者陆军元帅们，或者甚至更广泛的中产阶级，他们和军队一道，依然相信皇帝统治的民族主义的幻觉。尽管法律的制定交给了共和主义的法律制定者手中，但是法律的执行依然保留在保守主义和反民主的官员手中。德国的精英从革命的风暴中存活下来，如今他们在每个阶段都反对共和国；在1929年大萧条非常清晰地出现之后，大量的德国人都拒绝民主。

在共和国中，最深远的分裂涉及德国人身份的核心和灵魂的战争，它是恪守传统价值观的保守主义分子与支持各种新的、创造性的激进思想的现代主义分子之间的文化斗争。尽管在皇帝统治时代已经浮现出来，但是到战后才以特别的力度和紧张度爆发出来。现代主义质疑中产阶级现实的基本信条，特别是对理性以及真理、美、道德等客观标准存在的信仰。这种文化假定已经构成了帝国时期美术、音乐、文学的基础。人们希望一位优秀的德国艺术家或作家描绘爱国主义和积极向上的主题，它们颂扬城镇和乡村的自然之美，强化基督教的虔诚。人们希望艺术形式在个人层面是新浪漫主义和感伤主义，在公共层面是恰如其分的新古典主义。从理想的状态来说，它是新古典主义及其美学偏爱的高贵混合，带有对光鲜的风格、高贵的约束以及浪漫感情和个人创造性高尚的追求。实际上，一个没有找到永久和安全政治风格的国家，不可能在文化领域发现风格。甚至在战前，几种文化风格相互竞争，反映了新的国家深刻的社会经济分裂：封建贵族传统的风格、中产阶级清教主义的价值观、莱茵兰和南部德国的天主教文化、工人阶级新兴的文化。总之，基调是在宏大景观和内在主观性之间波动，通常缺乏政治的信仰。

德国文化的方向受到现代化的力量和第一次世界大战创伤性冲击的强烈影响。现代化对文化产生了新的要求，因为它涉及对适合大众而非小部分精神精英的不同表现形式的探索。现代化的拉动是朝着新的方向而非旧的方向，通常是以古代传统和继承而来的生活模式为代价。即使在正常的环境下，这一进程也伴随着广泛的焦虑，更何况是在失败的战争及其混乱的结果之后到来，因此这一进程的冲击力在德国远比在其他国家尖锐。

尽管德国在帝国时期已经体验了现代性的冲击，但是变化的闸门直到魏玛共和国才真正开启。这就是为什么在文化的保守主义看来，魏玛共和国无疑与时尚、道德观念、知识分子的态度等每一个威胁性的变化之风相关联的原因所在。从知识分子的角度来看，爱因斯坦的相对论和海森堡的不确定性原理是20世纪20年代的特性。这两个理论阐述了不稳定的宇宙，并且告诉我们所有的"事实"只是对不同的可能性转瞬即逝的感知。真理似乎是主观知觉的和道德的功能，仅仅是集体选择的结果。咆哮的20世纪20年代引出了一个道德不确定的新时代，使一切变得更加动荡不安。四年战争把整个一代人变得残暴起来，他们似乎被剥夺了曾经引导德国创建期那一代人的道德标准。许多年轻人，尤其是那些受到战争创伤的人，展现了心理失调的动荡不安的征兆。这一失调涉及压抑、寻找替罪羊、类似妄想狂的恐惧、进攻性行为，尤其是强烈的代际冲突。

针对老一代的反抗，尤其是对那些把他们的孩子送入第一次世界大战的父辈的反抗，在年轻人日益增长的痛苦中构成了重要的因素，并且毫不令人惊讶地经常以文学的形式来表现这种反抗。年轻的犹太诗人格奥尔格·海姆在日记中写道："假如不是我那位猪一样的父亲，我早就成为了一位伟大的诗人。"在戏剧舞台上，弑杀父母并非稀有的主题，特别是在瓦尔特·哈森克勒费尔的《儿子》，以及阿诺特·布龙宁的《父亲的谋杀》中更是如此。当哈森克勒费尔戏剧中的儿子问他的朋友"我应该做什么"时，这位朋友回答道："消灭家庭的暴君。记得和父亲的斗争就犹如对前一个时代君王的复仇一样。"这样的代际复仇主要针对的是国家一批残酷的父亲，他们压制了个人的创造性，并且强制他们的儿子参加四年愚蠢的屠杀。一些年轻人以虚无主义的方式寻找庇护所，一些年轻人寻找救世主式的领袖，他将拯救牺牲者，引导他们走向辉煌的未来。尼采式的打碎旧的偶像，包括父母权威的心态，在战后时代弥漫。在一个不再稳定和不可以预见的世界，有关"美好旧世界"虔诚的宣言，或者对基督教道德的自以为正义的呼吁，现在似乎都有点虚伪、陈腐和空洞。既然如此，为何不就为今天和聚会活着呢？毕竟"人活着短暂，死了长久"。这样一些态度在柏林歌舞表演的餐馆歌曲中得到非常好的体现，也表达了在病态的恐惧、痛苦和死亡之后享受生活的一种简单的人类需求。

直到希特勒扯下咆哮的20年代的帷幕，整整十年，许多德国人都在享受爱神战胜死神的短暂欢愉，体验着迄今为止在德国从未被人所知的自由感。在这个国家，严明的纪律和公开的从众控制了几代人。这个国家被真正的舞蹈狂热所控制，性从禁忌道德的领域浮现出来。性的表现从伪科学的研究机构，到裸体表演、赤裸裸的色情文学，范围极其广泛，柏林成为了自由的性都。在那里，有歌舞表演的餐馆、妓院以及杂志，用诸如“闺房里的夜晚”“逼良为娼的交易”“带着鞭子的女人”“性交的异国方法”等标题诱惑着人们。1919年，演员康拉德·维德特塑造了一个正被敲诈的上层阶级的同性恋者。这部电影的结尾是马格努斯·希施费尔德博士的一个短暂演讲。他是性科学学会的建立者，他告诉观众，对这个受到严重诽谤的少数人的错误对待很快就会成为过去。电影引发了骚乱，犹太人希施费尔德被一个暴民毒打，并受到保守主义报纸的谴责。德国人认为舞台是公共道德的论坛，他们被新的极端的剧作家，特别是表现主义，提供给他们的涉及私通、强奸、卖淫、弑父、弑兄的内容所震惊。1919年至1933年间，关于性行为的议题，特别是关于《轮舞》一剧的演出展开了激烈的争执。《轮舞》是由奥地利戏剧家阿图尔·施尼策勒创作的，它由十个独立的部分或对话构成。在其中，来自不同生活阶层的夫妻在舞台上演出，在性交前后聊天。性交直接用落幕六秒钟表示，其间观众听见圆舞曲的几个节拍，或者飞驰列车的声音。在性交之前，男人通常快速地达到他们的目标，同时女人展示出一些非常滑稽的减缓速度的技巧；在性交之后，女人一般都想要知道她们是否依然被男人所爱，一个扮演粗野士兵的角色对此回答道：“这个嘛，你应该已经感觉到了，玛丽亚小姐。”尽管对性道德有着诙谐的社会学评论，但是这部戏剧无论在哪里上演都引发了抗议的咆哮。在维也纳，抗议者打开消防龙头，淹了剧场。在柏林，年轻的右翼暴徒向舞台投掷臭弹，谴责这部戏剧是颠覆德国人正派礼仪的犹太人阴谋。这种特别针对犹太剧作家的骚扰，成为了共和国期间的普遍现象。

尽管文化的保守主义假装被新的性自由所震惊，表达了毫无节制的谴责，但是戏剧舞台，甚或“堕落的产业”，并非如它看起来那样有害和无所不在。正如瓦尔特·拉克尔提醒我们的，大量传统的虔诚和自我约束依然在发挥着作用，甚至在罪恶深重的柏林。在那里，著名的“提勒歌舞女郎”也要和一位监护人一道出行，并且必须在每晚祈祷。但是，在许多保守的德国人看来，世界已经混乱不堪，他们相信肆虐邪恶的罪恶之都（《圣经》中所多玛城和蛾摩拉城）是两性放纵的共和国或“犹太人”政策的结果。

一些历史学家所说的第一次“现代的”文化，事实上是保守性传统和创造性实验奇异的混合物。在20世纪20年代，德国的知识分子——包括许多犹太人——构成了现代性的先锋，并且将我们依然在不同领域运用的意识方式联结起来。这些领域包括心理学、哲学、社会学、美术、自然科学。先锋派运动急剧扩散：心理分析、知识社会学、表现主义、无调性音乐、包豪斯建筑、存在主义哲学以及量子物理学。在几乎所有领域，犹太人都是杰出的，甚至是支配性的。柏林的精神分析所是在弗洛伊德的倡议下由马克斯·艾廷顿建立的，得到了汉斯·萨克斯和卡尔·亚伯拉罕的支持，他们都是犹太人。这个研究所训练了一大批杰出的心理分析师，他们当中许多也是犹太人：卡伦·霍尼、弗朗茨·亚历山大、威廉·赖希、梅拉尼·克莱因。在社会学领域，社会研究所成立于1923年，它信奉批判的马克思主义的人道主义，与此相关的学者在社会科学领域为未来的几十年提供了理论的动力，尤其是该所20世纪30年代搬到纽约之后。这些学者其中大多数是犹太人：马克斯·霍克海默、特奥多尔·阿多诺、瓦尔特·本雅明、弗朗茨·诺伊曼。在文学领域，明亮之星组成的银河，一些是传统的作家，一些是十分先锋的作家，他们照亮了整个战后文学的天空。其中包括托马斯·曼和亨利希·曼兄弟、赫尔曼·黑塞、贝托尔特·布莱希特、罗伯特·穆齐尔、莱纳·玛丽亚·里尔克、斯特凡·格奥尔格、戈特弗雷德·贝恩、阿尔弗雷德·德布林。在音乐领域也是如此，出现了新颖的、创新的趋向，艺术家用不和谐的声音表现不安的感觉，他们包括阿诺德·勋伯格、保罗·欣德米斯、库尔特·威尔。建筑和艺术的关系比以往更为紧密，并用新的思想和象征表现形式进行实验。瓦尔特·格罗皮乌斯和包豪斯强调艺术和技术的结合，用钢材、玻璃、强化水泥、塑料进行实验，以实现纯粹形式和功用结合的理想。最后，源于理论物理学和存在主义哲学，出现了模糊的、很大程度上是主观的、观念的宇宙，它强化了有关焦虑、不确定、现代生活的含糊等四处弥漫的感情。

许多传统的艺术家、工匠、作家、文化评论者谴责这些先锋运动，认为它们是对过去古典原则的背叛。但是，他们的反对不仅是美学的，也是政治的。他们看到：像格奥尔格·格罗茨这样的画家，公然陶醉于不和谐的形式或丑陋之中；像阿诺德·勋伯格这样的音乐家，把和谐扔到一边，喜爱不和谐声音的刺耳音调；像阿尔弗雷德·德布林这样的作家，把他们的读者带到社会深渊的边缘；像瓦尔特·本雅明或威廉·赖希这样的社会学家或心理学家，谴责德国的学术机构具有固有的不公正和压迫性。此时此刻，他们对作为整体的现代性文化提出了公开的抗议，发出了没有限制的指控。他们以各种方式谴责这种文化，认为它是物质主义的、堕落的、没有灵魂的，或者是"犹太的"。

许多德国人患有的现代性恐惧，具有深刻的社会经济和心理根源，但是都必然与根深蒂固的反犹太人偏见相关，因为据称犹太人是现代化的代理人，他们威胁要破坏稳定的世界，尽管很大程度上这只是幻觉。在这个世界当中，思想保守的德国人已经投入了非常多的心理资本。无论他们在哪里观望，保守的德国人看到的都是极端主义和腐烂：舞台和荧幕上的性和婚姻的不忠；小说中的和平主义，以及对传统德国男子气概价值观和对权威尊重的嘲讽；艺术中变态而扭曲的主题和意象；等等。尽管作为群体的德国犹太人既不是现代主义者，也不是极端主义者，但是右翼文化批评家经常成功地将他们和来自过去的可恶的反犹太人成见联系起来。作家和戏剧批评家路德维希·马尔库塞经常从愤怒的保守主义者那里收到信件和明信片，上面写道：

> 你这头犹太猪竟敢批评那些抗议近来作品低劣和污秽的人……你竟敢称放在我们面前的这类东西为艺术，它们混杂在《乡村之爱》《好兵帅克》《丹东之死》《天堂里的婚姻》《青年的疾病》之间。这不过是个大猪圈，一个腐化的、穿过它的青年人将被投入到更加堕落和残暴的境地……你就是这样一个应该被吊起来的戏剧批评家。作为一个犹太人，你自然喜欢德国青年的毁灭。

犹太人被放置在极端的两极化的中间：一端是传统主义者，他们在文化的所有表现中鼓吹"德国"风格的统一性；一端是现代主义者，他们欢迎分歧的，甚至矛盾风格的存在，因为它们意味着生机勃勃的创造性精神。犹太人被放置在这场斗争的失败一方，正如他们被放置在政治斗争的失败一方。这场政治斗争是日益上升的集权主义政党反对日益萎缩的共和派政党。纳粹总是利用保守主义右翼的文化批评作为夺权的掩饰，在这个意义上，文化的分裂当然和政治的分裂紧密相联。正如一位历史学家正确认为的:“对纳粹党最为一贯的选举支持集中在这样一些社会和职业集团,它们对现代工业社会的发展持有最大的保留意见。”

德国文化分裂最为不祥的征兆之一是,年轻人越来越赞成反动的文化观点。大约900万年轻人当中有430万人属于各种各样的青年组织,除了极少数例外,这些组织都反对魏玛共和国新的民主变化。年轻的德国人,尤其是年轻的德国男性,都是躁动不安、迷失方向和疏离社会的。他们试图塑造——假如是以纯粹偶然的方式就更好了——与他人更为紧密的情感纽带。不幸的是,这些应对机制本质上经常是反动的和逃避的,其最初的形式包括了纳粹运动将采用的和无耻滥用的某些特征。这些特征包含了天真的态度和含糊的渴望,诸如对自然泛神论的爱,对祖国神秘的爱,同性恋的友谊,对没有贪婪和物质主义的世界浪漫主义的渴望,对集体归属感强烈的需求,对英雄的崇拜。不仅仅在年轻人那里,这些渴望强有力地根植于许多德国人心中。他们反映了对整体性、对重新融入一个共享的乌托邦社会的深深渴望。他们也陷入对一个没有冲突的民族共同体的乌托邦式的渴望。在这个共同体中,许多过去导致德国人相互分离的分歧将不复存在。

因为许多德国人有意识或无意识地感到,现代性的力量正在破坏国家的政治和文化中心,同时他们认为新的民主体制要为国家的疾病负责,因此他们在前工业时代的保守主义和集权主义的价值观当中寻找解决方案。它是一种回到想象的过去的逃离,一种给予现代化所提出问题的虚幻答案。实际上,塑造整体性渴望的东西,是对现代性的恐惧,并且这种恐惧也塑造了逃避自由的解决方案。阿道夫·希特勒本能地知道如何把这些集体的渴望塑造成他自己邪恶的意图。

不应该惊讶的是,一个深深两极化的国家总是展示出许多令人困扰的社会变态。事实上,异常行为和犯罪撕裂了魏玛共和国的缝隙。根据德特勒夫·波伊克特的观点,自有统计资料汇编以来,战后时期见证了最剧烈的犯罪增长。道德标准出现了相应的下降,同时“诈骗心态”上升了。有关柏林20世纪20年代的故事,通常包含了对毒品贩子、卖淫者、杀人狂、臭名昭著的强盗的记录。在整个魏玛共和国时期,普遍的犯罪和政治暴力在德国各座城市肆虐:

> 柏林处于国内战争的状态。没有任何警告，仇恨突然在任何地方和时间爆发：在街头，在餐馆，在电影院，在舞厅，在游泳池；在午夜，在早餐时，在下午三四点钟。刀子会突然拔出，带刺的指环、啤酒杯、椅腿或者铅棒都成了斗殴的工具；子弹擦过海报柱上的广告，从厕所的铁皮屋顶上反弹出来；在拥挤的大街上，一个年轻人受到了攻击，衣服被扒光，遭到毒打后，流着血被丢在人行道上。十五分钟后，一切都过去了，攻击者消失得无影无踪。

为了发现纳粹未来的线索，理解德国人生活这些较为黑暗的角落是重要的。利用一些事先存在的变态行为，纳粹分子不仅犯下了罪行，也企图将这些罪行在文化上正常化。他们将“把法律弄个底朝天，使不合法性合法化”。据说犯罪是一种反映社会邪恶的镜子；并且，我们还要补充一句话：当社会的领导层自身已经成为罪犯的时候，一个社会产生的犯罪类型将体现更大规模的一类犯罪。

第一次世界大战和国内动荡的五年，使得人类的生活变得残暴和低廉，以致公众对暴力都习以为常。除了暴力被广泛接受之外，还出现了令人困扰的对骗子的宽容和颂扬。正如戈登·克雷格所提醒我们的，对骗子和罪犯的关注在魏玛时期的小说和戏剧中十分突出，它们包括汉斯·约瑟·雷菲斯的《海滩边的决斗》、托马斯·曼的《费利克斯·克努尔》、薇琪·鲍姆的《大饭店》、贝尔托特·布莱希特的《三毛钱歌剧》、弗朗茨·维德金德的《凯特侯爵》。布莱希特的《三毛钱歌剧》基本上是一部无政府主义的戏剧，颂扬一个恶棍麦克西斯，因为他损害了一个已经腐烂到核心的因而也不值得真正维护的社会体制。更为有趣的是，在《三毛钱歌剧》出现六年后的小说《三毛钱》中，麦克西斯成为了一个资产阶级银行的经理，在许多被1923年通货膨胀弄得破产的德国人眼里，这是一个骗子合适的岗位。

犯罪行为在电影里也十分突出。在弗里茨·兰格的故事片中，尤其是电影《谋杀者》中，警察的世界和罪犯的世界经常是互相交换的，以至于观众并不清楚谁是真正的好人或坏人。这些故事片部分描绘了一个四分五裂的世界。诸如《卡里加利先生的橱柜》《马尔布斯先生》或《谋杀者》这样的电影，使观众直面疯狂的权力、性谋杀者、卖淫、对残暴贪得无厌的渴求。电影《谋杀者》的故事是以杜塞尔多夫儿童杀人犯库尔滕为基础，这位谋杀者除了情不自禁可怜地尖叫之外，对他穷凶极恶的犯罪没有任何理性的解释。谋杀者显然是德国小资产阶级的原型：矮胖、服从、挑剔。也许，他也是第三帝国办公桌谋杀者具有象征意义和预言意义的原型。

德国的电影制作者并不一定要努力去寻找德国社会变态行为的证据。在20世纪20年代发生了几起可怕的系列谋杀案，一些案件甚至暗示不知情的德国人卷入大量食人行为，因为这些谋杀者切割了受害者，将有用的部位作为“肉”卖给了当地的屠夫。这些系列谋杀者中的一个，声音温柔，没有攻击性，表面上看柔弱矮小，名字叫格奥尔格·哈尔曼。他诱捕需要帮助的小孩，提供给他们食品和水，和他们交朋友，然后邀请他们在他的寓所里过夜。他把他们塞进床里之后，对他们进行性侵害，然后用牙撕开他们的喉咙，把他们杀了。除了体验了暴力的狂怒，以及发现自己第二天早晨和另一个死去的男孩躺在床上之外，哈尔曼不记得任何和这些侵害相关的事情。然后，他把孩子们的衣服卖掉，把他们的身体分解成煮熟的肉、罐装的肉，以整洁的方式处理这些尸体。这些尸体被包装成猪肉或小牛肉，很有吸引力，在黑市以很好的价格出售。当哈尔曼被捕的时候，甚至在知道自己被判处死刑的时候，他显得无动于衷。当他最终被处死之后，人们开始唱一些涉及他邪恶行为的歌曲。一首特别恶心的小曲毫无疑问是警告淘气的孩子们，它唱道：

> 等等，等等，等一会，
> 哈尔曼快快朝你走过来。
> 带着他的小斧子，
> 从你身上找熏肉。

这样恶心的表达在对暴力已经无动于衷的社会，在经常以冷漠的评论、恶毒的窃笑、邪恶的种族玩笑接受残暴的社会，都是司空见惯的。德国社会长期处于自身黑暗的角落，处于沉迷于用病态的、令人厌恶的、残暴的主题表达的观念之中。甚至德国的童话故事也反映了这一集体无意识令人困扰的阴暗面。尽管每个人都热爱和欣赏格林兄弟的童话故事，但是正如罗伯特·维特提醒我们的，当我们知道它们所包含的非常奇怪的身体和精神残暴的时候，还是非常吃惊的。

> 一位王后煮了和吃了自己的孩子；一位年轻人被要求和一具尸体睡觉，保持它的热度；一位国王的女儿被熊撕裂了，她的母亲被活烤；一个邪恶的继母被放进一个大桶，里面全是毒蛇；一个小女孩的舌头和眼睛被割了出来；一个漂亮的女孩被砍成碎片，扔进了大桶，里面全是腐烂的人体残骸；一个小男孩被剁成碎块，丢进了锅子，做成布丁，被他父亲给吃了……人们将记起，等待汉塞尔和格雷特尔的命运是被烤了吃掉。

童话故事不仅是集体意识的神话编造功能的表现，它们也是塑造年轻人心灵的有力工具，因为它们被父母和教师用来作为教育的手段。年轻的德国人被传授的课程来自这样的故事，包括服从权威、纪律，不相信陌生人（犹太人或外国人）。这种集权主义的态度受到了低级和高级的浪漫主义文学的滋养，它们被养育的母亲和严厉的父亲传授给年轻的德国人，后来又被公立中小学校、军队和劳动大军所强化。

在试图解释奥斯威辛集中营问题的时候，拉尔夫·达伦多夫指责了德国社会的那些“黑暗角落”，特别是为那些没有被认为是德国部族一部分的人挑选出的角色。无论是谁不符合业已建立起来的仪式和信仰，或者缺乏理想的身体期望——畸形人、残废人、外国人——都会立刻受到怀疑。根据达伦多夫的观点，德国的社会生活特征是“被许可行为的极端狭隘”。当然，在每一个社会都存在着一条划分什么是许可的界限，指定每个人可以做什么，社会可以阻止他们不做什么。在德国，这条界限是在绝对支持集体主义或集权主义的习惯下划出的。包括缺乏严格预期的德国人在内的局外人，经常受到羞辱、拒绝和排斥，并且在纳粹分子统治下，这些人遭到了逮捕、拷打和灭绝。让历史学家们至今都感到困惑的是，它能够发生在其他方面都文明的国度，它的民众整体上是信教的、服从法律的、友好的。可能的情况是，德国人在他们的一些历史关头，已经展示出傲慢、目空一切、侵略性的文化特性。因为他们受到了思想、宗教或政治严密体制的驱动，在家庭、学校、工厂受到制度性的强化，直到这些特性在日常生活中习以为常，因此它们使得所有德国人变得更具有毁灭性。于是，也就不难想象，甚至哈尔曼也可能被认为是正常的，只要他把自己对残暴的渴望外在化到诸如犹太人这样的局外人身上。

小说家托马斯·曼的儿子克劳斯·曼在慕尼黑卡尔顿酒店的茶室里看见了希特勒，他正坐在另一张桌子前，一口气吃了三个草莓馅饼。当他仔细审视元首面孔的时候，他认为这位纳粹领导人使他想起了近来他在报纸上看到的某个人，但是做出这一联系只用了一段时间：

> 除了幽暗的玫瑰色的灯光、轻柔的音乐和一堆曲奇，这里什么也没有；在甜蜜的田园诗般的气氛中，一个留小胡子的男人，他眼神迷离，有着一个固执的前额……我招呼了一位女招待结了咖啡账单，这时我突然想到希特勒先生像一个人。他是汉诺威的性谋杀者，他的案子是醒目的新闻头条……他的名字叫哈尔曼……他和希特勒的相似是令人震惊的：迷离的眼神、小胡子、残暴和神经质的嘴，甚至难以言表的粗俗的肉鼻子；这确实是太相似的外貌了。

犹太人灵魂的分裂：一体化、自我认同和自我仇恨

德国社会主流充满危险的分裂，使希特勒能够把民众变成腌肉，同时对危险地生活在其中的微小的犹太人社会的未来实施了决定性的冲击，这并不令人惊讶。正如将要出现的结果，犹太人的命运和共和国的生存密切相关。尽管对德国犹太人的每一概括和对德国人自身的概括一样，都带有保留意见——因为犹太共产主义者和犹太君主主义者都不喜欢共和国——但是，可以完全肯定地说，20世纪20年代的犹太人是拥护共和的人。德国的犹太人绝大多数都支持共和国，渴望利用共和国所提供的新的民主自由，以至于他们突出的贡献塑造了20世纪20年代的文化。回首往事，他们帮助塑造了一个充满生机和可能性的文化，然而它被复活的反革命悲剧性地中断了。反革命不仅终结了犹太人的自由希望，也终结了德国人的自由希望。

在魏玛共和国期间，正如在皇帝统治期间，犹太人本质上与他们的同伴德国人过着各自的生活。但是，战争及其后果带来了两个民族非常紧密的、对犹太

人来说是充满巨大危险的遭遇。尽管战败引发的右翼偏见不断甚嚣尘上，但是犹太人很快适应了新的战后挑战和机会。解放运动在民主共和国的合法保护下全力持续，甚至似乎完全解放的最后障碍，尤其是那些顽固地存在于公务服务系统和学术世界的障碍，在不久的将来也可能被完全消除。事实上，德国的犹太人开始在德国的生活和文化中承担了非常重要的作用，以至于完全有理由希望借助新的民主获得完全解放。许多犹太人与其说是对完全解放的可能性担心，不如说是对这种解放运动将对犹太人身份和犹太人意识产生的冲击担心。随着君主制的衰亡，德国的犹太人也被迫重新审视他们在极其不同的和难以预见的世界中的角色。在犹太人困境的核心，现在比以往更突出的是这样一个问题：犹太人在多大程度上允许自己整合到德国社会中，同时不丧失自己鲜明的犹太性。这是一个整合和身份的问题，对那些在宗教和心理上认为自己是犹太人的犹太人来说，这是一个令人烦恼的问题。维尔纳·摩西写道：在犹太人团体的中心一直有个核心，在这个核心的成员当中，民族身份的保持代替了整合到异教徒社会的考量。围绕这个核心，在同心的圈子内，排列着各种形式的调节，它们离内核越远就变得越弱。在圈子的边缘，人们会发现那些处于放弃犹太性的进程当中的犹太人。不言而喻，新的民主自由加速了犹太人解放的进程。

正如过去一样，整合涉及各种各样的策略，大多数一般是改宗皈依，与异教徒通婚，或者直接世俗化。在试图摆脱犹太人的血统根源时，男性的犹太人遭遇了强大的障碍，因为这通常涉及两三代民族之间的通婚、姓氏改变，以及完全接受德国的文化规范，正如埃娃·莱希曼所指出的，这类已经存在于德国人和犹太人之间的跨族群敌意的主要原因之一，一直是这样一个事实：两个群体具有“客观的差异”，但是，这样一种差异在魏玛共和国期间正在迅速地消退，因为犹太人的同化明显成功了。当然，一些客观的差异依然得到适当的保留，因为尽管在正统派的犹太教信奉者眼里犹太人的内核正在减少，但是这个内核依然是完整的，在更新的犹太恐惧症之下实际得到了加固。德国犹太人处境的讽刺性，实际上存在于这样一个事实当中：与世界任何地方相比，德国犹太人已经被更成功地同化和整合到德国社会之中。人们可以认为，在魏玛共和国持续的存在前提下，犹太人的内核将处于极大的危险境地。

莱奥·贝克是德国犹太人代言人之一，他是战后出现的犹太人内核中最具有指挥力的天才之一。由于出生率的下降、通婚、世俗化,这批代言人一直担忧核心信仰者的减少。据估计,在大多数犹太人的居住地柏林,到20世纪20年代末期,每三个犹太人中就有一个与不信犹太教的人结婚。约翰·V.H.迪佩尔对决定留在纳粹德国的六位著名的犹太人生活进行了研究,显示他的六个对象已经适应了德国的生活和文化,以至于当这个国家拒绝他们的时候,他们非常难以拒绝这个国家。这六个对象包括诺贝尔化学奖获得者瓦尔特·维尔施泰特,著名的银行家马克斯·沃柏格,右翼青年领袖和青年哲学家汉斯—约阿希姆·舒普斯,柏林随笔专栏作家贝拉·弗洛姆,《犹太评论》的犹太复国主义编辑罗伯特·维尔施,处于领导地位的犹太教士莱奥·贝克。把这六个人联系在一起的东西是他们都在纳粹大屠杀幸存下来,都在纳粹待了一段时间或所有时间,身后留下了未受到大屠杀影响的富有启迪性的记录,这些记录更能聆听到他们的感情,而非他们的理智;这些记录可以解释为什么他们错误估计了来自纳粹运动可怕的危险。迪佩尔把犹太人与德国人的关系比作一次虐待的婚姻,一个悲剧性的、错误的家庭关系。他引用了瓦尔特·维尔施泰特回答哈依姆·魏茨曼的话,后者恳求这位化学家应该逃离他慕尼黑的家:“一个人不应该离开他的母亲,即使她的所作所为非常糟糕。”德国犹太人悲剧性的脆弱,源于他们对生活的基本看法归根结底是资产阶级和理性主义的,而这个看法处在一个正在被颠覆、变得越来越非理性的世界中。

当然,从六个人的生活中归纳适合所有德国犹太人的结论是有问题的,但是历史的记录似乎确认了这六个人假如不是典型的话,至少不是非典型的,因此是德国中产阶级犹太人的极好代表。除了维尔施和贝克,这些德国犹太人完全世俗化了,要么放弃了他们的犹太教信仰,要么只是“三天犹太人”,即只在主要的宗教节日去犹太教会堂。他们所有的人都适应了德国社会,以至于他们整个的知识架构、看待现实的习惯方式,都熔铸到本质上是德国的模子当中。这一事实和战后已经变化的历史环境,导致许多犹太人开始急切而焦虑地重新审视现代世界犹太人的生活性质。几位非凡的犹太神学家担任了这一重新审视的先锋,著名的有马丁·布伯、弗朗茨·罗森茨威格、莱奥·贝克,他们试图从传统的犹太教中明确地表达出现代的信息,而不破坏其基本的神学前提,或者不破坏其制度性的行为。和许多其他宗教的和世俗的犹太思想家一道,他们也苦苦思索在现代世界作为犹太人意味着什么的问题。

弗朗茨·罗森茨威格（1886—1929）是著名的哲学家和历史学家，是一个完全同化了的犹太人，也是康德和黑格尔的追随者。他计划皈依基督教，但是在1913年以戏剧性的方式恢复了他的犹太教信仰。1913年，当他在柏林的一个犹太教会堂参加赎罪日仪式的时候，他体验到了神的显现，这种显现揭示了亲近上帝不需要依靠耶稣的中介，而是向所有向上帝开放心怀的犹太人开放的。在第一次世界大战期间，罗森茨威格服役于巴尔干前线的德国军队，那时他写作了《拯救之星》，在其中他认为，犹太教和基督教是同一宗教硬币的两面，以它们各有特色的方式讲述着真理。他的宗教方式是一种在宽广的宗教框架中的存在主义的人道主义，注定在有教养的德国犹太人当中引导出宗教的再次觉醒。它强调与上帝直接的、个人的、经验的遇见，无论是《塔木德经》对合乎教规的行为的信赖，还是虔敬派哈西德主义把宗教狂喜和上帝自身混淆的情绪性，都不能妨害这种遇见。第一次世界大战之后，罗森茨威格移居法兰克福，在那里他创办了自由犹太人学堂，热衷于帮助犹太人离开他们信仰的边缘，回到其核心或者中心。1922年，他一直受到全身麻痹症的折磨，但是直到1929年去世之前，一直英雄般地从事他一生的工作。

马丁·布伯（1878—1956）也提供了新颖的对经典犹太教的重新审视，这一审视是建立在他个人的经历和哲学洞察基础之上的。他的思想影响了各种各样的犹太和非犹太思想家，超出了德语世界。尽管1878年他出生在维也纳，但他是由加利西亚的犹太祖父抚养大的，在那里，他被哈西德主义富有激情的倾向所影响。在获得柏林大学哲学博士学位之后，他加入了犹太复国主义运动，并且编辑了一份专注于宗教社会学的杂志。他还再次出版了哈西德派的故事，和罗森茨威格一道提倡在信仰者的宗教生活中与上帝更为个人的遇见。布伯思想的核心包含在他最著名的著作《我和你》（1937）当中。在这本书中，他确认了在每一个人当中都有集体的或者民族的灵魂存在。对于犹太人来说，这一集体无意识力量的存在由四千年共享的历史经验组成。他相信：如果所有的犹太人获得和实践一种不变的历史的重演，那么这些经验可以由他们重新激活。他们通过这样的行为将重新体验到他们身上上帝的存在。我们与上帝有生命的遇见依赖于这一共享经验的保持。这就是著名的“我和你”关系的意义，因为通过信仰，这个我在自身当中发现了你；就是这个自我发现的过程是亲密的、相互关联的、共享的、信任的过程。1924年，布伯成为了法兰克福大学犹太教的教授；他也积极投身到犹太复国主义运动当中。1938年，他逃离德国去了巴勒斯坦，在那里他作为希伯来大学的教师继续他的工作。

莱奥·贝克是一个完全“德国的”犹太教士，在举止和学问上都是专业的。他一直对犹太社群忠诚不渝，在受到纳粹分子越来越多的攻击时愈发坚定。在20世纪20年代，他处于其职业生涯和知识能力的高峰。从体态和知识上来看，他是一位威风十足的贵族统治者：高大，有着正在变灰的头发和胡子；他步态坚定，一直目不斜视，好像他清楚地知道他正在向何处行进。在他周围有许多富有洞察力、与他有点差距的教授。他能够使接触他的人感到痴迷。除了犹太教士的专业训练之外，他一直沉浸在德国的教育之中。他最初在波兹南的利萨读高级中学，后来就学柏林大学。在柏林大学，他撰写了关于斯宾诺莎影响的博士论文。这篇论文是由伟大的历史学家威廉·狄尔泰指导的。但是，贝克没有忘记自己的起源是处于德国犹太教和东欧犹太教的十字路口。尽管他的家庭是中产阶级的德国人，它自己也感到如此，但是，他的家乡利萨位于波兹南的普鲁士，最初是属于波兰的（1919年再度回归波兰），而且依然展示出传统犹太人强迫集中居住区生活的强烈特征。贝克理解这两个世界，这使得他成为它们之间重要的调解者。

事实上，作为战后整个德国处于领导地位的犹太教士，贝克的行为一直是在努力修复犹太人社群中已经形成的裂缝。也许超过了罗森茨威格和布伯，贝克对犹太人社群，也就是德国的犹太人生活所环绕的“犹太社会”的未来忧心忡忡。当我们谈及犹太人社群的时候，我们应该小心翼翼，不要把它和一个同质整体的概念相混淆，即在体制上被中心化，在信条上被一体化，或者用一样的声音说话。德语的“犹太社会”实际上指的是独特的宗教社群，它被正式地组织起来，指定为一个合法团体，这样它能够被征税，与主流的基督教社群相隔离。正如先前所示，回溯到中世纪，文化主导的“犹太社会”最终都被德国的邦国授予了权力，它们被定位在这些邦国之中，雇用犹太教士，保留和修建犹太会堂，组织与宗教社群生活相关的活动，包括进行慈善工作，建立慈善学校、图书馆、报纸等。每一个公开承认信奉犹太教的德国犹太人，都被邦国的法律要求从属于与他或她家最紧密的“犹太社会”。

犹太人社群实际上从来没有在一个基督教的邦国围绕一个中心被组织起来，也不可能被组织起来。这些邦国发现，组织它的对立面没有什么好处，因此偏爱去对付一个个犹太人社群，尽量征收交易能够承受的税金。除了它们异质的属性之外，正如先前所提及的，犹太人社群也根据正统派和自由主义的路线分裂开来，在20世纪20年代自由党占据了上风。柏林的“犹太社会”在德国是最大的；到1900年，它几乎占据了德国犹太人的三分之一。正如其他的“犹太社会”，它也被内部的不和所撕裂，以致一些正统派的犹太教教师拒绝归属于它，因为他们相信它被自由主义运动玷污了。尽管莱奥·贝克经常设法缓和破坏性的分歧，但是他所属的自由主义者与正统派之间的本质分裂是不可能修复的。贝克没有成功地在德国的犹太人和数量不断增长的东方犹太人之间的鸿沟上架设起桥梁，而他主要代表的是前者以及他们的文化假定。

这里还存在第三个在犹太人社群中产生的分裂因素，即在犹太复国主义和非犹太复国主义之间不断上升的争执。德国的犹太人很少去支持犹太复国主义的极端主张，他们的故乡是德国，而非巴勒斯坦。尽管他们听从布伯、维尔施或舒勒姆的话，尤其在纳粹的威胁变得更加不祥的时候，但是正如他们防护性组织的称号所表述的，他们更乐意想到自己是“具有犹太信仰的德国公民”。莱奥·贝克也是这样，把自己奉献给德国和他的犹太信仰，但是这并没有阻止他去支持犹太复国主义的思想和主张，因为像犹太复国主义者一样，他认识到德国的环境对于德国犹太人来说非常恶化，以至于每一条希望的路径，包括流亡巴勒斯坦，都应该予以认真的考量。这解释了他为何是“支持巴勒斯坦委员会”成立大会的成员，揭示了他为何支持为巴勒斯坦成为犹太人的祖国筹措资金的海伦·哈耶索德组织。

贝克在知识上的努力反映了这些人的性情：他们代表了德国人和犹太人遗产最优秀的东西。在最宽泛的意义上，贝克试图将启蒙的人类理想（歌德、席勒、康德的理想）和启蒙的自由主义犹太教的宗教传统、道德传统融合在一起。贝克认为，犹太教是西方世界伟大而古老的宗教，这一宗教的人性理想和对普遍道德规则的恪守代表着经久长存的遗产，并且可以作为世界其他地方闪光的灯塔。在贝克初版于1905年、在1922年得到相当程度修订和扩展的主要著作《犹太教的本质》中，他奋起保卫犹太教，抵制基督教诋毁者的攻击。他小心翼翼，没有去攻击耶稣或者基督教本身，而是聚焦于他相信是错误的东西上，主要是鲍林对犹太教的解释上。贝克认为，把犹太信仰诋毁成宗教的退化，并且完全扭曲耶稣的意义，是基督教的两个根本性错误。贝克也不同意基督教拯救的思想，基督教认为拯救绝不是可以挣得的东西，而是恩典以难以解释的方式赠予的东西。对于一个犹太人来说，拯救不仅是个人和集体的努力，也涉及持续的同在拯救行为中是私人伙伴的上帝的对话。

贝克的宗教路径是和平主义的。他相信除了《塔木德经》的仪式和学问，犹太人也必须向他们神秘的传统所提供的情感温暖和秘密打开心扉。他相信犹太人不仅拥有权利，也拥有义务成为不同的人。事实上，他们的宗教传统要求他们成为道德的楷模，站起来向世俗的权力言说真理。正如贝克所言：

> 通过其仅有的存在，对于“力量高于真理”的大众假定，犹太教从来不是一种无声的抗议。只要犹太教存在，就没有人能够说人类的灵魂已经投降。它穿越时代的存在就是一个证明，数量并不能掌握坚定的信仰。

对于罗森茨威格、布伯、贝克来说，最重要的问题是把犹太人作为犹太人来拯救，保护他们在世界的存在地位，提供他们从中能够派生持续智力滋养品的神学策略。对于这三个人来说，犹太人社群或者核心，是至关重要的。毕竟个人没有社群就不可能将自己延伸进未来。人们在世世代代的、维系于核心信仰体系的长链中发现了历史延续性的关键原则。这一体系的信条和仪式永远被更新、分享、加固和代代相传。当这一长链的联结点无论什么原因开始断裂的时候，这一核心就开始缩小，信仰之井就会枯竭，生存所需的能量就会消散。

一些犹太人在两次世界大战之间询问他们自己的问题是：犹太人是否可能在德国作为犹太人被拯救。在魏玛共和国时期，这个问题当然主要围绕犹太人的自我认定。它涉及做一个犹太人意味着什么的问题，假如这个问题是可能回答的，那么这个犹太人是否并且在什么意义上能够加入一个志趣相投的犹太人社群。在纳粹统治时期，这些在共和国时期依然开放的问题从犹太人手里被剥夺，以明确和武断的种族主义术语得到了回答。但是，直到纳粹统治到来之时，德国的犹太人才停止询问以下的问题：成为一个犹太人意味着什么？为何这一问题会引发如此的敌意？他们必须做什么来对待自己的犹太性感受？人们可能会说，正是因为德国人从来没有停止询问作为德国人意味着什么，因此经常是德国"另一个自我"的德国犹太人，才会不停地询问作为犹太人意味着什么。

对于罗森茨威格、布伯、贝克，以及那些与他们时刻共呼吸犹太教的人来说，这一答案是明显的。首先，作为一个犹太人是犹太信仰——无论是正统的还是改革过的——行为上的遵守者。从统计的角度来看，官方登记的有信仰的犹太人有50.3万人，不到德国总人口的1%。帝国统计汇编并没有记录那些已经皈依基督教的犹太人，以及宣称或者感到自己是世俗的、不可知论者、无神论者的犹太人，或者直接脱离他们文化主导的犹太社会、不再被认为是犹太人的犹太人。然而，所有的犹太人在某种程度上依然在象征意义上或情感上感到自己是犹太人，或者意识到归属于犹太民族、犹太遗产或者犹太教。评估这类被同化的犹太人是如何与他们的犹太性搏斗，犹太性又是如何有意识或无意识地塑造他们的心灵世界是重要的，尽管这一评估可能是不充分的。犹太性对同化的犹太人意味着什么呢？这些犹太人的祖先可能是犹太人，但是他们现在认为自己是完全的德国人。当他们谋生，从事医生、律师、教师、艺术家、作家、记者、银行家、商人或工人等职业的时候，他们只是隐约地意识到他们的血统。

皈依基督教、认为自己完全是被同化成德国人的小说家阿尔弗雷德·德布林发现，他需要知道作为一个犹太人意味着什么，同时他猜想一旦他发现了这一问题的答案，他也就发现了"我是谁"这一问题的答案。正如他所说的：

> 我发现我必须告诉自己有关犹太人的事情。我发现我真的不知道任何有关犹太人的事情。我的亲戚称自己为犹太人，但我不能称他们为犹太人。他们既没有犹太信仰，也没有犹太语言。也许他们是一个凋谢已久、融入他们新的环境的民族残余。因此，我询问自己和其他人：犹太人在哪里存在？有人告诉我：在波兰。

显然，从字面上看，德布林要去波兰发现犹太人，但是，他希望发现什么呢？对于两个生活在一起的民族之间的"客观差异"来说，真正犹太性的身份是以正比例增长的，以至于这些差异非常之大，身份的确定非常容易，因为它达到了相互排斥的对立，即黑与白、橘子与苹果的关系。尽管德布林对波兰的犹太人进行了生动而难忘的记录，但是他没有抓住问题的要点，它被他错误的前提模糊了。这个前提就是，一个人不可能在没有犹太人的地方过犹太人的生活。他把自己被同化的立场作为规范，以公理的方式假定：一个犹太人不可能在德国过犹太人的生活，只有东方的犹太人而不是西方的犹太人才可能是真正的犹太人。假如波兰的犹太人——在波兰犹太人强迫集中居住区的生活方式，以及与众不同的着装、语言、行为习惯和仪式——以明显的方式与他们在西方信仰一样宗教的人有着本质的不同，但这是否真正意味着一个群体比另一个群体更具犹太性呢？除了没能检验波兰人和波兰犹太人之间的关系，显示他们之间在一个文化的母体中是如何相互交织，从而没有抓住真正重要的人类学联系之外，德布林不加鉴别地假定，一个古老的犹太人社群比其他社群具有更大的权利要求某种假定的起源。他的分析经不起犹太人历史的检验。这个历史表明，犹太性存在于它的差异性当中，在德国、法国或英国的犹太人，像东方的犹太人一样有权声称自己是犹太人，并且无论在哪里，只要我们能发现犹太礼拜（进行一个礼拜必须至少要有十个男人），就有一个犹太人社群存在。

在误判犹太人的问题上，甚至在德布林企图真诚地理解它的时候，他也并非是孤独的。他假定德国的犹太人并没有作为实体存在，但是他自己认识的需要则另有所指：它显示世俗化的犹太人也还是犹太人，由于属于离散的民族，共享着一样的历史感，因此无论何时他们都感到自己是犹太人。对于他们当中的一些人来说，这种历史感如此生动，以至于过去一代代犹太人体验的痛苦、快乐、洞见似乎就像发生在昨天。另外一个事实是，在德国和奥地利，主流的政治文化对犹太人的问题十分偏执，以至于甚至都不再按犹太信仰行事的被同化的犹太人，也没能逃避他们犹太性的心理压力。

几乎没有德国作家像小说家雅各布·瓦塞尔曼（1873—1934）那样，对他们的犹太性有着持久的并且最后是失败的痛苦。他是一位深陷烦恼且分裂的人。他通过一系列小说获得了国际声誉。在这些小说里，德国人—犹太人的悲剧是一个得到持续关注的事情。他的第一部作品是《齐尔恩多夫镇的犹太人》，后来接上的是一系列相关的故事，如《年轻人雷纳特·芬奇的故事》（1900）、《加斯帕尔·豪塞》(1908)、《小鹅人》(1915)，瓦塞尔曼让他的读者面对各种犹太人物感受到的痛苦。这些犹太人与他们遭受的、几乎无法抵御的、更无解决办法的恶意仇视殊死搏斗。他们的痛苦也是瓦塞尔曼的痛苦，这些痛苦来自作为局外人的角色。他们真诚地寻求融合，但被恶意地拒绝了。丹尼尔·诺塔夫特是《小鹅人》中的一个人物，每当他伸出双臂的时候，就会招来侮辱，折磨他的人只会索取，从不表示感谢。瓦塞尔曼视自己和他的民族永远是被利用的，几乎得不到感谢，从来不被认为是善良得足以成为德国人。他自己的生活不仅是一场与充满敌意和反复无常的世界的斗争，也是与感觉迟钝的父母和家族成员的斗争，他们希望他从事他十分不适合的商业职业。然而，像他的小说中的一些主人公，为了不得不采取虚假的办法从事这一工作，他痛苦地争取被人所接受并仇恨自己。出于复杂的个人关系网——它们反映在彼得·盖伊所指的瓦塞尔曼相关故事几乎是古怪的特性当中——瓦塞尔曼提取了德国人和犹太人之间悲剧关系的根本困境。正如彼得·盖伊所指出的，特别是在《小鹅人》当中，瓦塞尔曼成功地再生了“他持久面对的东西：犹太人和基督徒、犹太人和德国人处于永久的冲突和永久的对和谐的探询当中”。

瓦塞尔曼没有成为他努力要成为的调节者和治病者，成为激发德国人和犹太人上升到更高形式的文明意识的世俗圣人。但是，他明显成功地洞察了经常控制普通德国人看到真实和想象的犹太人时所产生的仇恨根源。因为他就这个主题不得不说的东西，尤其是在其自传性著作《我作为德国人和犹太人的道路》(1921)中必须要说的东西，借助于后来在纳粹统治下发生的事情，变得如此引人注目，因此它应该得到一定的篇幅加以审视。

尽管瓦塞尔曼认识到犹太恐惧症是一个普遍的西方现象，因此以不同水平的强度存在于整个西方国家；但是，它在说德语的地区有着鲜明的特征。这就是某种全国性的德国人的仇恨。它的明确性质就是它的迷信特性，即事实上它是一个幻觉。但是，瓦塞尔曼很快又说这是一个自觉自愿的而非不情愿的妄想，是一种选择而非必然。他相信，根植于这种妄想，人们能够发现怨恨、失落的社会恐惧、挫败、敌意、嫉妒和仇恨交织在一起。在其中，人们能够发现恶魔的恐惧，办事员的麻木，穷人、受骗者和无知者的怨恨，谎言者的虚伪。这里也有人们可以在宗教狂热中经常发现的一点猴子似的恶意。进一步而言，犹太恐惧症包含了贪婪、敌意、杀戮欲、被诱奸或引诱的恐惧、神秘事物的诱惑、自尊的匮乏。总之，德国人的犹太恐惧症是所有这些因素的融合。同样，它也是难以理解的和非理性的。当丹麦一位朋友询问瓦塞尔曼“德国人的仇恨到底想要做什么”，并同时说“在我们的祖国，犹太人得到普遍的喜爱”的时候，瓦塞尔曼对犹太人分裂的忠诚、双重热爱的困境作了复杂的解释，后来他认识到自己应该告诉好奇的丹麦人的事情是，被内部分裂弄糊涂的德国人，就是需要仇恨的感情和合适的替罪羊去吸收仇恨。在每一次失败之后，在每一次紧要的关头，在每一次胶着的境遇当中，他们都会将责难和罪行转移到犹太人头上。他同意丹麦人的观点，即从第二帝国建立以来，德国人异常缺乏自由主义，但是他们的仇恨强度也涉及想象、自由、善良意志的匮乏。

只要德国人让犹太人为每一种社会问题负责，只要他们相信犹太人毒害了德国的环境，引诱年轻的德国人接受“非德国的”生活方式——商业的算计、忧郁的沉思、不可知的怀疑、亚洲式的好色——瓦塞尔曼认为，只要德国人相信这些幻觉，德国人的这一仇恨就不会被治愈。他用两个特别有效的例子证明了德国人仇恨的非理性，一个是虚构的，一个来自他与一位朋友的对话。他认为，作为德国的犹太人，可以比作从来没有拿过完全工资的工人，尽管他和他的德国同事干得一样好。无论何时这位犹太人抱怨这样不公平的待遇，要求适当的应得，他都会被告知，他不能得到全部的工资，就是因为他是个麻子。他连忙赶回家，在镜子面前审视自己的脸庞，但是没有发现一点麻子的迹象。他返回工厂，告诉施害他的人，说自己一点瑕疵都没有。然而，这没有使他的情况发生变化。因为雇主耸耸肩说：“有人报告说你是个麻子，因此你就是个麻子。”瓦塞尔曼指出，假如我们让自己穿上了这一饱受折磨的人的鞋子，我们就会理解他精神的困扰。这里有一个人被借口否认了基本的权利，这个借口就是他有他自己不能发现的瑕疵。他一直强调自己试图找到它，因为官方一直报道瑕疵就在他的脸上，这个被打上标记的犹太人试图为他的权利斗争，反复几次之后，他的心里开始麻木了，就此放弃了斗争。正如瓦塞尔曼所言：“这样的对待是一种巧妙的、被构想出来的折磨。”

在德国人和犹太人之间一直存在着一个永恒的障碍。这种感觉出现在瓦塞尔曼与好友在家的私下讨论中。他问他的朋友：是哪些原因把德国人和犹太人分割开来，特别是哪些原因把我们两人分割开来？是不是信仰？因为我们两人既非都是基督徒或犹太人。我们是否被血统分割？确实，纯粹的德国人是不存在的，他们和法国移民、斯拉夫人、斯堪的纳维亚人、西班牙人、意大利人，更有可能和两百多年来洪水般席卷德国领土的匈牙利人、蒙古人相混合。他询问他的朋友，假如德国人和犹太人之间的差异不能在血统中发现，是否可以在不同的道德结构或者不同的人类模型中发现？他的朋友回答道，这可能就是答案：犹太人是拥有不同道德的人，因此是不同的人。他的朋友为了证实瓦塞尔曼是否是他所认为的不同的人，要他把手放在胸前发誓，他是否“感到自己是一位真正的犹太人”。但是，瓦塞尔曼犹豫了，因为他想要知道他朋友的问题的含义是什么。他的朋友笑着说：因为围绕着“犹太人”这个词所存在的困难，他知道对瓦塞尔曼来说，承认感到好似犹太人是艰难的，瓦塞尔曼反戈一击，“德国人”这个词也是一样的困难。他的朋友改变了他提问的思路，想要知道瓦塞尔曼的母亲是否是明确的犹太人，在他的族谱中是否有跨民族的情况。当瓦塞尔曼肯定地坚持他纯粹的犹太背景的事实时，他的朋友摇了摇头，承认他的情况非同寻常，是一个特殊的情况，因为他喜欢和尊重的朋友肯定不可能是纯粹的犹太人。但是，瓦塞尔曼没有要求得到特别的豁免和特别的认可，即他的情况是一个例外，使他可以宣布自己是一个荣誉的德国人。瓦塞尔曼可能只是对他朋友根深蒂固的偏见和他天真的信念感到惊讶，他相信任何出生在德国土地上，呼吸着它的空气，吸收它的语言和文化规范的人，都将自动地被认为是德国人。他的朋友犹豫地把瓦塞尔曼接纳为同等的德国人，这是因为情感上有着相当深的抵触，以致瓦塞尔曼永远不再有这种体验，怀疑一个犹太人能够作为一个德国人被人们接受。假如一个人的朋友感到至多是乐意作出一个有优越感的豁免，最糟的是作一个“两者必居其一”的选择，那么对于瓦塞尔曼来说就是再清楚不过的了：犹太人将永远被烙上德国土地上异类的污名。

那么，谁是瓦塞尔曼呢？一位神经过敏的犹太人？正如犹太复国主义的期刊《犹太评论》(1928)宣称的那样，之前它对瓦塞尔曼有关犹太性主题的演讲就表示过异议。这本犹太复国主义期刊批评他是以自我为中心的人，把瓦塞尔曼的神经症说成是一个普通犹太人的神经症；它否认他代表犹太人说话的权利。瓦塞尔曼回应了这样的犹太复国主义的批评。他认为，假如犹太复国主义者自行其是，否认犹太人能够成为德国人的可能性，那么德国人和犹太人的分裂就会扩大；他们把自己当作犹太族的犹太人，而非德国的犹太人。他说他将继续是一个无疑容易受到攻击的德国犹太人，因为他没有完全拥护双方的任何一方，但是他感到有信心的是：他折中的（自由主义的）立场使得他有更大的弹性指向共同的基础，瓦塞尔曼压抑的、几乎是悲怆的启示，是较老的一代犹太人的症状。他们生长在第二帝国，并且被反复出现的犹太恐惧症浪潮弄得很绝望，没有发现脱离困境的途径，因为和他们一起的德国人没有能解决他们自己不确定的德国人身份。瓦塞尔曼和其他人对他们的犹太性感到苦恼，对同时作为德国人和犹太人感到不安全。他们不得不以犹太人自我仇恨的形式，付出特殊的、毁灭性的心理代价。

"犹太人的自我仇恨"这个术语，是由特奥多尔·莱辛在其1930年出版的著作《犹太人的自我仇恨》一书中发明的，这是一本自我诊断和描绘犹太人受虐狂的古怪图书。在莱辛创造这个词之前，这种类型的受虐狂就长久地根植于传统犹太人的恐惧症中。莱辛是一个灵魂受到折磨的人，在第一次世界大战前他皈依了路德宗，并采纳了尖锐的反犹太人立场，以将其思想中所有犹太性的残余连根拔除。无论何时，在他不能面对他的犹太性的时候，他都把它转化成犹太恐惧症的偏见，其最可耻的例子是他给弗洛伊德的一封信。在信中，他把心理分析谴责为典型的犹太人精神的流产。弗洛伊德后来回忆道：最初，他假定莱辛是和18世纪的哲学家G.E.莱辛有关系，但是当他知道没有这回事的时候，他立刻中断了通信。作为一位优秀的临床医生，弗洛伊德一直试图根据以下这一原则行医：人类没有什么东西必然和精神分析医师不相容。但他依然对莱辛的犹太人的自我仇恨这一教科书案例感到惊异，称他为"异常的犹太人现象"。

莱辛确实是一个麻烦的人：矮小、皮肤黝黑，他欣赏日耳曼美的理想，认同爱国主义的事业。有很短的一段时间，在赫尔曼·利茨的一所寄宿学校的环境里，他发现自己是一个古怪的人。这些学校把祖国和民族的新浪漫主义理想同狂热的民族主义原则联结起来。但是，当莱辛的日耳曼信仰不符合利茨狭隘的、以犹太恐惧症为基础的民族主义意识形态的时候，他与他的校长争执起来而被解雇。第一次世界大战把莱辛从尖锐的犹太恐惧症患者变为同样坚定的犹太复国主义者。他用新的形式体现了对其犹太性的不安。第一次世界大战期间，莱辛写了一本十分悲观的书籍，它控诉了其犹太人和德国人的遗产。这本书的名字叫《世俗精神的衰亡》，它把犹太民族描绘成干瘪的、贫瘠的种族，因为它没有祖国，与一直根植于与生俱来的土地和祖国的生命创造力没有联系，注定处于边缘化的生存状态。唯一的希望是逃避与钱财的关系，恢复他们的祖国。在20世纪20年代，莱辛成为了具有敏锐洞察力的著名哲学家，他作出了给他赢得声誉的、影响广泛的判断。1926年总统竞选时，他鲁莽地攻击了陆军元帅兴登堡这位民族主义右派的偶像，把他说成是"一个低能的废物，为未来的尼禄铺平了道路"。这句评论引起了政治右翼的极度疯狂，他最终不得不取消了在汉诺威技术学院的教学活动，把自己限定在私人的研究工作当中。当纳粹1933年接管权力之后，莱辛逃到了捷克斯洛伐克，一年后在那里遭到了逮捕，然后被纳粹分子杀害。

犹太人自我仇恨最怪异的事例，也许是奥地利作家奥托·魏宁格。在这里提及这一事例，只是因为它的病理机制后来产生了许多悲剧性的自杀。魏宁格是以《性和性格》一书获得巨大恶名的。在书中，双性同体的思想与知识分子的倾向相关联，并被转化为人类完美和不完美的尺度。根据魏宁格的思想，男人和女人是雌雄同体的，每一方都包含针对另一方解剖学上残余器官的各种各样的心理对应物。理想的类型和一个对所有文化成就负有责任的人，都是具有男子气概的类型，在其身上，女性的残余器官正好和女人的男子气概相抵消。魏宁格相信，女人体现了对性快乐荒唐的冲动，是男子性理性的对立面。犹太人是低级的，因为他们种族的性的商数远没有达到平衡。相比较而言，雅利安种族代表了完全协调的男子气概创造性原则的体现。当他发现自己烙上了犹太性的低级和女性因素优势的时候，发狂的魏宁格在贝多芬曾经住过的地方戏剧性地对自己开了一枪。这一行为后来得到了犹太人仇恨者的喝彩。他们赞同它是完全值得推广的事情。1941年，希特勒在元首府仔细地思考着"犹太人杆菌"的问题，他当时回想到迪特里希·埃卡特曾经对他说过，他所知道的唯一诚实的犹太人是奥托·魏宁格。当认识到犹太人是生活在他人身体上的寄生虫的时候，魏宁格自杀了。

魏宁格的犹太人的自我仇恨，毫无疑问是他自己人格的病态显现，但是它也以重要的方式反映了这样的事实：它是强烈的文化偏见强有力地塑造起来的。一种将一系列强有力的骗人把戏制度化的文化迷惑了每个人，包括德国人和犹太人，甚至少数的最强大的成员也不能一直摆脱仇恨的驱使。至于最脆弱的成员则试图以悲哀的方式逃避他们的犹太性，包括仇恨自己，作出狂热的民族主义者姿态，甚至把自己视同侵略者。犹太的父母有时企图教育他们的孩子以更多“德国的”而非“犹太的”方式行事，灌输给他们孩子所有假定是典型的德国式的行为习惯。瓦尔特·拉特瑙在一篇针对犹太人的、题为《听，以色列》的文章中，呼吁犹太人放弃他们客观存在的性质，成为真正的德国人。他的头脑里这些客观存在的特性除了物质主义的倾向，就是与令人困惑的东方犹太人相联系的习惯和性格。小说家瓦塞尔曼在维也纳生活了一段时间，他发现这些犹太人是外国人，极度排外，他希望德国犹太人的自我形象不应该受到依然散发着犹太人强迫集中居住区臭气的、肮脏的流浪汉的消极影响。为了被德国社会所接受，犹太人被其父母和教师进行了服从性训练，变得特别有礼貌、令人愉快、随和，以至于和他们相处是一种快乐。彼得·盖伊指出，为了取悦邻里的德国人，犹太人模仿的特性是所谓的友善，甚至是夸张的友善，德国人称之为“彻底的友善”。然而，实际上这经常意味的是自卑的自我贬低。这类行为体现了社会上优等的局内人和社会上低等的仆人之间的关系。这是一种不健康的关系，一种被压迫者使用的奴性的依赖方式，通过打击国民中的一部分人建立他们的自我。

估算有多少犹太人企图逃避他们的犹太性是困难的。这些犹太人模仿着假定是有修养的德国人的行为方式，但是结果变得令人困惑，因而对作为犹太人产生了双重的怀疑。在犹太知识分子的圈子里，这类行为受到相当的鄙视。无论如何，犹太知识分子没有构成一个具有共同观念的、有凝聚力的实体；他们也没有有意识地强调他们的犹太性。这并不意味着，作为一个群体，他们不具备可供识别的家族的相似性。首先，尽管德国犹太人的主体在构成上作为坚定的中产阶级从来不会变得左倾，但是犹太知识分子在其信念中倾向于自由主义或社会主义。尽管许多犹太知识分子作为左翼好战分子参与了战后时代（1918—1923）的革命暴动，但是他们对激进事业的参与后来逐步地退缩。正如瓦尔特·拉克尔所指出的，几乎没有犹太知识分子在任何政党中工作；只有一些犹太人积极参与了德国社会民主党的工作。共产党最初吸引了许多犹太人，但是到1931年，在百位当选国会议员的共产党代表中，已经没有一个犹太人了。

假定总体而言的德国知识分子，以及作为部分而言的犹太知识分子，对德国的公共政策产生任何明显的影响，都是一个严重的错误。正如先前所提及的，德国的知识分子在共同把智力和权力分割开来方面是有贡献的。他们为自己作为非政治人感到骄傲。结果是：从历史的角度来看，德国的知识分子构成了一个边缘的局外人阶层。由于在整个政治文化中缺乏工作经验，他们退却到艺术、文学、哲学、音乐等精神王国当中。除了在政治上没有成效之外，犹太知识分子还承受着其他两个倾向的痛苦：他们是一个不信任他们的国家中的犹太人；他们普遍属于政治左翼，并被认为具有激进的政治信念和现代主义的知识信念。事实上，犹太人经常处于先锋派运动的前列，作为作家、艺术家、剧作家以及正在兴起的电影业的领导者，他们构成了表现主义运动突出的部分。他们拥有处于领导地位的自由主义的报纸，前面提到过的摩西家族占据了柏林报纸和杂志市场的重要部分。它的竞争对手乌尔施泰因家族甚至更为成功，尤其是在获得了受人尊敬的《福斯报》，并通过期刊、时尚杂志、廉价图书增加了销售之后。许多出版家、编辑、批评家都是犹太人，其中包括塞缪尔·菲舍尔、库尔特·沃尔夫、卡西雷尔兄弟、格奥尔格·邦蒂、埃里希·赖斯以及马利克的公司。

纳粹分子不断放出谣言：德国的文化正被犹太左翼分子所控制，他们正在用其堕落的信念“污染”传统的德国价值观。事实是：通常是自由主义者或社会主义者的犹太知识分子落入右翼批评家的手中。他们专门夸大一些著名的犹太激进分子的重要性，并用同样激进的刷子抹黑大多数犹太人。犹太人颠覆的伪概念被一些犹太作家不经意地强化。他们公开责难他们所认为的在德国文化中是毁灭性的东西。库尔特·图霍尔斯基是著名的犹太讽刺作家，他倾泻了一连串恶毒的文章论述德国人生活的弱点，结果形成了对犹太文学界的成见。他的对手控诉他是不爱国的人，而他冷漠地对这样的批评置若罔闻。他说：“我可能正在背叛的国家不是我的国家；这个国家不是我的国家；这个合法的秩序不是我的合法秩序。我对它旗帜的色彩无动于衷，我对它受到地域限制的理想无动于衷。在这里，我没有什么可以背叛的，因为没有人相信我做的任何事情。”1928年，他公开表述道：“假如对保护和平似乎是有必要的话，德国军队没有任何秘密我不能告诉另一个外面的强国。我们是高级的叛国者。为了支持我们热爱的祖国，为了和平和我们真正的祖国——欧洲，我们背叛了一个拒绝我们的国家。”作为一位世俗化的犹太人，图霍尔斯基正在逃避其犹太性，进入知识分子的理想，他将自己的过去变成新的身份，这个身份就是具有进步的社会主义信念的、世界主义的欧洲公民。他说的话是这个意思吗？它是对他的德国人和犹太人角色的双重拒绝吗？或者仅仅只是一个知识分子的姿态？也许都有，因为图霍尔斯基是一个深深分裂的、令人恼怒的牛虻，他最终发现自己无法逃避真实的过去，在瑞典的一家旅馆的客房自杀。

图霍尔斯基是几位杰出的犹太知识分子之一。他为左翼最有影响的期刊《世界舞台》写作。其他与该刊有联系的人包括卡尔·冯·奥西茨基，他是一位期刊编辑，后来获得了诺贝尔和平奖，也是纳粹暴行的受害者；以及恩斯特·布洛赫和瓦尔特·本雅明。这些作家的观念和信念证明了以下陈腐的判断是虚假的。这一判断控诉他们是好战的激进分子和危险的颠覆者。事实上，他们是善良的改革者，他们承担了所有被压迫者的事业。他们的知识分子的弱点，是许多没有政治经验的世界改进者的弱点：倾向对真实的或假定的非正义的过度反应，为人类拯救提供全面彻底的蓝图。图霍尔斯基和他的批评小团队，是内心深处没有幻想和疏离社会的知识分子，他们不能原谅德国人，因为德国人认可的东西是对他们遗产较好一面的背叛，它包括一度被认为是一位文明的德国人标记的文化信念：在大世界主义（欧洲的）的框架中对国家强烈的骄傲，对启蒙运动人类价值观的信奉。当针对共和国的反民主压力在20世纪20年代后期开始加强的时候，当许多犹太知识分子在审视一个根据他们的判断已经背叛了它更好一面的社会的时候，他们也开始再次感到自己越来越像局外人了。

判定这些批评家实际上产生了怎样的影响，或者他们对共和国消极的观点是不是其棺柩上的另一根钉子，都是困难的。因为共和国没有满足他们含糊的乌托邦渴望的检验，所以犹太批评家保持着他们的距离，或者发出他们自己傲慢的声音。也许就是他们未被允许分享权力的愤怒，导致了这些批评家作出了荒诞的判断，其中最愚蠢的是：社会民主党人是世界上最反动的政治家。正如瓦尔特·拉克尔所指出的，这一结论依据以下的事实可能得到了推广，即这些知识分子批评家中许多人都小看了共和国维护者的工人阶级出身，毕竟党主席埃伯特是一位马鞍匠，塞韦林是一位锁匠，谢德曼是一位画家，诺斯克是一位篮子编制匠，威尔斯是一位家具商。

这表明这些魏玛时期的作家也许不知道他们的国家，正如他们认为他们知道一样。相反，他们的右翼批评家极度高估了他们对德国文化的影响。总体上来说，犹太人依然是想要成为局内人的局外人，但是只有在少数领域他们作出了重大的突破，这些领域包括新闻界、戏剧界和出版界。然而，就是在这些领域，他们的影响从来也没有占据主导地位，因为他们的信念不是“犹太人的”，而是德国人的。尽管犹太人在报界发挥了重大的作用，但是“犹太人的”报纸几乎完全被限制在一些较大的城市，著名的新闻机构依然控制在非犹太人手中。摩西或乌尔施泰因的报纸，在定位上依然比左翼更加自由主义，并且一直不清楚的是，如果不考虑犹太拥有者这一事实，纳粹的“犹太人的新闻机构”实际上意味着什么。真相是：纳粹分子为了唯一的真正德国的价值观，他们误用了自己的偏见，把所有的对手混为一谈，作为不忠诚和非德国人来看待。他们的特点是用泛泛的贬义词“犹太人的”，来谴责任何他们特别厌恶的东西。这个词可能意味着所有现代的、先锋派的、和平主义的、民主的、共产主义的、世界主义的、自由主义的，还有更含糊的，比如“腐蚀的”“无根的”“物质主义的”“堕落的”“怀疑的”，甚至“聪明的”。“聪明的”性质是对犹太人所有方面的抨击。事实上，这是无知的纳粹分子对对手的美德表示敬意的一种反常方式。“怀疑的”“聪明的”“轻率的”这些词，不过是对头脑敏捷的柏林人的总体描述。正如彼得·盖伊提醒我们的，这些词语是德国人用于柏林人的，人们因为他们的头脑敏捷而欣赏他们，因为他们瞧不起炫耀、自大和空洞的宏伟。

在最终的分析中，“聪明的”犹太人这个词，在嫉妒的德国人的心理中具有它真实的起源。德国人因为犹太人的成功而心生嫉妒，企图玷污成功的动机，贬低它的成果来降低它的价值。当然，“聪明的”犹太人这个词掩盖了长期存在的心理成见，即犹太人是上进的、有冲劲的、没有感情的，他们对受人尊敬的德国风俗冷漠而无动于衷，只奖励物质上的成功。这一成见不仅出现在武断的犹太人仇恨者的咆哮中，而且出现在维尔纳·松巴特的学术论文中，出现在讽刺性的傻大哥卡通画中。鉴于犹太人“有冲劲的天性”和“缺乏精神的深度”，他们被假定不能创造出真正持久的艺术、文学或音乐作品。假如这是真实的话，伟大的文化成就需要乡土和生活在乡土上的民族的来源——正如民族主义的右翼所宣称的那样——接下来的结论会不会是这样，即作为边缘化的犹太人，从不会渴望在世界的任何地方创造出任何伟大的东西？当然这个前提有两个错误：首先，大部分德国的犹太人是完全同化的德国人，并不比其他德国人缺乏“根基”；其次，伟大的成就来源于作为个人的天才，他们创造性的才能超越了他们置身于其中的文化。当然，犹太知识分子反复证明了这一点，但是这没有改变心怀偏见的德国人的看法，他们继续把所有犹太人的东西等同于非德国的东西。

瓦尔特·拉克尔显示了这可能对犹太知识分子形成了毁灭性的心理冲击，因为它在他们个人的和创造性的生活中制造了反常的东西。他们“是优秀的欧洲人，但是他们也是分裂的人格，与他们生活在一起的其他人相分离”。拉克尔相信，这种分裂可能说明了他们不能在文学或者艺术上生产出真正伟大的作品，它们需要大众和民族的根基。在没有民族边界的科学领域，犹太人作出了伟大的贡献。犹太人在文学和艺术上的贡献实际上缺乏一流水平的观点可能面临着挑战，但是可以好好采纳拉克尔有关犹太知识分子生活中存在着深远分裂的观点。大多数为科学作出伟大贡献的犹太知识分子，甚至像爱因斯坦和弗洛伊德都会感受到这种分裂。在这两位科学家的生活中检验这种分裂是有启发性的，尤其是在弗洛伊德的生活和工作中，因为受过心理分析的训练，这位心理学家提供了一位自然科学家不能相匹敌的人的生存证据。

爱因斯坦和弗洛伊德是斗争了多年才世俗化的犹太人，在他们作为科学家取得戏剧性的惊人成就之前，前者是苏黎世谦卑的专利申请员，后者是维也纳专业的、孤独的精神病医生。他们两位都证明了真理超越了文化，因为在更高的水平上，他们向我们讲述了自然世界或人类的生存状况。但是，两个人都成为了犹太恐惧症批评的主要攻击对象，因为他们犹太人的出身，这些批评企图使他们的著作变得毫无价值。20世纪20年代，爱因斯坦本人及其声誉经常受到丑恶的攻击。事实上，犹太人的仇恨者在威廉学院等着他出现，然后发出“犹太科学家”的咆哮。他的邮箱塞满了攻击其犹太性的信件。有一次，一帮右翼学生在柏林大学打断了他的讲座，一个学生大声叫嚷：“我要切开这个肮脏的犹太人的喉咙。”一群声称自己在德国自然哲学工作委员会工作的伪科学家，租用了柏林爱乐乐团的音乐厅，作了旨在揭露“爱因斯坦骗局”的系列演讲，攻击相对论是错误的犹太原理。爱因斯坦是一位有着博大胸怀和丰富幽默感的人，他对这些蠢事一笑置之。为了显示他并没有被批评者们滑稽的行为所恐吓，爱因斯坦甚至在爱乐乐团的音乐厅租了一个包厢，嘲笑那些用于让他的发现变得毫无意义的证据。然而，甚至自谦的爱因斯坦也不得不承认：犹太恐惧症患者们的恶毒攻击让他烦躁不安，使得他的工作进行得十分困难。有一次，一个发狂的犹太恐惧症患者甚至公开威胁他的生命，他要奖励所有刺杀这位科学家的人。这位威胁爱因斯坦生命的鲁道夫·莱贝尔只是被处以相当于16美元的微不足道的罚款。这就是未经改革的保守主义法律体系的标志。

带有犹太恐惧症信念的德国民族主义者对爱因斯坦的憎恨——爱因斯坦成为了他们喜欢抽打的孩子——也是他们对所有质疑他们僵化世界观基础的知识分子的憎恨。根据弗雷德里克·格伦菲尔德的观点，爱因斯坦"剥夺了德国公众一些被认为是良好生活本质的东西，它们是绝对之物——晚餐七点开始，这就是这个世界的正义"。正如先前所显示的，德国人绝对厌恶在文化上不同寻常的东西。当面对不同的信仰或者生活方式的时候，他们已经把"不能接受不同寻常的东西"作为正常的反应。另一方面，许多犹太人经常对假定的永恒真理或者试图维护它们的僵化的德国行政当局无动于衷。反对公开的社会真理，在许多年轻德国犹太人的早年生活中，尤其在学校期间，就表现出来了。爱因斯坦一直被看作是一个问题学生，当时德国的学校体制充满定罪的氛围，以及固执己见的腔调和风气。学生在那里受到欺凌和严格管理，经常受到带有教官习惯的教师的侮辱。对于没有根基的、又具有强烈意志去追随自己创造性爱好的犹太人来说，在这样的体制中无立锥之地。结果是：他除了数学之外一无所长，被慕尼黑的鲁伊特波尔德高级中学开除，因为把他留在班上是破坏性的，被认定会污染其他的学生。我们知道后来的故事：爱因斯坦在瑞士完成了自己的学业，继续追随着他"成为自由精神的狂热欲望"，怀疑现有的科学权威，在物理学领域做出了地动山摇的发现。可能就是他的犹太性以及他天生独立思考的倾向，使得他对时空的含糊性特别敏感，这也是理解相对性的心理前提。

弗洛伊德在维也纳过着更为孤僻的生活，但是无论作为学生还是专业人士，他一生都受到反犹太人偏见的侵袭。像爱因斯坦一样，弗洛伊德是一位拒绝所有宗教的世俗化的犹太人，因为他相信它们是幻觉。尽管他的妻子玛尔塔·贝奈斯是在严格的犹太家庭里长大的，但是弗洛伊德拒绝任何与正统的犹太教有关的东西。但是,对于他的批评者来说,在弗洛伊德的理论成为争议点的时候,他就成为了一个犹太人。例如,他对婴儿性行为的著作使他受到了恶毒的攻击,其中的许多都带有强烈的反犹太人色彩。他被控诉破坏了基督教的道德观,他的心理分析方法得到了犹太心理学家(卡尔·亚伯拉罕、马克斯·艾廷顿、阿尔弗雷德·阿德勒、汉斯·萨克斯、威廉·兰克)的支持,但被认为是"犹太人的科学"而遭到了普遍的拒绝。一位保守主义的学者轻蔑地说:"除了知道弗洛伊德的学说是一个犹太人发明的,我们对它还要知道点其他什么吗?"当然,可以低估这类粗鲁的评论,但是,更为痛苦的是卡尔·荣格的反应。荣格是弗洛伊德以前非犹太的战友、学术上被认定的继承人。20世纪30年代,他似乎鼓动双翼进入了纳粹的轨道,和一个纳粹控制的心理病学的期刊建立了联系,发表了一项重要的声明:雅利安人的无意识比犹太人的具有更大潜能,并且"把一个犹太人心理学的结论作为普遍有效的东西是一个十分不可饶恕的错误"。

对于弗洛伊德和爱因斯坦来说,这些反犹太人的攻击导致了心理上的极度痛苦,它们进入了德国人和犹太人分裂的核心,也进入了犹太人自我认同的核心。对于爱因斯坦、弗洛伊德以及许多其他知识分子来说,这种顽固的反犹太偏见只是提高了他们作为犹太人的意识,至少是作为犹太人的感觉,使他们更积极地投入促进犹太人利益的组织。1927年1月6日,《犹太家庭报》刊登了一幅支持巴勒斯坦委员会柏林创立大会的照片,阿尔伯特·爱因斯坦和莱奥·贝克一道出现在照片上。早在1895年,弗洛伊德就加入了犹太兄弟组织,以便与来自相似犹太背景的、容忍各种不同观点的人建立社会联系。这表明,从分享犹太历史和痛苦的文化密切关系的意义上来看,弗洛伊德感到自己是犹太人。根据彼得·盖伊的看法,这一身份认同是弗洛伊德自己对犹太人自我认同的解决办法,它是一种对作为犹太人"挑衅式的"骄傲。还有比这更多的含义吗?除了成为原型的或者普遍的东西之外,在弗洛伊德的著作中——忽略明显的反犹太人诽谤——还有没有确实是"犹太人的"东西?对这一十分复杂问题的回答可能是肯定的。这也可能也回答了彼得·盖伊的问题,即德国犹太人对作为一位德国人的自我定义是否只是一个有失体面的迷恋。德奥的文化环境及其伟大的知识成就和卑鄙黑暗的阴暗面,是使得弗洛伊德心理分析成为可能不可或缺的条件。

1926年，据说弗洛伊德向一位德裔美国采访者格奥尔格·西尔维斯特·菲尔埃克坦言："我的语言是德语。我的文化、我的成就是德国的。直到我注意到德国和说德语的奥地利反犹太人的偏见增长起来的时候，我认为自己不再是德国知识分子了。从那时起，我称自己是一位犹太人。"不仅弗洛伊德自我定义为犹太人是由他所处的德奥环境塑造的，而且他本质的思想模式、作为局外批评家的反讽冷漠、他对文化和政治上骗人把戏的敏锐剖析，也是这一环境塑造的。维也纳是弗洛伊德的知识在此成熟的城市，它具有让人目眩的反差：表面上看，它被设计为一个浪漫的舞台——今天它的旅游管理部门依然是这么设计的——充斥着施特劳斯的圆舞曲、咖啡馆、丰富的甜点、无忧无虑的氛围。然而，在表层之下，维也纳是一个放大的弗洛伊德式的自我，是一个本能和文化不和谐的沸腾大锅。维也纳是奥匈帝国首都和哈布斯堡家族王位的所在地。哈布斯堡家族是欧洲为数不多的残存王朝之一，它没有统治过一个在地理、文化或民族上都是同类的国家。更确切地说，帝国是由一个不相干的多个少数民族的集团构成的。这些民族一度在地理上从波罗的海延伸到黑海，到喀尔巴阡山，到民族冲突的温床巴尔干半岛。哈布斯堡家族成员最初是奥地利的公爵，但是在中世纪他们继承了神圣罗马帝国皇帝头衔的时候，他们的权力剧烈地扩大了，直到拿破仑1806年终结了神圣罗马帝国，他们才不再保留这一头衔。在整个19世纪，他们继续作为奥地利皇帝和匈牙利国王进行统治，在民族主义动乱的年代顽固地依附在他们帝国荣耀的梦想上。维也纳是一面镜子，映照出这个多语种帝国在民族、语言、宗教等方面的紧张。它犹如一个不变的纪念碑，奇怪地和现代性的力量格格不入。哈布斯堡帝国的皇帝弗朗茨·约瑟夫（1830—1916）1848年登基，活到足以见证到毁灭他的帝国的第一次世界大战。

无论过去还是现在，奥地利首都的造访者都会被官方设计的宏伟的舞台风格所惊讶。帝国宫殿和在维也纳边缘被称为美泉宫的"小的"乡村宫殿都是巨大、炫耀和宏伟的，然而对于敏锐的造访者来说，它不是一个舞台场景，而是人们实际生活的地方。回首往事，就是在这些舞台场景当中，我们遇见的都是些完全脱离实际的人。当然，对弗洛伊德思想有着特殊兴趣的是弗朗茨·约瑟夫，他崇拜荣誉和责任，但是毫无明确的方向感，显然也没有一点幽默感。在A.J.P.泰勒富有启发性的洞察中，约瑟夫具有强大而犹豫不定的力量，也就是外强中干。他假定每天在办公桌后面坐上至少八个小时，并签署文件，他就能让帝国运作，同时他相信官方气派和他五十个奇怪的头衔——其中一个是“奥斯威辛公爵”——就能把余下的一切搞定。根据A.J.P.泰勒的观点，宏大的奥地利帝国正在褪色的光彩是“辉煌的、充满了浮华而内部枯燥无味的生活。它是剧场，而不是现实”。

在离老朽的皇帝签署海量文件、召见来访者的霍夫堡不远的地方，另外一个不同的现实是伯格街19号，因为就是在这里，西格蒙德·弗洛伊德革新了心理学，对支撑弗朗茨·约瑟夫权威的迷信，以及这位皇帝所代表的文化表示怀疑。细想一下这两个人的角色是富有指导意义的，尤其是一个人一并造访了霍夫堡和伯格街19号之后，面前会浮现出老态龙钟的皇帝和负有创造性的天才，他们生活在同一时代，彼此又如此贴近，然而对现实的看法却相距甚远。霍夫堡的造访者会注意到这位皇帝有召见来访者的习惯。他依然可以发现一个古老的讲坛，上面放有记录来访者姓名和他们签名的本子。皇室来访者名单的复本中显示有西格蒙德·弗洛伊德的名字，这个复本也能在伯格街19号弗洛伊德博物馆里发现。时间大约可以追溯到1902年，弗洛伊德跟随着一位来访者，接受了“特别教授”的头衔，但这是一个在大学里没有的荣耀头衔。弗洛伊德后来开玩笑地说，好像是皇帝已经正式“认可了性行为的作用，并且内阁批准了梦的解析，或者在歇斯底里治疗中采取心理分析治疗的必要性已经被议会以三分之二的多数通过”。

事实上，弗洛伊德已经使得皇帝的权威不再有效，甚至所有的一切都让我们进入了犹太人和德国人共生关系的核心。弗洛伊德看见了幻觉面纱的后面，他走进了它的心理根源。他这样做是在玩火，是从众神那里盗火。他的犹太性在这部戏剧中并没有发挥不明显的作用，因为它提高了他对奥匈帝国普遍的生存二重性以及特殊的文明批判性的认识。当然，他开玩笑说，“对性行为的认识”预示了一场喧闹，但它后来变成了对他的狂怒，因为他散发出一种威胁一个建立在罪恶和侵略之上的文化基础的力量。用犹太—奥地利讽刺文学的恐怖小鬼卡尔·克劳斯的话来说，这种文化是一种白种人的道德观，它“建造了铁甲船，但却围着处女膜的偶像跳着祭祀舞蹈”。总之，在很大程度上，一个赞扬死亡本能的文化，一个对侵略和死亡崇拜的文化，是不能轻易支持性行为的解放的；进而，这种古老罪恶文化的承继者将组织一切力量去抵御它的诽谤者以保护这一文化，尤其是假如诽谤者的领头知识分子之一是一个犹太人。

弗洛伊德的生活和职业生涯是自我发现的冒险旅程，在其中，他对犹太性的感知构成了不可或缺的部分，但是在其中德奥的背景也提供了心理的条件。这些背景给予他一些线索，据此他试图发现解释人类欺骗、痛苦、不快的答案。人们可能认为弗洛伊德的心理分析方法是他与自我欺骗、欺骗他人做斗争的特殊工具；但是，他可能用它来揭开人类痛苦潜藏的（蒙上面纱的）的原因。这是一种历史方法的观点不应该让我们惊讶。弗洛伊德沉浸在一个具有历史并在历史中汲取力量的城市，同时意识到把他和四千年传统联结起来的犹太遗产，他可能会情不自禁地从历史的角度思考问题。正如菲利普·里夫提醒我们的，弗洛伊德一直似乎不仅将现在，也将未来坍陷到过去。知道的东西不是来自新的经验，而是来自回忆的东西。事实上，决定性重要的事件已经发生在过去，要么以人类体验的痛苦和疏离的形态，当它正在进行从原始状态向文明、从自由流淌的性爱向文明的压抑至关重要的转型时；要么以人类成员儿童期承受的个人抑制的形态。在两种形态中，发生在过去和现在的抑制蹲伏在无意识当中。从无意识当中，抑制用它的动力因素创造个人和公共的历史。借助历史的重演，从过去发现这种无意识的知识，是减轻人类痛苦的关键所在。

弗洛伊德对历史悲剧因素的深刻认识——对于他来说，其犹太人的和德国人的背景都可以用来证实——阻碍了他追随乐观主义的道路。换句话说，弗洛伊德认识到，我们只能成为已经成为的东西，而这种认识排除了对激进的变化或者拯救的信仰。但这并不意味着弗洛伊德是一位相信历史无尽重演的无条件的悲观主义者。毕竟他是启蒙运动的一个继承人，强烈地相信人类已经从野蛮走向文明，从杀手变为人道主义者，但是他也相信人的自我在生物和心理上是没有变化的（固定的）。生存本能和死亡本能两者处于永恒的紧张状态，以致回归到最基本的原始状态被认为是人类历史中的常态和日常事务。战争因此是历史循环运动最敏感的部分，因为它来自人原始的、自我维护的、本能的侵略倾向。因此，我们注定和我们的过去一起生活。我们与过去相处到什么程度影响着我们的精神健康。神经衰弱症是无力逃避过去的结果；并且因为我们都不能完全逃避我们的过去，所以我们在不同程度上都有神经衰弱症。尽管神经衰弱症是一个普遍的状态，因而不可能消除，但是它承担的痛苦是能够治疗的，也可能在心理上减轻。在这个意义上，弗洛伊德是一位小心翼翼的进化的渐进论者，他相信心理分析可能通过调整我们适应现实来减轻痛苦，它是成熟的启蒙运动的信仰，是启蒙运动通过科学的人文主义对增量进步的希望。作为一位临床医生，弗洛伊德试图把病人从过去的负担而不是过去解脱出来，因为它一直压在他们的肩膀上。

弗洛伊德可能把他的知识分子性格归功于他犹太人的自我意识。他对历史的亲近不是其知识分子性格的唯一性质。另外一个性质是他高度发达的、剥去世界幻象的分析能力。在弗洛伊德那里，真正重要的不是外在事件，而是塑造外在行为的心理力量的潜层。换句话说，个人的或者历史的外在事件按照内在心理关系运作。这些内在的、很大程度上无意识的力量，为外在事件的呈现提供了线索。对过去事情的认识为即将到来的事件提供了线索，这种认识存在于对潜藏的无意识力量的解码和认识。这些无意识的力量抑制了成熟的自我发展，抑制了性欲发挥功能。过去及其抑制的事件为现在和未来提供了答案。尽管弗洛伊德和马克思分享了时间的模型，但是他自己的未来的景象是不同的，它传递了悲观主义的预测。马克思在历史自身的进程中世俗化了犹太教—基督教的千年传统。弗洛伊德在另一方面为了逃避历史证据性的记录，没有从历史中采取乌托邦的跳跃。我们只能推测为什么弗洛伊德如此顽固地抵制“最终的”答案，但是可以认为这与他的犹太性、他在心理上对乌托邦理想的抵触、他禁欲主义的气质有很大的关系。这就是他为何最终把生命看作在冷漠大海里漂浮的痛苦小岛的原因，也是他为何避免诱惑去对复杂心理问题提供简易治疗答案的原因。事实上，研究梦的专家建议我们停止做梦的幻觉，而是将自己限定在实现与我们的弱点、局限和天赋可实现的目标上面。

启蒙者弗洛伊德一直想理性地确认这个世界，去除它种种神秘之处，教育个人了解它不变的状态。作为一位禁欲主义者，他在毫无幻觉的情况下工作。这个幻觉就是人能够完善世界，发现如何去治疗痛苦。然而，作为一位心理学家，他也认识到驱动个人和社会寻找治疗痛苦办法的心理需求。给予这种心理需求以希望不是一种错置，只要它处于我们自身的局限给予我们的限制范围之内。当弗洛伊德思考他的时代问题并认识到从四处正在靠近的危险的时候，他知道，当大众背叛了启蒙运动的计划并进入群体幻觉的时候，启蒙运动派将再次被迫进行防御。纳粹的狂热状态的乌云正在积聚，弗洛伊德预感到仇恨的冲动已经升起，它们不会被轻易地压制，同时太多德国人正陷入的幻觉将导致产生残暴结果的、集体的极度疯狂。

一个人如何面对正在降临的非理性行为？是继续启蒙运动的工作，还是调动自己的力量去作抵抗？抑或是消极和耐心地等待，直到最近的反犹风暴像所有以前的一样自行吹散？弗洛伊德继续进行着他传播启蒙运动的工作，甚至当他的国家背叛了启蒙运动的时候。弗洛伊德具有人道主义基础的科学工作已经播种生根发芽，但是在时空中还十分虚弱，它证明了德国人和犹太人的共生关系不是一个幻觉，而是具有可以存活的可能性。它之所以中断，是因为启蒙运动的根基还不够深厚，不足以抵挡非理性的猛烈攻击。纳粹运动在德国的胜利是可能的，因为德国人已经失去了理性、爱、同情、相互宽容的人类价值观。

犹太人对犹太恐惧症的反应

犹太恐惧症偏见的积聚，冲击着大多数犹太人的生活，包括弗洛伊德或者爱因斯坦在内，没有人幸免于它的影响。在德国，一个人不可能忽略冲锋队喧嚣和越来越多刺耳的街头暴徒。在20世纪20年代，这些暴徒热衷于煽动反犹太人的暴行，在日益衰落的共和国最后的几年，暴行成了习以为常的事情。希特勒和他的冲锋队员相信有蓄谋的煽动；他们的策略被人们描述为公开的挑衅，正如冲锋队的战歌充分显示的那样：

冲锋队员，无论老幼
握紧你们的武器向前，
因为在德国的地界，
犹太人可怕地发动了浩劫。

冲锋队员冒着弹雨走来，
他感到勇气十足，

因为当犹太人的血从刺刀里迸出，
美好时光再次留驻。

纳粹分子的古怪行为可能且经常被德国人和犹太人一笔勾销成吵闹的少数派的咆哮。这些少数派把犹太恐惧症弄成了其政治计划的中心。在20世纪20年代，大多数德国人更关注战争的经济、社会和政治的后果，而不是犹太人问题。直到1929年的经济大萧条，以及与之相联系的共和国的政治解体，犹太恐惧症才积聚了势头，把自己附着在纳粹声势浩大的运动之上，继续在德国的公共生活中发挥主要的作用。然而，正如先前所示，甚至在1929年之前，犹太恐惧症在德国社会就扮演着重要的角色，其危险的含义无疑十分明显，以致德国的犹太人感到有必要调动敌对力量，组织反抗行动。从20世纪20年代初期开始，许多犹太人一直仔细地观察右翼民族主义团体的行为，尤其是阿道夫·希特勒和纳粹党。他们非常清楚纳粹计划的要点之一就是，所有犹太人都不是德国人，因为他们在“种族上”不是德国人。①这个要点在1920年2月24日就得到了公开的宣布。当然，在1920年，大多数犹太人不知道阿道夫·希特勒和纳粹党；但是到了1929年，他们当中的许多人非常清楚他是谁，知道假如他掌权之后，人们从他那里期望得到什么。到1932年，当纳粹党成为德国最大的政党时，几乎没有犹太人还在怀疑从纳粹党那里将要得到的东西。

在1932年，犹太教士阿尔弗雷德·维纳在《中心协会报》(1932年7月24日)采用了以下提问式的头条标题，希望他的读者对纳粹的危险予以警觉：“一个计划或煽动的实现：一个希特勒的多数派会干些什么？”维纳间接地警告他的同胞犹太人：“假如第三帝国到来，那么我们将告别正义和繁荣，告别公众精神和自由事业。”

阿尔弗雷德·维纳是代表德国犹太人的、最大的保护组织的成员。这个组织名字叫“犹太人信仰的德国公民中心协会”。它成立于1893年，是第一个明确与犹太恐惧症作斗争、保护犹太人公民权、推动德国犹太人自我认同事业的犹

① 纳粹党党章第四条说：“只有这个民族的成员才能是这个国家的成员。只有德国血统的人——无论他们的信条如何——才可能是这个国家的人。这样，没有犹太人可能是这个国家的成员。”

太人组织。在战后的年代，中心协会的成员在6万和7万之间波动，占德国犹太人总数的14%。但是，中心协会宣称它代表几乎90%的德国犹太人。其后的推动力主要由自由职业者（律师、医生、记者、作家、商人）和学生当中的社会积极分子组成。协会也出版自己的报纸，最初叫作《在德意志帝国》，后来它与《德国犹太人报》合并，重新命名为《中心协会报》。在垂死的共和国疯狂的战役期间，中心协会出版了数以百计的图书，分发小册子，组织公共论坛，旨在启蒙德国的公民，告诉他们真正的生活和德国社会中想象的犹太人是相对立的。中心协会一次又一次地记录犹太人对德国社会所作的贡献，驳斥了犹太人的对手散布的有关犹太人的谎言，它们包括从对《塔木德经》、祭祀杀婴、阴谋计划的扭曲，到对犹太人在第一次世界大战笨拙行为的谴责，范围极广。为了驱散犹太人对德国不忠的谴责，阿尔弗雷德在1930年一次犹太人抗议集会上尖锐地主张："假如授予德意志精神诺贝尔奖，德国的犹太人就是接受者。"

除了发动公共启蒙运动的计划，中心协会还试图通过德国的法律制度发挥作用，以保护犹太人的权利和名誉。中心协会的律师采用了对付个人和宗教诽谤的《德国刑法典》第130条、第165条，获得了一系列抵制公然的犹太恐惧症的成功。处于领导地位的犹太恐惧症出版家特奥多尔·弗里奇，以及处于领导地位的纳粹分子约瑟夫·戈培尔、格雷戈尔·施特拉塞尔、罗伯特·莱伊、卡尔·霍尔茨、尤利乌斯·施特赖歇尔，都因为诽谤犹太人而受到小额罚款。正如先前所显示的，德国的法律制度掌控在保守主义的法官手中，他们不喜欢民主共和国，经常站在它的死敌一边。这一法律制度多次在其决策中显示了公然的反犹太人偏见。尽管法律认为"公开地诽谤以宪政的方式建立的政府"是犯罪，但是1923年最高法院认可这样的轻蔑用语"犹太人共和国！耻辱，犹太人共和国"，因为"德国新的法律和社会秩序明显是由德国犹太人和外国犹太人带来的"。这一法律制度因此是一把双刃剑，更何况它经常慷慨地给在公开场合穷凶极恶的纳粹分子提供发布偏见的论坛。

第二个代表德国犹太人的保护性组织是"犹太人前线战士国家联盟"，它于1919年2月8日由40位第一次世界大战的犹太老兵创立，其领导是莱奥·勒文施泰因上尉，他在战争期间因为发明了一个声呐装置而十分有名。这个组织最初的目的是保卫犹太士兵的荣誉，以抵抗犹太恐惧症的指控，即犹太人是胆小鬼，他们逃避兵役，尤其是前线的兵役。尽管该组织从官方的角度试图避免卷入德国犹太人国内的宗教活动，但有几次记录表明，它反对犹太复国主义分子的分裂行为，因为这些分子威胁要将德国犹太人从他们的祖国分化出去。这个国家联盟是一个小心翼翼的、保守的组织，一直避免采取好战的策略，除了几次犹太老兵遭到了明显的诽谤。例如，它起诉了希特勒的导师迪特里希·埃卡特，他公开吹牛说他将给人1000马克，只要这个人能够证明一个犹太家庭送了三个儿子去前线至少三个星期。国家联盟提交了几十个人的名单，把埃卡特告上了法庭，让他付清所有金额。但是，这样的成功是稀有的，很大程度上是象征性的。从数量来说，国家联盟大约有3万会员，1.4万年轻的追随者，360个地方办公室，一个名字叫《盾牌》的核心期刊，它是一个微小的但组织良好的联盟。

另外一个有着强烈的保守主义观念的保护性组织是民族主义德国犹太人联盟，由先前是德国军队的预备役军官马克斯·诺伊曼在1921年建立。这个组织追随它领导人的信念，即反犹太人偏见来自犹太人和德国人不同的看法。假如是这样的话，犹太人因此必须证明他们和德国人一样是忠诚的、爱国的、民族主义的。诺伊曼既拒绝犹太复国主义，也拒绝东方犹太人，因为他们强化了疏离的犹太人的传统否定性形象。他忠告德国犹太人不要再做半个德国人，而要做百分之百的德国人。最初，诺伊曼因为纳粹分子的民族主义信仰而对他们情有独钟；他甚至还试图和纳粹分子达成和解，只是后来他发现了每一个犹太组织都最终被迫承认的东西，即纳粹分子不惜拒绝犹太人的支持，因为他们已经将犹太人妖魔化为种族的敌人。

正如年轻的德国犹太人中的青年领袖汉斯·约阿希姆·舍普斯（1909—1980）所阐述的那样，对于一位忠诚的、爱国的、保守主义的犹太人来说，这确实是一个令人吃惊和痛苦的发现。年轻的舍普斯来自一个富裕的普鲁士犹太人的中产阶级家庭。这些犹太人在第二帝国已经完全受到了同化，把他们的孩子作为德国人来抚养，和德国人一样思想和感受。舍普斯生于1909年，他逃过了“前线的经历”，但是没有逃过战后的影响。像许多爱国的年轻德国人一样，他认同参战老兵分享的同志情谊的精神，这些老兵中的许多人也参加了战前的大众青年运动。舍普斯一直具有一点反叛精神，喜欢年轻人的集会，寻求某种比中产阶级生存的刻板日常生活更富有意义的东西。他同时对性别身份和知识分子身份的寻求，在典型的保守中产阶级体制中是经常发生的。这涉及对父母资产阶级生活的代际反叛，涉及向青年运动新浪漫主义世界的逃避。这个世界有着同性恋的、兄弟般的关系，涉及学生在大学的兄弟情谊，专心于哲学和宗教的世界观。在海德堡大学，舍普斯凭借强有力的人格、德国人的标志长相、知识的深度吸引了人们的关注。1930年，他在图林根森林的深处建立了新的青年组织"自由德国同志情谊"，同时撰写文章拒绝物质主义，鼓励他的年轻追随者转向内在精神，寻求生存意义。假如纳粹没有在德国掌权，舍普斯可能和任何他那一代的德国学者无异，将享有成功的学术生涯。由于感到自己是一个保守的德国人，而非犹太人，舍普斯没有重视来自纳粹阵营的危险信号；他甚至在20世纪30年代初期撰文贬低国家社会主义，把它作为无关紧要的东西。当纳粹在1933年做出了不同凡响的事情之时，他依然相信他能够和他们谈判，得到他们对其新建立的组织"德国前卫"的批准。这个组织是犹太人的保守主义、集权主义的协会，他们除了犹太恐惧症之外，分享了大多数纳粹的意识形态。正如约翰·迪培尔所说："对于舍普斯和其他特别爱国的犹太人来说，问题是他们所代表的恰恰是纳粹分子不需要的东西——一个如此热爱德国，以致不能忍受离开它的想法的犹太民族。"这对于舍普斯来说无异是真实的，他光明的学术生涯被纳粹中断；他不得不在1938年为了生存逃逸。

对于许多德国犹太人看待和回应社会现实的方式来说，舍普斯绝不是一个稀有的例外。犹太人和他们德国的对应物一样，除了反犹太性，经常建立他们自己的、有着一样目的的平行机构。考虑到纳粹的危险，许多历史学家后来想知道为何这些德国的犹太人如此天真，或者盲目，或者二者兼有。历史学家依靠后见之明企图解释他们应该做但没有做的事情。但是，正如一位德国犹太人对这种追溯的回应："在后见之明中，显得有智慧是容易的。"谁能够在1933年知道1943年奥斯威辛发生的事情？格奥尔格·扎尔茨贝格尔是来自法兰克福的、在大屠杀后幸存下来的犹太教士，他撰写文章讨论了犹太人先见之明的问题："是的，这里存在着一些迹象，但不是明显的反犹太主义的。直到希特勒掌权的1933年，一个人是可以过上正常生活的。我们没有一个人能够猜到他的掌权意味着什么。"假如只是去纠正一种自然倾向，那么记取这样的反应始终是有用的。这一倾向就是要非常一贯地讲述一个故事，以致只可能预期到一种结果。大多数德国的犹太人没有预期到成为种族灭绝的牺牲品，也没有根据这种难以想象的预期行事。这是他们历史的重要组成部分，因此也必然由他们自己记录下来。

德国犹太人没有误判犹太恐惧症的危险，但他们肯定低估了它的强度。他们的组织过于虚弱，过于缺乏协调能力，以致没有大的作为。因此，这些组织反映了这样一个事实：德国犹太人不是一个十分一致的、具有自我意识的犹太人实体。它的成员不仅受到很好的同化，而且在专业、知识、政治、宗教信仰等方面高度不同。他们的保护性组织同样是不同的，有时内部还是分化的，很少能够找到共同的基础，甚至他们所有的人都遭到纳粹攻击的时候也是如此。另外，除了极少的例外，他们的领导者是胆怯的人，对犹太恐惧症危险的回应通常是建议耐心和忍受。

犹太复国主义者是一个例外。罗伯特·维尔施、马丁·布伯、库尔特·布鲁门菲尔德、格肖姆·舒勒姆接受了民族主义的信仰：犹太人是一个独立的民族，一个与众不同的民族，他们真正的解放不仅是脱离犹太人强迫集中居住区，而且是脱离德国国籍的诱惑或者其他国籍的诱惑。然而，这样的解放要求移居巴勒斯坦。总之，犹太复国主义者相信犹太人在民族上是不同的，在德国的土地上依然是无根而多余的。他们谴责"德国犹太人"在击打风车，嘲笑他们"坐等观望"的策略，庆贺自己对德国境况的评估被证明是正确的。但是，甚至犹太复国主义者也并非如后来他们所称的那样富有远见。那些从完全同化转变为完全拒绝的德国犹太人，在支持犹太复国主义信条并付诸行动时，也背负了过多的德国文化包袱。这就解释了为何即使他们都发誓要移居巴勒斯坦，但只有两千人在1933年移居巴勒斯坦的原因。移居巴勒斯坦有着内在的政治障碍，大多数德国犹太复国主义者都没有把移民看作多数德国犹太人的现实选择；至多只是那些乐意连根拔除自己的德国之根，并且有耐心和勇气到达那里并在那里定居的犹太人的可能选择。《犹太评论》的编辑罗伯特·维尔施、犹太复国主义联盟库尔特·布鲁门菲尔德推荐了一个富有弹性的政策，它视移民只是一种未来的可能性，而且要集中力量组织德国的犹太人为一种非同化的生存最终在德国定居下来。他们相信这是可能的，同时对纳粹的危险进行了误读。这种相信和误读显示了他们和其他德国犹太人一样缺乏预见性。直到1931年末，随着纳粹秘密文献的发现，揭露了希特勒企图消灭犹太人，处于领导地位的犹太复国主义者才觉醒到纳粹主义的危险。然而，甚至到那时，他们依然低估了纳粹夺权的可能性，或者低估了假如这样一个夺权事实上发生的话所预示的可怕结果。回想起来，是否是犹太人对德国的体制正派和传统正派的信任完全错位了？在希特勒和纳粹采用他们所控制的全部现代国家权力操纵犹太恐惧症之前，这一病症强度如何？

魏玛时期犹太恐惧症的强度如何？

近年来最引发争论的争议是聚焦这样一个问题，即多少“普通的”犹太人分享了希特勒强迫症，将犹太人视为德国的主要敌人，因此必须要么从德国驱逐出去，要么被灭绝。问题答案是一条光谱，一端是这样一些历史学家，他们一致认为纳粹夺权之前，犹太恐惧症只是一小撮吵闹的犹太人仇恨者的强迫症，他们在德国的生活和文化中扮演着无足轻重的角色，之后才把他们反犹太人的强迫症变为公众政策。这些历史学家认为，犹太恐惧症无论在第二帝国还是魏玛共和国都是无足轻重的麻烦事，尽管在威廉二世统治时期有几个政党把“反犹太主义”作为它们的主要使命，但是这些政党从来没有获得超过1%的大众选票，最终消失得无影无踪。除了到1930年还是一个边缘的种族主义政党纳粹党，没有一个把“反犹太主义”作为其纲领不可或缺部分的主要政党在魏玛共和国获得过明显多数的选票。还要指出，甚至在魏玛共和国混乱的诞生时期，整个犹太恐惧症患者的选票也从没超过总选票的8%。另外，人们经常认为，德国的选民更关心的是通货膨胀和失业、德国下降为一个三流大国、《凡尔赛条约》，或者共产主义的威胁。不能自动地假定每个投票给纳粹的人都仇恨犹太人。这些历史学家认为，假如政治文化不是犹太恐惧症的，那么这对于德国的知识分子文化来说也是同样真实的。例如，萨拉·戈登坚持认为，德国的文化遗产不是一致反犹太人的。她指出，甚至保守主义的普鲁士体制也承诺支持给所有犹太人法律平等的法律。她提醒我们，在1869年至1933年间，没有通过一个单一的法律去废除犹太人的权利。根据这些历史学家的观点，在魏玛共和国时期，极端的犹太恐惧症实际上不被纳粹所垄断。根据尤金·戴维森的看法，魏玛共和国是“一个开放的社会，有着高度的宗教宽容，在其中，政治上的反犹太主义消失得无影无踪”。

在光谱的另一端，是这样一些历史学家，他们认为，狂暴的对犹太人的仇恨数世纪来深深地根植于德国人的生活和文化当中。这一观点假定德国人长期偏离了西方世界自由主义和人道的传统，并且把刺耳的军国主义、反民主、帝国主义等价值观制度化，这些价值观带有强烈的犹太恐惧症弦外之音。这一观点最激进的形式在第二次世界大战期间的盎格鲁血统的美国人那里颇为流行。在这些历史学家当中，有主张德国特殊道路（正如后面所授予的）的人，他们是彼得·菲尔埃克、埃德蒙·费尔迈尔、罗兰·布特勒、A.J.P. 泰勒、威廉·夏勒。这些历史学家在德国历史中发现了不可避免产生希特勒的侵略模式。对于他们来说，第三帝国连同它的所有恐怖是“德国历史的逻辑延续”。正如A.J.P. 泰勒对德国人的描述，他们“一直是灭绝者，没有哪个民族把灭绝作为一种持久的政策来实施”。假如人们相信泰勒的话，那么随后的结论是：大屠杀代表了德国人最深层的希望。

当然，这样的观点在一个以前的敌人已经成为朋友的地方不再时髦，因此在最近的一些研究中，再次把这些德国人恐惧症的观点浮出水面有点令人惊讶。其中最著名的是丹尼尔·乔纳·戈德哈根具有争议性的著作《希特勒的自愿行刑者：普通的德国人和大屠杀》(1996)。在这本书中，戈德哈根认为，“灭绝主义的”反犹太主义是德国文化遗产的核心部分，它被普通德国人像“母乳”一样吮吸。纳粹的反犹太主义是普通德国人信仰中不可获取的部分，在所有社会阶层得到广泛传播。当大屠杀最终得到实施的时候，纳粹没有任何麻烦就找到了自愿的行刑者，他们的罪行可以说成为了一种“国家计划”。可以讽刺地说，正如埃及人建造金字塔一样，德国人建造了集中营和焚尸炉。

无论为了什么理由，刺激或夸张有时是阐述真相的有用工具。所有这些研究当中都体现了某种真相。大屠杀不是自发爆发而出现的：在纳粹使仇恨成为一个国家指令之前，仇恨的根子已是深扎而广布。犹太恐惧症是德国文化传统的一部分，它有着广泛的大众支持。另一方面，正如前面所示，这里存在着不同形态的、以不同强度体现的犹太恐惧症。换句话说，反犹太人的偏见不是同一块布上剪裁下来的清一色布料。例如，鉴于德国人在不同时期持有不同的成见性形象，有的把犹太人看作经济上的吸血鬼，看作颠覆性的“文化上的布尔什维克”，看作外族人，看作种族上的劣等者，看作基督的谋害者，或者看作社会的下等人。这些成为心理集群或者综合征的融合，构成了对种族灭绝行为来说十分关键的一种妄想性思维，这一融合成为了一个犹太人仇恨者正在觉醒的存在的核心强迫症。

有多少德国人实际上分享了希特勒的妄想？这是一个必须一直留存于心的问题，但它也是我一直主张不可能得到结论性回答的问题。理由是：因为我们不能客观地确定人在想什么，因此仇恨、非理性、妄想、类似的心理状态不可能精确地加以测定。求助于探测犹太人仇恨者的思想，分析不同的文化传统，甚或聚焦于“民族的”思想、心理、习惯、性格等理性的方法，将给予我们重要的帮助去阐释这一问题，但是并不能解决这一问题。对于更为计量的方法来说同样如此。计量的方法企图通过聚焦可测定的元素来测定犹太恐惧症的现象，这些元素包括选票、舆论调查、有关图书报纸或者期刊的大众营销数据、演讲或公共文献的内容分析，等等。尽管犹太恐惧症躲避了精确的测定，但这并不意味着我们不应该去测定它；同样，尽管它也躲避了精确的文化上的理解，但这并不意味着我们应该放弃采用传统的理性历史的方法去尝试解释它。假如采用了所有可以得到的工具，关于魏玛共和国时期犹太恐惧症的性质、范围、强度，我们能够得到什么结论？

在试图测定犹太恐惧症的工作中，必须遵守四个标准，它们涉及它的起源、表现、强度和范围。它来自何方？它是如何、依靠何种方式表现的？它的暴力程度？有多少人被它所说服？犹太恐惧症的起源可以追溯到中世纪，我们对此已经加以探讨。这些宗教、经济、政治、文化和种族上的起源，随着时间在强度上不断变化，潮起潮落，但是一直保持着众多的大众支持，在一些情况下显示出令人困扰的病态症状。第一次世界大战和随后的混乱时期，导致了病态的犹太恐惧症明显的增长。上一章中所提供的广泛文献记录已经证明，这一点在右翼圈子里是真实的。这一点在什么程度上对于其他集团和作为整体的德国社会是真实的呢？

正如本章所显示的那样，德国的犹太人受到两个生活的重要事实的影响：一方面，他们继续接受国家的法律保护，这个国家现在依然发誓维护广泛的民主权利；但是另一方面，他们也以一种或另一种形式体验到不断的提示，即他们在德国是外族人和有害的人。犹太人的自我认同处于含糊的状态，由这两种力量产生的不确定所定义。犹太人继续暴露在各种反犹太人的偏见和行为的攻击之下，如受到雇主或者政府官员的中伤和歧视，对他们个人性格和诚信的诽谤性攻击，身体的侵害，对犹太会堂或者犹太墓地的亵渎，破坏财物，公开骚乱。从制度的观点来看，反犹太人的偏见在军队、公务系统、执法部门、学校体系当中已经非常牢固。

第一次世界大战期间，犹太恐惧症在军队中增长；在自由军团和各种右翼的退伍军人协会中，它变化为病态的对犹太人的仇恨。有关这些我们已经说了很多了。为了理解军队对德国人如何不友好，一个人应该深思这个统计学的事实：对于魏玛时期的多数德国人来说，德国国防军总共只有不到12位犹太人；例如在1931年，德国国防军只有8位犹太人，没有一位是军官。在德国许多城市的警察局中可以发现许多心怀怨恨的种族主义分子。汉堡的警察局在自由军团中招募了许多成员。根据一位历史学家的观点，大多数汉堡的警察来自名叫石勒苏益格—荷尔斯泰因的自由军团。德国执法部门的领导即使不是反动分子，在政治追求方面普遍也都是保守主义分子。甚至在社会民主党控制的柏林警察局也没有被民主化，它的官员显示了明显的保守主义、反动的，甚至经常是反犹太人的态度。立法机构的情况也同样如此，它庇护了公然的反犹太人的判决，当然也许不是一个人能够在纳粹冲锋队当中发现的“粗暴的”那种，而是在有“修养的”犹太恐惧症患者当中发现的那种，他们喜欢把他们的偏见掩盖在委婉的法律条款之后，或者傲慢的、虚假的、轻蔑的态度之后。学校体系也是对犹太人十分不友好的机构。麦克·穆勒—克劳迪乌斯在1927年发现德国所有的教室都给予犹太学生持续的敌意和贬低的评价。尤其是整个20世纪20年代，大学生都特别受到反犹太人偏见的影响。与军队或者公务系统一样，大学依然是未经改革的、反民主的地方；它们是制度化的保守主义和精英主义的堡垒。录取依然限制给上层阶级和精英预科中学的毕业生，同时全部的管控依然掌握在具有绝对集权主义倾向的国家行政机构手中。

从共和国的开始到结束，学术界一直存在着持续的犹太恐惧症，有时甚至是爆发性的。学术职位和岗位在20世纪20年代总体上是匮乏的，这一事实加剧了恐惧症的状况。人们也能看到，太多的犹太人能进入大学，超出了他们在德国社会的人口比例。学生协会反复要求为犹太人制定配额，把他们的入学名额限制在和他们人口比例相对应的数量上。20世纪20年代末期，纳粹在学生委员会的选举上获得了惊人的成功。1919年，慕尼黑大学的大学生听到库尔特·艾斯纳被刺的消息后欢呼雀跃；1920年，为瓦尔特·拉特瑙举办的纪念仪式在柏林大学不得不被取消，因为学生威胁要对它进行破坏，他本人也是被三个年轻的犹太人仇恨者刺杀的。但是为公平起见，100万柏林人最终公开悼念他们亡故的领导人也应该被记录下来。1927年，普鲁士学生联合会进行了一次民意测验，询问它的会员是否应该许可犹太人加入联合会；答案是不吉利的预兆：77%的会员投反对票。

在1930年9月14日的选举中，纳粹取得了巨大的突破。之后，德国大学反犹太人的破坏活动就成为了家常便饭。1931年，反犹太人的骚乱在维也纳、柏林、科隆、格雷夫斯瓦尔德、哈雷、汉堡、布雷斯劳、基尔、柯尼斯堡、慕尼黑爆发。1932年1月22日，柏林大学的反犹太学生用鞭子和皮带攻击了犹太兄弟会成员，严重伤害了一些数量上多得多的犹太学生。校长叫来了警察，清理了大学，当局也保证这类破坏是不能容忍的，但是对犹太学生的类似攻击在接下来的四天再度出现。1932年秋季，布雷斯劳大学的学生在地方冲锋队的支持下，企图实现极端右翼圈子里一度夸下的海口：没有德国学生应该坐在犹太教师的课堂上。学生把他们犹太恐惧症的怒气发泄在恩斯特·科恩教授的身上。他是这所大学一位年轻的法律教师，在他讲课期间，这些学生向他喧嚣和齐唱侮辱性的言词。几个星期以来，科恩教授一直受到粗野学生的野蛮喧嚷，但是他一直抱有希望：让他失望的狂热会平息下来，他的同事会联合支持他的事业。但什么也没有发生。这表明德国的教授团除了其不关心政治的态度外，还庇护了强烈反犹太人的偏见。尽管中心协会在科恩的案子上花费了大量的时间，把它作为学术自由的典型事例，但是它的努力被大学当局釜底抽薪。大学解除了科恩的教职，借口是他涉足了政治议题。他告诉过媒体，在特定的情况下，他愿意为托洛茨基在德国提供庇护所。

科恩的案例显示了反犹太人的学生从他们反犹太人的教师那里得到了大量的支持。一些人得出的德国教授团不具有反犹太人属性的结论，是有严重缺陷的。教授们是“有教养的反犹太者”，在一些有名的案例中，是明显的犹太恐惧症患者。他们几乎没有勇敢地面对情绪激昂的学生，去支持著名的犹太教授的任命，或去保护他们的犹太同事。诺贝尔化学奖获得者里夏德·维尔施泰特1924年辞去了大学的职务就是一个相关的案例。作为慕尼黑大学的教务长，他发现自己处于20世纪20年代初丑恶的反犹太人情绪爆发的中心，学生冲进教员会议室，要求解除犹太教授的职务。但是，导致维尔施泰特决定辞职的原因，与其说是学生对犹太人的偏见，不如说是他同事的偏见。1924年，著名的地球化学家维克托·戈德施密特被建议作为维尔施泰特的同事保罗·冯·格罗斯的接任者，后者才从慕尼黑大学退休。维尔施泰特是戈德施密特热心的支持者，但是他很快发现他的同事对戈德施密特任命的抵制不是以学术，而是以种族主义为基础的。在相当多的幕后政治运作之后，全体教师投票否决了戈德施密特的任命，借口是他是一个外国人。维尔施泰特立刻宣布辞职，这使他的同事和学生都很惊讶。他坚持认为他的辞职是有原则的，是不可取消的。他不能赞同全体教师的观点，他们认为为了避免学校的动乱，许可“反犹太人的时代倾向”是必须的。维尔施泰特是第一位因为体制上的种族主义而被“内部流放的”犹太知识分子。

为了再次驳斥妄想的思想只是未受教育的人实际上专有的观点——这种观点让知识分子很舒服——记录德国学术界的犹太恐惧症思想的史前史是重要的。事实证明这一假定是谎言。种族主义的理想受到许多德国教授热情地支持。柏林大学新校长威廉·希斯在他的就任演讲中显示出他是坚定的种族主义卫生学的支持者。根据罗伯特·普罗克特的观点：

> 在纳粹掌权很久之前，许多研究种族卫生学、种族学的处于领导地位的机构和课程都在德国大学里建立起来。到1932年，可以公平地说：种族卫生学成为了德国医学圈子里科学的正统，在1932—1933年冬季学期，大多数德国大学的医学系都开设了26个独立课程，讲授种族卫生学。

意识形态的强迫症正在被教诲，但这一现象并非只存在于医学领域。人类学家汉斯·F.K. 金特、耶拿大学的哲学家马克斯·旺特、明斯特大学的社会学家约翰·普兰格、柏林大学的法学家E. 冯·莫勒、格雷夫斯瓦尔德大学的哲学家赫尔曼·施瓦茨都在促进这一强迫症。无疑，这些直言不讳的反犹太哲学家并非必然是整个教授团的代表，但不能否定的是，他们的观点得到了他们同事的宽容，并且得到新生的极端化的学生广泛地分享。

除了这些体制化形态的犹太恐惧症，在整个20世纪20年代，文献也记载了为数众多的“仇恨犯罪”的发生，一般采取亵渎犹太人的坟墓和会堂的形式。阅读当代犹太人的出版物是有指导性的，它们记载了这类暴行的发生。中心协会细致地记录了1923年至1932年间亵渎坟墓的事件，抵抗反犹太主义协会也作了同样的记录。尽管在魏玛时期没有发生屠杀，但是假如没有行政当局的干预，有几场骚乱和反犹太人的挑衅可能轻易地恶化为屠杀。1923年11月上旬，反犹太人的骚乱在柏林的流浪汉区爆发，许多犹太人生活和工作在那里。作为“水晶之夜”的前兆，咆哮的暴民砸碎了犹太人的商店，掠夺他们的财物，高呼“杀死犹太人”。在同样的月份，希特勒发动了慕尼黑政变，许多犹太人遭到了攻击。纳粹的暴徒随意地挑选公寓，就是因为他们业主的名字听上去像犹太人，比如勒文塔尔、勒文施泰因、赫茨、克莱尔斯海默；他们进而掠夺财物，威胁或者暴打业主。希特勒的冲锋队暴徒从电话簿上选择人质，挑选名字听上去像犹太人的业主，然后派遣冲锋队员把他们带走。鲁道夫·赫斯除了实际上“逮捕了”整个巴伐利亚内阁，还把犹太银行家路德维希·瓦塞尔曼作为人质，对他说了不少犹太恐惧症侮辱性的言辞。

这是一个大难即将到来的预兆。八年后，当纳粹已经嗅到胜利的气息，他们挑选了犹太新年的第一天（1931年9月12日），策划了对柏林犹太人的屠杀。这个计划由冲锋队领导人赫尔道夫伯爵和卡尔·恩斯特执行，号召对选帝侯大街的犹太教礼拜者进行伏击。但是，当纳粹的暴徒出现在这条时尚大街的时候，多数犹太教礼拜者都已经回家，然而，这并没有阻止纳粹暴徒攻击“犹太人长相”的行人，后来显示，这些人大多数是罗马尼亚人或者亚美尼亚人。这个事件的反响有着三个方面的重大意义：目击事件的德国行人没有特别的愤怒，也没有干预；警察只是做了象征性的姿态抓捕了几个嫌疑犯；法院最终宣告几个嫌疑犯无罪。当然，毕竟一个法院还是进行了审判，这证明德国依然是一个法制国家，公民在其中保证完全的公民权；但是，这个国家在萧条和更新的政治狂热的冲击下,正快速地向大灾难飞速奔去。

在柏林这一事件之后仅仅两个月,臭名昭著的纳粹秘密文件泄漏到法兰克福警察局,它显示一旦国家出现紧急状态,纳粹计划做的动作。这些文件由黑森州纳粹党大区领导人在一个名叫鲍克斯海默·霍夫的农庄起草的,这些文件概述了当纳粹掌权并面对共产党接管时,将运作的紧急措施。这些“鲍克斯海默”文件确切地显示一旦纳粹掌权德国人将要面对的东西:无情的极权主义统治、冲锋队对国家部委的控制、对各种犯罪的死刑。这些文件也显示了犹太人将要面对的东西:大规模饥饿致死和驱逐。

当然,希特勒完全否认知道这些文件,并试图使自己与这些文件包含的极端建议保持距离。他处于政治成功的边缘,因此他难以承担真相的揭露,即他的政党注定会鉴于恰当的时机,准确地按照鲍克斯海默文件上建议的那样行事。同时,他以登峰造极的手段玩起了变色龙的游戏,它糊弄德国社会重要的企业团体相信,他的反犹政策只是用来消除犹太人在德国社会的突出地位,他没有意图攻击犹太人本身。但是,阅读过鲍克斯海默文件的罗伯特·维尔施和其他著名的犹太人都深深感到震惊。他们认识到,这不是用来获得政治控制的蛊惑人心的空谈,而是为纳粹未来的国家精心起草的策略。

国家最高法院中止了对鲍克斯海默文件起草者维尔纳·贝斯特的诉讼程序,因为这些计划仅仅是在乌托邦思想中体现出来的演习而已。这一政治上的误判再次证明,德国的机构没有保护民主共和国抵制它的武装敌人;同时由于没有能够避开对自身的威胁,共和国没有能保护存在于自己权力范围内的少数派犹太人的权利,这并不令人感到惊讶。民主进程的退化证明支持共和国及其民主宪章的人所面临的困境。就是在共和国的支持者当中,犹太人发现了他们最强大的同盟者。温和的中间派政党——社会民主党、中央党、德国人民党——强烈地支持犹太人的公民权,反对任何形式的犹太恐惧症。但是到1932年,温和的中间派作为德国政治的主要因素实际上已经不复存在。左翼政党坚定地反对犹太恐惧症,但是它们也输给了极端右翼,并且它们互相鄙视,就如它们鄙视纳粹党一样。从历史的角度来看,共产党和社会民主党的领导层都强烈地反对所有形式的犹太恐惧症,但是这一态度并非一直扩展到普通大众当中,他们经常把犹太人和资本主义联系起来,恐惧也来自犹太移民(东方犹太人)的竞争。左翼被阶级意识的心理所俘获，认为犹太恐惧症完全是一个经济的术语，即和资本主义的剥削者经济利益相关，这些剥削者把犹太人的仇恨者作为工具，把劳动阶级的注意力从经济的艰难中转移出来。然而，具有强烈社会主义信仰的德国工人从来没有击败纳粹犹太恐惧症的事业。

至于教会，它们的官方立场是，在为其他的权利而战之前，首先要为他们信奉者的权利而斗争。像许多特殊的利益集团和党派一样，教会只关心自己，经常把自己封闭在自己的围墙里。当对犹太人的暴行不时出现时，教会在睡觉，从不醒来。德国的教会将弄巧成拙的习惯一直带到第三帝国，醒悟过晚，以至于无法改变悲剧的结果。在新教教会里也出现了裂痕，一个称自己为“德国的基督徒”的喧嚣的少数派接受了民族主义的思想，这些思想让他们确信基督是雅利安人。但是，作为整体的教会依然强烈地反对这种反犹太人的观念，继续肯定拯救最初是来自犹太人的信仰。无论是新教教会还是罗马天主教会，连同它们的大多数成员，都从来没有肯定任何暴力形式的、涉及剥夺犹太人权利、将犹太人驱逐出德国，或者灭绝他们的犹太恐惧症。不幸的是，教会从来没有积聚足够的政治力量或者勇气来保护它们自己成员的权利，更不用说它们犹太公民的权利了。

当然，这对于所有文明的政党和群体来说都是真实的；他们的差异证明比他们共同保卫文明的价值观的努力更强烈。在共和国垂死的几年当中，政治的重心从民主的左派和中间派转移到极端的右派，从进行民主实验的心甘情愿到对集权主义控制的强烈集体欲望。希特勒是这个重大转变的受惠者；他的政治天才存在于发动众多的不满者之中，存在于赢得显然是不相容的社会团体的支持。他知道在大众民主时代的选举方式不仅是由阶级的从属关系，也是由群体的偏见塑造的。他通过论证认识到：假如他能够成功地将大众民族化，用民族的偏见灌输他们，他就能成功地消弭经济的分化，重新将异质的因素整合到民族共同体当中。他是正确的。在1923年到1933年间，他为一个大众的政党创造了这一基础，这是一个十分新颖的概念，以致它完全躲避了他的政治对手，尤其是政治左派的阶级意识的思想。选举方式显示，希特勒的魅力穿过了所有阶级的疆界；它尤其在社会的中产阶级和中上层阶级显示得更为强烈。有论点认为，希特勒在中下层阶级那里，从社会和经济上一无所有和边缘化的小市民那里得到了大多数支持。这个论点不再有说服力。[①]

真相是，希特勒得到了社会各方面的支持。尽管他在自由选举中得到的最高选票只有37.2%，也就是每八票中有三票；但是这个边际高于任何其他政党，足以使他得到他所需要的为了击溃对手、进入总理府的力量。给予希特勒支持的是共和国分裂的缺陷和它的文化，尤其是反对党温和的领导层、魏玛宪法的缺点、对《凡尔赛条约》的普遍憎恨、不断增长的对集权主义领导层的渴望心态、统治精英关键成员的背叛。希特勒充分利用了纳粹党在计策上的优势，以及他自己操纵事态的天赋，欺骗了在1932年唯一可以阻止他的集团——围绕在兴登堡总统周围的保守主义的圈子。一旦搞定了它，希特勒只用十八个月就消灭了他最强劲的对立面，建立了极权主义统治的工具：警察、政府机构、大众传媒、经济和武装部队。

投票支持希特勒的德国人经常更关心的是通货膨胀和失业、共产主义的危险、他们国家的地位，而不是犹太人。但是，回过头来想，清楚的是，投票支持希特勒就是投票反对犹太人。确定在1932年有多少人完全认识到这一事实是不可能的，无论答案是什么，希特勒都能利用犹太恐惧症强大的蓄水池，并为自己的目的服务——不择手段地从德国消灭犹太人。德国民众在多大程度上在这一政策上乐意支持他，依赖于他们对他的目标的认识，依赖于把他作为他们的领袖，对他个人的支持和忠诚。

---

① 纳粹党是一个由小店主、教师、牧师、律师、医生、农场主、技术工匠组成的“下中产阶级”政党的论点，有着长期的历史，它最初由哈罗德·拉斯维尔在1933年《政治学季刊》发表的《希特勒主义的政治学》中提出的，结果是得到了反复的引用，成为了历史学家的正统观念。这些历史学家被训练根据阶级关系或者经济地位去解释社会的变化。尽管这一论点具有某种优点，但是作为解释的模型是不充分的。一些研究已经显示，纳粹党的吸引力远比以前假定的宽泛。纳粹党是一个民粹党，对各种各样的社会群体都有着吸引力，从拉斯维尔的小市民到年轻人、城市工人、上层阶级精英以及军人。

第六章

纳粹的种族国家

种族和政治

在和不同的纳粹内部人士一系列散漫的滔滔不绝的长篇大论中，阿道夫·希特勒直率地宣布了许多他很快就要在第三帝国实施的种族幻想和强迫症。这些长篇大论后来都被但泽议会的议长赫尔曼·劳施宁重新构建起来。在这些谈话发生的时间段（1932—1934），希特勒的种族思想在劳施宁这位保守的地主和民族主义政治家那里产生了共鸣。但是，不像他这个阶级的其他成员，劳施宁很快就对纳粹主义不再抱幻想，在1935年逃离了这个国家，并发表了两个富有洞察力的研究——《虚无主义的革命》（1938）和《与希特勒的对话》（1939），它们以高度的准确性把握了纳粹主义毁灭性的本质。劳施宁与希特勒的对话不仅忠实地反映了元首的种族强迫症，而且捕捉到了这个人魔鬼般的本性，包括他的音调、面部姿态，以及其他让人不安的举止。以一种奇怪和反讽的方式，劳施宁和希特勒的对话使得他的《虚无主义的革命》一书的主要观点失效，这个观点就是，纳粹的实质就是压迫和统治的无情需要。与希特勒的谈话清楚地否定了这一假定，因为它们显示了希特勒和他的集团被形而上的种族信仰所驱动，它使人受骗，让人毁灭，它根本不是虚无主义。

一条持续不断的线索贯穿这些稀奇古怪的谈话，这就是希特勒的信仰：犹太人代表了这个世界邪恶的原则。他提醒劳施宁，犹太人邪恶的存在只有在种族的范围里才能得到理解。事实上，他坚持认为，我们这个时代关键的政治问题要求"生物政治学"的知识。他希望这个显而易见的事实得到广泛的接受，但是他也坦言只有不多的人，包括他自己和尤利乌斯·施特赖歇尔是完全认识到种族议题的全球意义。他相信施特赖歇尔通过《突击手》，在提升大众对种族议题的意识上正在做正确的事情；但这只是即将到来的、由德国和犹太人引导的种族世界霸权之战的第一步。就希特勒所能关心的，未来真正的政治问题是种族的："所有其他的事情都是欺骗性的。在英国、法国、美国的后面，潜伏着以色列。甚至当我们成功地将犹太人驱逐出德国的时候，他们依然是我们世界的敌人。"

当劳施宁问及是否这意味着犹太人应该被完全消灭，希特勒阴险地回答道："不，否则我们以后不得不创造他。我们需要看得见的敌人，不是看不见的存在。"他解释道：他非常欣赏罗马天主教会的组织和宣传的技巧，这个教会从不满足于抽象的恶魔，而是周期性地集中于可见的恶魔。如他所言："犹太人一直潜伏在我们中间，但是以有形的方式比把他们作为看不见的恶魔更容易和他们战斗。"希特勒坦言，他要竭力证明犹太人的恶魔性质，并向劳施宁显示他是绝对确信《锡安长老会协议》的真实性。他坚持认为："这里不可能存在两个上帝的选民。我们是上帝的选民。这没有说明一切吗？"劳施宁插嘴说，确实，这有关选民的讨论只是象征性的。希特勒回答道："不，这是人们不可逃避的基本现实。这是两个互相对立的世界。属于上帝的人和属于魔鬼的人。犹太人是人类的对立面，是反人类的。犹太人是一个不同的上帝的创造物。他必定长成于人类不同的根。假如我把雅利安人和犹太人放在一起，称前者为人，那么我就不得不用其他名称来称谓后者。他们如此遥远，就像动物与人类的距离一样。我不想叫犹太人是动物。他是自然的异类，要从自然中去除。"

在对犹太人本质充满活力的爆发之后，劳施宁观察到希特勒还要说点什么，但是，考虑到"过度扭曲的脸部的紧张，他失去了语言的表达能力"。根据劳施宁的看法，他的脸部"痉挛地扭曲了"。他激动地把自己的指关节弄得直响，结结巴巴地说，犹太人问题是不可能弄得足够清楚的。在另一场"讨论"中——像希特勒所有的对话都只是自言自语——元首非常清楚地说：他要通过恰当的国家政策根除犹太人这个有害之物。他将实施生物学的政策，并用新的雅利安人制造出一个长得像上帝一样的新人类。确实，假如有真正的纳粹革命的话，它并不存在于惯常的社会经济变化中，而是存在于运用于德国生活和文化的伪科学的种族原则当中。希特勒的政治计划存在于通过极权主义的方法对种族生物学原则的制度化。当然，所有20世纪极权主义政权的本质存在于他们的这个诉求当中，即他们要制造出人类新的革命类型——新的苏维埃人、新的古巴人，但是新的纳粹人是生物学的产品，而非社会经济变化的产品。他是遗传学手段的产品，不是环境制造的；他的天性是生物学培育的。所有极权主义的体制都把人的标准化作为目标，纳粹体制的目标是种族的标准化。[①]正如希特勒告诉劳施宁的那样，纳粹种族国家的目标是制造长得像上帝那样的新人类。这就是为何国家社会主义不仅仅是一场政治运动，"甚至不仅仅是一种宗教；它是一种创造新人类的意志"。

在德国内部，这样疯狂的思想不仅被希特勒，也被越来越多的种族狂热分子非常认真地持有，后者想要通过从基因库中消灭所有有害的元素来净化德国的种族。这些元素作为心理疾病通过病毒携带者被注入德国种族当中。病毒携带者包括有遗传疾病的人、同性恋者、异族的劣等人——吉卜赛人、斯拉夫人，以及犹太人。这些种族的狂热分子潜入了政党要位、各种国家重要机构，以及学术和医学圈子，试图建立一种新的、可以测定人的价值的新标准。正如后来所证明的，它是一种伪科学的迷信，本质上非理性的标准，它把人类种族划分成一个新的自然尺度，在其顶点是雅利安种族，在其底部是犹太种族，后者是破坏所有健康种族的致命细菌。根据这种新的种族达尔文主义的标准，因为纳粹把种族理论嫁接在社会达尔文主义的流行观点上，这样纳粹废除了作为人类自由和尊严闪亮灯塔的法国大革命的原则。正如纳粹宣传部长戈培尔在1933年4月1日向民众进行广播演讲时所言："1789年从此从历史上彻底消除。"这一天，这个政权宣布联合抵制犹太商品。

在废除1789年原则的时候，纳粹分子实际上相信他们可以开始医治社会和文化的分歧。这些"破坏性的"原则据说要对德国社会的衰弱和第一次世界大

① 近年来，历史学家已经将注意力集中在了纳粹德国种族教条与实践的重要性上，指出纳粹主义的实质是在生物学上转变德国，并用种族替代阶级。

战的失败负责。他们将民主、整个民主的生活方式与富人（财阀）的经济利益联系起来，与对自私的物质主义和堕落的生活方式的迷恋联系起来。在他们眼里，民主是犹太财阀的创造物，它的真正目标是剥削、弱化和毁灭德国民众。除了在一党体制中给工人阶级提供欺骗性的经济平等的承诺来迎合他们之外，纳粹分子同样厌恶共产主义，因为它也是1789年“错误的”原则中生长出来的。包括希特勒在内，一些更加居心叵测的人视民主资本主义和共产主义是一条线上的东西。犹太人为了自己的计划操纵着这两个体制，他们的破坏性影响就是所有民族和种族文化的毁灭，并被国际犹太人所取代。

但是，不仅仅是希特勒和他的纳粹追随者拒绝20世纪两个竞争的政治运动。保守主义的政治和知识共同体都分享了纳粹同样的反民主的信念，它以同样尖锐的民族主义和帝国主义的腔调表达了出来。唯一的区别是保守主义者都是传统的精英分子，他们的财富和社会地位使他们怀疑纳粹党内部左翼所宣扬的平等化信条。但是，在大部分议题上，纳粹分子和保守主义者发现了更多的共同基础。他们都联合在民族主义的旗帜下，呼吁血统和土地、强大的集权主义领导的需要、母亲和家庭、德国的伟大性、纪律的美德、勤奋工作、为国捐躯。事实上，纳粹革命在很大程度上依赖先行的保守主义的反革命，它已经拒绝了民主，把它作为无效的统治形态和低劣的生活方式。

在兴登堡一代及其年轻的军营随从眼里——如海因里希・布吕宁、库尔特・冯・施莱歇将军、弗朗茨・冯・巴本、埃德加・冯・荣格——西方民主代表着完全无效的统治工具，因为它鼓励导致瘫痪的政治分裂，阻止了国家利益目标的实施。这些人相信国家的卫士不应该使自己服从自私的利益集团和党派变化无常、相互冲突的诉求和反诉求。他们应该是偏爱君主体制的、集权主义国家授权的超越党派之上的国家公务员，他们的决策是建立在专门知识基础上，而非党派的关系或经济的自我利益。保守主义的精英信任集权主义的公务员国家，他们在其中作出自己决定的这个国家，是由具有奉献精神、受过良好教育、无党派的公务员维系的，这些公务员将国家利益置于任何党派的利益之上。根据他们的观点，议会的角色应该被限制在立法规则的诠释上，同时执行的功能应该控制在集权主义的政府及其管理分支手中，即公务员和军队手中。

保守主义者不仅动摇了魏玛的民主体制，也在德国选民的背后阴谋去委任希特勒为总理，希望把纳粹主义的大众动力用作巩固自己反民主的反革命行为的工具。但是，他们很快发现希特勒拒绝成为顺从的卒子；相反，他很快采取了几个大胆的行为挫败了其对手的政治策略。尽管保守主义精英自己的革命已经偏离了方向，但是他们很快被希特勒抛给他们的政治或军事地位所腐蚀。只要希特勒将他激进的褐衫队悬置起来（在对罗姆的清洗之后他确实这样做了），并且重新将国家武装起来，恢复经济的繁荣，粉碎共产主义这一对立面，创造出德国伟大的形象——即使是一个电影里的幻象——只要希特勒能够做这些事，保守主义者就能够糊弄自己相信纳粹革命也是一场保守主义的革命。只有当希特勒的战争失败时，只有当希特勒暴政的全部冲击力开始直接撞击保守主义精英的生活和工作时，他们才开始叛变，但那时已经太晚了。除了少数早期的背叛者和没有效果的抗议，保守主义的精英保持了对纳粹的忠诚，尤其是保持了对集权主义价值体系的忠诚。这个体系制造了一种产生于对更高权威的服从、技术理性和尚武美德的迷恋癖好。

无疑，传统的精英有时被纳粹所使用的伪民主口号所困扰。那时，纳粹会宣称他们已经创造了一个和谐的民族共同体，在其中，以往的分歧已经消解，领导权被富有大众魅力的、代表民族主权意志的元首牢牢掌控。这些花言巧语可能被轻易地漠视，尤其是从纳粹自己毫无羞耻地、坦率地鼓吹他们精英主义的信念开始。当然，他们的精英主义采取了稍微不同的形式，因为至少从外观上看，它宣称是建立在种族而非阶级基础上的。种族优越性的信条恭维了许多德国人，并且对他们很有吸引力，尤其对那些迷恋民族主义信仰的人来说，正如许多具有保守主义思想的德国人几代都是如此。种族的信条也成为了社会整合的工具，作为一个政治策略，依靠它，真正的社会问题在被用来支撑集体自大的空洞口号的掩盖下可能变得含糊起来。国家社会主义很大程度上是一个模糊现实的方法体系，因为它创造了共享的敌人（犹太人、共产主义者、自由主义者、和平主义者、吉卜赛人、耶和华见证会教徒），依靠采用综合的策略（极端的民族主义、种族主义、战时国家主义、人为的十字军东征、战争）掩盖社会问题。但是，毫不含糊的东西是残酷的现实，它由一个反社会的领导层和一个恐怖的警察系统构成，它们威胁着每个反对这些官方欺骗和妄想的人。

在追踪导致大屠杀轨迹的时候，我们发现在纳粹体系中最明显的妄想也是其最具革命性的成分——种族。纳粹领导层以各种方式追求种族政治，远远超出修辞的策略或者整合社会的策略。种族主义是一个形而上的信仰体系，它拒绝所有人本质上的平等，相反，它相信种族集团之间的不平等是生活的本质。种族主义者除了他们相信雅利安人在种族上，因而也在文化上优越于犹太人、黑人或者亚洲人之外，没有为这种信仰提供任何科学的证据。强烈的、自说自话的种族优越论的信念，普遍地替代了理性的科学证据。由于没有能依靠理性的观点说服人，纳粹的种族狂人退却到这样一个可能作出正确结论的前提当中：雅利安人是优越的，因为他们拥有优越的力量。总之，纳粹的种族主义分子用种族优越论的信念和力量的规则来衡量优越性，他们相信自己是优越的，并企图用优越的力量恐吓他们的对手臣服来证明这一点。

但是，假定这样残暴的态度显示了他们真正代表的邪恶无疑是错误的。相反，种族主义的信仰被教诲为一种高贵的理想，它要求理想主义的、富有奉献精神的、诚实的人们的支持。纳粹政权企图灌输，尤其向年轻人灌输同质的种族共同体的理想，这个共同体清除了所有异己的因素，成功地制造了一个新的超人种族，因为只有以这种方式，这个国家的军事才可能得到重建，第一次世界大战中的失败才可能雪耻，千年帝国才能出现。在教诲这些不定型的、宏大的、一直以理想主义的最高调定音的思想中，纳粹政权发现了许多充满激情的信仰者。它可以如此作为，因为许多德国人生活在十多年的危机中，能够看到经济艰难和痛苦的岁月，视纳粹主义为再生和希望的运动。它可以如此作为，因为它的花言巧语对于年轻人、对于他们自我牺牲的感觉、对于发现生活意义的渴望特别具有魅力。那时，几乎没有德国人发现，体现这些渴望的希特勒实际上正在把德国年轻人的理想主义导入残暴和好战的终点，他利用了变态的军国主义，将狭隘的民族主义嫁接到生物种族的维度来将其复活，将残暴和非理性浪漫化，将集权主义带到它最高的归宿——盲目地服从。

在崇高的理想和富有诱惑力的花言巧语的掩盖下，纳粹掩盖了这些变态。希特勒是士兵政治家和艺术家的结合体，他对审美对象十分敏锐，知道说服需要信念的改变，知道这样的信念改变在其更深的心理水平上是激情的而非理性的。因此，需要对民众进行持续的，确切地说是不断的呼吁；因此也是持续的努力，去剥夺德国人的个性，引诱他们相信官方宣扬的神话。

在这一大众诱惑政治当中，最危险的妄想——危险是因为同样毁灭了德国人和犹太人——是雅利安种族优越性的神话。对这一神话的信仰不仅为针对犹太人的战争，而且也为针对精神上或生理上残疾的民众、吉卜赛人、黑色“莱茵兰杂种”、同性恋者，后来还有斯拉夫人、其他“亚洲低等民族”——除了日本人，他们成了“荣誉的雅利安人”——的攻击添加了燃料。正如前面所示，种族的信仰是“令人尊敬的”，尤其在19世纪后期以来知识分子的圈子里，但是直到1933年纳粹掌权之后，这些种族的思想才得到官方的支持，并且被一个现代科技治理的国家公开制度化。这个国家正很快地转变为具有与极权主义国家相关的所有典型特性的极权主义国家。这些典型特性包括：一位富有个人魅力的独裁者、单一的大众政党、恐怖的警察组织、对大众传媒的垄断、对武装部队的垄断、计划经济体制。

大量的著作都论述了纳粹国家，历史学家对它是否是一个双重国家、一个极权主义的国家、一个竞争的诸多私人帝国的多元治理的统治，或者甚至不是一个国家，而是类似过去东方苏丹宫廷或者伊斯兰教的君主领地，提供了充满争议的观点。[①]一些历史学家甚至在想，希特勒是否实际控制了第三帝国的机构，他们宣称希特勒是一个虚弱和无用的领袖，在他的政府中相对缺位，没有能力处理日常科层管理的任务，只是挑起无休止的竞争和敌对，因此引发了大量资源的耗费和足以导致战争失败的混乱。这些降低希特勒在第三帝国作用的尝试永远注定是失败的。纳粹德国是一个个人独裁的制度，就其本身而言，它享有广泛的群众支持和忠诚，以至于希特勒的权力从来没有受到过严重的挑战，甚至在1944年7月一小群无用的军官刺杀希特勒，激发民众反对他的行动惨遭失败之时也是如此。正如诺曼·里希正确评述的那样：“希特勒是第三帝国的主子。”当然，这一点无疑是真实的：希特勒把权力分派给一群次一级的元首，他也鼓动其主

① 在界定纳粹国家的本质方面已经涌现了大量的研究文献。在20世纪30年代和40年代流行的术语是“法西斯主义”，接着在50年代和60年代是“极权主义”，后来的名称是“种族的”或“多元统治者的”国家。学院派历史学家也将自身分为蓄意主义者和功能主义者，这种区分主要依赖于他们是致力于正式的行为主义方法还是将历史事件视为由个人的信仰和决策所塑造。前者是通过非个人的和基础的社会功能来阐释历史事件；而后者认为，目前存在的有关历史事实的性质的冲突，以及实证主义者与理想主义者之间狭隘的编年史回忆的冲突，已经导致史学界的混乱和困惑，并且使得对大屠杀的理解变得更为困难。在历史阐释中将动机和功能截然分开是一种错误的困境，二者在重构人类所制造的历史事件中是同等必要的元素。

要卫道者之间的竞争，甚至导致了效率低下和混乱，但是他的权力一直被绝大多数为他服务的人认为是不容侵犯的。德国的军人、公务员、所有服务于任何一个纳粹组织的人都亲口向他宣誓效忠，这意味着他们无条件地执行他发布的命令，后来也证明包括许多罪恶的命令。元首权力高于国家权力被那些服务于纳粹体系的人所接受，认为是国家治理策略的规定原则，结果是为了支持不受法律规范和道德约束的个人权力，建立在判例和法治基础上的法治国的实际解体。

这意味着种族政治从一开始就是希特勒本人所强加的。鉴于他对犹太人的仇恨，他采取了人们恰当描述的将冷血的算计和无视一切的狂怒加以综合，在制定反犹太人的政策中立刻发挥了坚定的作用。希特勒也激发和鼓励了无数国家和纳粹党的下属组织实施种族政策。

当然，在1933年，希特勒还没有一个明确的总体计划准备下发，统一指令党或者国家的所有机构。纳粹对权力的掌握，不仅涉及对诸如反对党、军队、保守主义的官僚统治、工会、教会等传统机构的斗争，而且也涉及纳粹运动自身的各个派系和个人之间激烈的内部争斗。这些内部争斗范围广泛，包括罗姆和他为褐衫冲锋队这支革命军队制定的计划；热衷于改变经济，使它与“真正的”国家社会主义相一致的左翼纳粹分子；鼓吹乌托邦乡村世外桃源妙药的民族主义的狂热分子；试图在新的纳粹国家当中建立自己帝国的精神变态者或者马基雅维里式的机会主义者（戈培尔、希姆莱、海德里希、戈林、罗森贝格、赫斯）。尽管试图建立纳粹国家的革命技巧早在1933年3月31日就已经出现，当时新的政府通过了《各州与国家协调一致临时法》，但是平息这些斗争耗费了数年的时间。这部法律引入了“协调一致”的术语进入政治词汇，它指的是纳粹协调或者同步所有的德国机构，使它们和国家社会主义的终点和目标一致起来。根据被称为“同步器”（它让电流只向一个方向流动）的电子器件来命名，“协调一致”被用来使所有的德国机构纳粹化，以便制造出极权主义国家的理想，在这个国家当中，所有的人都是一样的想法。“协调一致”在两条相关的道路上前行：所有政府的机构被同步化，为了国家社会主义的事业对民众的总体发动。前者涉及根除所有的政治党派，后者为控制大众创造大众组织。

纳粹化是否实际上成功地击败了所有的对手，并且成功地实现了其极权主义的目标，历史学家对此进行了无休止的、没有必要的争论。没有一个政权——

无论多么革命——能够在十二年内扯下一千多年基督教文明的记录。除了这一明显的完成纳粹化的历史障碍，另外两个内在的限制阻止了纳粹成功地实现他们种族的和帝国主义的幻想，一个是纳粹的领导人是反社会的，一个是他们的信仰是意识形态的妄想和凶残的伪科学的结合。由于所有以上的原因，纳粹从来没有完全达到他们绝对控制的极权主义目标。鉴于非理性思想和精神变态个性的相互作用，令人惊讶的是，他们的极端政策实际上是如何将现实弄了个底朝天。这一点在种族政策的领域尤为真实，在那里，信仰的共识假如并非一直是协调一致的行动的政策，它也很快在第三帝国的领导人物那里，在纳粹党、学术界、大企业、军队、大部分国民的支持者那里得到了发展。除了来自顶层的松散指示，以及来自各种勾心斗角的机构（司法部、内务部，以及党的分支机构，如冲锋队、党卫队、宣传部，此外还有军队或者戈林的四年计划部）明显的混乱和竞争，存在着一种共同信仰的精神；在种族的议题上，这一精神通常超越个人或者机构的对抗。正如劳尔·希尔贝格正确地认为："在最终的分析中，犹太人的毁灭与其说是法律和命令的产物，不如说是精神的、共识的、一致和同步的重大事件。"

正如贝诺·穆勒—希尔所言，纳粹的种族信仰在几个基本的议题中可以得到归纳："人类的多样性有着生物学的基础；一些东西使得犹太人成为犹太人，吉卜赛人成为吉卜赛人，反社会的人成为反社会的人，精神失常的人成为精神失常的人，这些东西存在于他们的血统当中，也就是说存在于他们的血液当中。"穆勒—希尔对"杀戮科学"研究的著作，以及几本最近对德国医生卷入纳粹事业的研究著作，都记录了这样一个事实：德国医学界热情支持提高德国人民种族质量的纳粹种族主义的愿景。正如前面所示，这一种族的信仰从19世纪开始就得到了拥护。那时，各种种族的思想家发出了尖锐的警告：德国，确实还有整个欧洲，正在被太多次等的人种在生物学的意义上所退化，这些人种正在以远超优等种族的速度繁衍自己的同类。尽管早期的种族卫生学家在纳粹理解的意义上算不上种族主义者，他们也不支持通常的政治意识形态，但是他们政治上明确地倾向于民族主义的右翼。在他们的团体中可以发现一些著名的人物，比如德国主要的种族著作的出版商弗里德里希·莱曼，德国种族科学的奠基者阿尔弗雷德·普罗茨，著名的生物学家弗里茨·兰茨、欧根·费舍尔、赫尔曼·马克曼、奥特马尔·冯·费许尔。他们最著名的知识或者科学的中心是威廉大帝人类学、人类基因和遗传学学院，院长是欧根·费舍尔，他宣称自己热情地信奉将德国人在种族上完美化。

纳粹分子将自己嫁接到现存的种族卫生学的信条上，通过政治手段推进这一学术的目标。用希特勒的副手鲁道夫·赫斯的话来说，国家社会主义从根本上就是“运用性的种族科学”。这解释了为何纳粹分子指望学术界，尤其是医学界支持他们将其意识形态的信仰转化为科学的事实。因此，当纳粹分子控制了权力的工具，他们就立刻将医学和药学的专家协调起来，根据领导层的原则将他们按照等级制组织起来。他们挑选了格哈德·瓦格纳作为帝国医生联盟的领导人，他是绝育、安乐死，以及禁止杂混的种族法的坚定主张者。瓦格纳发动医学界重新确定德国医学的目标，将医生和病人之间典型的一对一的关系变为建立在种族卫生学基础之上的以社会定位的计划。医学期刊也进行了协调，希望反映新的意识形态的定位。《目标和道路》成为了所有医学期刊意识形态的标准，以及纳粹种族政策的喉舌。

1933年，瓦尔特·格罗斯博士建立了新的种族办公室，其名称叫人口政治和种族卫生学公共启蒙办公室，1934年5月1日，又被重新命名为种族政治办公室。在整个第三帝国时期，这个办公室都由格罗斯负责，成为最重要的种族机构之一，因为它系统制定了种族计划和法律——著名的是《纽伦堡种族法》，并签发在纳粹党就职必须具有的祖先证明书。另外，格罗斯的办公室引导了各种宣传战役，以便提高公众对严格的种族控制的需要。种族政治办公室也出版了通俗的杂志《新人民》，以及内部的信息期刊《信息服务》，这部期刊的目的是使医学从业者保持与种族卫生学领域中最新的医学发展同步。对于第三帝国来说，这个种族办公室的重要性可以被其十足有力的宣传行动所估量。根据罗伯特·普罗克特的观点，这个办公室仅存在了四年之后，就发起了6.4万场公共聚会，数千场大约有4000名党员参加的“八日大会”。它也试图用3600名员工和一份每期发行30万份、有着巨大发行量的期刊来打造公共舆论。

1933年6月28日，内务部部长威廉·弗里克建立了人口和种族政策专家委员会，它由第三帝国最重要的种族主义者组成，其中包括党卫队首领海因里希·希姆莱、农业部长瓦尔特·达里、帝国医学界领导人瓦格纳。委员会也包括最著名的学者，比如弗里茨·兰茨、阿尔弗雷德·普罗茨，还有重要的内阁官员，比如帝国统计办公室主任弗里德里希·伯格多费尔、内务部公共健康部门的负责人阿图尔·居特。尽管这个委员会没有成为种族政策实施的主要机构，但是它是起草种族立法的重要催化剂，最著名的是1933年7月14日生效的绝育法的制定。这个新的种族法被命名为《遗传疾病后代终止法》，它规定根据基因健康法庭的意见，假如个人患有某种特定的遗传疾病，他可以被实施绝育。但是，基因疾病的范畴非常广泛，在科学上也是含糊其辞的，以致许多人都可能被绝育，除非完全健康。九类“疾病”是有清单的：先天低能、精神分裂症、躁狂抑郁症、遗传性癫痫症、亨廷顿舞蹈病、遗传性失明、耳聋、严重身体畸形，最后附加的是慢性酒精中毒。

开始于绝育法的出台，德国医学界是第一个迈出了致命一步的团体。伴随着一系列更为极端行为的增加，这一步导致了“对没有资格生存的人”的灭绝行为。第一批牺牲品是“先天低能的人”，或者所有被基因健康法庭认定是患有精神和身体残疾的人，他们可能污染了德国民族的种族健康。这些基因健康法庭像大多数正在出现的纳粹机构一样，都是不受公共监督的，而且多半是由热情而傲慢的官员组成，他们视自己为新的、旨在完善雅利安种族的种族科学的守门人。据估计，将近四十万人在1933年至1939年秋季之间接受了“希特勒的切割”，男人做了输精管结扎，女人做了输卵管结扎。但是，纳粹狂人没有在这些初步的措施前停滞下来，而是把他们激进的种族议事日程推进到更广阔的政治舞台，他们通过了反对“种族污染”和种族玷污的种族立法，最终发动了对生物学意义上的劣等人的灭绝，他们包括吉卜赛人、“反社会的人”、同性恋者、精神病患者、斯拉夫下等人、犹太人。

不像保护弱者、残疾人、少数民族的自由主义国家，纳粹的种族国家热衷于完全对立的理想，即清除这样的社会集团，因为这些集团被假定破坏了德国民族的种族纯洁性。尽管像戈培尔、施特赖歇尔、罗森贝格、达里这样的纳粹领导人得到了一批热衷的官僚、倡议的团体和研究机构的支持，他们辛苦地实施各种各样种族的奇想，但是在德国，比其他任何机构更要为设计出清晰的灭绝性种族政策负责的机构是党卫队，它是种族灭绝真正的工具。根据卡尔·施洛伊尼斯的正确评估，这就是为何“清晰而明确的犹太政策的发展和党卫队的发展是基本上平行的”。

党卫队：极权主义控制和种族灭绝的工具

党卫队建立于1923年，最初是一支纳粹党精英的准军事组织，其最初功能是保护元首免予政治对手的攻击。最初它是一个小型的保镖团体，从属于更大的组织——冲锋队，后来党卫队发展成党的警察部队，一支恐怖主义的帝国警察部队，一支指挥自己部队的军队中的正规军队——武装党卫队（党卫军），它是一个巨大的经济联合体，它的触角深深地进入德国的大企业，后来又渗入被占领土，它是一个巨型的杀戮机器，监控着集中营这一拷打和灭绝的庞大系统。假如没有这个恐怖机器，纳粹就会缺乏强烈的种族狂热、精打细算的残酷、组织化的结构，这些都是对犹太人和其他受难者成功灭绝所必需的。像纳粹党自身一样，党卫队的梦魇植根于20世纪20年代的巴伐利亚，并且也正是这个体格肥胖的、矮小的、体格羸弱、近视的、秃顶的巴伐利亚人海因里希·希姆莱把这个小型的部队建设成为第三帝国最恐怖的犯罪组织。

海因里希·希姆莱是党卫队的首领，是希特勒的另一个自我和无情的猎犬，正如某些人所说，他是纳粹主义的人格化身。这个冷酷和工于心计的爱管闲事的人，有着谨小慎微的技能和一心一意的奉献精神，被埃伯特·施佩尔恰当地描述为“一半是校长，一半是怪人”，他系统地聚合了纳粹恐怖的工具——党卫队、警察和集中营。他的目标与其说是为恐怖而释放恐怖，不如说是利用恐怖来建立纯粹的种族国家。海因里希·希姆莱是真正的信仰者、一个危险的人物，像过去的宗教法庭大法官，热烈地相信自己的宗教，即使这种宗教是荒唐的。正如乔治·奥威尔所指出的那样，这样的狂人可能不敢杀害一个人，但为了一个抽象的理念杀戮数百万人。

由于希姆莱手上有着数百万人的性命，历史学家试图通过检验其人生的起点，合理地解释他人生的终点。他们假定这个犯下难以言表的可怕罪行的人必然是可怕环境的产物；但是一些历史学家在其成长期中并没有发现任何戏剧性的事情，他们感到恼火，不情愿地认为希姆莱的青年时代处于“郁闷的正常状态”，对其他纳粹的杀戮者也作出了这样的判断。他们告诉我们，希姆莱来自一个最普通的巴伐利亚中阶级家庭，因此用一些心理学的解释来说明这一难以解释的人物是徒劳的。

真相是，希姆莱不是一个正常时代的产物，也不是正常的、健康的或者有爱心的父母的产物。他的父亲格布哈德·希姆莱是一个极端死板、迂腐、强迫性的遵守法律的校长，是在那时的德国学校体制中极为普遍的、最可怕的集权主义类型的代表。希姆莱教授的父亲是一个有着鲜明的集权主义习惯的普通警察，就是以同样的原则，教授养育他自己的孩子，教育他们谨小慎微、注意整洁、讲究秩序、听从指挥。尽管这位年轻人求助相当娇惯他的母亲，希望从他父亲严厉控制下解脱出来，但他还是将他父亲严格的、僵化的、种族优越的、傲慢的价值观内化为无条件的真理，同时与所有温柔的、敏感的、自发的或者松散的东西斗争，把它们视为无条件的坏事。有相当的证据表明：希姆莱有着特别困难的青春期，因为他没有符合他傲慢的父亲希望他达到的严格标准。严厉的父亲强化了这个年轻人成为英勇军官，带领战士冲锋陷阵的梦想，但这个梦想在一个错误的时间组合中破灭。在希姆莱完成军官训练学校学业时，战争结束了；并且年轻的希姆莱十分缺乏健壮的体格和决断力，这也足以导致他不能成为感召人的领袖。

他也让具有等级意识的父母感到失望，因为他没有追求过学院教育课程，这一课程可以使他获取享有声望的职业。希姆莱在慕尼黑的技术大学学习农业，并且在战后危机重重的时代他依然如此。1922年，他被授予了农学毕业证书，但是工作前景却处于深渊之中。他作为技术助理工作了一段时间，从事肥料研究。他孤独、漂泊不定，没有安全感，渴望获得生活的意义感和目的感。通过加入纳粹党，用另一种东西替代他严厉的父亲形象和严厉的价值体系，他找到了这个意义。希姆莱似乎没有任何内在的本质，因为他从来没有让自己去经历一次真正的、导致自我成长的自我发现的过程。他的文化教育他，一个人只有无条件地服从权威才是优秀的；即使一个人质疑传统的权威，质疑他的父亲或者罗马天主教养育的权威，他也必须在这个位置上用同样绝对的集权主义原则体系替代它们。这个充满焦虑的年轻人已经怀疑罗马天主教信仰，怀揣一点点用他的严厉养育所强加的不切实际的思想或习惯，通过把自己依附在一个新的权威阿道夫·希特勒和替代性的宗教国家社会主义之上，解决了他的身份危机。

像那时许多的德国人，他们肯定是纳粹真正的信仰者，希姆莱没有采取质疑权威或者自发的生活实验的形式去选择自由；他逃避在新的民主体制的德国中自由所提供的可能性，使自己无条件地服从新的一种枷锁。他要的是逃避自由的自由，因为这样做会允诺解脱最可怕的梦魇，这个梦魇是一个保守主义和安全意识强的德国阶层都可能拥有的，这个梦魇是一个处于持续的日常事务之外的生活，这些事务由规则和规章、秩序和方向、身份证、入场券、明细记录的库存物品构成。琐碎的官僚监视着大屠杀，迂腐而小心翼翼地记录着犹太受害者的物品，确认所有的雨伞、帽子、鞋子、眼镜都被整齐地记录下来。他们都是小希姆莱，有着和希姆莱一样强迫性的文化特性。一个希姆莱阶层和希姆莱一代的德国人，在冲动的时刻自由地或自发地做一件事情也是十分困难的。甚至休假也要计划很长时间，强迫自己写信和写明信片，写日记，或者把自己紧紧依附在各种各样的信息和摄影上。应该被记录的是：1945年5月德军崩溃之后，希姆莱掩盖身份，悄悄地失踪了。在没有任何人促动的情况下，他本能地将自己的身份文件交给了英国控制区。他选择的名字是秘密陆军警察前下士海因里希·希青格尔，这个下士因为开小差被处决。像希姆莱所做的其他事情一样，这次逃跑也是按照规则行事的，正如所证明的，是按照错误规则行事的，因为秘密陆军警察在盟军的黑名单上，所有穿其制服的人或者持有其军官身份证件的人也是如此。

1929年，阿道夫·希特勒任命希姆莱为党卫队首领，这个首领那时依然是笼罩在冲锋队和它神气活现的指挥官恩斯特·罗姆阴影之下的小职位。但是，希姆莱预想他的黑衫战士不仅仅是一个政治步兵或者街头的争吵者；他的梦想是把他们变为精英的种族干部，这些人是从德国人最有天赋、最强壮的部分当中精挑细选出来的。他们是种族净化的德国卫士。大约在这个时候，希姆莱也受到农学家、前炮兵军官瓦尔特·达里种族理论的影响，希姆莱是在阿尔塔曼斯中认识他的。阿尔塔曼斯是一个信仰回归土地运动的种族乌托邦分子组成的团体。20世纪20年代初，各种民族主义青年团体组织起了这场运动。阿尔塔曼斯号召建立新的东方定居点，征服“劣等的”斯拉夫人，培育新的、使德国的血液和土地重新获得活力的条顿农民阶级。一些著名的党卫队种族主义分子——希姆莱、达里、未来的奥斯威辛指挥官鲁道夫·霍斯——都出自阿尔塔曼斯。

在为权力斗争的几年当中，阴郁的、苍白的、感情平淡但精神十分集中的希姆莱建立了自己的精英秩序。他筛选了新的队员，规则是身高不能低于5.8英尺，军官的雅利安血统要追溯到1750年，招募的人员雅利安血统要追溯到1800年，身体健康，符合卫生学的规格。着迷于他自己没有日耳曼人的美丽，希姆莱偏爱高大、金发、蓝眼的样本人物。他自己几乎是蒙古人种的特征，以及身体力量的缺乏，引发了他大量的神经过敏的焦虑和不安全感，这也可以解释为何他不断地患有各种疾病，大部分属于伴有身体上症状的心身失调症。这些症状包括剧烈的头痛、结肠炎、胃绞痛、肌肉疼痛。费利克斯·科斯滕是希姆莱的瑞典按摩师，他照顾着这位焦虑深重的客户疼痛的肌肉。他的日记可以作为希姆莱幻想和强迫症的见证。像希特勒一样，希姆莱是一个神经过敏的忧郁症患者，熟悉由古怪的草药医生和在健康方面喜欢新奇事物的人组成的世界。

正如一些人所认为的那样，希姆莱是一个“精神分裂症患者”，一个有肛欲期性格特征的施虐受虐狂，或者一个“强迫症人格”，但是，这些术语都不能抓住这个人本质的历史含义。正如休·特雷弗—罗珀很久以前所注意到的，希姆莱是宗教法庭大法官、精神麻木的狂人的原型，他尽管个人是和善、挑剔、简朴、廉洁的，但是他可能因为某种强烈坚守的信仰杀害数百万人。希姆莱的理想是一个被新的雅利安神人统治的乌托邦，他们将德国从苦难和罪恶中拯救出来。他无休止地盯着未来候选人的照片审视，刺探他下属的私生活，严格禁止党卫队所有成员在没有弄清未来配偶的种族背景前结婚。每一个党卫队成员必须持有家谱，它包含专门的家庭情况和关系，因为只有用这一方式，后代的种族纯洁性才可能得到保护。早在1931年，达里加入了希姆莱的参谋团队，组织起种族和定居地总办公室，负责制定种族规范，指导对欧洲种族性的研究，形成在东方殖民地德国殖民者定居的计划。

从纳粹党初期的努力清晰出现的事实，以及后来东部前线发生的“种族清洗”令人惊讶的行为所确认的事实，都体现了希姆莱的信仰：德国种族可能在生物学意义上得到提高，体现了他指导种族净化可能完成所依赖的标准和技术。希姆莱有一段时间在慕尼黑附近的瓦尔德图德林做过养鸡场主，他似乎已经相信人类的繁育本质上就像动物饲养一样，因此，“根据门德尔法则”，德国民族在一百二十年后可能再度成为“在面貌上真正的德国人”。通过绝育和严格的种族法禁止与犹太人及其他低等的人种通婚，在德国的基因池里清除不希望出现的外貌，希姆莱相信是可能哺育出金发、蓝眼、高大、健壮的雅利安超级人种的。他指出，主导世界依赖于种族的净化：“除非在德国人血脉里的领导层的血液——我们只有依靠它雄奇或衰落——通过从其他地方优良血液的混合而增加,否则我们永远不能获得对世界的统治。”

1931年6月,一个雅利安的样本人物希望在党卫队得到一个位置,他来到瓦尔德图德林农场拜见希姆莱,并成为了希姆莱最亲密的心腹,并帮助他完善了进化中的党卫队帝国。这个人就是莱因哈德·海德里希,他是一个二十七岁的前海军军官,最近因为行为不符合军官的身份而被海军辞退。海德里希的父亲是一个著名的男高音,是哈雷音乐学院的指挥。这个年轻人是个音乐天才,在体育上也具有天赋,在严格的中产阶级天主教家庭长大。在这个家庭中,整洁、秩序、纪律和优异的成绩是一天的规则。内向和些许害羞使得海德里希不容易交上朋友,他经常通过傲慢的行为和进攻性的自我主张补偿他的短处。他通常我行我素,经常被同学,后来也被海军的同事避之不及。当有关他父亲是个犹太人的谣言四处散布的时候,一切更是如此。莱因哈德在学校经常被同学嘲笑为“ISI”以暗示他的犹太性。然而,没有可信的证据说明海德里希的父亲事实上是个犹太人,但是犹太性的断言一直伴随着莱因哈德杀戮的一生,并可能解释为何他经常展示出其有名的自我仇恨。

扭曲的人格体现为对自己身份深层次的矛盾情绪,以及对认可和认同的渴望,这种人格出自他青春期的争斗。在他相对短促的一生,海德里希是一个分裂和有着不安全感的人,唯一遭遇的是和其文雅的、侵略性的外貌一样丑恶的空虚,他试图用傲慢的主张和温和的姿态掩盖他的浅薄。瑞士国际联盟委员卡尔·布克哈特讲述了一个故事,它来自一个和海德里希贴近的党卫队成员。大概的意思是:一天傍晚,海德里希喝醉了,他踉跄地走进自己灯火辉煌的浴室,碰巧在大厅的镜子里看到自己的镜像。他从手枪皮套里抽出左轮手枪,对这镜子开了两枪,大叫道:“我总算射中你了,人渣!”布克哈特说:“这个具有分裂人格的人对着他的镜像开枪,因为他总算遇见了他自己的另一半——但他只是在镜子里面遇到他,从来没有去除他;另一半的他一直陪伴着他走向终点。”

在所有的纳粹领导人当中,海德里希是最符合雅利安人所谓最高理想的:尽管他的马型长脸、长鼻子、外凸的牙齿、残酷的嘴巴使得他帅气的外貌有所黯然,但他身材高大柔韧,头发金黄,长相标志。他的声音和笑声高亢、颤抖,以至于他的同事给他起了一个绰号“山羊”。他十分聪明,具有运动天赋,尤其擅长击剑、游泳和跑步。但是,这样一些能力和性格的力量并不匹配。他被海军辞退，因为他为另一位女士粗暴地拒绝了一位年轻女子，这使得这位被抛弃的年轻女子神经崩溃。这一事件证明海德里希对他人缺乏敏感，且十分粗鲁。任何人对海德里希来说只是工具，从来不是目的。他毫无道德地利用他们得到自己想要得到的。这就是为什么历史学家把他描述为完全没有道德的人，只有文艺复兴时期的大罪犯才能和他一拼。像希特勒一样，他一直思考不可想象的、不受法律或者社会习俗约束的东西。确实，假如希特勒没有轻微感觉到这个年轻人令人难以忍受的野心、粗暴的傲慢、厚颜无耻的无德的威胁，他可能成为希特勒最喜欢的义子。希特勒甚至暗含威胁，要暴露他所谓的犹太性使得他安分守己。在海德里希的葬礼上，希特勒称海德里希是“铁石心肠的人”，引用布克哈特的话来说，他是一个“年轻的、罪恶的死神”。

希姆莱与海德里希的伙伴关系，代表着两人最具毁灭性的潜能的邪恶汇聚。希姆莱对细节有着麻木的专注，海德里希则有着文雅的邪恶和毫无道德的冷静。在纳粹党和国家的机构当中，他们像鼹鼠一样工作，目标就是颠覆法律和对权力工具的完全把控。他们的方法是把自己潜入正规的官僚机构中，安插自己的亲信到有影响的岗位上工作，通过敲诈和逮捕消灭对手，同时扮演着奉献、天真、无知的只为德国的福祉尽心尽力的公务人员的角色。事实上，希姆莱这一种族狂人的首领和他心理变态的伙伴正在系统地为纳粹恐怖的组织积聚材料。

1933年春天，这两个人开始抢权。当时希姆莱三十三岁，海德里希二十九岁，公众对他们所知甚少。1933年3月9日，希姆莱成为慕尼黑的警察局长；4月1日，他被提升为巴伐利亚政治警察的首领，这个职位使他负责整个州的警察机构网络，以及第一个主要的集中营——达豪。他们两个人都要确信警察机构里的关键岗位都处于最无情和最有效率的警官手中，更好的是处于被证明是纳粹忠诚者的手中。海德里希最得力的官员之一是海因里希·穆勒，以前他和纳粹没有关联，后来获得了“盖世太保穆勒”的绰号。通过盲目的服从和无德的行为，具有强劲野心的他很快得到了新的主人的信任。作为后来帝国中央保安总局的四处处长，他参与了无数反人类的罪行，成为了纳粹体制中最令人恐惧的官员之一。和他的同事，诸如弗朗茨·约瑟夫·胡贝尔、约瑟夫·迈辛格所做的一样，尽管穆勒以前反对过纳粹，但是海德里希认出了他的同类：控制型的技术人员心甘情愿地去为任何政权服务，只要这个政权能够晋升他们，并且给予足够的空间发挥他们的才能和残暴的嗜好。穆勒及其同一类型的人来自中产阶级家庭,在宗教的氛围中长大,参加过第一次世界大战,并且得到高级别的授勋,参加过自由军团,最后在不同的警察部门供职,后来成为纳粹主人忠诚的追随者。穆勒和他的同党都是没有道德的政治恐怖的机器,对于他们来说,意识形态本质上是一种辩护机制;他们主要的动机是不惜一切代价追名逐利。

由于帮助希姆莱控制了巴伐利亚和德国其他地方的警察,海德里希也稳固了有助于使得一切皆有可能的机构——他早在1931年建立的党卫队保安处。最初,保安处的成员都是年轻的、受过良好教育的理想主义分子,他们在艰难的时代完全失去了职业,成为了被社会边缘化的漂泊者,他们一直在寻找生活中某种意识形态的承诺。例如,海德里希的副手卡尔·阿尔布雷希特·奥贝格是汉堡的医学教授的儿子,他在十七岁参军,在第一次世界大战勇敢战斗,加入了自由军团,并且后来在整个20世纪20年代的多数时候没有稳定的职业,到处漂泊,直到最终他发现进入纳粹党和保安处的路径。海德里希的主要军官都属于某种相似的类型,他们当中的许多人在一个才开始明确自身的领域都是业余人士。维尔纳·贝斯特博士、奥托·奥伦多夫、赖因哈德·霍恩教授、弗朗茨·西克斯教授、赫伯特·梅尔霍恩博士都是律师,赫尔穆特·克诺申是一个具有文学抱负的人,冈特·达尔昆是一名记者,瓦尔特·舍伦贝格是一个有雄心的、业务熟练的间谍。事实上,就是冒险的光环,就是对别人暗中监视的喜悦,就是建立监视和强制系统所需要的才能,抓住了这些人的想象力,把他们吸引到保安处来。瓦尔特·舍伦贝格是未来党卫队的间谍大师和谍报首领,他后来回忆道:他加入党卫队,因为不像冲锋队啤酒屋的暴徒,除了黑色党卫队制服华丽而优雅之外,一个人在党卫队会发现“更好的一类人”。被党卫队的魅力吸引的人所不知道的是:一旦进入了这一体系,他们就必须和非常令人讨厌的人在一起工作,服从没有道德的命令。但是,他们没有脱离旨在灭绝假想敌人的犯罪组织,而是将他们的共同犯罪合理化,顺从地执行更为邪恶的犯罪行为。

起初,保安处应该承担什么任务并不清晰:是情报服务机构、秘密服务机构、纳粹党的监察机构,还是准警察的组织。保安处一度包揽了所有这些事情,直接宣称是抗击“压迫”。到1937年,它已经有三千名成员和超过五万名告密者的人数不断增加的大军。这些好严格审问的人试图在地里挖出什么呢?答案是要挖出真正的和假想的敌人的阴谋诡计。有时和盖世太保一起共事，有时和盖世太保目的不一致，保安处的侦探首先指向政治上的对手或嫌疑者，诸如共产主义者、社会民主党成员、工会成员、牧师、不服从的知识分子，等等。在压制或者消灭这些国内的敌人之后（1933—1935），随之而来的是对“种族敌人”第二阶段的进攻，主要是犹太人和吉卜赛人，但是后来也包括斯拉夫人和“亚洲低等人”。保安处的犹太人事务处（II—112）在20世纪30年代有许多疯狂的犹太恐惧症患者领导，他们包括莱奥波德·冯·米尔登施泰因、库尔特·施罗德、迪特尔·维斯兰西、赫伯特·哈根。犹太人事务处分为几个部门：被同化的犹太人（II—1121）、正统的犹太人（II—1122）、犹太复国主义分子（II—1123）。

犹太复国主义分子的部门在1935年由阿道夫·艾希曼负责，它的目标是采用一切可能的办法研究快速将德国的犹太人迁移出去，更适宜的地方是巴勒斯坦。这位光裕油行的前销售员略知一点意第绪语和希伯来语，对犹太历史有一些皮毛认识，他很快把自己变为了犹太事务的专家，这使得他成为了大屠杀的关键人物。犹太事务处在完成认定敌人和指导警察追踪敌人行踪这些保安处一般性任务的同时，还编制了巨大的居住在德国的犹太人以及生活在世界其他地方的著名犹太人的索引卡片目录。保安处的侦探负责认定嫌疑的个人、危险的组织，以及潜在的反对纳粹德国及其领导人的阴谋。在这一巨大的事业背后是类似妄想狂的假定，这一假定是对统一的、试图接管整个世界的犹太人世界组织的确信。完成这个事业要求可信赖的党员、可信赖的告密者、付费的告密者，甚至不可信赖的合作者组成的全国范围的网络。种族崇拜者的咆哮先前被限制在疯狂的边缘，现在被发展的国家官僚体制所推动，这一体制中充满了受过良好教育、热情的、工作努力的狂热分子。

党卫队的种族狂人和他们在国家或者党组织的支持者虚构了一个含糊的敌对团体，这个团体如此恶毒和弥散，以致为了保护德国不被这样的恶人所侵害，什么努力都不为过，什么经济上的耗费都能承受，必须揭掉幻觉中恶人的面具，并把他们无情地消灭。对幻觉中恶人组成的世界的确信，使人想起了创造女巫的中世纪宗教大法官的幻觉。这种确信不仅是为了满足偏离正路的神学，而且也是满足从事毁灭工作的正在增生的官僚体制。这个体制已经得到了生长，能够证明它的正当，并对它进行强化。1933年至1938年，党卫队保安处与其他组织付出了大量的劳动，剥夺了犹太人公民权，破坏了他们的谋生手段，最终将他们从德国的公共生活中清除出去。正如后来所见，1938年至1941年间，强迫性的移民紧随其后，再后面就是对所有欧洲的犹太人的消灭。尽管解决犹太人问题的精确方法还不清楚，但是犹太恐惧症患者已经直面灭绝性的终局。这一点可以从施特赖歇尔贴在墙上的口号中看到，并轻易地推论出来。它就是："没有犹太人问题的解决，就没有对德国人民的拯救。"

在构建他们极权主义统治网络的时候，希姆莱和海德里希不仅建立了党卫队，尤其是它的安全机构保安处，而且阴谋策划了渗透和接管整个德国警察系统。在1933年末，希姆莱已经合并了德国各州的警察部队，但是普鲁士的警察依然由赫尔曼·戈林，以及由戈林控制的普鲁士内务部长掌管。戈林警察系统中的铅锤是盖世太保（秘密国家警察），它是普鲁士警察部队的一个部门，建立它的目的是监视由政治领袖、政治党派和政治协会发起的可疑的以及潜在的颠覆行为。直到1934年春天，盖世太保依然在戈林的控制之下。到那时，它的触角已经遍布整个德国，实施威胁、勒索和敲诈等行为，迫使受害者承认他们的政治罪行。为了"人们自身的利益"，盖世太保对他们进行了"保护性监护"，强迫他们招供，把他们交付给集中营，"如果企图逃跑"就会被射杀，这些都成为了正在出现的纳粹暴政喜欢使用的一些手段。

戈林一直就盖世太保的指挥权与威廉·弗里克和恩斯特·罗姆发生争执。1934年4月20日，戈林与希姆莱联合，任命希姆莱为"盖世太保首脑"，牺牲了他的前任盖世太保主管鲁道夫·狄尔斯。希姆莱依然从属于普鲁士邦总理戈林，从属于帝国内务部长弗里克，从属于冲锋队和党卫队的首脑罗姆，在"长刀之夜"（1934年6月30日），希姆莱的黑衫党卫队杀手根据希特勒的命令清洗了罗姆。希姆莱在清除希特勒最严重的政治障碍中发挥了血腥的贡献，作为奖赏，希特勒把党卫队变为了自治的精英组织，并让它完全控制盖世太保。弗里克企图将盖世太保置于内务部更有效的监控之下。经过与弗里克的长期冲突后，1936年2月，通过了一部新的《盖世太保法》，它代表了希特勒狡猾的思想和两面的性格：尽管不同的盖世太保官员表面上对内务部长弗里克负责，但是，这部法律也规定盖世太保的地方官员对柏林的盖世太保首脑办公室负责，这遗留了一个问题：哪个办公室对司法冲突具有最终的权威。在纳粹的恐怖国家，这样的司法冲突最终是以有利于最强有力的和最坚定的领导的方式得以解决，这自然发生在坚韧的希姆莱身上。在《盖世太保法》发布后仅四个月（1936年6月17日），希特勒把所有的警察权力交给了希姆莱，使他成为了内务部中德国警察的首脑。弗里克依然是名义上的负责人，但是实际上希姆莱和海德里希根据他们认为是合适的方式运作起警察部队。

在他被任命为德国警察首脑之后不久，希姆莱重新组织了德国警察系统，组建了新的"安全警察"，由海德里希负责，它由盖世太保（秘密国家警察）、刑事警察及宪兵组成。德国警察系统的残留品由过去的城市警察组成，现在被重新命名为治安警察，交给了一个老朽的效忠者库尔特·达鲁伊格管理。他是一个好的暴徒，因为愚笨而被柏林黑社会起了"哑巴—哑巴"的绰号。当完全拥有了恐怖工具的时候，希姆莱的效忠者不断地渗透到德国国家的机构当中，压制诚实的行为和遵守法律官员，建造了施罗默·阿龙松所恰当命名的党卫队、警察和集中营的三角关系。希姆莱的新人紧紧跟随着他们无道德的首领，用无耻的手段完全压倒了守法的、谨慎的公务员。穆勒从慕尼黑迁居到柏林，成为了盖世太保的首脑，后来成为了大屠杀的关键人物。事实上，执行对数百万犹太人和其他纳粹政权无辜受害者灭绝任务的杀戮人员，都是在20世纪30年代中期集聚起来的。

除了"盖世太保的穆勒"，还有汉堡警察的前任主管布鲁诺·施特雷肯巴赫，他在波兰建立了第一个犹太人强迫集中居住区，组合了臭名昭著的特别行动队，围捕和杀戮犹太人和其他种族敌人；党卫队特别行动队首领奥斯瓦尔德·波尔注定要建立一个以奴隶劳动、勒索、杀戮为基础的党卫队商业企业的巨大经济体；瓦尔特·施塔勒克一直到死都是A特别行动队的指挥官，这支行动队跟随着北方集团军穿过波罗的海国家进入列宁格勒，一路留下了无情杀戮的轨迹。阿图尔·奈比是刑事警察的首脑，在"到东方去受聘"的掩盖下，他是第一个热情地在波兰灭绝犹太人的志愿者；埃里克·冯·戴姆·巴赫—齐列夫斯基因为在清洗罗姆期间样板式的残暴获得了荣誉勋章，他受希姆莱指派在整个东部前线与游击队作战，这使得他清洗了无数的对手，包括许多犹太人；奥托·奥伦多夫是D特别行动队的首领，他对在俄国南部比萨拉比亚和克里米亚之间至少九万平民的清除负责，其中大多数是犹太人；杀害恩斯特·罗姆的特奥多尔·艾克是一个残酷成性的反社会分子，他管理着整个纳粹集中营系统。

在这些手上沾满鲜血的人背后是一帮律师和技术专家,他们包括维尔纳·贝斯特、赖因哈德·霍恩、弗朗茨·西克斯、赫伯特·梅尔霍恩,他们将光鲜的尊重法律的外表放置在勒索、拷打和国家杀戮之上。知识分子也帮助美化党卫队。最有趣的是冈特·达尔昆,这位有着杰出能力的记者成为了党卫队月刊《黑色军团》的主编。这是一个老套而迷惑人的宣传期刊,是纳粹党内外广泛阅读的研究性报告。受益于巨大的保安处情报员网络,这个期刊从事于对党的高级成员的某种尖锐批评。《黑色军团》最喜欢的高级目标是犹太人、教会官员、受怀疑的知识分子、有着独立头脑的商人、装模作样的官员。因为这本期刊显示了自我批评的迹象,经常使纳粹的主要领导人恼怒,因此得到广泛的阅读。1937年,它销售了189 317份,到战争结束时,它的发行量接近75万份。

大多数德国人,尤其是那些加入其各种各样分支组织的人,认为党卫队是一个高贵的精英组织,它只接受最聪明和最优秀的人。认识到以上这一点是重要的。这是公共欺骗的纳粹政策的一部分,是用最高贵的理想主义形式掩盖侵略和不道德目标的一部分。什么东西比加入一个从头到脚穿着清教徒黑色衣装的精英卫队更理想主义呢?这个卫队的任务就是保卫元首,以及国家和党的机构。因此可以理解,成为这样高贵的冒险行动一部分的渴望是强烈的,尤其在上层阶级。20世纪20年代,党卫队主要由前自由军团的成员组成,但是到1933年后,上层阶级和古老的贵族统治精英不断地涌入。到1933年秋季,希姆莱停止招募,并决定根除那些不适合英勇的党卫队形象的人,比如机会主义者、酗酒者、同性恋者,以及种族来源不清晰的人。希姆莱需要一个精英组织,它受过严格的训练,渗透团队精神。采用了由依纳爵·罗耀拉所创立的耶稣会的模式,希姆莱旨在重塑他的新教徒的整个性格。候选人被要求在允许入队之前,经历艰苦的两年训练计划。整个训练建立在荣誉崇拜、忠诚、对权威无条件服从等伪宗教的观念之上。"我的荣誉是忠诚"的格言,被灌输进每个党卫队成员的头脑当中,镌刻在所有党卫队的匕首上。

党卫队的信念最终就是对元首是德国救世主的信仰,就是对德国优越性扭曲的感觉,就是在科学真理的掩盖下的种族思想。但是,这些浅薄和自私自利的信条被党卫队全国领袖用荒谬的精神性诱捕所掩盖。这些候选人在希姆莱的部队中生存下来,承受了军事组织才能设计的对人类尊严最严酷的心理攻击,当他们成功的时候，他们感到自己作为被赋予神圣任务的、独特的兄弟会的一部分得到了再生。作为这个兄弟会的成员，他们对德国所有的法院都不负责任。党卫队有他自己的荣誉法院，海因里希·希姆莱的原则是，所有受过法律训练的人都不能成为党卫队的一员。因此，党卫队成员视自己为精选出来的人，并且用特殊的结合互相视为同志，也就不令人惊讶了。但是，正如汉斯·布赫海姆所认为的那样，这些结合不是建立在尊重个人尊严的性格力量之上的，而是经常依赖于被优等人和局外人掩盖弱点，忽视犯罪，遮蔽失败。根据沃尔夫冈·索夫斯基的观点，党卫队成员依靠个人权威和同志友情相互结合，他们作为自我保护的团体发挥功能，这一团体在其行政结构中经常具有与理性科层制的通常理想类型毫无相似的地方。

尽管党卫队是一个高度结构化的组织，但是它的成员被赋予大量武断的权力，前提是他们能够无情而成功地把这一权力用作打击敌人。他们自己训练的残酷程度类似他们对别人的折磨，因为他们自己已经体验过了，也使得残酷的施加变得容易起来。性格强硬刻写在机器人一样的党卫队队员的脸上，对这种性格的赞颂以彻底的蔑视和残酷表现出来。就是用这种蔑视和残酷，这些雅利安优越性的样本人物虐待着他们的对手。对于党卫队队员来说，“不可能”这个词是不存在的；他生活的氧气就是斗争、对权威无条件的服从、因为感情或者激情意味着软弱而对它们的压抑、对局外人的傲慢、与自己同类的内部结合。正如索夫斯基提示我们的，党卫队的结合是真正的同志友情，而非同志关系，这一区别涉及重要的道德考量。

> 同志关系意味着人们相互帮助，承担相互的责任；比较而言，同志友情意味着他们相互妥协，作出让步。同志关系遵守普遍规范的原则，而同志友情是纯粹内部的关系。人们相互替代，掩盖罪行、错误和弱点；他们培育了这个集团的军团精神，借此来说明和定义自身、把自己提高到局外人之上。同志关系是当需要的时候拥有一个朋友，同志友情是一种完全为了这个集团的共谋。它逃避外部的控制，结果是，它的道德水平趋向于不断地衰落。

下面的问题自然是：极权主义恐怖的中心设施是集中营，它可能只委托给非人性的技术人员。纳粹掌权之后，希姆莱专门培训了一支党卫队成员特别的志愿者团体，作为长期服务的集中营看守。这些团体被称为“骷髅队”，因为他们的成员在他们的黑帽上配有骷髅头和交叉骨头的专门徽章。希姆莱把负责这一系统的任务交给了特奥多尔·艾克，他是一个残暴的精神变态者，将所有他的集中营的一系列残酷惩罚标准化。他坚持每一个犯人都必须作为国家的敌人受到疯狂仇恨的对待。他也把逐级惩罚体系程序化，由8天、14天、21天、42天构成，其间每四天供应一顿热餐。体罚按照轮番安排由党卫队员日常执行，以致每个看守都有机会在监狱室友面前鞭打囚犯。囚犯不断受到欺凌和袭击，尤其是在小便或大便时。假如他们动作太慢，就会被扔进粪池。1937年10月，十名囚犯在布痕瓦尔德集中营的粪池里窒息。每一种可以想象得到的侮辱被施加在囚犯身上，尤其是犹太人、同性恋，以及耶和华见证会教徒身上。对于囚犯来说，被鞭子、棍子、棒子抽打，从头到脚浇小便，在烂泥里打滚，活埋，被胡乱开采的滚石碾压，在冷水里洗澡至死，吊在树上学布谷鸟叫，双臂放在头后屈膝下蹲数小时，在虐待狂设计的拷问室里腐烂或者窒息，都是家常便饭。

集中营是一个道德突变，一个文明存在界限的跨越。这是一种新的专门针对大众时代、20世纪工业时代及其鲜明的组织、剥削、灭绝人类或自然资源风格的绝对控制。根据沃尔夫冈·索夫斯基的观点，集中营热衷于用暴力、饥饿、劳动对人类的系统性毁灭，并且以有效的、类似企业的方式完成了这一切。在十二年的跨度里，集中营“从恐怖的中心变形为恐怖的世界”。德国人民都十分清楚它的存在，它一直能找到几万个志愿帮凶，从犯可能有数百万。集中营里施加在受害者身上的折磨和暴行，不能单一地借助意识形态或者动机来解释。在集中营里，恐怖绝不能得到合理化，因为它自身就是目的，而不是某种目的的工具，比如身心改造。集中营系统的文化是集体性的残酷。看守被训练成适应对囚犯施加最大的痛苦和凌辱。最初的训练课程包括高标准的劳动专业化、残暴的规范化、凌辱囚犯的奖惩计划。一个看守能够成为最好的拷打者，也有相当大的同事方面的压力。集中营里有奖状、额外配给、提拔、奖品等奖励。事实上，“这些亚文化的成员造成的死人越多，他们的名声就越大。”换句话说，这些看守抽打、折磨、杀死囚犯，因为鼓励他们这样做，不存在任何阻止。当然，有一点是真实的：许多看守是变态的，一些持有强烈的意识形态信仰，但这些不是他们残暴的主要理由。正如沃尔夫冈·索夫斯基所言：“所有的残暴需求是缺乏道德感，是每天工作安排造成的残酷化。”这是军事或者刑事机构的学生长期以来都知道的真相。

集中营从不伪称改造了任何人。它的任务就是施加惩罚，在所有集中营大门上镌刻的格言“劳动使人自由”之下，让囚犯工作至死来剥削他们，并且最终灭绝一些目标群体：犹太人、吉卜赛人、耶和华见证会教徒。在达豪集中营开启后不久，一个党卫队指挥官就对他的同事说了一段劲头十足的话，这确定了后来十二年的基调：

> 党卫队的同志们！你们都知道元首在召唤我们去做什么。我们不是到这里来像对待人一样对待里面的这些猪猡。在我们眼里，他们和我们不一样，他们是二类生物。他们多年来一直从事犯罪活动，但是现在我们获得了权力。假如这些猪猡掌握了权力，他们保证会让我们的头颅滚落在尘土当中。因此，我们也要知道没有感伤。任何我们行列里的人如果不能正视鲜血，他就不属于这里，他就应该离开。我们射杀的混蛋越多，我们饲养的混蛋就越少。

任何一个被监禁在主要集中营的人很快会发现，他或者她正进入一个活生生的地狱。一个集中营的指挥官会让才来的人很快清楚这一点，他会对他们咆哮：“忘了你的老婆、丈夫、孩子、家庭。你会在这里像狗一样死去。”尽管最初对于集中营来说只有四个目标群体——政治上的敌人、劣等种族、罪犯和“反社会的因素”（波希米亚人、古怪的人）。每一个德国人都有理由对他或者她的安全感到忧虑。大部分得到希姆莱鼓励的这种弥漫的对警察恐怖的感觉，构成了纳粹主义的本质，并且被不断增加的各类集中营所强化。集中营开始建立于1933年春的达豪，这是一个位于慕尼黑西北约12英里的城市，纳粹把那里的20个古怪的、样子沉闷、属于废弃火药厂的建筑变为集中营，并作为其他集中营的模型。在其十二年存续的过程中，达豪有20.6万的各种类别和国籍的注册囚犯，其中3.1951万名囚犯正式登记为死亡。就是在这里，囚犯被作为“科学研究”的活猪，会因为任何可以想得到的错误而被拷打，并且被残暴地强迫为纳粹政权进行奴隶劳动。达豪也被作为“部队学校”，因为每一个指挥官必须接受集中营经验丰富的老兵提供的特别训练课程。

1933年到1939年间，出现了五个主要的集中营：达豪、靠近魏玛的布痕瓦尔德、靠近柏林的萨克森豪森、在上巴拉汀的福洛森堡、靠近奥地利林茨的毛特豪森。在战争开始时，囚犯总数大概有2.4万人。战争见证了极权主义恐怖的迅速强化，以及集中营系统的扩散。到1941年，囚犯人数增长了两倍，超过了6万人。1942年夏季，达到了11.5万人，两年后达到了52.4268万人。到战争结束时，它膨胀到71.4211万人，其中20.2764万人是妇女。各种类型的新集中营在增加：汉堡附近的诺因加默、策勒附近的贝尔根—贝尔森、下西里西亚的克劳斯—洛森、但泽附近的斯图特霍夫、布拉格附近的特莱西恩施塔特，以及波兰境内的主要灭绝营——奥斯威辛、贝尔赛克、索比堡、马伊达内克、特雷布林卡。纳粹集中营体系的范围和规模令人吃惊。除了23个在第二次世界大战期间主要的集中营之外，纳粹还建立了数千个各类营区，如外国工人营、劳教营、罪犯营、战俘营、平民营、成人和儿童营，还有临时营、集合营、500个犹太人强迫集中居住区、900个东欧犹太人强制劳动营。我们不知道这些营区的总数，但是鉴于纳粹在整个欧洲采用的种族清洗的残酷方法——这些方法涉及驱赶出居住地、集中居住、重新安置、调动、对超过200万人的灭绝，营区的数量必然是难以置信的巨大。G.施瓦茨详细地检验了纳粹集中营的系统，估测有1.0006万个营区，其中包括集中营和死亡营。

在第二次世界大战前夕，希姆莱的党卫队帝国由四个分支组成：一是普通党卫队，主要由兼职的人员组成，他们有着正常的职业，出于自愿，晚上和周末在党卫队工作；二是保安处；三是党卫队军事编队，在1939年至1940年被重新命名为武装党卫队（党卫军）；四是被称为骷髅队的集中营看守部队。战争开始后一个月，国家警察和盖世太保机构合并在一个屋檐下，它由海德里希管理，名为帝国中央保安总局。这个恶魔式的官僚警察机构被分为七个处：(1) 人事处，由施特雷肯巴赫负责；(2) 法律处，由贝斯特负责；(3) 保安和国内情报处，由奥托·奥伦多夫负责；(4) 盖世太保，由穆勒负责；(5) 刑事警察处，由奈比负责；(6) 国外情报处，由约斯特负责，后来由舍伦贝格负责；(7) 意识形态研究和评估处，由迪里特尔负责。除了帝国中央保安总局，希姆莱的党卫队帝国还有不下于八个其他的主要部门，最后四个是在第二次世界大战期间发展起来的。它们包括希姆莱私人办公室，由他的参谋长和希特勒的联络人卡尔·沃尔夫负责，他是党卫队旅队长，一个温和优雅但残忍的机会主义者；种族和定居地总办公室，由瓦尔特·达里负责；党卫队法院，由党卫队旅队长保罗·沙夫负责；党卫队总办公室，处理行政事务，由妇女领袖格特鲁德·朔尔茨—克林克的丈夫奥古斯特·海斯迈耶负责；运营部，处理党卫队突击队事宜。经济和行政部，由党卫队全国副总指挥奥斯瓦尔德·波尔负责，这个部门监督庞大的企业集群，也管理集中营的金融事务；重新组织的党卫队总办公室，被称为勤务站，它接管对被称为国际社会主义教育学院的精英党校的管理，由党卫队全国副总指挥海斯迈耶负责。

党卫队机构的如此繁殖，对第三帝国其他机构的重叠、渗透和占用，给予了党卫队恐惧和邪恶的光环。没有人详尽地知晓希姆莱帝国的任何事情，这也使得一切更加险恶。另一方面，尽管希姆莱揭去了邪恶帝国身上的秘密面纱，但是，他的权力并非是绝对的，因为权力一直在希特勒主要武士之间移动，他们包括戈培尔、戈林、赫斯、鲍曼、罗森贝格、施佩尔；也因为军队依然作为主要的战斗单位实施其特权。还有一个因素是：希姆莱和他的组织一样继续顽固地忠诚于希特勒，因为他让整个党卫队进行神圣的宣誓，至死无条件地服从希特勒。在新的纳粹种族国家，所有事情的起点和终点都是希特勒，从我们在1919年在公共聚光灯下我们发现他那一刻，到1945年4月30日帝国总理府下的防空洞他生命结束之时，他都是一个残忍的犹太人仇恨者。

然而，在完成种族政治和偏见的一圈工作时，有必要超出阿道夫·希特勒及其政府，因为仇恨和强迫症现在得到了官方的赞助、强化和奖励。思想有了结果，民众按照他们所信和所得到的教诲行事，尤其是当这些思想被现代工业国家公开地传播，这些都十分明显，以致不需要进一步地评论。但是，一些历史学家今天漫不经心地声称思想不是行为的决定性因素，它们是可以忽略或者边缘化的，他们更支持经济因素、制度结构或者制度过程、权力关系等类似东西。相反，这一工作假定所有人类所做的事情都被赋予了意识的含义。一件集体的历史事件是一个集体的意识行为，无论是金字塔、大教堂的建设，还是十字军东征，或者集中营体系的建立。意识形态不仅解释，同时证明合理性。种族意识形态也不例外。它不仅仅是经济状况或者社会机构中功能关系的反映。用党卫队将军埃里克·冯·戴姆·巴赫·齐列夫斯基的话来说：“我的观点是，斯拉夫种族是劣等种族、犹太人不是人类的信条经过数年、数十年的传播，大爆炸（大屠杀）已不可避免了。”

巴赫—齐列夫斯基是大屠杀的执行者，他不仅为自己代言，也为作为整体的德国民众代言。种族思想作为一个整体对于德国社会来说具有关键的重要性，他的这一断言是悲哀的，但也是真实的。尽管可以引述大量的文献证明，但没有任何东西比显示社会的强迫症对无知和无疑的儿童的冲击更为尖锐和让人心神不安，人们教诲这些孩子在纳粹德国的寄宿学校仇恨犹太人。邪恶的毒药是如何奏效的，可以用犹太记者贝拉·弗洛姆讲述的一个故事来说明。弗洛姆为乌尔施泰因在柏林的报纸写专栏。他与两个小女孩英格和乌泽尔交了朋友，她们是亲密的朋友。一天，英格告诉贝拉说：“贝拉阿姨，你似乎不是真正的魔鬼……我告诉我们的老师荣格先生你不像这样，贝拉阿姨。他说我们不理解你们真正有多邪恶。在这节课的剩余时间，他为我们朗读有关犹太人的书……他们是恶魔……看上去像恶魔……他们应该被全部杀死。他说无论何时看到犹太人时，我们应该向他们吐口水。”一天，在她们从学校回家的路上，另一位小女孩乌泽尔就这么做了。“乌泽尔和我看到一位老妇人。她看上去非常穷，我们认为她可能是犹太人。乌泽尔说我们应该向她吐口水……她追上去向她衣服上吐了口水……我没有，贝拉阿姨。我认为这很恶心。”贝拉·弗洛姆想知道英格有多长时间能抵挡这种对她天真的心理攻击。她不必等很长时间。一周后，英格的母亲告诉贝拉·弗洛姆：荣格先生在班上继续讨论犹太人问题，点名问英格是否同意他的犹太人是邪恶的观点。这位女孩大胆地说不，因为“爸爸这样说的”。一天晚上，盖世太保造访了英格的父亲，把他带走审问。他回来的时候身上有了可怕的伤疤。他被严肃地警告不许动摇学校系统中官方的价值观。当教师被鼓励成为孩子的告密者的时候——当他们教育仇恨和强迫症的时候他们会自动成为告密者——一个社会就跨过了人道价值的边界。它已经蓄意地选择制度性的堕落。

第七章

在新纳粹种族国家的犹太人,1933—1939

野蛮的行为和未协调一致的攻击,1933—1935

在希特勒被保罗·冯·兴登堡总统任命为总理的那一天,《犹太人评论》上刊登了一篇重要的社论,它警告犹太读者:"我们面对这样一个事实,与我们敌对的权力控制了德国政府。"在1933年1月,纳粹将对犹太人显示如何的敌意尚不清楚。大多数德国人对任命希特勒的直接反应是充满热情和希望。民族主义演讲、游行、火炬阅兵的潮水淹没了这个国家,它在庆祝纳粹掌权,欢呼德国历史上作为一个新黎明的事件。

在纳粹冲锋队的队列当中,掌权和对他们意识形态和种族的敌人复仇的感情结合在一起,产生了爆炸性的氛围。在行军的褐衫队员狂喜的面孔里,人们能够察觉到改变现状的坚定的决心感。人们也能从冲锋队员齐声咆哮的口号中对犹太人的命运得出明显的结论。这些口号是:"犹太人去死","当犹太人的血从刺刀中喷射,美好的时光立刻到来"。

从1933年1月30日希特勒被任命为总理开始,到1934年8月2日兴登堡总统去世,这段时期标志着纳粹权力的稳固。在这十八个月里,希特勒组织了对德国政府系统性的夺权,他利用1933年2月27日的国会纵火,将其作为借口强迫顺从的议会给他更广泛的紧急状态的权力,以使得他能采用独裁法令《授权法》来进行统治。他利用这一权力对德国的机构进行了系统性的协调,使它们和国家社会主义的政治目标一致起来。到1933年夏季,除了三支力量,希特勒处于完全的权力控制状态。这三支力量是:权力不断上升的冲锋队,一支有着近300万冲锋队队员的军队,当时由善变的、桀骜不驯的领导人恩斯特·罗姆掌控;传统的德国国防军;高龄的总统和国防军的总指挥保罗·冯·兴登堡。出于策略上的考虑,希特勒和军队中的传统主义者以及在剪除罗姆中获利的党魁(戈林、戈培尔、希姆莱)联合,在“长刀之夜”(1934年6月30日—7月1日)的血腥清洗中消灭了前冲锋队首领罗姆。仅仅一个月后,兴登堡总统去世。同日(8月2日),希特勒将总理办公室和总统办公室合并,这使得他不仅是最高的政治权威,而且是武装部队的总司令。

这十八个月的特征是特殊的两面性:从外部看,这是一个大众对民族革命充满兴奋的时期,但是对于许多德国人来说,尤其是犹太人来说,是一个弥漫着恐惧和恐怖的时代,因为它见证了自发和公开组织的对所有政治对手以及“种族敌人”的攻击。1933年春天,希特勒有三个宏大的目标:牢牢控制德国政府;为战争和征服动员德国民众;消灭犹太人。完成这些目标的明确办法并没有被清晰地制定出来。它们依赖于相互竞争的个人、新种族国家的公共机构、国内和国外对手的反应等复杂的交互行为。整个20世纪30年代,希特勒展示了机会主义政治家高超的技巧,在通往权力的道路上,他已经比他的对手智高一筹。他令人印象深刻地把时间的选择、灵活性、事物特征的判断、目标的坚定性结合起来。他现在用同样的技巧去完成成为总理后设定的这三个目标。就在他取得夺权胜利的夜晚,数千名冲锋队队员从总理府前齐步走过。当冲锋队队员看见希特勒俯视火炬阅兵方阵的时候,他们发出了欢呼。有人不经意听到他说:“世界上没有任何权力能把我活着从这里移开。”1932年他的宣传主管也表述过类似感情,当时他说:“一旦我们拥有了权力,我们就不会将它交出,除非我们成为尸体被从办公室抬出来。”尽管纳粹领导人并不准确地知道他们如何完成自己独裁的意图,但是他们疯狂地决意要采用一切办法完成他们险恶的目的。就在他被任命为总理的几天之后,希特勒和他的军事主管出席了一个秘密会议,在会上他显示了自己在国内独裁的意图和在国外好战的目标,他告诉吃惊的军事领导人:

他将撕毁《凡尔赛条约》，使德国的军队重新获得生命力，征服东边的领土，给德国人更多的生存空间。

至于犹太人，希特勒当下的策略是扮演民族拥护者的角色，他承认甚至宽恕公众对犹太人的愤怒，但是，同时假装他个人没有卷入，因为他正全神贯注、集中精力于国家经济和政治的危机。事实上，希特勒鼓励纳粹党的激进分子和各种国家机构从事各类暴力的反犹太人犯罪行为。纳粹统治的最初几年一直在粗暴的街头行为和官僚欺骗之间变化。但是，希特勒的目标一直没有变：把犹太人赶出德国，否则就把他们全部消灭。这个老练的政治家认识到，这个计划依赖于机会和时间的选择。他还没有完全巩固他的权力，鉴于这个事实，他感到必须在国内具有负责任的国会领导人的面貌，在国外成为国际和平的维护者。这本质上是幻觉和现实、花哨的理想主义和残酷的现实主义心理策略的一部分。德国的犹太人被俘获进这种迷惑的现实当中，他们不断地被纳粹领导层难以捉摸的政策，以及在党和政府不同分支产生的不一贯的策略所折磨。更糟糕的是，断断续续的缓和标志着希望之光，哄骗了相当多的犹太社区得出了错误的结论：事态很快就会变好，正如它们过去一直那样的，或者稳定在可以忍受的水平。

当然，回过头来看，我们现在知道事态对犹太人来说一直变得更加恶劣，但是在1933年春季，德国50万犹太人中的绝大多数并不知情。尽管希特勒公开宣称犹太人致命的影响，但是许多德国的犹太人采取了坐视的态度，心怀最好的希望，决定留在德国。他们这样做了，因为他们感到自己是真正的德国人，相信德国人和犹太人有着可以存活下来的共生关系，并且他们在经济和心理上深深扎根在德国这个祖国。最初，只有少数犹太人，多数是知识分子和纳粹的政治对手不情愿地决定离开这个国家，尤其当他们失去自己的地位或者担心生计的时候。当希特勒掌权的时候，爱因斯坦正访问美国。爱因斯坦坚信纳粹主义总体上说是一种“心理错乱的状态”。纳粹分子认为这位物理学家是狡猾的犹太人的典型代表，他的科学是就是建立在反常和扭曲基础上的。这样，当爱因斯坦在1933年3月末坐比利时的班轮回到欧洲的时候，他被告知他在柏林郊区的房子被一帮寻找犯罪证据论文的纳粹暴徒冲入，他决定放弃普鲁士公民的身份和普鲁士学院院士的资格，再也没有踏上德国的土地。

哲学家恩斯特·卡西雷尔是皇皇三卷本著作《符号形式的哲学》的作者,他也很快发现纳粹的体制对犹太人意味着什么。他对妻子私下说:“我们这种人在德国没有什么可追求,也没有什么可希望的了。”卡西雷尔具有不同寻常的、预言性的洞察力,他还说:“我猜想这个政权将持续十年,但是它激起的邪恶可能将持续一百五十年。”这个判断建立在他坚定的信念上,即纳粹政权的目标与其说是对犹太人的迫害,不如说是对犹太人的灭绝。卡西雷尔承认他没有兴趣或能力断定犹太人的毁灭是如何展开的,但是鉴于这种行为内在的非理性和侵略性,纳粹政权是不会停止消灭它真实和想象的敌人。卡西雷尔是少数几个从一开始用完全清晰的逻辑看清纳粹主义本质的知识分子,他认识到,纳粹主义具有非理性的毁灭性,它一方面在本质上建立在种族的神话上,一方面在其动力形式上建立在为了证实自己而从事的永久侵略上。卡西雷尔一直认为,假如一个人抓住了任何生存条件的本质原则,那么他就不必使自己忙于这一环境所产生的细枝末节。甚至在他逃离德国的时候,他都没有让自己沉溺于最近发生的纳粹行为。他所担心的只是这一万字徽的国度是变态的国度,它和他过去熟悉的德国没有一点相似之处。他相信这个新的体制因为自己非理性的动力而最终自我毁灭。依靠以无限的成功不断地证明自己,当成功最终转向失败的时候,这个体制将毁灭其存在。

卡西雷尔不是唯一一个在1933年春季预感到不祥的人。到1933年末,纳粹德国已经排出了大量的处于领导地位的犹太知识分子、科学家、作家、艺术家和音乐家。正如绍尔·弗里德兰德尔提醒我们的,值得注意的是,纳粹分子是通过企图将犹太人直接驱逐出文化领域开始他们对犹太人攻击的,在这个领域,犹太人无疑发挥了最有害的影响。

1933年3月13日,约瑟夫·戈培尔被任命领导一个新部门——公共启蒙和宣传部,它由几个主要的部门或办公室组成:绘画和雕塑、文学、音乐、戏剧、电影、广播、新闻。假如德国的艺术家、作家、音乐家还想发挥他们的创造技能,就必须参加这一组织。但是,它不允许非雅利安人参加,从而有效地剥夺了他们的公共性和生活能力。仅仅三天后,布鲁诺·瓦尔特就被迫取消了一场莱比锡布商大厦交响乐团演奏的音乐会,因为他是“非雅利安人”。后来同样的事情也发生在其他一些著名的音乐家身上,他们包括阿图尔·施纳贝尔、奥托·克伦佩勒、埃米尔·费尔曼。

戈培尔特别渴望清洗普鲁士艺术学院里的犹太人和现代主义的元素。1933年2月，文学部主任亨利希·曼和艺术部成员凯绥·珂勒惠支联名签署和发布了一份请愿书，呼吁共产主义的和社会主义的政党联合力量参加即将到来的三月选举，以阻止德国“坠入野蛮”。为了回应这一挑战，纳粹的文化专员伯恩哈特·鲁斯特告诉学院的负责人马克斯·冯·席林，他将关闭学院，除非它的反抗者闭嘴。珂勒惠支和曼立即辞职。戈特弗里德·本恩被选为文学部主任，他起草了一份总体的决议，呼吁院士停止所有进一步的政治活动，把自己完全奉献给国家再生的任务。尽管大多数院士在本恩的决议上签了字，但是几位著名的人物（阿尔弗雷德·德布林、托马斯·曼、里卡达·胡赫）选择了辞职，而不是在这份反知识分子的文献上签下自己的名字。当这份令人羞辱的决议签署的时候，托马斯·曼作为流亡作家已经生活在瑞士，他的哥哥亨利希·曼也辞去了院士，加入了他弟弟的流亡生涯。阿尔弗雷德·德布林在2月27日国会纵火案之后就逃亡瑞士，摆脱了一个一直尾随着他到柏林火车站的纳粹官员。

依然拒绝纳粹化的普鲁士学院的院士，结果被内阁法令免职。到1933年末，1932年学院文学部半数以上的成员遭到驱逐。同样的事情也发生在学院的其他部门。德国画家的前辈、学院荣誉院长马克斯·利伯曼1933年5月7日辞职，两年后在纳粹德国悄无声息地去世。他的遗孀在1943年3月自杀，而非面对向东方的放逐。所有领域的一流天才不断地遭到放逐，从而终止了作为魏玛文化标志的德国人和犹太人共同作出贡献的状态。阿诺德·勋伯格在1933年10月来到美国，阿诺德·茨威格被纳粹取消了国籍，他前往巴勒斯坦，同时他的哥哥斯特凡逃亡了巴西，斯特凡和妻子在那里一道自杀。特奥多尔·莱辛逃往捷克斯洛伐克。纳粹杀手在那里跟踪到了他，并把他杀害。库尔特·图霍尔斯基1935年在一家瑞典的饭店吞食了毒药。恩斯特·托勒在一家纽约的饭店上吊自尽。自杀夺去了其他著名的犹太人的生命：恩斯特·魏斯、瓦尔特·哈森克维尔、瓦尔特·本雅明、卡尔·爱因斯坦、阿尔弗雷德·沃尔芬施泰因，等等。埃里希·穆萨姆和卡尔·奥西茨基在纳粹集中营受到了可怕的折磨，最后被杀害。然而，许多其他人带着魏玛的精神来到国外，在那里继续着流亡的生活。

1933年5月10日，戈培尔鼓动了一个令人厌恶的、永远是德国文化记载中一个污点的事件——焚烧政治上不正确的图书。诗人海因里希·海涅曾经预言性地认为，从焚书到烧人仅有一步之遥。这一特别的“清洗行动”由德国学生联合会执行。它的目标是从图书馆和书店清除非德国人的或者外国人的尤其是犹太人的作品。5月10日，德国所有的大学举行集会，学生、教授、纳粹党的官员在集会期间争先恐后地表示对纳粹政治正确性的敬意。戈培尔调动了整个通讯机构垄断地记录了这一对后代来说可耻的事件。柏林焚书是宣传主管亲自发动的，他大声疾呼，将这一事件合理化：

> 同学们、德国的男人和女人！极端的犹太人的知识状态现在已经结束，德国革命的成功再次给予德国精神以正道……你们做了一件正确的事情，在深夜把过去邪恶的精神付诸火焰。这是一件有力的、伟大的、象征性的行动，这一行动在整个世界面前见证了这样一个事实：“十一月共和国”已经消失。从灰烬中将升起带有新的精神的凤凰……过去正在我们心中的烈焰中倒下……我们的誓言将被这些烈焰点燃，我们一再欢呼帝国、民族、我们的元首。

实际发生的焚书伴随着党卫队和冲锋队的小分队演奏进行曲和民族歌曲，把这一事件推向高潮。九名学生代表被分发了属于九个类别的图书，他们将这些名声败坏的图书丢进火里，同时发出诅咒的言语：

> 第一个学生：
>
> 为了民族共同体和理想主义反对阶级斗争和唯物主义！我把马克思和考茨基的书扔进火里。
>
> 第二个学生：
>
> 反对颓废和道德的腐败。为了家庭和国家的纪律和道德！我把亨利希·曼、恩斯特·格勒泽尔、埃里希·卡斯特纳的书扔进火里。
>
> 第三个学生：
>
> 反对政治的不负责和政治的背叛。为了民族和国家！我把和平主义者弗里德里希·威廉·福尔斯特的书扔进火里。

第四个学生：

反对夸大建立在对心理毁灭性分析基础上的无意识冲动。为了人类灵魂的高贵！我把西格蒙德·弗洛伊德的书扔进火里。

第五个学生：

反对歪曲我们的历史，诋毁我们的伟人。为了尊重我们的历史！我把埃米尔·路德维希和维尔纳·黑格曼的书扔进火里。

第六个学生：

反对非德国的、犹太民主一类的新闻业。为了在民族的重建工作中负责任的合作！我把特奥多尔·沃尔夫和格奥尔格·伯恩哈特的书扔进火里。

第七个学生：

反对对第一次世界大战士兵的文学背叛。为了以真实的精神教育人民！我把埃里希·玛丽亚·雷马克的书扔进火里。

第八个学生：

反对自以为是地贬低我们德国语言。为了培育我们这个民族最宝贵财富。我把阿尔弗雷德·克尔的书扔进火里。

第九个学生：

反对鲁莽和专横。为了敬畏和尊重我们不朽的德国民族精神！火焰吞没图霍尔斯基和奥西茨基的书吧。

同时，戈培尔和罗森贝格组织了对犹太知识分子、科学家、艺术家、作家、音乐家的攻击，其他纳粹领导人和机构也参与到减少所谓的犹太人对德国人生活和文化的有害影响。在大街的层次上，这些对犹太人的攻击通常是由冲锋队领导层煽动，并由其政治步兵冲锋队队员执行，他们是一些粗暴的、穿着褐衫的人，控制着大多数的德国的城市街道。根据迈克尔·卡特的观点，交互影响的模式在个人的首创、半合法的野蛮行为、政府的立法之间波动，这是从1933年1月30日到1935年9月，从希特勒被任命为总理到《纽伦堡种族法》颁布这段时间的典型特征。大多数野蛮的行为受到冲锋队的激发，出现在德国城镇和乡村。正如卡特指出的，冲锋队由大约200万年轻的德国人组成，年龄在十七岁以上，大约占全部男性人口的10%。因为冲锋队培育了对犹太人残忍的仇恨，并且将这一仇恨灌输到它的成员当中，因此我们可以得出结论：到1933年夏季，10%的成年人受到反犹太人偏见的强烈感染。假如我们把这些反犹太人的人数和纳粹党的其他成员相加——1933年党员数量超过100万——那么，暴力的犹太恐惧症患者的数量可能会更高。另外，因为德国民众传统上先天就有宗教形态的或大众歧视的反犹太人偏见，因此当冲锋队侵扰、羞辱，或者在身体上攻击犹太人时，德国人总体上来说并没有表示愤慨也就无需过于惊讶了。当然，这并非必然意味着旁观者都充满了对犹太人的暴力仇恨。一些可能有，一些可能没有。除了反犹太人的偏见，他们的被动性可以归因于对在一个不宽容对立面的极权主义国家中遭到逮捕这一可以理解的恐惧。毫无疑问，这也可以归因于德国公共生活中匮乏公民不同意的传统，归因于许多德国人对任何穿制服的人的尊敬，甚至敬仰。因此，穿着制服的褐衫队员的行为得到德国大多数人广泛的宽恕。

纳粹政权需要国民在整体上陷入对犹太人，或者任何其他被官方认定是敌人的群体或个人的攻击，认识到这一点是重要的。冲锋队、盖世太保、党卫队保安处十分依赖大众的合作，以便监视公共舆论，征集情报，鼓励民众揭发那些对政府表现出真正威胁或者仅仅是潜在威胁的德国人。根据沃尔夫冈·索夫斯基的观点："通过情报的提供进行广泛的参与，是制造恐怖体制最重要的因素之一。"通过引诱或欺骗，逼迫或劝说，纳粹领导层需要从整体上给国民注入对犹太人疯狂的仇恨，同时希望得到对它的反犹太举措的广泛支持，假如做不到这一点，至少得到消极的接受或者冷漠的不关心。

对反对犹太人的鼓动，如同对反对纳粹政权的其他敌对者的鼓动一样，都遵循着一个可辨识的模式。卡尔·迪特里希·布拉赫尔把它恰当地描述为自上的幕后操纵和自下的运作和执行。典型的方式是：希特勒和他的亲信下达命令，然后命令传达到地方大区的组织进行实施。这就是为什么1933年3月纳粹政权发动了针对地方州政府的政治政变。针对犹太人，大致同样的方式得到了发展。组织"自发的"反犹太人行为的指导，下发到地方的纳粹组织，接着，这些组织派遣下属机构或者褐衫队员发动暴力抗议和骚乱。随后，总是国家的命令和法令得到颁布，给人的印象是国家仅仅是以合法的形式体现了人民的意志。事实上，大多数最初对犹太人的迫害是由一小撮纳粹狂热分子执行的，他们根据较高层的指示，但有时也是自发或者独立地向犹太人或者犹太企业发动暴力攻击。汉斯·莫姆森正确地给这些街头暴力行动贴上了标签，说它们是纳粹的蓄意阴谋，这些阴谋只有不断地注入宣传的动力才能持续；但是，他又认为这些野蛮的行为是一种失败，因为它们没有解决犹太人问题，或者缺乏广泛的大众支持。后一种观点必须得到认真的修正。事实是，纳粹政权稳步地使民众习惯于公共暴力行为，因此设法使普通的德国人陷入积极的支持、无言的共谋，或者被动的默认当中。当然，这个政权偏爱大众对其政策的支持，毕竟它的领导人宣称相信建立在大众支持基础上的独裁概念，但是事实上他们是一些愤世嫉俗的精英人物，从没有停止实现他们宽泛的目标，尤其是去除犹太人。无论如何，假如这些野蛮的行为失败，其原因不是缺乏广泛的大众支持，而是它们没有实现这个政权所希望的目标：从德国灭绝犹太人。但是，从较小的规模来看，它们还是成功的，因为它们推动了灭绝的进程，使德国人习惯了不断极端化的发展进程，并发动了数量可观的纳粹狂人将反犹太人的残暴正规化。

反犹太人的野蛮行为于1933年1月30日后便立刻展开，在2月27日的国会纵火案之后得到了加速。3月9日，冲锋队员阻断了柏林、马格德堡、莱茵兰的犹太商店和商场的入口。在德国经济贫困的时代发动经济上的中断，对于解决德国的经济地位或者给世界展示良好的形象来说，几乎不可能是一种有效的方法。但是，这对冲锋队的领导层或者尤里乌斯·施特赖歇尔来说并非重要，后者企图给公众对犹太人的攻击打上自己疯狂的犹太恐惧症的烙印。对他们重要的事情是，犹太人是否受到了伤害。在最初对犹太商店攻击的时候，除了令人烦恼的经营中断和财产破坏之外，没有发生其他什么行为。冲锋队暴徒在犹太商店的门口设岗，他们得到命令警告潜在的客户不许购买德国人民种族敌人的商品。他们散发传单，冲锋队小分队行军或者驾车穿过德国主要的犹太区域，警告普通的德国人不要从犹太人那里购买东西。这些经济中断的新闻在国外导致了外国对德国商品的许多联合抵制，这些国家包括美国、英国、法国、比利时、波兰。在即将成为纳粹心理的典型形式中——特点是对因果关系歪曲的混淆——纳粹将这些外国联合抵制的组织者贴上了犹太人的和反德国人的标签，谴责他们制造麻烦，声称自己仅仅是采取了防范性的措施，在德国联合抵制犹太企业。换句话说，不是纳粹发起的对犹太人的骚扰，而是外国的仇恨煽动者迫使他们这样做的。他们出于自我防卫，报复了德国的犹太人。在戈培尔的宣言后面可以发现这类歪曲的推理：德国政府计划号召世界范围内的针对犹太人商品的联合抵制，时间定在4月1日，以此作为纯粹的防卫性措施抵抗由犹太人激发的仇恨战役，无疑它正在国外发生。

在整个德国，这一联合抵制由针对犹太人的恶毒宣传战作为先导。纳粹领导人愤怒地警告国外的犹太人，假如他们不停止针对德国的"凶恶宣传"，德国的犹太人将会为此付出巨大的代价。在一些城市，街头暴徒现在的权力更大了，继续承担着针对犹太企业、医生、律师、法官的"自发"行动。在柏林，医生们受到广泛的骚扰，他们与医院的合同被取消。纳粹不时地渴望攻击犹太专业人士，尤其在柏林，因为那里的犹太人在这些领域所占的比例特别高。始于3月11日，冲锋队队员在布雷斯劳攻击了犹太法官和律师。一位犹太律师路德维希·弗德后来对此进行了报道：在出席完3月11日周六犹太会堂的活动之后，他回到了自己的办公室。

突然——准确说是11点——走廊里回响起动物号叫的声音，它们很快地贴近办公室。法律办公室的门被突然冲开。十多个身着褐衫和褐帽的人拥了进来，大声尖叫："犹太人滚出去。"一会儿，犹太人和基督徒一样，每个人都惊呆了。大多数犹太律师离开了办公室。我注意到七十岁的国家法律顾问、审判院执行委员会成员西格蒙德·科恩惊呆地坐在那里，好像被钉子钉在椅子上站不起来了。两个褐衫队员跳到他面前。就在这时，几位年龄较小的基督徒律师……走了进来，站在科恩面前保护他，入侵者放过了他。我没有离开我的地方。一名冲锋队员跳到我面前，用手臂拉扯我。我把他推开，他从右边的袖子里取出一个金属盒子，用力一按，弹出一根旋转的线，头子上连着一个铅球。他用这个器械对我的头击了两下，血一下子流了出来，伤口肿了起来……人们可以发现法官、公诉人、律师是如何被这些褐衫团伙的小组驱赶到大街上。入侵者撞开法院各室的门，所到之处都大声尖叫："犹太人滚出去。"一位头脑敏捷的助理法官正在主持一个案子，他对他们大声尖叫道："从这里滚出去。"他们于是就立刻消失了。两个流氓对一位正坐在屋子里的犹太律师尖叫："这里有犹太人吗？"他实事求是地回答道："我没有看见任何犹太人。"于是他们关上门奔其他地方去了。

路德维希·弗德很快发现，尽管作为政府官僚机构的一部分，求助于警察是困难的，特别是当侵害涉及纳粹党成员进行的非法行动时。他转而求助地方法院的院长。他被告知更高的行政机构已经得到了通知。但是，如此迟缓的官僚举措似乎让弗德觉得完全不合适。他要求院长允许他用一下电话，和警察局长通话。院长没有拒绝，弗德接通了警察局。他被告知20名警察已经在赶往地方法院的路上。一会儿工夫，弗德看见20名警察以明显缓慢的速度穿过街道，这使他明白警察局长可能个人也要为屠杀承担责任。后来在下午，布雷斯劳的法官聚集在州法院，决定号召一次临时的审判罢工，假如能够持续的话，这可能会对纳粹的极端分子产生有力的打击。但是，州法院院长在纳粹的压力面前认输了，他颁布命令：从此只有17位犹太律师可以服务于布雷斯劳法院，其余的律师禁止进入法院。

布雷斯劳的案例绝不是非同寻常的，因为它在其他地方以几分相似的形式重复上演。这个案例说明了纳粹对法治完全地蔑视。纳粹分子搁置了整个保障公民权的《魏玛宪法》，授权冲锋队暴徒代表“辅助的警察”，采用奥威尔式的新词“保护性监视”逮捕他们的敌人，形成了一个新的法哲学，它建立在“法律必须通过健康的民族激情进行解释”这一原则基础之上。这样，纳粹分子正在系统地打破一个文明的法治国家的墙壁。保守主义的法律官员对这种针对他们珍爱的传统和制度的攻击毫无准备，他们都是一些习惯于书呆子式的、小心谨慎的、尊重法律的思维。希特勒的司法部长弗朗茨·古特纳后来悲哀地承认：假如他不必再走进司法部的大楼，他会感到“永久的快乐”。希特勒说他有一个无法超越的事先构想好的反对司法的观点，因为“他的天性就是无政府的，对政治秩序的必要性毫无感觉”。

3月26日，希特勒和戈培尔警告道：国外对德国的抗议是建立在反犹太人行为错误谣言基础上的，如果这一抗议不停止的话，德国政府将增加它的反犹太人措施。两天后，纳粹党发布了联合抵制犹太企业、商品、医生、律师的11点计划。尤里乌斯·施特赖歇尔被委任为预防犹太人联合抵制和凶恶宣传的纳粹党中央委员会的主席。非常有趣的是，没有人费心去询问经济部这样的联合抵制可能引发的经济反响。尽管希特勒怀疑这一联合抵制的效果，并意识到他的政治权力依然不稳定，但是他决定支持一天的联合抵制，因为他相信这是一个测验新政权这一决定的方法，同时为冲锋队和党卫队的革命狂热创造一个发泄通道。但是，出于策略上的考虑，他决定保持低调，显示出冷静、中立和清白无辜。迄今为止，希特勒自己还没有解决犹太人问题的总体计划；他所具有的是一个强迫症——清除德国的犹太人影响。

联合抵制开始于1933年4月1日星期六上午10点，在4月1日至2日的夜里结束，尽管纳粹党从未以官方的形式终止它。事实上，在整个20世纪30年代，联合抵制在德国不同的地方，以不同的强度时断时续地持续着。历史学家普遍认为联合抵制失败了，因为它没有对犹太企业成功地产生严重的经济影响，更不用说解决犹太人问题。当然，联合抵制首先是弄巧成拙，因为依靠攻击犹太企业，纳粹明显伤害了德国的企业。广泛的经济损害得以避免，因为联合抵制只被限制在一天，主要是为了实现宣传的目的而得到执行，这个目的就是给德国人民的思想上留下一个印记：他们可能面对着来自他们邻里犹太人的威胁。因为联合抵制在官方上是纳粹党和国家发起的，因此目的是希望德国人民对犹太人问题产生警觉。假如从这个视角出发来看问题，毫无疑问纳粹成功地使犹太人问题得到了大多数德国人的注意。德国人在周六购物，无论那天他们在哪里购物，他们都会看见犹太商店门口站着冲锋队队员，或者不可避免读到以下告示：

> 德国人，不要从犹太人那里购物。
> 犹太人是我们的不幸。
> 犹太人手上的每一个马克都是从祖国偷窃的。

犹太人的商店被标上了“大卫之星”，被肮脏的涂鸦破相。赫尔曼・蒂茨的百货商店关门了，但是纳粹用万字徽毁了展示柜的形象，并刷上了通知，警告以后的消费者不要在这里购物。在其他地方，犹太医生、律师、公证人、牙医的办公室也被作为目标，从而使德国人警觉到光顾它们是不爱国的。4月1日，一个人无论到哪里，他都会遇到喧嚣的冲锋队队员，他们反复唱歌、大叫大喊、散发传单、勒索犹太人。在巴登，大区领导层发布了一个公告，它和在德国其他地区党的公告和公共告示具有相似的典型特征。

德国民族同胞们！
避开有联合抵制标志的房子！
预防犹太人的凶恶和联合抵制的煽动！
不要购买犹太人的百货！
不要去犹太律师那里！
避开犹太医生！
犹太人是我们的不幸！
参加大众示威！

鉴于这样官方的煽动，尽管党的指导路线要求遵守街道秩序，不“伤害犹太人头上的一根头发”，但是过激的行为发生在德国各地，尤其在有着大量东欧犹太人的居住区，诸如柏林、多特蒙德、杜伊斯堡、萨克森的著名犹太人居住区，也就不值得大惊小怪了。在萨克森的安娜堡，党卫队分遣队在犹太商店门口设岗，给离开这些商店的人脸上盖上橡皮图章，用贬损性的标记让他们在众人面前出丑。在其他地方，“门卫们”给离开犹太商店的顾客拍照，记下他们的名字，然后把“民族的叛徒”的名单张贴到布告栏里，或者发布到报纸上。这种官方的威吓必然对德国的犹太人具有毁灭性的严重后果。确实，德国犹太人的回忆显示了这一官方发起的仇恨是如何改变他们整个生活方式，以及他们对德国的看法。他们几代人都称这个国家是他们自己的。赫塔·纳特霍夫一直和她的丈夫在柏林行医，她在日记中写道：联合抵制那天是她一生中灼人的事件；她想知道它如何在20世纪发生。她也好奇为何她被忽视：她办公室没有被做上标记。但是，那天晚些时候，一个年轻人出现了，他问这是否是一间“犹太人的公司”，她回答不是一家企业，而是一间诊所。她问这个年轻人是否生病了，他放弃了站在她办公室门前的念头走了。不像她的一些熟人，他们相信几天之后，这些事情都会烟消云散，赫塔·纳特霍夫知道，纳粹决心杀戮犹太人的灵魂，她对她的国家感到深深的羞愧。埃德温·兰道尔是一位犹太老兵，是犹太前线士兵国家联盟的成员，他也有同样的感受，把联合抵制看作恶魔行为的开端，他说：“我以前属于这样一个民族，我对此感到羞耻……我没有祖国。”

最初是集体的震惊，然后是愤怒、羞耻和疏远，这是典型的犹太人对纳粹仇恨运动的反应。维克托·克伦佩勒是德累斯顿技术大学罗曼斯语教授，他在日记中写道：他感到自己生活在沙皇俄国或者亚美尼亚，被一个非理性的政权所质押，这个政权以纯粹的种族而非宗教来评判自己的民众。他承认："对于德国，我实际上感到更多的是羞耻，而非恐惧。我一直真正地感到自己是德国人。"但是，许多犹太人依然不愿相信新的纳粹政府完全对他们的需求没有反应。莱奥·贝克和其他著名的犹太领导人担心纳粹可能对德国犹太社区的所作所为，甚至公开赞同反犹太人的联合抵制。他们这样做是为了拒绝纳粹的指控——德国的犹太人是不忠诚的——从而希望实现阻止对德国犹太人进一步的攻击。但是，他们很快发现，无论他们如何满足他们的纳粹主人，纳粹都永不满足地制造大量的法律、法规和耻辱，将犹太人从这个国家边缘化、孤立化，把他们驱逐出去。

但是，联合抵制加强了犹太复国主义者的团结。罗伯特·维尔施在4月4日《犹太评论》的社论中写道：

> 犹太人的标志在4月1日强加在德国所有犹太人身上……每个人都知道谁是犹太人，逃避或者躲藏不再可能。犹太人的回答是清晰的——这是犹太人先知约拿说的一个短句：是的，犹太人！说"是"犹太人，是当下事件的道德意义……我们说"是"，并且骄傲地戴起黄色臂章。

罗伯特·维尔施和犹太复国主义者感到，犹太人要为在德国发生在他们身上的事情负有部分责任，因为他们假装成为了他们实际上不是东西——德国人。纳粹向他们提出了鲜明的挑战，这使得他们没有选择，除非像犹太人那样所想所为。但是，令人好奇的是，甚至维尔施在1933年春季依然相信犹太人能够维护德国的经济和文化基础。后来证明，在反犹太立法不断发布的情况下，这是一个维尔施和许多犹太人被迫放弃的幻觉。

4月7日，联合抵制后仅一个星期，《专业公务员恢复法》提出了"雅利安条款"，规定非雅利安背景的公务员必须强制性"退休"。排除在这一条款之外的是以下这些非雅利安人，他们在1914年8月1日前获得了政府的雇用，在第一次世界大战在前线作战过，或者他们的父亲或儿子在那场战争中被杀害。后来的让步是，犹太人前线士兵国家联盟给年迈的兴登堡总统提出了一个特别请求，使犹太老兵豁免即将推出的此法律条款之后，希特勒勉强许可了。当然，纳粹拒绝接受犹太参战老兵所提出的，有1.2万犹太人死于第一次世界大战的前线这一要求。纳粹受到成见的迷惑，认为所有的犹太人都是懦夫和逃避责任的人，他们确信对犹太牺牲者的这种要求是纯粹的虚构。宣传部接着散布谎言，大意是："所谓的"在第一次世界大战中死亡的1.2万犹太人是"自然原因"的结果，4月7日的法律中没有一个犹太人应该如何确定的明确规定。4月11日的补充法令对此作了说明，即在家族的任何一方有犹太祖父母，都被确定为犹太人。接着，就一个人的背景中犹太性的相对程度爆发了激烈的争论，因为一些更为"和蔼的"种族狂人要在这些半犹太人当中"保护""有价值的"德国血统，他们相信，假如没有进一步的种族污染玷污他们的血液，这一血统是可能得到抢救的。1933年4月8日的《种族观察者报》发表社论："我们的目标是对犹太种族和德国种族进行生理上的分离。"

相似的法律很快就跟了上来，旨在将犹太人从超出4月7日法律已经认定的其他公务员位置上排除出去。犹太人不能再担任评估员、陪审员、商业仲裁人（4月7日），不能再担任专利律师（4月22日）；不能从事与国家保险机构相关的职业，例如评审仲裁（4月22日）、牙医或牙科技师（6月2日）。抵制德国学校人数过多的法律（4月5日）严格要求在德国公立学校里限制招收犹太学生，比例为1.5%。5月6日，《专业公务员恢复法》得到了修订，堵住了一些漏洞，以便把大学荣誉教授、大学讲师、公证人排除在公务员职业之外。正如前面所提及的，四天后出现了臭名昭彰的焚书运动。同一天，帝国教育部长伯恩哈特·鲁斯特宣布所有德国大学的犹太教授将被解雇。学生被敦促联合抵制依然在德国大学教学的犹太教授的授课。诺贝尔物理学奖获得者马克斯·普朗克对希特勒表示抗议，认为辞退有价值的犹太科学家，尤其是那些吸收了德国文化最优秀成分的科学家是荒诞的。普朗克得到的回复是："一个犹太人是一个犹太人；所有犹太人像芒刺一样聚集在一起……我必须同等地对付他们。"希特勒确实同等地着手这一行动，亲自插手指挥辞退犹太教授、律师以及其他公务员。

1933年夏季和秋季，附加的法令像雨点一样砸在犹太人的头上。7月14日，一大批法律获得了通过，它们有效地结束了德国民主的所有残余。一项法律除了纳粹党禁止了所有的政党，同时禁止新政党的成立。留下来的是以协调一致的国会形式出现的议会壳子，这个国会服从阿道夫·希特勒的命令，并通过所有法律，无论它们是多么不理性或非正义。因此，在7月14日批准的一系列法律中，政府能够剥夺认定和国家敌对的、属于任何组织（犹太人的、共产党的、社会民主党的，等等）的财产。这个法律名叫《关于没收属于民族和国家敌人的财富法》，它后来成为了剥夺犹太人财产，以及强迫他们移民或者放逐到东方的基础。另一个法律授权政府可以剥夺任何人的公民权，无需以任何法律依据证明其行为的正当。这一法律主要是针对自第一次世界大战开始来到德国的东方犹太人，但它也针对激起纳粹官员愤怒的犹太的和非犹太的科学家、作家、艺术家、知识分子。其他法律控制了乡村的定居者和农庄的建设；控制了公民投票，以便弄清楚有关准备推出的举措的舆论；依靠使教会服从政府委派的"帝国主教"的控制，使福音教派的结构政府集权化。最终，正如先前所提及的，政府通过了名叫《防止后代患有遗传疾病法》的法律，它使绝育合法化，并且实施了一系列生物学的举措，它们涉及绝育、集中营管理，最终是对犹太人、患有精神疾病的人、吉卜赛人进行大规模毒气杀戮。

1933年9月下旬和10月上旬，三个附加的举措对犹太人发起了打击：第一是禁止政府雇用非雅利安人以及和他们结婚的人（9月28日）；第二个法律是将犹太人从诸如艺术、文学、戏剧、电影等文化和娱乐行为中驱逐出去（9月29日）；第三个是《国家新闻法》，它把所有的报纸置于政府的控制之下，并采用"雅利安条款"有效地将犹太人排除在德国的新闻界之外。

犹太人最初的反应

开始于1933年4月，到这一年末一直在增加的一系列反犹太人的法律，只是后来在1933年到1939年间颁布的大约400部反犹太人立法的开端。每一个新的反犹太人举措都比前一步更为恶劣，每一个都给伤口再次擦盐，给伤害增加侮辱。犹太人最初的反应，特别是在四月法律出现之后，是以重复出现的综合征为标志：最初是震惊和怀疑（这不可能发生在一个文明社会当中）；接着是耻辱和恶心（我对这个称为我自己的国家感到耻辱）；然后是四处扩散的几乎没有人在意的认知麻痹（我发现走投无路了）；然后是一缕希望之光，事情不会变得太坏；最终认识到犹太人必须组织起来，准备着最坏的结果。

在评估犹太人对纳粹攻击的反应时，我们能够区别个体犹太人的反应和各种犹太组织的反应。许多个体犹太人已经留下了富有启迪性的证词，而这些组织是代表加盟的成员说话。最初的反应普遍是震惊和怀疑，尤其是对任意的暴力行为，对多数旁观的德国人无动于衷的态度，对让人吃惊地认识到德国政府从官方的角度发起了种族隔离，并且以法律的形式加以体现。例如，赫塔·纳特霍夫不能理解积压在柏林医院里犹太医生身上的侮辱。冲锋队暴徒狂怒地冲进医院，驱逐医生，甚至在他们正在进行手术时。她写道："我的历史悠久的医院失去了一些最有天赋的医生，病人处于绝望之中，所有的一切都颠倒了。戈培尔先生充满仇恨的演讲，超越了先前以挑拨和说谎的形式存在的任何演讲，人们聆听着，保持沉默。首先是这些杰出的医生和著名的教授，他们对背叛他们的同事做了什么呢？"另一个残酷的打击发生在一周后，她收到了来自夏洛滕堡地方法官的官方信件，通知她必须终止作为妇女咨询事务所首席医生的职位。赫塔·纳特霍夫是几千个被免职或面临即将被免职的犹太专家之一。扬·英格·多伊施克龙在第二次世界大战一直秘密生活在柏林，因此活了下来，她回忆道：她父亲是一位公立学校的老师，他阅读和研究了普鲁士学校管理当局下发的免职通知中的每一个句子和每一个逗号，他彻底惊呆了。尽管他是参加第一次世界大战的士兵，但是他被告知他的免职是基于作为社会民主党党员的政治关系。同样的情况也发生在埃米尔·法肯海姆的父亲身上，他在1914年前就是一位执业律师和前线士兵，但是也被免职，因为据信他在1918—1919年间保护过一些共产主义者。英格·多伊施克龙的父母得到了还没有受到新法律影响的犹太朋友的安慰：一些解决方案将会让他们脱离悲惨的生活。

当然，这样的希望是很少实现的，因为现存的反犹太举措中的暂时让步或者漏洞很快就被去除了。维克托·克伦佩勒在提供自己是第一次世界大战前线老兵的文件上经历了相当大的麻烦，之后他收到了暂缓免职的通知。他在越来越不可能的条件下继续教学，学生在流失，同事也躲着他。他得到越来越多的关于其犹太朋友、亲戚和熟人的坏消息。克伦佩勒的感情在受伤的骄傲和道德的愤怒之间变化，随后出现的是无望和绝望的态度。1933年5月13日他自问道："这种精神错乱到底要持续多长时间？"

贝拉·弗洛姆继续为乌尔施泰因的报纸写社会专栏,继续着她繁忙的社会日程,她自问道:“整个国家都处于恍惚的状态吗? ”弗洛姆、克伦佩勒和其他犹太人都拥有广泛的熟人圈子,都洞悉到占据优势地位的舆论。他们不仅为普通德国人对正在发生在犹太人身上的事情的无动于衷感到震惊,而且对德国人在发泄他们反犹太人偏见时所展示的轻信和十足的愚蠢感到害怕。例如,弗洛姆发现接受以下一点是困难的,即许多德国人,包括希特勒在内,都相信犹太人可以用一种特殊的体味来加以辨认。在参加一次希特勒也出席的官方庆典时,弗洛姆嘲弄帝国总理府主管海因里希·拉默斯说:“你的元首一定得了感冒。”当被问及为什么的时候,她回答道:“据说他在十英里之外就能闻出一个犹太人,不是吗? 显然今晚他的嗅觉没有发挥功能。” 赫塔·纳特霍夫的一位病人是容易轻信上当的年轻女士,上班时被告知任何与犹太人发生性关系的人都可能不能再怀有雅利安孩子之后,哭喊着冲进她的诊所。“我不得不对这个原始动物说,让她最终确信这一断言是愚蠢的。” 纳特霍夫在她的日记中写道,这个女孩因此如释重负地叹了一口气说:“亲爱的医生,我已经打开了煤气阀,但是在最后一刻跑到你这儿来了。”纳特霍夫想知道,有多少德国人能够跑到能让他们纠正反犹太人偏见的人那里,并且这种纠正能持续多长时间。

一些德国人试图同情个体犹太人的困境,因为他们从个人的体验中认为这些犹太人是善良和可敬的人。当他们这样做的时候,他们也很少放弃这样的信念:反对犹太人的举措无论怎样都是有道理的,因为它们是政府发起的。正如绍尔·弗里德兰德尔提醒我们,这些观点中的一些依赖于他们对希特勒的信仰,因为对犹太人的同情总是意味着不信任元首道路的正确性。犹太女演员莉莉·帕尔默讲述的一个小故事,很好地说出了这种超现实主义的观点。她失去了电影合同,因为她是一个犹太人。房东太太同情她的困境,和她一起喝咖啡,表示对她的同情。房东太太说:“因为你不能否认希特勒是一个好人,因此这真是羞愧。你拿你的命打赌,他会让德国再次强大。至于他对待犹太人这件事做得太坏了。”

正如先前所提及的,也许反犹太人偏见最具毁灭性的冲击,是针对不明事理的犹太儿童,他们失去了朋友,被他们德国的同龄人侮辱,受到身体上的攻击,他们不得不忍受疯狂的纳粹教师的侮辱。在希特勒手里逃生的犹太人叙述了陷入困境和遭受羞辱的故事，从被称为“犹太笨蛋”或“犹太猪”，到遭到德国同龄人的殴打。鲁斯·弗伦德—约阿希姆斯塔尔在德累斯顿的丢勒学校读书，他回忆道：

> 假期后，学校发生了调整。新的德语教师在西服的翻领上佩戴了万字徽走进了教室。在他前面是一份他深入研究过的学生的名单。然后他提出了一个至今我都记得的问题。我和其他同学一起举起了手。新老师指着我说：“放下你的手。犹太人在德语的课堂上是没有什么事的。”

令人非常感兴趣的是，鲁斯的同学非常团结，也放下了手，拒绝回答问题。纳粹教师停止了教学，跑去找校长报告了这一事件。校长也是坚定的纳粹分子，他将约阿希姆斯塔尔从班上暂时除名，并向其余的学生解释新的政治形势。鲁斯·弗伦德—约阿希姆斯塔尔再也没有回到丢勒学校。

在纳粹德国的学校，犹太儿童经常被人回避、侮辱，最终被驱逐出去。许多大屠杀的幸存者讲述了他们在德国教育体制中令人困扰的经历，特别是德国教师卑鄙的行为。马克斯·费德曼在法兰克福的学校上课，他经常在上学和放学的路上受到暴徒的羞辱，迫使他采取策略避开某些敏感的地点，但有时他也不得不奋力一搏，他对此并不介意，因为他受到很好的拳击训练。他与德国人的遭遇总体来说是不愉快的，至今他都不记得任何德国人对犹太人在纳粹德国每天的生活困境说过一句同情的话。他强抑泪水回忆着纳粹所给予的无情和残暴，结果是，他作为年轻人大胆地从盖世太保官员的控制下逃了出来，他们围捕了他家的其余人往东方放逐。尽管他的父亲和八个孩子中的四个设法移居到了英国，但是十五岁的马克斯、他的母亲、他的双胞胎弟弟伯恩哈德、他的妹妹艾玛、他的哥哥赫尔曼依然留在纳粹德国。马克斯逃脱后，先在南斯拉夫，后来在意大利加入了游击队，逃过了大屠杀的劫难。除了哥哥赫尔曼逃到了中国，其余的人都在波兰死亡集中营失去了生命。

赫尔穆特·霍尼希贝格的父母在美因河的贝恩卡斯特尔拥有一家糖果店，他也生动地回忆了在纳粹德国动荡不安的童年，特别是他称作受到儿童诈骗和老师侮辱的事件。他回忆道：他的学校校长在他拒绝行纳粹礼的时候就会例行地敲打他。他在国民小学只待了一年就结束了德国的学业。一天,校长给他一封信,让他交给他父亲,收信人是犹太猪伊萨克·霍尼希贝格,命令他父亲在学期结束时把他的笨猪儿子带走。年轻的霍尼希贝格像其他20世纪30年代中期到晚期的所有犹太孩子一样,被迫进了各种犹太学校。但是,甚至到那时,德国同龄人对他的侮辱和身体侵害一直在继续。

不言而喻的是,对于许多年轻的犹太人来说,在纳粹德国日常生活的标志是持续的焦虑和压力,其不可预测性使得一切都更具伤害。伴随着许多德国人的共谋,纳粹对犹太儿童施加了无情的心理攻击,剥夺他们的人类尊严和天真。犹太恐惧症在一个是犹太儿童,另一个是德国儿童身上的运作方式,有两个对比鲜明和毁灭性的事例,它们说明了在这个层面上正在发挥作用的心理堕落的深度。一位犹太父亲没有认识到他的儿子怎样承受了教师侮辱性评价的狂轰滥炸。除了一些轻微的羞辱之外,这个教师不许他参加游泳课,在所有的学生面前告诉他:“用你扁平的脚,你可以走进约旦河,但你不能污染德国的水。”然后有一天,儿子向父亲说了心里话:“爸爸,假如你继续强迫我去学校,我就把自己扔到火车下面。”一位犹太妇女无意中听到了一个十分不同的反应,她当时正在为女儿在糖果店购物。另外一位妇女正在为十二岁的儿子购买一条裤子。店主摸了摸孩子的头发,问他是否希望得到他的圣诞礼物。这个孩子回答道:“是的,非常喜欢,但是我最干净的圣诞礼物是如果把所有的犹太人用棍子打死就好了。”

为了对付这些不断的反犹太人的攻击,犹太人在他们自己的同伴和组织中寻求安慰。德国犹太人的领袖人物莱奥·贝克在1933年4月13日的犹太社区聚会中宣布:“德国犹太人的千年历史结束了。”他认识到,剩下来要去做的事情就是去抢救在这种境遇下一个人所能够做的,但是这要求德国的犹太人必须超越自己的异见,在共同的组织里发现力量。从1933年春季开始,贝克和其他著名的犹太人试图建立一个穹顶,让所有的犹太人在其下联合起来。这就是“救济和复兴中央委员会”,它成立于1933年4月,包括了这样一些主要的犹太组织:中央协会、德国犹太复国主义联盟、普鲁士犹太社区协会、柏林犹太社区、犹太联盟。委员会主席是莱奥·贝克,但是委员会的方向和能量是由更年轻的人提供的,包括马克斯·克鲁伊兹伯格、所罗门·阿德勒—鲁德尔、弗里德里希·布罗德尼茨、保罗·埃普施泰因。不幸的是,尽管他们在中央委员会都是重要的成员，但在无常和危险的环境里这些人没有一个是长久的成员。克鲁伊兹伯格在1935年移居巴勒斯坦，阿德勒—鲁德尔在1936年被德国驱逐，布罗德尼茨1937年移居美国，埃普施泰因1943年被害于特莱西恩施塔特集中营。

中央委员会的主要功能是给予德国犹太人社会和经济需要以援助，尤其是针对失业的犹太人，诸如被《专业公务员恢复法》几乎突然贫民化的专业人士。除了经济上的支持，中央委员会也提供各类法律的支持，试图在法庭上扭转“非法的辞退”，但这是一个徒劳的程序，因为犹太人领导层痛苦地发现它不再是与一个合法的而是在与一个犯罪的国家交涉。由于德国的犹太人被越来越多地排斥在现存的，包括广泛的经济利益和医疗利益的福利机构之外，因此，后来整合到甚至更大的保护伞“德国犹太人国家协会”之中的中央委员会被迫承接了大力神才能承担的任务，去帮助在德国受到围攻的犹太人。在这一任务中，它并非完全依靠自己，因为各种海外犹太组织——诸如美国联合分配委员会和英国中央基金——慷慨地作出了贡献。

除了组织自己谋求经济生存之外，犹太人也试图形成自己的教育和文化机构。到20世纪30年代中期，十分明显的是，犹太人不能再上德国的公立学校，这意味着他们不得不组建他们自己的犹太学校，这是一个让人望而却步的任务：缺乏财政资源；找到合格的教师十分困难；在一个敌意的国家作为人质的犹太人，面对着一直存在的不稳定性。正如库尔特和爱丽丝·贝格尔所指出的那样，这一阴郁的画面也有光明的一面，它就是，这些犹太学校至少是真正犹太性的，它鼓励用希伯来语教学，聚焦于它们自己的、许多已经被德国文化取代的传统。犹太学校在数年间被允许运营，成为了德国仅存的理性的教育孤岛。根据贝格尔的观点，它们也成为了进步教育的唯一监护人。在纳粹迫害的冲击下，犹太人的自我意识令人惊讶地再次生机勃勃，实际上它间接地受到了纳粹的鼓励，因为纳粹分子的种族政策不允许他们整合犹太人的机构，这样纳粹只有两个选择：要么允许犹太人培育他们自己的传统，要么把他们赶出这个国家。直到1938年，纳粹才乐意允许犹太人获得边缘的经济生计，正如约瑟夫·戈培尔在1934年5月10日的一次演讲中所说，条件是犹太人把他们与德国人隔绝开来，毫无声息、心悦诚服地接受他们在新的种族秩序中的次要地位。但是，十分明显的是，这样虚假的声明对德国的犹太人没有提供任何安全，因为在纳粹欺骗性的保证背后是勒索和威胁无时不在的现实。因此，在犹太学校的教育行为中，它们强调的是在德国以外的未来。年轻人和老人必须根据更为实际的思路，在市场的技能和职业方面得到训练和再教育。例如犹太复国主义联盟为了让年轻人准备移民巴勒斯坦，开设了农业培训农庄。到1933年末，超过600名学生，包括较年长的人，接受着职业教育；1300人生活在农业教学农庄。

犹太人也组织了他们自己的文化活动。德国犹太人文化协会成立于1933年春季，它有着双重使命：一是给失业的犹太艺术家、作家、音乐家提供工作，二是促进犹太文化事业。在医生和艺术家库尔特·辛格、年轻的指挥家库尔特·鲍曼、音乐批评家尤里乌斯·巴伯的领导下，文化协会吸引了一些一流的天才，并提供了相当丰富的各类文化产品，用于音乐会演奏、戏剧表演、诗歌朗读、演讲和艺术展览。

许多教育、文化、社会、经济的行动也以自发、自主的形式组织起来；一些特别的盛大集会被个人或者专业团体组织起来，为失业的医生或者律师筹集资金。由中产阶级的妇女建立的犹太艺术家救济团体，在私人居所和餐馆里除了为贫穷的艺术家提供施食，还组织讲座和艺术表演。微型的犹太贷款协会提供金融帮助，给工匠和商人小额的免息贷款。银行家马克斯·沃伯格一直积极地投入到无可匹敌的"德国犹太人援助协会"的慈善工作当中，在20世纪30年代这个组织的主要任务是帮助德国的犹太人移民海外。援助协会提供各种移民的信息，包括最新的来自海外的消息、专业的咨询、行政的手续、经济的支持。作为一位重要的银行家，他是皇帝的朋友，是汉堡未加冕的金融业国王，是不久成为希特勒政府经济部长希尔马·沙赫特的朋友，他依然相信他这个阶层的人是特殊的，可以免于纳粹的迫害。但是，当M.M.沃伯格公司不断失去客户，并被许多保险辛迪加所驱逐的时候，被越来越多以前的同事和商业伙伴所躲避的公司的缔造者沃伯格，突然在纳粹德国这个噩梦中醒来。面对纳粹正在计划掌握犹太银行的情报，面对每天对犹太人进行的持续侵犯，面对他为了将犹太人的财产便易地转移到巴勒斯坦正在与之谈判的口是心非的纳粹官僚，沃伯格发誓要尽可能地抢救他自己的和许多犹太同胞的财富。另外，1933年6月，沃伯格也切身地感受到他自己的生命也悬于一线，他八十岁的伯父莫里茨·奥本海默以及他的伯母自杀，因为他们发现他们自己在纳粹德国没有未来。

对于马克斯·沃伯格和许多其他富裕的德国犹太人来说，在纳粹统治的早期抢救他们的财产，移居海外依然是可能的。尽管法律限制资金从德国转移到其他国家，但是转移专家通常成功地帮助他们的客户抢救他们的金融资产。当犹太人的资产似乎是专门用于移民目的的时候，纳粹官员依然准备在现存的法律中弹性地加以处置。1933年9月，经济部、德国犹太复国主义组织、巴勒斯坦银行达成一个转移协议，据此，犹太移民或者投资者能够以商品的形式，将资本从德国转移到巴勒斯坦。对于德国人来说，这一互利互惠的协议背后的想法是增加他们的出口；对于犹太人来说则是抢救他们相当数量的财产，并移居国外。尽管各种海外犹太人团体对这一协议表示相当大的反对，包括巴勒斯坦的犹太人社团，因为协议对纳粹有利，那时国外对纳粹的联合抵制正被组织起来——但是转移协议使得大约5.2万德国犹太人特别轻易地移民巴勒斯坦。计划移民到巴勒斯坦的德国犹太人，把他们的资金存放到留在德国的冻结账户上。无论何时巴勒斯坦购买德国商品的时候，它必须先支付50%的外汇，剩下的50%从已经移民的德国犹太人冻结账户中扣除。当这些犹太移民到达巴勒斯坦的时候，他们从巴勒斯坦转移信托公司收到在德国冻结账户的一半资金，这家公司用盎格鲁—巴勒斯坦银行注册。在这一协议的德国一方，是两家私人银行（沃伯格和瓦塞尔曼）帮助的巴勒斯坦托管办公室，它负责监管这一转移协议的实施。

尽管大约有5.2万德国的犹太人最终在20世纪30年代移民到巴勒斯坦，但是许多移民是因为转移协议才成为可能，对于大多数德国犹太人来说，移民是最后的手段。因为，大多数德国的犹太人植根于他们的祖国德国，因此他们认为离开这个国家是绝望的逃离，一些人甚至认为是逃亡，而非自由选择的移民。一位大屠杀的幸存者，其父亲在奥斯威辛集中营被屠杀，记得他父亲说过："我为什么移民？并非所有吃的东西都和煮的一样热。毕竟我们生活在一个法治国家。会有什么降临在我头上？我是一个前线的战士，我为我的祖国在西线战斗了四年，我是一个未授军衔的军官，接受过一级铁十字勋章。"回过头想，这些正常的反应显得幼稚，犯了悲剧性的错误，但在纳粹最初统治的四年是十分正常的。

尽管有大约一万名知识分子、学者、左翼政治家和记者，以及在大企业工作被辞退的专业人士在1933年离开了德国，但大多数德国的犹太人决定等一下，直到暴风雨平息下来。另外，存在着许多移民的障碍：几乎没有国家在大萧条的高峰期愿意接受移民，他们建立了严格的配额，把移民限定给年轻人和年轻夫妇，同时他们要符合接受国家短缺的特殊职业的需要。美国、拉丁美洲、英国管辖地受到农产品物价和原材料物价崩溃的巨大打击，它们建立了对移民的严格限制。欧洲国家同样如此，它们大多数在不同程度上是反犹太人的，为了移民，犹太人不得不灵活应变、富有创造性和天赋，因为他们必须冒险，突破纳粹德国和移民目标国的官僚体制，并很快地适应不同的语言和新的文化行为。正如瓦尔特·拉克尔所回忆："在这个世界上没有国家等待犹太人。"但是，犹太人越来越多地等着它们。拉克尔指出：想移民的犹太人必须掌握整个新的词汇，它充满缩略词、恼人的官僚委婉语和行话，如重组、生存、生成性生存、安全性生存、良善行为证明书、无攻击性行为申明书、出境携带货币量、证明书、宣誓书，等等。

除了掌握大批新的国外和国内的官僚术语之外，犹太人还必须对付无动于衷、难以相处的官员，他们傲慢的语气和优越的态度让多数德国人厌恶和恐惧，当发生在犹太人身上的时候，特别让人感到有损体面。最终，深思熟虑考虑移民的犹太人，必须特别关注世界上可能接受某类犹太人的地方的最新信息。犹太人的"救济和复兴中央委员会"有着值得信赖的信息员网络，它会告诉渴望中的犹太人，例如斐济群岛正在寻找一位犹太的糕点师和一位犹太单身的钟表匠，他们的年龄必须在二十五岁到三十五岁之间，巴拉圭正在寻找一位糖果师，英属贝专纳兰正在寻找一位优异的毛皮衣制衣工，中非正在寻找一位未婚的专长制作香肠的符合犹太教教规的屠夫，圣萨瓦尔多正在为电机的建造寻找一位未婚的犹太工程师。最好的机会是在中国的"满洲"，那里的餐馆正在寻找一位犹太指导，同时还必须擅长芭蕾舞，可以和第一芭蕾舞舞女共舞；它还在寻找六到八位芭蕾舞舞女，她们还必须能够跳独舞。另外，中国的"满洲"也在寻找犹太女子合唱团，以及同时也会演奏手风琴的女钢琴家。

因为有这些障碍，因此并不奇怪的是，犹太人只有在极端的情况下才会接受移民，通常是在纳粹大规模地攻击他们之后。第一次协调一致的攻击发生在1933年，随后是1934年的平静，1935年以合法的形式再次发动攻击，1936年又是一个平静（这一年举办了奥运会），集聚的风暴在1938年的大屠杀中达到了高峰，接着发生的由政府支持的举措所引发的洪水把犹太人变成了非人。尽管在1933年针对犹太人发布的立法洪水剥夺了犹太人的许多公民权，但是他们依然把希望留在经济领域。1934年8月，希特勒任命希尔马·沙赫特为经济部长，在接受这个职位之前，沙赫特与希特勒进行了私下的会晤，其间他询问了希特勒有关犹太人角色的问题，他被告知："在经济领域能够继续从事他们至今做的事情。"沙赫特预见了犹太人不同的角色，这涉及剥夺他们的公民权或者政治权，但不是他们的经济权，并且希特勒最初似乎站在他这一边反对纳粹党的极端分子，他们要将犹太人排除在经济生活之外。沙赫特后来宣称在他担任经济部长期间（1934—1937），他一直保护着犹太人的经济地位。这个宣称不完全符合历史的记载。无疑，沙赫特保护了一些处于领导地位的犹太人的银行，反对他所称的"无法无天的针对犹太人的骚乱行为"，但是，他后来散布的用保护性手段保护犹太人的传奇只不过是自利的辩解。

事实上，早在1933年，犹太人在紧张的压力下出卖了他们的企业，这一压力、威胁、讹诈后来被称为雅利安化。在1933年到1938年间，这一实践委婉地被称为"自愿的雅利安化"，并涉及犹太人拥有的企业转移给雅利安的买主。当纳粹党发动第一次针对犹太企业的攻击时，沙赫特的"保护性手段"在任何地方都看不到，也不可能看到，因为沙赫特的权力被限制在与其他纳粹领导人的关系中。这些领导人与希特勒更接近，他们是戈培尔、希姆莱、戈林。例如在1934年，在漫长的勒索之后，戈培尔和希特勒的帝国新闻办主任、纳粹党主要出版社的出版人马克斯·阿曼强迫几家著名的犹太出版公司出售给雅利安人的公司。乌尔施泰因出版帝国被评估了4000万到6000万马克的价值，迫于压力仅仅以1000万马克出售给了纳粹拥有的埃荷出版社。摩西的连锁店以400万马克出售，它的股份转移到一个雅利安人的企业。索尼曼—西蒙家族拥有的《法兰克福汇报》1933年前在反对纳粹的行为中特别著名，它被转移给I.G.法尔本，索尼曼的后裔放弃了对这张报纸的管理。

这些和其他至今仍然是"自愿的"雅利安化，代表了纳粹对犹太人经济攻击的先导，它的发生不断增多，并与"自愿的"移民、街头暴行、反犹太人的法令同时出现。正当无法无天的行为似乎在1934年平息的时候，纳粹在1935年春季加速了步伐，将他们重新发起的狂怒推向顶峰，他们剥夺了犹太人作为德国人的公民权，给他们打上了种族敌人的标记。而在1934年，他们却给予犹太人一个幻觉：让他们痛苦的人已经满足了自身的成就，并给犹太人开启了希望的窗口。

妄想加速：纽伦堡种族法

希特勒被任命为总理之后的十八个月里，没有给德国人民一点喘息的时间，不断地展示烟火、演讲、呼吁、出乎意料的行动、装腔作势的表演。他也发起了前所未有的对德国所谓敌人的进攻，特别是针对犹太人。假如不是更早，到1935年开始，这位独裁者和他的听众都厌倦了革命的巨变。为了预先阻止进一步的公共骚乱，元首宣布革命的阶段已经结束，从现在开始，重心将是进化，而非革命。这个过程没有发生，甚至在1934年夏季清洗了罗姆，希特勒获得了全部独裁权力之后也没有发生。尽管希特勒已经消灭了罗姆，把冲锋队降为仅仅是纳粹党的宣传工具，使得军队而不是冲锋队成为国家武装的唯一持有者。冲锋队继续积极地投入到激起反犹太人的煽动和暴力当中。

1935年，人们发现反犹太人煽动的增长，大多数都是由冲锋队和纳粹党党员发起的，因为各种理由，他们相信他们能够在散布对犹太人的仇恨中获利。施特赖歇尔粗俗的犹太恐惧症在《突击手》杂志得到了体现。这本杂志在全德国放置在公共展示箱的突出部位。施特赖歇尔的小型画刊给德国人提供了毛骨悚然的故事，这些故事讲述了所谓犹太人的邪恶，其形式是祭祀杀婴和种族污染。1935年夏季，施特赖歇尔在柏林和汉堡发起了大众示威，警告容易上当受骗的德国人：犹太人既不是人，也不是动物，而是魔鬼的手工艺品，德国人的拯救依赖于对犹太人问题的解决方案。在与学生的会面当中，施特赖歇尔详尽地叙述了应该对犹太人所做的事情，他告诉他们："假如反对犹太人的战争没有战斗到完成之时，我们所有的斗争都是徒劳的。把犹太人赶出德国是不够的。他们必须在整个世界被杀绝，这样人类才能摆脱他们。"施特赖歇尔担心德国种族被犹太人所玷污，同时，戈培尔固执地全神贯注于德国文化，并将犹太人清除出帝国作家协会（4月12日）和帝国新闻协会（4月24日），这样就有效地使犹太人在任何行业都不能以作家身份谋生。

一个犹太恐惧症的行为或者法令导致另一个的产生，但是，全面的协调依然是匮乏的，因为没有一个单一的德国机构能够承担对反犹战役方向的唯一控制。在纳粹对许多问题的控制要成为规范的事情上，决策和实施的进程要穿过令人困惑的一堆机构和个人，这使得解决复杂的问题变得困难起来。因为犹太人问题是这个政权主要的强迫症之一，因此它的解决依赖于清晰的政策和机构之间的协调。到1935年，这仅仅是松散地得到了完成。在内务部、宣传部、司法部、教育部，在外交部，在希姆莱不断扩大的警察帝国，都有许多犹太人问题专家，更不用说在纳粹党的分支机构，以及在各种研究机构或者智囊团了，它们每一个都在发布有分量的宣言和规章。但是，在一个依然假装在合法性框架中运作的国家当中，政策假如是有效的，就要求法律的制定和法律上的正当理由。这就是为什么有责任分别制定法律和执行法律的司法部和内务部参与1935年反犹太人运动的原因所在。

纳粹从来没有最终解决的问题是：谁是犹太人？他或者她是如何被确认的？是根据宗教信仰还是种族特性？尽管纳粹已经达成了他们认为的建立在种族基础上的明确结论，但是种族特性如何可能有助于在人群中确认谁是犹太人，绝对不是清晰的。种族分类法和观相法的标准特别含糊，在确定一个人是否是犹太人上不可信赖。有许多金发和蓝眼的德国犹太人。他们当中的一些人，特别著名的是萨利·佩瑞尔，甚至加入了希特勒青年团，并且在德国军队里服役逃过了大屠杀。当然，原始的犹太恐惧症患者——包括施特赖歇尔和希姆莱——宣称他们能够从体味、鹰钩鼻，或者耳垂上分辨出犹太人来。英格·多伊施克龙讲述了一件令人窘迫的事情，他请照相师为她拍照，照相师告诉她把头发拢到左耳后面，这样她耳朵的形状就清晰可见。大概这就能证明她是一个犹太人，因为犹太人的耳垂和雅利安人的不同。后来她在镜子里仔细看了上百次，她没有发现自己的耳垂和任何其他德国人的耳垂有什么区别。但是，耳垂的强迫症继续周期性地在纳粹的圈子里出现。犹太人的护照必须露出耳朵，阿道夫·希特勒甚至指示他的密使确保检查一下斯大林的耳朵，以便不再让他好奇是否这个苏维埃的独裁者是一个犹太人。这些密使在1939年8月就纳粹和苏维埃的互不侵犯条约进行谈判。尤里乌斯·施特赖歇尔宣称除了特殊的耳朵、鼻子或体味，他可以通过犹太人的屁股辨认出他们。当美国纽伦堡精神病专家吉尔伯特博士询问他犹太人屁股的独特之处时，施特赖歇尔狡黠地傻笑并说道："犹太人的屁股十分女性化，非常柔软和女性化。"他流着口水，用淫荡的双手比划着犹太人屁股的形状。他补充道："你能从犹太人走动时屁股摆动的方式中进行辨别……另外一件事是他们说话时使用手势的方式……但是，即使你不能用这些身体姿势进行辨别,他们的行为也一直会显露他们的身份。”

但是,用身体的、行为的,甚或是心理的方法来发现犹太人,既是不靠谱的帮助,在科学上也是没有价值的。但是,这并没有阻止纳粹极端分子坚守他们意识形态的妄想:犹太人在种族上是不同的,也是危险的。医学专业的一些纳粹种族主义者的希望是:犹太性早晚是可以在科学上得以证明的。符腾堡医学专业的负责人欧根·施塔勒在一本大众医学杂志《人民健康观察》中宣称提供了一种新的科学证据:不同的种族可能也有着不同的血液。他指出,以某种只会影响特定种族的血液病为基础,他得出了这样的结论。这些疾病包括黑人当中的镰状细胞败血症和犹太人当中某种非特定的“累积性疾病”,他称之为“生物学的讽刺”,大概是因为这些累积性疾病只会感染犹太人。他认为,这些血液的差异证明以下的观点是毋庸置疑的:血液不仅具有象征意义,而且有着建立在科学基础上的物质意义。他也引用了列宁格勒的E.O.马尼罗夫教授的著作,这位教授宣称他能够有90%的准确性区分犹太人的血液和俄国人的血液。施塔勒掩盖不了自己的激动,他向自己的读者指出:“假如我们能够在试管里确认非雅利安人,要感谢这一点所可能意味的东西。无论是欺骗、洗礼、改名、公民权,甚至整鼻手术都无济于事……一个人无法改变自己的血液。”

由于对谁是犹太人的鉴别缺乏科学的证据,纳粹转而依赖各种各样传统的替代品,包括从犹太社区得到的洗礼出生登记名单,以及一些缺乏可信度的方法,它们涉及面相、姓名、各种所谓的犹太文化或者行为特性。紧跟着1935年夏季在整个德国蔓延的大量以“犹太人滚出去”为标志的反犹太人事件的爆发,纳粹政权决定控制大众反对反犹太人的唯一方法是将其合法化。这个政治策略构成了纽伦堡种族法的背景,这个法律出自1935年年度纳粹党年会。

1935年9月15日,阿道夫·希特勒在纽伦堡文化协会大厅召集了德国议会特别会议,批准了三个关键的法律:《帝国国旗法》《帝国公民权法》《德国人血统和德国人荣誉保护法》。在年度纽伦堡纳粹党代表大会结束的时候召开议会,并且第一次在柏林之外召集,具有特别的政治意义和象征意义。首先,希特勒正在开始以巨大的规模进行重新武装,并且要求新的德国军队成为国家社会主义的军队。因为希特勒已经对保守主义的军官团作出重大的让步,消除了冲锋队的威胁,他现在要求军官团帮助他重塑新的国家社会主义的军队。这个方向的第一步是纯粹象征性的：为了支持万字旗放弃了旧帝国的黑白红三色旗。这解释了纽伦堡的第一个法律，它宣布从此以后黑白红是国家的颜色，万字旗是国家的旗帜。

国旗的问题也和两个纽伦堡种族法相关。7月26日，美国的抗议者登上了“不来梅”号班轮，在纽约港停泊，他们扯掉了挂在船首的万字旗。希特勒相信，这一挑衅受到了犹太人控制的美国新闻界的煽动。在希特勒扭曲的种族主义思想中，存在着回应国际犹太人阴谋唯一成功的方式，那就是重新武装德国，并且把犹太人作为人质和讨价还价的筹码。因此，假如外部强国没有根据他的要求同意让步，他就将此归咎为外国犹太人，同时给予他所控制的犹太人进一步的惩罚。在对聚集在纽伦堡的代表的演讲中，希特勒坚持认为，德国国旗在纽约最近遭到的亵渎是许多仇恨德国的战役中最近发生的一次，它们都产生于一个根源，它一直刺激民族之间的相互仇视，瓦解了整个世界，这就是世界的犹太人。因为他们正在组织另一起针对德国的联合抵制，所以希特勒表示，打通正当发泄愤怒的渠道的时机已经到来，德国人民可以公开地将愤怒表达到适当的立法当中。也许以这种方式，就能建立一个合法的基础，它将永久地调整德国人和犹太人的关系。事实是，希特勒没有打算调整德国人和犹太人的关系；他所要做的似乎是让自己远离反犹太人的暴力，把自己放置在合法性的一边。这就是希特勒需要反对犹太人的合法法规的真实理由。正如后来知情者所言[①]，由于现存的计划过于平淡，就希特勒而言，他不是最后一刻决定在纽伦堡党的代表大会去包含某种戏剧性的东西。

1935年9月13日，内务部犹太人事务办公室主任伯纳德·吕森纳得到命令后，乘飞机前往纽伦堡帮助制定异族通婚的法律。当他到达那里的时候，吕森纳和内务部的两个同事汉斯·普芬特纳和威廉·施塔克卡特设计了一个最初的但遭到拒绝的草案。9月14日，起草者们一起来到威廉·弗里克的住所，他们集聚在音乐室，普芬特纳在三角钢琴上工作，施塔克卡特则坐在沙发上，最终他们提出了几个力度不同的、可供选择的草案。正当这个精疲力竭的团队在午夜完成了他们工作的时候，他们又被要求制定另一个涉及公民权的法律。他们在一个

① 这就是伯纳德·吕斯纳的声明，他是内务部的法律专家，被召集来纽伦堡起草反犹太人的举措。

菜单背面很快制定了这个法律。9月15日凌晨2点30分，希特勒接受了对异族通婚比较温和的法律版本，以及《帝国公民权法》。

异族通婚法律的名字叫《德国人血统和德国人荣誉保护法》，它禁止德国人和犹太人之间的婚姻和性关系，禁止犹太人雇用女性德国公民，或者四十五岁以下同类血统的人；不管这个法律在国内或国外都可以宣布订立的婚姻无效；禁止犹太人悬挂德国国旗；规定了从苦役到带有罚款的囚禁的各种惩罚。《帝国公民权法》区分了公民和国民，前者是德国人或者有同类血统的人，他们具有完整的政治权利；后者属于国家，但仅享有保护权利而非政治权利。

为了使拥有高级权利的德国人和拥有低级权利的犹太人之间的区别合理化，威廉·施塔克卡特和他的法律顾问汉斯·格洛布克——他后来以康拉德·阿登纳在柏林总理府的主要助手之一的身份再次出现——提供了下述的官方评论：

> 国家社会主义反对所有的人是平等的理论，以及个人根本上无限制自由的理论；同时，国家严厉且必要地认同人的不平等，认同建立在自然法则基础上的人之间的差异。不可避免的是，个人权利和义务的差异来自种族、民族和人们之间特性的差异。

公民权法依然留下了一个不清晰的法律问题：谁是“完全的”犹太人？在纽伦堡法律颁布之后，这个问题在种族专家和法律专家之间引起了强烈的争论，并且最终导致了对这一法律的补充。法律专家把“完全的犹太人”定义为有三个犹太祖父母的人。那些稍有犹太性的人被贴上了“混种”的标签，依次被分为一等（两个犹太祖父母）、二等（一个犹太祖父母）。那些被分类为混种一等的人仍可能被视为完全的犹太人，前提是：（1）属于犹太人的宗教社团；（2）嫁给了犹太人；（3）在1935年6月15日后与犹太人婚姻的后代，或者自身是和犹太人婚姻的产物。法律专家相信他们是人道的，因为他们将“混血”的犹太血统和完全被污染的犹太血统区分开来。施塔克卡特和吕森纳要“保护”这些人当中良好的血统，据估计在1935年有75万人，但是实际上的人数在20万到25万之间。纳粹的种族专家其实创造了一个第三种族，这是一个荒诞的分类，但是这个分类将带来重大的结果，因为任何被分类为“混种”的人在1941年都具有一个逃避大屠杀的极好机会。种族上的半种人被假定是遗传了好的或者坏的种族特性，整个这样的观点是生物学的妄想，它建立在有关种族优越性和种族污染的意识形态的妄想之上。

毋庸赘言，根据纽伦堡法律，准确地确认谁是犹太人也要服从宗教的标准，这相当于明确地承认生物学的标准是不充分的，这制造了官僚机构的梦魇，因为它涉及追踪不确定记录的“家族研究者”的核心。对重新分类的要求变得经常而急切，尤其对那些需要逃避官方骚扰的人来说更有这样的要求，因为他们的生计直接受到了威胁。每个人都想方设法豁免“犹太人的”或者“混种的”称谓。这样的豁免需要检查、评估以及政府的许可。这里有两类豁免：人为的和真正的。第一类涉及根据法律事实的重新分类，例如所谓的犹太祖父终究不是犹太人；第二类取决于有关申请人对帝国贡献的价值而定。真正的免除必须先通过内务部，然后平民通过帝国总理府，士兵必须通过最高统帅部。真正获得豁免的人通常是有影响的官员。例如国务秘书莱奥·基利，他是混种一等，他的妻子是混种二等。因为给帝国总理府回报了有价值的工作，1936年，讨人喜欢的基利得到了豁免这一圣诞礼物，并且后来在消灭犹太人上发挥了重要的作用，以证明他是值得得到这一礼物的。希特勒签署了二十份被称为“德国血统声明”的文件，以保证祖先是犹太人的有价值的官员留在国防军里，其中一个是陆军元帅艾哈德·米尔希元帅，在他的主管赫尔曼·戈林的帮助下，他得到了雅利安化。

1935年9月25日，瓦尔特·格罗斯博士的种族政策办公室发布了“祖先证明书”，他召集了其部门的地方领导人，向他们简要传达了在使用纽伦堡法律的问题上他出席与希特勒的私人会晤所涉及的内容。格罗斯说：元首告诉他，他的意图依然是肃清犹太人对德国生活和文化的影响。希特勒批评了施特赖歇尔的诸多行为，因为它们迫使他反对党内极端的态度，尤其是混种角色的问题。在混种问题上他有三项选择：一是驱逐，二是绝育，三是同化。希特勒已经决定支持同化，因为他未来的计划（军事准备和帝国扩张）需要团结和忠诚的民众，假如突然制造出一个忠诚度不确定的民众等级社会，这一计划就会变得十分困难。希特勒补充说：他也反对进一步的联合抵制，因为它们会产生威胁，打断德国的经济活动。尽管需要更加猛烈的移民来完全清除德国的犹太人，但是之后需要紧跟着额外的经济举措，必须小心不要让犹太人一贫如洗，以致成为帝国的负担。希特勒不祥地认为，万一整个前线爆发战争，他要为一切严重的后果做好准备，这意味着他将求助最极端的手段清除犹太人。

仅仅四天之后，希特勒就对纳粹党高级官员发表演说，他指出纽伦堡法律中只有几条需要进一步阐明，他说他将把它们留给纳粹党和内务部敲定。两个机构之间的争斗随即爆发，这不仅证明了希特勒多变的领导风格，也证明了这样一个事实：犹太人问题依然是开放的，被各种机构和人物松散地操纵，同时分派给各种行动处理，包括野蛮攻击、歧视性的法律、经济钳制和加速移民。

公众对纽伦堡种族法的反应普遍是支持的，因为大多数德国人假定这些法律把犹太人的身份和犹太人的生存放置在牢固的法律基础上，它们将带来国内的平静和良好秩序的恢复。党卫队保安处和整个德国各种盖世太保官员作出的情况报告意在测定民意。报告指出，这些法律在国民当中产生了巨大的满意和激情。来自科布伦茨的报告宣称，人民热衷于热烈讨论必须从民族的身体中清除犹太血统的数量。同时，这些报告也强调了，施特赖歇尔带有野蛮行为和过激行为的暴力性的犹太恐惧症，受到大多数民众的广泛谴责。在天主教处于主导地位的地区，尤其在乡村，反犹太人行为没有引起在德国其他地方同样强度的共鸣。在这些地区，纳粹发现打断犹太人和非犹太客户之间的纽带是困难的。直到1938年，在很大程度上暴躁的对犹太人的仇恨在许多天主教地区是匮乏的。社会主义左派对纽伦堡种族法也持有否定的观点，他们散发非法的传单宣称："除了资本家阶级，我们不仇恨任何种族。""无论是犹太人还是基督徒，我们敌人的名字是资本家。""工人们，睁开你们的眼睛！对犹太人的仇恨是用来转移纳粹的食言。"

但是，总体而言，德国人是高兴的，因为纳粹似乎已经解决了三个主要的问题，这些问题在纳粹统治的最初两年间占据了公众的注意力。它们是联合抵制、公民权和种族污染。另一方面，证据也表明，民众并不赞成暴力行为和迫害。对这种过激行为的拒绝是依赖纯粹的功利主义还是机会主义，是涉及对经济瓦解的恐惧还是来自国外的敌意反应，不可能以任何精确的方式确立其程度。尽管存在着一些对纳粹政权反犹太人行为的反对，但它是无足轻重和无效的，因为它从未上升到公开抗议的水准。由于缺乏公民权利运动，期望组织化的公共抗议行为或者代表令人讨厌的少数派的抵制行为都是徒劳的，尤其是当纳粹在国内外事务方面取得一个又一个成功的时候。

犹太人对纽伦堡种族法的反应体现了各种各样意识形态的立场，这些立场分化了犹太社会。莱奥·贝克和"德国犹太人国家协会"代表着大多数德国的犹太人，继续实行妥协的态度，并且建议接受这些法律，因为它们提供了一个法律框架，据此犹太人在严格的条件下能够留在德国。对压迫者作出行为上尽可能谦恭的让步的观点冒犯了犹太复国主义者，他们认为，《纽伦堡法》完全改变了德国犹太人的境遇，他们唯一的选择就是移民巴勒斯坦。鉴于纳粹在处理犹太人问题上一直出尔反尔，并且利用犹太人妥协的姿态作为鼓励，不断施加进一步的压迫，对于犹太社会中的自由主义者来说，保持道德的优势变得十分困难。令维克托·克伦佩勒极度愤怒的是，那么多犹太人的行为举止在他看来是温顺和奴颜婢膝的。他感到这些犹太人通过隐忍地接受他们新的合法化的不平等，已经在心理上把自己重新调整为他们过去的犹太人强迫集中居住区的心态。1935年4月末，克伦佩勒收到了萨克森教育部的免职通知。他失去了大学的职位，依靠些微的失业金维持生计，结果使他过着极其贫困的生活，使这位前罗曼斯语的教师挣扎在死亡线上，使他的尊严受到了连续不断的攻击。直到人们读到他令人心酸、十分著名的日记之前，几乎没有人能想象到这些。

无论是自由主义者、正统主义者，还是犹太复国主义者，除了与纳粹妥协，抢救他们能够想象到的东西之外，都没有找到可供选择的办法。因为以下诸多原因，抵抗被认为是无效的。首先，几乎没有犹太人洞察到运作德国政府的纳粹罪犯邪恶的心态；第二，德国的犹太人过于分化——包括职业上、地理分布上、信条上——一直不能作为一个一致的整体行动；第三，移民剥夺了犹太人口中的最年轻的人，以及最富有精力的领导人，使得人口越来越老龄化；第四，犹太社会被无处不在的恐惧弄得瘫痪了，这种恐惧告诉他们反抗将带来恐怖的报复；最后，德国的犹太人是平和的，他们反对公开的反抗或者暴力，认为这是一个宗教意识的严重问题。因为以上这些原因，他们作出了彻底的牺牲，莱奥纳德·贝克尔在他对莱奥·贝克的个性描述中说明了这一点：莱奥·贝克是一个安静的、有勇气的人，而且性格温柔，天性包容。当面对指挥着欧洲最有战斗力军队的种族狂人的时候，没有军队为他而战，这位平和且友好的人是没有力量的。两个世界在不可缓和的敌意中碰撞,正如耶稣被带到彼拉多面前的时候两个世界的碰撞一样。莱奥纳德·贝克尔对希特勒和莱奥·贝克作了如下比较:

> 希特勒布道一个民族集团的优越性,它的祖先很长一段时间生活在一个特殊的地理区域,而犹太人布道人类的兄弟友谊,正如贝克所言,你的邻居就是你自己。希特勒试图创造种族净化的概念,而犹太人教诲人们所有人都是用上帝的形象创造出来的,因此在上帝面前是平等的。希特勒谈论人的无知,而像莱奥·贝克这样的犹太人谈论人的正直。甚至在未来的几年,当莱奥·贝克看见他的世界毁灭于他的德国邻居之手的时候,他依然要求对每个人都要作为一个个人来加以判断。希特勒布道政府和法律都要用于一个特色国家的发展,……而犹太人教诲从根本上来说,最高的法是上帝之法。

紧随政治的稳固期,1936年至1937年见证了第一个对外政策上的突破,包括重新占领莱茵兰地区,引进四年计划重新设定德国经济的目标,快速地重新武装,成功地经受住了大萧条。纳粹通过逐步减少《凡尔赛条约》的限制,已经"滑过了国际关系的危险区域",同时破坏了西方的安全体系,尤其是法国的安全体系;加固了与法西斯国家的关系,主要是意大利。纳粹政权也赢得了国际上的认可和信誉,因为它成功地举办了1936年夏季奥林匹克运动会。但是,当世界的眼睛聚焦于奥运会的时候,希特勒在上萨尔斯堡的鹰巢里撰写有关经济策略和重新武装的绝密备忘录。这个文献与奥林匹克的和平精神和国际善意都是十分矛盾的,体现了希特勒对重新武装步伐过慢的不满,他坚持认为"德国的经济必须适应四年之内发生战争的需要"。如果发生战争,四年计划设想了剥夺德国所有犹太人的财产。

为了实现经济自足的目标,为战争做好准备,希特勒委任赫尔曼·戈林为新的四年计划的总管,赋予其全权发布法令和条规,把所有政府或纳粹党的机构都捆绑在一起。为了实现经济自足的目标,戈林采用的新重商主义的政策,严厉地削减进口,固定工资和价格,限制利息,交替使用哄骗和恐吓,使得大企业扩大工厂规模,目标是生产合成橡胶、纺织品、燃料,以及其他发动战争必需的稀有原材料。这一政策的顶峰是建立了赫尔曼·戈林工厂，建立它们是用来开采低等级的铁矿石。一些人给这个计划贴上了标签，认为它是庞大的强盗组织，掠夺大企业，使戈林自肥。

戈林进入了经济权力的顶峰，这意味着德国经济的根本变化，即离开了沙赫特更有弹性的自由市场路径，转向戈林的观点：和平时期国家高度调控的、能同时提供枪炮和黄油的战时经济。大约有一年时间，戈林和沙赫特两人一起管理，旨意相互交叉。1937年11月，沙赫特辞去了经济部长的职务和战时经济的全权代表，戈林就此成为经济主管和享有希特勒信任的人。作为四年计划的总管，戈林也深深卷入对犹太人个人财产和财富的掠夺当中。从1936年秋季开始，戈林负责雅利安化的进程，与党卫队（希姆莱和海德里希）紧密合作，在“水晶之夜”之后监督对犹太人的掠夺。还是戈林，他命令海德里希承担所有所需的工作，为1941年7月31日犹太人问题的最终解决做好准备。

从1936年秋季到1938年秋季，纳粹为全面从经济领域驱逐犹太人做好了准备，它发布了严格的法令，并在幕后监督没收。尽管到1937年较大的犹太企业能够以相对公允的价格出清他们的财产，但是较小的或者中等规模的企业就不是这样了，它们遭到了勒索，并且被威胁以远低于市场的价格出售。这些策略的结果是，让不断增多的犹太人贫民化，他们当中的许多人为了生计到处叫卖。因为叫卖是国家注册的行为，德国政府错误地假定犹太人的经济行为实际上是增加了。正如罗伯特·维尔施在1936年指出的那样，现实是犹太人受到了毁灭性的威胁：“我们生活的道德的、物质的、知识的基础四分五裂了。”然而，尽管对犹太社会的生活和灵魂产生了无情的压力，犹太人依然没有决定离开德国。1936年9月29日，内务部国务秘书威廉·施塔克卡特召集了一个会议，这个会议里有他自己的部门、经济部、副元首办公室的高级官员。会议的目标是讨论在《纽伦堡法》之后，处理犹太人的战略。参加会议的人都一致同意支持完全移民的政策，除了首选巴勒斯坦，还有乐意承认德国犹太人的任何其他国家。因为正在施加给犹太人更为严格的限制，同时限制他们在德国获得生计的能力，与会者想知道应该留给犹太人哪些职业，以致他们不会成为帝国的经济负担。这次会议和作为整体的纳粹领导层都没有解决这个问题。

事实上，其他国家依然不愿意接受较大数量的犹太人，部分是因为来自世界范围萧条的经济问题，部分是因为四处弥漫的反犹太人偏见。尽管许多犹太人能够移居到巴勒斯坦，但是英国人害怕不断增长的、涌入巴勒斯坦的犹太定居者和土生土长的阿拉伯人之间的紧张。一个英国王室委员会在1936年末被派往巴勒斯坦，它在1937年发布了一个报告，在其中建议巴勒斯坦分割为分离的犹太国家和阿拉伯国家。但是，当这个建议在巴勒斯坦遇到强烈抗议的时候，这个委员会推迟了这个计划，并且建议对犹太移民加以限制。

到20世纪30年代中期，犹太人移民以及整个犹太人问题被移交给了希姆莱和党卫队，这一点变得越来越清晰。早在1934年，党卫队就起草了犹太人状况的报告，这个报告以冷酷的诊疗细节审视了这一问题，评估了德国犹太人社会的性质，并且建议依靠强迫和劝说作出重大的努力使犹太人被迫离开德国，前往巴勒斯坦。党卫队后来鼓动那些承诺移民的犹太机构和领袖。党卫队寄希望于犹太复国主义者和犹太社区支持移民的人能够列入这一计划的名单，但事实令它失望，因为犹太人移民的基本障碍是这些犹太人依然对德国是忠诚的。

在海德里希的党卫队保安处里有一个被称为II—112的部门（犹太人事务部）负责处理犹太复国主义事务和犹太人移民，它的负责人是阿道夫·艾希曼。他是一个不抛头露面的、爱挑剔的官僚，因为这一小型的办公室将成为纳粹对付犹太人的毁灭性机器的主要部件之一，这就促使艾希曼成为大屠杀的关键人物，尽管他才智平平，完全缺乏情感。艾希曼在1937年前往巴勒斯坦，两个月后他递交了《犹太人问题的综合报告》，在其中他认可移民，但是警告在几个集中区域四散的犹太人可能导致敌意的力量，对帝国的利益产生影响。艾希曼怀疑移民能够真正解决犹太人问题，暗示一个可能的灭绝性的解决方案。因为党卫队是纳粹种族政策的先锋，另外控制了暴力和恐怖的机器，因此它将迟早不可避免地被委托承担灭绝性的工作。

同时，尽管奥林匹克运动会带来了明显的哄骗，它迫使纳粹在整个德国撤去了反犹太人的标记，但是，由纳粹党发起的“自发”行为，以及紧随其后的附加的反犹太人法令，在1936年和1937年一直没有减少。由于对犹太人移民的速度不再有耐心，他们把速度太慢归咎为一些犹太组织，主要是“德国犹太人国家协会”的抵制者和阻挠者，因此盖世太保发出了警告，并在1937年4月19日逮捕了莱奥·贝克和“犹太社会之声”的成员。贝克被拘留了两天，然后被要求签署一份文件，据此他同意放弃所有的、估价数百万的“犹太社会之声”的财产送给纳粹政府。贝克拒绝签字，后来他说：“他们的行为是偷窃，它确实是偷窃。”但是，贝克依然相信犹太人将以某种方式在纳粹的攻击下生存下来。他告诉一位朋友说：“希特勒和他的同伙不能让历史往回走。我们将忍受痛苦，我们当中的一些人可能会死去，但是我们生存下来了。”1937年夏季，贝克表达了这样一个信念：80%的德国人反对迫害犹太人。这个看法似乎明显没有看到这一事实：1937年充满了更新的犹太恐惧症的宣传、加速的雅利安化、更加协调一致的强迫犹太人移民的努力。但是，贝克的看法是建立在自己经验基础上的，他是世界性的、处于领导地位的犹太教祭司，他并没有完全错误，并且肯定不是妄想。贝克非常熟悉德国人，能够认识到大多数和他有接触的德国人对纳粹政权极端的犹太恐惧症行为没有什么兴趣。但是，他低估了纳粹宣传力量对那些数百万德国人的影响，使他们相信这个政权反犹太人的谎言。贝克的天然倾向是寻找民众好的一面，他相信德国人不会公开反对纳粹对犹太人虐待的原因是他们害怕盖世太保的报复。在某种程度上这是真实的，但是大多数德国人也是消极的，没有参与犹太人的事情，因为他们相信政府对犹太人的歧视是完全合理的。大多数德国人不赞成的是暴力的和非法的街头行动，以及残暴的公开展示。纳粹政权给予处于犹太恐惧症中德国人充分的灌输，说服他们需要歧视性的法律，但是它并没有成功地把犹太人问题提升到德国人社会问题的优先清单之首。不像他们的领导人，大多数德国人不是疯狂的犹太恐惧症患者，由于认识到这一点，焦虑的纳粹党领导人周期性地刺激自己作出更大程度的宣传努力。正如戴维·班克尔所说：“鉴于反犹太主义对纳粹党和追随者来说发挥着整合的作用，因此在刺激一般民众行动的时候，它不会发挥同样的功能。”

因此，政府不断地注入仇恨的能量在1937年秋季再度明显起来。与一直计划的1923年啤酒馆暴动相关的庆典巧合，纳粹在慕尼黑博物馆举办了反犹太人的展览，在其中，公众被邀观摩各种题为“政治中的犹太人、文化中的犹太人、商业中的犹太人”的陈列，这些陈列重复了所有现存的反犹太人的陈词滥调和谎言，它们是展会组织者从上千年犹太恐惧症传统中挖掘出来的。展览之后是施特赖歇尔在纽伦堡发起的庞大的圣诞节联合抵制，并伴随着迫害犹太人新浪潮。

但是,预示着未来的黑暗事件都是在幕后发生的。1937年11月5日,希特勒和他的军事主管、外交主管召开了秘密会议,后来被一个作会议记录的人称为霍斯巴赫会议。在会议上,希特勒公开吐露:他的目标是加强德国的种族社会,向东欧扩大领土。他将以消灭捷克斯洛伐克、吞并奥地利为开端,以确保德国东部和南部两翼。元首还指出:唯一获得这些目标的成功方法是战争,因为获得生存空间不可能通过和平的手段实现。霍斯巴赫会议的目的是消除误会,测试军事主管的深浅。希特勒希望他们是一类像疯狗一样行动的将军,狗链子在他们的元首手上,当他决定放开链子让他们扑向牺牲者时,他们会服从他的指令。但是,从国防部长维尔纳·冯·布隆伯格、陆军总司令维尔纳·冯·弗里奇直率而令人惊讶的回应来判断,希特勒决定重组他的军事统帅部,采用秘密的档案和情报败坏布隆伯格和弗里奇的名声,前者因为娶了一个妓女,后者据说陷入了同性恋。然后,希特勒武装部队最高统帅部替换了旧的军队统帅部,由他全权负责,并且将最高统帅部的日常管理交给顺服而唯命是从的凯特尔,此人后来被爱挖苦的德国人称为"马屁精"。

希特勒的公开演讲在1937年已经十分好战了,在9月份墨索里尼国事访问中的演讲,标志着其侵略性的大话已经登峰造极。由于服从指挥的军队紧随其后,希特勒在国外政治中很快发动了一系列危险的冒险。第一个是奥地利的危机,毫无疑问它不是一个偶然事件,它发生在重组他的军事统帅部,并且替换了他的外交部长诺伊拉特一周之后。新的外交部长是富有侵略性的、没有任何原则的约阿希姆·冯·里宾特洛甫。

对外侵略、绥靖、大屠杀和战争,1938—1939

通过政府的赤字开支、大量的公共工程计划,以及庞大的重新武装,德国从大萧条中被拉了出来,希特勒现在决定成为世界上最伟大的强国。他推进了这样一种思想:雅利安种族有着特殊的使命去征服和统治欧亚大陆;但是要这样做,必须进行内部的种族净化,它涉及不合格的人的绝育、"不值得生存的人"的安乐死、劣等种族——主要是犹太人——的灭绝。在希特勒的心目中,种族的概念清晰地关联到空间的概念,因为一个民族的伟大依赖于足够的生存空间,只要

6500万德国人依然被限制在狭小的空间，他们就将继续会渺小而不引人注意。希特勒承诺依靠重新武装德国人民，给他们灌输骄傲和对帝国的渴望，在东欧给他们提供生存空间等来改变这种境遇。但是，为了实现这一任务，必须调动德国的全部资源，在民众，尤其是在年轻人当中提升进攻性和好战的品质。希特勒青年团的成员必须很快成熟为铁石心肠的战士。希特勒预见在那里会有新一代的帝国武士，他们将执行德国的种族任务。

在1933年至1939年间，希特勒善变的、不稳定的、仇视社会的人格主宰着欧洲的外交，正如他操纵着厌战的西方民主作出一个又一个让步。到1938年，他已经放弃了作为和平人士的言论，尽管他依然成功地欺骗西方的政客，使他们相信他的目标不是战争，而是国家的自决和国家的正义。这个国家在1919年的《凡尔赛条约》中受到了如此悲剧性的无理对待。但是，他正在秘密地备战。自1936年开始，对外政策方面的辉煌成功一个接着一个：1936年3月7日重新占领了莱茵兰；1938年3月13日吞并了奥地利；1938年9月29—30日，在慕尼黑签订了绥靖协定，紧接着吞并了苏台德地区；1939年3月15日，解体了捷克斯洛伐克的其余地方，使其皈依德国的保护；1939年3月23日将梅梅尔合并到德国；1939年8月21日与苏联签订《德苏互不侵犯条约》。

这些成功的每一项都在支撑着德国人民对希特勒的欢迎。他们激动得发狂，以致都乐意忽视这样一个事实：伴随着这些成功，极权主义的国家也在加强。希特勒每一次领土的获得，都涉及极权主义网络的扩大和警察恐怖的相应极端化，尤其是针对犹太人的。随着希特勒吞并奥地利，额外的25万犹太人落入他的控制当中；随着捷克斯洛伐克的解体，又增加了35.7万犹太人。新的领土包括了比旧的帝国数量多得多的犹太人。警察恐怖的浪潮席卷了这些获得的领土。盖世太保和其他保安部队围捕政治上的敌人，建立集中营，迫害犹太人。纳粹在新领土上进行的一些新的极端的实验，尤其在奥地利，后来也在旧帝国上得到了运用。每一个成功之后，希特勒都发现西方强国并没有指责他，同时给他的印象是，他能够不受惩罚地继续他的侵略。在对外领域出现了这种状况，因此有充分的理由假定同样的情况也会出现在犹太人身上。西方外交上的绥靖包含了更大的对犹太人问题的绥靖，因为没有一个西方强国认为犹太人是至关重要的利益所在。每一个世界强国都为悲剧性地放弃犹太人做了准备。

1938年3月13日对奥地利的吞并，松开了反奥地利犹太人的无节制暴力的缰绳。进入奥地利的纳粹官员扩展了他们极权主义的警察体系，奥地利的暴徒发泄着他们受到抑制的对犹太人的攻击。奥地利的纳粹分子任意地抢劫犹太人的企业和公寓，咆哮的暴徒转而攻击长相明显的东方犹太人，他们戴着宽檐帽，留着耳边的鬓发和飘动的胡须。卑劣的街头场面显示了粗野的暴徒强迫犹太少年、老人和妇女用牙刷，有时用裸露的关节跪着擦洗街道。对奥地利犹太人的攻击经常比日益增多的对德国犹太人的攻击更为糟糕，组织得更好。事实上，奥地利的犹太人不仅是抑制多年的反犹太人愤怒释放的牺牲品，而且他们也更加快速地被贫民化，被强迫移民，或者被交付给集中营。就疯狂的奥地利纳粹分子而言，对复仇十足的渴望反映在令人惊讶的高自杀率上。仅1938年3月，就有1700名奥地利犹太人自杀。其中一位是著名的文化历史学家和演员埃贡·弗里德尔，他从自己公寓的四楼跳楼自杀，而不愿遭到盖世太保的逮捕。奥地利最著名的信贷银行的董事会主席弗朗茨·罗滕贝格被纳粹暴徒"逮捕"，从行进的汽车里被摔了出来，遭到杀害。一家化工厂的经理伊西多尔·波拉克被奥地利纳粹分子毒打致死。无数其他普通的犹太人也有同样的遭遇。

弗洛伊德在最初的暴行爆发时得以幸免，但是他的女儿安妮很快被盖世太保带去审讯。弗洛伊德的一些最亲密的朋友，特别是恩斯特·琼斯，催促这位世界著名的心理分析师立刻离开奥地利，但弗洛伊德最初的回答是：移民犹如战士放弃了自己的岗位。琼斯机敏的回答说服了弗洛伊德离开。他给弗洛伊德讲述了莱托勒的故事，他是"泰坦尼克"号的二副。当船在下沉、锅炉爆炸的时候，他被顶到海面。后来官方的审讯问及他为何弃船，他回答道："我从没有离开船，是船离开了我。"借助国际关系的帮助，为了带家人离开奥地利，弗洛伊德从官方得到了必需的离境证件，尽管之前必然跳不过纳粹为犹太移民保留的各种令人恼怒和羞耻的障碍，包括良好行为的证明、护照、签证、专门的帝国飞行税。弗洛伊德的现金和银行存款被没收，他发往瑞士的所有文集被退回烧毁。作为羞辱的最后一招，盖世太保强迫弗洛伊德签署了他没有遭到恶意对待的声明。幸运的是，弗洛伊德讽刺性的话超过了盖世太保审讯官有限的智力："我要向每一个人竭力推荐盖世太保。"1938年6月4日，弗洛伊德和他的家人离开了奥地利，移居英国。在一个忍受着集体死亡希望的国家，他再也做不了什么了。

在一年之内，大约有10万奥地利犹太人和弗洛伊德一样离开了这个国家。一些事情的发展帮助加速了移民的进程。一个是建立了由阿道夫·艾希曼创立的犹太人移民中央局，它位于维也纳罗斯柴尔德过去的宫殿，管理着一个流水线的程序，颁发犹太人需要离开奥地利必需的出境证件。根据艾希曼的观点，这一工作运行起来就像一条传送带："最初的申请和所有其余需要的证明放在一头，护照从另一头传出。"这一强制性大众移民的方法最重要的特征是，敲诈最富有的犹太人的金钱，用它来资助最贫困的犹太人移民。艾希曼的工作运作得非常好，以致他后来在德国进行了复制。

另一个帮助加速犹太人移民进程的，是纳粹经济计划者在1938年夏季创造的一种模式，它将对落后的奥地利经济无情的现代化和对犹太企业的清除结合起来。将奥地利经济合理化并把它整合进德国的任务，交给了纳粹党大区领袖约瑟夫·比克尔，他曾在1935年至1938年间将萨尔的经济与德国的经济进行了整合，因此他已经十分有名。比克尔在萨尔采用的计划是由鲁道夫·加特尔博士设计的，他是一位年轻的经济学家，对人力资源管理有着敏锐的兴趣，他非常渴望自己的专长可以在奥地利得到运用。比克尔也重视汉堡纳粹党大区领袖卡尔·考夫曼的建议，因此他也能够将几位汉堡经济学家列入服务的名单，著名的有瓦尔特·埃姆里希博士，他因为是一位将犹太人排除到德国经济之外的专家而在汉堡受到了激励。比克尔在维也纳集合了一支热情而年轻的人力资源团队，它后来转移到了波兰，在那里它得到的授权是通过将种族清洗和经济掠夺相结合，实现波兰经济的合理化。这支团队在奥地利的经验是通往大屠杀的重要跳板。

在仅仅几个月内，在维也纳的犹太企业的数量就减少了一半，甚至比克尔也震惊于和纳粹有着良好关系、掠夺犹太企业和财产的奥地利人所采取的直截了当的犯罪方法。为了评估吞并奥地利之后对犹太企业的无情掠夺，比克尔认为奥地利上演了一出巨大的财富捕猎的戏剧。甚至对奥地利事务有着十分重要的金融影响的罗斯柴尔德家族，也不能幸免于贪婪的纳粹暴徒。吞并后的两天，维也纳的罗斯柴尔德家族即遭到了逮捕和控制，在蓄意的猫捉老鼠的游戏中作为讨价还价的筹码。但是，因为罗斯柴尔德家族和它的帝国是国际化的，他们的财富在众多的控股公司和金融错综复杂的迷宫当中变得模糊不清，因此立刻剥夺他们的资产是困难的。罗斯柴尔德家族在几个不同的国家控制着企业：在维也纳，家族的首领是路易男爵；在布拉格是欧根男爵；在巴黎是阿尔方·罗斯柴尔德博士。他们的企业相互交织。纳粹分子企图打开这一迷宫，用最低的价格购买罗斯柴尔德家族的财产，同时利用被控制的路易男爵作为质押。他们专门将自己贪婪的眼睛转向罗斯柴尔德拥有的在捷克斯洛伐克的维特克维茨煤矿和铁厂，它们的股份和所有权已经转移到了伦敦的联合保险公司。在漫长的谈判之后，纳粹最终以360万镑接受了维特克维茨公司，以及它在瑞典的弗利亚子公司。为了赎回路易男爵，交易不得不在释放前完成。

四年计划的负责人戈林得到了内务部、外交部、经济部和纳粹恐怖机构的支持。在吞并之后，他协调指挥了系统的对犹太企业的攻击。3月28日，戈林在维也纳的演讲中宣布，企业和商业行为的雅利安化必须开始。一个月后，也就是4月22日，内务部发布了一个法令，禁止用雅利安人的名字或者管理层来掩盖企业的犹太人所有权的行为。四天后，也就是4月26日，内务部宣布当财产价值超过5000马克的时候，犹太人必须注册。犹太人财产的注册接下来就使得确认能赚钱的企业成为可能，并把它们作为掠夺的目标。德国的银行很快发现它们能够通过掠夺收获丰厚的利润。它们把自己作为中间人，把买家和卖家聚在一起，并且收获双份利润：首先是从它们已经借给买方的贷款中获取，其次是从接下来它们引导的与雅利安化的公司的商业交易中获取。这些银行也消除了它们的犹太竞争者，如布雷施罗德公司、沃伯格公司、瓦塞尔曼公司。从1938年4月到这一年的11月，4000多家企业被雅利安化，几乎成为“大规模的企业掠夺”。小偷以小规模的方式，大偷以大规模的形式。大鲨鱼们的首领是戈林，他在国家利益的遮挡下掩盖了自己贪婪的动机。这些大鲨鱼包括一些德国主要的工业巨头，比如克虏伯、蒂森、基尔多夫、弗里克、I.G.法尔本。这意味着财富集中在越来越少的人当中，失衡地给富人带来利益，而对大多数德国人来说，没有对他们生活标准的提高做出一点点贡献。

1938年夏季，人们发现了又一波官方协调组织的反犹太人行动。6月9日，根据希特勒的命令，慕尼黑主要的犹太教会堂被拆除。纳粹党的官员煽动暴民在维也纳、柏林和其他城市街头向犹太人实施暴力，继而逮捕了数千人，然后把他们送进集中营。这是这个政权“六月行动”的一部分，6月15日，这一行动达到了高峰，当天逮捕了1500名“先前认定有罪的”犹太人，他们被送进了集中营。一些纳粹党的激进分子，其中特别著名的有维也纳的纳粹党大区领导人奥蒂洛·格罗博科尼克，他后来成为大屠杀的关键人物而变得十分有名，宣布导致“犹太人问题最终解决”的极端步骤即将到来，并警告可怕的结果将降临到依然和犹太人做生意的德国人身上。不久将离开德国的贝拉·弗洛姆被她在德国看见的情景震惊了：恶毒的暴力行为尤其针对犹太人的零售小商店，它们的窗子被砸碎，它们的商品被扔到街上到处都是。“当十来个希特勒青年团的男孩砸碎一家小珠宝商店的时候，我们正准备走进去，他们挥舞着屠宰刀叫嚷着：犹太贱民下地狱去！房子是苏台德德国人的。”在商店里，她看到其他男孩正在打碎玻璃架子和柜台，用力将闹钟、便宜的银器和其他小玩意扔给外面的同伙。一个矮小的男孩手指上戴了好几个戒指，口袋里塞满了抢劫品，然后转过身去，对店主的脸上结结实实地掴了一巴掌后离去。店主告诉弗洛姆，他夫人最近才去世，逃过了这一劫，他对此很高兴。她两位朋友开的另一家商店也被砸了。第二天她带了些食物给这一对夫妇，她发现在被砸的店里有两口棺材：这对夫妇在夜里已经自杀了。

犹太人处于纳粹机构和街头暴民的交叉火力中。纳粹的官僚设计了越来越多的方法来确定、注册、掠夺、勒索犹太人，并把他们驱逐出境。犹太人被禁止改变他们的姓名，以防止他们掩盖他们的犹太人出身。他们必须持有表明犹太性的证明文件。除了伤害，还有侮辱，纳粹官员明确要求犹太人只能持有官方已经认定为犹太人的名，同时所有犹太男人必须加上“以色列”的中间名，所有犹太女人必须加上“莎拉”的中间名。从1937年秋季开始，护照受到有效地限制。除非出于移民的目的，新的护照不再发放。1937年10月，所有犹太人的护照被政府收回，仅仅允许移民这一目的，重新发放印有犹太人首字母的护照。

这些加速的反犹太人举措并非发生在真空中，认识到这一点是重要的。它们必须在发生于国际舞台的更大行为背景下加以审视。1938年夏季，希特勒在苏台德地区激起了一个持续不断的危机氛围。德国的报纸和广播电台以歇斯底里的言语谈论捷克人对可怜的苏台德人犯下的可怕暴行。希特勒私下已经决定给予捷克人以彻底打击，不是他需要苏台德的德国人，他们的悲哀在他的政治日程表中排位较低，而是因为他需要捷克斯洛伐克作为向东方扩张的跳板。愤怒的外交行动导致了慕尼黑的绥靖协定，并显示了在苏台德问题上西方对希特勒的妥协与犹太人问题上西方的妥协之间紧密的关系。正如西方大国越过捷克斯洛伐克的领导们进行谈判，忽视和出卖他们关键的国家利益一样，他们也越过犹太人的领导，忽视他们所面对的来自纳粹的致命威胁。

这一外交背叛的最好例证，是7月6日至14日在日内瓦湖畔的法国依云度假区召开的会议，这次会议讨论了犹太难民的问题。尽管会议由罗斯福总统发起，他非常认真地致力于演说，阐述由纳粹政策引发的世界范围的难民危机，但是，来自32个国家的140位代表带着已经决定好的议程来到依云，这些议程不是用来帮助犹太人的，而是阻止他们移民到各自的国家。从德国来到依云的犹太人代表团包括"德国犹太人国家协会"的代表，他们很快发现英国人和美国人，更不用说其他国家的人，都不愿意放松他们的移民法。事实上，内维尔·张伯伦在依云已经督促美国人将巴勒斯坦排除在依云的会议议程之外，因为他不想让他的代表处于不得不拒绝旨在进一步将犹太人移民巴勒斯坦或者英国领地的建议的尴尬地位。张伯伦一直姑息希特勒，这意味着英国不想暴露犹太人移民的真正原因，即失控的纳粹政权在实施着无情的迫害。

因为英国和美国都不愿意接纳更多的犹太人进入他们的领土，其他三十多个国家悄悄地追随其后，关上了它们的国门。海伦·费恩写道：那时的观察家认为，依云会议是"英国—美国合作虚伪的演习"，几位其他的评论家指出依云会议是"天真的"、迷惑人的倒退。随后由依云会议起草的备忘录在1938年10月被送到德国外交部，这个备忘录进一步支持希特勒，陈诉没有一个出席依云会议的国家会挑战掌握着其内部事务的德国政府的权力，其中包括移民事务。在依云会议和世界其他地方发出的伪善措辞背后，无论是来自美国国务院的官员，还是英国外交部的官员，或者世界新闻媒体，人们可以周期性地发现明显的反犹太人偏见。依云会议的美国代表团团长迈伦·C.泰勒毫无疑问地相信，他对"倾倒在"美国海岸的犹太难民的警告仅仅反映了美国的舆论，根据近来的民意测验，舆论表明67.4%人要求将难民赶出去。

假如依云会议证明是西方合作虚伪的一个借口，同时加强了希特勒对民主软弱的心理意象，那么它至少实现了一个实际目标，即建立一个政府之间的难民委员会，它的任务是协调国际之间的努力支持来自德国的犹太难民。领导委员会的是罗斯福的私人朋友乔治·鲁布利，一位七十岁的国际律师，他被赋予了代表犹太人和纳粹进行吃力不讨好的谈判任务。鲁布利和纳粹的谈判通常陷入困境，因为双方在犹太人应该上交多少钱才能获得自由方面不能达成共识，同时也因为很难发现乐意接纳他们的国家。希特勒一段时间一直在嘲笑民主国家，因为他们拒绝使他摆脱他的犹太人口，结果是他更进一步挖苦这些国家在依云会议上作出的努力。在纳粹党1938年9月12日纽伦堡大会上希特勒的最后演讲中，他的主要目标是发起对捷克斯洛伐克歇斯底里的战争。在其中，他也没有放过另一次机会指出犹太资本主义和犹太人激发的反资本主义的共产主义之间的关系，这反映了他这样一个信念：犹太人正依靠将对立的意识形态的信仰植入世界上一些国家的肌体，来毁灭它们；同时，他们操纵不可避免的对抗，等待着一旦他们的敌人自我毁灭就马上接管这个世界。希特勒相信大国的统治精英还没有被犹太人颠覆所污染，他们本能地鄙视犹太人，他们的民众和他们一样深深地厌恶犹太人。在他心里，这解释了为何这些国家拒绝接受额外的犹太“寄生虫”。德国至少对自己的犹太人是诚实的；就希特勒所关心的，他对西方的虚伪厌倦了，因为这些民主政体有机会行动的时候，他们给予犹太人的一切只是道德而已。

道德的支持也许是犹太人能够希望的最好的东西，并且在国内和国外都是珍贵的稀有之物，特别是在德国两个基督教会主要的发言人那里。大量的著作从道歉和谴责的两个方面论述了德国新教教会和天主教教会被动——假如不是串通——的角色。当然，除了极少的例外，无疑两个教会的主要领导人都在沉默中观察对犹太人无情的迫害。人们没有发现教会的主要领导人或者神学家提出公开的抗议。当教会当局提出抗议的时候，纳粹就会侵犯他们的机构。另外一点也是无疑的，基督教会已经吸纳了一千年基督徒对犹太人偏见的传统，这阻止了他们在关键的时刻展示真实而同情的基督徒之心，因此也阻止援助他们的犹太邻居。德国的基督教会和西方世界其他的教会一样，属于同样的循环文化体系，不幸的是，这一体系一段时间里受到强大的世俗压力的影响，它们包括民族主义、社会主义，甚至反犹太主义和种族主义意识形态的影响。例如，民族运动以“德国基督教精神”的形式损害了德国新教。这一精神拒绝“犹太人的”因素，甚至坚持耶稣是具有勇敢之心的雅利安人，他挥舞的是剑，而非戴着荆棘的皇冠。当然，纳粹欢迎这样的观点，并试图利用德国的基督徒，以便在基督徒的心里扎下根。他们普遍的姿态是给两个教会楔入引起不和的话题，以破坏它们的力量和团结，以及抵抗纳粹统治的意志。

纳粹分子成功地恐吓了两个教会的领导层，使他们处于被动服从的状态，但是，他们没有成功地毁灭教会，这个目标希特勒一直拖延到战争取得胜利之后。在整个纳粹统治时期，教会一直陷入与纳粹统治者的致命冲突中。它们从一开始就知道希特勒的胜利意味着什么；它们不欢迎但是恐惧纳粹对权力的掌握。尽管教会的一些领导人可能最初对纳粹作了一些十分奉承的评论，许多人后来对此深感后悔，但是他们很快发现在希特勒那里遭遇到的邪恶。到20世纪30年代中期，他们知道纳粹打算毁灭教会的制度基础，包括它们的政治组织、青年协会和联合会、通信系统。克劳斯·舒尔德提醒我们：回溯性的指控在道德上始终是容易的，并且希望教会在这个时刻支持犹太人也是不现实的，那时它们自己也在教会政治领域里深深地卷入与国家的冲突之中。没有一个教会的领导人在一个时间段想把自己暴露在两条战线上，也不想成为值得成为基督教殉道者的、激励人的道德楷模，但是这并非必然是胆怯的懦夫行为，或者对其他受苦者故意的漠不关心的表现。事实上，数千位牧师和神学家，包括马丁·尼穆勒、迪特里希·伯恩霍费尔、伯恩斯坦·利希滕贝格、马克斯·约瑟夫·梅茨格、阿尔伯特·里斯特勒、奥古斯丁·鲁西、约瑟夫·罗塞恩特、保罗·施奈德、卡特里纳·施塔利茨、弗朗茨·魏曼、特奥菲尔·乌尔姆，以及其他无数知名或者不知名的，都因为反对纳粹政权受到了迫害，被投送到集中营，遭到杀害。

教会的高层没有公开代表犹太人说话，将永远成为他们记录上的污点。对于天主教会来说这一点尤其真实。最初，希特勒用安抚性的话语，以及关于教会信条和体制不可冒犯性的虔诚宣言，哄骗了天主教会。就是本着这一精神，教会在1933年7月和希特勒通过谈判达成了协定，只是很快就发现纳粹政权在积极地颠覆宗教自由。这促使教皇庇护十一世发布了名为《心怀深深忧虑》(1937)的通谕，在其中，他谴责了纳粹侵犯了协定的条款，破坏了自然法和正义的基础。1938年，庇护十一世请求美国耶稣会的约翰·拉法格准备一篇通谕，谴责种族主义和反犹太主义。拉法格过去写过一本名为《跨种族的正义》的书籍，在书中他谴责了美国的种族隔离和强迫症。他起草的通谕名叫《人类的团结》，它大胆地宣言："对基督徒来说，参与反犹太主义是不可能的。我们认识到每个人都有权利自卫……但是，反犹太主义是绝对不能接受的。从精神上来看，我们都是犹太人。”不幸的是，这份通谕被传递到耶稣会领导人弗拉基米尔·莱多乔沃斯基那里，他是一个强烈的反共产主义和反犹太主义的波兰牧师。他没有把通谕的草稿交给教皇，而是把它首先交给了耶稣会的官方机构《天主教文明》期刊的反犹太主义的编辑。当教皇1939年2月10日去世的时候，这份文件才放在他的桌上。他的亲德国的继任者庇护十二世将它束之高阁，消失了三十年。庇护十二世发现他的教会在整个世界受到邪恶的世俗力量的威胁，因此他放弃了道德性，赞同马基雅维里的外交策略，当对犹太人的迫害和威胁引起他注意的时候，他选择了沉默。

尽管有个别的牧师、神学家、修道士、修女的许多英雄行为可以被记载，但是，教会机构在聚集基督徒的友爱、同情、勇气方面悲剧性地失败了。阻止纳粹对基督徒和犹太人犯下难以言表的罪行，友爱、同情、勇气都是需要的。提供祈祷和微弱的抗议，对抵抗纳粹恐怖机器是悲剧性的、毫无效果的，也不能为被围攻的犹太人提供些许安慰，他们需要行动而非言语。

到1938年秋季，犹太人实际上已经从大部分经济活动中被排除出去了。当他们试图去影院、剧场、公共游泳池、酒店、度假地的时候，他们都遭到了袭击。村庄和乡镇都在为自己这里没有犹太人的荣誉而竞争，它们骄傲地推销“没有犹太人”，并且张贴“这里不需要犹太人”的标语。公园的长凳上也清晰地标注了“雅利安人”和“犹太人”。德国的犹太人正在被推入令人惊恐的、阴暗的、充满巨大危险的“无人之地”。他们可能没有任何应遵守的程序就遭到逮捕，并被投入集中营。可能因为最无足轻重的理由，他们的财富就被剥夺和没收。他们没有法律的救助。1938年8月下旬，马克斯·沃伯格乘船前往纽约，再也没有返回德国。贝拉·弗洛姆在9月初离开德国，在比利时边境，一个德国海关官员发现她是犹太人，他喊她是“犹太婊子”，剥夺了她值钱的东西，并要她在获得自由之前必须签署一个口供。罗伯特·维尔施不久之后离开德国前往华沙，后来是巴勒斯坦。在约翰·迪佩尔的《火轮下》描述的六位德国犹太人，其中五位逃离了纳粹德国。只有莱奥·贝克留在德国活了下来。他后来说道：“当我成为德国最后一位活着的犹太人的时候，我将离开这里。”对于数千名其他犹太人来说，逃离的时间已经失去。陷阱已经设好。

1938年11月，对于加紧打击犹太人的纳粹来说，一个出乎意料的机会降临了。1938年11月7日，德国驻巴黎大使馆的一个名叫恩斯特·冯·拉特的秘书被一个名叫赫施尔·格林兹潘的十七岁的波兰难民刺杀，原因是这个难民的父母以及1.7万名其他难民受到德国政府的虐待。1938年3月，波兰通过了一项法律，它建议剥夺那些在波兰境外生活五年的波兰国民的国籍。这项法律专门针对大约五万的波兰犹太人，他们一直定居在德国，波兰政府不想让他们返回波兰。在整个20世纪30年代，波兰政府是半法西斯政府，并且强烈地反对犹太人。波兰的犹太人口超过300万，占据总人口的10%。不像德国的犹太人，他们把自己看作是德国人，也是犹太人；波兰的犹太人视自己为在波兰民族社会中独立的民族。波兰数世纪以来一直在为民族范围内的自我认同而斗争，这个斗争进行得非常困难，因为它发生在外国统治和内部分歧的背景下，鉴于这个事实，不可避免出现以下的情况：民族自我认同的强烈需求将伴随着与一个人口众多的犹太少数民族的强烈摩擦，后者把自己认同为独立的民族。这一政治摩擦被额外的宗教和经济摩擦所加剧，它使得罗马天主教的波兰人和他们的犹太邻居相隔离。波兰是一个农业主导的、人口过剩的国家，大约3400万人承受着来自大萧条痛苦的经济压力。这个国家也缺乏投资资本、技术发展、购买力。波兰的犹太人可能是现代化的代理人，生活在过去时代的时间隧道当中，他们作为一个独立的社群生活在较大城市，比如克拉科夫、罗兹、华沙、卢布林。在那里，他们从事着各种各样的经济行业，很大程度上这些行业被限定在小型企业、零售业、手工业、放债，以及其他与过去时代相关的商业活动。由于犹太人被禁止拥有农业土地，并且通过国家垄断的法律制定，越来越被排斥在某些市场之外，他们因此逐渐地贫民化。犹太人也受制于周期性的大屠杀，以及旨在希望通过移民减少波兰犹太人数量的立法。

但是，正如德国犹太人的移民行为，波兰犹太人的移民行为是建立在反犹太人的隔离政策之上的。这个政策同时也被大多数欧洲的政府所推行，以至于犹太人像烫手的山芋在各个国家之间被扔来扔去，同时所有实际的限制和驱逐政策相互抵消，把犹太受害者投入官僚体制的噩梦之中。

赫施尔·格林兹潘的父母是来自波兰的移民，从1914年就生活在汉诺威，由于新的波兰法律和限制性的德国公民权规定，他们自动地成为了没有国家的人。后者实际上使得任何波兰的犹太人都不可能成为德国公民。德国政府认为波兰的法律是一种挑衅，用来将他们的犹太人永远倾倒在德国。于是，盖世太保围捕了大约1.7万名波兰的犹太人，把他们运送到波兰边境。但是，因为波兰的行政当局拒绝接受他们，他们就被成群地送进集中营这个“无人之地”，在悲惨的环境中受到保护性监视。年轻的格林兹潘需要通过自己绝望的行动传递一个报复性的信息。

纳粹很快对拉特的遇害做出了报复。11月9日是纳粹领导层庆祝慕尼黑啤酒馆暴动的日子，恩斯特·冯·拉特在这一天离世。拉特离世的新闻传到了希特勒那里，他当时正在和他的老斗士一起在慕尼黑老市政厅用餐。元首坐在戈培尔边上，就如何采取适合的行动与他进行了长时间的磋商。证据表明：希特勒批准了戈培尔的建议，在整个德国发动一场自发的抗议，并秘密地建议“冲锋队应该被允许大干一场”。然后，希特勒上演了典型的一幕，隐退到背景当中，以免屠杀应有的回火把自己弄伤。宣传部长因为其性过失行为失去了宠爱，正渴望恢复和元首的关系，并证明自己除了善于言辞，也是善于独立行动的。后来他发现自己煽动仇恨的计划遭到了广泛的谴责，被希姆莱和海德里希这样的希特勒高官认为是无效的。

结果是一场得到精心策划的、全国范围内的屠杀，后来被称为“水晶之夜”，因为此夜之后，整个德国的街道都散满了犹太商店的碎玻璃。除了规模更大，这一集体仇恨的犯罪形式是早期反犹太人行为的重复。戈培尔在市政厅进行了妖言惑众的反犹太人演讲，它让聚会的纳粹党和冲锋队的领导人坚定了期待他们所做的事情。此后，命令传达给纳粹党的地方官员，让他们去煽动针对犹太人的暴行。结果是整个德国的暴力狂欢。狂热的纳粹党官员、粗野的冲锋队队员、天性残暴和缺乏道德的狂热市民之间的互动，产生了真正的对毁灭的渴求。除了纳粹党一路绿灯、四处爆发的个人即兴行为之外，这一可耻的事件绝不是自发的。根据赫尔曼·格拉姆尔的观点，在这一仇恨的战役发动之前，民众对格林兹潘行为的反应，与他们对日本地震作出的反应没有什么不同。但是现在，政府正发动了一场官方支持的仇恨战役，许多恐惧法律而受到约束的，或者受到邻里行为而加以收敛的普通民众，感到有权采取不受禁止的公开行为去发泄他们的仇恨和挫败感。

纳粹党官员、冲锋队队员和被煽动的暴民等人的行为，产生了对财富广泛的破坏，以及众多的伤害和死亡。据估计，有276间犹太会堂被焚烧倒塌，它们内部的财物被洗劫或损坏。7500多间商铺遭到抢劫，91位犹太人被杀害，同时，另外一些犹太人绝望自尽。因为这些罪行得到了政府的支持，所以是公开，也是公然犯下的。警察是毫无帮助的，因为发出的命令是元首不要求他们干预，除非德国人的生命和财富直接受到了影响。这就解释了除了其他方面，为何消防部门只有在犹太会堂的火焰威胁蔓延到附近德国人的住宅时才会出动的原因。至于犹太人的生命，他们不值分文。正如戈培尔回应来自战地报告的时候所显示的那样：那个报告警告在第一起死亡后会有更多的伤亡，他说一个人不应该因为犹太人的死亡而心烦意乱。

关于11月的大屠杀，尤其是针对毁灭和杀戮的渴望，已经有了大量的论述。这些渴望把普通人变成了狂怒的野兽。但这些论述有时制造了一个印象："水晶之夜"代表了德国民众最深的希望。但是，这个没有限制的指控是过于宽泛了。戈培尔和他试图征募到大屠杀中的纳粹党的各个分支——主要是冲锋队——需要把尽可能多的德国人卷入希望是集体行为的事件中。但是，当这一目的失败的时候，聪明的宣传部长很快申明纳粹党真正在为人民说话，代表着他们的希望。在什么程度上这一申明是真实的呢？ 11月9—10日的事件真正代表了德国人民的希望吗？当然，由于缺乏民意调查，不可能客观地回答这一问题，但是可以得到来自盖世太保和党卫队保安处的报告、社会民主党的德国报告、各州州长的报告、目击者记录的证据。它们指出，大屠杀受到了广泛的批评和大部分公众的谴责。真相是大部分民众都感到羞愧，并谴责暴力和对财产的破坏。党卫队保安处的报告评论说：

> 11月针对犹太人的暴力是难以接受的……商业界指责由于这些行为已经出现的危险，其他一些人批评法律的措施，刚刚摆脱战争焦虑的资产阶级指责将在国外出现的危险效果。当来自国外的反应以恶劣的、煽动性的战役和联合抵制的举措出现的时候，这些自由主义—和平主义的圈子和国外的观点一致起来，并把这些举措贴上"野蛮的""不文明的"标签。从一个基本的自由主义的态度出发，许多人相信他们不得不公开支持犹太人。

同样的反应也传达给流放中社会民主党的领导层。对大屠杀的谴责在南方的天主教人群、马克思主义的左派、自由主义知识分子群体、商业社群当中最为强烈。居住在德国的国外外交家也记录了强烈的愤怒。一位英国的外交家说："虽然大量民众可能不善于言辞，但我没有发现哪个阶层的哪个德国人以各种方式赞成已经发生的事情。"美国大使休·R.威尔逊报告说，部分德国人的反应是"对政府及其帮凶的行为深感耻辱"。罗斯福总统立刻召回他的大使，并且说："我不能相信这样的一些事情会在20世纪的文明世界中发生。"

伊恩·克肖写道：1938年11月的大屠杀"是第三帝国期间唯一的机会，德国的公众在期间直接面对着全国范围的对犹太人极其野蛮的攻击"。正如证据所指出的，大多数德国人反对这些暴力的举措，一些人出于经济的考量，一些人出于人道主义的基础，假如这是真实的话，那么为何没有出现协调一致的抗议呢？首先，到1938年，希姆莱已经成功地将警察恐怖的全国网络体制化，假如公众抗议是可能的话，也变得十分困难。第二，纳粹体制在外交政策上已经取得辉煌的胜利，通过和西方强国的彻底串通，它吞并了奥地利和苏台德。希特勒得到民众的欢迎，总体上没有受到大屠杀的影响。正如伊恩·克肖所显示的，大屠杀不受欢迎是由戈培尔和纳粹党的军事部门，而非希特勒引起的。希特勒甚至在11月9日晚上的演讲中也没有提及拉特，接着他隐入幕后，假如大屠杀成功了，让戈培尔得到声望，假如失败了，也让他承担谴责。但是，假如我们要充分考虑到大多数德国人在大屠杀期间和之后所显示的无所作为，这里还有第三个因素必须提及。五年来强烈的反犹宣传对集体的心理产生了影响，使得大多数德国人愿意接受反对犹太人的歧视性措施，他们不支持的只是11月9日大屠杀所释放的残暴的野蛮爆发。

纳粹领导层认识到这些现实情况。根据它的权力和受欢迎的程度强行推进额外的反犹太人行动是非常安全的。同时，它也决定未来在公共场合掩盖所有公开的暴力行为的爆发。在没有现在已经明确地拥有反犹太人战役领导权的机构——党卫队及其关联组织盖世太保、党卫队保安处——的许可下，冲锋队或者纳粹党也不被允许完全支配发动独立的反犹太人行动。确实，大约三万名犹太人遭到围捕，并且被囚禁在达豪、布痕瓦尔德、萨克森豪森集中营，在大屠杀期间和之后，盖世太保执行了这些围捕和囚禁。

"水晶之夜"两天后，有关"犹太人问题"的会议在赫尔曼·戈林的主持下召开，高层的部长级官员参加了这次会议，他们包括戈培尔、丰克、冯·克罗西克、海德里希、达鲁伊格，以及德国保险公司的一个代表希尔加德，戈林在会议开始之时告诉参会者他接到了一份由鲍曼根据元首的命令起草的信件，要求"从现在开始，一劳永逸地以某种方式协同解决犹太人问题"。戈林说，直接的反犹太人的方向是继续沿着主攻路线，根据他的观点，这条主线主要是经济的。直接的问题是要关心11月9日夜至10日间对财产的破坏所造成的损害，而且犹太人将承担所有造成的损失。另外，戈林和与会者一致同意加速雅利安化的进程，用一系列新的手段来折磨犹太人，以便他们把"犹太人踢出德国"。在一个厚颜无耻的傲慢法令中，戈林和他的党羽谴责犹太人，认为就是他们的存在引发了所有这些损害，并且一致认为政府将没收保险公司有责任支付给财产遭到毁坏的犹太人所有者的金钱。关于完全的雅利安化，戈林作了清晰的解释：主要的目标是将犹太人从经济领域中驱逐出去，强迫他们将他们的财产转移给国家。犹太人从出售他们的资产所产生的利息中得到补偿，但是他们不能对财产本身提出要求。犹太人财产的转移是通过一个国家托管人为中介，由中介评估犹太人所接受的金额数量。这个数量要评估得尽可能低。国家托管人将犹太人的企业以真实的价值出售给新的雅利安所有者。戈林对如何最好地掠夺犹太人的资产作了评述，在此期间，讨论转向了掠夺犹太人的相关策略。戈培尔提出了一个禁止犹太人进入德国剧院、电影院、马戏场的法令。经过更为深入的思考，他还说他也要求把犹太人从"公共生活的所有岗位中清除出去，只要他们在其中可能被证明起着煽动作用"。例如，从和德国一起入眠的卧铺车厢里清除出去。戈培尔说，假如没有更多的空间，犹太人就必须站在走道里——只是一个促发戈林插嘴的评论：

戈林：我认为在这种情况下，给他们独立的车厢更有意义。

戈培尔：假如车厢过于拥挤就不行了。

戈林：等一等。可以留唯一一节犹太人车厢。

戈培尔：设想一下，假如没有那么多犹太人乘坐前往慕尼黑的快车，设想只有两个犹太人在这列火车上，而其他车厢都过于拥挤，这两个犹太人就拥有了一节车厢。因此，犹太人只有在所有德国人都得到座位之后才能拥有座位。

戈林：我乐意给犹太人一节车厢或者一个卧铺车厢。如果出现像你提及的情况，并且火车过于拥挤，相信我，我们不需要法律。我们将把他踢出去，他将不得不一路上一个人坐在厕所里。

戈培尔：我不同意，我不相信这一点。应该有一个法律。另外，应该有一个法律禁止犹太人去德国的海滩和度假胜地。

为什么不禁止犹太人进入剧院、电影院、马戏场、火车卧铺车厢、海滩，或者度假胜地呢？戈培尔也在想是否必须禁止犹太人进入德国的森林，因为他们一群一群地已经遍布格鲁尼瓦尔德。为了终止这种挑衅，戈培尔建议给犹太人这片森林的某一特定部分，并且“阿尔卑斯山山民应该注意到这一点，各种看上去十分像犹太人的各种动物——麋鹿有着弯曲的鼻子——也会到这里来适应此地”。然后讨论转向公园和公园里的长凳。这里可能存在真正的危险，因为犹太人可能闲聊吸引德国的妇女或儿童，并且煽动他们。戈培尔说：“另外，犹太儿童依然被允许上德国的学校，这是不可能的。德国孩子和犹太孩子在德国高级中学坐在一起接受德国历史的课程，这也是绝无可能的。”

他们进一步达成的一致是，强迫犹太人支付10亿马克的“赎罪”罚款，同时通过采用维也纳模式，加速雅利安化和移民。这样，戈林感到这可能会完全让犹太人贫民化了。假如这样的话，这些贫民化的犹太人难道不必和正常的主流社会隔离开来，被放置在犹太人强迫集中居住区吗？海德里希认为最好是避免这种居住区，“因为通过警惕地监视整个人口来控制犹太人”比依靠一个个居住区的数千人来控制犹太人好得多，因为盖世太保特工也不能适当地控制这些地区。在勾画了其他的一些欺骗手段之后，比如吊销犹太人的驾驶执照，禁止他们使用疗养温泉、医院、公共交通工具，会议以令人满意的基调结束。戈林作了总结讲话：

我将以此种方式作结束语；德国的犹太人必须支付10亿马克作为对他们不可饶恕罪行的惩罚。这是所有的工作。这些猪将不再会犯有其他的谋害。顺便说一句，我愿意在此陈述，我不愿意在德国做一个犹太人。

在1938年11月到1939年1月间，纳粹政权彻底决定了德国犹太社会的命运。由戈林及其党羽在11月12日建议的措施在德国政府的各种法令中得到正式体现，尤其是10亿马克的赎罪罚款，这要求全部的犹太所有者为11月9—10日的损害支付赔偿，并且取消向德国提出保险申请。这是一个完全彻底的法令，从1939年1月开始生效，作为企业、邮购商店、工匠或手工艺企业的所有者，作为从与集贸市场、交易会、展会相关的商业活动的所有者，作为工厂和工场的经营者，犹太人将被从德国的经济生活中排除出去。相应的文化、教育、社会的限制也随之而来：犹太人被禁止进入剧院、电影院，参加音乐会和各种类型的展览，除非它们是专门由得到授权的犹太团体组织的。11月14日，犹太人被禁止在公共学校就学。除了这些经济和文化上的限制，纳粹也将旨在把犹太人集中在较大城市的举措制度化，在这些城市，犹太人被安排在自己的区域或者公寓大楼，与德国人分离开来。这一政策的目的是把犹太人和德国人的关系切断，假如犹太人在种族上被玷污、孤立、集中，服从于行动上的严格限制，这一目的就可能得到实现。例如在11月23日，一个名为《公共场合犹太人的露面》的警察法令建议一些空间和时间的限制，禁止犹太人进入某些地区，并专门限定他们何时被允许在公共场合露面。有关通信和交通的限制也紧随出现。11月29日，犹太人被禁止保留信鸽；12月上旬，犹太人不再允许保留汽车和摩托车，他们必须交出他们的驾驶执照。

1938年12月13日，一个法令宣布所有犹太人的企业、土地资产和其他值钱的东西（珠宝、艺术品）等经济财产都由国家处置。任何犹太资产的销售必须通过一个国家购买的代理机构。德国政府估价了753.85万马克的犹太人总资产，并决定采用可以想象到的一切没收手段获得每一分钱。事实上，德国人被传说中的犹太人的财富和权力神话所迷惑，过高地估价了犹太人的财富。因此，尽管有这些掠夺性的举措，但并不存在经济上巨大的意外财富。确实，一些公司巨头——比如赫尔曼·戈林工厂、曼尼斯曼、弗里克、奥托·沃尔夫——有能力吞噬最有实力的犹太人的企业，包括魏曼和佩兹切克的捷克企业。通过这些国家支持的强盗方法，这些企业得到了相当可观的收益，但是同样的好处却没有让德国的消费者、纳粹党和作为整体的国家享有。这些掠夺过来的东西只是让少数大公司得到了收益，并且让犹太恐惧症患者确信正义已经施加给了犹太人，因为所有犹太人的资本属于了德国。对犹太人资本的没收是公平的，因为犹太人从德国人那里偷窃了它们。

但是，依靠剥夺犹太人的金融资源，这一妄想已经完工，对这些已经贫困化的人还能做些什么？纳粹政权依然在玩弄移民政策，并假惺惺地寻求许多可能性，包括将犹太人送往印度洋中非洲东岸之外的、那时正处于法国殖民控制的马达加斯加。这个计划最初在20世纪30年代中期波兰和法国之间谈判中出现，这一谈判涉及将波兰的犹太人转移到马达加斯加的可行性。这些讨论没有完成任何实质性的东西，但是到1938年12月7日，这一主题明显地出现在里宾特洛甫的谈话当中，并且它一年来一直得到德国外交部的考虑。1939年1月5日，希特勒告诉波兰外交部长约瑟夫·贝克，他将把犹太人送往一些遥远的国家。但是在1939年1月21日，他告诉捷克外交部长他正计划灭绝犹太人，他说他不会再让犹太人重演1918年11月9日的所作所为，即德国的政治崩溃，他把这一点一直归咎于犹太人。仅仅过了一周多一点之后，也就是1939年1月30日，希特勒向国会发表他担任总理的周年纪念讲话，希特勒公开向犹太人发表了以下威胁：

> 在我生命的历程中，我经常就是一个预言家，我通常为此得到嘲讽，在我为权力斗争的时刻，首先就是犹太人以嘲笑接受我的预言。我说我总有一天将接管这个政府的权力，继而是整个国家的权力，我将首先解决犹太人问题。他们的嘲笑是喧嚣的，但是我认为他们该有一段时间要笑话自己了。今天我将再次做一个预言家：假如欧洲内外的国际犹太金融家成功地将这个国家再次陷入一场世界大战，那么结果将不是这个地球的布尔什维克化，也不是犹太人的胜利，而是欧洲犹太人的灭绝。

由希特勒自己公开表露的这样灭绝性的讲话，对依然生活在德国的犹太人正在制造一种明显危险的氛围。从官方的角度来看，移民依然是纳粹主要目标之一，并且在1月24日，海德里希被授权依靠有利的政治环境，用移民或者驱散的办法来解决犹太人问题。尽管10万到15万之间的犹太人在“水晶之夜”之后的十个月间离开了德国，但是找到欢迎犹太人的国家变得极端困难。1939年夏季,世界充分认识到了这一可怕的困境。“圣路易”号携带了1128位德国的犹太难民前往古巴海岸,美国和古巴都不愿意接收这些难民,因为他们的移民许可直到1942年才能生效。只有22位犹太人被允许登上哈瓦那,其余的被强行遣返欧洲。几乎没有什么人在大屠杀中幸存下来。不久,大多数国家给犹太人关上了大门。一些保留下来的逃跑路线之一是上海,在那里,赫尔曼·费德曼以及1.4万德国犹太人在战争期间找到了一个天堂。

到1939年夏季,德国的犹太社群减少了,降低为25万被困的犹太人。莱奥·贝克作为重建的“德国犹太人国家协会”的领导,管理着这些残余的人。这个协会只是以前接受盖世太保命令的国家协会软弱的壳子而已。正如迪佩尔所发现的那样,到那个时候,纳粹分子将贝克视为“另一个衰老的、低三下四的犹太人,占据了他们宝贵的时间,只会提供些谴责和笑料”。最终,残酷的屠杀即将开始。1939年夏季,希特勒在私下和公开场合发表了有关战争的言论,特别是8月2日他对将军们发出了嗜血的言论,在其中,他向他们暴露出自己在世界上将发动怎样的一场战争。这些言论都可以测定这个即将到来的残暴行为的性质。

1934年,一部有关成吉思汗生平的小说《成吉思汗:来自亚洲的风暴》由著名的德国机构“德意志出版社”出版。一年后,名为《成吉思汗的遗产》的续集出版。两本书的作者是一位俄国移民,名叫米歇尔·夏洛尔,笔名叫米歇尔·普劳丁,他将历史事实和相当程度诗歌的幻想结合起来。两本书对海因里希·希姆莱产生了非常深的印象,以致他让党卫队培训办公室印刷了两本合一的版本,将它推荐给党卫队的全体人员,因为它为即将要去完成的任务传授了有价值的课程。也有证据表明,希特勒可能也读过普劳丁的书。

成吉思汗是世界伟大的征服者之一,他将超凡的勇敢、卓越的军事策略、机智的外交合为一体。他的蒙古游牧部落覆盖了令人难以置信的辽阔疆域,在整个欧亚大陆切了一个巨大的口子,在1206年至1227年间,像一条鞭子席卷俄罗斯、中国、高丽、普鲁士、小亚细亚、东欧。希姆莱和希特勒两人对这位大汗的佩服之处,与其说是他充满个人魅力的领导能力,不如说是他彻底的无情,他对人类生命价值的蔑视,以及他对领袖和亲戚忠诚的部落精神。他们也喜欢这位征服者在粉碎敌人、屠杀敌人的男女和婴幼(假如军事需要或者复仇指令如此），以及掠夺他们的财产时所体现的显而易见的快乐。这与其说是使自己富有和饱食，不如说是证明自己的优越性。征服和战斗使得一个民族变得高贵。元首和他的党卫队首领喜欢成吉思汗的另一个品质是对“歃血为盟”的信念和践行。根据这一践行，共同参与杀人以歃血将罪犯结合起来，并强化了他们残暴的冲动，将他们更紧密地和领袖、和彼此维系在一起。通过他们手上沾的血，杀戮者们也更少地倾向于叛逃到敌人那里，因为他们知道他们不可能得到宽容。共谋犯罪成为了在东线纳粹的行为准则，也在对犹太人的灭绝中作为动力原则得到了采纳。

希姆莱相信，因为这位征服者允许与其他劣等的民族群体混合，因而弱化了他的民族的种族纯洁性，成吉思汗的帝国衰亡了。在即将到来的与劣等的斯拉夫民族集团的种族冲突中，纳粹决心只是征服和奴役，而不让被征服者的劣等血液在生物学上弱化德国民族。与斯拉夫群体的对抗将考验德国民族的勇气，并产生出纳粹一直想哺育出的残暴而冷酷的种族。

1939年8月22日，在约阿希姆·冯·里宾特洛甫飞往莫斯科签署《德苏互不侵犯条约》的同时，精神愉悦的希特勒决定在伯格霍夫款待武装部队的高级指挥官。之前，希特勒和他的将军们之间进行过坦诚的会晤，但是这次会晤在喧嚣的姿态方面超过了以前所有的会晤，希特勒公开宣泄了他的好战情绪。他谈论了自己的天才，嘲笑他的西方对手是小蠕虫，正如过去几年的诸多事件已经清楚地表明，他们不愿费举手之劳来反对他。他处于政治权威的高度，控制着德国人民绝对而无可争议的信任。德国军事的优势、西方大国的软弱、意大利领袖的支持，所有这一切因素都在决定现在就要发生一场冲突。从军事的意义上来说，希特勒指出无论法国还是英国都没有做好战争的准备；它们也没有各就各位去支持波兰。由于在心理上厌倦战争，它们也不可能首先发动攻击，并且肯定不会借道像比利时、荷兰或者瑞士这样的中立国。另外，德国没有必要害怕两线作战或者经济封锁，因为苏联是它的同盟，将提供需要发动战争或维持后方的原材料。元首说他唯一害怕的事情是“在最后一刻，某个猪猡团伙给我提出了调停的计划”。

将军们被这一好战和歇斯底里的表演惊呆了。他们的情绪没有希特勒所希望的那样乐观。这就是为何午餐后希特勒又给他们进行了鼓劲谈话的原因。

他告诉他们只要德国人民在战争的努力面前团结一心，对敌人毫不留情，心怀良知而残酷前行，胜利是不可避免的。他将找一个借口发起战争，无视它是否有说服力。最终，从来没有人问胜利者他是否说了真话。对于战争原因和行为的判断一直依赖于最后的结果——胜利或者失败——而不是正确或者错误。

> 残酷地行动起来吧，8000万人民必须得到他们的权利……成吉思汗欣然和轻松地结束了数百万妇女儿童的生命……因为在战争中得到的目标不是某条边界，而是在身体上消灭对手。因此，目前在东线我要求我的骷髅部队无情地服从命令，对波兰血统的和说波兰话的妇女儿童的死亡毫无怜悯。波兰不再有波兰人，德国人将在此定居……至于剩下的问题……俄国的命运也就是如此……斯大林死后——他是一个非常令人恶心的人——我们将粉碎苏联。到那时将出现德国人对世界统治的黎明。

一个从头到尾聆听这一煽动性演说的与会者记述，在希特勒阐述完他将毫不怜悯地杀戮波兰血统的和说波兰话的所有男女老幼之后，赫尔曼·戈林据说跳上了台子，表白了“嗜血的感激和血腥的承诺，继而像一个野蛮人跳起了圆圈舞”[①]。这些将军们不再采取果敢的行动去阻止发动战争，而是记起笔记，然后立正，把希特勒消灭数百万男女老幼的狂言视为元首夸张的激情可以谅解的过度表达。但是，希特勒所说的一切都成为了现实。仅仅八天后，希特勒为了发动侵略战争找到了“宣传的理由”。1939年8月31日，海德里希命令党卫队保安处的附属部队穿上波兰士兵的军装，“发动了一些边境事件”；其中之一是这些假冒的波兰士兵占领了在格莱维茨的德国广播电台，对着话筒高呼了一些反德国的口号，然后撤出。为了使这次挑衅逼真，党卫队保安处的士兵乱丢了一些身着波兰军服的尸体。这些尸体都是集中营的囚犯，他们都是为了这出戏被注射毒剂而死。1939年9月1日，希特勒宣布他已经未经宣战对波兰人进行了回击。希特勒现在得到了他一直想要的战争，一场旨在统治地球和消灭犹太人的战争。

---

① 有一些记录描述了这次奇异的鼓劲讲话或者血腥仪式——无论人们要怎样称呼它。最可信赖的记录是海军上将卡纳里斯在其《德国外交政策》中的记录。

第八章

大屠杀的前奏：从安乐死到种族清洗

庞大的种族净化开始：安乐死

1938年，一个严重畸形和残疾的孩子出生在名叫克瑙尔的家庭。这个孩子就一条腿，一只胳膊只有一半，似乎是一个瞎子，患有痉挛，被主治医师轻蔑地贴上了“白痴”的标签。这个孩子被放置在莱比锡大学儿童诊所照料。孩子的父亲请求诊所主任维尔纳·卡特尔博士杀了这个孩子。当这个请求被拒绝的时候，这位父亲直接求助于阿道夫·希特勒。所有这类性质的请求每天都通过元首的私人公署传递，公署负责人菲利普·布赫勒简要地向元首汇报了克瑙尔的请愿。希特勒指示他的一位私人医生卡尔·勃兰特博士调查这个案子。勃兰特被告知：如果涉及克瑙尔孩子的诊断在医学上是正确的话，那么应该给予这个孩子安乐死。勃兰特征询了卡特尔博士，确定了这一诊断，并建议安乐死。这样，孩子被杀害了。这一行为开启了臭名昭著的安乐死计划，希特勒在1939年10月以书面的形式进行了授权，并且象征性地将日期提前到1939年9月1日，这一天是第二次世界大战的爆发日。

严格说来，希特勒杀害不符合纳粹规范之人的书面授权是唯一一份他自己亲自签署的杀戮性文件，它不具有法律的力量。但是，就是他个人的力量，以至于没有哪个医生敢于严肃地质疑希特勒的授权，或者公开地对抗它。在纳粹德国，一个人可以决定谁应该生或者死，决定一个人为何应该生或者死。正如以后将证明的，医生们特别受到纳粹种族理想的影响，他们在大屠杀中发挥了主要的作用。

安乐死计划的种族意识形态、全体参与人员、毁灭的机构都服务于一个原型，它是我们称为大屠杀的更大规模灭绝计划的原型。安乐死计划和大屠杀都涉及希特勒、他的私人公署，以及一批相关的机构。安乐死计划就像对犹太人问题的"最终解决"一样，也是最高的秘密计划，它涉及一个由希特勒私人公署和大批政府机构操纵的蓄谋已久的欺骗游戏。这些机构包括内务部、司法部、国家卫生部门、众多的科学院和希姆莱的党卫队。在不同时期，德国的主要大学也卷入了这一计划，其中包括40名在这些杀戮中发挥了重要作用的医生，9名大学教授。

安乐死背后的意识形态是种族或者生物医学的幻象，它要清洗德国不完美的基因库。任何污染血统的东西必须从人们的身体中去除。正如先前所显示的，污染德国血统的人分成几个含糊的种族、社会或医学范畴：吉卜赛人、"莱茵兰杂种"（第一次世界大战结束后，由法国殖民占领部队的父亲和德国母亲生的孩子）、罪犯或"反社会"分子、同性恋、精神病患者或严重的残疾人、犹太人。对于那些有害的人来说，战争的爆发消除了所有现存的约束。毫无保留的战争现在发生在他们身上。就德国人民而言，因为战争需要巨大的物质牺牲，因此纳粹的杀戮者在经济和意识形态的立场上都认为他们的罪行是正义的，他们认为自己正在杀戮残疾人或者精神病患者，因为他们正在消灭"无用的吃货"①。

安乐死计划的神经中枢就是元首的私人公署，它的主要目的是为元首个人联系常的事务服务。它和两个其他的国家机构一道运作：一个是由奥托·迈斯纳领导的总统府，一个是由汉斯·拉默斯领导的总理府。因为元首的私人公署

---

① 流行的医学和卫生学杂志发布了许多图表，它们显示了以牺牲健康人为代价，维护这样的病人的生命是多么的昂贵。学校教科书在讲解数学问题中，为了教学的目的，采用了为精神疾病患者无节制的健康成本。罗伯特·普罗克特在其《种族卫生学》一书中引用了下面的一个数学问题：每造一个精神病院需要600万帝国马克。把这一数额用于一个精神病院，假如每一单元的建造费用是1.5万帝国马克，那么可以建造多少单元？

不是一个政府机构，把自己限制在仁慈的议题、请愿以及个人事务，因此它十分理想地适合作为显然是从事非法和犯罪计划的神经中枢。这个机构的五个中心办公室监督着下述领域：个人事务、国家和党的事务、赦免、社会和经济事务、国内事务和人事。负责安乐死计划并制定运筹细节的办公室，是由维克托·布拉克领导的中心办公室二室（国家和党的事务），他是菲利普·布赫勒的参谋长，也是海因里希·希姆莱的朋友。中心办公室二室有四个分部，就是其中负责与帝国政府联系的b分部，被布拉克委派执行安乐死计划。b分部由汉斯·赫费尔曼以及他的副手里夏德·冯·黑格纳负责，前者拥有农学博士的头衔，后者具有银行和商业的背景。因为b分部需要内务部的合作，尤其是涉及公共健康事务和德国健康设施监管的四局的合作，因此b分部很快和赫伯特·林登博士建立了紧密的工作关系，他是内务部的国家顾问，负责公立医院和私人疗养院。

元首私人公署和内务部的这些关键官员引进了一个精挑细选的医生团队，其中包括卡尔·勃兰特、维尔纳·卡特尔、汉斯·海因策、赫尔姆斯·昂格尔、恩斯特·文茨勒。勃兰特是希特勒的私人医生之一；正如前面所述，卡特尔是莱比锡大学儿童诊所的负责人；海因策是管理普鲁士勃兰登堡—戈登国立医院的精神病学家；昂格尔是写了有影响的小说《任务和良心》的眼科医生，这部小说推介了安乐死，把它作为处理无望治愈的病人最人道的治疗方法。文茨勒是柏林的一个儿科医生，他被帝国医学界的领袖莱奥纳多·康提博士推荐服务于安乐死计划。

鉴于这个计划最高机密的性质，有必要把这个计划掩盖在一个虚构的名字下面：严重遗传疾病科学注册帝国委员会。安乐死的团队使用了邮政信箱作为邮寄地址，给它的官员分派代号，在动物园大街4号一栋从犹太人那没收的大楼里驻扎下来，因此用首字T-4（T是德语动物园的首字母）来代表这个计划。T-4团队和内务部在紧密地合作下工作，它发放表格给卫生机构，要求它们上报所有畸形婴儿。卡特尔、海因策、文茨勒成为这样的畸形婴儿生死的最终仲裁者，但是他们的决定是建立在这一领域的医生或者卫生保健专家最后的建议基础上的。这些医生和专家在上交的表格中标明a+（表示死）或者a-（表示生）。

因为数十万的儿童是安乐死的潜在目标，T-4团队试图使其他的一些官僚或者医生也卷入其中，他们当中的一些人对这个杀戮计划给予了热情的支持。

其中一个人是赫尔曼·普凡穆勒博士，他是巴伐利亚慕尼黑附近埃格芬—哈尔医院的院长。罗伯特·J.利夫顿称他为“医生转为杀手的象征”。普凡穆勒骄傲地引导对其安乐死设施的游览，并且没有任何不安地向参观者展示那些被选定为要处死的婴儿。有一次，他告诉一个参观团队，他择出的生物代表着对这个国家健康的负担。当他说话的时候，一名护士把一个婴儿从护栏床上拎了起来。他轻蔑地说道：“例如，这个婴儿只能活两到三天。”他这句话的意思是这个将死的婴儿需要忍饥挨饿的时间。这一计划有许多热切的参与者，其中之一是欧根·施塔勒，他管理着符腾堡州的卫生保健系统。

T–4杀戮者残酷而有条不紊地实施行动。一些人饿死受害者，一些人通过致命的过量巴比妥酸盐、安眠药或吗啡杀害他们。当这一计划越做越大的时候，就出现了对致命药物和一个凌驾于法律审查之上的供应商的需求。凌驾于法律之上的一个主要纳粹机构，是它的执法机构党卫队。党卫队的帝国中央保安总局非常乐意通过其刑事警察处帮助提供必需的毒药。刑事警察处的领导是阿图尔·奈比，他把这项工作交给了犯罪侦查技术院。后一个机构是帝国侦探办公室中心办公室的一个分部。在这个办公室里，负责安乐死计划的相关部门涉及化学分析，它的领导人是阿尔伯特·威德曼，他是一个有着化学工程博士头衔的党卫队军官。因此，这个计划有着它组织化的结构、人员以及杀戮机构。

安乐死的第一阶段涉及对婴儿的杀戮。它开始于1939年10月，一直持续到战争的结束。但是，儿童的安乐死很快在成人的安乐死计划下黯然失色。后者的范围更为广泛，包括了大量的受害者，他们当中的许多人按照今天的标准，只要有合适的帮助是能够过正常生活的。他们是癫痫患者、瞎子、聋子、慢性酗酒者、严重残疾患者、躁狂抑郁者，等等。像儿童计划一样，成人计划在战前就已经制定好了，但是它也涉及元首私人公署的顶层领导，包括布赫勒、布拉克以及许多著名医学权威。成人计划的医生和其他成员是完全自愿地加入。招聘人员的程序建立在人际关系、裙带关系、信任的推荐之上。从柏林前来管理这一计划的官员们给这些杀戮者提供薪水、订购毒药，处理着日常的人员事务，监督着众多相关的行动。当最终解决方案在1941年发起时，元首私人公署也支付T–4团队的薪水，这个团队那时已经被转移到东线的杀戮场。

成人安乐死计划与儿童计划相区别的一个重要特征，就是杀戮的方式。因为在成人计划中，大量的民众被选择出来处死，这就有必要发现更为有效的方法去除受害者。勃兰特博士记得他曾经一度失去意识，因为呼吸了一个有故障火炉里的烟气。在采用固定的煤气屋用于成人安乐死计划和大屠杀背后，这个回忆可能正好是一个主意。T–4团队在德国和奥地利选择了一些杀戮中心，它们当中的大多数附属于改建的医院和私人疗养院。一共有六个主要的杀戮地点：哈弗尔河上的勃兰登堡、林堡附近的哈达马尔、萨勒河上的贝恩堡、斯图加特附近的格拉夫奈克、皮尔纳附近的索嫩斯泰因，以及林茨附近的哈特海姆。

成人计划是从哈弗尔河上的勃兰登堡一座改建的监狱开始的，它从1932年开始就一直空着。T–4团队在旧的监狱大楼建了毒气室，把它伪装成一间普通的淋浴室。在1939年12月或1940年1月，T–4计划的顶层领导人在勃兰登堡集中，观看了第一次毒气杀人试验。现场的高官有菲利普·布赫勒、卡尔·勃兰特、莱奥纳多·康提、内务部的赫伯特·林登、T–4团队的物理学家、犯罪侦查技术院的化学家，以及斯图加特警察官员克里斯蒂安·维尔特，他是大屠杀最残暴的犯罪者。这些高官首先见证了几例致命的注射，之后又观察了向八位病人排放毒气时他们所进行的抵抗。裸体的受害者被带入伪装的“淋浴室”，并被再次保证是洗个淋浴。但是放出来的不是水，一氧化碳通过水管灌入到淋浴室。勃兰登堡机构的领导厄姆弗雷德·埃贝尔和其他出现在工业化杀人重要场合的高官一道，被成功的演示弄得非常高兴。正如亨利·弗里德兰德尔正确地指出，毒气室是纳粹德国独一无二的创造，裸体受害者在他们被消灭之后被处置的方式也是如此。勃兰登堡的毒气室，经过某些变动，成为了其他固定毒气室的原型。它们从外观上是淋浴室，平铺的地板，沿墙是木制的凳子，淋浴头挂在天花板上。一旦注入毒气之后，尸体就被司炉工拖出，进行进一步废物处置。背面标有“x”的身体要进行另外的处理，因为他们黄金的牙齿填充物，可以将它们抽出来使帝国受益。一旦尸体以这种方式被剥夺后，就被扔在一块金属板上。金属板被推进火葬炉的黏土烤架上，然后被焚化。所有参与这项计划的人都将毒气杀人合理化，认为它是最快捷、最人道的使病人解脱痛苦的方法。

为了使这些杀人行为得到保密，T–4团队将蓄谋已久的骗局加以完善和掩盖，使公众和受害者亲属并不知情。它设计了各种各样的诡计误导受害者的亲人不能发现受害者为何、如何或者在哪里死去。它编造欺骗性的死亡证明，显示出受害者死于正常原因，比如心脏病、肺炎或中风。它发出的哀悼信笺上写着常备的一些话，开始总是“我们非常遗憾地通知你”，或者“人们能够理解死亡是解脱”。然而，不管这些预防措施如何，这样规模的杀戮被公众广为知晓，引发了相当强烈的反对。在最残暴的杀戮地点哈达马尔的行为被立刻泄露出来，而且没有得到任何夸大。就是在哈达马尔，当被害者达到一万的时候，整个杀戮团队举行了一个特别的仪式。他们把第一万号尸体裸放在担架上，四周围绕着鲜花，长官发表了演讲，并用许多啤酒奖励执行人员。

与过去的历史记录相反，安乐死计划从来没有完全终止，因为儿童继续被杀害，集中营里残疾囚犯也被继续杀害。希特勒只是在德国内部停止了成年人的安乐死计划。一些记录认为，希特勒之所以这样做，是因为存在着广泛的对德国安乐死计划的反对。地方的行政机构受到了受害者父母和亲戚的质问，他们要知道杀戮地点正在发生的事情。一些收容所出现令纳粹不快的场景，在那里，一些普通的工作人员经常拼死保护病人，不让杀戮者带走他们。受害者的亲属通知牧师和司法机构，要求采取直接的行动抵抗这些犯罪者。一位法官甚至发起了对布赫勒的指控，为此法官付出了提前退休的代价。天主教和新教的神职人员——著名的有明斯特的主教克莱门斯·冯·格伦、布雷斯劳的主教阿道夫·贝尔特兰姆、符腾堡州主教西奥菲尔·沃姆、柏林市海德维希大教堂的主持伯恩哈德·利希滕贝格——都公开抗议安乐死计划。但是，这些抗议都不是希特勒在1941年8月终止成人安乐死计划的理由。更为可能的是，这个计划的终止是因为它实现了最初的目标数字。到1941年夏季，7.0273万人被消灭。但是，正如亨利·弗里德兰德尔所显示的那样，对儿童的杀戮一直持续着。事实上，这个计划似乎已经变成了日常事务和“正常事务”，以致医院继续在杀戮无助的婴儿，甚至在战争结束，在占领军的眼皮底下也是如此。安乐死计划最后的受害者是年仅四岁、名叫里夏德·延内的孩子，他于1945年5月29日在美国占领区的考夫伯恩被杀害。

安乐死计划有四个特性，这些特性使这一计划成为了大屠杀的模型和训练场：

1. 使杀戮合理化为治疗的伪科学的种族意识形态。
2. 作为“人道的”杀戮方法的毒气室。

3. 作为种族灭绝训练学校的安乐死杀戮场所。

4. 对杀戮者人性的洞察。

至于第一个特性，安乐死计划代表了纳粹种族国家及其支持者最深切的希望。它说明了纳粹依靠从种族基因池里消灭所有不纯洁之人，哺育完美、无缺陷的雅利安高等种族的强迫性冲动。正如罗伯特·J.利夫顿所言："科学种族主义和心理卫生学是一些医学的—物质的原则，纳粹据此以净化的名义进行杀戮。"利夫顿引述了著名的奥地利生物学家康拉德·洛伦茨的话。他是战后时代被誉为论述"侵略行为"的主要权威人士。他在1940年说：

> 种族卫生学的责任必须是关注比今天更为严厉的对道德上劣等人类的清除……我们应该真正替代所有对在自然和自由的生活中进行选择负有责任的因素……在人类的史前时代，对忍耐、英雄气概、社会有益性等的选择完全是由在因素之外的敌对者作出的。这一角色必须由一个人类组织来承担；否则人类将因为缺乏选择性因素，被伴随着驯化的堕落现象所清除。

对于纳粹来说，接下来的事情是，作为病人治疗者和看管人的医生的传统角色必须被完全地修改。医生和其他卫生保健专家，除了成为看管人之外，必须成为"基因的培育者"和"生物学的战士"，尤其是假如它有利于这个国家的健康，他们也必须成为清除者。这样的观点不仅成为了杀戮的动力和合理化的基础，也使得毁灭的心理过程变得更为轻易，因为一个人正在毁灭的东西毕竟是被认为不值得生存的生命。

在第二个特性当中，安乐死计划采用了固定的毒气室，这对种族灭绝作出了独一无二的贡献。在勃兰登堡、哈达马尔、格拉夫奈克、贝恩堡、索嫩斯泰因、哈特海姆的杀戮中心成为了最终解决方案的模型。杀戮者选择和处理尸体的方式也是如此：他们给受害者打上烙印，把他们贬低为非人，向他们排放毒气，剥夺其身体上余下的值钱东西，将他们丢入火葬炉里焚化。另外，T-4团队的成员让希特勒和希姆莱确信：大规模的杀戮在技术上是可行的，因此可以在东线大规模地复制，在那里，杀戮超出了德国人的视野和关心。

在第三个特性当中，安乐死计划的杀戮场所作为了种族灭绝的训练学校。T–4团队的100个监督者和工作人员几乎都被转移到莱因哈德行动的集中营去了，它们包括贝尔泽克、索比堡、特雷布林卡。在那些涉及管理安乐死中心的人员当中，许多人后来都在大屠杀中扮演了重要的角色。最重要的是克里斯蒂安・维尔特，他是由希姆莱亲自选出到东线从事“元首的特殊任务”，在发动第一次大规模用毒气杀害犹太人的行动中发挥了重要的作用。事件发生在一个名叫车尔莫（库姆霍夫）的地方。同样，他还监督在贝尔泽克、索比堡、特雷布林卡的大规模屠杀。维尔特在东线的行动是和其他残暴的安乐死老兵一起进行的。其中有奥地利警察弗朗茨・施塔格尔，他是林茨附近哈特海姆杀戮场所的主要负责人，后来成为索比堡和特雷布林卡的指挥官。另一个安乐死的老兵是厄姆弗雷德・埃贝尔，他起先是贝恩堡杀戮场所的负责人，不久成了特雷布林卡的指挥官。有着博士学位的安乐死毒气专家——阿尔伯特・威德曼、奥古斯特・贝克尔、海尔姆特・卡尔迈耶——在用毒气杀害犹太人和吉卜赛人的行动中扮演了关键角色。甚至缺乏技能的安乐死官员后来也转移到波兰的毒气杀人场所。在格拉夫奈克、哈达马尔照看母牛和猪的威利・门茨出现在特雷布林卡，在那里他虐待性地杀戮了许多囚犯，赢得了“弗兰肯斯坦”（被自己的创造物所毁灭的人）的称号。罗伯特・尤尔斯在20世纪30年代从事着一些没有技能的工作，也从哈达马尔来到贝尔泽克，最后来到索比堡。T–4的厨师古斯塔夫・明茨伯格和库尔特・弗朗茨出现在特雷布林卡，后者后来成为此地最后的一名指挥官。卡尔・弗伦策尔是哈达马尔的司炉工，他被派遣到索比堡。另一个在哈达马尔的司炉工奥古斯特・米埃特被派往特雷布林卡。几个男性护士也跟随他们的上级和同事来到了东线。

最后，安乐死计划得到了一些有关杀戮者的人性和性格，以及他们为何要犯下如此难以名状的罪行的线索。从一开始就弄清楚一些与动机相关的问题是重要的。因为安乐死计划，以及后来对犹太人的消灭，涉及许多不同类型的杀戮者，他们出于不同的理由进行杀戮，当然根据原则发现一个涵盖性的规律是可能的，它将杀戮者的动机归结为一个基本原因。历史描述本身，即记录实际发生的事件，也不能完全解释大规模种族灭绝所涉及的整个因素的范围。为了理解种族灭绝和种族灭绝的心理，有必要询问更大一点的哲学问题，它们涉及人类社会计划的性质、这些计划的意识形态基础、参与成员所展示的信仰程度、这些计划实施的性质和范围。正如我们所见，纳粹的种族国家把自己交付给罗伯特·J.利夫顿所称谓的生物学幻象，即生物治理的政治体制，它涉及为了种族完美而进行种族净化。为了完成这一神圣的任务，纳粹启动了一项五步计划：强制性绝育；在医院杀戮残疾儿童；在国立医院用毒气杀戮成年人；把安乐死计划带入集中营并用毒气杀戮“残疾的”外国人、吉卜赛人、犹太人（即14f13行动）；杀戮“劣等的”种族群体，主要是集中营里的吉卜赛人和犹太人。

激发这些大规模杀戮者的东西，是制订计划的精英们的意识形态信仰体系。他们是希特勒、希姆莱、施特赖歇尔、罗森贝格、戈培尔、鲍曼、海德里希，以及一大批直接参与犯罪的疯狂的纳粹官僚。无疑，许多犯罪者的动机来自因循守旧、追求名利、盲目服从权威，或者残暴的冲动。许多人杀人是因为他们已经逐步变得十分残暴，以致他们剥夺生命仅仅就是射杀动物或者消灭害虫。但是，这些理由不是集体犯罪自身的主要决定因素，因为它们只能解释个人的行为，而不能解释整体的行为。在这个领域数千个杀戮者在不同程度上双手都沾了鲜血，他们包括残忍的医生和他们在安乐死计划中的助手，包括突击部队的成员和东线的集中营守卫。他们都执行了体现纳粹统治精英意识形态思想方式的任务。

结论是：大规模杀戮的犯罪是由意识形态激发的。个人自愿执行杀戮的理由，依赖于一些复杂的意识形态的、心理学的、社会学的因素，包括他们对纳粹意识形态信奉的程度、他们道德特性的强弱，以及他们社会生活的条件。至于安乐死计划，它涉及大量的医生、护士、卫生保健工人，在他们当中存在着非常强烈的对纳粹主义优生学理想的信奉，尽管许多犯罪者出于非意识形态的理由剥夺了数千人的生命。亨利·弗里德兰德尔认为，从事安乐死的医生通常是年轻人，他们刚好开始职业生涯，把自己新的工作作为晋升和个人利益的工具，他们用种族的或者实用主义的措辞将自己深层的经济动机合理化。像赫尔曼·普凡穆勒和弗里德里希·门内克这样的一些人都是没有丝毫道德顾忌的人。

对于这些人来说，参与大规模杀戮是意识形态、追求名利、贪婪的混合结果。同样的情况对于没有什么影响、占据了杀戮者等级底层的犯罪者也是如此。

他们是护士、技师、办事员、保管员。所有这些犯罪者，无论是高层还是底层的，都自愿地履行着他们的职责，没有任何明显的外部压力。他们后来申明自己是被迫参与大规模杀戮的，但这一点是站不住脚的。正如亨利·弗里德兰德尔正确指出的，因为“在战后几乎五十年的诉讼中，没有一个案件提供了证据表明，一个拒绝参与杀戮行动的人会被枪毙、监禁或判刑，除了也许会被送到前线，但这毕竟是大多数德国士兵的命运”。因为这个原因，我们就有权对犯罪者的申明不予理会吗？他们认为自己的所作所为是因为他们听从了命令，假如不这样做的话，他们就会被枪毙或者被监禁。盲目对高层权威的服从是德国人的文化特性，并且作为种族灭绝的一个因素不可能被完全忽视。德国人在一个有着长期集权主义传统的国家里培养长大，而且集权主义现在被纳粹提升为国家的迷信，因此他们真诚地相信蔑视命令不仅在道德上是错误的，而且必将得到毁灭性的结果。在大规模杀戮的情况下，这是不真实的，这一点今天众所周知。但在那时，犯罪者们对此并没有广泛认识。此外，在第三帝国，不服从命令是死罪。

确实，大多数德国的杀戮者是服从命令的，但这不是他们大多数人杀戮无辜民众的理由。他们出于各种理由的组合杀人，包括意识形态、追求名利、个人收益、对统治的渴求、缺乏道德和公民的德性、绝对的残忍。然而，甚至这些因素也无法完全解释杀戮者们每天的所作所为。只有进入大规模杀戮者的噩梦世界才可以得到这一失踪的因素，它将推动历史的想象超越传统礼节或解释策略，因为它们很大程度上已经被限制在学术话语的清洁世界。总体来说，历史学家，特别是德国的历史学家，通常都避免提及落入野兽的内脏之中，他们在社会科学的中性术语或者高尚的历史决定论当中受到训练，他们通常拒绝落入大规模射杀、拷打或者毒气室的地狱世界。但是，就是在这一停尸房里，一些研究者通过相关的文献记录得到了线索，发现这一失踪的因素存在于此。

似乎这一失踪的因素涉及不断上升的残暴化进程，它每一步都被较高的权力机构认可和强化，最终杀戮者都陷入了一种被目的、共谋、技术的同步化结合在一起的残暴文化当中。通过审视每天安乐死计划的实施，以及它将其成员残暴化，训练成适应未来更为艰难工作的方式，人们已经能看到即将出现的奥斯威辛的雏形。正如我们所见，在哈达马尔，当整个团队杀戮的病人达到一万的时候，他们进行了庆祝。正如亨利·弗里德兰德尔提示我们的，在只是制造尸体的死亡工厂，人们很快感觉麻痹，失去了与受害者或者相互之间任何人性的联系。在哈达马尔，“放纵的态度在快速地发展，这是一种干什么都行的态度。一种不断使用的刺激物是酒精，它在监管者那里自由地分发……报告里充斥了醉酒狂欢、大量性私通、斗殴和欺凌、偷窃受害者的财产。”特别是在东线，战争野蛮化的效果提升了这些心态。

东线种族清洗的理论和实践

1939年9月1日，希特勒对波兰不宣而战。他发动了大规模的军力，包括100万的步兵，1500架飞机，将近1000辆坦克。对波兰的入侵是恐怖主义蓄谋已久的行动，结合了成吉思汗欣赏的三个因素：突然袭击、高超战术的策略、深入对手强弱之处的精明洞察。在西方强国能够调动它们的军队，并对德国产生威胁之前，希特勒需要对波兰取得快速的战术胜利。只要他不直接挑战法国和英国，他认为它们不会对他发动进攻。他依然相信它们对波兰的承诺是冷淡的，并且它们不会打扰他对付波兰。同时，他发动了他的大部分军力去进攻数量远胜过自己的、受惊的、毫无准备的波兰人。希特勒在波兰，以及后来在法国采取的军事战术被贴上了闪电战的标签。这些战术涉及采用快速移动的机械化先头部队打通敌人的重重防线；采用步兵的攻击小组；战斗机熟练的空对地协同作战；由紧随着入侵的国防军之后的意识形态部队发动的谎言战和颠覆战。

希特勒对闪电战战术的依赖反映了他恐怖主义的心态，它喜欢通过突然袭击和优势力量粉碎他的对手；同时也反映了某些地缘政治上的考虑，它们要求快速的胜利，因为德国缺乏资源发动长期的总体战。但是，把恐怖和力量用作发动战争唯一的方法只带了一些短期的胜利，最终跟随其后的是一些长期的失败。希特勒似乎没有理解到，假如恐怖威胁只是把恐怖作为它的目的，那么敌人的抵抗意志不会崩溃反而会加强。他也似乎没有认识到，快速“粉碎和掠夺”的战术由于没有长期的计划和对占领区民众人道的对待，可能就包含了失败的种子，特别是假如战争转入长期的持久摩擦战。最初，希特勒的闪电战战术针对德国同样规模的国家，或者较小规模的国家——波兰、丹麦、挪威、比利时、荷兰、法国——发挥得非常好，这就培养出了一个幻觉，战争可以相对不费劲地发动，同时经济按照“奶油加大炮”开动；但是，当战争在1941年扩大的时候，并且让德国同时面对三个世界大国——美国、苏联、不列颠帝国——的时候，希特勒的军事战略显示了其根本的破产。虽然如此，希特勒认为他能够依靠扩大在东线德国的资源基地，依靠意识形态的疯狂状态弥补资源上的匮乏，依然赢得胜利。

希特勒的军事策略及其潜在的假定，对被占领土民众的处置有着直接的影响。无论德国军队何时征服新的领土，其后都伴随着党卫队意识形态部队或者种族部队的人员，他们围捕种族的或者政治的敌人，建立警察恐怖的网络，将敌人成群地赶入集中营，攫取这个国家的经济财产，并根据官方宣布的“统治、管理、开发”的信条进行管辖。施加在被占领区人民身上的非人道程度，根据纳粹对不同民族群体价值的种族观念有所不同。容纳“劣等的”斯拉夫人、吉卜赛人、犹太人的东欧国家遭受了前所未有的残暴对待，同时，斯堪的纳维亚民众和西方国家的民众受到了十分温和的对待。就是在进攻东方当中，希特勒发起为了生存空间的战役；也就是在这里，纳粹的种族幻想达到了强度的极点，因为这是一场为下一个千年保证德国强大的生物学种族的战争。

波兰基本上是一个广大开阔的平原，非常适合坦克作战。就是穿过了这一广阔开放的平原，纳粹在不到三个星期里快速取得了胜利。德国的部队从西边侵入波兰，俄国的部队从东边侵入波兰，夹在中间的波兰犹如一个柔软的、煮熟的鸡蛋。华沙被占领了，波兰政府逃亡伦敦，胜利者们划分了这一战利品。希特勒立刻吞并了波兰走廊，将波兰的西里西亚合并到德国的西里西亚当中，把波兰的其他领土合并到东普鲁士。被称为总督政府的波兰残余被希特勒的老战友之一汉斯·弗兰克统治，他称自己为“波兰国王”，并且极为残暴地剥削这个国家，后来他因此在纽伦堡被绞死。被吞并的波兰领土被划分为两个新的省：西普鲁士和波兹南。前者后来被称为但泽—西普鲁士，包括但泽、马林韦尔德尔、布龙贝格；后者后来被称为瓦尔特兰，包括波兹南、霍亨萨尔扎、卡利施。纳粹也吞并了波兰的卡托维兹、齐青劳两个地区，将前者并入西里西亚，将后者并入东普鲁士。在所有这些地区，纳粹都把整个德国法律、行政管理、警察、教育加以延伸，剥夺非德国人群体的公民权，完全取消他们的经济和文化活动。拒不服从的波兰人抵抗着新的主宰种族，他们被投进了监狱，落入总督政府的手中，或遭到杀害。

在入侵的正规国防军之后进来的是党卫队特别行动队，它们被海德里希以坦嫩贝格的代号召集在一起。它们的任务是清除波兰知识分子阶层的重要部分。党卫队保安处的成员和警察官员组成了五个特别行动队，大约有2600人。他们跟随着五支正规部队，表面上从属于这些部队，实际上执行着清除真正的或者假定的帝国敌人的后卫部队的行动。但是，在这一含糊指令的掩盖下，这些意识形态的部队执行着非常阴险的计划，旨在对波兰的政治和知识分子领导阶层进行斩首。实际上，这意味着实际上消灭了波兰的精英，包括它的杰出医生、杰出律师、教授、神甫和土地所有者。海德里希说，小人物应该不去理会，但是贵族、专业人员、神职人员、犹太人必须被杀掉。

给波兰留下的是掠夺和恐怖的政策，希特勒自己称它为魔鬼的工作。理解希特勒的魔鬼工作是重要的，它涉及面广量大的民族重新定居、组织化的剥夺、大规模的清洗，涉及国防军、党卫队特别行动队，以及众多急切的经济计划者和后勤专家之间的协同。国防军确保占领地区的安全，特别行动队执行警察的功能，后者提供重新组织新的领土所需的专门知识。尽管最初军队假装对在被占领土上正犯下的过分行为感到震惊，但是从来没有任何对纳粹种族狂人工作的激烈反对。事实上，当东方的战争在扩大的时候，纳粹精英千年种族的思想开始在军队的一般成员中弥漫，从顶层的指挥官到底层的普通战士。

在检验即将来临的事件的形态中，说清楚开始于1939年秋季的波兰民族清洗的种族范围——假如只是简单的——是重要的。民族净化首先是建立在一些先入为主的民族成见之上，包括波兰及其民族，正在污染这个国家的邪恶的犹太人，在那里占据主导地位的原始的经济和生活方式，上帝赋予德国人的去"恢复秩序"的权利，以德国人自己的设想去改变这个国家。

德国人对波兰及其民族的看法一直是否定和蔑视的。据说波兰人是个有天赋的，但是无秩序的、邋遢的民族。几个世纪来一直陷于经济落后和政治动荡的沼泽里。德语中的"波兰人的事务管理"就是邋遢、落后、破败的生活方式的代名词。德国的军国主义者通常将他们东方的扩张主义合理化，其幌子就是清洗波兰的猪圈，将日耳曼的文明带进这个世界不幸的地方。德国的学者远没有纠正这些消极的成见，反而精心地通过选择性的经验证据将它们具体化，并加以强化。当时有一个学院的东方研究者团队，其中的大部分人都具有强烈的民族主义和保守主义倾向，他们把探索东方领土的各个方面作为自己个人的使命，作为他们通过德国获取他们实际所得的先决条件。这些学者在一些重要的研究所工作，其中最重要的一个是达尔海姆出版部，它是秘密的普鲁士州立档案馆的一个分支。这个机构的学者包括著名的社会历史学家维尔纳·孔策，他们对东欧的所有方面都有着专门的研究。他们还搜集有关波兰和俄国领土的统计数据和报告，并且翻译了波兰和俄国作家的重要研究，这个机构与党卫队情报处，以及强化日耳曼世界的帝国委员希姆莱紧密联系在一起工作。另外，出版部储存和保留了臭名昭著的德国所有犹太人的中央卡片索引。

另外一个研究部门是位于哥尼斯堡的东欧经济研究所，所长是特奥多尔·奥伯伦德尔，他是东欧扩张主义、德国人重新定居、波兰人强制性疏散，以及将犹太人排除在东欧经济之外的鼓吹者。他的副手彼得—海因茨·泽拉菲姆是一个特别多产的作家，拥护为德国开拓东欧领土。1938年，泽拉菲姆出版了一部非常有影响的学术辩护著作——《东欧空间的犹太人》，在其中，他将犹太人描绘成经济的寄生虫，他们将自己嫁接到波兰经济当中，为了自己的利益对它进行剥削，创造了一个名副其实的犹太帝国。在整本书里，泽拉菲姆采用了一系列恶毒的犹太恐惧症的隐喻和警句，以此来警告读者犹太人在波兰的危险。作为犹太人积聚或者强大的后果，这个国家正处于动乱和分崩离析的状态。泽拉菲姆把波兰的虚弱，甚至整个东欧的问题，都归结为犹太人和布尔什维克分子邪恶的联盟，这个观点和希特勒整个政治生涯中一直所说的言论高度吻合。泽拉菲姆和奥伯伦德尔作为德国官员前往波兰，在克拉科夫建了寓所，然后着手解决他们认为折磨着波兰经济的主要问题，这一问题就是人口过剩的问题，它又直接与犹太人的问题相关。在1940年4月20日，也就是希特勒的生日那天，汉斯·弗兰克领导的德国东部研究所建立，这些东部计划者的工作得到了重要的推进。这个研究所的任务是研究有关东部领土的基本问题，尤其是当这些问题对总督政府发生冲击的时候。

在这些无伤大雅的警句后面潜伏着恶毒的政治议程，它远远超越了人口密度或者经济资源的科学研究，揭示了德国对东欧意图的存在理由：统治、剥削、灭绝。事实上，大多数环境计划者、经济学家、统计学家、人口专家、历史学家、社会学家等，并非特别认真地公开显示他们不道德的假定。根据他们的评价，波兰人和犹太人，后来还有俄国人，都不是人，他们在社会经济方程式里都是负数。无论波兰人还是犹太人的饿死，对他们来说都是一样的。重要的是德国资源基础的扩张，因为它是东欧、大陆，以及成功结束战争的关键所在。这些权力专家的精神世界完全是冷漠和单向的。作为起点，这个世界假定了两个基本的公理：一个是这个世界上只有一个固定的财富数量（零和博弈），一个是太多的人为这个财富竞争。从这些公理出发得出了两个达尔文主义的推论：生存竞争和适者生存。当然，德国的计划者并不需要这样的进程以自然的方式结束，这会使他们这些计划者变得多余。他们视自己为军事人员的科学辅助人员，手上握着计算尺和计算器，为德国人民提供确保被占领安全所必需的后勤和组织的指导。总之，他们是新的一类政治"科学家"，他们对科学的错误理解，他们漠视最低标准的道德思想和行为的种族日程，都使他们变得胆大妄为。

可以证明，他们冷酷地漠视其他民族的权利，包括它们天然的生存权利。例如，奥伯伦德尔钦佩苏联20世纪30年代的饿死政策，尤其是它在乌克兰的实施，因为它是解决农村人口过剩问题最有效的方法，更何况它导致了强制性的城市化和工业增长。这个有计划的大规模杀戮导致了900万人的死亡，对于奥伯伦德尔和苏联的犯罪者来说，这样的结果只是现代化可以宽容的副作用而已。换句话说，为了更伟大的长期利益，没收、饿死、大规模杀戮是必需和合法的方法。根据这个逻辑，甚至黑死病尽管是自然的疾病，也是一件好事情，正如历史学家提醒我们的，因为1450年十分稀少的人口享受了比1300年人口高得多的生活水平。黑死病是自然引发的现象，因此在那时超出了人类的操纵。但是，德国的计划精英十分乐意并渴望采用人工引发的灾难，只要它有利于德国的国力。对于这些德国的计划者来说，"整个民族群体或者大量人口群体的重新安置或者遣散已经变成了第二天性。"同样，"人口的减少"是他们更大生存空间概念不可或缺的一部分，方法要么是把过剩人口吸入，投放到无人的空间；要么把它作为奴役劳动力，运送到德国。

这种非人道的、不道德的思想和希特勒、纳粹领导层的思想完美地啮合起来。因此，事实上，一些历史学家猜想导致最终解决方案的决策实际上是由这一领域的计划者，而非柏林的战略家作出的。尽管真相是这些计划者坚持认为波兰人和犹太人需要减少，并且必须杀戮犹太人强迫集中居住区中的定居者，但是着手这些行动的政治命令不是来自这一领域，而是柏林。最终解决方案主要不是由经济因素或者重新安置计划所支配，它们只是给一直在进行的纳粹计划提供了一些额外的支持。这个计划就是采取一切手段将犹太人驱逐出德国的领土，贯穿这个过程始终的主要推手是阿道夫·希特勒和他选择出来执行这一灭绝任务的机构——党卫队。当党卫队着手围捕波兰人、俄国人和犹太人的时候，它需要大量德国机构的支持，包括军队、外交部、政府各部门、计划机构以及杀戮领域的犯罪者。对共生关系的需求在波兰战役的过程中变得更为明显。1939年9月19日，海德里希根据党卫队特别行动队的任务和目的向军需官爱德华·瓦格纳将军发布命令，指出这些部队直接从他那里接受指挥，但是从属于军队。瓦格纳明显没有反对海德里希的建议，并且把海德里希指挥的细节传递给他的上司哈尔德将军。哈尔德将军在他的日记里对这次会议做了一些边注说道，党卫队保安处的任务必须让军队知晓；但更为含糊的是说道，这里将出现对犹太人、知识分子、神职人员、贵族的"清除"。军队的首领们很快知道了"清除"的真实含义，但是他们没有做任何事情阻止它，因为毁灭的进程是缓慢增进的，并没有当面或者在行政上直接地牵涉到他们，而且恰巧也是针对一个他们已经深怀偏见的人群。

波兰250万犹太人的命运完全掌握在希特勒的手中。他去了波兰许多地方之后发现，他对犹太人最糟糕的成见在经验上得到了证实，据说他告诉罗森贝格："犹太人是一个人能够想象到的最可怕的东西。"毫无疑问，就是和希姆莱、海德里希合作的希特勒，确定了应该采取的各种反犹太人的步骤，包括驱逐出境、集中居住、剥夺财产。为了追逐这些广泛的目标，海德里希在9月21日给他的特别行动队发布了重要指令，其中勾勒了他们在波兰将从事的工作。这个指令的名字叫《被占领土的犹太人问题》，它命令特别行动队首领草拟出波兰重要领导人的名单，并把他们定为清洗的目标。另外，海德里希还命令党卫队领导人将犹太人转移到名义上由波兰人控制的城市。它的目的是将生活在新的德国领土上的犹太人驱逐到成为总督政府的领土上。海德里希指令的一个重要部分涉及犹太长老会的建立，它们将在每个犹太社区建立，成员来自具有领导地位的犹太人或者犹太教士。海德里希说："犹太人在城市里集中居住可能必须制定……一些规定，它们禁止犹太人进入城市的某些地区，或者禁止他们离开犹太人强迫集中居住区。”

眼下德国的战略目标主要是对德国领土上的波兰人和犹太人进行种族清洗。1939年秋季，纳粹没有超出剥夺犹太人公民权、“雅利安化”他们的财产、企图逼迫他们移民的政策。对旧帝国来说是真实的东西，在波兰也是真实的，但是存在一个重要的差异：阿道夫·希特勒将要对他所控制的200多万犹太人采取什么行动？假如不是不可能的话，战争使移民变得越来越困难，因为边境关闭了，把犹太人陷入了希特勒正在扩大的帝国。在侵入波兰之前，不到50万的犹太人生活在纳粹控制之下。侵略意味着四倍于1933年德国控制的犹太人数量现在落入了希特勒的陷阱。尽管有25万犹太人逃到了苏联占领区，但是那些留着没走的人进入了残酷和混乱的重新安置计划当中。这一计划强迫他们从小的社区移居到较大的波兰城市，以及已经为他们保留的这些城市专门的犹太人强迫集中居住区。

一旦德国控制的和苏联控制的边界被最终确定下来，纳粹分子就认识到他们所面对的令人怯步的任务。在新近并入德国的用来清除犹太人并使德国人处于主导地位的领土，统计数据表明德国人的成分处于很小的少数地位。例如，在新瓦尔特兰，85%是波兰人，8%是犹太人，7%是德国人，把波兰人和犹太人驱逐到总督政府，用来自东欧各地的民族上的德国人取代他们，使得这一情景发生了变化。完成这些大规模的重新安置计划的任务落到了海因里希·希姆莱、党卫队，以及许多附属机构身上。为了处置、集中、重新安置，最终灭绝这一数量巨大的人群，这些机构开始激增。到1939年，希姆莱已经成功地将大多数纳粹种族机构置于他的控制之下。它们包括种族和安置办公室，负责种族安置；祖先遗传协会，除了别的之外，负责调查现在定居者的种族证明；党卫队遗孤和人种农场的生命之源协会，负责在培育种族上有价值的孩子；民族上的德国人协调所，作为联络机构处理民族上的德国人的海外事务。

在击败波兰之后，希姆莱劝说希特勒建立一个种族问题的最高顾问办公室，即强化日耳曼世界的帝国委员会。在这个委员会当中有一个重要的办公室，由党卫队全国副领袖乌尔里希·格赖费尔特领导，处理移民和驱逐事务，评估、没收犹太人和波兰人的财产，为即将到来的民族上的德国人创造可用的资源。这个委员会产生了一批处理民族清洗问题相关的机构，比如中央移民所，负责处置驱逐。德国人重新安置托管协会，它处理遣返者的账户，用同等数量没收的（偷来的）波兰人或者犹太人的财产补偿这些人过去的财产或者资产；中央疏散所，负责将波兰人和犹太人的驱逐；东部德国土地公司，被委托“管理”被没收的犹太人或者波兰人的财产；重新安置事务所，协调旧帝国和奥地利的民族上的德国人的重新安置；德国人引导办公室，处理来自西欧日耳曼国家的民众重新安置。

种族办公室就像不断长大的章鱼，它的触角伸进了民族清洗、重新安置、财产没收、驱逐人口、强制定居。这一章鱼背后的目的是给东欧带来巨大的社会和种族变化。假如这一乌托邦的计划得到成功实施，它将会使20世纪30年代苏维埃发动的强制性城市移民相形见绌。除了疯狂的种族动机之外，希姆莱骇人听闻的计划是在战争时期和在军事胜利不能保证其安全的土地上执行的。但是，疯狂的种族主义分子对此并不介意，他们不计后果地一往无前，将大量的农民、他们的牲口和供给从欧洲一处调到欧洲另一处。毫无疑问，战争的变化莫测、不断变化的前线和后勤需求，经常打断帝国元首的计划。例如，被邀请到前波兰和俄国领土定居的农民，在重新安置区不得不花费数月，甚至数年的时间，直到种族官员完成他们审定这些新定居者的种族背景，汇编种族图表和调查，监督新定居者的政治灌输，分配新的农庄等工作。

超过20万生活在东欧和西欧各个地区民族上的德国人被邀请定居在波兰，表面上由德国政府承担费用，实际上是波兰人和犹太人被偷窃的财产支付了费用。波兰人和犹太人被贬低和贫民化，他们被驱赶到总督政府。到德国1941年6月22日入侵苏联为止，有超过100万的波兰人被逐出他们的家园。到1942年末，他们被相同数量的德国定居者所替代。

这个新的统治种族为东欧的领土预想了怎样的未来呢？ 1940年5月，当针对西方列强的战争就要获胜的时候，海因里希·希姆莱向希特勒递交了一份有关东欧被占领土未来的绝密文件。希姆莱文件的标题为《对东欧外国人口处理的一些思考》，它建议了一个彻底的种族清洗，其方法是将非雅利安人口分裂成无数的颗粒，从而阻止他们重新获得独特的民族意识。在瓦解劣等民族性的同时，希姆莱也建议采取特殊的关照挽救有价值的种族成分，并把它们和新近形成的雅利安精英整合起来。希姆莱认为，非雅利安人口应该为服务于雅利安精英这唯一的目的生存，因此它的教育和文化水平应该保持人为的原始性。例如波兰的儿童应该只被教会500以内的加法，只学会写出自己的名字，记得“服从德国人，诚实、勤奋、可靠”这句训诫。对于一个命中注定是仆人的民族来说，阅读被认为是没有必要的。但是，假如波兰的父母要为他们的孩子谋取更好的东西，他们必须要求特别的许可，它将严格根据种族标准得到承认或者保留。

希姆莱认为他的建议是仁慈的，肯定比他称之为“非日耳曼的”肉体灭绝的共产主义方法要仁慈。他所建议的不是大规模的灭绝，而是对极少数统治精英的灭绝。当消灭了波兰上层阶级之后，他建议将种族的精华和糟粕分开，并为德国获取“种族上有价值的血统”。实际上，这意味着（在很大程度上已经是既成事实）数千位波兰知识分子遭到了杀害，种族的选择正将具有日耳曼特征的波兰孩子和他们的父母分离开来，并将这些孩子作为德国人抚养。有着良好血统的父母必须作出选择，要么交出孩子，要么移居德国。希姆莱强调：这样的父母和孩子不应该受到蔑视，因为“我们相信他们确实是我们的血统，由于德国历史的错误，这个血统进入了外国的国籍”。

至于犹太人，希姆莱也想要确认历史并没有犯下另一次对他们有利的错误。希姆莱简短地提及了剥夺民众民族意识的问题，其中他草率地提及犹太人应该被赶出欧洲，到非洲或者某个其他地方。不管是希姆莱还是希特勒，都没有决定一个极端的方法来解决犹太人问题，并且在1940年夏季，他们依然在随便地想着将犹太人用船运出欧洲，首选的目的地是马达加斯加，或者将他们驱逐到卢布林地区的一块保留地。元首认为希姆莱的文件“非常优秀和正确”，它应该和相关的当权者，尤其是汉斯·弗兰克，以及新近吞并的波兰领土的地方长官分享。

种族清洗的悲剧无情地展开，受害者一个接着一个被消灭。希姆莱的特别行动队实施着它们的政策，大批杀害上层阶级，筛选被认为有价值的成分。在这一种族灭绝政策的初始阶段，特别行动队遭遇到了来自国防军的反对，因为军队有责任维持被占领土的秩序。没有多久，武装部队的成员就知道希特勒的刺杀对象实际上是波兰的教师、医生、贵族、神职人员和商人。但是，几乎没有人敢于站出来抗议这些有组织的杀戮。唯一一个人是约翰尼斯·布拉斯科维茨将军，他是东线的司令官，他是一位在德国的军事史上无法用言语来形容的人。他谴责党卫队杀戮者们的行径，要求全面地调查这些暴行。因为杀戮者们受到起源于纳粹统治阶层顶层政策的唆使，因此不可能出现官方的调查。布拉斯科维茨的抗议没有持续多久。希特勒很快重新任命他为西线的司令官，用纳粹党和党卫队取代了军队的控制权。正如海因茨・霍恩认为的，尽管将军们对可怕的暴行不寒而栗，但是他们"对独裁者让他们对杀戮不负有责任还是非常高兴的"。无论怎样，军队远没有成为种族灭绝的障碍，并且很快变为可信赖的伙伴，它允许杀戮者们在占领区自由自在地实施暴行，并且给予他们积极的支持。确实，当对苏联的战役一经爆发，国防军就陷入了种族灭绝当中。到那个时候，它成为了一个高度政治化的军队，其成员也经历了前所未有的实施残暴的过程。

但是，对于希姆莱和他的种族狂徒来说，这里有另一场重要的战争要继续，这是一场用日耳曼的血统注入广袤的东方领土的战争。作为"强化日耳曼世界的帝国委员"，他热衷于把强壮的雅利安农民安置在新的生存空间，他们将成为德国新的边境上的现代条顿骑士。他们将把东方领土变为永恒的青春之泉，永远地补充德国的生命血液。既然不断有新的领土充实德国，希姆莱自己就加倍努力，为日耳曼人清洗巴尔干地区、东部波兰、罗马尼亚、南斯拉夫和俄国。希姆莱没有被东部战场激烈的战斗所制止，他调动了所有种族官员和专家参与到庞大的种族清洗当中。例如，他招募了生命之源协会参与了绑架种族上有价值的儿童这一奇特的计划。正如先前所提及的，生命之源协会是党卫队交配或育种的农场，它的另一功能就是党卫队产房和孤儿院。生命之源协会现在收容了有着日耳曼面貌的波兰和俄国儿童，其中一些是孤儿，但是多数是残酷地从他们父母那里夺取的。在行动代号为"割晒牧草"的掩盖下，数千个孩子被绑架运往德国，多数孩子再也没有回到他们的父母那里。

俄国战役去除了纳粹狂人直到那时可能具有的所有约束。从顶层的希特勒，到中层的计划者和底层的执行者，具有一个共同的想法，那就是不受限制地征服和剥削俄国的广大资源。元首定下了基调。在一系列辉煌的战役之中，他的军队在四周占领了波兰，八周占领了挪威，五天占领了荷兰和比利时，六周占领了法国，十一天占领了南斯拉夫，三周占领了连同克里特岛在内的希腊。为何征服苏联会有任何不同？元首需要证明对俄国即将进行的偷袭的合理性。由于这个需要如此顽固，以至于它变成了自我陶醉，并得出了浮夸而彻底的结论："苏联是一个无头的泥塑巨人，是布尔什维克化的荒野。"他认定苏联将在数周被占领，他劝诫约德尔将军："我们只要对这扇门踢上一脚，整座腐烂的房子将很快倒塌。"他让自己确信这一征服的奖赏是巨大无比的，庞大的财富将流入祖国，俄国粮仓乌克兰那里有取之不尽的资源。实际上，俄国的一切将成为德国的面包篮子，成为骄傲的雅利安殖民者新的边境。这些殖民者在东部再次上演了美国拓荒者在西部完成的事情。当然，这条路上有些障碍，正如在美国的西部有着不够熟悉的地形和土著印第安人，但是这些障碍将被入侵的主宰种族无情地清除。

元首的白日梦不是独一无二的，也不是飘浮在真空当中。相反，正如先前所显示的，这些幻想已经抓住了一代种族主义的专家，他们热切地拥抱着元首的妄想，并试图把它们变成这一领域的行动。事实上，就是在顶层编织的傲慢政策方针和底层实际的实施——有时是另类和自发的——两者致命的相互作用之间，有着一把开启大屠杀的钥匙。领导层经常以仅仅是含糊的方针和期望将大胆的种族幻想概念化，然后把它留给党卫队的种族计划者转化为行动。例如，是什么行动实现了希特勒吞并克里米亚这一庞大的计划？好像它是世界上最自然的事情，在那里安置德国人，并用1000英里的高速公路把它和西部连接起来。对于元首来说，这不代表真正的问题，因为所有新的安置者——更合适的是南提洛尔人——必须做的是"从水路多瑙河顺流而下，然后他们到达了那里"。纳粹分子如何从实际出发计划去解决俄国广袤的大草原呢？

纳粹的计划精英制定出了这一幻想的蓝图，并被称为"东方统治计划"。这个计划是在入侵俄国之前，由一个党卫队种族计划者的小组匆匆忙忙制定出来的。他们假定俄国在四个月的闪电战中被很快征服，随后就是军事和政治的崩溃。鉴于如此浮夸的预期，希姆莱的计划者拼命工作，快速产生了同样自信的有关在德国统治下俄国未来的建议也就不足为奇了。与种族和安置办公室3B小组一道，党卫队的计划者制定了种族清洗和重新安置的模式，它被设计出来囊括2亿民众的命运。他们的出发点是假定为了安置最终3000万民族上的德国人，必须处死同样数量的斯拉夫人。换句话说，这一假定预设的承诺和纳粹官僚所有其他种族蓝图的承诺一样，就是对民众进行强制性疏散，或者通过奴役化，或者通过灭绝，在被占领土替换这些民众。

领土的规模证明了要在巨大规模的基础上从事这项工作，因为新的帝国假定了要包容整个西部俄国，从北部的列宁格勒到南部第聂伯河的拐弯处。在入侵俄国之前，这一计划就开始制定。当国防军在1941年夏季深深插入俄国西部的时候，这个计划的愿景变得更加大胆了。但是，即使最终消灭了3000万斯拉夫人，数量上少得多的德国定居者如何在“低等级的种族”海洋里维护自身呢？康拉德·迈耶教授负责强化日耳曼世界的帝国委员会的计划制定，他有一个令人惊讶的解决方案：他建议新的领土应该划分为几个安置省份，由党卫队权力机构全面控制，因为“东部属于防护性的中队”。根据这一幻想，希姆莱以过去封建领主的方式给定居者分配了各种封地——终身封地、世袭封地。新的安置地建设得像中世纪的堡垒，以位于德国交通要道交叉点的小镇形式得到26个坚固支撑点的防护。

实际上，由于战争的紧急，大多数这些浮夸的计划不得不受到拖延，但是它们反映了相当大部分的纳粹领导层在第二次世界大战之前和期间疯狂的种族心态。德国建立帝国冲动的非人道和不道德的性质不仅是史无前例的，而且得到了数百万自愿参与者的执行，纳粹说服他们这一事业是高贵和正义的。倒下的士兵的死亡通知书最后都有的话：“纪念生于1920年1月10日，并为元首和帝国于1939年9月28日在伦贝格像射击手一样倒下的阿尔方斯·海策。我进行了一场正义的战争。我完成了我的事业，我坚守了我的信仰。从此这里为我摆放了正义之冠……（《提摩太书》）。”希特勒、希姆莱、党卫队种族主义分子、东部军队的士兵、大部分民众都相信他们事业的正义性——这个事业丧失了人道的或者基督教的行为原则——这构成了历史上集体性自我妄想最骇人听闻的行为。它证明了以其现代的化身显示的恶的残暴力量。这一力量潜伏在领导层的魅力，以及高贵的民族主义目标的表象后面，运用大众蛊惑的技术欺骗数百万民众，让他们认为，对其他民族施加死亡和灭绝是对犯罪者们的救赎。

确实，纳粹的领导层宣称对东线发动了一场神圣的十字军东征、一场善恶大决战，它将使两种敌对的世界观——国家社会主义和共产主义——相互竞争。希特勒的东方战争，尤其是针对苏联的战争不再是一场传统意义的战争；它是一场种族生物学的战争，其最终目标是灭绝“犹太人—布尔什维克的知识分子”。在一个向俄国发起进攻三个月前召开的关键军事会议上，希特勒生动地描述了他是如何希望高级指挥官们领导这场战争：

> 针对俄国的战争将会是这样的：它不能以骑士风度来领导。这场斗争是意识形态和种族差异的斗争，它不得不以前所未有的、无情的、毫不宽容的严肃态度加以领导。所有官员必须去除自身过时的意识形态……俄国的共产主义者是直接反对国家社会主义的承担者。因此，必须清除共产主义。

纳粹领导层认为俄国人是低等人类，苏维埃领土是布尔什维克化的荒原。希特勒相信俄国人民只适合做奴隶。他断言："没有什么比企图教育那里的大众更糟糕的错误。"那里的人民应该只认识路标，这符合我们的利益。早在1941年春天，也就是入侵俄国的前三个月，希特勒发布了臭名昭著的政治委员令，它给予部队指挥官全权清除苏维埃的政治委员；在发起进攻前不久，希特勒给予军事豁免，不再起诉针对平民的犯罪行为。正如后来所见，希姆莱和海德里希支持东部的特别行动队领导人杀戮犹太人、亚洲劣等人、共产主义官员和吉卜赛人。纳粹种族战争在东欧的屠宰场将变得更为激进，在反对犹太人的战争中出现一个巨大的跳跃。

毁灭的等候室：在强迫集中居住区犹太人的集中化

到1942年，1100万犹太人陷入纳粹种族计划的沼泽。这些计划随着安乐死的计划、对"不值得活着的人"的灭绝、混乱的重新安置、东部战争的残暴效果等加快了步伐。对波兰的入侵以及之后对波兰领土的重新组织，启动了无区别大屠杀的连锁反应，它从强迫犹太人公开擦洗厕所或大街、被迫剃去胡须、进行"体操训练"的羞辱，到强奸犹太妇女、模拟执行死刑、实际射杀。在对政治敌人或党派"必要的复仇"的掩盖下，党卫队保安部队紧跟着国防军，把犹太人作为人质，拷打他们，并用极其轻微的借口冷血地杀戮他们。纳粹的种族狂人也在德国人当中鼓动反犹太分子对犹太人实施屠杀。

但是，在入侵波兰之前，纳粹控制下的犹太人数量不断增长，对他们的最终结果纳粹只有一些含糊和不确定的目标。正如前面所显示的，1939年9月21日海德里希已经通知了他的特别行动队领导人，将波兰的犹太人集中在几个较大城市的强迫集中居住区，并成立犹太长老会，最终，将所有的犹太人——包括那些生活在帝国的犹太人——放逐到克拉科夫东部地区。那时的最终结果意味着从德国所有的领土（西普鲁士、瓦尔特高、上西里西亚东部）中把犹太人放逐出去，并把他们集中在总督政府的犹太人强迫集中居住区，尤其是卢布林地区，希姆莱指挥党卫队警察司令、精神变态者奥蒂洛·格罗博科尼克在那里建立一个新的德国人重新安置省，同时也辟出部分地区用于一个大的犹太人保留区。开始于1939年10月，大约一个月的时间，上万犹太人被流放到卢布林地区，但是建立犹太人保留区的计划因为无法操作最终被放弃。这个计划由盖世太保的海因里希·穆勒发起，他授权艾希曼将犹太人从上西里西亚放逐出来。但是，艾希曼超出了这一授权，将德国保护国和维也纳的犹太人也包括了进来。这些犹太人在卢布林附近的中转营是尼斯科，但是当第一批犹太流放者到达这里的时候，希姆莱就终止了这一计划，因为它干扰了波罗的海德国人的重新安置，他们那时正在被重新定居在西普鲁士和瓦尔特兰。

正在发生的事情是，重新安置的计划和另一个计划发生了冲突，它迫使希姆莱将种族优先权指派给德国人重新安置计划。尼斯科的经历清晰地证明了犹太人问题和总体上的民族清洗问题联系得多么紧密。在种族问题上极度兴奋的希姆莱和他的计划者，企图同复杂的重新安置计划一道处理犹太人问题，从而制造了大量的混乱和相互抵消的政策，它们使为犹太人找到生存空间的任务变得不再可能，这留给了他们一个在潜意识中一直希望的解决方案，也就是灭绝整个犹太种族。事实上，犹太人保留地的观点和纳粹的种族、领土的幻想是完全冲突的，这就排除了在任何纳粹控制的地区延长犹太人生存的可能性。这就是为何马达加斯加计划从来没有得到纳粹精英层认真考虑的原因所在。在1938年至1940年间，德国外交部的犹太人事务处（二处）时断时续地实施着这个计划。尽管这个计划是由弗朗茨·拉德马赫起草的，他领导着犹太人问题处（三处）——由汉斯·路德领导的德国局的下属处，但是这个计划的实施将依赖于党卫队很快就变得十分明显。事实上，党卫队传递出它自己有关这个计划的、给予党卫队清晰授权的设想，即把马达加斯加保留地作为警察国家进行管理。正如克里斯托弗·布朗宁所显示的那样，这个计划“生于军事环境，也死于军事环境”。在击溃法国之后，它显示出希望，因为法国控制这个岛屿；但是，因为控制海洋的英国没有被占领，俄国战役指向了更有希望的最终解决方案，因此这个计划夭折了。

布朗宁对外交部卷入最终解决方案的熟练分析也总结性地显示，最初一直隐瞒犹太人问题的外交部，后来是如何被希姆莱的党卫队带着越来越陷入种族灭绝的进程，并让自己成为一个顺从而强势的机构。追踪外交部成员和党卫队成员之间的通信，或者他们之间的相互作用，也能发现种族灭绝进程的变动方向。例如，开始于1940年秋季的移民申请被帝国中央保安总局拒绝，借口是“根据无疑是即将来临的犹太人问题的最终解决方案”，移民不再是可行的选择。这个句子逐字出现在各种不同的高级官员的通信当中，但是这不意味着犹太人将在东欧的毒气室里被灭绝，而是意味着某个最终解决方案即将出现。早在1940年6月24日，海德里希写信给里宾特洛甫说：整个犹太人问题现在涉及居住在德国控制领土上的350万犹太人，“这个问题不再通过移民加以解决”。海德里希在这句话下面画了一条线。

在纳粹分子终止移民计划，以及终止在东欧、海外建立犹太人保留地的计划之后，他们集中精力尽可能清除德国和欧洲的犹太人，将他们向东驱逐到总督政府，把它们集中在犹太人强迫集中居住区，然后发现一个永久的、除掉他们的解决方案。把犹太人从保护国和奥地利驱逐出去之后，接着就是把他们从吞并的领土中驱逐出去。这些行动开始于1940年10月，一直持续到1941年春天。除了波兰的犹太人，第一波驱逐涉及规模庞大的德国犹太人，他们当中的许多人在现在是德国领土的瓦尔特高的罗兹犹太人强迫集中居住区中终其一生。因为这些犹太人依然被认为是具有合法权利的德国公民，因此内务部的法律专家很快给《帝国公民权法》增加了附加条款，以掩盖这一犯罪驱逐，并且没收了他们的资产。假如犹太人居住在外国或者被国防军占领的领土上，那么这一条款就自动地剥夺了他们的公民权和财产。

最初，波兰总督汉斯·弗兰克并不反对所有这些在他的总督政府进进出出的人口迁移，但是一旦党卫队要把所有犹太人倾泻到他过于拥挤的领土上，使它成为社会和经济的荒原变得清晰起来的时候，他大为震惊。作为希特勒最老的战友之一，他不想统治一个萧条的荒原，而是一个能够生长的、将为帝国作出重要贡献的经济国家。然而，数百万贫穷的犹太人和波兰人的涌入使得它变得不再可能。这些穷人将永远削弱经济，使这个国家成为社会和卫生的阴沟。弗兰克甚至显示出人道的迹象，他指出：残暴不仅和法治不一致，而且作为试图确保国家经济繁荣的方法也是自相矛盾的。弗兰克和希姆莱之间长久和丑恶的争斗开始展开，它不仅显示了纳粹体制内在的不稳定，也显示了希姆莱警察国家不断增长的权力，它开始渗透和吞噬妨碍它的所有机构。除了与希特勒的紧密关系之外，由于没有自己的权力基础，弗兰克与希姆莱的斗争处于权力的弱势。当弗兰克公开谴责党卫队警察国家残暴性的时候，党卫队全国领袖对他的政治对手涉及腐败和渎职提出了证据，并说服了希特勒站在他一边，剥夺了弗兰克的权力。尽管希特勒站在希姆莱一边，剥夺了弗兰克党的职位和部长级别，但是考虑到其过去的贡献，保留了他没有任何实际权力的波兰总督的头衔，这样他就无力影响希姆莱和党卫队指挥进行的毁灭进程。

犹太人身体毁灭的进程开端于他们被驱逐到东欧的强迫集中居住区。正如残暴的党卫队让犹太人相信的那样，这些地方不是永久的居住地，而仅仅是更加让人难过的围捕中心，它们要么让犹太人在过于拥挤或者不卫生的环境中死亡，要么用其他方法灭绝他们。波兰的犹太人强迫集中居住区通常位于一座城市最贫困和肮脏的部分，或者城市的郊区，这些地方缺乏城市生活的相关设施——铺设好的街道、电力、充足的排水道、供水等。随着犹太人的不断拥入，第一批来自波兰各地，然后来自其他国家的犹太人的拥入，强迫集中居住区成为过于拥挤的死亡陷阱，在那里，民众大批地死于各种同时流行的灾祸：痢疾、伤寒、肺结核、消化道疾病，以及大规模饥馑。尽管第一个强迫集中居住区建立在瓦尔特高的罗兹，但是它们的大多数位于总督政府。华沙的强迫集中居住区建立于1940年10月12日，成为纳粹政权最大的强迫集中居住区，最终容纳了35万人。卢布林的强迫集中居住区于1941年4月建立；拉多姆的于5月建立，琴斯托霍瓦和凯尔采也是同月建立，它们也位于拉多姆地区。1941年8月，也就是入侵俄国两个月之后，加利西亚被征服，合并到纳粹的奴隶帝国。加利西亚的首府利沃夫（伦贝格）成为了第三个最大的强迫集中居住区的地点。1941年11月，为了掩盖在其他地方所发生的事情，纳粹将波希米亚的特莱西恩施塔特变成了为享有特权的犹太人建立的“展示性”强迫集中居住区，以致无论何时红十字会或者外国批评家提出有关犹太人命运令人不舒服的问题时，纳粹就可以总是搬出这一沙俄波将金式弄虚作假的村庄作为典型的犹太人强迫集中居住区。

一个较大的犹太人强迫集中居住区的管理部门通常由24名成员组成。这一管理部门成员来自具有专业或者宗教背景的战前领导人。华沙犹太人强迫集中居住区的领导人是化学工程师亚当·泽尼亚科夫；罗兹犹太人强迫集中居住区的主席是商人和上西里西亚一个犹太人委员会领导人莫迪凯·哈伊姆·鲁姆科夫斯基；上西里西亚犹太人委员会的领导人是摩西·梅林，他战前是一个商人和积极的犹太复国主义者；比利时犹太人委员会领导人是犹太教士所罗门·乌尔曼。比亚韦斯托克犹太人委员会领导人是工程师埃弗拉伊姆·巴拉施。因为这些委员会是纳粹顺从的工具，因此它们在不可能的情况下被利用了。它们的主要目的是为纳粹提供奴隶劳动，对犹太人的数量作出精确统计，清空房舍把它们交给德国人，支付周期性的捐献，没收犹太人值钱的东西。首先，当需要到来之际，这些委员会被要求选择驱逐到死亡营的人员。尽管许多委员会在拖延不可避免的任务中采取了专业的行动，但是在大多数情况下，它们只能根据纳粹不经审查的要求执行被指派的任务。没有任何理由怀疑劳尔·希尔贝格的观点：犹太人委员会在毁灭进程中构成了不可或缺的作用，它们哄骗自己的民众产生了错误的安全感，没有任何有力的抗议就把他们交给了犯罪者。在这个意义上，正如希尔贝格所言："犹太人领导层挽救和毁灭了它的民众，挽救了一些犹太人，同时毁灭了其他的犹太人，一时挽救了他们，一时又毁灭他们。一些领导人拒绝拥有这样的权力，一些人对这一权力十分痴迷。"

一个被权力弄得痴迷的犹太人委员会的领导人是罗兹的一位长老鲁姆科夫斯基，他成为了德国人服从的合作者，以及其民众的独裁者。鲁姆科夫斯基称谓罗兹犹太人强迫集中居住区的居民为"我的犹太人"，并且印刷了带有自己照片的银行纸币。正如普里莫·列维提醒我们的，他奇异的统治证明：纳粹正在和它的受害者进行着一场多么贬低人格的游戏，它用受害者自身的腐败触动了受害者。鲁姆科夫斯基是一个头发雪白、有着蓝眼睛、长相不错的人，他设法让自己散发出相当多的希望和自信。他甚至模仿墨索里尼和希特勒的说话风格，因此向邪恶表示了不正当的敬意。鲁姆科夫斯基和他的纳粹上司之间堕落的关系很快得到了发展，并且双方从中受益。鲁姆科夫斯基从他和纳粹的商业交易中获得了一些小利，这一事实证实了犹太恐惧症的成见：假如有机会的话，所有的犹太人都是渴求利润的、攻击自己同类人的骗子。当然，没有任何东西可以为鲁姆科夫斯基的行为申辩，但是正如普里莫·列维指出的，这里存在着情有可原的境遇，因为“像国家社会主义那样地狱般的秩序使用了可怕的腐败力量，要使人免于其害是困难的。它贬低了它的受害者的人格，并使他们与它相类似，因为它需要大大小小的共谋分子”。

这是极端邪恶的标志：纳粹成功地贬低了强迫集中居住区犹太人的人格，以致他们实际上开始类似于纳粹相信他们一直是如此的劣等人类。这样，对他们的成见在经验上得到了证实。强迫集中居住区的犹太人是肮脏的，疾病缠身，无论多么丢人，为了生存，他们都被不惜做任何事情的渴望所驱使。因此，对于刑事检察官布拉克来说，他可以轻易地说生活在罗兹的25万犹太人或多或少都具有犯罪的倾向。在视察了华沙犹太人强迫集中居住区之后，阿尔弗雷德·罗森贝格汇报说：“整个犹太种族正在腐烂、分解，烂到了核心，它将消除所有感情用事的人道主义。”宣传部长戈培尔视察了维尔纳的犹太人强迫集中居住区，也带走了同样可怕的印象，他说，犹太人相互堆叠，丑陋的身材不要说碰了，看都不想看……“犹太人是文明人类的虱子，必须以某种方式灭绝他们，否则他们会继续发挥折磨人的、令人讨厌的作用”。纳粹的医生也宣传疾病缠身的犹太人形象，他们成为了犹太人强迫集中居住最直言不讳的代言人。他们拥护宣称犹太人强迫集中居住区是隔离区，并且要求将他们用高墙隔离。正如以赛亚·特伦克所言，德国人“蓄意创造出不卫生的、能够散布疾病的环境”。

作为处理疾病和传染病的正确办法，这些环境接下来成为了纳粹消灭强迫集中居住区的犹太人的理由。1941年10月13—16日，在波兰的疗养地克雷尼察，100名卫生官员召开了一次会议。其间，主持会议的约斯特·瓦尔鲍姆博士说：对于强迫集中居住区的犹太人来说，德国的管理机构只有两个选择，要么用饥饿判处他们死刑，要么射杀他们。在战争期间，可能不能对犹太人强迫集中居住区提供充足的供给，鉴于这个事实，他认为没有更好的东西来替代这两个严酷的选择。哈根医生推荐了一个更为仁慈的政策，给予犹太人充足的食物和工作机会，但得到了参会医生的冷漠回应，他们一直对瓦尔鲍姆的建议鼓掌和欢呼。正如克里斯托弗·布朗宁所总结的：“医生们已经决定不再把犹太人作为受害者进行治疗，而是作为携带者以规避。他们距离希特勒的信念在心理上只有一步之遥。这个信念就是：犹太人是细菌和寄生虫。一份来自德国陆军战地报告的记录，一份来自一位造访强迫集中居住区的波兰人的记录，都显示了在1941年德国人使强迫集中居住区犹太人所处的恶化状态。陆军的战地报告把犹太人强迫集中居住区的情况比作是"灭顶之灾的"，并且补充道：

> 精疲力竭倒下的死尸躺在街道上。死亡率……从2月以来增长了两倍。唯一分发给犹太人的东西是一周1.5磅面包。犹太人委员会预付了几百万马克的土豆还没有运到。犹太人委员会建立了大量的福利机构，但都没有控制住可怕的悲惨。犹太人强迫集中居住区正变成社会的丑闻，一个疾病和最糟糕的劣等人类的孵化器。

一位造访华沙犹太人强迫集中居住区的波兰人斯坦尼斯拉夫·罗泽斯基日记更为形象：

> 大多数人都是噩梦般的形体、亡人的幽灵、悲惨的赤贫者、亡人悲怆的残余物。给人印象最为深刻的是在他们脸上看见的典型变化：悲惨的生活，营养不良，缺乏维生素、新鲜空气、锻炼，无数的忧虑、担心，可预期到的不幸、痛苦和疾病，作为所有这一切的结果，他们的脸上已经出现骷髅的模样。环绕着他们眼睛的脸骨和蜡黄的脸色、无力下垂的皮肤、令人吃惊的消瘦和病态恰好匹配。另外，悲惨、惊恐、不安、顺从的表情和被狩猎到的动物表情十分相像……
>
> 大街上。孩子在徒劳地哭泣，他们正死于饥饿。他们咆哮，祈求，呼号，呻吟，在寒冷中颤抖，没有内衣，没有外套，没有鞋子，衣衫褴褛，披着麻袋，法兰绒的布条包裹着消瘦的骷髅之体。因饥饿肿胀的孩子身体走形，意识麻痹，五岁就完全显示出成人的模样，阴郁，厌倦生活。
>
> 不仅是儿童，年轻人和老人，男人和女人，知识分子和商人都失去了地位，遭到了人格侮辱……
>
> 因为各种原因，卫生的标准十分低劣。首先街道的人口密度十分可

> 怕，欧洲任何地方远不能比……说完这一切之后，一个人很容易就结果得出自己的结论：胃伤寒和伤寒、痢疾、肺结核、肺炎、流感、代谢紊乱、常见消化道疾病……每个家庭都有罹患者。每个月平均都有千人死亡。每天凌晨，每条街道都躺着乞丐、儿童、老人、年轻人、妇女的尸体，要么饿死，要么冻死。
>
> 人们为一点点食品或者面包，为一点点生存空间，为维持生计而进行艰难的争斗，没有任何能力将更多的能力奉献给智力的事务。处处都是德国的限制和禁令。任何东西都不能印刷、教育、学习……我们得不到没有任何物质的东西，也得不到任何人类精神的东西。我们必须要走私食品和日用品，也要走私文化品。因为这一原因，我们所有要获得的东西都是值得认同的。

大多数直接卷入犹太人事务的纳粹官员都承认，犹太人强迫集中居住区只是一个过渡性的解决方案。例如罗兹地区的主管弗里德里希·于贝勒就十分清晰地阐述了这一观点，他写信给纳粹党大区领袖阿图尔·格赖泽尔说："犹太人强迫集中居住区的建立当然仅仅是一个过渡性的举措。我将决定何时以及采取何种办法清除犹太人。最终，我们将把这个黑死病一烧而尽。"最初，这个目标是孤立、隔离、控制犹太人，以致他们要么被送往海外，要么被疏散到远东。因为军事状况，马达加斯加计划夭折了。所有建议将犹太人向东方疏散的计划同样也是如此。作为过渡性的举措，犹太人强迫集中居住区只有三年的窗口期(1939—1942)，就在这三年当中，深陷其中的犹太人面对着越来越少的选择，这些选择完全控制在纳粹行刑者的手中。

一旦犹太人强迫集中居住区建立起来，柏林的管理当局根本上就将日常的运作交给了地方管理当局，即纳粹党大区领袖、汉斯·弗兰克和他在克拉科夫的民政管理官员，以及相关的党卫队警察主管。例如，将犹太人强迫集中居住区与周边社区封闭的决定是由地方管理当局作出的，但是一旦过于拥挤的犹太人社区与外部的世界隔离，居住者很快就耗尽了他们的资源，面对着大规模的饥荒。在1940年4月30日被封闭的罗兹，这个问题几乎很快就显现出来。当越来越多贫民化的犹太人从德国、奥地利以及保护国挤入这个狭小的犹太人强迫集中居住区，达到20.48万之众的时候，迫在眉睫的灾难威胁着居住区的生存。犹太人委员会的领导人鲁姆科夫斯基告诉德国官员：罗兹社区已经耗竭了它的资产，没有能力从外部购买任何更多的食品或供给。这使罗兹的纳粹领导人面对着几个选择：一是他们可以通过饥荒让犹太人强迫集中居住区窒息而亡；二是强迫有体力的犹太人从事奴隶劳动；三是将犹太人强迫集中居住区变成一个有生存能力的经济体；四是也许甚至重新打开大门，让犹太人重建和他们邻里的关系。

有关这些问题的争论在罗兹引发。汉斯·比博是犹太人强迫集中居住区管理部门的领导人。他主张将强迫集中居住区变为有生存能力的经济体，允许犹太人去工作，在各种贸易和商业企业从事生产活动。另一方面，比博的副手亚历山大·帕尔芬格相信犹太人依然拥有大量的财富，不应该去工作，而是让他们整个死去。比博和帕尔芬格都效忠于纳粹，但曾经是不来梅咖啡进口商的比博有着足够的经济知识，他否决了同事对毁灭的意识形态激情。他设法获得了年息4.5%的300万帝国马克的贷款，维持了这个犹太人强迫集中居住区，这笔贷款的来源是没收的犹太人的财产。因此，先前被德国政府从犹太人那里掠夺的钱财被利用起来，一段时间里维持了犹太人强迫集中居住区，直到纳粹发现了犹太人问题的另一个解决方案。

在这个意义上，罗兹的决定是否设立了一个先例，标志着从饿死犹太人强迫集中居住区到维持这一区域的转变？政策上的变化可能明确地被确认下来，但是这一决定在运用上并不一贯，它经常被纳粹的狂人所破坏，并且在1942年大量的犹太人被驱逐到死亡营的时候，最后被终止。比博的副手帕尔芬格后来被派往华沙的犹太人强迫集中居住区，他在那里被委任为管理当局一个部门——转移事务所——的负责人。这个部门负责犹太人强迫集中居住区和外部世界之间的中介工作，给前者提供食品和原材料，洽谈与各种供应商的合同。帕尔芬格利用这个岗位窒息了犹太人强迫集中居住区的经济，强制地榨取了他能控制的尽可能多的财富，并且让身体虚弱的儿童、病人和老人数以千计地死去。由于帕尔芬格得到了有同样想法的官员，尤其是管理食品和农业华沙分部的卡尔·诺伊曼的支持，他甚至在1940年12月扣押了整整一个月的食物分配，以便强迫犹太人用尽他们最后的食品，交出他们值钱的东西来购买食物。这一蓄意饿死政策的结果是，华沙的犹太人强迫集中居住区在1941年春天面临迫在眉睫的崩溃，这促使汉斯·弗兰克派遣他的总督政府经济主管瓦尔特·埃梅里希前往华沙，给他做出一个报告：应该采取什么行动将犹太人强迫集中居住区变为有生存能力的经济实体。

埃梅里希的报告极端直率，它勾勒了一旦完全榨干了这一区域的财富之后几个可以采取的选择：一是把犹太人强迫集中居住区作为清洗犹太人的工具；一个是把它用作劳动力的来源，在这一情况下，必须让它在经济上有生产能力。这是罗兹困境的重复，只是这次克里斯托弗·布朗宁所称的损耗派和生产派之间的分界线更加鲜明，并由此展开了激烈的争论。在4月3日华沙召开的一次会议上，这一点变得清晰起来。在会议上，克拉科夫的生产派人士（瓦尔特·埃梅里希、鲁道夫·盖特、马克斯·比博）和华沙的消耗派人士（亚历山大·帕尔芬格、路德维希·费舍尔、瓦尔德马尔·舍恩）进行了争论。埃梅里希拒绝路德维希·费舍尔乐观主义的观点，后者认为犹太人强迫集中居住区的人口没有处于饥馑或者饿死的危险当中。埃梅里希指出这一区域很明显地处于十字路口，要么面临饿死，要么接受有力的支持，以便成为有生存能力的实体。他认为所有经济举措的起点“必须是维持犹太人的生存能力”，帕尔芬格揭露了埃梅里希4月3日的报告，立刻拒绝了这一观点。但是汉斯·弗兰克站在埃梅里希一边，支持将华沙的犹太人强迫集中居住区变为有生产能力的实体。帕尔芬格被马克斯·比朔夫取代，后者是维也纳的银行经理，被委派进行一个有限试验的任务，以便证明自由的企业经济可以在华沙的犹太人强迫集中居住区建立起来。当然这是荒唐可笑的，因为自由的企业在奴隶的帝国是不可能的。

事实上，埃梅里希和那些拥护有生存能力的犹太人强迫集中居住区经济的人士取得了成本极大的胜利。大多数在帝国内部和东方领土涉及犹太事务的纳粹官员，已经超出了维持犹太人生计的观点，他们坚信犹太人必须被消灭。这揭示了生产派的工作为何处处遭到纳粹掠夺者的破坏。例如比朔夫在努力供应犹太人强迫集中居住区必需品的时候遭到了积极的破坏。许多纳粹官员相信饲养那些迟早要被灭绝的人简直是浪费。正如后来所证明的，提供给华沙在犹太人强迫集中居住区食品总量从来就没有增加过，只是进行了再分配，以致“生产性”的群体没有比“非生产性”的群体得到更多的食品。正如埃里和海姆所指出的，死亡的数字在生产性的犹太人强迫集中居住区比以往不断增加，越来越高：1941年1月死亡818人，2月1023人，3月1608人，4月2061人，5月3821人，6月4290人，7月5550人，8月5560人。

从犹太人强迫集中居住区的维持到清洗的政策变化，与1942年春季“犹太人问题最终解决方案”的实施同时发生。这一决策不是由犹太人强迫集中居住区管理当局，也不是这一领域的计划者作出的，而是由希特勒作出的。直到1941年6月22日入侵俄国，纳粹有关犹太人的政策自战争开始经历了三个阶段：第一个阶段于1939年9月1日入侵波兰开始，结束于1940年6月。犹太人问题与纳粹的重新安置计划紧密相联，它涉及领土边界的变化、人口的迁移、犹太人强迫集中居住区的建立这些广泛的问题。汉斯·弗兰克和他的克拉科夫计划者在这些最初的计划阶段发挥着重要的作用，因为总督政府有200多万犹太人。在这一点上，无论是弗兰克、他的克拉科夫的计划者，还是柏林都没有准确地指导如何处置这些犹太人。在弗兰克的日记里，他后来承认这些犹太人代表着“极端恶毒的暴食者”，但是他承认“我们不能射杀或者毒死350万犹太人”。他还说，在某种意义上，必须采取一些举措，它们会导致某种方式的对犹太人的灭绝。弗兰克猜测到柏林的计划者将完成这一点。事实上，这些讨论很大程度上发生在第二阶段的柏林。这个阶段起始于1940年6月法国的战败，一直延续到1941年3月。当希姆莱和他的乌托邦分子开始牢牢地控制意识形态制定的过程及其实施的时候，弗兰克和克拉科夫的计划者退居到幕后。希姆莱递交了关于处理东部外国人的备忘录，马达加斯加计划被搁置起来，为了支持犹太人强迫集中居住和损耗的临时政策，犹太人重新安置到一个保留地的计划也被放弃了。第三阶段开始于希特勒决定发动一些必要的步骤以便向苏联发起进攻。纳粹的种族狂人陶醉于更伟大的征服和重新安置的幻象，他们加入了元首对更伟大的德国种族帝国，以及灭绝犹太人和数百万斯拉夫人的构想。灭绝的技术手段在1941年6月22日德国入侵苏联和1942年6月灭绝营建立并完全运营期间形成。

德国犹太人的末日

在1941年10月第一次大驱逐的前夜，依然有16.4万犹太人在旧帝国处于边缘的生存状态。到那个时候，德国的犹太人是以前犹太人苍白的残存物，他们多数由被剥夺公民身份的、贫困化的、上了年纪的人组成，他们被集中在过于拥挤的德国主要城市的商业区里。能够工作的人都被强迫在毫无体面的环境下从事卑微的工作，同时，不能工作的人紧闭房门，生活在孤立和恐惧当中，门上必须清晰地打上“大卫之星”的标记。

但是，纳粹狂人不会到此为止的；他们一直在制定新的法规来进一步围猎犹太人。1939年9月，和犹太人赎罪日巧合，犹太人被要求放弃他们的收音机。不久之后，他们被禁止使用电话。随后的一个指令要求上交所有羊毛衣服和皮制衣服，留给他们的大多数是最破的衣服——这是折磨他们的人最想做的事情。正如我们已经所见，纳粹迫害重要的一部分涉及一个发展的进程，它就是毁灭他们受害者的尊严，使他们降低到看上去不如人的地步，也使他们更加容易接受糟糕的待遇，因为殴打或者折磨“非人”更加容易。犹太人每天被迫去从事最肮脏的劳动、最令人厌恶的任务，比如打扫厕所。柏林中心火车站的主管乐于指派犹太人打扫公共厕所，对他们发出尖叫：“你们犹太人一直在污垢中打滚，滚到屎堆里去吧。”同样是这个主管，曾经尾随在一位犹太工人后面监视他四处清理，并强迫他把别人的呕吐物用手捧走。

尽管有这种施虐的个人行径，德国人使犹太人丧失尊严的进程是有序和非个人的。事实上，这一行为的每一步都是按照官方的指令进行的。它是一个得到公开管理的、不断递增的贬抑和毁灭的进程。这使得一个一直需要政府规则和法令认可的民族，或者一个做出非同寻常事情的时候需要各种等级和头衔的官员认同的民族，更容易接受它。因此，甚至这一毁灭的进程必须以平稳和有序的方式进行。当这没有发生的时候，甚至彻头彻尾的纳粹分子都会感到不安。例如，党卫队期刊《黑衫队》的编辑写了一封生气的信给希姆莱的一位参谋，抱怨犹太人正在他编辑部附近遭到鞭打，一个驱逐犹太人的中心就位于那里。他指出他的雇员和埃赫出版社的雇员，包括男人、女人、外国人，都看到这一有损体面和让人羞耻的场景。这封信的作者赶紧加了一句，他的抱怨和人道主义的、感情用事的情感没有任何关系，但是事情必须按照恰当的德国方式来进行，即采取有条不紊的、冷血的方式进行，同时这一方式保持和强化了纪律。这确实就是毁灭进程展开的方式。司法部剥夺了犹太人的公民权，职业交易所取消了他们的工作许可，市政福利办公室没收食品配给簿，住宅办公室不再为他们登记房产簿，注明“房主不明，迁往东部”。

官员们可能一直指望公众也去做他们分内的事情。例如许多德国人无拘无束、热切地参与了掠夺犹太人的房产和值钱的东西。这一行为在毫不羞耻和威胁的情况下进行。在德国的一些地方，尤其是施特赖歇尔统治的法兰克尼亚，许多犹太人直接受到腐败的纳粹党官员的打击，他们被迫“捐赠”他们的资产或者其他东西。许多德国人似乎对犹太人那里将会发生些什么的消息十分灵通，当犹太住户被驱逐的时候，他们就写信给盖世太保要求获得空出的房间。

1941年秋季，犹太人被迫在他们的衣服上戴上“大卫之星”。这一目的就是公开给他们打上叛徒和人民之敌的烙印。这一法规后面的推动力量是宣传部长约瑟夫·戈培尔，他认为这是仁慈的卫生和预防疾病的举措，它阻止了犹太人感染德国人民。但是，公共的反应一点都不是这位宣传部长希望看到的。从犹太幸存者和诸如外国人客观的观察者的记录来看，犹太人受到的来自普通德国人的同情超过他们受到的侮辱。莱奥·贝克回忆受到了比通常更为礼貌的对待。事实上，在公共场合无意能听到一些值得注意的言论，比如“你的标记是我们的羞耻”；或者“戴上大卫之星要比参加国防军更有勇气”。施佩尔回忆道，在总理府一次沉闷的午宴期间，戈培尔开始向希特勒抱怨柏林人，他承认，“我的元首，犹太人之星的引入产生与我们期望相反的效果。我们的想法是将犹太人从德国社会中排除出去，但是大街上的人并没有躲避他们。相反，人们到处显示出对他们的同情。这个民族还不成熟，它充满了各种愚蠢的感情用事。”

为了确保德国人在犹太人问题上显示更多的“陈述性”，这位宣传主管鼓动制定了一个新的条令，它由帝国中央保安总局颁布，规定表现同情或者和犹太人保持任何友好的关系都是一个要得到惩罚的罪行。为了进一步确保那些感情用事的德国人得到这一信息，戈培尔印制了专门的反犹太人传单，和食品配给卡一并分发给德国家庭。传单在封面上印有一颗黄星，并写有“德国人，这是你的宿敌”，警告犹太人已经激发起一场反对德国的战争，因此必须毁灭他们。戈培尔继此还在期刊《帝国》上发表了一篇著名的启示文章，标题为《犹太人都是罪犯》，它告诉公众犹太人因为犯有叛国罪，现在正得到公正的灭绝。

德国的犹太人现在处于驱逐和灭绝的边缘。对于他们当中的许多人来说，氛围是超现实的。维克托·克伦佩勒见证了这一时代奇怪的趋势。他娶了一个雅利安女人，生活在城市贫困的地区。克伦佩勒遭遇到同情奇怪地变化为不断增长的羞辱和贬抑。和普通人微小的善意一道，出现了出乎意料的、损害尊严的查房行为。在此期间，克伦佩勒和他的夫人受到了恶骂、殴打和唾脸。一个官员嘲笑道："为什么你们还老不死？为什么你们不打开煤气阀？"另一个官员殴打他的夫人，尖叫道："你这个犹太婊子！为什么你和一个犹太人结婚？《塔木德经》说每个非犹太女人对于犹太人来说都是婊子。"尽管有这一切，克伦佩勒依然坚持认为："我是德国人，我没有选择它，但我也不能把它扯掉。"为了回应他朋友的恳求——他必须在犹太人唯一的地点耶路撒冷成为犹太人，并在那里做犹太人的教师，克伦佩勒说："我是德国人，我不可能成为其他东西。国家社会主义者不是德国人民；今天的德国人不代表整个德国。"

1942年6月，克伦佩勒列举了31条反犹太人法令的清单，他认为对于他和其他纳粹德国的受害者来说，这一清单使生活成为活生生的地狱。它们包括禁止在晚上八点以后外出；禁止拥有自己的房子；禁止拥有收音机或打电话；禁止购买或者订阅报纸；禁止进入剧院、电影院、音乐厅或者博物馆；禁止驾驶交通工具或者乘坐公共汽车；禁止购买雪茄或者香烟；禁止购买鲜花；禁止进入理发店；禁止拥有打印机；禁止养狗、养猫或者养鸟；禁止进入公园；禁止从公共图书馆借阅图书。

无需惊讶，鉴于这些压迫性的环境，许多犹太人放弃了，自杀了。一种大家喜欢的方法是服用过量的佛罗拿安眠药。一位幸存者注意到那么多人因为恐惧自己的生活而自杀是多么奇怪。许多人依然相信这不会发生在他们身上。他们不可能把握伟大的德国文化矛盾背后的原因，这个矛盾涉及为何产生了巴赫、贝多芬、歌德的民族现在崇拜希特勒、希姆莱和戈培尔。据估计大约有一万犹太人自杀，因为他们发现没有未来，并且预料到会被纳粹消灭。

德国的犹太人集中在城市公寓强迫集中居住之后，面临着很快被驱逐到东部。第一波驱逐浪潮发生在1941年11月。德国犹太人的末日清晰地出现在眼前。回顾这些驱逐的历史学家依然惊讶于为何它们执行得如此顺利。历史没有记录下来任何大的阻难或者中断。无论犹太人还是德国公众都没有对毕竟是可怕罪行的开端引起什么大惊小怪。像其他地方一样，历史学家在这里不得不停顿下来提醒自己：受害者像北极旅鼠一样的行为不能归咎于这样一个事实，即大多数犹太人不知道等待他们的命运。纳粹聪明的掩饰是毁灭进程不可或缺的一部分，对不知不觉地支持这一进程的犹太领导人和组织的依赖也是如此。这解释了这样一个事实：国家协会顺从地执行了纳粹的指令，它天真地认为犹太人会发现由他们自己的人来处置会舒服得多，因为他们会比纳粹要显示出更多的情感和友善。一位幸存者后来惊讶于在驱逐过程中体现的坚忍接受和平稳运作的特性。

> 令我惊讶的是犹太自治最高行政机构的自我克制和坚忍平静，他们让自己被国家社会主义管理当局逼迫进入驱逐工作当中。我非常清楚地记得那个夜晚，犹太社区和犹太机构的100名雇员被召集到一个会议室，从德国人给他们的材料中，根据职业和年龄，集合出一张有序的清单。

犹太人自己组织驱逐的进程就会更加人道的假定，是一个悲剧性的错误想法，因为它只是哄骗犹太人产生一种错误的安全感。纳粹理解的只是力量，没有其他。一个剧烈的和集体的抵抗行动可能会产生争执。莱奥·贝克的一位朋友与圣雄甘地有一次会谈，其间提出了一个问题：为了抵抗纳粹的暴政，德国的犹太人应该做什么呢？甘地建议集体自杀，这会震惊文明世界的良心，并且用富有戏剧性的力量战胜纳粹的邪恶。但是这样的想法完全与贝克救人胜于毁人的信念相冲突。贝克也反对积极的抵抗，认为它是无效和弄巧成拙的。1942年5月抵抗出现了。一个由赫伯特·鲍姆和玛丽安妮·科恩领导的犹太人抵抗团体，试图烧毁柏林的被称为“苏维埃天堂”的纳粹仇恨展览会。这个团体给展览会点了火，但只形成了小的伤害。不久，盖世太保抓获了包括鲍姆在内的领导人，鲍姆受到了可怕的折磨，同时盖世太保还围捕了数百名无辜的犹太人，包括莱奥·贝克和国家协会的其他领导人。贝克后来传话给没有被逮捕的不同政见者，他们应该停止自欺欺人的抵抗行为，因为它们会使犹太社会处于危险境地。当然，贝克的请求完全是无效的，因为纳粹无论如何都想要粉碎犹太社区，因此无论是贝克的消极办法还是鲍姆的积极抵抗都没有任何差异。1943年1月27日，盖世太保将贝克带走，送入特莱西恩施塔特。从那一天起，德国犹太人正式的末日降临。

一些犹太人幸存下来，其中的一些人在集中营里找到了生存的意志，侥幸逃过了死亡，一些人躲进德国深处和其他地方藏了起来。尽管一些家庭依靠地下生存状态作为一个单元也设法生存了下来，但大多数活下来的人是单身的。英格·多伊施克龙和她的母亲完全通过运气和勇敢的德国人帮助存活下来，这些德国人冒死提供了庇护所和支持。其他生存者有曾经是教师的路德维希·科尔姆，他和他的妻子斯特菲、小孩子苏西经受了数年艰难的经历，设法幸存下来，这多亏许多富有勇气的德国人，他们勇敢地面对无所不在的盖世太保的恐怖。1.5万犹太人配偶当中有许多是异族通婚的，比如维克托·克伦佩勒，他们也幸存下来。1943年2月27日，几百名异族通婚的犹太人被带离他们的家园和工厂，送往即将实施驱逐的集中地点。这一“工厂行动”激发了唯一一次坚定的公共抗议，大约300名被逮捕的受害者的配偶在柏林的玫瑰大街发动了公开示威，最终成功地迫使受惊的盖世太保释放了他们的配偶。

但是，在大多数情况下，犹太人不得不照料自己，并依赖于个别自愿反抗纳粹暴政的德国人的友善和勇气。在通常情况下，可以说能够产生影响的德国主要机构——教会、大型企业、武装部队的领导人——完全没有聚集起阻止纳粹犯下的残暴之罪所需要的勇气和信念。由于缺乏这样的反对，抵抗留给了小规模的和私下的网络，它们冒着风险，要么把个别犹太人隐藏起来，要么帮助他们逃避纳粹特定的逮捕。尽管帮助犹太人的人数相对很少，但是它并非完全没有意义。马克斯和伊内斯·克拉考尔夫妇在他们获救后组合了一张救助者的名单，它包括柏林、波美拉尼亚、符腾堡的教会教区，这证明在德国两大教会的体制领导层可能已经失败的时候，一些个别的神职人员并没有如此。相当多的神职人员公开地对抗纳粹，并显示出与他们的犹太人邻里的团结。其中一位是柏林的新教教会牧师海因里希·格鲁贝尔，他公开认同莱奥·贝克。两个人成了好朋友，并同时遭到盖世太保的逮捕。当盖世太保官员只给格鲁贝尔提供一张椅子的时候，他拒绝了。他说：“假如莱奥·贝克不能坐下，我也不会坐下。”格鲁贝尔是唯一一位公开为犹太人辩护的神职人员。用莱奥纳德·贝克尔的话来说：“他组织了对纳粹的反抗，将犹太人藏在教堂里，公开为他们祈祷，和他们一起进入集中营，在充满威胁的纳粹官员面前和犹太人站在一起。”

当然，这些努力是十分无效的，也是为时已晚的。直到1941年至1942年，纳粹的恐怖体制已经十分广布，难以打破。人们也把注意力集中在战争，几乎对他们当中一个微小的少数人群体正在发生些什么，或者对东部的犹太人正在发生些什么的传闻，都没有太大的注意。盖世太保深深地嵌入德国社会的每一个角落和缝隙，它一直依靠着数千个告密者，他们自愿为最些微的利益告发德国人和犹太人。因此，那些在逃的犹太人不仅恐惧盖世太保，也恐惧数以千计热切的告密者。在犹太人当中甚至也有告密者，也就是所谓的犹太打劫者。他们为盖世太保工作，告发他们自己的人，其中最臭名昭著的是施特拉·戈德施拉格，她用数百个犹太人挽救了自己可怜的皮囊。

鉴于制度性的对纳粹主义罪行反抗的大规模塌陷这一事实，毋庸惊讶，试图与之抗争的个人很快就沉默不语了。克劳斯·邦赫费尔的夫人讲述了一个她是如何从市场回家的故事，她为自己感到十分骄傲，她把自己所听到的在东部对犹太人犯下的暴行告诉了她持怀疑态度的邻居。克劳斯·邦赫费尔没有表扬她，而是严厉地训斥了她。他告诉她专制政权就像一条蛇：“假如你踩了它的尾巴，这就是你所做的，它就正好来咬你。这无助于任何人。你必须去打它的头。但这一点你没有能力，我也没有能力。”

克劳斯·邦赫费尔感到打击纳粹九头怪蛇之头唯一的选择是说服将军们，他们必须用政变推翻希特勒，假如没有来自上层的力量，在德国什么也不会发生作用。但是，将军们并没有比教会的高级教士、大企业家、杰出的学者、高级的公务员显示出更多的勇气。到希特勒向犹太人全面攻击的时候，德国民众实际上已经放弃支持任何团体了。正如牧师马丁·尼穆勒尖锐指出的，没有人真正坚持下来抵抗：

> 最初，纳粹分子追逐犹太人，但是我不是犹太人，因此我没有反对；然后他们追逐天主教徒，我不是天主教徒，因此我没有反对；然后，他们追逐工会主义者，但是我不是工会主义者，因此我没有反对；后来他们追逐我，已经没有任何人留下来反对了。

第九章

犹太恐惧症仇恨的结果：大屠杀

大规模的杀戮计划

1977年，新闻记者吉塔·塞雷尼采访了希特勒的二等高级秘书克丽斯塔·施罗德，并向她提及鲍曼以前的一个副官海因里希·海姆曾经告诉塞雷尼，他不相信希特勒知道犹太人的灭绝。根据塞雷尼的说法，施罗德大笑地说："啊，海姆一生都是个好人。希特勒当然知道！不仅知道，而且都是他的主意，他的命令。"然后施罗德提及一个著名的事件："我清楚地记得1941年的一天，我想它是初春……我认为我永远不会忘记希姆莱脸上的表情，当时他刚结束一个与希特勒两个人的冗长会议。他一屁股坐在我桌子对面的椅子上，双手掩面，肘部顶着桌子。他说，我的上帝，我该做些什么？后来，很久之后，我们发现所发生的事情，我们确信，就在那天，希特勒告诉希姆莱犹太人必须被杀戮。"

没有人准确地知道希特勒是何时下达命令灭绝犹太人的。没有发现任何希特勒签名和指示的书面文件，毫无疑问，也没有发现他命令灭绝犹太人的书面文件。这正是他邪恶狡猾的标志：他一直待在阴影里，把所有有关最终解决方案的讨论限制在一伙亲信当中，主要是希姆莱、海德里希、鲍曼以及戈培尔。另外，他还玩起了捉摸不定的用手势猜字的游戏，告诉不同的人不同的事情，这一部分是测试他们的反应，一部分是让他自己具有他所需要的灵活性，以便把自己打扮成正派的德国人民富有个人魅力的领袖，同时又是他的党羽邪恶的天才。在打败法国之后，阿道夫·希特勒的神化运行得非常之好，在纳粹党员和普通党员眼里，元首的希望就是每个人的要求。鉴于其不稳定的、受到不安全感和深深的不信任诅咒的个性，人们一直不太清楚，在元首的心智或者他黑暗的灵魂上面到底是什么东西，因为他从来不和任何人分享他作出这一决定的过程。他灭绝犹太人邪恶的深思熟虑发生在他扭曲思想的静默当中，或者发生在和他心智相似的追随者相处的时候。关于这件事人们不知道任何细节性的东西。

另一方面，没有人能够保持长久的秘密，尤其是这一重大事件的黑暗秘密。弗洛伊德曾经漠视对他信念的反对。他相信人或早或晚会开启他们最深层的感情。他认为最隐蔽的东西对有眼有耳的人来说会变成公开的，或者转弯抹角的明显东西。“他与自己的指尖唠叨，背叛会从他的每个毛孔渗透出来。”希特勒可能试图使导致最终解决方案的决策进程成为得到小心翼翼守护的秘密，但是它非理性的犹太恐惧症促使他一而再地、私下或公开地暴露他想对犹太人做的事情。尽管我们只有来自内部人间接的证据，比如施罗德和其他人有关这个独裁者何时和如何作出有关犹太人的决定，但是这里有相当长的文献踪迹可以回溯到1919年，它揭示了希特勒灭绝犹太人的意图。20世纪20年代纯粹的咆哮和夸张变成了1941年致命的现实；现在的问题不是是否去灭绝犹太人，而是如何尽快，并采用什么方法去灭绝犹太人。

正如人们所回忆的，希特勒在1939年1月30日发布了对犹太人的公开威胁，警告他们假如战争一旦爆发，他将把他们灭绝。这不是随便的威胁，或者夸夸其谈的炫耀。希特勒真的相信国际犹太人世界政府的存在，他将所有的所谓犹太人影响的碎片加以扭曲来支持他的成见。例如，就在战争开始不久，希特勒就知道世界犹太复国主义运动的领导人哈依姆·魏茨曼写信给英国首相张伯伦，这封信收录在1939年9月8日的《犹太人编年史》，在其中，魏茨曼宣称犹太人将站在英国和民主体制一边战斗。希特勒认为，这个声明不仅是犹太人对德国的宣战，而且是把犹太人作为战犯拘禁的论据，无论何时需要，都可以利用他们作为与他的敌人讨价还价的筹码。他的妄想或者愚蠢十分严重，或者两者兼而有之，以致他真的相信他的敌人依靠或者正在和“国际犹太人”联合占据了强势地位。迟至1942年7月，当犹太人已经在死亡集中营被毒气杀戮的时候，希特勒亲自提起了魏茨曼的信以提醒他晚宴的客人，在第二次世界大战中，“人们不要忘记世界犹太人是国家社会主义的头号敌人，这次战争是犹太复国主义的议会和它的领导人哈依姆·魏茨曼宣战后爆发的”。元首继续说，战争结束后，他将威胁毁灭每一座城市，除非它交出它的犹太人，以便他能把他们一并送往马达加斯加或者某个其他地点。这些话不仅证明了希特勒的信念——他发动的战争实际上是世界犹太人强加给他的，而且证明了他狡黠的两面派手段，掩盖实际正在施加在犹太人身上的行为，并给参加晚宴的客人这样一个印象：他没有作出最后的决定。

明显的是，对可能的公共反应的某种担心，连同对保密的热衷，以及也许是与这种残暴保持距离的某种心理需求，都使希特勒除了向信任的亲信希姆莱、海德里希、鲍曼、戈培尔之外，没有向任何人显示出可怕的秘密和他在其中发挥的作用。但事实是，自1933年希特勒获得权力以来，他一步一步地成为犹太人身上发生的一切的引导精神。正如他全面协调旨在剥夺犹太人权利、财产和生计的各种努力一样，他现在带头驱动来灭绝他们。他在通向最终目标的决策中所发挥的作用，尽管在细节上不为人完全知晓，但能够通过检查导致进攻俄国的计划进程重建起来。文献的踪迹没有留下任何疑问：希特勒决定采用即将到来的进攻俄国的战役作为杀戮欧洲犹太人的借口。被称为巴巴罗萨行动的计划制定开始于1940年12月，一直持续到1941年6月22日实际的入侵。

希特勒让他自己相信，与苏联的战争将在几个月内结束，腐朽的布尔什维克是一个“泥足巨人”，在它自身腐烂的重量下就会坍塌，同时巨大的领土将为德国人的开发和定居开放。从伏尔加河到阿尔汉格尔斯克的欧洲俄国将于亚洲俄国分离，并被德国所控制。与尚未被征服领土的实际征服、控制、行政管埋相关联，一个官僚机构养育出来的狂暴就这样形成了。希姆莱已经起草了处置东部异国人口的备忘录；它的政策目标得到了希特勒批准，因此也得到了授权去调动实施它们的技术办法。1941年1月，海德里希开始了与陆军总司令商谈在即将到来的对俄战争中党卫队特别行动队作用的问题，他清楚地表明这些部队的作用从它在波兰的作为中将得到极大的扩展。海德里希也在制定一个短期的、从西方重新安置更多犹太人到东方的计划，尤其是在马达加斯加计划被放弃之后。

1941年1月30日，希特勒公开重复了两年前至今他对犹太人的威胁，并预言即将到来的年月将证明他想要他所说的东西。几天后，希特勒对一些军队的高官们说，他的目标是清除整个轴心国权力控制区域犹太人的影响。根据格哈德·恩格尔少校的解释，希特勒似乎已经广泛地思考了犹太人问题如何可能一劳永逸地解决。最初，他说他只想把犹太人赶出德国。但是现在清楚地是：他也必须把他们赶出整个轴心国统治的区域。尽管战争正在加快对犹太人问题的解决，但是它也产生了新的问题。一个类似马达加斯加的计划依然在他的心头，但是他也“以一个不同的方式考虑许多十分不利的事情”。这些不利的事情是些什么并不难以想象。到希特勒这些思考形成的时候，用毒气杀戮精神病人已经进行了一年有余。希姆莱和涉及毒气杀戮的各种技术专家已经进行了几次讨论，探讨在集中营处置犯人的可行性，采用的方法在安乐死计划中正被证明是非常成功的。大规模毒气杀戮流水线方法的构想，明确地萌芽于希姆莱和希特勒的脑海里。尽管希特勒在说他正在考虑不同的、无情的关于计划处置犹太人的事情时可能流露出真相，但是非常可能的是，用毒气杀戮他们是他考虑的无情的事情之一。毕竟毒气对他来说并非不同寻常。在第一次世界大战结束的时候，他遭到了毒气的攻击；正如我们所见，他所体验的心理创伤引发了一些从没有离开过他的启发。有关下毒的议题一直充盈在他过度兴奋的修辞中，并且一成不变地包括犹太人，犹太人代表着所有毒药中最致命的。因此，当涉及犹太人问题最终解决方案的时候，“你只有以毒攻毒”；你必须毒死给德国下毒的人。在《我的奋斗》中，希特勒写道：“假如人民中的这些希伯来腐败者被毒气攻击”，许多德国人的生命就应该在第一次世界大战中得到挽救。

在入侵俄国之前的三个月，希特勒和他的计划者全神贯注于三个主要计划：进攻苏联的军事准备，管理被占领土的民政机构的组建，训练特别行动队消灭苏联土地上的政治和种族的敌人。3月初，武装部队最高统帅部作战局局长阿尔弗雷德·约德尔向相关的军事机构发布了总体的指导方针，他在其中说明了希特勒告诉他的有关苏联领土军事管理的事宜。军队被期望保证被占领土的安全，但是也得到命令向希姆莱提供支持。希姆莱被希特勒委以“特殊的任务”，在被占领土进行政治管理。希姆莱被授权封锁这些地区，肃清所有对立面。在这样做的同时，他被赋予了全权行事，不受“政府或者纳粹党最高人物”的干预。3月30日，希特勒对武装部队的高级指挥官演讲，他简要地向他们提及了即将与苏联发生的冲突。非常有趣的是，几天前在南斯拉夫爆发了一场危机，它将在未来的两个月转移德国的军事资源到巴尔干半岛，但是希特勒执着于俄国，他似乎没有对巴尔干半岛迫在眉睫的战役有过多的考虑。

希特勒心里想的事情就是苏联军事和政治的毁灭，正如他告诉将军们的，这将在总体上需要最为残酷的措施来对付布尔什维克的政治委员和共产主义的领导层。正如我们所见，他向将军们显示的指导方针后来变为臭名昭著的政治委员令，他赋予军队指挥官权力，围捕和杀害被俘获的苏联政治委员，或者把他们转交给党卫队保安处接受“特别待遇”，这是拷打和消灭的委婉语。这些命令得到清晰地计划，使军队陷入了即将来临的对俄国人和犹太人的残暴行为之中。希特勒担心的是，将军们在执行其残酷的命令时可能会产生道德的顾虑。他的担心证明是杞人忧天，因为德国最高统帅部在共产主义的威胁，以及布尔什维克主义和犹太人联合这两个问题上，基本上和元首的看法是一致的。

纳粹对东部领土民政管理的计划证明是无计划和不现实的。亚历山大·达林在他的经典著作《德国在俄国的统治：1941—1945》当中对这些准备工作作了精彩的分析。达林正确地指出：德国的政策既不是一致的，也没有有效地得到协调，因为它体现了一场持续的拔河战，它发生在长期不和的集团和纳粹权力群体当中各种人物的联盟之间。这里至少有八个主要的权力焦点：希特勒、马丁·鲍曼、纳粹党的机构、阿尔弗雷德·罗森贝格和东部被占领土部、约瑟夫·戈培尔和宣传部、约阿希姆·里宾特洛甫和外交部、赫尔曼·戈林和四年计划、海德里希·希姆莱和党卫队，还有武装部队。这些权力集团影响最弱的是阿尔弗雷德·罗森贝格，他是纳粹的种族教授，希特勒基本上把他当作尘封已久的东西拿出来用用，因为他对苏联具有所谓的专门知识。1941年4月20日，罗森贝格被委任为东部被占领土行政长官，但他很快就证明自己不具备任何领导能力，不能与鲍曼、戈林、戈培尔或者希姆莱这样的人抗衡。在其被委任之前，当希姆莱在一个私人的会议上告诉他在俄国摆在眼前的事情，以及他希望罗森贝格做哪些事情的时候，这位糊里糊涂的哲学家吓坏了，他在其日记里坦言：“今天我没有写下的东西，我将永远不会忘记。”尽管奥斯兰总督辖区（波罗的海诸国和白俄罗斯）和乌克兰表面上属于他的管辖权内，但是帝国的行政长官对他的命令置若罔闻，拒绝他与各种种族集团，尤其是与乌克兰人共同工作的实用主义办法。他们喜欢，并且希姆莱也坚持主张压迫和灭绝。罗森贝格没有政治斗争的才能，从来没有进入希特勒的内部圈子。像希姆莱一样，他是一个种族乌托邦分子，但是不像希姆莱，他相信消灭是适得其反的。在即将到来的权力斗争中，就是希姆莱拥有了最强的持久权力，以及因此形成的对灭绝进程最大的影响力。

克里斯托弗·布朗宁正确地指出：假如一个人想要知道希特勒正在想些什么的话，他必须审视希姆莱正在做些什么；并且帝国元首和他的参谋部为了准备入侵俄国，在三个月里正在做的最重要的事情是组建党卫队杀戮小队，与武装部队达成一致，以便他们可以自由地行动而不受干预。谈判间歇性地进行着，因为海德里希错误地选择了盖世太保首领海因里希·穆勒代表党卫队一方参加讨论。穆勒是一个生硬的巴伐利亚人，完全缺乏外交的沉着，直到更加文雅的党卫队国外情报处处长瓦尔特·舍伦贝格接管了谈判，党卫队和国防军之间才达成令人满意的一致意见。

同时，海德里希加紧组建特别行动队的任务，这支部队伴随着德国军队进入俄国，在作战部队的后面执行“安全举措”。这支杀戮者部队的主要人员于1941年5月在位于莱比锡东北部的普雷奇边防警察学校组建起来。四支主要的特别行动队被建立起来，它们由在全德国招募的大约3000人组成。对应计划侵入俄国的四支集团部队，这些特别行动队被标以A、B、C、D。A特别行动队由党卫队旅队长瓦尔特·施塔勒克领导，它跟随着北方集团军穿过波罗的海诸国抵达列宁格勒；B特别行动队由刑事警察处处长阿图尔·奈比领导，附属在中央集团军在波罗的海和乌克兰之间行动；C特别行动队由党卫队旅队长奥托·拉施领导，在西部地区（利沃夫、罗夫诺、日托米尔、基辅、库尔斯克、波尔塔瓦、哈尔科夫）行动；D特别行动队由保安和国内情报处处长奥托·奥伦多夫领导，它跟随着比萨拉比亚和克里米亚地区（尼古拉耶夫、敖德萨、塔甘罗格、罗斯托夫、克拉斯诺达尔）的第11军。这些部队的领导人，以及它们所分出的特别小组和独立分遣队的指挥官，都是由受过良好教育的人所组成，他们在专业上和意识形态上都服从残忍的任务。特别行动队的四个领导人中的三个（施塔勒克、拉施、奥伦多夫）都拥有博士学位。帝国中央保安总局刑事警察处处长奈比直到知道这一刺激性的任务实际上意味着杀戮男人、女人、孩子之前，一直是一个充满热情的志愿者。后来奈比提出调职，走向了对立面，在战争快要结束之前被判处死刑。

施塔勒克博士是符腾堡警察的主管，很快在党卫队保安处得到提拔，在维也纳、波希米亚—摩拉维亚、挪威，他得到了各种重要的职位，并且在柏林担任了部长秘书。奥托·拉施博士拥有两个博士学位，是威登堡的前任市长，马丁·路德在这座城市发动了新教改革。奥托·奥伦多夫博士是一个经济学家和法律学者。他们三人都是真正的信仰者和疯狂的犹太恐惧症患者。其他的特别行动队的领导人也是如此，有来自学者、行政官员、律师的党卫队二级突击队大队长和一级突击队大队长，甚至他们当中还有歌剧演唱者瓦尔德马尔·克林格霍费尔。对A特别行动队的分析显示它的领导层由动机高度明确的年轻人组成，他们当中的大多数都在四十岁以下，来自中产阶级的家庭，受过良好的教育，服务于自由军团或者各种各样的准军事集团，在1933年之前经历过一段时间的失业，通常都拒绝宗教信仰而支持纳粹意识形态。

大多数这些招募人员必须从第三帝国的治安警察、普通的地方警察中抽选。当党卫队保安警察部队、党卫队保安处、普通的治安警察部队可用的人力资源库在消灭数百万受害者上已经显示人力匮乏的时候，希姆莱就用后备的警察部队，以及立陶宛、爱沙尼亚、拉脱维亚、乌克兰的外国部队来扩充最初的人力资源库。这些杀戮者部队、官员和招募的人员是否代表着普通德国人很好的杂交样本，近些年就这一问题进行了大量的辩论，在下面的部分我还要进行讨论。还有一个问题也将如此讨论，那就是，为什么这些人如此服从和有效地进行杀戮。

关于给特别行动队的指挥官和他们手下的主要官员下达的指示依然存在着大量的争议。他们被告知在俄国做些什么呢？在什么地方他们得到了简要的命令？这些命令由谁下达的呢？留存下来的唯一书面文件是1941年7月2日海德里希发布的给四个特别行动队队长的指令，它清楚地说明了谁应该被处决，包括共产主义的政治委员、党的官员，“服务于党或者国家的犹太人”，以及其他极端主义分子。这个文件没有说到消灭所有的犹太人，只是提及“服务于党或者国家的犹太人”。但是，在入侵开始之前，可以得到的证据表明，特别行动队的领导人得到了几个口头命令，这些命令使他们十分清楚：所有在苏联的犹太人都应该被消灭。奥伦多夫在纽伦堡作证：在入侵前几天，帝国中央保安总局人事处处长布鲁诺·施特雷肯巴赫通知特别行动队领导人，希姆莱和海德里希已经派他传达命令，所有在苏联的犹太人应该被消灭。在奥伦多夫作证的时候（1946年和1948年），施特雷肯巴赫据说已经死在俄国，但是后来在20世纪50年代中期出现了，并很快否认传达或发布这样一个命令。其他的犯罪者，包括瓦尔特·布卢默博士和卡尔·雅格坚持认为，他们听到海德里希准确无误地发布了残忍的命令。例如，6月17日，海德里希邀请特别行动队的领导人前往他在柏林的阿尔布雷希特王子大街的总部，他给他们下达了简短的命令：东欧的犹太人是布尔什维克主义的知识分子储备库，元首决定把它摧毁。

后来回忆起他们入侵前得到指示的犯罪者，都宣称他们收到了消灭俄国犹太人的简要命令。他们也记得海德里希要求他们向元首发誓，这使他们毫不怀疑他们将要做的一切事情都是完全服从元首的期望。迄今为止的研究表明，即使特别行动队的领导人没有得到专门的命令去射杀每一个犹太人——男人、女人或者孩子——他们也感到得到了如此广泛的授权，他们能够以他们喜欢的方式消灭犹太人，越是极端和不人道越好。

这确实是入侵俄国之前纳粹领导层共同的心态。在纳粹权力精英的所有层面上，杀戮的氛围已经成熟。元首在公开场合的声明中和政策会议上都定下了基调，它通过纳粹体系产生了连锁反应。在耶路撒冷，艾希曼提供了杀戮是如何发生的洞见：

> 只要希特勒一发表演讲——并且他一成不变地触及犹太人问题——所有的纳粹党或政府部门都会感到去做某件事情正在迫近它们。接着，希姆莱给安全警察和党卫队保安处的首领海德里希传达命令，海德里希把命令传达给穆勒，然后命令到了我这里。

艾希曼在这里所描述的是犹太人毁灭过程穿过纳粹命令链的笔直路线。它开始于希特勒，然后下达到希姆莱那里，然后下达到海德里希的帝国中央保安总局，然后下达了总局四处（盖世太保的穆勒那里），然后下达到四处B科（艾希曼和犹太事务科），最终下达到特别行动队和集中营的骷髅部队那里。从这一毁灭过程的中心——在那里作出了计划和决策——出发，与所有类别的机构联系很快就建立起来了。这些机构的专业特长对于大规模杀戮的实际运作是十分关键的。希姆莱和艾希曼两人都热切地在大日耳曼帝国到处穿梭，确保犹太人得到正确地围捕、驱逐，放置在强迫集中居住区，最终被运往死亡集中营。例如，在入侵俄国之前，希姆莱对技术专家谈论到“焚化厂消灭虱子的部队”，以及将焚化厂变为毒气室和人类垃圾处置工场的可行性。希姆莱来到一个名叫奥斯威辛的地方，以前波兰的一个炮兵营驻扎在这里，现在变为了更大的集中营。希姆莱告诉德国的指挥官鲁道夫·霍斯，新的设施将具有多重使用目的，可以作为集中营，也可以作为大型的工场用于合成油和橡胶的生产。希姆莱还建立了与卡尔·克劳贝格的联系。他是一个妇科医生，一直试验一种新的生育方法，但是近来把他的研究聚焦于新的绝育方法。这位教授是一个丑陋的、心态失衡的“疯子科学家”，这可能使他给希姆莱留下了好的印象，希姆莱后来在奥斯威辛给了他一栋楼，使他能够在人类豚鼠身上做试验。

通过仔细注意希特勒花言巧语的性质，以及追踪希姆莱入侵俄国数月前所忙碌的事情，一个人不可避免得到一种强烈的印象：大规模杀戮正在酝酿之中。甚至那些间接地或者仅仅在外围涉入犹太事务的人都有一种强烈的感觉：一些新的、剧烈的事情将要发生。事实上，一些机构已经敏锐地预料到很快就要发生的对犹太人问题的解决。反复出现在纳粹官员书信中的句子是“根据犹太人问题毫无疑问、即将出现的最终解决方案”。这个句子被用于取消犹太人移民任何进一步的许可，并且让德国官员警觉到另一个，也就是最终解决方案就在眼前了。

在纳粹意识形态的框架中，“最终”这个词可能只意味着死亡。换句话说，当它涉及犹太人的时候，总体的解决方案，即一劳永逸地关照一件事情，是在逻辑上排除出任何尚未达到消灭规格的东西。当然，出于隐瞒的目的，希特勒和其他的纳粹领导人一直到最后都采用委婉的词汇，但是泄露从他们每个毛孔中渗透出来。例如，在1941年3月17日，希特勒向汉斯·弗兰克保证：总督政府将成为第一个清除犹太人的地区，附带说一句，希特勒也给其他纳粹地方长官作了这个保证，他们相互之间展开激烈竞争去清除自己管辖区域的所有犹太人。正如里夏德·布雷特曼所指出的，这是一个特别有趣的承诺，因为它涉及前波兰，大多数犹太人被集中在那里。布雷特曼问道，如何才能把所有的欧洲犹太人驱逐到波兰，同时清除波兰所有的犹太人呢？唯一可能的答案是在波兰灭绝他们。当然，有人可能拒绝这样的解释正如一些历史学家已经做的，认为希特勒视俄国为犹太人的定居点，因此把犹太人往东驱逐到西伯利亚就把波兰犹太人清理掉了。确实，“疏散到东部”是一堆委婉语当中的一句，其他还有“清洗”“特别对待”。根据我的观点，把所有犹太人驱逐到西伯利亚的言论只是掩饰的行为。希特勒完全不可能采纳这一计划，因为它没有达到他所寻求的“最终”解决方案。这一解决反感不是给犹太人自己的土地，而是消灭他们。根据希特勒的观点，假如对俄国的征服没有提供他所需要的条件，从而在军事上取得对其政治敌人的胜利，在生物学上取得对他种族敌人的胜利，那么，这一征服是一场失败。总之，他相信不存在对犹太问题领土上的解决，只有生物学上的解决。

在他的军队开进俄国之前，希特勒给出了准确无误的信号：他要把所有犹太人尽可能地消灭，但是无论他还是希姆莱都没有制定出一个一致的办法，可以把数百万在他们控制下的犹太人灭绝。一个人可以得出这样的印象：当希特勒的杀人部队在俄国堆积起犹太人尸体的群山时，希特勒已经跨上了不归路，因为这确实是“最终”解决的正确之路。所有其他的方式——驱逐、强迫集中居住、剥夺财产、移民——都是失败的、延误不可避免事态的即兴之举。对犹太人问题的最终解决方案起始于对俄国犹太人的集体枪决，并且逐步增强到对所有德国人控制的犹太人进行大规模杀戮。谈论最终解决方案“不断增强的极端化”，是一个语言学的陷阱。一旦作出消灭所有犹太人的决定——可能是在1941年的暮春和夏季，那么除了在毁灭的方法和技巧上，就不可能存在进一步的极端化。何时希特勒下达了最终的书面或者口头的命令？对这一问题不可能给予明确的回答。但是，可以结论性地明确指出：德国人带着杀戮之心入侵了俄国，并立刻实施了暴行，和他们的领导层一道分享了末日的情绪。在希特勒、纳粹精英和战场的杀手之间很快建立了鲜血凝成的铜墙铁壁。领导层灭绝性的犹太恐惧症，经常以全面彻底的宣言或者政策体现出来，它和官僚机器对这些意图的解释和实施相互作用。在这一作用中，针对犹太人的战争得到了进化。到1941年夏季，支持灭绝的所有方面汇聚成一场决定性的质变。终于踏上了不归路。

国家授权的杀戮：大规模的枪决和毒气杀人

1941年6月22日，德国人采用人类战争中最可怕的武装力量对苏联发起进攻：153个师（超过300万人）、60万辆机动车辆、3580辆坦克、7184门火炮、2740架飞机。德国军队得到了12个罗马尼亚师、18个芬兰师、3个匈牙利师、两个半斯洛伐克师，后来还有3个意大利师和1个西班牙“蓝师”的支持。这一庞大的力量在十分秘密的情况下聚集起来。当7000多门火炮的火舌在6月22日凌晨点亮天空，雨点一般的火力和毁灭性的打击落在人员配备不齐、完全没有准备的俄国防线上的时候，俄国人在惊慌失措中逃窜。

希特勒对苏联的偷袭是他过去闪击战役更大规模的重演。纳粹空军迅速而令人吃惊的攻击，导致超过4000架俄国飞机令人目瞪口呆的损失，这些飞机多数都停在地面。之后，装甲纵队用钳形包围切割了苏联的军队。三个主要的陆军集团军在四个独立坦克部队的支持下，集中于三个战略性的苏联权力中心：北部的列宁格勒、中部的莫斯科、南部的乌克兰。德国的目标是给苏联的政治体制毁灭性的打击。最终的目标是奴役劣等的斯拉夫民族，灭绝种族的劣等人类，将俄国变成德国新的边疆。

进攻俄国的巴巴罗萨计划的头三个月，似乎证实了希勒特所有乐观主义的预言。在7月初，北方集团军抵达了波罗的海的里加，一个月后，中央集团军占领了白俄罗斯和斯摩棱斯克，这样距离莫斯科只有200英里；最后，在南方，德国占领了乌克兰首都基辅，获得了66.5万战俘和大量的资源。

回过头看，我们现在知道这些都是非决定性的胜利，因为希特勒的战役在策略上是有缺陷的，在战略上是弄巧成拙的。它是建立在俄国虚弱的假定和对德国力量过高的评价之上的。希特勒和他的军事主管把他们的决策建立在错误的智力、对俄国人劣等的偏见，以及对苏联政府和武装部队无效性的反共产主义一厢情愿想法的基础之上。德国人对劣等的俄国军事运作的看法来自俄国军队在第一次世界大战糟糕的表现、斯大林在20世纪30年代对俄国军官团的清洗、1939—1940年冬季俄国对芬兰毫无光彩的战役，以及在1941年夏季苏联人没有能力反抗德国人最初的猛烈进攻。另一方面，俄国人的策略是撤回到广大的内地之中，用空间和人力换取时间，让入侵者感到疲惫不堪，同时展开激烈的保卫战。由于德国人缺乏战略上的协调，加上也没有能力在三条战线获取决定性的战争胜利，他们是典型的帝国式扩张的典范。到1941年秋季，希特勒一再地转换他的目标，在从波罗的海到黑海一千英里的前线过度延伸自己的战线，没有对任何一个单一的部分实现突破。由于在那时并没有认识到这一点，希特勒被拖入到漫长的消耗战当中，这使得闪击战术变得过时，并且一个军队接着一个军队在战斗中和越来越像第一次世界大战的环境中遭到损耗。①

所有的眼睛都盯着德国军队壮观的推进，几乎没有外国观察家和消息闭塞的德国人意识到在挺进中的国防军身后地区正在发生的事情。两项宏大的计划正在迅速地执行：野心勃勃的占领方案被组合起来；被占领土和它的民众受到前所未有的大规模的迫害、奴役和灭绝。在军事胜利平稳推进的日子里，德国的野心膨胀成宏大的幻觉。欧洲地区的俄国被分为四个帝国军需辖区：奥斯兰、乌克兰、莫斯科、高加索。但是由于军事环境，四个当中只有两个被建立起来。奥斯兰军需辖区由石勒苏益格—荷尔斯泰因的大区领袖欣里希·洛斯管理，这个地区包括波罗的海国家立陶宛、拉脱维亚、爱沙尼亚以及白俄罗斯。鉴于这一辖区广袤的地理范围，这个地区也被分为四个军需辖区，每个都根据其主要领土命名：立陶宛被阿德里亚·冯·兰泰恩博士控制，拉脱维亚被奥托·德雷克斯勒博士控制，爱沙尼亚被党卫队二级总队长奥托·西吉斯蒙德·冯·利茨曼控制，白俄罗斯被威廉·库贝控制。正如事实所证明的，这些地区最缺乏管理的是白俄罗斯，库贝在那里不断地和有权势的纳粹官员争斗，并使自己十分遭人憎恨。假如俄国的游击队没有在他的床下放置炸弹将他炸死的话，纳粹也会把他撤职或者处决。乌克兰也被分为几个军需辖区，并被期望成为大日耳曼帝国（正如纳粹宣传现在所指的日耳曼帝国）的面包篮子。作为被占东部领土的帝国行政长官，罗森贝格推进与乌克兰人结成联盟，但他遭到希特勒、希姆莱和乌克兰民政长官埃里希·科赫的否决。科赫毫无争议是纳粹委任负责这一地区最

---

① 参见奥默·巴尔托夫的《希特勒的军队：第三帝国的士兵、纳粹分子和战争》（1992）一书中的精彩章节“前线的去现代化”，作者在其中令人信服地显示了第三帝国是能够赢得欧洲闪电战的，但是不能赢得和世界三个主要工业强国的总体战，并且第三帝国经历了俄国最原始的环境。纳粹领导层对这些环境的回应是退回到最糟糕、最弄巧成拙的种族幻想当中，用残暴和不道德的战争观替代了物质的力量和合理的计划。

贪婪和无能的管理者，“极端愚蠢”和残暴。他对民众的残暴和剥削使他疏离了乌克兰人。乌克兰人对俄国人的敌意使他们可能成为德国人的盟友。这一政策引发了一个广为流传的笑话：“在颁发为苏联作出杰出贡献的奖章时，斯大林感到遗憾，最应该得到它的科赫没有亲自出现在获奖的位置上。”

总体来说，德国对俄国的统治几乎普遍是糟糕的、欠考虑的。尽管德国人被民众作为解放者受到感激，尤其是乌克兰人，但是他们对民众残暴的对待无疑引发了猛烈的反应，包括游击队的行动和恐怖主义的报复。由于拒绝招募被鄙视的斯拉夫人参加打击布尔什维克主义的战斗，固执地拒绝武装他们，德国人剥夺了对于自身来说重要的、完全可能造成成败之别的支持。进一步而言，饿死战犯或者无情地让他们工作致死除了是犯罪和不道德之外，没有任何用处。[①]当希特勒让希姆莱成为他在俄国的执行官，并委派他双重任务——在被占领土安置民族上的德国人和奴役劣等的斯拉夫——的时候，德国毫无疑问失去了这场战争。希姆莱无情地推进着他的任务，无视道德、军事，甚至经济的考量，以致德国人遭到了俄国人的痛恨，并且在1942年战争趋势发生转向时从俄国人那里得到了同样的待遇。

当德国人在俄国发动他们另一项宏伟的计划时，更为可怕的一些事件开始了，这就是消灭犹太人。它起始于入侵苏联的第一天。跟随着国防军的铁蹄，希姆莱的特别行动队系统性地围捕共产主义的官员、犹太人、知识分子，以及其他“危险分子”，将他们成群地关进临时集中营，拷打他们，或者当场枪毙他们。德国军队推进的速度非常快，以致数以万计的犹太人跟不上它的速度，他们发现陷入战线的后面，在那里他们不仅遭到德国人，还有当地立陶宛人、乌克兰人的围捕、拷打和杀戮，他们被德国的公告和小册子所煽动，发起了对犹太人的屠杀。根据马丁·吉尔伯特的观点，“入侵俄国给德国人提供了前所未有的机会：遥远的地区、挺进部队的掩护、遥远的路程、地方的合作者、强化的毁灭意志。”这一“毁灭意志”特别强烈，因为它很大程度上建立在意识形态的一种族的仇恨之上，得到最高行政机构的官方支持，并且由希姆莱种族卫士

---

① 在1941年6月22日到战争结束期间，共有570万苏联士兵被德国俘虏。到战争结束，只有93万俘虏在德国战俘营幸存下来，100万俘虏可能被释放或者作为“志愿者”为德国人工作，50万人逃跑或者被释放，余下占57.5%的330万俘虏死亡。

以文明行为沦丧的方式执行得更加轻易。特别行动队的人员开始越来越符合尼采金发猛兽的形象：

> 他们在相互交往中显示出非常足智多谋、自我控制、敏锐、忠诚、骄傲和友谊。一旦他们外出，来到陌生的地方，遇到陌生的人，他们就是出笼的猛兽。他们尽情地品尝着脱离所有社会约束的自由，在迷失中补偿和平社会的封闭所造成的紧张，回归到猛兽无知的意识当中，犹如获胜的野兽，也许从令人恶心的杀戮、纵火、强奸、拷打中显露出来，灵魂高度欢愉而平静，好像这只是一个学生的恶作剧。

在1941年6月22日到年末期间，特别行动队继续着血腥的狂暴行动，无论在哪里发现犹太人都将其捕获。当单个部队和他们的指挥官被杀人的疯狂所控制，随心所欲杀戮的时候，只准射杀特定目标集团的指令很快就失效了。例如入侵之后的几天，309警察营的魏斯少校在比亚韦斯托克发起了大规模的杀戮，因为他正确地解读了希特勒的希望，即所有犹太人，无论年龄或者性别，都应该被消灭干净。他的下属把城市梳理了一遍寻找犹太人，然后变得疯狂起来，到处殴打、羞辱，随心所欲地杀戮。这个城市的犹太人领袖来到第221保安师总部，跪在普夫鲁格贝尔将军的脚下，恳求军队的保护。这时，309警察营的一个士兵在将军背过脸时，解开裤子向犹太人代表撒尿。对犹太人的猛烈攻击在持续进行当中。

在所有被占地区，从波罗的海诸国到白俄罗斯和乌克兰，特别行动队以难以想象的规模进行了大规模的射杀。典型的是，杀手们在城镇和村庄围捕犹太人，然后把他们赶到城镇外，在壕沟或者反坦克的战壕边把他们枪杀，并在那里把他们掩埋。在多数情况下，犹太人必须在他们被枪杀前挖好他们的坟墓。

> 被判罪的人不仅被卡车带来，也步行成群结队70到80人一组前往，一路上遭受无情的殴打。20到25人一组被射杀的人被带到离执行处50公尺的地方，在那里他们受到看管，直到接受枪决。他们在坟墓边上脱光衣服……一丝不挂后，他们被赶往坟墓，强迫脸朝地面躺下。德国人用步枪

和自动手枪向他们射击。就这样，一组接着一组被赶着在已经被枪杀的尸体堆上脸朝下躺着。

在各种独立分遣队的领导人之间存在着激烈的竞争，他们重复着最高的枪决数字。一些分遣队员骄傲地报告他们的地区已经没有犹太人：

> 我现在能够宣称，解决立陶宛犹太人问题的目标已经被第三特别行动队实现了。除了工作的犹太人和他们的家属，已经没有更多的犹太人存在……我想干掉这些工作的犹太人和他们的家属，但是这会和市政管理和国防军发生冲突，并促成射杀这些犹太人和他们家属的禁令。

这个报告来自在立陶宛行动的第三独立分遣队的首领卡尔·雅格。在1941年7月至10月末期间，他的属下在立陶宛和白俄罗斯一共杀害了13.3346万人。雅格的部队还是第一个射杀妇女、婴儿和儿童的部队。尽管军队偶尔对反犹太人的暴行发出微弱的声音，但是特别行动队的指挥官经常因为军队的合作而赞美它。一个报告宣称："从第一天开始，特别行动队已经成功地和国防军的各个部门建立了完美的共识。"一个报告甚至宣称，种族灭绝的杀手和正规军之间已经熔铸起的关系非常诚挚，几乎具有感情纽带的性质。由于发展得过火，不能否认这样一个事实：东部军队由于它所发动的野蛮战斗变得愈发残酷。军官和士兵从战斗的一开始就和种族灭绝的杀手们纠缠在一起。尽管一些军官因为所见所闻在道德上感到极度愤怒，并警告他们的下属远离这些杀戮，但是大多数人很快就与这些残暴行为撇清了干系，或者认为这些大屠杀是合理的，接受了这一党的路线，即这些杀戮是对游击队袭击德国军队必要的报复。因为反游击队的战斗使官方认同了对非战斗人员的屠杀，游击队员、市民、犹太人的界限很快就模糊了。

入侵俄国的军队，它包括构成作战部队不可或缺部分的特别行动队，是一支纳粹化的部队，它视自己在发起一场种族的也是军事的战争。希特勒说，当他发起对俄国的攻击时，全世界都将屏住呼吸，这一点他是正确的；当希特勒在入侵之前承认他正在踢开一扇通往黑暗空间的大门的时候，他也是正确的。元首所想象的东西，他的军队都体验了。军队推进到陌生的、不妨说是另一个星球的原野，它们遭遇到了完全不同于自己熟悉的西方的环境。广袤的领土、令人讨厌的天气、巨大的文化差异，引发出一个疏离和敌意世界的感觉。纳粹的士兵为巨大的胜利和意识形态的盲目而激动，自信很快就会赢得战争的终局。当胜利变得越来越渺茫，伤亡在不断增加的时候，1941年充满着末日期待的氛围变得越来越歇斯底里，清除尽可能多的所谓劣等人的集体决心也变得同样如此。

换句话说，东部军队与纳粹领导层共享了意识形态的世界图景，包括对德国种族优越性的信仰，对同质的民族共同体的奉献，对元首的服从，对东方生存空间的征服。绝大部分指挥官和士兵把共产主义和犹太人相等同，这个等同证明把两者一并消灭是合理的。南方集团军司令陆军元帅瓦尔特·冯·赖歇瑙特别坚持地提醒他的部队：对俄战役的目标是清除“犹太人的布尔什维克主义”体制，因此“士兵必须充分理解对待劣等犹太人所需要的严厉但也是正义的赎罪的必要性”。赖歇瑙是希特勒无条件的追随者，但是他的观点被许多将军所分享，甚至那些后来策划反对元首的人。例如卡尔·海因里希·斯图尔普纳格尔将军参加了1944年对希特勒的军事反抗，但是作为驻扎俄国的第19军团司令，他发布了许多犹太恐惧症的指令。1941年8月17日，斯图尔普纳格尔给陆军宣传部写信，需要更深入的反犹宣传来给部队启蒙。

部队没有必要对犹太人的罪恶进行启蒙了，它们已经对此深信不疑。另外，它们按照自己的信念行事，支持杀戮部队，自愿加入行刑小组，在大规模射杀中抛头露面，给恐怖的场面拍照。因为大规模行刑是一件普通的事情，因此德国士兵经常观看这些残暴的行为，并且把新闻用书信和照片带回家。一位英国的审讯官后来推论，其实许多人都知道对市民、犹太人、俘虏的残暴行为，在数以百计的德国战俘的皮夹里发现的照片证实了这一点。这些照片有一个循环的模式，先是母亲、妻子或情人的照片，然后是淫秽照片，然后是鞭打、上吊，或者大规模行刑的照片。因此，对犹太人残暴行为的观察和参与，除了杀戮部队自身，还涉及相当规模的人。当地人当中的反犹太分子受到专门的鼓动去发起大屠杀，并且让尽可能多的人卷入其中。在许多城镇，当地人渴望参与对无助的犹太人的大屠杀，正如他们在立陶宛的考纳斯所做的那样。在那里，当地的恶棍在快乐的人群面前用铁锹把犹太人殴打致死，母亲抱着孩子在一旁欣赏着这一景观，士兵在周围转悠，像看一场足球比赛那样看着这一逗趣的场面。对于特别行动队的队员来说，这确实是一个令人满意的场景。犹如他们的领导人所报告的："难以想象我们的手段给当地人所带来的快乐、感激、高兴……我们经常不得不用严厉的言辞来冷却妇女、儿童、男人们的激情，他们眼含热泪试图亲吻我们的手脚。"这样的行为无疑给种族杀戮者们壮了胆。他们毫无怜悯和良心，或者从不考虑到有所顾虑的旁观者，追逐着他们的猎物。德国工程师赫尔曼·弗里德里希·格雷贝报告了这样大规模杀戮最令人震惊的一次描述。他和他的领班偶然发现了对犹太男女、孩子的一场可怕的大规模处决。

> 莫尼克斯和我径直向深坑走去。没有人阻止我们。这时我能听到从一个土堆后面传来的步枪急促的射击声。从卡车上跳下来的人——所有年龄都有的男女和儿童——按照一个手持马鞭或狗鞭的党卫队员的命令脱光了衣服。他们必须把他们的衣服放到一个固定的地方……我看见大约有800到1000双鞋子的鞋堆。还有几大堆内衣和外套。没有尖叫和哭泣，这些裸体的人一家一家地围成圈子，相互亲吻，互说永别，等待最后的时刻……我没有听见抱怨和怜悯的乞求……一位头发花白的妇女抱着一岁大的婴儿，给他唱歌和逗乐。孩子高兴地发出咕咕的声音。一对夫妇含着眼泪在一旁看着。父亲握着大约十岁男孩的手，对他轻声说话；男孩忍着眼泪。父亲一手指着天空，一手摸着他的头，似乎向他解释着什么。这时，站在深坑边上的党卫队员向他的同伙喊了一句什么。后者清点了二十余人，让他们走到土堆后面去。这些人当中就有我刚才提及的这一家人。我清楚地记得一个苗条的黑发女孩，当她靠近我的时候指了指自己说是"23"。我绕土堆走了一圈，发现自己面对着一个巨大的坟墓。人们紧紧地相互楔入，一层层在顶部叠加，以致只能看到他们的头部。几乎所有人的肩膀上都流着头部淌下来的血。一些被射杀的人依然在蠕动……我在寻找射击的人。他是一个党卫队队员，坐在深坑狭窄尽头的末端，脚悬在深坑上。他把一支冲锋枪放在膝盖上，正抽着香烟。完全赤裸的人走下深坑……他们爬到躺着的人的头上……然后我听到一连串枪声。我朝深坑里望去，看见身体正在抽搐……血液从他们的脖子上流了下来。

只有最残酷成性或者铁石心肠的行刑者才能一直忍受这样恐怖的场面。无疑，一些党卫队人士为了享受杀戮犹太人的乐趣，许多这样嗜血事件都被记录了下来。指挥528步兵团的罗斯勒少校偶然碰上了日托米尔附近的大规模行刑，他被行刑深坑的情景惊呆了。深坑里的尸体依然在抽搐。他命令一个警察杀死一个白胡子老人，他的左手抓住一支手杖，依然在极度痛苦中抽搐。这个警察笑着说："我已经对他肚子开了七枪了，他现在能够自己去死了。"在一个镇子上，犹太人都藏匿起来了。当党卫队全面梳理的时候，他们发现了一个怀抱着孩子的女人。这个女人拒绝告诉他们犹太人藏在哪里，一个党卫队队员抓起孩子的腿，将他往一扇门上掼去。另一个党卫队队员回忆道："我不会忘记像摩托车爆胎一样的声音。我一辈子都不会忘记这个声音。"在里加，一个党卫队队员看见两个犹太人扛着一根原木，他射杀了一个说："这样的工作一个就足够了。"犹太人经常是作为体育运动或者娱乐活动而被射杀。一些党卫队队员相信犹太人是练习枪法的活靶子。

大规模射杀在基辅郊区的巴比雅达到了顶峰，3.3771万犹太人在1941年9月末遭到杀戮。之后，特别行动队队员身心俱竭。一些人在酒精中寻求逃避，一些人患上疾病，一些人自杀。8月，希姆莱在明斯克目睹了大屠杀。他的参谋长卡尔·沃尔夫后来回忆道：当一股脑浆喷到他脖子上，让他呕吐的时候，党卫队最高领袖两膝发软，他的脸几乎变成绿色。希姆莱的宠臣埃里希·冯·戴姆·巴赫—扎勒维斯基乘机利用了希姆莱短暂的虚弱求情，当然不是为受害者，而是为行刑者："瞧这些突击队员的眼睛，它们一直在战栗！这些人的余生是完蛋了。我们在这里正训练什么样人？不是精神病就是野蛮人。"几个月后，巴赫—扎勒维斯基自己精神崩溃，脑子里全是被害的犹太人的幻象，这让他经常在夜里无法控制地尖叫。当医生询问为何巴赫—扎勒维斯基如此害怕的时候，他告诉了医生有关消灭整个犹太民族的事情。尽管十分挂念巴赫—扎勒维斯基的健康，但希姆莱拒绝了他停止种族灭绝的请求，坦率地告诉他不要再管这件事情，不要干预元首的命令。

确实，元首对特别行动队在肃清犹太人上有多大进展表现出强烈的兴趣。在入侵俄国仅仅一个月，盖世太保的海因里希·穆勒就密电指令特别行动队的指挥官："元首一直想知道这里的特别行动队的工作情况。"根据这些报告和希姆莱对杀戮场的亲自观察，希特勒认识到假如要成功地消灭犹太人，有必要使用比现在使用的凌乱射杀更有效的方法。元首周围工于算计的人明确指出：如果采用现有的大规模射杀的方法，大约要花费十年的时间才能完成彻底根除欧洲1700万犹太人的目标。大规模射杀的方法是令人困窘的公开行为，浪费时间，使行刑者心理上衰弱。总之，必须采用最好的集体杀戮的方法，它不引人注目，更为致命，更有效率，节省成本。就在希姆莱明斯克恶心事件发生后不久，来自安乐死计划的毒气杀人专家现在成为了东部更具挑战性工作的选择。希特勒曾在临近8月底的时候终止了这一计划。

1941年夏季，希姆莱咨询了党卫队医生主管、德国红十字会主席恩斯特·格拉维茨博士，询问他如何完成大规模地消灭欧洲的犹太人。格拉维茨建议采用毒气室。大约就在同时，维尔特和他的安乐死专家正往卢布林转移，希姆莱在那里命令党卫队二级总队长奥蒂洛·格罗博科尼克建立一个灭绝营的体系。巧合的是，希姆莱召集了鲁道夫·霍斯，并告诉他：

> 元首已经命令犹太人问题要一劳永逸地解决，我们党卫队将实施这一命令。东部现存的灭绝中心还不能执行预期的大规模行动。因此，我专门指定奥斯威辛用于这个目的，因为它交通位置很好，也因为这个地方很容易对外隔绝和伪装……你要把这个命令作为绝对的机密，甚至对你的上级。在你和艾希曼谈话之后，你要立刻将预计安装设施的计划告诉我……犹太人是德国人民不共戴天的敌人，必须连根消灭他们。在这场战争期间，每一个落到我们手上的犹太人现在都要被毁灭，没有一个例外。

艾希曼后来在耶路撒冷受审时说：海德里希在入侵俄国两三个月后，也就是1941年8月或9月，告诉了他最终解决方案。海德里希告诉他："元首认为移民是……元首已经命令身体上的灭绝。"艾希曼宣称海德里希似乎在测试他的反应，在两个词之间停顿了一下，这不是他惯常的风格。海德里希在结束谈话前告诉艾希曼前往卢布林，从格罗博科尼克那里得到灭绝进程的进一步细节。

这样的作战指示，以及清晰的灭绝陈述表明了，纳粹大规模的毁灭机器正在一步步地组装起来。由希特勒、希姆莱、海德里希在整个1941年夏季和秋季作出的陈述已经充满了灭绝的意象，在其中，用寄生虫的术语将犹太人描述成传染性身体和精神疾病的携带者。在7月10日，希特勒把自己描述成政治—生物学的开拓者：“我感到自己像政治学领域的罗伯特·科赫。他发现了杆菌，开启了医学界的新路。我发现了作为杆菌和社会分解酵母的犹太人。”那时的希特勒依然赞同大规模射杀，告诫他的部队“射杀所有甚至和犹太混血的人”。但是正如把自己和科赫相参照所清晰表明的，他正在开始向生物学的解决方案行进，他命令进行对杀戮全欧洲犹太人最有效办法的可行性研究。在海德里希访问戈林之后，戈林在1941年7月30日给海德里希写了一封信，给予了他一个特别的委任，信中陈述道：“为了总体解决德国行动领域内的犹太人问题，出于组织的、实质的、金融的观点，我在此委任你执行所有必要的准备工作。”当然，在纽伦堡审判中，正如一些历史学家所做的一样，戈林轻描淡写了这封信的意义，认为它只是一封日常的行政指令，委派党卫队领导人扩大权力，用移民或者疏散来解决犹太人问题，“最终解决”肯定不是指灭绝。真相是：戈林的指令是建立在“元首指令基础上的”，标志着政府正式开始广泛地介入对犹太人生物的灭绝。它再次证明杀戮者的狡黠，他们不仅彼此牵扯，而且将整个官僚机构的网络都牵扯进来，以致尽可能多的人共同承担了这项罪恶。戈林的指令发动了广泛的跨机构之间的合作，这导致了1942年1月20日万湖会议的召开。

同时，计划一直在进行中，建立灭绝场所，制定毒气杀人所要求的技术细节。1941年9月，奥斯威辛集中营副指挥官卡尔·弗里奇用名为齐克隆B的杀虫剂杀害了600名苏联战俘和250名其他囚犯。10月25日，服务于罗森贝格领导的东部被占领土部犹太人事务的顾问韦策尔博士，根据罗森贝格的命令草拟了给帝国专员洛斯的一封信，在信中罗森贝格指出，来自元首私人公署的布拉克准备援助一些毒气杀人设备。布拉克答应派遣他的安乐死毒气专家卡尔迈耶博士去里加支持用毒气杀害那些不适合工作的犹太人。同日，希姆莱和海德里希成为元首司令部的客人，他们被告知散布灭绝犹太人的恐怖故事是发动战争非常好的办法。

散布灭绝犹太人的言辞就是纳粹领导层所做的事情。1941年11月8日，希特勒给犹太人贴上了世界上最大的纵火犯的标签，宣称德国在东部的目标就是完成纳粹种族计划的目标。一个星期后，希姆莱对他的瑞典按摩师费利克斯·科斯滕坦言：对犹太人的毁灭正在计划当中，他要证明即将发生的行为是正义的。这个行为是抗击统治了整个世界，并寻求通过战争和革命推翻每一个政府制度的敌人的自卫手段。当疼痛的肌肉得到放松的时候，希姆莱告诉科斯滕："只有当最后一个犹太人从这世界上消失的时候，国家的毁灭才能够终止。"科斯滕对他的客户良心的呼吁只引发了些许道德上的发现。希姆莱说：确实灭绝整个民族是"非德国的"，但是这是为历史的伟大必须付出的代价："这就是伟大带来的诅咒，它必须跨过死尸去创造新的生活。但是我们创造新的生活，我们必须净化土壤，否则它不可能结果。对我来说，它将是要承受的伟大重担……这是意志和义务古老的悲剧冲突。"这种感伤而且不真诚的胡扯，是希姆莱让自己远离他帮助释放的恐惧的方法。在希姆莱对科斯滕坦言的几天之后，戈培尔在《帝国》杂志上告知德国人民：犹太人是罪恶的，现在正在被消灭。这位宣传部长无论公共场合还是私下场合都特别容易信口雌黄，他简直不能舒缓他犹太恐惧症的偏执。他的日记提供了反犹太人举措的连续记录。这一记录清楚地展示了一个杀戮成性的国家正在扩散的妄想和这一妄想的制度化。戈培尔在《帝国》杂志的文章发表两天之后，也就是11月18日，希姆莱向一群德国记者宣布："对欧洲犹太人生物学的灭绝已经开始了。"

确实，1941年12月7日的晚上，也是珍珠港事件的那一天，700名犹太人被带到罗兹西北35英里处的偏远波兰小镇彻尔姆。这些囚犯被告知他们将被送往东部工作。相反，在12月8日上午，队列长长的、被改装成毒气卡车的运输箱式货车抵达彻尔姆，这些毒气卡车将废气通过管子传送到厢式货车内。它们一辆接一辆地把犹太人运走，在开往附近森林埋葬地的路上用毒气把他们杀死。所有犹太人，包括男女和儿童，都被毒气杀死。当这幕戏剧上演的时候，日本对珍珠港发动了攻击。正如吉尔伯特·马丁所指出的那样，这两个事件的关联是，这一天永远声名狼藉，这一天也是最后解决方案开始的一天。另一个更为显著的关联是：希特勒对美国非理性的、军事上弄巧成拙的宣战是一种挑衅的姿态，希特勒据此向罗斯福发起了决斗。他认为罗斯福是世界犹太人的助手。希特勒现在认为自己面对着两个相互关联的敌人：美国和苏联，它们之间的联系是犹太人。在12月11日的演讲中，他十分清楚地表明了他的观点。他指出，在盎格鲁—撒克逊资本主义世界和犹太布尔什维克世界之间，德国正面对共同的战线。

假如他不能击败这可怕的联合，他发誓要灭绝再次阴谋利用国外势力消灭德国的犹太人。这解释了支撑希特勒最庞大罪行实施的紧迫性，并解释了这样一个事实：这一计划和军事的行动具有同样的优先性。

因为毒气厢式货车只能消灭数量有限的受害者，因此它们从来都被认为是权宜的杀人机器。临近1941年末，一种新的营地——第一个灭绝营——在卢布林附近的贝尔泽克建立，并在1942年春天开始运行。贝尔泽克的建筑师和主要的灭绝者是克里斯蒂安·维尔特，他先前服务于安乐死计划，是大约100个从安乐死计划转移到波兰灭绝营当中的人员之一。维尔特用柴油发动机将废气抽到死亡室当中。他的第一个毒气室在1942年3月运行，并且每周能处理2万名犹太人。第二个死亡营同月在波兰东部的索比堡开启，第三个稍晚一点在特雷布林卡（华沙东北部75英里）开启，第四个在离卢布林只有一英里的马伊达内克开启。第五个和最恐怖的集中营是在上西里西亚东部的奥斯威辛，也就是波兰以前的奥许维茨。维尔特在贝尔泽克、索比堡和特雷布林卡管理对犹太人的灭绝，和在卢布林的奥蒂洛·格罗博科尼克，以及党卫队警察官员协同行动。正如人们所见，在奥斯威辛，一种新的、更为有效的化学药剂齐克隆B得到了采用。

大规模杀戮的持续、新的死亡营的出现、与运输相关的技术问题、犹太人资产的没收、与被要求交出其犹太人的外国的联络，都必然需要一个更为协调的策略服务于最终解决方案。为了这个目的，海德里希在位于万湖漂亮的柏林郊区的一座庄园里召开了一次会议。1942年1月20日，涉及最终解决方案的各种机构的主要代表聚集在一起，讨论杀戮欧洲剩余的犹太人的技术细节。海德里希在非常亲切的气氛中主持了这次会议，由发出邀请函的艾希曼做会议纪要。除了海德里希和艾希曼，其他党卫队的代表有盖世太保主管海因里希·穆勒；种族和安置办公室的奥托·霍夫曼博士；总督政府党卫队情报处主管卡尔·埃伯哈特·舍恩加特；里加秘密警察指挥官鲁道夫·兰格博士。代表各种重要政府机构的人是几个国务秘书、部长级主管和纳粹党的官员：来自内务部的威廉·施塔克卡特博士，他共同起草了纽伦堡种族法；来自总督办公室的约瑟夫·布赫勒博士；代表戈林四年计划办公室的埃里希·诺伊曼；来自司法部的罗兰·弗莱斯勒博士；来自外交部的马丁·路德博士；来自帝国总理府的弗里德里希·威廉·克里岑格博士；来自纳粹党总部的全国领袖格哈德·克洛普夫博士；代表罗森贝格领导的东部被占领土部的大区领袖阿尔弗雷德·迈耶博士；帝国行政主管格奥尔格·莱布兰特博士。十五个参会者中有八个获得德国主要大学的博士头衔。万湖会议的最终纪要是以官僚主义含糊其辞的方式表述出来的，这个体制采取种种方式以掩盖其大规模的屠杀。这一方式充满了委婉词："向东部遣送""自然减少数量""恰当地给予治疗""最终解决方案""向后推动""清洗德国人生存空间的合法方法"，等等。

万湖会议所有的参会者都同意必须对犹太人发起战争，因为他们代表着帝国的一个大的麻烦。海德里希展示了一幅巨大的人口地理图表，列出了在欧洲各国生活的1700多万犹太人。后来就如何围捕这些犹太人，如何剥夺他们的财产，如何将他们运往东部并加以灭绝，进行了生动的讨论。会议纪要是以令人恶心的官僚委婉语表述出来的，没有显示出一点可怕的实际状态。但是根据艾希曼在耶路撒冷的证词，万湖会议的参与者是"直截了当地讨论这一问题，使用了和我后来在纪要中完全不同的语言。在会谈期间，他们没有使用任何委婉的语言"。

在万湖构架的整个计划将席卷整个欧洲的犹太人，首先开始于德国和保护国。犹太人遭到围捕，送往东部的"过渡性强迫集中居住区"，然后运往"更远的东部"，这是死亡集中营的委婉语。六十五岁以上或者得到过勋章的老兵没有被杀害，而是囚禁在波希米亚的特莱西恩施塔德"展示性的"强迫集中居住区，像莱奥·贝克这样著名的犹太人被送往那里。对于一半混血的犹太人并没有达成决策，尤其是对普遍的规则——一等的一半混血的犹太人应该作为完全的犹太人对待，因而加以灭绝——是否应该有所例外没有达成决策。尽管普遍的共识是对这样的犹太人采取绝育措施，以便阻止他们对德国人民进行进一步的污染，但这一决策依然被推延到下一次会议。

万湖会议只持续了一个半小时。在正式的会议之后，参会人员分成若干团组对技术细节进行了进一步讨论。尽管对采取哪种单一的办法来实现灭绝犹太人的目标——大规模射杀、毒气杀人、通过奴役劳动致死——没有完全形成共识，但每一个人都赞同灭绝欧洲犹太人的普遍政策。这一决定超出了参会者控制：在东欧杀戮的场所，是在这个会议之外作出的。万湖会议的意义不是发起了最终解决方案——在七个月前，它就伴随着对犹太人的射杀开始了——而是德国政府更多的部门（不再是希特勒和党卫队）已经支持最终解决方案，并制订出方案实施通行的程序和方法。在整个德国，对犹太人系统的围捕几乎立即就开始了。这涉及由德国和外国官员所做的广泛的科层体制的共谋。通过卫星国政府或德国人控制的行政机构的工作，德国行政机构没收了犹太人的财产，以及在这些国家的流动资金。起草的立法将犹太人变为没有国家的人，因为这样对于任何国家来说，想要调查过去犹太居民的命运就变得不再可能或者毫不相干。

另外，任何一个已经把犹太人变为没有国家的人的国家就可能对他们的财产提出要求。剥夺犹太人的国籍和没收他们的财产之后，犹太人被允许保留100帝国马克和50千克的个人所有物。在被遣送到东部之前，犹太人还必须移交他们资产的细目表，作为对提供的服务所支付的费用，盖世太保优雅地将它接受下来。

从不顾及恶劣的天气、盟军的轰炸，或者国防军的需要，德国国家铁路的列车现在行动了起来。犹太人像牲畜一样成群地被赶入密封的货车当中，分送到五个东部的灭绝营——奥斯威辛、贝尔泽克、索比堡、特雷布林卡、马伊达内克。到1942年春天，这些灭绝营已经安装了固定的毒气室，它们能够一天灭绝2.5万犹太人。最初的方法是使用柴油发动机中的废气，后来是使用氰酸。它是由名叫“德格施”（Degesch）的一家公司以齐克隆B商品名销售的。这几个字母是德国杀虫剂公司德文的首字母。从武装党卫队卫生部消毒主管库尔特·格施泰因的证词中，我们深入地了解了这家公司，了解了这种化学药剂在灭绝人类中的使用。格施泰因得到了艾希曼办公室的命令，陪同艾希曼的得力助手罗尔夫·金特，将氰酸运送到安全的地点，对此他给我们进行了形象的描述。当他们达到秘密地点贝尔泽克的时候，他们看到了在维尔特指导下的一场灭绝行动。在这个特别的行动中，柴油发动机没有点燃，维尔特极度狂怒。不是因为700名被塞进狭小毒气室的男女和孩子不得不忍受2小时40分钟的垂死挣扎（格施泰因有一个记秒表），而是因为这一失误引起造访者面前引起的尴尬。格施泰因对他所见的东西感到极度恐惧，他告诉维尔特他带来的毒气不再有用，必须被掩埋。格施泰因后来说道，为了要见证大规模的屠杀，并且将对犹太人的灭绝告知世界，他没有离开他的位置。这一点后来证实没有成功。

在奥斯威辛，鲁道夫·霍斯决定使用齐克隆B，他强烈地相信用这种毒气他可以得到超过维尔特使用的柴油方法更好的杀人效率。齐克隆B由蓝色的小球组成，它们可以用一个小筒携带。戴着面具的操作者只需将小球通过一个小洞丢入毒气室，在那里它们就会变成在20到30分钟内杀死人的毒气。奥斯威辛成为了纳粹灭绝系统中最可怕的死亡工厂。

奥斯威辛起初是一个囚禁政治犯的营地，其中大多数是波兰人，但是它很快变为一个劳动营，后来成为了灭绝犹太人、吉卜赛人、"种族上劣等人"的主要地点。到1942年年中，集中营被分为三个地点：1号奥斯威辛是由砖砌成的营房，它是最初的营地；2号奥斯威辛靠近比克瑙，它能容纳20万受害者；3号奥斯威辛是位于莫诺维茨的工业中心。奥斯威辛有自己的足球场、图书馆、摄影暗室、交响乐团、60名医生和300多名护士组成的医疗设施，以及一个巨大的面包店、一个制革厂、一个锡匠店。这里还有30个营房，它们被波兰囚犯昵称为"加拿大"，专门用来储存从囚犯那里获得的掠夺品。这些营房塞满了衣服、鞋子、眼镜、珠宝、手表、丝绸内衣、金制的和钻石的戒指、高档酒水。奥斯威辛是这个世界见到的最大的墓地，正如它的囚犯所称谓的，是"世界的屁眼"。德国人在那里的所作所为似乎是要抹去他们为西方文明所作出的最好贡献。奥斯威辛是一个兽性的城市，在那里，那些曾经一度是文明社会的成员将无助的受害者和自己贬低为人类能够沉沦的最低层次。

无论在奥斯威辛还是贝尔泽克、索比堡、马伊达内克，到达的犹太囚犯遭遇到的是同样的现实。他们一到集中营就被赶下运货车，集中在入口等待"欢迎"，在车上留下了粪便和被践踏的婴儿。一个负责挑选的官员用简单的手势指示每个新来的囚犯排成两列：右边一列被判处劳役，左边一列被判处死刑。老年的男女和孩子通常被立刻处死。那些被作了消灭标记的人被命令脱光衣服，并被告知必须去洗个澡。一些心理学上的各个集中营有所不同的伎俩得到了采用，以掩盖等待这些死刑者的可怕现实。在奥斯威辛，人们被告知把他们的鞋子系在一起，把他们的衣服挂在标号的钩子上，以便洗过澡后可以轻易地找到它们。甚至他们领到了肥皂走进毒气室。女人被剃去所有的头发。专门的突击队员用鞭子、棍棒或枪托，捅戳和驱赶着像一群牲畜的受害者进入毒气室。专门的突击队员包括乌克兰人，甚至犹太帮手，这是一项可怕的工作，它让犹太人服务于执行自己同族人的死刑。霍斯后来写道：我从来不知道

> 有任何人给那些将被毒死的人任何一点些微暗示：什么在等待着他们？相反，他们竭力欺骗他们……尽管他们可能拒绝相信党卫队队员，但是他们完全相信他们同族的这些人。

但是，甚至这种残忍的欺骗也没有愚弄每一个人，这里出现了极度痛苦的哭喊，以及难以描述的恐怖的悲惨场景。一旦受害者被塞进能塞满800人的毒气室，大门就被封上，毒气通过天花板上的通风口释放出来。

> 通过大门上的窥视洞可以看到那些站在通风口下的人立刻被杀死……尚未死去的人晃来晃去，开始发出尖叫，挣扎着呼吸。但是，尖叫很快变为死亡前发出的咯咯声，几分钟后一切趋于平静。二十分钟后，没有任何动静可以察觉了。

至少需要半个小时把大堆尸体拉出来，它们“像一根根玄武岩的柱子，笔直地胶着在一起，没有任何空间可以倒下”；腿上布满了排泄物和经血。另一种专门的人员是“牙齿小组队员”，他们很快行动起来，在受害者身上提取填充物。这样有价值的东西被格罗博科尼克搜集起来。用毒气杀害犹太人在莱因哈德·海德里希遇刺后被称为“莱因哈德行动”，格罗博科尼克是这一行动的主要负责人之一。他负责搜集掠夺品（金钱、黄金、钻石、手表等），并且把它们送往德意志帝国银行。帝国银行接下来将这些掠夺品储存起来，尤其是将熔化掉的黄金填充物做成的金条储存在瑞士银行的地下室里。

在提取了黄金填充物之后，尸体被焚化，要么在露天，要么在火葬场。方圆数英里都散发着恶臭。德国的制造商竞争着政府的合同，建造最自动的和有效的焚化炉。最大的合同交给了爱尔福特的I.A.托普夫父子公司。这家公司最终完善了一套设施，它包括地下的毒气室，以及将尸体提升到地面的电梯。假如时间许可的话，大规模杀戮的技术人员毫无疑问可以完善出一套完全自成系统的设施，受害者作为活人进入其中，得到有效和清洁的处理，通过烟囱化作青烟出来。

对于那些没有立刻标记为消灭的人来说，在死亡营的生活是人间地狱。许多幸存者见证了非人的、难以描述的境遇。埃利·维泽尔、普里莫·列维、塔德乌什·波洛夫斯基、维克托·法兰克尔、让·阿梅利的描述复杂精致，同时，普通男女讲述了数以百计悲惨的故事。他们的经历不可能被学术的话语再造；他们必须在没有分析的情况下允许为自己代言。

在五个主要的灭绝营里发生的毒气杀人开始于1942年春天，一直持续到1944年秋季。到1944年夏季，东欧的大多数犹太人已经被灭绝，除了那些阻碍希特勒种族灭绝狂热的国家之外，欧洲其他地方的犹太人也是如此。一个这样的国家就是匈牙利，直到1944年10月希特勒废黜了米克洛斯·霍尔蒂政府，建立了他能够自己控制的傀儡政权，犹太人在那里一直得到保护。希姆莱的侦探立刻来到匈牙利，尽可能围捕他们能够发现的犹太人。艾希曼和他的特工亲自监督这一行动，将这个国家的犹太人用列车送往奥斯威辛。纳粹也三心二意地尝试新的手法：将犹太人送到西方世界，因为纳粹的口是心非和西方的漠不关心，这是一个不幸从未实施的计划。丹麦、挪威、瑞典为拯救它们的犹太人做了许多工作，瑞典派遣拉乌尔·沃伦贝格作为特使前往匈牙利帮助匈牙利的犹太人移民瑞典；他后来在苏联警察国家的内部消失。沃伦贝格的努力和其他类似的帮助一样，几乎没有对大规模的放逐产生影响。在即将到来的军事失败的阴影下，希姆莱和他杀戮成性的特工加强了他们使欧洲"没有"犹太人的工作。在对毁灭难以满足的胃口的驱使下，这些杀手梳理着先前忽视或者禁止进入的地区和集中营。这样，几千名被拘禁在特莱西恩施塔特的犹太人在奥斯威辛被毒气杀害。奇迹般地存活下来的莱奥·贝克偶然在盖世太保的办公室撞见了艾希曼。贝克回忆道："他明显吃惊地看着我说，贝克先生，你居然还活着？他仔细地审视着我，好像不相信自己的眼睛，然后冷酷地说道，我想你早就死了。贝克回答道，艾希曼先生，你明显在宣布了一个未来发生的事情。"

到1944年11月1日，毒气杀人就停止了，但是杀戮和死亡一直持续到1945年5月解放为止。当纳粹的奴隶帝国从一个又一个军事失败中退缩的时候，患有犹太恐惧症的杀手们用尽所有他们还占有的力量和恶毒，追猎他们控制下的犹太人。这解释了在战争最后六个月内发生的死亡行军。当盟军逼近各种集中营的时候，纳粹耗费了所有的努力阻止犯人落入前进中的盟军手中。许多饥饿的、瘦骨嶙峋的囚犯用铁路疏散到德国内部的集中营，但是同样多的囚犯在恶劣的气候条件下被迫行军难以置信的长途，一路被袭击、虐待、射杀。将近6万人被迫从奥斯威辛出发进行死亡行军，2.5万人从斯图特霍夫出发，数千人从克劳斯—罗森、布痕瓦尔德、达豪出发。这些死亡行军没有得到希特勒或希姆莱的命令，而是出自现场指挥官，他们恶毒的犹太恐惧症一直坚持到最后。他们把对纯粹复仇的需要和掩盖罪行的动机结合在一起。这一需要证明比对盟国的仇恨更为强烈。伴随着正在面对他们的失败和惩罚，这些犯罪者尽力掩盖他们罪行的证据，摧毁毒气室，尽可能多地毁灭定罪证据。一个被称为1005分遣队的特别小队由党卫队的保罗·布罗贝尔领导。这个分遣队被指派重新打开墓穴，把尸体放在浸油的铁轨木枕堆上焚烧，并用专门的机器将骨头碾碎。1943年春季，这个小队出现在俄国，后来转移到波兰，最后是东南欧清除杀人场所。布罗贝尔将挖掘腐烂尸体的任务交给犹太人和当地人。一旦墓穴的挖掘者完成他们可怕的工作，他们就被杀害了。杀戮者们相信他们将笑到最后，世界将永远不会发现或者因为难以置信而拒绝少数幸存者的证词。正如党卫队的看守一直告诉受害者的那样：

> 无论怎样，这场战争是可能结束的，但是我们已经赢得了对你们的胜利；你们当中没有人将留下来作为见证人，即使有人幸存下来，世界也不会相信他。这里也许会出现历史学家的怀疑、讨论、探索，但是，这里将没有确定的东西，因为我们将把证据和你们一道毁灭。即使某一证据留存下来，即使你们当中的一些人幸存下来，但是人们会说你们所描述的事件过于可怕而难以置信。他们会说这些事件是盟国宣传的夸张，他们会相信我们，而不是你们。我们将成为口述历史的人。

使用这些残酷言辞的党卫队武装分子犯了自信期望的错误。这个期望认为，世界不会相信难以置信的东西，或者杀戮者的谎言会得到比幸存者诚实的证词更多的信任。杀戮者们在一个方面是正确的：他们的所作所为无疑是恐怖的，以至于我们很少去谈论他们杀戮了多少人——500万或600万——而是更多地谈论是什么东西促使他们犯下如此难以言表的罪行。另外，历史学家依然在追问自己是什么原因制造了大屠杀，有多少德国人和非德国人实际上知道正在以如此巨大规模犯下的种族灭绝。

犯罪者：普通的德国人？

因为大屠杀需要一个规模巨大的、具有高水平的专业化和劳动分工的科层体制，因此从一开始就将遥控的科层体制的杀戮者和现场的或者灭绝营的专业杀戮者区分开来，是一件有用的工作。前者制定计划，并监控种族灭绝；后者射杀犹太人，或者在毒气室里消灭他们。种族灭绝自身可能被疯狂的犹太恐惧症所驱动，但是个体的杀戮者并非必然被统一的、内在一致的犹太恐惧症的参照系所驱动。记得这一点是重要的。这就是为何历史学家正确地把不同类型的犯罪者加以区分的原因所在。这些类型包括：疯狂的犹太恐惧症患者、没有是非的权术者、野心家、墨守成规的人、道德上的懦夫或者施虐狂。但是，可能无疑的是，激发这一犯罪行为自身的知识参照系首先是精神的失常，它是纳粹领导层思想的特性所在；特别是给希特勒的心态提供能量的仇恨。

人们经常在问：是什么类型的人能够犯下如此罪行？在回答这一问题时，焦点必须放在心理因素和文化因素的相互影响之上，因为杀戮得到了让暴力和毁灭得到美化的死亡文化的支持。同时，对这一事实的认知不应该诱惑我们把一个被许多人误认为是最重要的动机认定为主要的因素，即十足而纯粹的施虐狂是大屠杀的动机。证据表明，只有很小百分比的犯罪者实际上是施虐狂的杀戮者。甚至在冷静而有效地调度数以千计的受害者的纳粹医生当中，从临床的意义上来说也很少是施虐狂。正如奥斯威辛一位幸存的医生埃拉·林根斯—莱纳所认为的那样："这里几乎没有施虐狂。在临床的意义上来看，不到5%或10%是病态的罪犯。其余的人都是完全正常的人，他们知道对错的差别所在。他们都知道正在发生什么。"大多数集中营的指挥官以及他们的同事也是这样的，他们几乎没有处于施虐的动机从事杀戮，在他们监督的恐怖之屋之外过着"正常的"生活。[①] 真相是：集中营的看守和他们的同事经常是从社会的渣滓中招募的，因此从统计学的意义上说，人们总是期待有相当数量的施虐狂的精神病患者在这样的背景下显露出来。这些男女构成了尤金·科贡所称的纳粹体制

① 正如沃尔夫冈·索夫斯基所说："这些办公桌后面的犯罪者和许多低层级的、挥挥鞭子的同事既不是变态佬，也不是施虐狂——他们令人吃惊地正常。"

的“消极精英”。但是，在这些消极精英当中，施虐狂的数量不会超过10%。在许多施虐狂堕落的案例里，区分用取乐堕落和用“减轻罪感”堕落并非总是可能的。前者是对残酷纯粹的快乐，后者是逃避罪恶的工具。

假如施虐狂在种族灭绝中发挥着微小的作用，焦点就必须转变到德国社会更大的文化模式上，它们提供了动机和制度机制，使国家授权的对数百万人的杀戮成为可能。犯罪者直接或间接地杀戮，因为他们信仰暴力的犹太恐惧症的共同意识形态。这种意识形态为他们创造了条件，把犹太人设想为德国人生活和文化上的恶性肿瘤。这个集团由真正的信仰者构成，他们欺骗自己形成了这样的想法：灭绝是一种形式的民族救赎。就是这种形式的意识构成了纳粹国家最高领导层的特征，并提供了给种族灭绝机器增添燃料的能源。然而，这里还有许多自觉自愿的其他犯罪者，因为他们适应了没有疑问服从命令的文化。这里还有一些参与大规模屠杀的人，因为这对他们的职业或者经济境遇有利。经常的情况是所有这些因素结合在一起，成为犯罪者的动机。

通常存在两种杀戮者：一是那些从他们的办公桌来管理毁灭进程，并发布各种命令的人（诸如希特勒、希姆莱、海德里希、穆勒、艾希曼这样的“办公桌杀戮者”）；二是那些完成实际行刑或者毒气杀人的人（霍斯、维尔特、门格勒、特别行动队的成员、集中营的看守）。这里依然几乎没有施虐狂。像希姆莱和艾希曼那样人都视自己为正派的人，为了崇高的事业正在从事重要的工作。1943年10月4日，希姆莱在波兹南对党卫队领导人进行了臭名昭著的演讲。在其中他把杀戮者奉为名人，因为他们具有力量和勇气承担了令人震惊的工作安排。这个演讲充分地证明了这一自欺的思想态度。希姆莱对那些垒起一座座尸体之山、同时依然保持正派的同事大加赞美：“坚持到底——除了由于人类虚弱造成的少数例外——保持正派，这就是让我们坚强的东西。这是我们历史中光荣的一页，它从未被书写过，也不可能被书写。”

假如它如此光荣但不可能被书写，那么种族灭绝的设计师就含蓄地承认，因为这一行为蔑视文明存在的所有规则，因此它是极不光彩的，从而必须被永远地掩盖起来。当然，对光荣或者正派的提及是防卫机制，依靠这一机制，杀戮者可以让自己的行为正当化，并和这一行为保持距离，以致它不会打破他们情感上的平衡。艾希曼在这种自我正当化的策略上堪称大师。艾希曼曾经告诉一位同事，由于知道他在杀戮数百万犹太人中完成了自己的工作，他感到非常满足，他将大笑着跳入坟墓。尽管他是残暴的犹太人仇恨者，但他在耶路撒冷的审判中编造了完全不同的面具。他再三地重复自己是纳粹科层体制中的一个小小的齿轮，执行与犹太人移民和遣送的相关工作。他在耶路撒冷假装的极其无知误导了汉娜·阿伦特，她认为他的行为是"平庸的恶"。这一无辜实际上是自我欺骗和蓄意说谎的结合。艾希曼完全在狭隘的意识形态的限制中活动，在这个意义上，他是愚蠢的；但他也是一个精明和狡猾的说谎者。他出自意识形态的信念杀人，同时像狗一样地把自己奉献给职业和权威。艾希曼以最恶劣的方式代表了不真实的、渺小的德国人。他按照浅薄的意识形态行事，因为他被告知要信仰它，并被命令没有异议地实现这一意识形态。

当后来面对他的控告人的时候，艾希曼和许多类似他的人都试图采用对他们有利的不真实的东西。他把自己描绘成没有自己观点，只是执行命令，从来没有杀过一个犹太人的人。他甚至宣称自己从来就不是一个反犹太分子。所有的这些人都在用谎言找借口。艾希曼和他的同类已经把这一借口完善成了一种精细艺术。当无知不能发挥作用的时候，艾希曼就展示自己是"机器上的齿轮"，接着是以"命令就是命令"为自己辩护：

> 豪普曼先生，假如他们对我说："你父亲是个叛徒。"假如他们告诉我我自己的父亲是个叛徒，我就必须杀了他，我会这样做的。那时，不假思索地服从给我的命令，我只是做着上司吩咐的事情。

在耶路撒冷，艾希曼固执地拒绝了这样一种观点，即他相信德国人民的拯救依赖于犹太人的灭绝，要杀死犹太人，因为这是元首的命令；元首的命令让灭绝成为好事，变得有效。奥斯威辛的指挥官鲁道夫·霍斯说的完全是一样的事情："我必须强调我从未从个人角度仇恨犹太人。确实，我看不起他们，他们是我们民族的敌人。但是，正因为这一点，我认为他们和其他囚犯没有区别，我完全用同样的方式对待他们。"其实他没有用同样的方式对待他们，他用毒气杀死了他们。霍斯宣称这不是他的选择，因为他得到了元首的命令杀死犹太人。艾希曼也同样逃避道德责任，他告诉法庭："哪位像我这样的小人物动脑子想这些问题呢？我得到来自上司的命令，我不会左顾右盼……慢慢地，我们被教会了所有这一切。我们融入其中，我们知道的一切就是服从命令。我们被我们的誓言所束缚。”

这样的言论背后有一个假定，那就是犯罪者完全被超出他们控制的“较高层面的力量”所完全决定。索比堡、后来特雷布林卡集中营的指挥官弗朗茨·施坦格尔告诉吉塔·塞雷尼：他没有做任何错事；一直有比他地位高的其他人；他只是做了服从命令的事情；他从来没有伤害任何一个人。就是这个“体制”让他做了这件事，这是一个不可扭转的体制，任何个人都无法改变它。因此，假如体制不能得到改变，最好就是让自己适应它的意志和目的，强迫自己“显得冷漠和事不关己”，“看清一切”，“维护铁的纪律”，“埋葬所有人的思考”。毕竟“这里有一件事情是合法的——命令”，特奥多尔·艾克就是用此格言作为自己信笺的标题。

这些犯罪者已经把德国的文化特性内化于心了吗？其最好的表达是“不被允许的事情是不能做的”；或者他们故意说谎和欺骗他们自己吗？正如汉娜·阿伦特在听完艾希曼的自辩后对自己追问，他们的行为是否是不诚实、说谎的自我欺骗、粗暴愚蠢的教科书案例？撒谎是这些犯罪者共有的特性，这样就经常不大可能对促使这些人参与大规模杀戮的动机进行归类。希姆莱、艾希曼、霍斯、施坦格尔，以及许多其他人都是绝对按照纳粹的行话、陈词滥调、官僚遁词思考问题的。他们没有能力，或者也不愿意考虑任何在他们狭隘意识形态之外的立场，或者显示出对他们种族敌人的任何同情。在什么范围和程度上，纯粹的信念、说谎的自我欺骗，或者对权威的服从在这些思想和行为中占据主导地位，是很难确定的。他们肯定知道对与错之间的差异，在某些情况下他也清楚地意识到较高层次的美德和世俗权力之间的冲突。例如艾希曼承认，他已经将其一生实践康德的绝对命令。当半信半疑的辩护律师要求艾希曼详细叙述这一断言的时候，他试图提供一个相当得体的对这一原则的陈述：一个人应该以这样一种方式行动，即一个人的行动能够依靠他的意志和义务成为人类行为的普遍法则。

艾希曼承认，一旦他决定参与最终解决方案，他就不再要求按照康德的绝对命令生活，因为他的判断能力不再是自由的，他感到被迫接受最高的命令。

他的新的绝对命令现在出现了：按照这样的方式行动，即你的行动原则和阿道夫·希特勒是一样的。我们倾向于对这些解释不予理会，把它们作为逃避个人责任的卑劣努力。当然，它们就是这样的努力。但是，许多德国人相信这样的想法，并根据这样的想法行事。例如汉斯·弗兰克就倡议下面一句话作为第三帝国的绝对命令："按照这样的方式行动，即假如元首知道你的行动，他会赞成你的行动。"赫尔曼·戈林曾经承认："我没有良心。我的良心就是阿道夫·希特勒。"因此，假如希特勒的良心替代成为了集体的超我，并且认可大规模杀戮，个体的德国人就自动地解除了责任。这种对自由的逃避显然是确定无疑的。

使那么多人参与种族灭绝成为可能的一个重要心理因素是远离犯罪本身。那些忙碌于铁路时刻表、搜集统计数据、起草反犹太法规、忙碌于驱逐犹太人的官僚们，实际上没有看到射杀和毒气杀人。他们仅仅是在庞大的组织中从事着专业人士的工作，因此几乎没有见证最终的产物——堆积如山的尸体。他们封闭的生存状态使自己与他们行为丑恶的结果隔离开来，并且对于他们来说，也使得声称他们仅仅是在执行他们专业领域的日常工作成为可能。对于大多数官僚来说，职业的目标和意识形态的承诺一样是重要的。德国外交部德国局的负责人马丁·路德代表外交部出席了万湖会议，他是一个种族灭绝的野心家。路德是一个天才的、富有野心的、工作努力的管理者，他的主要目标是权力，而非意识形态的热情。他不是一个教条的种族主义分子，而是一个没有道德观念的权力专家。

同样真实的是路德的下属弗朗茨·拉德马赫，他负责德国局的犹太人处。拉德马赫出身于中产阶级家庭，学习法律，在1937年加入外交部之前担任过助理法官。在担任驻乌拉圭蒙得维的亚的临时代办之后，他在外交部承担对犹太人事务的控制，并参与了导致最终解决方案的决策制定过程。拉德马赫从事于流产的马达加斯加计划。后来又涉足了政府针对国外犹太人，尤其是在东南欧的反犹太举措。1941年10月，拉德马赫前往塞尔维亚处理犹太人的"放逐问题"，由于强大的抵抗德国人占领军的游击战役，这个问题变得复杂起来。地方军事当局要求以100比1的比例射杀游击队员，并建议射杀犹太人以取代他们没能发现的共产主义者。拉德马赫和他的办公室都参与了接下来对数以千计的犹太人的杀戮，并给他赢得了犹太人屠夫的称号。拉德马赫自己从来没有看到任何这些残暴行为。事实上，在他的上级马丁·路德倒台之后，他离开了外交部，自愿参加了海军。尽管拉德马赫具有强烈的反犹太主义倾向，但他并没有让这一偏见作为他行动的关键所在，而是把它作为一种方法来提高自己的职业地位。有人清楚地记得，当他的职业发展似乎受到危害的时候，他毅然离开了外交部。他的存在理性就是他的职业，它依赖于这个国家要求他做的任何事情：他后来说道："我的来自儿童时期的全部教育就是服务于国家，而不关心那个时刻国家领导层的政治观点。"

在德国的科层体制中有数以千计的拉德马赫，在每个机构当中都能发现他们。这些人将职业生涯和个人野心置于道德考量之上，他们很快使自己适应了新的种族国家，并急切地试图通过承担任何任务证明他们的价值，而不管它是如何不道德。极少数人显示了良心的悔恨，但多数人没有。为何他们会这样呢？这些人在执行命令中长大，以小心翼翼地对细节的关注完成他们的职责，同时不允许对更重要的道德问题提出疑问，因此这些人在道德危机的时代，没有可以利用的道德基础。他们是现代官僚文化中空洞而不真实的人，他们和今天公司的技术人员没有什么明显的区别。他们按照大规模毁灭计划劳作，无心去询问为何他们要将自己的一生和职业生涯奉献给毁灭这个星球上的生命。这样的人是道德的突变体，与那些双手沾满鲜血的人无异，也许更坏，因为这些小齿轮合成了致命的集体机器。

权力的官僚技术人员可以采用他们远离犯罪，为他们要么不知道、要么无辜于任何错误行为作辩护。那些知道正在发生什么的人要么把自己一分为二，要么躲闪到各种合理化的背后，比如"我只是在从事我的工作"，"我只是服从我的命令"，"假如我不服从，我也会被射杀"，或者"其他人更可恶"。那些直接参与大规模屠杀的人——毒气杀人专家、特别行动队的杀手、集中营的全体人员、残忍的医生——又怎么样呢？

为了试图理解这些大规模杀戮的技术人员。罗伯特·J.利夫顿关注于一个重要的心理学原理，它被称为人格分裂和双重人格。这涉及一个过程，据此一个人被分为两个功能整体，以至于一个是冷血杀手，一个是好医生、好丈夫，或者尽职的雇员，它们可以分离地在各自合适的领域发挥作用。基于自主和关联基础上的某种辩证逻辑调节着两个自我之间的关系。奥斯威辛的自我必须自主地在其残忍性中能够发挥作用，但是同时一种关联必须和前一个自我保持联系，因为杀戮者必须看到自己是一位正派的人、一位好父亲、一位好同事。种族灭绝的杀戮者在这一境遇中每天工作。在其中，对于奥斯威辛的自我来说，成为依然留存的文明自我的篡位者和替代者并不是非同寻常。正如艾希曼所言，为了维持正常人的幻觉，一个人实际上“在内心深处没有成为一个肮脏的杂种”，残忍的自我假装处于生死的斗争中，并且把杀戮作为自卫、生存，甚至民族自我净化的方法合理化。将良知转化为奥斯威辛的自我可以避免内疚，它将杀戮作为自卫或者种族治疗合理化了。

人们多次发现，这样的一些行为和合理化，与黑手党或恐怖主义组织相关联。通过合理化，这些行为和合理化如影随形。利夫顿指出，双重人格（而非性格混乱）是一种选择，它可能被带进犯罪境遇或者被生活方式所激发。人们可能延伸这一点，认为我们所有的人在某一刻选择双重人格作为防御机制来保护自我，不让自己听到更高的道德意识的声音。换句话说，双重人格不仅在犯罪背景中发挥作用，而且在任何希望它的成员内化侵略、贪婪、竞争、无道德的专长等道德标准的组织中也是如此。在所有的现代社团当中，并非都需要陷入犯罪的境遇。所有要求它成员的东西，是他们能内化社团的价值观，把爱和同情留在家里。

大规模杀戮的伦理观被内化为民族净化的救赎行动。这一内化在医学专业特别强烈。卷入种族灭绝之中的纳粹医学专家，将杀戮作为一个治疗过程合理化。他们坚持认为，为了德国的生存，另一个群体必须死亡。在纳粹种族意识形态这个妄想的体制中，这个观点对那些相信它的人产生完美的感觉。另外，这一妄想的体制在新浪漫主义、民族主义、犹太恐惧症、伪科学等各种德国传统中都有深根。根据利夫顿的观点，纳粹运用了一种倾向于反复出现死亡、启示录的历史景象的文化；因为这个原因，这一文化抓住了死亡和治疗之间的关系。

集中营的医生比大多数其他纳粹分子更能代表死亡和治疗综合征的范例。他们相信依靠杀戮他们实际上在治疗，就像中世纪焚烧异教徒的那些人所做的一样。一位在大屠杀中幸存的犹太医生曾经询问纳粹医生弗里茨·克莱因博士，他是如何能够将残忍的行为和他作为医生的希波克拉底誓言相调和。克莱因博士的回答是：“当然，我是一名医生，需要维护生命，出于对人类生命的尊重，我将从患病的身体中取出腐烂的阑尾。犹太人就是人类身体中腐败的阑尾。”许多党卫队医生在死亡集中营是选人的官员，他们决定谁死谁生，或者在无辜的受害者身上实施可怕的医学实验。他们把自己看作是新的、提高德国民众生物学质量的种族精英的先锋。由于他们已经被灌输了犹太人、吉卜赛人或斯拉夫人是劣等人的思想，因此在各种医学实验中把这些人当作豚鼠来使用时，他们没有感到任何不安。用一个党卫队医生的话来说，这样的人是比老鼠还便宜的、最便宜的实验动物。

并非所有的这些实验都被用于提高德国人民的种族质量，许多实验是在战时的条件下挽救德国人的生命。例如，西格蒙德·拉舍尔博士和他的团队用数以百计的犹太人、吉卜赛人、波兰人或俄国人在达豪进行冷冻实验，脱去他们的衣物，让他们裸露，或者身着飞行服，放入冰冷的坦克里，观察他们的身体是如何抵抗寒冷，寻找复苏接近冻僵身体的方法。医生们仔细地记录这些囚犯反应的每个细节，包括他们口吐泡沫，痛苦痉挛，临死前呻吟，进入半意识状态。这些降低体温的实验得到了希姆莱和军队的赞助，以努力发现更好的办法处理暴露在极寒条件下的状况。拉舍尔和他的同事还为德国空军进行了高空飞行的人类反应实验。囚犯们被投入降压舱里，被暴露在极度压力或者真空的环境中。当他们在极度痛苦中尖叫或者痉挛的时候，这些医生毫无表情地观察他们是如何反应的，直到他们的肺破裂。拉舍尔只是许多医学实验者中的一个。他与基尔大学的两位教授霍尔茨罗勒博士和芬克博士紧密合作，形成了一份很长的研究报告——《对人类的冷冻实验》，1941年10月在纽伦堡的医学会议上，他们与数以百计的同事分享了这一报告。

其他实验涉及使用“劣等”吉卜赛人。在萨克森豪森集中营，吉卜赛人被强迫饮用海水，被毒药弹射击，被注射传染性黄疸。在拉文斯布吕克，他们被坏疽伤口所折磨。波兰的女性囚犯被笑话地称为“兔子女孩”，被用于骨头嫁接。最广泛的实验之一涉及绝育。莫达斯博士主持的一个研究是注射或者管理贝母汁液的剂量；另一个是X光射线绝育。最臭名昭著的大规模绝育和阉割的屠杀是在奥斯威辛的第十区，数以百计的人类豚鼠被卡尔·克劳贝格博士注射了各种腐蚀剂，他是生育能力研究方面的专家，他的制剂今天依然在被使用。安乐死计划的关键人物是霍斯特·舒曼博士，他试图在奥斯威辛创造一种流水装配线的方法来绝育数以百计的人，这个方法非常快捷，并且似乎也是无害的：囚犯们被告知在一个柜台上填写一张表格，在他们这样做的时候，一个隐藏的X射线机发出辐射。用这样的方法，舒曼希望一天能够绝育4000人。致残和过量用药是通常的办法，它们引发急剧的膨胀和生殖器的退化。这些令人遗憾的副作用和将要收获的巨大收益相比是苍白的："在德国囚禁的300万布尔什维克分子可能被绝育，以致他们只可用于工作而不能繁殖，仅仅想到这一点就打开了最为深远的前景。"

舒曼在奥斯威辛的一个同事约翰·保罗·克莱默博士非常投入地指导着对饥饿致死的研究。因为在奥斯威辛可以源源不断地提供即将饿死的病人：他选择"适当的标本"，用致命的苯酚注入心脏，然后得到各种器官用于细致的分析。他可怕的实验丝毫不影响他正常的日常生活；事实上，他声名狼藉的日记向我们显示了荒诞的人是如何用一方面杀人，同时一方面保持"正常"生活方式来分裂自我的。

> 1942年9月4日……在女子集中营进行了一场特殊的行动（选择）……是恐怖中最为恐怖的事情……
>
> 9月6日……今天是星期天，一顿丰盛的晚餐：西红柿汤、加有土豆和红卷心菜的半只鸡、甜布丁和了不起的香草冰激凌……
>
> 10月10日……我从十分新鲜的尸体中取出和保存了器官，有肝脏、脾和胰腺……
>
> 10月11日……今天是星期天，我们为晚餐上了一只大烤兔，还有面团布丁和红卷心菜。

活跃的贸易也发生在人体器官的采集当中，特别是保存完好的劣等种族的头颅。斯特拉斯堡大学的教授奥古斯特·赫特博士指导了对劣等种族头颅的研究，并且说服了希姆莱送给他保存完好的犹太布尔什维克政治委员的头颅。这位欣喜的党卫队全国领袖把选择优质候选人的任务交给了沃尔夫拉姆·西弗斯，他是党卫队祖先遗产协会的头领。他也有个绰号叫"蓝鸟"。西弗斯在奥斯威辛搜寻是否有好的候选人，命令把他们杀掉，然后把这些身体送给赫特教授。他后来宣称他"只是发挥了一个邮递员的职能执行任务的"。赫特的研究完全符合希姆莱的种族偏执，他一直想发现纯粹的雅利安人的起源，并将雅利安人的血统纯洁化。

这种变态的种族科学在臭名昭著的约瑟夫·门格勒博士那里可谓登峰造极。他是奥斯威辛的“死亡天使”。大多数奥斯威辛的幸存者记得门格勒是短小精悍、衣衫洁净的德国官员，冷漠、无情，当新来的囚犯从肮脏的火车车厢下来接受他们命运的时候，他等候他们的光临。像一个歌剧的舞台指导，有时用口哨吹着瓦格纳的歌剧，他用手杖指着每个人，命令他们向右或者向左。他十分享受这些选择，并且他在各种医学实验中眼睛都不眨地——“任性而嗜血”——杀害了无数的人，尤其是孩子。正如在希姆莱的案例中一样，他的教养似乎没有预言他在奥斯威辛的残暴行为。他出身于一个巴伐利亚的上中产阶级家庭，在金茨堡拥有一个销售农场设备的企业。他年轻时候过着我们先前遇到过的中产阶级父母的儿子的生活方式：在预科学校——集权主义和傲慢的精英主义的滋生地——接受严格迂腐的教育，拒绝宗教而支持民族主义的种族意识形态，喜爱民族主义和军人的价值观。门格勒在1931年加入了准军事组织钢盔党，1934年加入冲锋队，尽管直到1938年他才加入纳粹党。在接受了中等学校离校考试之后，他在慕尼黑、波恩、维也纳、法兰克福的大学学习物理生物学和遗传学。1935年，他在慕尼黑大学获得哲学博士学位，论文聚焦于四个种族群体的下颚部分，声称通过研究下颚就可能确认种族群体。1936年，他通过了国家医学考试，在莱比锡大学医疗诊所获得了他的第一个职位。

但是，改变门格勒生活的东西是他被任命为法兰克福大学第三帝国遗传生物学和种族纯洁学院的助理研究员，他在德国一流的遗传学家奥特马尔·冯·费许尔的指导下工作。门格勒成为了费许尔的得意替手。这位著名的教授鼓励这个年轻人的职业成长，确保他被任命为奥斯威辛主要的医学研究人员，并且利用自己在威廉大帝人类学、人类基因和遗传学学院院长的地位，为门格勒在集中营的研究调度基金。心存感激的门格勒回报教授的服务，从奥斯威辛定期向他提供保存完好的人体器官。

当战争爆发的时候，门格勒加入了武装党卫队的医疗部队，与众不同地服务于西线，获得了一级铁十字和二级铁十字勋章。1943年5月，在毒气杀人登峰造极的时候，他到达了奥斯威辛，充分利用了那里提供的稀有机会，对人类，尤其是双胞胎进行了实验。门格勒确信依靠对双胞胎的实验，反常的遗传传递是可以被确定和控制的。他选择了250对双胞胎，把他们看作是实验室研究人员可以当作的青蛙、老鼠。根据利夫顿的观点，门格勒给奥斯威辛带来了“残忍的科学疯狂”；它的目标就是培育更高级形式的雅利安人。用被门格勒胁迫的波兰助手的话来说：

> 我发现门格勒只能被描绘为疯子。他颠倒真理。他相信你能创造新的超级种族，好像你正在培育种马……他是一个种族主义者和一个纳粹分子。他野心勃勃，以致完全没有人性。他对遗传工程十分疯狂。我相信当他消灭犹太种族的时候，他会开始消灭波兰人；当他消灭波兰人的时候，他会消灭其他人。总之，我相信为了他的事业他正在做这件事……最终，我相信他会杀死自己的母亲，假如这件事会对他有所帮助的话。

因为门格勒的乌托邦迷梦和他的事业，他怀着良心进行拷打和杀戮。但是，对于和他共事的人来说，门格勒是一个正直的人：正确、好相处和“有文化”。当然，这是奥斯威辛双重人格综合征，伴随着对高贵的研究和在德国民众的身体上切除脓肿的正当性认同。门格勒是狂热的、真正的信仰者，一个怀有人类完美幻象的疯狂教授。奥斯威辛是他理想的世界、他成真的梦想。在这里，他实现了种族的幻想，并把以下行为正当化，其中包括解剖分析双胞胎，将亚甲基蓝染料直接注射到受害者眼里，搜集身体器官，通过射杀、注射，或者把他的受害者送到死亡室来发泄他爆炸式的愤怒。正如一个同事所认为的那样，假如在一个平常的时代，他可能是一个患有轻微施虐狂的德国教授，奥斯威辛把他转变为纳粹邪恶的原型。在犹太受害者眼里，他已经成为了他们最深层的集体恐惧的化身，成为他们对所有德国事物恐惧感的关键所在。

但门格勒是一个怎样普通的德国人？希姆莱、艾希曼、霍斯，以及其他像他们一样的纳粹狂热分子是怎样普通的人？他们是作为整体的德国民众的代表吗？另外，他们“就像我们一样吗”？——这句话经常意味着暗示。由于在所有更具推测的意义上根据统计学和心理学的基础都很难回答这些问题，因此大屠杀的研究者依靠审视更大、更为一致性的杀戮群体，并采取自问的方式，从对个人的研究途径转移到对一般规律的研究方法。他们的自问是：这些人比纳粹种族精英的领导人更能代表普遍意义上的德国人吗？假如这一点能够成立，一个人也许能够让所有德国人同样为大规模杀戮负责，因为这可能证明了每一个普通的德国人，不分男女，都和种族灭绝的杀戮者穿一样的鞋子，都以同样的方式进行了杀戮。或者平和一点，人们可能得出这样的结论：尽管鉴于某种特定的文化环境，但是普通的德国人依然成了大规模杀戮者，过去和现在的许多普通德国人也是如此。这类研究聚焦在特别行动队的杀戮者，尤其是在俄国使用的去增强最初人数较少的特别行动队的辅助警察部队。特别行动队和它专门的部队由受过严格训练的、意识形态受到灌输的突击队员组成，他们把充满暴力的犹太恐惧症的仇恨变为了杀戮的行动，人们很难把他们当作“普通的”德国人。

但是，对于派往波兰和俄国去支持迅速扩张的大规模杀戮计划的预备警察营的成员来说，同样也是不真实的。迄今为止，我们只有两个主要研究涉及这些部队。据说它们的成员由“普通的”、中年的德国人构成，从广泛层面的德国人中招募而得。克里斯托弗·布朗宁做了第一个研究，他集中研究了预备警察101营和它的五名警察，这个部队的大部分人来自汉堡。布朗宁的大部分信息来自1962年至1972年间汉堡公诉人办公室领导的对210名警察的审问。审问获得了对这支部队很好的采样，包括其成员的年龄、教育、职业背景。布朗宁显示：大部分警察101营的成员是中年成家男子，来自社会的底层，拥有各种各样的职业技能，几乎没有受到超出小学教育的正规教育。他们从普通的警察变为大规模杀戮的杀手，代表着最为知名的大屠杀的故事。布朗宁详尽记录了这个故事，好像他在1941年夏季到1944—1945年第三帝国崩溃之间追随着这些杀戮者的行动。因为有40个类似的警察部队大约同时在波兰和俄国行动，因此要求对其他这些部队进行进一步的研究，以评估预备警察101营的代表性价值。丹尼尔·约纳·戈德哈根的著作《希特勒的自愿行刑者》调查了九支警察部队，另外他通过他所称的“普通的”德国人，聚焦于广泛的杀戮行为。

两位学者在两个要点上达成了共识：一是相当规模的德国人参与了大规模杀戮，他们的成员超过了10万人；二是大多数人的参与出于自愿，而非强迫。尽管两位研究者研究了同样的文献证据，但是他们在对杀戮者的动机进行了完全不同的解释。正如先前所提及的，戈德哈根认定了一个驱使这些犯罪者消灭犹太人的共同动机："灭绝性的反犹太主义"。它几乎像一个顽固的原动力运作，将自己嫁接在所有德国人身上，强迫他们仇恨和消灭犹太人。这种恶魔化解释了部分的而非全部的故事。戈德哈根对犹太恐惧症的邪恶有生动的认识，用高超的技巧描述了这一邪恶的轨迹，同时对残忍的狂暴提供了丰满的叙述，布朗宁一丝不苟、小心谨慎的经验主义简直不能与之相比。另一方面，残暴的黑暗逻辑没有被单一因果关系的解释说清楚，因为这一解释拒绝所有其他文化或者心理学原因。就是在这个意义上，戈德哈根显示了自己是雅各布·布克哈特所说的可怕的简单化分子。他把"灭绝性的反犹太主义"归于普通的德国公民，从而从"反犹太主义"和"普通的德国人"那里耗尽了真正的意义。布朗宁十分小心地求证，避免对简化的特性进行包罗万象的解释。他的普通德国人杀戮不仅出于意识形态的信念，也有出于"环境造成的"因素，它们涉及群体的压力、对权威的服从、文明价值观的残暴化和崩溃、对自身人员伤亡的怨恨，等等。

预备警察101营跟随着特别行动队进入杀戮战场，在1942年夏季发动了大规模屠杀。它的血腥洗礼迅猛而可怕。地点是卢布林地区的海尔姆南部小村庄约瑟夫乌。该部队的指挥官是五十三岁的少校威廉·特拉普，他被自己的士兵亲切地称为"特拉普老爸"。这个少校接到命令围捕1800名犹太人，并被告知将能干活的男性犹太人与其余的犹太人分离开来，遣送到劳动营；剩余的人——老人和幼儿——当场处决。他首先告知了军官们；他们当中只有一人——预备中尉海因茨·布克曼——拒绝接受命令，因为不应该期望德国士兵射杀妇女和儿童。特拉普给较为年长的、未授军衔的人决定退出的选择，因为他们可能不能承担如此沉重的任务。有10到12人看到他们的一个同伴对着干之后，也作出了这样的选择。特拉普情绪上十分抓狂。他的一个同伴后来回忆他当时说："上帝啊，为何我必须接到这些命令？"另一个看到他在怨恨地流泪。但是特拉普让自己镇定下来，正如他告诉另一个人的："命令就是命令。"他向一个司机坦言："假如这一犹太事务最终遭到复仇，那么就宽恕我们德国人吧。"这支部队不顺畅地执行着任务，但完成了对约瑟夫乌多数犹太人的射杀。尽管这些人在不得不射杀无辜的民众时似乎体验了相当大的情感上的沮丧，但是他们很快就形成了恰当的防御机制，以维持眼前的残暴。一些人用诋毁的言辞——比如"懦夫"或者"白痴"——来刺激过于拘谨的同伴。这些人也试图通过酗酒和嗜烟减轻可怕的压力。当他们从沾满了鲜血和脑浆的树林里出来的时候，他们“沮丧、愤怒、怨恨、颤抖”地回到营房。有人得出这样一个印象：杀戮在接下来的场合变得越来越容易，因为文明的禁忌已经被粉碎，血腥的水泥把杀戮者们浇铸在一起，双重人格、麻木不仁的防御机制把杀戮者们降低到人没有真正控制的“情景”暴力的领域当中。

后来，预备警察101营的人宣称他们没有选择，只是服从命令，感到同伴的压力，为死去的同伴或者被盟军轰炸致死的无辜国民复仇，以此证明他们残暴行为的合理性。令人感到奇怪的是，这些人几乎没有谈到仇恨犹太人，这是一个含义深远和突出的忽略，它只是表明抑制或者有意的自我欺骗。

布朗宁指出，同时戈德哈根有力地证实：这些人多年来受到反犹太人宣传的影响，并且它也成为了他们专业训练和灌输洗脑不可或缺的一部分。假如他们在东部经历之前是温和的反犹太分子，那么，他们当中的大多数人最终学会了把犹太人当作劣等人。一个犯罪者证实了这一看法，他说：“犹太人不被我们承认是人类。”他们后来辩解他们仅仅是服从命令，或者毫无选择。但事实证明这一辩解是无效的。一些人——大约有10%——拒绝参与大规模杀戮，也没有承受任何严重的后果。当然，所说的恐惧也是没有说服力的。杀戮者们为他们的所作所为感到骄傲，他们自发抓拍的照片、他们所写的书信，或者他们保存的纪念品都证明了这一点。他们自发抓拍的照片和他们的受害者都显示了不仅是德国人，也是所有人类的阴暗面。正如戈德哈根所指出的，警察部队的成员过着厚重的生活，一天当中就会在正常和变态中变换，在规模射杀妇女和儿童之后，就开始从事愉快的娱乐和其他社会消遣。他们的妻子和爱人从来没有远离；事实上，一个名叫沃劳夫的上尉让他的妻子参加了一场持续一天的杀戮行动，警察部队的成员认为这不太合适，不是因为他们羞于他们的所作所为，而是因为他们认为对于一位德国妇女来说，在这样的杀戮期间出现是没有骑士风度的。

警察部队的成员也认为虐待动物是不合适的，他们对他们的狗显示出巨大的同情心，保护它们避免感染传染病，如果出现轻微的病状就赶快送它们去看兽医。这一行为促使戈德哈根追问：这些阅读有关如何照顾狗的公告的杀戮者有没有“想过他们给予狗和犹太人待遇上的差异”。戈德哈根从未想到这是人类生活残暴化和双重人格所能够做的事情。他们对犹太人痛苦的无动于衷，不仅是暴力的犹太恐惧症的结果，也是杀戮本身残暴化的效果。可以把狗的类比扩大到人的水平：正如尝到血腥的狗会被其效果所感染，假如有权力且有机会的话，人类也会变成贪婪的杀手。仇恨——意识形态的或者其他的——不能独立地充分解释种族灭绝的杀戮者，他们当中的许多人给他们的受害者施加了完全没有理由的残暴，这些残暴和意识形态甚或施虐狂没有任何关系。折磨、残暴、堕落在毁灭人类上是必要的因素，因为对于犯罪者来说，他们可以使杀戮变得更容易一些。根据弗朗茨·施坦格尔令人震惊的言论，没有理由的残暴给那些执行杀戮任务的人创造了条件，也为他们去做他们正在做的东西创造了可能性。

这些考量提出了更广泛的哲学和心理学的问题，它们涉及难以言表的人类残暴行为，以及为何它们似乎是人类永恒的属性，而不仅仅是德国历史的属性。每次我们面对大规模残暴行为的时候，无论是纳粹的杀戮者、柬埔寨的红色高棉，还是俄国共产党员所为的，我们都想要知道能够理解，以及能够阻止同样恐怖再次发生的范围。把这样多层次的恐怖简化为单一的想法——“永恒的认识结构”或者民族的性格——几乎无济于事。布朗宁正确地证明了这样一个论点：对警察101营成员的完全理解需要对人性这些普遍方面的认识，这种认识超越了对普通德国人的认知和文化。例如，我们显示了警察101营成员的行为和行动完全符合一些心理学的试验，它们在临床的背景下进行，尤其知名的是在耶鲁和斯坦福分别进行的米尔格拉姆试验和津巴多试验。在这两个试验背后的假定是：残暴是社会关系的功能，而非个性失常的功能。

1971年在斯坦福大学进行的津巴多试验中，大学生正常的测试群体在模拟的监狱里被分为看守和囚犯。测试的主体由两组12人的男生组成，他们来自加利福尼亚和美国其他州的中产阶级家庭。这些人被判断为正常、成熟，以及在感情上稳定的大学学生。通过掷币选择，一个组被告知担任囚犯的角色，另一个组担任看守。在八个小时期间，三人一岗替换看守可以不受约束地制定他们正式的规则，以维持秩序和尊重。仅仅六天之后，这一试验完全并且令人心烦意乱地失控，以致不得不被取消。所发生的事情是监狱的环境威胁悬置了一生的学问和价值观，同时制造了一种在其中的参与者开始混淆所扮演角色和现实的氛围。看守们开始展示出一些明显病态的倾向，像对待动物那样对待囚犯，并且用显而易见的取乐羞辱他们。相反，囚犯们变得温顺和奴性，像剥夺了人性的机器人。三分之一的看守变成了暴君，享受着对囚犯专横地使用手中的权力。一些看守只是尽职，另外一些则被设想为“优秀看守”。但是，没有一个看守和囚犯站在一道与其他看守争辩，从来没有干预其他一个看守的命令，从来没有抱怨主管。这一试验确认了这一领域的参与者和犯罪者一直所熟悉的东西，即我们对社会行为所发挥的作用，以及专制化对“少数人”行使的权力，容易释放出冷酷、凶残、野蛮的冲动。

当合法的、令人尊重的权力机构命令伤害人的时候，这种伤害也是1960年到1963年间耶鲁大学进行的著名的米尔格拉姆试验的主题。斯坦利·米尔格拉姆指导了一系列试验，测试人们服从权力机构的自愿性。他通过在报纸广告随机地选取了试验主体，并告诉他们将参加一些试验，它们是用来测试学习上的惩罚效果。当志愿者到达试验室的时候，一位身着技术员制服、表情严厉的试验者对他们作了简要的指示，他们并不知道的事情是，这一试验是被操纵的，他们将成为不知情的“教师”去测试“学生”是否正确地记忆了单词配对表。这些学生是先前招募的其他志愿者。一位教师被领到一个假的、有着一排30个按钮的工具仪表盘的电动“冲击发生器”边上。开关可以从15伏标有“轻微冲击”的低点，调整到越来越高的温和冲击点，以及450伏强烈冲击点。学习者们被领到一间毗连的屋子里，绑在一张假的电动椅上，开始扮演他们在这出戏里的角色。这出戏要求简单地回答是先准备好的脚本。每次在另外一间屋子里学习者没有正确地回忆起一对单词，教师就给他一个不断增加电压的电动冲击。令米尔格拉姆震惊的是，所有的教师都使用了达到最高水平的冲击。然后他开始变换这些试验，引入磁带录音的抗议，在125伏的时候学习者喊出“我不能忍受这个痛苦”，在195伏的时候抱怨心脏吃不消，在270伏的时候发出尖叫，在450伏的时候完全和不祥地静默。令人惊讶的是，65%的教师继续使用最高的电压，无视抗议和隔壁屋子里的不祥静默。然后米尔格拉姆再次变换这些试验。它将学习者和教师放在同一间屋子，并告诉学习者把手放在“冲击盘”上以接受惩罚。甚至在这种可怕的环境中，学习者尖叫和抱怨心脏不适，30%的教师依然继续给予最高水平的电动冲击。

米尔格拉姆试验让公众和学界都产生了极大的震惊，因为它显示了五千年的记载历史——人性真正的试验室——能够教会人知道的东西，而这些人烦恼于检验历史的记录：当数量惊人的人受到合法的，或者值得信任的权力机构的命令给其他人施加痛苦和残暴的时候，他们乐意这样作为。远离受害者时服从和给予痛苦变得更加容易。米尔格拉姆试验和津巴多试验一样，并不完全和历史的环境相吻合。试验室背景下的任何试验都不能做到这一点。另一方面，正如米尔格拉姆所指出的："试验室的问题是生动的、强烈的、真实的。它不是与生活分离的东西，而是内在于社会世界的普通功能的必然趋势，带来一个极端和非常合理的结论的东西。"另外，这些试验直接与纳粹德国发生的东西和整个历史中发生的事情相关联。在津巴多试验的主体和后备警察101营成员的行为当中，克里斯托弗·布朗宁发现了一个突出的相似之处。存在着核心的热情杀戮者，以及更大群体的"优秀"警察。前者自愿承担射击小组的责任或者"捕获犹太人"，后者执行死刑，因为他们得到了执行死刑的命令。还存在着小群的拒绝者和逃避者。布朗宁也认为："米尔格拉姆的许多洞见在测试主体和纳粹杀戮者中找到了具体的证明。"当然，在规模上他们是不同的。米尔格拉姆以类比的方式阐释了这一观点，他说他的实验室主体之于纳粹的杀戮者，犹如火柴的火焰之于1898年芝加哥的大火。他的试验显示普通的美国人是如何通过简单的操纵，不再把自己设想为导致对个人生活、自由或者人类权利侵犯的因果链上有责任的一部分。正如他提醒我们的，这样的人类缺点比我们所相信的都更常见：

> 人们能够发现这一缺点循环时的证据，并且当人们读到纽伦堡战犯、在越南梅莱村的美国杀戮者、安德森维尔（南北战争南部联盟监狱的所在地）的指挥官的文字记录的时候，人们再次能够发现这一证据。在士兵、党派官员、服从的主体之间，我们发现了共同的东西，这就是无限度地服从权力机构，以及使用同一的心理机制的能力，以减轻伤害无助受害者的压力。

大屠杀的杀戮者涵盖了从"普通"德国人的层面到普通人类的层面，对他们提出争议是重要的，因为德国人两者兼有。"普通的德国人"这个词不可能具有准确的科学定义。我们不可能用德国警察来"测定"整个德国社会，因为他们不是总体上德国人各个层面的代表。治安警察的成员仅仅是松散意义上德国警察的代表，而不是德国教师、教授、医生、律师、护士或者商人的代表。德国警察，特别是汉堡警察的核心，是从右翼自由军团部队中招募而来的。这些部队的军国主义和极端犹太恐惧症的信念在统计学的意义上，并非和大多数德国人相关。我们并非十分清楚这些人是如何被招募和训练的，这些人当中有多少长期是警察，有多少人在1941年至1945年间被招募，以致我们除了证明他们的“普通性”的特别统计学陈述之外，并不能够明确表达任何其他东西。根据我的想法，对统计学意义上“普通”德国人或者其他普通事情的探究仅仅是一个有用的阶石，有助于我们寻求真正的道德答案，而非科学答案：作为人类的成员，如果不是上帝的恩典，我们所有的人都可能成为杀戮者吗？大屠杀既是德国人的也是当代的反人类的罪行；它既是反犹太人的也是反人类的罪行。它必然是两者，因为犹太人和德国人是人类的一部分，以致一方对另一方犯下的罪行是这个词两个意义上的犯罪。

通往极端邪恶的会聚之路

埃米尔·法肯海姆讲述了这样一个故事，他曾经询问公认的在世最伟大的大屠杀研究学者劳尔·希尔贝格一个问题：“劳尔，你对他们如何进行大屠杀进行了长期而艰难的思考。现在你告诉我吧，他们为何这样做？”希尔贝格长叹了一口气回答道：“他们做这件事，因为他们要做这件事。”

法肯海姆是重要的哲学家和神学家，他向美国哲学协会的一次会议报道了这件事情。在接下来的会议讨论过程中，有人替换为“他们做这件事，因为他们决定做这件事”。正如法肯海姆正确指出的，这些回答都是不充分的，或者都是不能让人满意的，因为假如一个人出于恐惧将自己限于一些小的问题，给重大的问题可能一个过小的答案，那么他实际上事先阻止了自己接近大问题的可能性。没有人能够改进劳尔对纳粹如何计划和执行大屠杀的解释，但是法肯海姆正确地认为，在德国和全球人类史的长河中，有关这一重大的问题，以及这一事件全球人类的意义方面，依然有大量工作需要去做。法肯海姆已经开创了几条富有提示性，据此可以解释重大问题的路径；同时提出这样一个论点：纳粹的种族世界观给种族灭绝的犯罪者提供了综合的广阔原则，据此他们可以建构自己的经验。法肯海姆也证明了一个论点：对德国历史中包罗万象的世界观重要性的理解，是理解人们接受纳粹世界观的根本前提。为何大屠杀发生在德国？对其诸多原因的分析和总结肯定了法肯海姆的这一看法，同时把这一看法作为起点去清楚地说明所有其他必须探究的原因，以便理解它的发生。这里有七个说明大屠杀发生的原因：

1. 纳粹权力精英生物学—种族的世界观
2. 极权主义警察国家的宣传效果
3. 集权主义科层体制的共谋
4. 文明约束的崩溃
5. 战时环境的掩盖和对俄战役的残暴效果
6. 被占国家和卫星国的合作
7. 在冷漠世界里受害者的消极性

1. 纳粹权力精英生物学—种族的世界观

任何犯罪——无论大小——除了激情犯罪，都事先假定了动机和理性意图。大屠杀也不例外；它是依赖有意识的设计和一个独特的纳粹精神状态的逻辑。一个人可能会认为，大屠杀可能由一种特殊种类的思想所引发，它促使犯罪者去消灭他们真正相信是劣等的、有罪的民族。我们通过探究这类思想的知识起源和它提出的有关普遍结构性原则的权力的要求，检验了这类思想的内容。依靠这些原则，人类的多个共同体限定了自己，同时彻底地将自己和别人彼此分开。这样的思想以排他的联系和极端化的模式运行；它参照某种普遍的、排他的、存在于个人自身之外的，而存在于阶级、性别、民族、种族之中的善来定义个人。20世纪主要的政治和社会运动放弃了启蒙运动普遍的人类理想，将人置于用极端化和敌对的词汇进行思考的环境之中。现代各种伟大的"主义"都坚持将个人加以范畴化和差异化，把他们作为更大群体中排他的成员，这个群体被假定在经济、政治或者道德等方面被选择为至善，而其他的群体注定是没有价值的，或者具有天生的邪恶，要么皈依，要么被灭绝。就是这种根植于群体认同的心理和对绝对答案的某种本质需求的意识形态思维，提供了内在于纳粹主义和苏联式共产主义的灭绝性狂怒。它们是20世纪两个最宏大的伪宗教运动，是内部自我包容的世界观；它们的知识分子领袖被深刻的对确定性的心理需求所驱动，这一需求要求最严格地把现实划分为绝对的善和绝对的恶两个部分。

尽管这个思想体现在世界最伟大的宗教中，但是让传统宗教对一种明显是当代的精神疾病负责是不正确的和不公平的。纳粹的种族意识或者苏联式共产主义的阶级意识，不是简单回归原始的或者神话的思维；相反，这种思维利用了——或者错误地利用了——当代科学意识的概念原则。这些当代运动借助科学证实他们的政治或者社会偏见；它们不是参照上帝要求的确定性，而是经济学的或者生物学的必然性假定法则。纳粹和苏联式共产主义要么依照种族或者经济的从属关系来定义个人，向对手发出威胁或者发动革命。纳粹分子将这种思想变成了最为极端的种族结论，因为不像苏联的共产主义者，对于他们认为是“异类的”某些特定群体，他们完全拒绝他们的皈依。对于这些人来说——犹太人、吉卜赛人、斯拉夫人、同性恋者、精神残缺的人——在纳粹统治的世界里没有任何被拯救的希望。苏联的共产主义者至少愿意接纳前面提及的资产阶级成员进入他们的行列，只要他们“看见真理之光”，并且皈依一种意识形态。这种意识形态无可否认是单向的、心理上是谬误的，它建立在人类兄弟情谊的理想之上，而非在纳粹那里，建立在非人道的、腐朽原则之上。但是，在这两种意识形态背后，人能够识别明显的对科学推理的曲解，要么是蓄意地，要么是依靠对科学原则的错误过度夸大，把它们带入人类行为的领域。

一旦科学方法论从对自然的分析转变为对人性的分析，同时“一些社会科学家”宣称他们是在用一些同样不可置疑的原则进行工作——这些原则据称存在于自然科学之中，那么现代思想便开始从事一些危险的任务，这些任务的标志是非常固执的偏见、死路一条，以及自利的意识形态。一些人把这些知识分子的激情贴上“唯科学主义的”标签。这种唯科学主义存在于将特殊的技术提升到绝对的高度，进而要求从中得到神奇的、有治疗作用的或者拯救的结果。在一个层面上，它以最新出现的自助办法出现，这一方法承诺瞬间的快乐、婚姻的幸福、性的满足或者经济上的成功。在教育的水平上，它向孩子们承诺瞬间的精通阅读、写作或者算术。在全球的水平上，它承诺通过革命、战争或者种族清洗实现民族的拯救。唯科学主义是对科学的曲解，因为它假定根据自然行为的类比，人类行为具有可预见性；它过度扩大科学分析的疆域，使它超出它们内在的限制；它用魔术毛巾填平了未知的东西和它追求的最终确定性之间的鸿沟。一个人可以在20世纪每个主要的意识形态的热情中看见这些陷阱。这里不存在任何看得见的终点，因为我们正被广告、商业、政治中科学的魔力所淹没。纳粹赋予这类思想的特性依然在种族主义的偏见、种族形式的自我认同、千禧年的巫术中生机勃勃。

这里还必须提及在内容和形式之外有关纳粹心态的一个明确的特性，这就是对死亡之爱的痴迷。这是所有否定生命的意识形态的核心要素，是这些意识形态对邪恶的参与。在约翰·魏斯最近出版的著作《死亡意识形态：为何大屠杀发生在德国》一书中，对德国文化中明确的否定生命的传统做了参照，这种文化直接或者间接地鼓励一种恶毒的思想，它是纳粹运动中犹太恐惧症的精英们的特征所在。魏斯的分析是精明和广泛的，在对德国历史特殊性的大多数判断上是完全正确的，但是这位作者是如此关心为德国建立一个特殊的路径，以致他没有对人性自身对毁灭的渴望提出更为重大的问题。死亡的意识形态在历史上流行过，并且刘易斯·芒福德给我们这个时代的西方文化贴上死亡导向的文化标签是完全正确的，因为它崇拜被认为是去毁灭生命的技术。与埃及死亡崇拜相比——它有着宏伟的金字塔、神奇的仪式、制作木乃伊的精湛技术，当代的死亡之舞远为阴险，因为它涉及原子武器、导弹，以及生态灭绝性的毁灭。

统治他人，并将权力扩展到他人那里的需要——无论是个别的还是群体的，都构成了人类历史中反复发生的主题。正如刘易斯·芒福德提醒我们的那样，“权力的一座座五角大楼”以及它们的权力精英、毁灭性的技术、意识形态的基础随着时间的推移，以损害生命的需求和目的为代价迅猛地增长。假如技术被放置在掌握权力的、没有道德的技术专家手中，危险就会变本加厉，因为用数学家约翰·冯·诺伊曼的话说：“在人那里，技术的可能性是不可阻挡的。假如人能够到月亮上，他会前往的。”更为不祥的是，因此将会出现这样的情况：假如人有权力去毁灭生活，他会吗？

我难以确定这样一个问题，即是否统治和毁灭阻碍其道路的人的冲动根植于人性，或者根植于社会生活的组织。这一现实是无需争论的。对权力的热爱引发对死亡的迷恋；事实上，死亡经常被用于满足对生活和权力的曲解。人们经常带着快感杀人，因为这一行为鼓舞着权力的推进，并促进权力的进一步控制和统治。这种对毁灭的嗜好已经体现在好战性的、蓄意的意识形态当中，这一好战性赞美斗争、战斗、英雄气概和自我牺牲。在整个两千多年的历史过程中，德国人一直为这种尚武的信仰大唱赞歌。用诺贝特·埃利亚斯的话说：“几乎没有哪个民族在它们民族的秘密宗教仪式，在它们的诗歌中，在它们的歌谣中，有如此多的对死亡和作为德国人的自我牺牲的暗示……也没有其他哪个民族像德国人那样习惯于在他们民族的先贤祠中给他们战败的英雄以位置。”当然，纳粹分子代表着对死神痴迷的顶峰。他们拥有现成的鲜血和土地的意识形态，这一意识形态把死亡美化为生命的提升。莱奥·亚历山大称这种思想态度为“死亡学”，或者对死亡的喜悦，他认为那些将此付诸实践的人，尤其是党卫队成员，都相信将死亡施加到其他人身上会加强他们自己的生命力，并且证实他们种族的优越性。相反，他们把自己的死亡看作加强纳粹运动的高贵的牺牲。

希特勒和他的纳粹权力精英迷恋死亡，用伪宗教的仪式赞美死亡，戈培尔在其对“总体战”的演讲中说：“我们进入战争，犹如我们进入大弥撒。”他的元首相信，他的敌人，尤其是犹太人的毁灭，能够证实他自己的全能。他视战争中的胜利为一个信号，即他被更高的力量所偏爱，以致相信更高的力量赠予他恩惠的数量与他杀戮的敌人数量直接对称——尸体越多，来自上面的恩惠就越多。一些人认为，这一非理性的信仰可能在1941年促使希特勒放行了种族大屠杀，尤其是在战争的走势似乎不再顺利的时候。在希特勒疯狂的思想中，对自己死亡的意识只有靠堆积更多的尸体才能得到缓解。

总之，在所有这种死亡的魔力和对死亡蔑视的冲动中，存在着根深蒂固的、渴望缓解的焦虑。根据利夫顿的观点，纳粹的意识形态依靠歌颂，甚至崇拜死亡自身来处理死亡本身，因此，它错误地假定与死亡相关的焦虑和罪过已经被驱除：

> 当一个人作为卫士的死亡得到理想化的时候，其自身通常通过杀戮他人逃避了死亡——实现了死亡之死。可能很容易跟随一个邪恶的循环，在其中，一个人杀人，并为了维持一个人的治疗继续杀人，并且寻求残忍的、

不死的、有益健康的生存的持续过程。一个人为了无休止再次体验埃利亚斯·卡内蒂所称的“权力的瞬间”，即治疗的瞬间，可能通过杀戮他人达到一种需要永生感的状态。

纳粹的杀戮精英阶层相信它拥有蔑视死亡的技巧，它不仅能拯救自身，也能拯救德国民众。对于他们来说，死亡是满足自我纯洁的方法。通过将死亡施加给犹太人，他们将清除德国土壤的恶疾。总之，对于纳粹来说，死亡是民族自我超越的工具。事实上，对死亡的爱服务于一个不同的目的：祈祷邪恶和参与邪恶。

2. 极权主义警察国家的宣传效果

1933年，当纳粹获得了对德国政府的控制之时，他们整合了旨在说服和恐吓的整个国家机器。说服依赖于宣传，恐怖依赖于盖世太保和集中营。纳粹试图散布的种族世界观包含了内在的种族灭绝的逻辑。借助于纳粹的宣传及其背后的权力，这一逻辑与其种族灭绝的前提相吻合也开始显露出来。只有那些从极其微观层面解剖纳粹时期，并且模糊纳粹同时追逐的短期目标（合法的种族歧视、财产剥夺、移民）和长期目标（灭绝）的历史学家，可能会谈论“通往奥斯威辛的曲折之路”。恰恰相反，在这条路上没有弯曲和绕道，它是宽敞和直接的。从第一次世界大战后灭绝性的犹太恐惧症的增长、生物学的民族主义的兴起、外国人恐惧症运动的聚合、心理变态的对犹太人的仇恨、当代技术国家的接管、承受世界强国情结的幻觉，到被疯狂和残暴的对犹太人的仇恨所操纵，一切都是清晰的。鉴于这些事实，一旦纳粹分子控制了政府机器，并开始实施他们宏大设计的时候，种族灭绝的可能性就是一个清晰和当下的危险。这一宏大设计最重要的一部分包括为一场世界大战做准备。希特勒相信这场战争从未结束，而且必须为复仇和种族再生这两个目的发动起来。三十多年来，我一直全神贯注于纳粹精英单向而疯狂的思想，它纠正了我的一个被一些历史学家依然在阐述的观点：在第三帝国历史的某个点上——某个地方和某个方式，事件可能朝它们实际发展的不同方向发展。任何这类观点无论因为什么理由都是与事实相反的假定。

在这一发展进程中，宣传和洗脑的作用是关键的，因为宣传造就和毁灭了第三帝国。纳粹宣传的主要目标之一是设计出一种种族的世界观，它将给所有德国人提供一个全面和内在一致的对世界的看法。正如先前所显示的，从历史的角度来看，德国人自身为一个诗人和思想家的国度而感到骄傲；几乎没有哪个国家像德国那样，严肃而大规模地全神贯注于哲学思考。尽管纳粹的世界观卑鄙地反人道，对现实蓄意地扭曲，但是它就是德国的另一个宏大设计。纳粹的权力精英具有强烈的意图给德国人洗脑，让他们将种族世界观作为现实唯一的指针接受下来。

像所有其他在这个新的种族国家的东西一样，意识形态的灌输被设计为总体的：每个德国人，无论老幼，无论男女，都被发动进入这一伪宗教之中。当然，这一切都是众所周知的，但人所不知也是难以测定的是，多年的灌输改变和修正数百万普通德国人思想的程度。然而，从纳粹精英留下的文献，以及他们的所作所为中，我们可以知道种族信仰对普通德国人的冲击。所有层面意识形态的训练，在纳粹青年团、武装部队、纳粹党和国家的所有机构都十分广泛。充足的训练手册、宣传册子、信息材料在第三帝国之后留存下来，揭示了对数百万德国人宣传的攻势是如此广泛。这些文献绝对无疑地暴露了纳粹企图对犹太人的所作所为。克里斯托弗·布朗宁简要地探索了预备警察101营所接受的意识形态训练，它包括这样一些挑衅性的主题，比如“维护血统的纯洁性”“血统的问题”“日耳曼民族的血统共同体”。这只是冰山的一角，因为相同的训练课程针对医生、律师、公务员、教师等，在所有的层面进行。正如布朗宁正确地认为：“预备警察101营像德国社会的其余部分，沉浸在种族主义和反犹太主义宣传的洪流之中。”

对纳粹宣传效果进行的研究表明，对经常性的、偏执的、令人厌烦的宣传存在着相当程度的公开抵制，戈培尔也知道这一事实，因为他认识到无情的、无休止的宣传很快会在接受者那里产生无效反应。事实上，许多德国人都学会了不理会纳粹政权许多过热的花言巧语的大话。另一方面，即使在胜利转入不断的失败，公众不得不接受的毁灭性的挫折和伤亡之后，对这个政权的支持，尤其是对希特勒的支持，依然相当稳固。假如这不是纳粹宣传力量活生生的证明，那它是什么呢？

3. 集权主义科层体制的共谋

大屠杀除了作为种族狂热的结果之外，它也是当代科层体制文化的结果，因为它涉及许多政府机构和纳粹党机构的合作，它们每一个都在毁灭的进程中发挥了独一无二的作用。德国的科层体制是集权主义的制度，它是未经改革和民主化的第二帝国制度的留存。像德国的许多其他制度一样，它是传统和现代性的奇怪混合。在现代化的进程中，西方世界所有工业化国家都形成了一系列依然强烈依赖封建和集权主义传统的科层制度。这解释了它们对体现等级制（垂直的）秩序的前民主模式性质的组织原则的依附。在这个等级制秩序中，权威开始于顶端，然后经过仔细限定的职位，一直延伸到底端最低的职位。对权威、忠诚、服从的尊重是主要的制度价值观，它们限定了一个制度的成员之间的关系。商业资本主义的兴起增添了节俭、朴素和努力工作的价值观。在那些正在经历相当程度民主化的国家，政治和官僚权力的轴心开始从顶端的权力集中向制度的中层或者底层分享的或者再分配的权力转移。德国是一个著名的例外，因为它的科层体制保留了严格的中国清朝官僚和集权主义的特性；同时，它吸收了理性效率新的气质，而这一气质和更大的道德或者政治考量相分离。德国的官僚在技术和法律上是训练有素的官员，他们对自己的技术专长和价值中立的处理日常行政程序的方法感到骄傲。对法律文本的依附、苛刻的工作习惯、对上级的服从是他们珍惜的价值观。假如上级权力部门签署了一个指令或任务，它必然以一个士兵执行来自指挥官命令的同样精神得到执行。对军事气质的关联是明显的：军国主义是公务员的思想状态。

作为纳粹德国权力的最高来源，阿道夫·希特勒使集权主义的科层体制屈从他的意志。公务员服从了，因为他是他们的指挥官；但是，这里有更复杂的东西。尽管德国的公务员假装中立，他们依然是集权主义的保守主义者，他们在国家社会主义中看到了他们自己的集权主义渴望的反映；他们也看到了其他一些与他们新封建的政治传统共鸣的东西，即赋予第三帝国领导层个性的浪漫主义的个人魅力。尽管德国的公务员被训练成按照最高标准的技术专长行使其职责，但是他们依然同化了新封建的和浪漫主义的传统，这一传统美化了英雄崇拜和诸如忠诚、服从、责任、荣誉等军国主义的价值观。因此，一个人无需对此表示惊讶：这样的人在没有对自己的道德正确性提出疑问的时候就执行了命令。总体而言的官僚，以及特殊而言的德国官僚，都是“组织的人”，他们必须和一系列制度的价值观相一致。这些价值观几乎不会超越纯粹谨慎的或者传统的道德价值观。他们没有被期望在没有认同更高权威的情况下，去动用个人的良心甚或个人的首创精神。德国官僚的个性和道德结构以其所有的力量和弱点，反映了德国社会的集权主义特性。它所反映的德国科层体制的和文化的最大弱点是对弱点的宽容。它的组织理想反映了诺贝特·埃利亚斯认定为一个普通德国人的缺点：没有能力承认人类的不完美和脆弱。“它的要求是绝对的和不可妥协的。整体上完全服从规范带来的满足。”

执着于完美，过去是、现在依然是一个德国人的文化属性，这使得德国人得到欣赏、嫉妒和厌弃。无论德国人作为个人或者作为一个民族做任何事情，他们都会非常严肃地，怀着旨在完美、成功，以及证实优越性这个单一的目的。我们知道这一文化偏执积极的（正数的）一面。从历史的角度来看，德国人已经证明了在许多不同的层面组织信仰的非同凡响的能力，并且他们经常发现将这些信念转化为成功实践的创造性方法。在许多方面，他们创造性成就的能力是一种专属于他们的思想方式的产物，不同寻常的理论上的一贯性给予了这种能力以特性。他们用令人敬佩的精力和一致性将信念付诸实践，有时这种精力和一致性是刚愎自用和毁灭性的，它们不可能得到纠正，因为德国的制度缺乏自我纠正的方法。

当希特勒让德国的科层制度屈从于他的意志和目的的时候，德国的科层体制提供了它所能聚集的最优秀天才，支持它能够制造出来的最好的毁灭机器，以此进行了浮士德式的讨价还价。大规模毁灭的完美是德国科层体制方程式负数的一面。假如人们要求这个科层体制给犹太人组织可能的最好的生活，它估计也会执行最佳的计划去做这件事。这种没有道德的效率提出了一个更大的，同样也是总体上让人困扰的科层体制的问题。一个大公司的官员们或者工人必须努力工作，为他们的组织竭尽全力。道德在最高的意义上没有在他们的共同存在中发挥主要的作用。人们并不期望他们去质疑制造凝固汽油弹、导弹或者毁灭性武器是否道德。他们的政府赦免了他们的道德责任，并且暗地里清除了他们在潜在的大规模毁灭中所有法律的共谋关系。正如齐格蒙特·鲍曼所直言的："由于科层体制技术上的成功，这一结果与道德毫无关系。"在当代工业化大规模的杀戮中，德国科层体制应该作为科层体制共谋最恶劣的事例，但是从当下权力精英及其科层体制的帮凶的行为来判断，他们在继续把权力和道德相分离，这个世界似乎一点也不知道权力无道德的滥用及其邪恶的严重结果。

4. 文明约束的崩溃

德国科层体制的毁灭机器是一个"有秩序的"机器，但是因为许多原因，它也是更具毁灭性的，因为毁灭得到了最高权力来源的授权。赫伯特・C.凯尔曼认为，对暴行的道德禁止被三个要素或是单一或是一并打碎：一是暴力得到正式组成的合法机构的授权；二是业已形成的行为和安排的功能把暴力日常化；三是受害者被意识形态的洗脑和灌输非人化。

授权的暴力意味着科层体制认可和管理的暴力，它和暴民暴力的疯狂和愤怒不同。大屠杀是一个仔细策划和执行的大规模毁灭。在大多数情况下，这一毁灭行为是以无动于衷和冷血的方式完成的。正如齐格蒙特・鲍曼所提醒我们的，它也具有官方的目的，因为它旨在"一个更好的、极端不同的社会幻象。当代种族灭绝是社会工程的一个要素，意味着带来与完美的社会设计一致的社会秩序"。在纳粹的背景下，这一完美的社会是极端纯粹的雅利安社会，所有劣等种族都会在其中被消灭。杀戮是一种真正的治疗，因此完全是合理的。

人们已经谈论了许多有关暴力日常化的事情，尤其是在集中营发生的事情，在那里通过强制劳动、饥饿致死、暴力进行对人类的灭绝，这一灭绝以类似企业的方式得到仔细的监控。管理这一暴力的人在多数情况下是残暴的，但不是反社会的官员。正如拉波波特和克伦所显示的：

> 所有可获得的证据都显示，大多数党卫队成员的心理特征并非具有大的心理变态的症候。相反，它非常明显地建立在一种个性结构之上。这一个性结构强调服从，以服务于英雄理想，服务于体现这些理想的集体、集体领袖的强烈忠诚……我们的判断是，绝大多数党卫队成员——军官和普通成员，都很容易通过通常给美国军队新兵或堪萨斯城市警察所做的精神病学的测试。

对受害者的非人化导致了暴力更容易被接受和施加。这是拷打和人格贬损的功能。根据让·阿梅利的观点，拷打是第三帝国典型的方式，是它的本质存在。它的受害者就是被拷打这种行为自动地贬损。人格贬损偏爱的方式是让受害者置于污秽和粪便之中。营房里充满了尿味和粪味。疾病使事态变得更加恶劣。斑疹伤寒症引发了痢疾，“痢疾溢出了人睡觉的笼子的底部，流到了躺在下面笼子里妇女的脸上，它混杂着血、脓、尿，在营房的地面上形成了黏滑的、恶臭的烂泥”。公共厕所不足，且不卫生。在奥斯威辛，三千多个女人才能用到一个厕所；她们不得不排队进入一个厕所置于里面的小屋子，里面是齐膝高的粪便。亚历山大·多纳特说：痢疾“将人像蜡烛一样融化，使他们在自己的衣服里萎缩，很快他们就变成臭烘烘的、令人厌恶的骷髅，死在自己的粪便里”。把人弄成哭哭啼啼的半人状态，使得杀戮者更容易处置他们的受害者，因为他们毕竟只是一堆屎。普里莫·列维叙述他被放逐到奥斯威辛期间发生的一件意外之事，当时货运卡车停在奥地利的一个火车站：

> 当党卫队的护卫人员看到男男女女蹲在他们能够蹲的地方——月台上和铁轨的中间，他们没有掩饰他们的快乐；德国的旅客公开地表达了他们的厌恶：像这样的人只配这样的命，看看他们的行为举止……他们不是人，而是动物。这一点非常清楚，犹如白日的光。

5. 战时环境的掩盖和对俄战役的残暴效果

通常认为，东线残酷的战时条件使得灭绝数百万人而不引起世界其他地方的注意更易得到控制。战后的德国人试图将党卫队杀戮部队和其余东线部队区分开来，旨在维护“清白的国防军”的传说。这模糊了这样一个事实：军队和种族灭绝的杀戮者是种族灭绝整体不可或缺的一部分，它们的任务存在于为了德国新的种族疆界而灭绝犹太人和斯拉夫人当中。这些生物学的卫士在俄国遭遇的环境，将先前洋溢着胜利喜悦的战士转变为残暴的杀戮者，他们毁灭这片土地，无情地恐吓和杀戮数百万民众、士兵和平民。在四年野蛮的战斗中，保持群体凝聚的东西是强烈的政治灌输和战争史中前所未闻的残酷纪律的结合。军队被暴露在宣传的万炮轰击中，一方面它将犹太人的布尔什维克分子这些敌人恶魔化，另一方面将元首神化。人们告诉士兵们他们正在和劣等人作战，因此有权利以最残酷的手段对待他们。当假定的劣等人以巨大的勇气和卓越的武器进行报复的时候，纳粹的权力精英远不是纠正对劣等人的成见，而是把宣传机器的音量调到歇斯底里的强度高音，促使对恶魔之敌更大的无情攻击。

在描绘东部前线军队的心态时，奥默·巴尔托夫把它当作“现实的扭曲”。我们可以增加同样现实的扭曲，它规定了大屠杀犯罪者的犹太恐惧症的思想。事实上，正如巴尔托夫明确显示的那样，东部前线普通士兵的犹太恐惧症的心态和种族灭绝杀戮者的心态并无明显差异。为了获得一个更加清晰对这一扭曲思想的认识，一个人应该阅读一些德国士兵依然留存的信件，他们向亲人描述了他们在东部前线战斗时所经历和知道的东西。两个主题特别令人震惊：一个是对敌人，特别是对犹太人的魔鬼化；一个是对希特勒的神化。共产主义者被看作是伪装的犹太人，反之亦然。整个社会系统被看作是充满犹太人的荒野。通过把当地人贬低为可怕的劣等人可鄙的复制品，对面目凶险的劣等人事先形成的成见得到了事后的确认。杀戮这样的异己者就像屠杀动物一样。卡尔·富克斯给家里写信讲述了他在文明世界和野蛮世界之间发现的清晰对比：“无论你看哪里，除了污秽的砖房之外什么也没有。在任何地方你都不能发现任何文明的踪迹。现在我们认识到我们伟大祖国德国给予儿女的东西。在整个世界，只有一个德国是存在的。”

从这种蓄意培养出来的对野蛮国度及其民众的种族优越感的成见出发，离开更大的妄想只有一步之遥。甚至施特赖歇尔歇斯底里的景象也被普通士兵所确认。用一个非现役军官的话说：“我现在已经第三次收到《突击手》了，它让我全身心地欢喜。”另一个士兵写道：“感谢上帝，《突击手》依然真实地坚守着自己过去的位置。”一个下士认为最近他在卢布林遇到的犹太人比《突击手》里所描绘的他们还要可恶，他们完全被描绘为“让人倒胃口的、肮脏的……他们的屋子更像洞穴。不，这样的环境不可能在德国找到”。一个进入波兰城市谢德尔采的下士恶心地发现“犹太人像猪一样的躺在街上”，同时另一个士兵被他们污秽的胡须和长袖衣服弄得很不舒服。大家的共识是，这样污秽的民族应该被强制集中居住。许多士兵认为，这样的民族甚至不值得生存。正如一个士兵所说：“假如一个人审视他们的时候，他会得出这样的印象，他们没有权利生活在上帝的地球上。”

假如部队可以随心所欲的话，他们会愉快地拔除犹太人的瘟疫之根和枝条。许多士兵将自己的恐惧和失败投射到犹太人身上，让犹太人为他们的军事失败或者他们在敌意、异己的世界遭遇的环境负责。纳粹的宣传鼓励着这些态度。一名中尉写道：“描绘我们所经历的东西是完全不可能的。所有时代最邪恶的体制是在苏联天堂里的犹太人的体制，苏联的天堂是犹太人的天堂……我们的战士感谢《突击手》。”这些人相信，德国的拯救者是阿道夫·希特勒，他帮助他们抵御了犹太人的鞭笞。一名代理下士的上等兵将无休止的战斗责怪到犹太人身上，写道：“这些人类的猪猡给我们带来了一场战争的愤怒。”许多士兵宣称一旦见过犹太人在俄国的所作所为，那么一个人就能理解为何元首把和他们战斗作为一生的任务。一个非现役军官在1942年7月写道：“假如这些野兽占了上风，什么样的悲哀将降临我们的国度？”另一个写道：

> 元首已经成为这个世纪最伟大的人物。整个世界的命运和有文化感知力的人类的命运都在他手中。祝愿他的纯洁之剑击倒残暴的恶魔。是的，摧毁依然是艰辛的，但是通过无情的需求，通过来自我们国家社会主义思想的命令，恐怖将被迫遁入阴暗之中。这场战争是为了新的意识形态、新的信仰、新的生活。我高兴我能够参与这场光明抵抗黑暗的战争，即使作为一个小小的齿轮。

执行巴巴罗萨计划的士兵，包括种族灭绝的杀戮者，实际上都相信德国的拯救依赖于共产主义和犹太人的毁灭，在他们的思想中，它们实际上是一个东西、同样的东西。他们看见自己发动了一场他们当中的一个称之为“圣战”的东西，这场战争将两个伟大而对比鲜明的世界观处于相互竞争之中，它们就是国家社会主义和犹太人的布尔什维克主义。

东部军队的纳粹化及其向希特勒士兵的转变，没有从根本上证明普通士兵都是潜在的种族灭绝的杀戮者。但是，他们的意识形态妄想和他们的经验所显示的是：这些士兵被彻底地残暴化和非人性化了，这使得他们可以轻易地形成他们所需要的心理距离，以便把犹太人变成理应被消灭的劣等生物。他们扭曲的现实观也说明了这样的事实：国防军和种族灭绝的杀戮者紧密合作，因此使这些杀戮者有能力在没有严厉反对的情况下实施他们的犯罪行为。种族灭绝的杀戮者和国防军的士兵是相互支持的战友，因为他们视自己为同样任务的一部分。

当然，德国陆军的任务是去毁灭其俄国对手，但是在俄国的战争是对其所有居民发起的。除了传统的军事冲突，这支军队发起了一场越来越强有力的、没有任何规则可循的反游击队战役。正如先前所见，希特勒给予军队屠杀非战斗人员广泛的授权。结果是，布尔什维克分子、游击队、犹太人、市民之间的区别完全被模糊了，宣布对每个人的公开杀戮，以及因为轻微的理由杀人成为了可能。如果没有国防军积极的支持，种族灭绝的杀戮者绝无能力执行大屠杀。换句话说，假如国防军是一支清白的国防军，甚至遵守普鲁士军队传统的德行，大屠杀是不可能的。真相是：东部部队，并且在某种程度上是整个德国军队，都变为了纳粹化的部队，它的士兵明显被犹太恐惧症的偏见腐化了。

6. 被占国家和卫星国的合作

如果没有被占国家和卫星国的合作，纳粹的毁灭机器不会发挥出如此致命的功能。在种族灭绝的杀戮者扩大杀戮范围这一无情的冲动中，他们显示了普罗米修斯式的令人恐惧的力量，发誓将整个欧洲所有犹太人毁灭在火焰熊熊的地狱之中。尤其在战时，这样的任务在人口统计学和技术两个方面确实是令人惊讶的。因为人口不足8000万，德国人在控制超过5亿人口的被占大陆上遇到了相当大的麻烦，这还不算发动需要甄别、没收财产、剥夺国籍、驱逐数以百万计居住在二十多个不同国家的犹太人的毁灭机器。

为了灭绝1100万犹太人——这是万湖会议制定的目标——种族灭绝的杀戮者们不仅不得不利用外国的附属机构扩大他们相对较小的专业杀戮者的数量，而且要求外国政府的积极合作。东部反犹太人附属机构涉足其中，充当了集中营守卫任务，相关参考资料已经形成。例如，格罗博科尼克使用了特殊服务团队，它们由民族上的德国人组成，在卢布林地区的每一个城镇充当市政管理的人员；他还说服希姆莱允许他在边境地区招募非波兰的附属机构。这些团队就是所谓的卢布林东南部强制劳动营的志愿合作者。在那里，党卫队在一个以前的糖果厂训练了乌克兰人、拉脱维亚人、立陶宛人作为“志愿者”。这些人被训练出来扩充灭绝营中骷髅部队的成员，为治安警察提供支持围捕和看守犹太人，并与游击队作战。根据他们反共产主义和反犹太主义信仰的基础，他们被挑选出来。这些人经常展示出十分的凶残，甚至德国人都感到惊讶。

大量的著述涉及东部反犹太主义在支持灭绝过程中的作用。通常认为，东部反犹太主义主要是民族主义的，而非种族主义的。它依赖于这些国家成功地获得强烈的民族自我认同感和同化它们犹太人口的程度，而呈现出不同的方式。东欧政府有着不同的反应，一些是自愿歧视或者迫害犹太人，甚至对周期性的大屠杀熟视无睹，但是没有一个赞同或者支持德国人所赞同的对所有犹太人冷酷无情的灭绝。根据瓦戈和摩西的观点："科层体制冷酷的最终解决方案是德国的，而非东欧的创造。"但是，反犹太主义是东欧的地方病，这一事实意味着德国人一直能在东欧的政府内外发现足够的支持者，他们非常乐意帮助德国人清除他们的犹太人。正如一位大屠杀的幸存者所言："多年来，波兰人一直梦想清除犹太人，现在至少希特勒为他们做了这一工作……从根本上而言，他们是高兴的，但是非人道的残暴也让他们恐惧。不过德国人吞食了犹太人：有什么比这更甜美的东西吗？"尽管波兰的反犹太主义不属于灭绝性的，但是在民族主义和宗教的意义上，它是非常强大的，足以帮助德国的杀戮者。甚至波兰地下组织也非常强烈地反对犹太人，这说明了这样一个事实：几乎没有哪个抵抗组织会支持犹太人，有时还杀戮从强迫集中居住区逃出来的犹太人。

在德国人入侵和占领波罗的海诸国、欧洲地区的俄国、乌克兰、高加索、克里米亚之后，他们一直在这些地区寻找自愿的合作者，他们并不介意成为犯罪紧密的伙伴。党卫队通常雇用波罗的海诸国的人、白俄罗斯人、乌克兰人来围捕犹太人，在集中营看守他们，然后在毒气室消灭他们。寻找犯罪伙伴有助于一个三重目的：一是使得杀戮更加有效；二是让非德国人卷入大规模杀戮；三是减轻主犯们的罪行，使他们不承担单独的责任。

在一般情况下，德国人在将犹太人驱逐出他们直接控制的国家方面特别成功，同时这些国家具有强大的集权主义、法西斯主义、反犹太主义的传统。对于波兰以及大多数东南欧的国家——斯洛伐克、克罗地亚、匈牙利、罗马尼亚、保加利亚——来说特别真实。大多数东南欧的国家都是一些卫星国，对德国有关犹太人的压力作出了不同的回应。但是，所有这些国家在1939年至1941年间都发布了各种类型的反犹太主义的立法。斯洛伐克和克罗地亚是纳粹分别在1939年和1941年建立起来的傀儡国家。斯洛伐克政府的领导人是布拉迪斯拉发的约瑟夫·季索。这个政府是一个拍德国人马屁的神甫—法西斯主义的政权，自愿让德国人驱逐这个国家的大部分犹太人。斯洛伐克也具有一个特别支持德国极端民族主义和反犹太主义的运动——赫林卡卫队，它赞成消灭斯洛伐克的犹太人，并积极参与这个国家9.2万犹太人驱逐的过程。副总理和外交部长伏伊泰克·图卡成为了极端反犹太主义举措的代言人，以及1942年针对斯洛伐克犹太人进行的取消国籍、剥夺财产、驱逐诸多过程的鼓动人。前南斯拉夫被分割成三个傀儡政权：法西斯分子安特·帕维利奇领导的克罗地亚；军事的合作者米兰·内迪奇统治的塞尔维亚；意大利控制的当地亲法西斯分子的议会统治的黑山。安特·帕维利奇和他的极端民族主义分子以及分离党，杀戮了难以计数的塞尔维亚人、穆斯林人、犹太人、吉卜赛人，将克罗地亚投入血浴之中。克罗地亚的犹太人屈从于类似纽伦堡的种族法，被剥夺财产、取消国籍，运送到集中营，最终被消灭。在德国占领军统治的塞尔维亚，犹太人在德国当局的直接控制之下，这意味着他们处于加速迫害和消灭的巨大漩涡之中。塞尔维亚的犹太人几乎没有得到塞尔维亚人的帮助，或者逃跑加入游击队。塞尔维亚有14.5万犹太人，其中90%被消灭。

在匈牙利，米克洛什·霍尔蒂以老式独裁但并非极权主义的方式进行着统治。犹太人在那里屈从于歧视而非迫害。尽管匈牙利让自己承担了专门的经济和军事义务，但是与德国的合作是冷漠的。正如在大多数东南欧国家，在匈牙利也存在着强大的法西斯和反犹太人团体，著名的是弗伦茨·萨拉西领导的箭十字党。当匈牙利试图脱离希特勒轴心联合的时候，德国人帮助箭十字党掌握了权力，加速了反犹太人的运动，最终消灭了70%的匈牙利犹太人。尽管大多数匈牙利犹太人直到1944年夏季都得到了宽恕，但是在1944年春季和秋季之间，屠杀迅速地到来，并且产生了毁灭性的结果。艾希曼的党羽得到了匈牙利法西斯分子的支持，他们很快围捕了他们能够掌握的犹太人，将43.7万犹太人直接驱逐到奥斯威辛，并且很快用毒气杀死了他们。匈牙利一共有82.5万犹太人，其中的60万被消灭。

罗马尼亚的安东尼斯库元帅在1940年9月成功地败坏了卡罗尔国王政府

的名声。最初，元帅与法西斯主义的铁卫军——这是一个狂暴的反犹太主义的右翼政党——合作统治着这个国家，并且将各种各样的反犹太人举措制度化，包括强制性的劳动服务。劳尔·希尔贝格已经显示，在德国之后，没有哪个国家像罗马尼亚那样以如此大的规模卷入大屠杀。罗马尼亚人热切地和克里米亚、乌克兰南部的特别行动队合作，仅在敖德萨一处就屠杀了2.6万犹太人。当罗马尼亚人参加了德国人对俄国的战争时，安东尼斯库元帅调遣了罗马尼亚警察和部队帮助德国人灭绝比萨拉比亚、布科维纳、俄国南部的犹太人，但是他拒绝与德国人合作交出罗马尼亚自己的犹太人。30万已同化的罗马尼亚犹太人中的大多数躲过了大屠杀幸存下来。罗马尼亚拒绝交出大多数自己已同化的犹太人绝非是独一无二的；在其他国家也可以发现相似的拒绝、犹豫、蓄意的阻碍，它们怨恨纳粹侵犯它们的主权。在纳粹军事成功处于高潮期间，大多数卫星国政府或者地方行政当局为他们的德国占领者提供服务，通过了自己的反犹太人法律，驱逐在他们控制下的外国犹太人，以此讨好德国人。但是，大多数这些国家都使自己远离最终解决方案；并且，当战争的潮流变得有利于盟军的时候，它们决心不中断与西方的联系，并决定抵制来自纳粹的压力，不再驱逐自己的犹太人。

在保加利亚这无疑是正确的，鲍里斯国王在那里推行了非常聪明和机会主义的策略，他加入了轴心国，然而没有尾随匈牙利和罗马尼亚陷入与俄国的战争。尽管保加利亚在1941年1月颁布了反犹太人的立法，它宣称在保加利亚国家内部，犹太人是毁灭性的来自国外的元素，但是甚至在保加利亚的德国观察家也承认，反犹太主义缺乏广泛的大众支持。在驱逐犹太人方面，保加利亚人与德国人的合作被限制在保加利亚在马其顿和色雷斯业已占领的领土上。保加利亚人从这些地区驱逐了大约1.1万名犹太人，但是当德国人在1943年要着手处理保加利亚自己的犹太人的时候，它拒绝驱逐他们。到了战争的命运发生变化的时候，对保加利亚人来说，拒绝党卫队的杀戮者变得更加容易了。

最后，欧洲犹太人的命运与其说存在于个别国家各种犹太恐惧症的传统之中，不如说存在于德国人在劝说或强迫外国或被占领国政府交出它们的犹太人上能够实施的控制程度。德国人在波兰、被占的俄国、东南欧取得了最多的进展。总之，在这些地区德国的军事力量提供了最大的保护伞，在其下，种族灭绝的杀戮者能够最有效地加害他们的受害者。就是这个强制性的因素，而非当地的反犹太主义、犹太人地理上的分散或集中、对法西斯主义意识形态的信奉，证明是决定性的。

只要意大利军队在其控制的地区（阿尔巴尼亚、黑山、希腊等地方）保护犹太人免于最终解决方案，这些地区的犹太人就不必恐惧迫近的驱逐；然而，一旦墨索里尼失去了权力，德国人就向所有这些国家的犹太人扑了过去，把他们分派到死亡集中营。和当地对犹太人的偏见一样，整个欧洲当地的法西斯合作者发挥了重要的作用，这些合作者包括挪威的吉斯林领导的国家统一党，比利时的王党，丹麦、荷兰、法国类似亲纳粹的组织。尽管如此，毁灭的真正动力存在于德国的权力和各个国家对其服从的程度当中。丹麦犹太人得以幸存的原因是存在大多数先前提及的德国控制的障碍。尽管丹麦是一个被占国家，但是德国人实施了松散的控制；他们允许丹麦人保留君主制，这成为了丹麦人抵制纳粹要求的聚集点。丹麦既没有犹太恐惧症的传统，也没有大规模的犹太人社区。丹麦没有任何受到庇护的犹太人，因为丹麦政府在20世纪30年代强行实施了对移民的限制。当纳粹试图围捕丹麦的犹太人时，丹麦政府事先得到了警告，很快就行动起来，拯救了它的犹太公民。它把犹太人疏散到附近中立的瑞典。比利时和荷兰没有这样的余地，因为这两个国家直接被喜欢干涉的军事和民政管理机构所统治和占领，它们有着干预性的政治和意识形态工作安排。

法国在许多方面是独一无二的事例，因为它在犹太人毁灭进程的作用大致处于个别卫星国和德国人直接占领、管理的国家之间。法国双重的位置是1940年失败的结果，这导致了北部领土——包括巴黎——的军事占领和在南部所谓维希法国一个独立国家的建立，后者是根据南部疗养胜地命名的，贝当元帅在那里试图组建一个未来再生法国的核心。法国是文明的西方价值观的堡垒，它的崩溃对于西方世界来说是创伤性的体验。接下来战败引发的震惊，内部替罪羊的寻找，被占四年多带来的羞辱，都在法国引发了持久的创伤，最重要的创伤是整个一代幸存者、合作者、抵抗者扭曲的历史观念。维希法国竭力保护犹太人的传奇就是一个传说。米歇尔·马鲁和罗伯特·帕克斯顿破除了这个神话：一群极端保守主义的法国人管理着维希法国，他们受到德国人胁迫接受了凶残的命令。马塞尔·奥菲勒在《悲伤和怜悯》这部辉煌的文献性著作中形象地展示了这一点，它以编年体的方式记录了失败、合作和抵抗的极度痛苦。奥菲勒的文献显示：在被占法国，几乎没有人手脚干净，良心善意。近来菲利普·布林论述被占法国的书籍也表达了这个观点。

法国具有丑恶的犹太恐惧症的战前遗产，尤其是在右翼和神职人员的圈子里，它延续了几个世纪，包囊了一大批具有杰出语言能力、具有煽动民意才能的反犹太主义者。帕克斯顿和马鲁显示犹太事务全权代表格扎维埃·瓦拉发起了诸多反犹太人的举措，尤其是1940年秋季臭名昭著的《犹太人法》。这些举措是在没有任何来自德国人压力的情况下发起的，反映了完全是法国本土的对犹太人的偏见。尽管这些反犹太人的举措必须在更大的背景下看待，这一背景考虑到法国的经济问题和外国人恐惧症——不仅仅是反犹太主义——感情的兴起，但是，它们表达了法国社会重要部分的感情和信仰。维希政府和被占法国的民政当局在最终解决方案中积极合作。为了维护法国民政当局，有人会说法国的犹太恐惧症患者不是亲纳粹的，很少维护纳粹狂人所维护的生物学的种族主义。法国的犹太恐惧症患者在多数情况下是同质法国的代言人，在这样一个国家，所有民族上的少数人都要同化成法国人，在文化上成为法国人。

事实上，被占法国的法国民政当局坚持在法国犹太人和外国犹太人之间作出巨大的区别，它们把5.5万外国犹太人中的大部分遣送出去，而这些人已经在法国找到庇护所。它们对这样的行为并不感到不安。维希法国也没有为法国的犹太人做太多的事情，这可能出于两个动机：一是恐惧德国人的权力，一是对犹太人的命运漠不关心。维希政府的民政当局把外国犹太人成批地遣送出去，首先是把他们中的许多圈进拘留营中，然后把他们交给德国人。它们对此毫无不安之心。1942年，多数臭名昭著的遣送涉及数千名外国犹太儿童，年龄从三岁到十七岁。所有这些儿童都在奥斯威辛被毒气杀害。到那时，维希政府的官员开始猜想最终解决方案真正的意味，这促使他们放慢脚步，阻碍德国的死亡机器。但是，证据清楚地显示：假如德国人没有得到来自法国行政机构和公共服务机构，尤其是警察官员和铁路官员的积极支持，他们是不可能执行他们的残暴计划的。这些官员围捕犹太人，并确保火车及时发向犹太人的东部目的地。到1944年末，近7.5万犹太人被从法国驱逐出去，这是一场最大规模的灾难，因为它涉及一个伟大的文明国家在积极地与邪恶同谋。

7. 在冷漠世界里受害者的消极性

人们经常指出：犹太人造就了完美的受害者，因为两千多年来他们一直处于扮演受害者角色的环境中。太多的看法由这一观点制造出来，但这里毫无疑问的是：犹太人对压迫的体验，事先把犹太人在与其他民族的关系中放置在屈从的地位，因此相当程度地提高了压迫者的优势。假如尝试抵抗，因此会很快被镇压。是什么让犹太人成为历史的受害者？这一问题已经得到了详尽的解释：它存在于宗教信仰和历史经验的结合之中，它们告诉犹太人，暴力是错误的，对组织化压迫的抵抗是无效的，因为犹太人在其他国家中作为外国人生存，他们没有国家、军队保护自己。

这并不意味着犹太人一直是等待屠杀的绵羊，因为他们为了在他人统治的世界中生存，形成了一大堆策略。劳尔·希尔贝格描绘了犹太人的应对机制，它具有一些独一无二的策略，其中包括缓和、逃避、麻痹、顺从。缓和是对危险的回应，或者是尝试减少已经发起的暴力；它涉及请愿、支付保护费、支付赎金、有预期的顺从、救济、援救、抢救、重建。对于历代大多数犹太人来说，逃避典型的含义是逃离，而顺从意味着接受反犹太人的举措，希望它们可能在强度上有所缓和，或者有大的松弛，或者一并消失。在这些策略中明显缺失的是武装抵抗。直到以色列成立之前，对业已建立的行政当局的服从——无论好坏——一直是犹太人的准则。与西方世界好战的传统相比较，犹太人没有把暴力美化为文化或者精神的理想。他们的诗人没有写出伟大的抒情顿悟诗篇，去把战斗歌颂为高贵的事业。另一个方面，德国人在文化上盲目崇拜战争的价值观，将它们在家庭、学校、日常的生活中制度化。还有比消极的德国人—犹太人的关系更好的、更配套的锁和钥匙的关系吗？完美的纳粹压迫者能够发现比犹太人更完美的牺牲者吗？犹太人面对凶残的纳粹分子，他们依靠其对付压迫者的传统策略徒劳地退却；他们没有认识到他们不是在对付传统的压迫者，而是纯粹而简单的压迫者。这里不可能存在缓和、顺从，最终也不可能存在逃避或者逃离。

可能只有抵抗，但是它被心理参照框架事先就排除了。根据这一框架，大多数犹太人，尤其是他们的领导人，已经将他们的经验固定起来。由于对压迫者心灵状态错误的心理评估，这些经验是有缺陷的。犹太人假定真正的问题存在于压迫者错误的思想中，他们相信通过受害者对理性和正义的呼吁，这些思想可能被修正或者纠正。但是，对假定的理性和正义的普遍规范的呼吁并没有说服压迫者，也没有改变他们的行为。直到有权者遇到了同样的权力或者更强的权力之前，对有权者言说真理并没有迫使他们改变暴力的行为。这是受害者心理学中的谬误：它没有看见自己的盲点。克伦和拉波波特正确地指出：受害者也是错误的，因为他们错误地相信他们能够守护其灵魂的清白，同时能够让压迫者认识到自己是错误的，因而应该停止压迫他们。另外，因为抵抗的暴力行为玷污了受害者的清白，因此它不可能被认为是对压迫可行的回应。换句话说："在对压迫者的指控不感到有罪的意义上，一个人是清白的事实明显地抵制了有效行动的采纳，因为他担心这样的行动可能玷污或者败坏自己对清白最初的声明。"这样，具有讽刺意味的是，清白变成了一个障碍，它阻止了犹太人察觉到他们面对的来自纳粹的致命危险，也阻止了他们相应地改变回应方式。用一位犹太幸存者的话来说："成为清白者和不得不承受所有悲惨的感情激起了自我怜悯，同时弱化了对于生存来说是本质的力量。"

有关和纳粹压迫相关的犹太人行为的普遍观察，并不意味着轻视这样的事实：远远超出通常认为的犹太人实际上在抵抗纳粹的压迫。① 犹太人在华沙的犹太人强迫集中居住区以及整个波兰二十多个集中营进行着抵抗。五万多名犹太人逃避到波兰和俄国的森林当中，他们在那里要么和游击队联系在一起，要么尽他们所能在那样的环境下反击。反抗在比如索比堡、特雷布林卡、奥斯威辛等灭绝营爆发。不幸的是，这些反抗或者抵抗行为只是个别绝望的个人或者团体发起的，他们都缺乏物质资源和支持，而这些是有所作为所必需的。犹太人缺乏组织化，被宗教和文化的差异所分化，面对着席卷一切的纳粹力量，纳粹的杀戮者对犹太人实施绝对的权力，这样的抵抗假如不是无效的，也是极端的困难。假如尝试抵抗的话，纳粹的报复规模极大，他们会杀害他们所控制的数以百计的犹太人。德国人对任何抵抗的报复受到"集体责任"原则的控制，这意味着犹太人社区自动地为每一个抵抗行为负责，并且为了直接的惩罚——通常是枪决——

① 涉及犹太人抵抗的文献一直在不断地增加，但是所有这些犹太人或德国人献给抵抗行动的图书、文章、回忆录和笔记，都没有改变这样一个事实：抵抗无论怎样高贵或者勇敢，结果上都没有什么影响。

必须交出德国人指定数量的人质。我们已经提及过莱奥·贝克的事例，他在1942年5月警告过鲍姆的团体停止针对德国人的暴力行动。整个欧洲的犹太人委员会和它们的领导人都有类似的对积极抵抗的反对之声。抵抗者甚至有时被他们的社区贴上叛徒的标签。直到一切都为时已晚的时候，意识的觉醒才认识到纳粹计划杀戮整个犹太人社会。

对纳粹暴政有意义的抵抗意味着绝不仅仅是保持身心合一、采取逃避的策略，甚或逃避压迫者。正如劳尔·希尔贝格正确指出的，犹太人“被他们历史的紧身衣束缚”，把自己排除在积极的武装抵抗之外，从身心两个方面把自己投入大灾难之中。造成这场毁灭更为恐怖的东西是世界其他地方无所作为，或者对犹太人的灾难漠不关心。

我们现在知道从大屠杀一开始，人们就知道它的存在。当然，有一些最初的怀疑，特别是因为与第一次世界大战相关的类似残暴故事后来被证明是骗局。这一可怕秘密真相被瓦尔特·拉克尔正确地称为纳粹种族灭绝，知道它的人比通常假定的人多得多。丘吉尔和罗斯福知道这一真相。因为英国人破解了德国最高等级的军事密码，使他们能够破译希特勒的秘密，因此丘吉尔具有完美的信息源告诉他希特勒正在对犹太人的所作所为。1941年8月24日，在对英国人民的公开广播中，他没有专门提到犹太人，而是以概括性的词语揭露：“自蒙古人入侵欧洲以来，还没有规模如此之大，或者接近这样规模的，讲究方法的残忍无情的屠杀。”他还加了一句：“我们正面对一个难以名状的犯罪。”然而，无论丘吉尔还是罗斯福，都只是给犹太人道德的或者象征性的支持。尽管罗斯福在1944年1月建立了战争难民委员会，以便尽一切可能营救纳粹的受害者，但是这个委员会遭遇了巨大的体制性冷漠和根深蒂固的反犹太人偏见，尤其是在国务院。戴维·怀曼在《放弃犹太人：美国人和大屠杀》(1984)一书中提及了美国人对犹太人的放弃是多种因素复杂交织的结果。这些因素包括领导人的，尤其是罗斯福的政治权宜之计；一些美国机构中蓄意阻挠的天性；强烈地反对进一步移民和支持严格的配额将外国人清除出去的民众。当然，据说在那时所有的国家可能都是一样。它们的边境从未向犹太人开放，任何营救的努力在政府的限制中陷入泥潭。瑞士不仅限制移民，而且帮助纳粹储存不合法的黄金，欺骗无数的犹太人拿出他们的储蓄和存款。最近对瑞士这一角色的揭露给瑞士政府的行为，也给由它带入涉及这样不道德金融交易的国家投上一束极其不光彩的光线。

为了对这些旁观者做到公平合理，那时几乎没有人知道忍受纳粹痛苦的程度。尽管有希特勒和他的纳粹政权，但包括英国和美国在内的许多国家都假定德国政府与第二帝国并没有什么太大的区别，它的机构从本质上说依然是诚实和文明的。对于西方政治家来说，像德国这样的当代国家能够以流水线的方法杀戮600万人是难以想象的。正如瓦尔特·拉克尔正确地指出："整个计划超出了人类的想象。"希特勒的敌人不仅误判了纳粹政权，他们也显示了对犹太人困境微不足道的关心。根据劳尔·希尔贝格的观点，对犹太人的营救不是优先级的事情，而是这场战争的副产品。剩下的是悲剧：在犹太人的背后没有一个国家，也没有一支军队直接代表他们作战，他们完全无助地抵挡着一个种族主义国家的屠杀。这个国家相信它的任务是毁灭他们，并且得到一些犹太恐惧症政府和一个漠不关心的世界的间接支持。

第十章

德国人和战争与和平中的大屠杀

“我们不知道，也没有能力做任何事”的传说

当盟军解放的坦克在被战争撕裂的德国四处蔓延的时候，它们遭遇了两个有着鲜明对比的德国：第一个是许多明信片上城镇的外观，以及微笑的德国小姐；另一个是纳粹死亡营可怕的遗产。几乎每一个主要的集中营都是一堆堆丑陋的、散发着恶臭的尸体。它们所呈现的令人恶心的景象，以致士兵们把道德的愤怒发泄到纳粹的警卫身上，不是射杀他们，就是让囚犯把他们分尸。美国第四装甲师解放了在哥达附近奥尔德鲁夫的奴役劳动营，逮捕了当地的市长和他的夫人，并带他们参观了这所劳动营。纳粹在里面工作的一座阴森大楼在市长的小城 览无遗，鉴于这一事实，当市长告诉美国指挥官他并不知道任何腐烂尸体发出恶臭的事情时，这位指挥官简直难以置信。在答应第二天和所有成年的市民重返劳动营之后，由于不能面对与这一真相的再次遭遇，这位市长和他的夫人自杀了。奥尔德鲁夫是盟军在1945年4月和5月解放的许多死亡营中的一个，它揭示了纳粹暴政的可怕之处。那时和后来的德国人不断重复的话就是，他们并不知道以他们的名义犯下的任何罪行。在世界新闻界，奥尔德鲁夫也扮演了这一角色。当盟军最高司令官德怀特·D.艾森豪威尔在他的两位主要的司令

官奥马尔·布拉德利和乔治·巴顿一左一右陪伴下访问这一劳动营的时候，他以极度愤怒的口吻对士兵们说："我要让每支在前线的美国部队来看看这个地方。有人跟我们说，美国士兵不知道正在为何而战。现在至少他将知道他正在与什么东西斗争。"

艾森豪威尔和其他盟军领导人已经发誓起诉纳粹战犯，他们也郑重承诺在纽伦堡召集战犯法庭。战胜国决定不仅要审判活着的纳粹领导人，而且要让德国人为所有以希特勒及其党羽的名义犯下的罪行负责。纽伦堡审判假定了德国民众是有罪的，而非清白无辜。这一有罪的假定如何在道德上或者法律上是适当的？一个人可能合乎情理地认为：在道德的意义上来说，我们所有的人都要为我们的统治者以我们的名义，为我们集体的利益的所作所为负责。然而，公民对他们领导人的罪行在犯罪的意义上是没有责任的。正如雅斯贝尔斯很早以前指出：罪行有程度的差异，犹如承担的责任有程度的差异。罪行和责任以对犯罪行为的知晓和对犯罪行为的共谋为先决条件。德国人对大屠杀知道些什么？他们当中的许多人是如何参与这一犯罪的呢？

当战争刚刚结束的时候，大多数德国人声称完全不知道这件事。似乎没有人直接知道任何事情；他们只是听到了东部残暴行为的谣言和没有证实的报道。德国人后来说，无论如何，一个人面对大规模残暴行为的报道能够做些什么呢？把它们报告给警察？米尔顿·迈耶在战后采访了前纳粹分子，一再听到同样的花言巧语的自我辩白："在政府专制统治下，谁愿意成为第一个承担……追踪怀疑政府过失的人？谁愿意在动荡和战争期间，在自己的权力之外，让自己关注真正的或者谣传的……完全在自己生活之外的邪恶？毕竟，假如一个人发现了能做什么呢？"他们只是作为强迫他们服从命令的邪恶制度中的微小齿轮，在这样的辩解背后，普通德国人共同重复的话就是："我们没有能力做任何事反对这个制度。"但是，当面对直接共谋犯罪行为的时候，许多德国人宣称他们只是服从命令。首先是说谎或者否认，然后是借助机器中小齿轮的辩解，接着是来自更高权力部门的命令。什么是在这些宣称背后的真实故事？它可能在一层层谎言、否认、躲避、心理抑制、转移、合理化中挖掘出来吗？它是一个无望的学术努力吗？——尤其是假如一个人接受了汉娜·阿伦特的观点。她认为撒谎已经成为了德国民族性格不可或缺的一部分。因为不可能回溯性地"固定"既往，对死去的犯罪者或者胆怯的旁观者作出倾向性的道德判断也无济于事，因此，聚焦我们一定程度确切知道的有关第二次世界大战公共信息的可靠性，以及德国人知道这些信息的可能性，我们可能会得到最好的帮助，并对它作出合适的评估。

为了回答有多少德国人知道大屠杀这一问题，我们必须开始于一系列的缩减。这些缩减直接或间接与涉足犯罪自身的人数相关。宽泛而言，这会涉及希特勒、大多数纳粹最高领导层的成员、特别行动队和它的辅助部队、党卫队集中营的人员、州和纳粹党各种各样机构中控制犹太人事务的大多数官员。这些事务包括财产没收、法律上的甄别、移民、强制劳动、强迫集中居住、驱逐出境。

保守而言，这包括大约10万人，也许至多25万人。无论人数是多少，没有人确切地知道这个数字，因此合乎情理的是：有太多的人不可能对如此规模的罪行守口如瓶。确实正如上面所显示的，无数的士兵离开东部前线，他们当中的许多人在皮夹子里携带了残暴行为的照片，并且告知亲人的事情又被亲人告诉了别人。在东部前线有关大规模枪杀的信息很快流传了出去，到1942年已广为人知。纳粹的宣传——假如得到合适的解析和评估的话——无疑让公众感到可怕的复仇正降临到犹太人身上。当然，战争切断了德国人的大多数国外信息来源，使得他们更多地依赖于纳粹的宣传，另外，大屠杀发生在东部前线，因此对于大多数德国人来说，超出了视线和关心。但是，德国人非常清楚犹太人受到他们政府多么残酷的待遇，他们不可能忘记在光天化日下，在数十万德国人眼皮下进行的对整个德国犹太人的驱逐。根据劳伦斯·斯托克斯的评估，大多数反犹太人的恐怖行为被德国民众广泛知晓。毕竟来自帝国和欧洲各地无尽的列车充塞了饥渴、垂死的犹太人，车头向东行驶，这几乎是无法隐藏的。

尽管严格保密的大幕覆盖在大规模杀戮和毒气杀人之上，同时可以确信纳粹领导人相信德国民众不会情愿接受这一罪行，但事实证明长期隐藏这一罪行和它的恐怖是不可能的。反对希特勒的德国领导人在1941年夏季知道了这些残暴行为，他们在毒气杀人刚一开始就得到了这一信息。这一点对于波兰地下力量的领导人来说也同样是真实的。领导人之一扬·卡尔斯基前往英国，然后去美国警告西方的领导人，其中包括安东尼·艾登和富兰克林·D.罗斯福。当卡尔斯基告诉他们数以百万计的犹太人被德国人毒气杀死之时，没有人相信；事实上，最高法院法官费利克斯·法兰克福特难以置信地听取了卡尔斯基的故事，然后坦率地告诉他："卡尔斯基先生，像我这样的人和像你这样的人谈话必须完全坦诚。因此，我说我不能相信你。"卡尔斯基只是许多大屠杀的见证者之一，他们试图竭力告诉世界其余地方他所看见的东西。正如上述所提及的，库尔特·格施泰因是另一位信息通报者，他带来了可怕的犹太人被灭绝的新闻；死亡营的越狱者也将同样的新闻告诉了波兰地下组织、梵蒂冈和西方列强。

但是，有多少这样的信息传达到了德国公众那里？根据伊恩·克肖对第二次世界大战期间德国公共舆论的详尽分析，犹太人问题"对大多数德国人来说几乎没有什么兴趣"。似乎只有到谣言流行起来的时候，德国人才注意到犹太人问题。这个谣言就是，恐怖的空袭是对德国人在东部前线残暴对待犹太人的报复。许多人感到害怕的是：因为犹太人在东欧所受到的待遇，得到同盟国政府支持的他们可能发泄可怕的复仇。一位德国的神职人员说：政府有关苏联在卡廷残暴行为的报道，并不能给党卫队对犹太人犯下的同样残暴行为的事实涂上光泽。在卡廷，共产主义分子对一万多波兰人员进行了大屠杀。这位神甫警告道："党卫队给予犹太人可怕且非人道的待遇就是召唤上帝惩罚德国人。假如这些杀戮者没有带来对我们痛苦的复仇，那么就不再存在神圣的正义。德国民众对自己犯下了如此血腥的罪恶，以致不能得到怜悯和宽恕。"正如克肖所指出的，有关德国人对犹太人残暴行为的这些评论，完全指向特别行动队大规模的射杀。细查大量当代资料，克肖没有发现对毒气杀人的任何提及，同时也没有波兰集中营的任何参考资料。

为了反击有关灭绝犹太人的谣言，纳粹领导层散布了模棱两可且经常相互冲突的信息。一方面，纳粹的宣传证明迫害犹太人是合理的，因为犹太人发起了针对德国士兵的游击战，和德国的敌人联合在一起实施着广泛的破坏和战斗；另一方面，犹太人被断言有罪，就是因为他们是犹太人。但是在战争期间，大众宣传的主题把犹太人描绘为战争的煽动者，以及致命的军事对手。犹太人是战争贩子这一主题定期地出现在德国的报刊上，并证明了这个政权不间断地需要把注意力从军事失败中转移出来，同时只是间接地证明对犹太人的所作所为是合理的。这个政权陷入了它自己谎言的网络当中，它从来没有公开地坦白对犹太人真正的所作所为，除了一次是戈培尔在《帝国》杂志（1941年11月16

日）发表了他臭名昭著的文章《犹太人是有罪的》。戈培尔在其中宣称犹太人对发起这场战争负责，并且现在“要忍受逐步灭绝进程的痛苦”，正如1939年1月30日元首的预言所预先告知的那样。这个宣传部长坚持认为，对犹太人无需显示任何同情，因为他们正在破坏这个帝国。他说每个死于这场战争的士兵将自动地登记在“犹太人罪恶的账目表上”。显示出些微程度怜悯的德国人都是玩忽责任，明显是在对国家犯罪。《帝国》杂志有50万的发行量，对有教养的读者群很有吸引力。但是，戈培尔的观点很大程度上落在了石头地上，在当时完全被忽视。事实上，这个宣传部长著名的坦诚之言，也被战后的历史学家所忽视，包括格拉尔德・赖特林格和劳尔・希尔贝格，他们是第一批记录纳粹种族灭绝的历史学家。

我们该如何解释在不同场合广泛的对犹太人问题的漠视呢？德国的公众已经被纳粹花言巧语的宣传弄得非常厌倦了，他们对此不闻不问，或者贬低了它们的意义。这可能也发生在戈培尔文章发表的情况下。其次，不可能希望那时的民众具有如此的洞察力和想象力，以致他们可能从他们所知的纳粹夸张的宣传中推断出犹太人大规模灭绝的真相。德意志联邦共和国第一任总统特奥多尔・豪斯是《帝国》杂志的编辑部成员，后来他解释道：最有教养的德国人简直不能理解这一种族灭绝规模，因为他们的想象没有超越传统的中产阶级和基督徒的推测所建立起来的疆域。联邦德国前任总理赫尔穆特・施密特也表达了同样的观点。他在东部前线的德国部队里服役，非常愤怒地拒绝一些历史学家的指控，即德国军队在针对犹太人的种族灭绝中发挥了重要的作用。他说，由于在东部前线服役，他总是能听见一些据说是在国防军的保护伞下或者由国防军成员自己犯下的残暴行为。施密特声称普通的德国士兵本质上过着隔绝的，甚至是强制定居生活，这些生活状态使得他们与犹太受害者隔离，使他们严格地限制在自己的军事行动领域。

回顾过去，必须拒绝这一看法的正当性，但是其心理含义是清楚的：施密特和一代德国人，过去且现在依然否认他们在第三帝国作为积极参与者或者被动旁观者的角色。他们看见并听见足够多的真相，但是接下来使自己和他们的所见所闻隔离开来。这一保护性的策略渗透在战争和战后时期。一位德国历史学家把其延续的几个阶段的特征概括为：不想要确切地知道，不想要承受它，不想要它是真实的。德国人不想要知道；但是当他们面对真相时，他们要么故意否认真相，要么在心理上扭曲它。后者采用了如下一些心理防御机制：投射、寻找替罪羊、心理抑制、平凡化。因此，许多人声称犹太人只是“消失了”；他们“正被重新安置在东部”从事一些诚实的工作。无论怎样，为何要为一些犹太人担忧呢？此时数以百万计的德国人死于遥远之地，或者此时数以几十万计的市民在盟军恐怖的空袭中死去。总之，德国人并不关心犹太人的命运。除了一些同情的旁观者的日记或者回忆录呈现出些微的洞察和勇气的绿洲，几乎不存在任何迹象表现出公众对犹太人所遭受的待遇的关心、羞耻或者愤怒。对于那些深表关心的人来说，除了记录他们的无能和对未来几代人的羞耻之外，也是无所事事。一位帮助过犹太人，并且知道他们是如何被消灭的柏林人写道：

> 这一恐怖真的难以描述，以致任何想象都难以接受其真实性。无法想明白某件事情，也简直无法得出某个结论。在理论知识和对个别案例的具体运用之间，存在着无法架设桥梁的深渊……我们没有可能用我们的想象力连接两者，甚至是最低限度的。假如我们认识到我们的母亲、兄弟、朋友、爱人忍受着持续的痛苦，被折磨致死，我们可能继续生活下去吗？……就是胆怯让我们那样想的吗？也许！但是这样的胆怯属于人的原始本能。假如我们能够通过想象看到死亡，生命的存在就不可能存在。一个人能够想象折磨、恐惧，以及和死亡一样的痛苦……只有这样的漠不关心可以让继续的生存变为可能。如此这般的认识是痛苦的，耻辱而痛苦的。它们确认了我们也不属于坚强和骄傲的人，敢于对非正义发起一场伟大的圣战。到底谁挺身而出为几十万受害的亚美尼亚人的极度痛苦复仇？谁反抗过宗教裁判所的酷刑？犹太人大屠杀的新闻在世界四处传播。有人因此吃不下早饭吗？因为受害者的困境震惊了他们，或者撕裂了他们的良心，是否有人就因此活不下去吗？

这样痛苦的反应解释了消极和漠不关心，但是当然没有对它们进行辩解。这似乎揭示了在大多数历史危机中，社会和个人一样，都几乎没有人认识到危机的深度，因为他们以自我保护的心理态度寻求着庇护所。假如极少数勇敢的德国人退缩到绝望中，至多采取了小规模的反抗行动，而多数人服用了道德的安眠药，那么谁留下来犯下了大规模的杀戮之罪呢？答案是纳粹运动的核心分子，以及所有那些被说服宽恕这一杀戮计划的人。他们的数量不可能精确地确定下来，也不可能测定涉及个别案例的犹太恐惧症的强度。假如可能的话，在大多数案例中辨别杀戮者的行为动机是哪种心理的结果也是困难的，它们包括暴力的犹太恐惧症、对权威的服从、追名逐利，或者施虐狂。

为了测定可能无法测定的东西，同时用些许的证据以及演绎、直觉从事工作，我们就不应该惊讶于历史学家没有能力在以下这个问题上达成共识：在总人口当中，犹太恐惧症的强度到底如何。但是，一个正在出现的共识表明，德国民众并没有赞成纳粹领导层生物学—种族的对犹太人的仇恨。甚至在纳粹统治下，犹太恐惧症也非同出一辙。一个人依然必须区分传统的旨在歧视性举措的犹太恐惧症和希特勒旨在灭绝的犹太恐惧症之间的差异。一个人甚至在战争期间也不能忽视基督教犹太恐惧症持续的存在，因为这至少部分解释了大屠杀期间宗教机构的失败。纳粹宣传比以往更成功地向绝大多数德国人灌输了犹太恐惧症的偏见，但是它没有成功地让多数人疯狂地参与灭绝性地对犹太人的仇恨，这种仇恨感染了纳粹的统治精英。在大屠杀降临到犹太人身上的时候，戈培尔、希姆莱和纳粹的其他高层领导人不断地抱怨部分普通德国人缺乏狂热的状态。我们已经叙述了戈培尔在这一问题上的沮丧，尤其是当他听到柏林人对犹太人必须戴上黄色之星表示同情的时候，他变得十分恼怒。1944年10月4日，希姆莱向他的党卫队地区总指挥抱怨道：许多人，包括纳粹党的成员“给我或者一些其他管理机构提出了宝贵的怜悯恳求；他们一直说所有的犹太人当然都是猪猡，但是某某先生是一个例外，他是一个不应该触及的正派的犹太人”。两天之后，希姆莱在波兹南纳粹党的全国领袖和大区领袖大会上发表了臭名昭著的演讲，他把对犹太人的灭绝比作德国历史中辉煌的一页，但同时也对“超过8000万的德国人感到沮丧。他们每个人都有他们自己正派的犹太人”。诺曼·科恩对纳粹德国公众的犹太恐惧症的性质及其效果最好的判断是：大多数人处于与其说是疯狂的仇恨不如说是完全的漠不关心的状态中。这不是一个小成就，因为这就是杀戮者所需要的一切，通过公众的支持他们可以实施自己的犯罪活动。

在整个第二次世界大战期间，大多数德国人继续持有强烈的歧视性的而非灭绝性的犹太恐惧症。这种大众的歧视性犹太恐惧症与引发大屠杀毫无关系。德国民众没有集体地决定发动这场大屠杀；他们狂热的领导人在绝密的情况下发动了这场大屠杀，他们清晰地表明他们并不确信有着广泛的大众支持。希特勒和他的种族灭绝的亲信寄希望于对犹太人普遍的公共偏见，这不是因为他们希望以大众赞同的形式得到充分的回报，因为无论如何这是不可能从歧视性犹太恐惧症中获得的；而是因为这会让他们强化自己的极端举措，他们知道公众可能不会对正在施加给犹太人的东西大惊小怪。伊恩·克肖清楚地看到了这一点。他说："潜在的反犹太主义和德国民众的冷漠，足以给予纳粹政权不断上升的、有着犯罪动力的仇恨以自主性。纳粹政权需要这一自主性去发动这场大屠杀。"

从集体犯罪到集体的心理抑制

1945年夏季，在许多德国的城镇和乡村出现了招贴画，宣布："你是有罪的！"这些招贴画展示了来自贝尔森集中营的画面和故事，因为几个原因在公众那里引起了广泛的恐惧和焦虑。画面是恐怖和令人震惊的，"你是有罪的！"这一指控让民众感到不舒服，因为它指向所有的德国人，并且没有任何行政机构署名的展示促动了不确定的感情：是谁正在传递这样广泛的审判。德国人很快发现获胜的、宣称代表纳粹受害者的盟军不仅作出了这样的审判，而且计划让德国人为他们犯下的罪行负责。德国人不可以对自己作出审判，因为他们的敌人占领和分割了他们的国家。无论他们喜欢与否，他们必须习惯于美国人、俄国人、英国人、法国人的审判，要么一致行动，要么跟随他们的法律的、政治的或道德的法规。正如通常所知道的，紧接着的是一个四年期（1945—1949），其间，共同的努力是惩罚那些对把世界带入战争之中负有责任，以及那些对落入他们控制的人犯下难以言表罪行负有责任的德国人。

因为纳粹犯罪的范围如此广泛，涉及数百万的受害者，死亡或下落不明，并难以找到目击证人，因此认定和惩罚这一犯罪行为是不容易的。另外，德国的战败已经造成了它所有机构的完全毁灭和完全崩溃，这一事实使得完成这一任务变得更加困难。这一崩溃给每一个相关的人、茫然的德国人和昏头昏脑的军事机构都造成了普遍的困惑。步履维艰的社会经济问题困扰着整个国家，尤其是数百万遭到轰炸流离失所的家庭，以及远远超过2000万不同国籍的“无家可归之人”。就是在这种混乱的氛围中，战胜国在纽伦堡召集战犯法庭审判纳粹领导人，他们要为犯下战争罪和反人道罪负责。大量的著作记述了对21名著名的纳粹领导人、无数不太出名的亲信，以及和他们相关的犯罪机构（主要是党卫队）的起诉过程。通常大家都认为，这些审讯有助于突出纳粹政权非人道性，有助于给予公正的处罚这些有益的目的。

但是，这些审讯在两个重要的意义上是失败的：它们没有说服德国民众正义得到了执行，同时它们只是起诉了少数的犯罪者。尽管对犹太人所犯的罪行在短期内十分突出，但是纽伦堡法庭和相关的审讯是由战胜国引导的，它们并不代表犹太人的利益，而只代表它们自己的利益。在纽伦堡，大屠杀是一个边缘性的议题；它的意义没有被犹太人社会之外的任何人所认识到，更不用说是德国人自身了。

正如先前所提及的，德国人决不会审判自己，并且许多人竭力躲避审判。在纽伦堡，他们过去的领导人提供了一个悲怆的场面，谴责这一审讯是胜利者的正义，躲避在一系列防卫性的姿态后面，它们包括被迫执行命令、平凡化、对断定的犯罪全然无知。当他们不专注于推卸个人责任的时候，他们又为战败或没有成功履行行政或军事领导职责相互攻击。一些主要的领导人似乎又显示了良心的悔恨，认识到他们是纳粹主义犯罪行为的自愿参与者。汉斯·弗兰克再次皈依了罗马的天主教，他的公开坦言让他的被告同伴大为震惊：“千年易过，德国的罪行难消。”艾伯特·施佩尔接受他在纳粹德国所发挥作用的全部责任，这个观点一方面引起了被告同伴的厌恶，另一方面也引起了原告的怀疑。同盟国的法官或者律师显示如此的怀疑态度是可以原谅的，因为当他们面对着迟延的辩护或者坦白时，怀疑这些行为可能受到犯罪者自利动机的促动。这些犯罪者企图提高自身的重要性，或者取悦原告，说服他们更加宽大一点。

假如纳粹的领导人在战争刚结束之时不全盘招供，那么大多数德国人也不会。除了少数宗教界和知识界的人物，他们呼吁要进行一段时间的赎罪和深刻的道德反省，大多数人都忙于活命，以致无暇去想过去十二年所发生的事情。战争和经济的崩溃已经把普通民众弄得痛苦不堪，当他们新的主人展示各种各样相互冲突的策略去惩罚和再教育他们的时候，他们防御性地，经常也是挑衅性地采取行动。一位英国官员在1945年说，由于德国人已经造成了如此多的痛苦和灾难，他非常震惊地发现德国民众缺乏“对战败道德上的接受”。在许多占领军官员的眼里，德国人是容易被控制的，但是当面对过去的犯罪行为时也是具有挑衅性的。德国人一点都没有显示出理解他们的所作所为，也没有显示出丝毫的谦逊，他们沉溺在自我怜悯之中，企图借此摆脱他们给别人造成的痛苦。这让越来越多聪明的盟军官员领悟到：纳粹主义在德国民众那里有着比他们预想的更大的支持。事实上，大多数德国人已经发现纳粹政权是可以容忍的，也是有益的。毕竟，希特勒把德国带出了大萧条，在国内外给德国恢复了声望；甚至在战争期间，德国人生活得比大多数欧洲人都好。他们享有大量的食物、原材料、工业用品，以及奴役劳动，最后一项使他们的生活除了美国人之外，优于他们的敌人。当然，普通德国人后来也大发牢骚，自怨自艾，他们声称他们陷入了极权主义的罗网，在他们的政府和敌人手中忍受着巨大的痛苦。“受害者德国”的观点不是20世纪90年代，而是在1945年德国战败的那一刻诞生的。当时和现在，因为许多德国人在他们犯罪的政府和他们的敌人手中已经忍受了巨大的痛苦，因此他们相信，已经施加在其身上的痛苦应该去除集体责任或者集体罪行的污名。

在战争刚结束的时期，惩罚、责任和罪行的问题正好存在于胜利者的手中，他们在处理德国人的问题上追求五个大致的目标：惩罚罪行；对德国民众去纳粹化；作为补偿工具的强制赔偿；重建德国的政治制度；再教育德国人去适应新的生活方式。惩罚和去纳粹化间歇地进行着，因为战胜国被不同的意识形态和文化传统分割了。德国的不妥协也增加了这些困难。苏联人占领了东德的部分领土，他们对如何把他们的德国人带入共产主义的控制氛围有着自己的想法。美国人、英国人、法国人，尽管对德国人进行民主化大致形成了共识，但是对如何能够完成它却有不同的想法。他们都同意通过确认和惩罚罪犯，并将他们永远地排除在公共机构之外对德国进行惩罚和去纳粹化。他们将全部人口划分为五类进行这项工作：（1）重要罪犯，判处死刑和终身徒刑；（2）罪犯，最多判处十年徒刑；（3）罪行较轻的罪犯，实行缓刑；（4）纳粹政权的追随者；（5）无罪的人。尽管去纳粹化控制在德国法庭手中，但是同盟国监督着整个过程。德国人很快就学会了操纵这个过程。他们给予了闪烁其词的答案，糊弄他们必须填写精心制作的问卷。许多人后来承认这个过程经常是煞费苦心的掩饰。据说太多的人已经受到了以“佩希尔”(Persilscheine)洗衣粉命名的证明书，它们允许犯罪者将他们的褐色衬衫送到洗衣店洗干净，然后漂白。他们必须做的一切就是要求牧师、过去的反纳粹分子，或者犹太幸存者为他们写证明书，确认他们的纯洁无瑕。

尽管许多重要的罪犯得到了惩罚和监禁，但是同样多的人——假如不是更多的话——免受了惩罚。彻底的去纳粹化从来就没有发生，因为德国人口众多。许多同盟国官员公开嘲弄道：假如战胜国真的要给每个纳粹分子定罪，那么大多数德国人都必须投入监狱。一些人也在想，全面的清洗是否会动摇这个国家，把它投入到长期的相互残杀的揭丑和社会冲突之中，因此要么不可能统治它，要么不可能向自治发展。英国人和法国人不像美国人和苏联人在意识形态上恪守一个单一的世界观，在前两种人当中就如何使德国人皈依正确的生活方式，存在着相当可观的思想探索。一位驻德国的英国教育部的官员承认：“胜利以某种方式给予我们道德权利去强加我们的生活方式，这一假定是极端傲慢的……不管怎样，一个国家如何去教育一个已经文明的、产生了一些人类最伟大天才和恩人的国家。”

假如英国人和法国人不倾向于在德国发动深远的政治或文化重新定位的计划，那么苏联人和美国人越来越视德国为一个证明自己生活方式优越性的试验场。1949年，两个分开的德国出现了：一个是苏联控制的德意志民主共和国，一个是美国控制的德意志联邦共和国。苏联人掠夺了东德的经济基础，同时作为广泛的欧洲经济重建计划的一部分，美国人投资了西德。马歇尔计划给予战争破坏的欧洲将近130亿美元，不仅奠定了欧洲经济复苏的基础，而且最终帮助赢得了对抗短视而有瑕疵的苏联经济政策的冷战。马歇尔计划对西德的冲击绝对是壮观的。美国货币的大规模注入，并和完美的经济管理的结合，连同德国民众的能量和努力工作，产生了超过十年的持续增长和物质富裕。除了金融的支持和德国人的专业技能，20世纪50年代和60年代的经济“奇迹”，也是将心理的罪恶集体性地置换为经济重建的结果。好像德国人不能再快地清除碾为齑粉的城市和工厂的碎片了，因为它们代表着战败和耻辱看得见的留存物。全力推动经济发展是心理抑制纳粹历史的一个方法。另一个逃避过去的方法是冷战提供的。两边的德国人被当作盟友，这使得掩盖过去的过错或者罪行变得更加方便。对于美国人来说，新纳粹是反共产主义的，但是新纳粹是和美国人一道反共产主义的。大多数德国人也欢迎这个利用冷战逃入使人遗忘的沉默的机会。总之，冷战，以及德国分裂为共产主义的东德和资本主义民主的西德，都终结了所有真正的对后来被称为未被把握的过去真挚的自我反省。环绕着大屠杀的德国人罪行的问题，一直处于半死不活的状态。直到在自由环境中接受教育的新一代开始在沉默之墙上凿下碎片。为了在心理上抑制过去，他们的父辈竖起了这堵墙。

但是，甚至在沉默的年代，西德和东德的政府都承认对犹太人犯下的罪行。双方提供了各种各样的理由解释它为何发生，并陈述他们有关犹太人的官方政策。狡猾的、亲西方的天主教徒康拉德·阿登纳总理领导的波恩政府，承担了在第三帝国期间所作所为的全部责任，因为他认为自己是这个帝国唯一合法的继承人。阿登纳和后来西德的领导人采取了亲犹太人的姿态，保证支付赔款给纳粹主义的受害者。这一赔款政策被称作赔偿。1951年9月，阿登纳在国会发表的一次著名演讲中阐述了这一点。这一点后来在西德和以色列之间以条约形式体现出来。1952年9月，依据最终商定的条款，西德政府同意支付30亿马克给以色列，4.5亿马克给代表以色列国内外犹太人的组织。整个赔偿的概念被作为“赎罪金”遭到了许多德国人和犹太领导人的强烈批评，没有一个有自尊的国家应该支付和接受它。这个概念实际上是阿登纳的杰出策略，因为它服务于两个主要目的：使波恩政府合法化；用政府的法令解决德国人罪行的问题。依靠为纳粹主义的罪行承担责任，波恩政府和它的保守主义领导人占据了道德的和民族主义的高地，同时心照不宣地表明作为德国的合法继承人，他们愿意为纳粹政府犯下的可怕罪行赔偿，而这个政府代表的是德国历史上一个异常的例外。

但是，赔偿的策略具有另一种含义，这也许是更为广泛的但被历史学家忽略的：它是德国人罕见的处理罪行问题的方法。无论阿登纳是否有意识这样做，他都试图用集权主义的方法来解决罪行的问题。因为就是这个国家，而不是它的公民要对罪行负责。这位年长而狡猾的总理、善良的天主教徒采取了制度性的方法走出了困境，而这个困境也许应该放在个体的德国人肩上。假如这个国家承担了纳粹主义的罪行，是否还存在个体的德国人应该赔偿的理由？因为这个国家正在为他们赎罪，那么是否普通德国人会把国家支持的赎罪行为解释为他们不必再做些什么了？阿登纳采用了什么制度机制使个体的德国人——单独的和集体的——有可能解决他们的愧疚感而不是心理上抑制它们？答案是：除了限制言论自由——当这一自由威胁了民主——的强烈的反歧视性法律之外，西德人没有做任何事情来解决和公开表达这类超出国家法规或赔款的赔偿，也没有做任何事情改变人心和思想。

为了公平地对待波恩政府，我们必须说东德政府在真诚地接受纳粹的过去这一问题上过于迟缓。共产主义的领导人同样依赖于集权主义的解决方案，试图通过意识形态的手法消除罪行，他们认为国家社会主义是资本帝国主义的极端形式，是针对工人民众的阴谋，同时也认为共产主义的左派与纳粹对犹太人的罪行毫无关系，因此东德的共产主义政府自动地免除了责任。出于这个理由，东德政府拒绝给纳粹主义的受害者任何赔款。

在两种情况下，犹太人问题的解决都是政府的命令，因此可以预见的结果是：要么是通过意识形态的逃避，要么是通过安森·拉宾巴赫所说的"道德健忘症"，过去没有得到充分的对待。东德和西德政府拒绝与纳粹的遗产作斗争。对希特勒和国家社会主义的重要研究发生在英国、法国和美国，而不是德国。在德国，历史学家不愿意重新揭开旧的伤口；也很难得到相关的文献，因为它们已经被战胜国取走，存放在遥远的地方。直到20世纪60年代后期，德国的学校都在继续着过去的做法：忽视当代历史的重要性，偏爱遥远的历史时期，使得面对近期纳粹的历史相当困难。我自己预科学校的历史课本包括了一个短小的段落，它论及了1933年到1939年"狂热的对犹太人的仇恨"。在论及国家社会主义对欧洲统治的段落中，有三句话谈论到犹太人问题的最终解决方案："在这些年当中，希特勒决定对犹太人问题采取最终解决方案。数百万犹太人在集中营里走到了可怕的终点。这些残暴的杀戮在绝对的秘密中得到了执行。"不用说，课堂从来没有讨论过这一议题。

大屠杀在德国历史学的圈子里并不占有突出的地位，这一事实并不值得惊讶，因为战后最具有学术训练的历史学家都以某种方式与纳粹政权有着关系。他们都是在历史决定论高尚的风格中得到训练。历史决定论教会它的从业者朝着修辞的优雅、科学的精确努力，把主题集中于思想史或者外交史，而不是拷打、大规模射杀、毒气杀人构成的地狱。也存在广泛的怀疑，即胜利者控制的证据可能被污染了，它们不可信，具有宣传特征。有人认为，需要更多的时间去获取关键性的观点；同时，将学问限定在非判断性的文献搜集，把道德判断留给未来一代在学术和教学上是更为明智的。

要么是默认，要么是故意，直到20世纪60年代，德国的历史学家让外部世界控制了对希特勒和第三帝国的学术争论。一束强光是在慕尼黑建立了当代历史研究所，它是专门涉及国家社会主义的主题和资料的研究和文献中心，出版了学术期刊《当代历史季刊》。这个研究所的创始人之一汉斯·罗特费尔斯用《格施泰因报告》的出版促动了一系列论述最终解决方案的优秀论文。随后马丁·布罗萨特、赫尔穆特·克劳斯尼克、赫尔穆特·海贝尔对纳粹罪行的研究作出了许多杰出的贡献。但是，在公众的水平上，德国人在德国是不能阅读到专门论述大屠杀书籍的。论述大屠杀最早的也是至今依然最为综合的著作之一是由劳尔·希尔贝格写作的。该书用英文初版于1962年，直到初版二十年后、大屠杀三十七年后的1982年才翻译为德文。假如任何一部论述大屠杀的著作在总体上给德国人留下印象的话，那么就是《安妮日记》以及后来建立在她在纳粹控制下短暂而悲剧故事基础上的故事片。至少德国人很快被迫将一位年轻天真的面容和他们的纳粹前主人犯下的恶行联系了起来，对于他们当中的许多人来说，这个联系过于紧密了。这就是为何无论何时在公共论坛上提出集体苦难的主题，德国的受害者都一直处于显著位置的原因所在。也有人过于强调对希特勒微小的、没有效果的保守主义抵抗，最终，出现了一致的努力，将所有的对纳粹罪行的谴责投射到党卫队身上。

通过把党卫队魔鬼化为大屠杀唯一的犯罪者，德国的辩护者免除了其他机构的犯罪责任。这就是战后不久手脚干净的国防军神话出现的方式。这个传说宣称：普通的士兵和他们的指挥官与阿道夫·希特勒和他的政权保持了距离，他们只是作为德国士兵尽了自己的责任。他们勇敢而英雄般地与压倒性的劣势作斗争，全然不知道党卫队在前线正在犯下的任何残暴行为。在第二次世界大战之后超过二十五年的时间，德国的大众媒体制造了国防军和实际毫无相似之处的形象。在画刊、廉价的战争小说、电影里，战争被描绘为激动人心的冒险，在其中，数百万勇敢的德国人操纵着斯图卡轰炸机、坦克、战舰与敌人作战，而这个敌人之所以能取胜只是因为它拥有十倍于德国士兵的兵力，并且可以调用无限的工业资源。可怜的德国士兵因此从一开始就注定了厄运，但是他们勇敢地战斗，一直和同伴们保持着信仰。在所有这一切当中，没有一个字提到对犹太人和其他种族上劣等的“非人类”的灭绝。相反，犯罪者们被想象为受害者。但他们是什么东西的受害者？大概是疯狂的元首及其狂热的助手们的受害者，然而任何寻求明确面对纳粹主义的人都会悲哀地感到失望，因为军事上失败的悲剧以有目的的含糊包裹在大众传媒中。事实上，一个人从大量大众的、经常是感伤的媚俗中得到的印象，是一个完全辩护性的信息：尽管战争是恐怖的，接下来是国家的一片废墟，但在对死亡的无惧无畏和对共产主义高贵的战争中，能够确认一份积极的遗产。

冷战强化了一些这样的大众想法，因为它给予希特勒青年团这一代人一个机会，将自身转型为自以为是的冷战卫士，并提醒他们的孩子，他们一直是反共产主义者。当然，在东德不可能有这样的观点，在那里，政府主张每个人都是法西斯主义的受害者，并且义不容辞筑起高墙驱逐西方资本主义。在这座高墙的两侧，心理抑制是全面的。冷战提供了心理抑制适宜的目标，精力消耗在要么将西方资本主义驱逐在墙外，要么将共产主义通过“牵制”围困在墙内。但是，冷战所做的事情延迟了去纳粹化、赔偿和正义的进程。

鉴于这些历史的环境，我们不应该惊讶：塑造第三帝国的信仰和价值观并没有在1945年被扫除，它们在战后逗留，并且以变形的方式持续影响着新的一代。为了理解后大屠杀时代德国人—犹太人的问题，非常重要的是要认识到纳粹德国并没有遁入历史，而是存活在政治的辩论和当下的历史意识当中。希特勒和国家社会主义的鬼魂没有安息，它包括纳粹发泄了二十五年之久的种族仇恨和偏见。纳粹主义在1945年的彻底失败和名誉扫地，承担了希特勒所提出的生物学种族主义的失败；但是，这并不意味着犹太恐惧症在德国被永远地根除。生物学—种族的犹太恐惧症可能已经失信，但是其他形式的犹太恐惧症依然存活，甚至在战后兴旺起来。许多德国人对于犹太人的态度只是在缓慢地改变，在一些情况下依然顽固，难以纠正。

自从1945年德国战败，首先是西方强国，然后是各种各样的德国研究机构对舆论进行了大量的调查，它们被实施用来测定犹太恐惧症偏见的性质和程度。最初的民意测验由美国驻德国的军政府办公室主持，它们呈现出以往的偏见与信仰、观点明显变化的奇异混合。因为它们是由军事占领部队支持的，它对一个被征服和迷失方向的民众行使着绝对的控制权，因此人们自然会提出它们科学有效性的问题。为了取悦占领当局，可能没有应答者会同意这样的说法：“希特勒对犹太人的处理是正确的。”在希特勒对待犹太人的种族政策相同的抽样调查中，77%的应答者同意这样的说法：“对犹太人的行动绝对没有合理性。”只有19%的人同意这样的说法：“希特勒对犹太人的处理可能走得太远了，但是必须做一些事情来限制他们。”接下来的民意测验表明了一种否认、不信和困惑的变化心态，显示出37%的应答者不同意这样的说法：“对于德国人的安全来说，对犹太人、波兰人，以及其他非雅利安人的灭绝是没有必要的。”两次民意测验之间的差异是明显的，因为一方面是零百分比的应答者不同意对犹太人采取行动，同时37%或者超过三分之一的应答者赞成灭绝以保证德国的安全。这一差异有人认为是抽样调查记录水平低下可以解释的。正如萨拉·戈登所指出的，对于一些应答者来说，含蓄的双重否定（不是我不同意）可能意味着是他们同意灭绝是没有必要的。美国驻德国军政府办公室的调查通常是鼓舞人心的，因为它们似乎表明了德国人相对而言没有犹太恐惧症。甚至在种族通婚的问题上——这是种族偏见的关键指标，91%的应答者的回答是：假如一个德国人娶了一个非雅利安人，他不应该遭到谴责。另一个的调查显示：94%的应答者相信所有实施或者参与对民众杀戮的人都应该得到审判，72%的应答者感到希特勒应该被审判，他自杀是错误的。

接下来的调查由在阿伦斯巴赫的民意调查研究所实施了五十多年，这些调查给我们留下了更为悲观的图像，在西德的普通民众那里，对犹太人有着持续的偏见。1947年，四分之三的德国人认为犹太人属于不同的种族，在后来的二十多年，这个数字一直非常稳定。1961年，73%的人依然同意犹太人与德国人是不同的种族。对于种族通婚的问题，出现了一个类似的启示模式：1949年，大多数德国男人和女人——分别是67%和73%，对于“你是否愿意和犹太人结婚”这个问题的回答都是“不”。十二年后，这个数字分别下降到“47%”和“60%”。对于希特勒所有毁灭性的遗产，他在1952年受到了三分之一应答者积极的评价；同年，88%的德国人宣称他们对大规模灭绝没有个人责任。到1978年，超过三分之一的人认为纳粹德国并非一点都不好。

在追踪二十多年公共情绪的行动中,可以确认一些令人鼓舞的特征。首先,越来越清楚的是,强烈的反犹太人偏见与老一代人相关,特别是可能被纳入希特勒青年团那一代的那些人。那一代包括生于1919年至1931年的人,他们在国家社会主义的影响下接受了大多数他们基本的价值观。在第二次世界大战后被社会主义化的德国人越来越没有反犹太人的偏见。民主化的进程在战后的西德稳步推进,和能获得更广泛的教育机会一道,发挥了抵制反犹太人和思想褊狭两个倾向的作用。甚至在平静的20世纪50年代,大众的犹太恐惧症在德国社会几乎没有发挥什么作用。纳粹主义已经崩溃,随之所有反犹太主义的政治运动也土崩瓦解。因为几乎没有犹太人留存下来,因此过去对犹太人的仇恨也就存在于真空中。弗里德里克・魏尔认为:"毫不夸张地说,自1945年开始,反犹太人的偏见是一个悖论。因为既不存在反犹太主义分子,也不存在犹太人。"当我们认识到尽管战后已经没有明显的犹太人的实际存在,但过去反犹太人的成见依然在老一代人那里发挥作用的时候,这一悖论就变得令人更加吃惊了。更为重要的是,与纳粹历史相关的问题依然没有得到解决,被埋藏在心理抑制的岩层下,并被诸如冷战或者物质富足的问题所取代。

1959年,特奥多尔・阿多诺撰写了一篇著名的论文《完成过去的作品意味着什么?》。通过这个问题,阿多诺想表达的意思是一个人如何能真正地与过去达成妥协?他认为过去只有在它的原因现在被克服的时候才能被掌握。这就是他的回答。他清楚地相信德国人没有完成这一任务,因此依然与未被把握的过去的定时炸弹生活在一起。根据他的观点:德国人通过这样的行为在心理上抑制了过去,背叛了未来。

受到心理抑制的事物的回归

阿多诺具有非凡的预见能力。这一事实被后来在西德发生的事件所证实。这些事件让被心理抑制的过去重新回到了日光之下。1959年到1960年的冬季记录了整个西德无数犹太教会堂的墓地受到了亵渎。过去再次抬起了它丑恶的头颅,它提醒德国人逃避不再是可能的。当平静的阿登纳时代在20世纪60年代初起开始退却,让路给社会冲突十年的时候,德国人再次面对奥斯威辛的幽灵。

德国更年轻的一代没有亲身参加过第二次世界大战，他们要求他们的父母对第三帝国和他们的参与作出更好的回答。在西德，更年轻的一代越来越美国化和极端化，这引发了尖锐的代际冲突，并导致了政府机构，尤其是大学的广泛批评，在大学，保守主义和集权主义依然非常根深蒂固。无论怎样，20世纪60年代的社会紧张为更开放的思想论坛准备了道路，它也不幸地突然变成了暴力，痛苦地考验着西德的民主制度。

20世纪60年代年轻而极端的德国人，与其他西方工业强国——诸如法国、英国、美国——他们年轻的对应者十分相似，代表着一个普遍的反主流文化运动的先锋。这个运动反对老一辈人传统的、集权主义价值观。他们要求更大的个人自由、社会正义、国际和平。尤其在德国，他们同情的是政治左派。瓦尔特·拉克尔认为，许多极端的年轻德国人是反集权主义的，带有无政府主义和马克思主义两种元素的混合。他们对纳粹主义没有记忆，这使得他们对“腐朽的”西德制度的抗议显得特别的奇怪和令人惊讶。正如一位德裔犹太人观察家所认为的，他们是在心理抑制和经济富裕之间长大的，从来没有必须通过斗争来赢得自由；信奉崇高的目标，但对此从没有强烈的精神依附关系。他们的政治激进主义对这位观察家来说只是“表面文章”。但是，这一判断并没有被大多数德国人所认同，他们通过要求严厉的压制，对年轻人的抗议作出了过激的反应。从道德的高标准去质疑父辈或祖辈的道德观是一回事，但是挑战战后德国社会的结构是另一回事。当一些1968年出生的人——之所以这样称谓，是因为1968年是抗议运动最猛烈的一年——求助于恐怖主义的时候，绝大多数德国人变得警觉起来，并采用会让纳粹骄傲的复仇性压制进行了报复。绝大多数德国的学生都反对巴德尔—迈因霍夫红色旅的恐怖主义，正如他们同样感到震惊的是遭遇到这个体制如此禁锢的攻击一样，这使得一些人想知道有多少思想褊狭的趋势和法西斯主义的倾向在德国社会依然活跃。

20世纪60年代一代人的动乱使他们再度关注被心理抑制的过去。1961年，艾希曼在耶路撒冷受审；从1963年12月到1965年8月，德国人一直跟随着20个主要罪犯在法兰克福因战争罪行受审的进程。跨国的聚光灯再次直接照射在过去德国的罪行上，并突出了导致第二次世界大战期间犹太人被大规模杀戮的制度程序上。年轻的德国人震惊地知道了数十万的父母和祖父母是如何深陷于大规模的杀戮。紧张的公共争论发生在延长对纳粹罪行期限的法规上。对一级谋杀期限的法规原计划在1960年失效，现在被延长到1965年，后来又被延长到1979年。这个国家的道德良心被许多充满争议的戏剧和小说所刺痛，它们涉及大屠杀，以及使得大屠杀成为可能的个人和制度的失败。最重要的文学作品给争论添加了燃料，它们是罗尔夫·霍赫胡特的《代理人》（1963）、彼得·魏斯的《调查者》（1965）、海纳·基普哈特的《约耳·布兰特》（1965）。历史学家也加入了这一争论，著名的有马丁·布罗萨特、汉斯·布赫海姆、赫尔曼·格拉姆尔、赫尔穆特·海贝尔、赫尔穆特·克劳斯尼克、汉斯·莫姆森、约阿希姆·费斯特、卡尔·迪特里希·布拉赫尔，他们都对希特勒和国家社会主义撰写或编撰了深入而综合的研究论文。除了埃伯哈德·科尔布的《卑尔根·贝尔森》（1962）、海因茨·赫内关于党卫队的杰出专著（1966）、乌韦·亚当的《纳粹统治下犹太人政治学的研究》（1965）、卡尔·迪特里希·布拉赫尔对纳粹独裁性质的综合研究之外，德国学者几乎对与大屠杀直接相关的问题没有作出任何研究。甚至布拉赫尔关于纳粹主义综合性的著作，对最终解决方案也只贡献了13页，而全书厚达580页。

尽管在20世纪60年代和70年代，可以得到有关纳粹德国的信息，但是许多德国人选择忽略它，并转向大屠杀否认者散布的半真半假的信息和谎言。甚至在1969年，第一部国家社会主义的综合研究著作的作者卡尔·迪特里希·布拉赫尔不得不承认：旧式的国家社会主义思想现在在“国家反对派”伪装下得到了掩盖，再次在精英的期刊、报纸、宣传小册子，以及第二次世界大战陨落偶像的辩白回忆录或洗罪自传中流行起来。大多数修正主义的文学作品显示出，在德国社会有一个富有影响的圈子存在，它正在培养对右翼意识形态的强烈偏好，二十多年前这种意识形态塑造了纳粹的特性。事实上，许多前纳粹分了特别成功地经历了战争的暴风雨和战后的去纳粹化，他们渴望将他们的思想植入新的德国社会。对于那些追踪前纳粹精英生活和职业经历的人来说，假如不是大惊失色，也是惊讶地发现，许多纳粹分子是如何在联邦德国毫发无损、毫无悔意地重新出现了。在他们当中有许多大屠杀的犯罪者，他们被松弛的司法体系给忽略了。

在检验战后德国大屠杀的角色的时候，有启发意义的是去审视一下德国人在其中试图对待大屠杀犯罪者的方式。这些犯罪者漏过了战胜国最初的审查。

这一任务涉及把15万以上的人带入法律制裁。鉴于战后环境变化的性质，这是一个令人望而生畏的、可能也是不可能完成的任务。大约15万德国人直接涉及纳粹的杀戮，1814人被美国人、1085人被英国人、2107人被法国人、其余被八个其他国家判定有罪，包括：比利时判定了75人，丹麦判定了10人，荷兰判定了197人，挪威判定了92人，波兰判定了5452人，南斯拉夫、俄国、东德判定了大约2.5万人，总数大概是3.5万人，剩余的11.5万人怎么样呢？

答案是，大多数犯罪者漏过了去纳粹进程多孔漏水的网络，他们轻易地把自己重新整合进东德和西德的战后社会当中。在西德，诸如行政部门、公立学校、大学、法院、警察部队等精英机构在表面上是去纳粹化了。许多“引人注目的”纳粹分子离开了他们的工作岗位，要么被开除，要么退休，但是大多数人或早或晚地在战后恢复了他们的专业活动。除了极少数特别的例外，法律专业的人员依然保留了他们的工作，并以过去保守主义和集权主义的原则指导着新一代的德国人。这些原则一直以牺牲个人权利为代价支持国家机构的要求。在20世纪40年代后期，一些政府机构雇用了比第三帝国期间更多的纳粹党员。1951年，西德政府通过了“131法案”，除了盖世太保官员和那些被去纳粹化进程认定为“主要罪犯”的人之外，它批准再次雇用所有前纳粹公务员。大多数塑造国家社会主义法律体系的教授回到了他们大学的讲席，继续教育学生。在大多数学术领域都是如此。新的德国国会第一批法令之一就是，许可对所有在第三帝国期间犯下的被判处一年或一年以下的罪行进行大赦。为了加快重新整合许多以假名生活在西德的前纳粹分子，国会也许可对那些掩盖他们的身份，或者向行政当局提供错误信息的人以大赦。尽管有力的法律制裁已经对纳粹罪犯进行了处罚，但是德国行政当局一点也没有紧迫性去诉讼任何人，除非是名头太大的那类罪犯。同盟国现在处于冷战之中，急切要求西德的支持，从而造就了“宽恕和遗忘的”氛围，染上了纽伦堡诉讼律师之一罗伯特·肯普纳所称的“原谅狂热”的疾病。美国高级专员卢修斯·D.克莱将军得到了一个专门的宽大处理委员会的支持，他要么减少了许多纳粹罪犯的刑期，要么给予了直接的赦免。弗里茨·特尔·梅尔是奥斯威辛I.G.法尔本工厂的经理，据说他走出监狱后告诉随从说：“因为美国人要支配韩国，因此他们友善多了。”英国人跟随美国，也为前纳粹罪犯打开了牢门。

鉴于政治氛围在冷战期间已经发生了根本的转变，同盟国已经把司法权移交给西德政府，给纳粹罪犯定罪的紧迫感很快就消逝了。法律的进程成了蜗牛的步伐，1958年，西德的州政府在斯图加特附近的路德维希堡建立了中心部门，用于调查在第三帝国可能犯下罪行的个人。路德维希堡机构的调查结果会传达给相应的州检察官，被指控的纳粹罪犯处于他们的司法管辖当中。因为除了一般杀人罪和谋杀罪以外的所有犯罪期限的法规在1955年已经失效，路德维希堡不再聚焦于对与财产（雅利安化）和犹太人强迫集中居住相关的调查。一般杀人罪期限的法规失效于1965年，这样只剩下谋杀罪。根据德国修订于1941年的法律，一个谋杀者被定义为"因为杀戮的快乐，或者出于其他卑劣的动机，有着邪恶意图或者采用总体威胁公众的手法，进行杀戮的人"。受到政治议程驱动的法官去曲解这些词义以符合他们自己的目的并不困难。

另外，直接提出的问题是："办公桌杀戮者"实际上是亲自操刀的杀戮者，还是只是一个不知情的帮凶。例如，在对党卫队帝国保安总局行为漫长的一系列调查之后，准备起诉的是300名主要罪犯。但是，联邦最高法院在第一次审讯克拉科夫警察部门的一个官员时作出裁决：被告不是同谋，他的行为没有出于"卑劣的动机"（种族仇恨），只是作为警官和党卫队成员服从命令而已。另外，法院裁定：根据国会1968年通过的《刑法》第2章第50条，一个谋杀的同谋如果没有明确的个人动机，至多只能判处十五年徒刑。到1969年，这种最长刑期的判决已经超过了期限的法规。只要大笔一画，法院就可以有效地终止对原本准备接受审讯的300名犯罪者的起诉。

联邦最高法院1969年作出的这一决定，发出了一个在德国大多数较低等级法院不会消失的信号。对高层纳粹分子的控告将被许多法院所终止，因为这些被告只是"不知情的工具"，只是按照命令行事的同谋犯，他们的行为总体上不是出于伤害公众的卑鄙动机或者邪恶意图。阿洛伊斯·哈菲勒是一个党卫队成员，参与了在切尔莫对8.9万犹太人的杀戮，在那里发生了第一次对犹太人的大规模毒气杀戮。波恩法院把他归类为"只是一个没有犯罪者意图的同谋犯"。联邦最高法院也将希姆莱的私人参谋长卡尔·沃尔夫归类为"仅仅是帮助希姆莱执行任务"犯罪者，"从下属的地位偶尔给希姆莱的犯罪动机提供帮助"。

沃尔夫"仅仅"是征集和安排了火车将数百万犹太人送入死亡，假如他都不是罪犯，那谁还是呢？非常清楚的是，法院假定了希特勒、希姆莱、海德里希、穆勒、艾希曼和其他直接参与大屠杀的犯罪者可以被认为是无条件的杀戮者。其余的大部分人是处于某种动机的同谋犯，而非上述的刑法可以起诉的犯罪者。他们被责任感、服从命令所驱使，或者他们出于恐惧，甚或高贵的理想主义信仰行事。一个法兰克福地方法院判库尔特·博尔姆无罪，他是一位安乐死的医生，将6652人送进毒气室，只是因为他没有“出于邪恶意图”杀害受害者，而是相信他将解除他们的痛苦。也许撤销对纳粹犯罪者起诉，或者对他们缓刑的最通常理由是被告的辩解：假如他们不服从命令，他们的生命就处于危险境地。只有一个在贝尔泽克行政当局工作的成员被判刑，因为他对60万人的灭绝提供了帮助和支持。这个人作为杀戮的同谋犯只被判处了四年徒刑；根据法院的判决，所有其他的人都是“相信自己处于无望的逼迫境地而行事的，除了服从下达给他们的命令别无选择”。1966年，基于同样“假定的逼迫服从命令”的理由，达姆施塔特地方法院撤销了对322警察部队前成员大规模杀戮的起诉，他们当中的许多人在战后恢复了职位，并且稳步得到升级。

假如逼迫服从命令不是可行的策略，被告就试图寻找另一个有效的计策，他们声称自己患病过重，或者过于衰老，承受不了审讯。奥斯威辛审讯的主要被告罗伯特·穆尔卡被判处了十四年徒刑，但是很快就因为治疗原因被释放出来。布鲁诺·施特雷肯巴赫是特别行动队大规模射杀的组织者之一，因为身体状况极为糟糕而从未受到审判。同样，党卫队二级突击队大队长赫尔穆特·比朔夫也没有得到审判，因为根据哈姆法院上诉的观点，“被告犯有谋杀罪的起诉极有可能引起严重的高血压”。

尽管路德维希堡的中心部门调查了超过十万例前纳粹犯罪者的案例，但是到1993年为止，以谋杀罪或者谋杀同谋罪起诉，只有6487名纳粹罪犯得到了审判，6197名被德国各级法院定罪，只有163人受到终身监禁。路德维希堡中心部门的一位前主任阿达尔贝特·吕克尔在一份官方报告《1945—1978年对纳粹战争罪行的调查》中声称：很少有纳粹罪犯逃过司法制裁，但是后来者如汤姆·鲍尔所指出的，吕克尔特地解释了为何德国政府对少数逃脱的人不负有责任。吕克尔对为何司法制裁速度不快的辩解之一是，同盟国在战后把关键的文件运到了美国，或者其他地方，因此德国的起诉者无法获取它们。但是，真正的原因是德国人的阻挠和反抗,冷战、经济奇迹、前精英们的再度出现,都使得这一切更为容易起来。

对于那些真正试图与纳粹的过去达成妥协的人来说,看到前纳粹在西德组织的高层重新出现是特别难堪的。帮助起草纽伦堡法律,并构想出犹太人必须使用中间名"以色列"和"莎拉"的汉斯·格洛布克在阿登纳的政府中担任国务秘书,直到1963年退休。弗里德里希·弗里克是一个富裕的工业家,依靠剥夺犹太人的财富和让他们从事奴役劳动使自己发家致富,他不得不出售他的煤矿,但很快就通过收购戴姆勒·本茨以从事金融东山再起,成为了联邦德国最富裕的人。弗里克像诸如阿尔弗雷德·克虏伯那样的其他工业家一样,被判处了实刑,但后来都得到了减免。I.G.法尔本公司的经理都涉及奥斯威辛(莫诺维茨集中营)计划,他们都继续在德国的工业领域占据有利可图的位置:弗里茨·特尔·梅尔成为拜尔化学公司的董事会主席和鲁尔化学股份有限公司海因里希·布特费施董事会董事;在奥斯威辛管理莫诺维茨集中营的瓦尔特·杜尔费尔德成为了绍尔文化学公司董事会董事;奥托·安布罗斯被委任为几个董事会的董事长,并且成为波恩政府的顾问;奥古斯特·海斯迈耶是党卫队将军、希姆莱的伙伴、帝国妇女联盟主席格特鲁德·朔尔茨—克林克的丈夫,因为篡改自己的姓名只受到些微的惩罚,在战后的余生担任了可口可乐子公司的经理。这个名单还可以数以千计地扩展。根据汤姆·鲍尔的观点,在20世纪60年代初,有六十多名德国的大使和外交官曾是纳粹党的著名人物,他们帮助弗朗茨·拉德马赫组织了最终解决方案。当然,一个与拉德马赫一起工作的年轻外交部官员声称他一无所知,他就是库尔特·格奥尔格·基辛格,他在1966年成为西德总理。

围绕基辛格被任命为总理的争论也许远超过较早的格洛布克的案例,将公众的注意力集中在过去的责任上,先前被心理抑制的东西突然跃入了公众意识,挥之不去。基辛格纳粹的过去一直是公共争论的主题,当一个年轻的女人贝亚特·克拉斯菲尔德在公共场合扇了总理一个嘴巴,这一过去成了一个重大的新闻。尽管许多人谴责了克拉斯菲尔德,但是她也有许多支持者,著名的有作家海因里希·伯尔,在她被判刑的时候,他送给她一束玫瑰。基辛格的案例证明纳粹的过去是如此无处不在,毒害着环境,麻痹着国家的集体自信。至少非常清晰的是：直到老一代人把权力交给战后一代，揭发纳粹分子在敏感的公职岗位隐姓埋名的就职才得以结束。甚至调查纳粹战争罪行的路德维希堡中心部门的主任埃尔温·舒勒也被怀疑（证明是错误的）亲自卷入东部前线的战争犯罪；由于这危害了其岗位的任务，他辞去了职务。

当然，未被把握的过去不只是一堵分割德国和更健康未来的墙。自1961年8月13日开始，一堵物理的墙也相互分割了西德和东德，凝固了向两个分离的国家的表层流动，这两个国家追求不同的意识形态、社会和文化的目标。在西德，在20世纪60年代和70年代竖起了强化其余两堵墙的另外两堵墙。除了上述提及的代际冲突之外，西德社会也面对着尖锐的“外籍劳工”的社会问题。这些劳工从地中海各国——尤其是南斯拉夫和土耳其——被请到德国，填充由严重的劳务短缺产生的鸿沟。德国的工业严重地依赖于这样的外籍工人去满足低报酬、无技术、临时性的岗位。这些类别的工作是工会化的德国工人拒绝接受的。无论是德国政府还是雇用这些外国工人的雇主都没有想到：假如这些工人选择留下来，拖儿带女，并且在德国生育孩子，并在此抚养会发生什么。当德国的经济奇迹在20世纪70年代结束，不景气和不断上升的失业给经济带来一系列挫折的时候，这些外国工人变得不受欢迎了。1989—1990年德国的统一使这个社会问题变得尖锐起来，好像它使所有其余的障碍都尖锐起来。这些障碍继续把德国民众彼此隔离，因此总体上把他们与世界隔离。

到20世纪70年代后期，物理之墙和心理之墙彼此隔离了两个德国，它们安心接受了分离的状态，尽管开通了更好的交流渠道，但也认为不可能在不断扩大的分歧之间架起桥梁。就犹太人而言，尤其是对于生活在以色列的犹太人而言，只有一个德国，即联邦德国。因为东德既没有参与阿登纳政府谈判制定的补偿协议，也没有与以色列建立外交关系。正是在联邦德国的发展，以色列国内外的犹太社群才小心翼翼地跟随着，对德国和以色列的关系，以及德国人处理他们反犹太人历史的方式给予了特别的关注。联邦德国一直是以色列紧密的朋友和联盟，并且德国的两个主要政党——社会民主党和基督教民主联盟——在整个20世纪60年代和20世纪70年代都采取了亲以色列的姿态。当以色列对巴勒斯坦采取更为侵略性的路线时，对以色列支持的牢固墙壁从来没有出现松动。尽管左翼知识分子有着反法西斯和反种族主义的言辞，但是他们在巴勒斯坦人那里发现了一个新的受害者，喜欢把以色列妖魔化为第三帝国的复制品，因此也许将他们自己德国人的罪恶感以置换的形式投射在犹太人身上。事实上，左翼极端主义分子认为巴勒斯坦人是近东新的犹太人，并且把他们所称的“犹太复国主义种族灭绝者”妖魔化。

一些人认为，对以色列帝国主义的这种看法，在国内的左派和右派那里一样都是一种稍加伪装的反犹太主义。其左翼的形式被称为左翼法西斯主义，它能够以一种不同寻常的形式突然出现。例如，其中之一是由已故的赖纳·法斯宾德创作但从来没有上演的一部表面看来无伤大雅的戏剧——《垃圾、城市和死亡》。在其中，一个人物严厉责难了一个富有的犹太人，宣称：“他们忘记用毒气杀死他……当我想到在毒气室里他呼出的空气，我搓了搓我的手。”这个犹太人在金融上的贪婪使城市变成了污秽的垃圾场。因为暴露了潜在的犹太恐惧症的偏见，法斯宾德引发的争论是一个持续数年的满城风雨的事件。这部戏剧引发了尖锐的舆论差异。一些人发现它是淫秽的，对犹太人是诽谤中伤；另一些人发现它是有力的，在开放的民主社会值得上演。伊格纳茨·布比斯破坏了这部戏剧在法兰克福计划好的演出，他发现它是侮辱性和难以接受的。其他一些人感到不再过度敏感，将犹太人和德国人的关系正常化，以致无论结果如何双方都可以公开陈述思想的时间已经到来。就许多德国人而言，似乎有一种感情在不断增长，那就是人为培育的亲犹太政策可能是一个责任，在这种情况下它破坏了艺术的自由。

这种态度也潜藏在德国外交政策中对以色列新的定位后面。为了有利于关系正常化，赫尔穆特·施密特政府，以及后来的科尔政府在处理以色列的问题上，放弃了罪行的象征意义。1981年4月，在施密特从以色列乘飞机返回时，据说他说道：“德国的外交政策能够，并且也将永远不被奥斯威辛的阴影笼罩。”但是当这位德国总理批评梅纳赫姆·贝京在被占领土的定居计划的时候，以色列总理公开侮辱施密特，暗示他可能作为东部前线的一名军官，参与了针对犹太人的残暴行为。这不应该令人惊讶，因为他代表着一个曾经试图灭绝犹太人，现在正向阿拉伯国家显示如何完成这一任务的国家。德国人试图不予理会贝京过激的、他们发现是侮辱性的言辞，但是他们没有注意到奥斯威辛的幽灵是难以驱除的，何况关系正常化。施密特的继任者赫尔穆特·科尔在1984年2月访问以色列时发现了这一点。这位总理的首次出访是一次公共关系的灾难，最突出的标志是令人难堪的评论，其中尤其是针对他自己没有瑕疵的历史，他以错误的谦虚方式将其归因于“晚生的恩赐”。但是，他很清楚，德国的年轻一代准备接受过去，但是拒绝承认因为他们父辈行为而犯下的集体罪行。这位德国总理获得了历史学哲学博士学位，他要带头塑造更为正常的、账目清算完毕的历史，而不是他所相信的被罪感深重的自由主义者培育的历史。这些自由主义者坚持认为，德国是一个需要永久治疗的病人。

要不是科尔对历史有着所想象的敏感性，他就不能在重现正确的历史方面做得那么优异。这在1985年春季变得明显起来。那时他劝说了里根总统在对德国进行国事访问的时候，出席比特堡一个军事墓地举行的和解仪式。在那里，埋葬了同盟国和德国的士兵。因为墓地也包括49名党卫队成员的坟墓，因此就存在这样的可能性：里根可能象征性地祝福了第二次世界大战的受害者和杀戮者。由于在无条件地支持里根政府的防卫政策，科尔并没有被这样的访问可能造成的政治和道德反响，以及对这位美国总统的声誉可能带来的影响所吓倒。最终，里根总统给死去的国防军士兵作了《我是比特堡人》的演讲，但是批评家们正确地指出，它无法和F. 肯尼迪《我是柏林人》的演讲相媲美，后一个演讲是面对数十万渴望摆脱苏联压迫的柏林人。

20世纪80年代中期政治的氛围充满了复苏的民族主义和辩护的趋势。许多德国人，尤其是政治右倾的德国人，对必须穿着自认为是永远不能脱去的政治硬毛衬衣越来越不满意。他们变得怨恨起来：他们的过去迫使他们从道德软弱的立场而非力量的观点行动；并且任何强烈的民族主义立场或者表述都可能得到了各种错误的解释，比如外国人恐惧症、集权主义、法西斯主义。因为无论哪种意识形态的理由，那些拥护强烈民族主义的人都将自己暴露在反对者极度充满感情的反击之下。这些反对者并不害怕挥舞奥斯威辛的大棒。

1986年夏季，白热化的争论在新闻界爆发。恩斯特·诺尔特在6月6日的《法兰克福汇报》发表了一篇题为《过去将不会流逝》的文章。他在文中认为：第三帝国，尤其是大屠杀，使得不可能将德国不远的过去作为正常的、已经在人们记忆中流逝的一系列事件。诺尔特认为，存在着某些利益集团，它们为了自己最终的目的，人为地夸大了第三帝国的重要性。它们成功地将大屠杀作为独一无二的、无可比拟的事件。诺尔特宣称：通过这样行事，它们把大屠杀置于时空之外，把它归为绝对邪恶的水平，同时把它作为针对德国民众的教学上的威胁，以便强化他们的罪恶感，压制他们的民族自尊心。当然，诺尔特没有我在这里说得那么直接，但这是从他扭曲的语言中暴露出来的东西。连同他刺激性的问题和机敏的暗讽，他的语言风格有助于两个目的：第一，它给予了他非常优厚的条件，以使其在明显站不住脚的地方逃避可能出现的圈套；第二，它有利于右翼极端分子，他们并不担心从诺尔特大胆的冥想之中得出的令人讨厌的结论。

从史学的层面来看，诺尔特的抱怨被很好地采纳了。希特勒的十二年帝国的史学效应，在许多描绘希特勒兴衰的历史学家眼里，已经产生了一系列视觉幻象。希特勒释放的邪恶如此巨大，以至于在历史的长河中放大了第三帝国的效应，似乎纳粹德国是绝对独一无二的，或者史无前例，或者举世无双。将这样的范例内在化的净效应是，它将第三帝国移出了历史领域，把它归为伦理学、神学，或者新闻界权威意见的领域。这反过来导致了政治因果关系理论和心理动机的误导性理论。对于一些历史学家来说，纳粹的经验依然是中心。围绕这一中心，对德国历史的解释才能够明确地表达出来。其最为极端的表现是，它已经导致了扭曲德国历史中的人物或事件的行为，把它们作为希特勒和奥斯威辛的预先形式。过去犯下的罪行也被延伸到未来，因为希特勒的阴影依然在超越现在地伸展着。

但是，诺尔特的研究是朝着相反的、被称为申明无罪的方向发展。诺尔特拒绝大屠杀是独一无二邪恶的理论，因为纳粹的种族灭绝只是20世纪许多种族灭绝事件中的一件。在20世纪60年代，诺尔特写了一本大受欢迎的图书《法西斯主义的三张面孔》，在其中，他将欧洲各种类型法西斯主义的世界观进行了比较，其中包括国家社会主义。他指出，这些法西斯主义大致的目标是盗用左派的极端化，并引入同质的民族共同体。诺尔特的著作是对各种法西斯意识形态，以及它们与同样狂热的政治左派对手冲突的完美比较研究。诺尔特接着考察了右翼和左翼极权主义政权的种族灭绝行为，拓宽了他的比较研究。但是，通过这样的做法，诺尔特搅动了一个马蜂窝，因为这是他的论点：希特勒对犹太人的灭绝并非独一无二，而被认为是来自政治的宗教，这种宗教预先假定了灭绝是其世界观必要的因素。

正是在这一点上，诺尔特开始展开了纳粹主义和苏联共产主义的比较，以及普遍的历史真理。苏联的布尔什维克分子确实想消灭它的阶级敌人——资产阶级。他们相信，阶级成分决定了个人是否得到拯救或者毁灭。一些狂热的布尔什维克分子无疑相信：消灭作为一个阶级的整个资产阶级，是他们意识形态的责任，但是这一过激的言辞从未包括消灭中产阶级的妇女或者儿童。诺尔特的观点是：纳粹分子除了他们的目标是消灭种族而非阶级之外，没有任何差异。假如诺尔特在此处不再前行，我们相信他发现了一点真理。苏联共产主义和纳粹主义是形而上学的体系，它们宣称垄断了真理，认为他们的对手生活在罪恶的状态，要么通过皈依得到拯救，要么通过肉体的消灭得到毁灭。然而，纳粹分子在其极端的目标上比苏联的共产主义者走得更远。根据后者的观点：剥夺博学者并不意味着整个资产阶级肉体的毁灭；相比而言，希特勒的关于种族上劣等人的口号意味着整个种族的灭绝。

过分扩展一个比较是一回事，但是把比较作为起点去总结出一种因果联系是另一回事。诺尔特宣称，布尔什维克分子犯下的阶级杀戮——他称之为“亚洲人的行为”——促动了纳粹分子以同样的方式，并出于自我防卫作出回应，因为纳粹分子发现在自己遭到企图灭绝他们的苏联共产主义分子的威胁。根据这一观点——对此诺尔特没有提出任何事实的支撑——希特勒认为自己正在发动一场与敌人纯粹的防卫战，这个敌人信奉种族灭绝的行为，并且已经灭绝了将近1000万人。既然希特勒将共产主义和犹太人联系在一起，因此没有任何办法可以拯救德国人，除非把他们一并消灭。这种思维方式是疯狂的，并且通过步入非理性的心态——是否只是为了理解它——诺尔特制造了一些令人遗憾的印象，其中包括这样的论点：希特勒针对犹太人的种族政策绝不是独一无二的，仅仅是历史仇恨的一部分，它在20世纪以特别的毒性突然爆发出来。

诺尔特不是一个种族主义分子，也不是反犹太分子，而是一个历史修正主义者，他是故意要开始破坏“单一性的假定”，战后的政治议题围绕着它成为了中心。诺尔特及其保守主义的拥护者有意或无意想要消除大屠杀的独一无二性，因此希望将塑造第三帝国的那一代德国人的罪行和责任最小化。诺尔特有权利对两个极权主义体制的灭绝行为进行比较，但是他错误地从假定的前一种种族灭绝衍生出一种种族灭绝，它打算使第一种——“亚洲人的行为”——比第二种——没有被称为“德国人的行为”——显得更有意义。诺尔特认为,对犹太人生物学的灭绝是苏联共产主义者阶级消灭实践的复制,并且“奥斯威辛首先不是来自遗传的反犹太主义,其本质不仅仅是种族灭绝,同时实际上是一种产生于对苏联革命灭绝性事件焦虑的反应”。这一观点没有任何助益。这样的推测不仅将大屠杀弄得无足轻重,而且有利于种族主义的修正主义者。这些修正主义者认为,德国人对犹太人的处置与斯大林对富农的处置如出一辙,社会完全有权利保存其民族的纯洁性,因此在去除异己或者不服从的少数人方面是合理的。

诺尔特的修正主义作品和其他修正主义者的著作是一致的。著名的有安德烈亚斯·希尔格鲁贝尔的《两类崩溃:德国帝国的崩溃和欧洲犹太人的终结》。正如书名所显示的,这部著作由两篇论文组成:第一篇涉及德国军队在东部前线的崩溃,第二篇涉及最终解决方案。两个标题的含糊并列提出了一个严肃的问题,因为这位不愿意将自己的民族主义牌摊开的作者并没有说清楚,为何德国军队的崩溃是一个可以和600万犹太人灭绝相提并论的灾难。在讨论这两大崩溃时,作者采用了性质上不同的方法合成了这一含糊的比较。正如他公开承认的,对德国军队崩溃的叙述带有巨大的同情心,但是,导致最终解决方案的事件却以冷静的诊断性细节进行了描述。因为希尔格鲁贝尔是一名东部前线的德国士兵,他承认他情不自禁地认同国防军的困境和失控的苏联军队对德国公民的虐待。他不可能对600万犹太人的命运显示同样的——假如不是更多的——同情,这充分说明了作者既是一位历史学家,也是一个人。

这部引起极大关注的小书是没有伪装的、保守主义的修正主义著作,因为它包含了没有明确说明的、没有展开的民族主义议程。正如批评家们所控诉的,这本著作没有明确说明的主要假设之一是一个控告:西方大国积极地促进了对作为大陆强国的德国的毁灭,因此和俄国一道对引发战后危机负有责任。希尔格鲁贝尔认为,西方强国屈服于斯大林,把支离破碎的东部领土送到他的银盘子里。对于希尔格鲁贝尔和越来越多的具有民族主义心态的德国历史学家来说,“德国的大灾难”是德国作为强国的终结。德国哲学家于尔根·哈贝马斯清楚地看到了这一点,他谴责希尔格鲁贝尔、诺尔特,以及其他阐述错误的民族主义和辩护原则的历史学家。这些原则破坏了西德对自由主义、宪政主义、西方民主的信奉。他也相信,这些修正主义的观点可能作为适宜的原理,用来躲避德国人应该在奥斯威辛之后直面的无情真相。无论什么理由，对历史真相的逃避，是对所有德国人应为大屠杀接受的集体责任的推卸。哈贝马斯认为，这样的集体责任并不意味着个人的罪行，而是德国社会的承认。它没有阻止奥斯威辛的产生，为了后代的利益，它要通过最诚实的历史认知将历史的真相制度化，为这一失败行为赎罪。

历史学家围绕德国人罪行和德国人自我认同问题的争论，显示了许多尚未解决的、竞争性的主张。争论证明了，在纳粹主义可耻死亡的半个多世纪之后，纳粹主义的议题依然是多么敏感。在德国之外，甚至最低限度民族自尊心的维护都会激发起狂想症，尤其在以色列，在那里出现了“第四帝国”兴起的恐慌。人们谴责德国历史学家洗白过去，推进一个旨在作为一个大国实现政治统一和告诉德国人维护自己的、有预示性的政治议程。但是，德国在1990年实现统一的时候，这些恐惧变得更加尖锐。只要德国是分裂的，与德国民族认同相关的问题就被降低到政治利害关系的边缘。但是，既然东德和西德重新统一了，涉及犹太人问题和众多相关问题的民族认同问题，也就从边缘移动到了政治的中心。从统一开始，德国人是如何回应这一挑战的呢?

新的统一德国的围墙

假如用任何隐喻或者象征来描绘当代德国，它将不是帝国之鹰或万字徽，而是看得见或者看不见的围墙意象。德国人竖起了这些围墙，把自己和外部世界，或者相互之间隔离开来。在德国统一及随后欢欣的日子里（1989—1990），德国人体验了民族团结和重新发现的珍贵时刻。正如一句口号所表示的，“我们是一个民族”。从那一刻起，快乐让路给更为冷静的——假如不是阴郁的——对国家不确定未来的烦躁、挫折，甚至悲观情绪。把前共产主义的东德从政治和文化上吸纳到民主的西德，证明比大多数人假设的远为困难。一堵墙和两种完全不同的生活方式，分割了两个德国四十五年，鉴于这样的事实，这应该是预期中的。对前共产主义东德——正在腐烂的工业基础——经济上的整合，证明是特别困难的，尤其在全球经济和其相互依存的市场、金融流动性、新技术等主要结构变化的时代，更是如此。深刻的分裂很快在东德人和西德人之间发展，其特征是相互缺乏信任和厌恶的感情。

当失业稳步上升的时候——1990年在12%以上，高于自大萧条以来任何一个时期——社会的平静让路给相互的讥讽和怪罪。经济和政治不满者的亚文化，用右翼的外国人恐惧症的词语表达出来。这种亚文化令人担忧，尤其是政治家们追上外国人恐惧症的浪头之后。在德国，犹如在欧洲的其他地方，替罪羊的对象是移民，他们因为当下困扰德国的复杂社会经济问题遭到谴责。自从统一以来，针对外国移民的暴力在德国极为普遍，反犹太主义跟着外国人恐惧症接踵而来。犹太人因为鼓励外国人移民以稀释民族的实质而受到了谴责。

作为替罪羊的外国人接下来十分关注历史久远的德国问题，它一直在过去出现，并与德国人—犹太人的问题相关联。是什么使一个人成为德国人？是社会化成为德国人，还是与德国民族群体关联的祖先的血统纽带？今天和过去一样，决定性的因素是种族的而非社会的。依然是血统，而非出生地，或者文化的同化，决定了一个人是德国人还是外国人。尽管存在民族身份引发的恐惧，但是德国人拒绝改变他们的公民权法律。因为西德邀请了数百万的外国劳工重建这个国家的工业基础，因此在过去的三十五年，这个问题反复地浮现出来。从20世纪50年代中期开始，这个国家经历了外国劳工从土耳其、南斯拉夫、意大利，以及其他地中海和近东的国家稳定的流入。许多“外来劳工”返回了祖国，但许多人则决定留在德国，组建家庭，或者安排喜欢的人加入他们的行列。今天的德国有许多年轻的土耳其孩子，他们完全被同化了，只会说德语，从来没有在其他地方旅行。但是，根据当下的德国公民权法律，他们不能成为德国人，因此永远打上了“外国人”的标签。根据当下的数字，有600万这样的外国人，占总人口的8%。许多外国人在孤立中生活，在他们主人的手中忍受着歧视。

德国人对移民问题的回答是闪烁其词和摇摆的。信号似乎是：“我们感谢你的工作，但我们不喜欢你永远留在德国。”官方的观点是：“我们不是一个移民国家，但是我们对外国人是友好的。”这一没有解决问题的含糊是一种机会主义策略的结果，即在劳动力短缺时输入廉价劳动力，在劳动力满足短期目的时输出劳动力。应该预见到的是，数百万的外国劳工会留在德国。迄今，德国政府没有一个长期的政策来整合它的外籍少数人，也没有任何打算采纳美国人的多元种族社会的模式。同时，德国政府被卡得不能动弹，既不能驱逐不需要的外国人，也不能将他们同化到德国的主流当中。我一直主张，德国未能控制的纳粹的过去决定了这两种解决方案。同化是不可能的，因为德国人依然信奉民族的自我认同；驱逐也是不可能的，因为求助于被认为是与纳粹相似的策略将引发愤怒和反对。

围绕外国人问题，另一堵墙在扩展，这是一代人的墙，甚至是1968年出生的人和1989年出生的人之间的代际之墙。今天五个德国人当中有四个属于战后的一代，但是这一代人正显示出对德国民族自我认同问题深刻的政治分歧。从20世纪80年代后期开始，一个明显的向政治右翼的变化已经发生。这一变化挑战了西德世界主义的、民主的、西方定位的德国的民族意象，并威胁用民族主义德国所追求的"大国"状态取而代之。迄今为止，这一变化本质上还是知识分子性质的，探寻着宽泛的政治权力基础。"新右派"之名来自阿兰·德·贝努瓦相关的法国新右派。贝努瓦是一位法国思想家，他重新打磨了传统的右翼和新法西斯思想，把它们嫁接到左派时尚的修辞、葛兰西文化霸权的思想、雅克·德里达文化差异的思想之上。新右派至少有四个不同的底纹：一是民族多元主义者，他们支持这样的观点，即民族性必须保护它们的纯洁性以保存它们独一无二的身份和文化创造性；国家主义者，他们追随着保守主义哲学家卡尔·施密特，提倡一个强有力的民族主义国家；精神上的保守分子，他们谴责美国的"帝国主义文化"，以及它对德国生活和文化的影响；新民族主义的历史学家（诺尔特、施蒂默尔、希尔格鲁贝尔、齐特尔曼、魏斯曼、尼佩代），他们想恢复德国的民族自尊心，使这个国家再次在大国当中能够获得它的地位。

最有影响和积极的新右翼拥护者有赖纳·齐特尔曼，他是保守主义报纸《世界》的编辑之一；卡尔海因茨·魏斯曼是哥廷根一所中学的教师，出版了一部极有争议的纳粹德国史，在其中，为了支持第三帝国日常生活的细节，边缘化和淡化处理了大屠杀被；迪特·施泰因是华而不实的新右派喉舌《新自由》的编辑；博托·施特劳斯是著名的诗人，最近才皈依新右派，他在《明镜周刊》上搅起了轩然大波，因他发表了一篇题为《公山羊的膨胀之歌》的挑唆性文章，在其中，他攻击1968年出生的一代是畸形的一代，为了猖獗的消费主义兑换了民族感和精神深度。新右派通常把目标锁定在美国文化颓废的价值观上，认为它是破坏德国传统价值观的腐蚀剂。正如卡尔海因茨·魏斯曼在为《外交事务》

杂志的一篇文章作采访时尖锐地告诉雅可布·海尔布鲁恩的那样，德国人将不再被欺压去忍受美国多元文化的社会；相反，德国人将回到他们传统的价值观当中。

在更加贴近地审视新右派所持有的德国传统价值观内容的时候，一个人会遭遇到令人熟悉的景观轮廓：有关民族灵魂及其深层本能、情绪、梦想的民族主义信仰。这一信仰比没有根基的自由主义思想生出理性主义的抽象观念要深刻得多。例如"青年自由"组织的年轻支持者，似乎是20世纪20年代"联盟青年"的再生。新浪漫主义"鲜血和土地"的观念在这两种情况下都是明显相似的，当然20世纪90年代的版本包含了当代摇滚乐和技术小发明的奇怪混合。这些极端右翼组织的潜在信息，被精打细算地用来建立跨种族和民族和谐的路障，因为它赞美民族优越感和民族主义，把它们作为有用的部落崇拜仪式。无疑，民族优越感和民族主义通过神圣的仪式和习惯的恪守保存了民族集团的纯洁性。根据这样的观点，对外国人的仇恨将不会受到谴责，因为它有助于通便和治疗的目的，这个目的就是将抑制的敌意和攻击性外部化。

目前，新右派不是对民主的威胁，它的知识分子代言人在学术界或大众媒体相对边缘化。同时，他们煽动性和好战的修正主义制造了新的分离。根据犹太中央委员主席伊格纳茨·布比斯的观点，这些造反的年轻保守主义分子与富裕的保守主义圈子有着良好的关系，因为他们对德国少数人的权利构成潜在的威胁，因此应该受到监控。新右翼明白："为德国的战斗大多数情况下不是发生在街道上，而是在集体记忆的领域和民族的自我形象中。"

在最后的分析中，东德人和西德人之间、德国人和外国人之间、1968年出生的一代人和1989年出生的一代人之间的冲突，都归根结底到未被把握的过去，以及应该如何把握它。正如于尔根·哈贝马斯在和历史学家争论中所指出的那样，这场争论的真正要点不是认识论上差异的争论，而是对如何公开使用历史的不同观念的争论。它是通过民族主义的意识形态被用来为强化集体凝聚力服务，还是被用作道德的参照点，借此过去成为当下一代人学习的经验？在德国，集体记忆的政治，即谁解释过去的政治，在过去的上一个十年变得十分紧张。在这场争论的中心依然是第三帝国和大屠杀。除了疯狂的少数大屠杀否认者，大多数德国人都不否认大屠杀发生过。根据国际调查，德国人对最终解决方案有了很好的基本认识，修正主义者宣称它没有发生，这得不到大众的支持。对大屠杀的争论聚焦在应属于这一事件的意义和重要性上，即它应该如何被记忆下来，以及这个记忆在新的统一的德国如何被制度化。

尽管大多数德国人喜欢给大屠杀画一条终点线，但是在整个世界，人们依然会想起这一罪行的独一无二性和无处不在的恐怖，这使得长期忽视或者在心理上抑制它变得毫无可能。奥斯威辛的负担是永恒的十字架，它是作为一个民族的德国人必须承受的。无论多少否认、心理抑制、淡化都不能改变这一事实。对于犹太人来说，奥斯威辛也象征着他们的历史和集体存在中极端的停顿，是一个最大规模的神学意义上的危机，因为它为犹太人，也为基督徒提出了一个不可避免的问题："在奥斯威辛，上帝在哪里？"奥斯威辛把德国人和犹太人作为犯罪者和受害者，捆绑在一个永久而麻烦的关系当中，这个关系被固定在时间当中，它不能从历史的沼泽地里把他们解救出来。时间不能治愈所有创伤。它是否可能依赖于犯罪者和受害者如何就悲剧达成协议，如何处理过去。心理抑制意味着失败和不真实。同样，否认、边缘化、平凡化、淡化也是如此。真正的路径是沿着启蒙运动普遍的人类价值方向真诚的记忆和道德的增长。

德国人作出了什么进步去处理他们最近的悲剧历史？德国人和犹太人的关系今天是什么样的性质？处理过去的四种方法从1945年就已经制定。最初是同盟国，后来是德国人。第一是去纳粹化，它包括对纳粹罪犯的法律诉讼；第二是对受害者以赔款为形式的财务赔偿；第三是战后以政治和宪法手段保护民主和人权，反对犹太恐惧症；第四是通过教育和道德的努力重新教育年轻一代祝福民主。最不成功的是去纳粹化和对犯罪者的惩罚，大多数犯罪者现在不是死亡就是气息奄奄。对大屠杀幸存者的赔偿是善意的，但不充分，不过至少加速了将联邦德国整合进西方世界，在国际社会提升了德国民众的声誉。在近乎四十年里，德国一直是一个建立在法治基础上的稳定的民主体制。直到最近，它的经济在人均产量、收入水平、分配的社会公正等方面同样令人印象深刻。极端主义的运动和党派已经被边缘化；尽管外国人恐惧症和犹太恐惧症的暴力周期性地爆发，但被无数热衷于宽容、保护避难者、反对纳粹主义的草根组织所匹敌。任何挑唆种族仇恨或者否认大屠杀的人都会面对严厉的罚款和监禁。1985年，国会通过了一项法律，使得散布政治仇恨材料和否认大屠杀成为要受到惩罚的犯罪行为。西德宪法也绑定了前东德的领土,对威胁民主的自由言论加以限制,因此自动地限制了毁灭魏玛共和国的那类仇恨材料和政治行为。

有人可能认为,德国人比日本人、俄国人或美国人,更多地把公共注意力放在他们最近历史的黑暗面。近些年来,公共的争论一直强烈,善意的德国人对国家分裂和经济衰退感到极度的痛苦。这些分裂和衰退给外国人恐惧症的暴力和右翼的行为推波助澜。外国人恐惧症的浪潮在20世纪90年代初期突然爆发,尽管在世界的新闻界被放大,但并不代表一个沿着开放、宽容、民主国家的方向前行的趋势发生了逆转。德国和其他欧洲国家大量生产了一种造反的青少年、反主流文化局外人、社会不满者的亚文化,但这一事实不意味着这些社会团体对主流构成了明显的威胁。德国人经常抱怨外国的观察家放大了新纳粹行为的孤立事件,将它们普遍化,暗示着"德国人总体上态度的变化"。根据对统一的新德国民族不宽容和极端主义的研究,"公众和新闻界准确地认识到极端主义的事件,但是错误地把它们作为公共舆论的指示器,其实它们不是。"行为暴戾的年轻人、酗酒的暴徒、街头流氓、煽动者,似乎给公众心理造成了很深的印象,远远超过和平游行和数十万正派的德国人的守夜。这本身就是对我们的全球媒体文化及其痴迷于轰动新闻、变态行为和粗言秽语的评论。因此,1996年1月吕贝克的外国人避难所被烧事件,遮住了另一件发生在同一天的重要事件:以色列总统埃泽尔·魏茨曼对德国进行了国事访问,并在大屠杀新的纪念日在德国议会发表了演讲。这个纪念日由德国总统罗曼·赫尔佐格发起,为了证明德国将继续关注奥斯威辛的解放,即使它的50周年纪念已经过去。

罗曼·赫尔佐格和前任的几位总统(魏采克、海涅曼、霍伊斯)是在象征和文化的意义上为这个国家代言的,他们都同意,在奥斯威辛之后,德国的民族意识只能来自德国最好的人文主义传统,而不是受到污染的民族潮流,以及极端的民族中心主义意识形态。尽管于尔根·哈贝马斯警告对这一共识的当下威胁来自极端右翼,并且这一警告得到了很好地采纳,但是这个国家的优秀思想人物——他们覆盖了整个政治领域,从左派的社会民主党人到右派的天主教保守主义分子——在整个联邦德国时期支持这一立场。德国的大众媒体和教育机构都持有同样的立场。事实上,在过去的十年,与犹太人和大屠杀相关的议题在媒体,尤其是电视里是十分突出的特色。马克·菲舍尔的《在墙后面》对德国人明锐的点滴见解显示了，自由主义的德国媒体通过过度的注意，可能已经过度补偿了过去的忽视。在今天的德国，他写道："犹太人是历史。他们像苦药一样强迫地塞入德国人的喉咙。电视评论总是评论大屠杀的某个方面，否则一周是过不去的；出版者从不厌倦地记录德国犹太人的文化遗产。犹太人作为一个悲剧性损失被包裹起来。"

这种隐藏潜在犯罪感的自由主义的过度补偿，已经遭到了批评，因为它为时过晚，且过度感伤和虚伪。错误的焦虑并不比忽视或者否认更好。戈登·克雷格不久前参照了两种不健康的德国人对犹太人和以色列的态度：以可怕的对犹太人和以色列虚伪的友谊显示出来的内疚和对内疚的补偿。克雷格指出，每一个"进步的"德国中产阶级家庭总有一天要去以色列旅游，会见以色列人。尽管以色列的军事成功某种程度上抑制了这种对犹太人的过度焦虑，但是在德国它依然十分强烈。根据马克·菲舍尔的观点：有一些"召集"犹太人的德国人，他们像激动的主妇一样给卡片档案增加可能的客人。有一些德国人，他们以研究犹太历史和宗教作为一种赔偿。有一些德国人，他们出于对犹太人损失的哀悼开始了自己的职业生涯。

从20世纪80年代开始，在德国存在着一场争论，主题是犹太社会的悲剧性损失应该如何处理。因为制度性的办法对于德国人来说是第二天性，许多人指望政府而非私人企业去处理集体记忆的问题。科尔政府要求给予德国人两个主要的博物馆：波恩的历史博物馆和柏林的德国历史博物馆。大量的著作谈论了这两个博物馆，以及争讼纷纭的争论。这些争论包括国家历史的体现，尤其是德国两次世界大战的历史，也包括犹太人的毁灭，以及5000万人的死亡。

对科尔可爱计划的争执——尤其是柏林博物馆——只是一场争吵的预热而已，这个争吵与莱亚·罗施建议的已经计划好的大屠杀纪念馆有关。莱亚·罗施是一个电视脱口秀的女主持人和媒体明星，她在柏林一个纪念大屠杀受害者的纪念馆建设的背后是推动性的力量。尽管有私人基金的赞助，因为这个计划要求得到波恩政府和柏林议会的支持，更不用提需要一大批规划师、建筑师和艺术家，因此它停顿了下来，可能永远也不会建造起来，但肯定不会以罗施设想的宏大形式建造。简·克雷默描述了围绕着罗施大屠杀纪念碑的争论，认为它已经转变成了"毛骨悚然的公共娱乐"。克雷默把给自己取了犹太人名字的罗施描绘为装腔作势的媒体贵妇，她越出了各种动机——从对大屠杀牺牲者真正的同情到自我提升，以及罪行的具体化——已经进入了“大屠杀的职业”。假如由她决定的话，德国人在柏林市中心将拥有一个巨大的墓碑，它的尺寸是足球场一般大，以倾斜的水泥板塑造，上面刻着400万犹太受害者的姓名。从马察达采集来的18块巨石将散布在受害者的姓名中，一块巨石标志着一个集中营。人们责难这一计划耗资巨大、无法实施、矫揉造作。在这一作了记号要建纪念碑的地区建造公寓房的开发商表示反对那些计划，因为他们要他们未来的租户在楼上看见的是歌德的雕像，而不是五英亩刻着犹太人名字的水泥板。

科尔总理以及分享其情感的保守主义历史学家、政治家，乐意在集体的记忆中容纳德国过去的邪恶，但是他们要让它边缘化，以支持一个过去更为辉煌的部分，它们包括歌德、席勒、赫尔德、巴赫、莫扎特、贝多芬。对于他们来说，旨在悔悟和赎罪的忏悔式记忆不是唯一的，更不用说是重要的集体记忆的形式。总理和历史学家科尔需要画完罗马天主教总理阿登纳的圆圈，把德国人从历史的枷锁中释放出来。完成这一任务需要重新创造更为英雄的德国历史。德国历史的成就将展示在公共展览馆内，民众在那里能够看到显示德国伟大的更为高贵、更为英雄的形象。希望通过展示一千多年的德国历史，通过比较，十二年的第三帝国的重要性将萎缩下来。希特勒释放的邪恶将被放逐到历史当中。

这一历史的驱邪行为要求创造新的神话历史，在许多今天的德国人当中拥有支持者。科尔了解他的民众；他知道他们希望政府划出最终的界限，使他们从留存的罪恶感中解脱出来。正如尼采很久以前注意到的，太多的记忆会使活人虚弱，因为过去沉重地压在他们的身上。创造性的成就，要么处于过去伟大的光环下，要么处于过去邪恶的覆盖下，它是非常不容易的。像犹太人一样，德国人周期性地患上有害的历史狂热，即病态地偏执于沉重的、在活人的生命中散布了麻痹的沉重过去。科尔总理和许多保守主义历史学家似乎更喜欢逃避黑暗的过去，他们运用了尼采所说的“不朽的”方法，它强调过去伟大的、闪光的瞬间，忽略了黑暗的插曲。但是，也有另外一些历史学家和哲学家，他们想要采用“批判的”模式审视过去。这一模式存在于把过去带到审判庭，进行无情地审问，最终给它定罪，从而使新的东西诞生。无论一个人站在哪一边，对历史的争论都是健康的，因为只有这样的方式，未被把握的过去才可能从心理抑制的黑暗沼泽里解脱出来，被理性之光审视。只有这样的方式，未来的一代代人才可能更轻松地呼吸，忍受更少的未被把握的过去的痛苦。

一个非常重要的和相关的，也是经常在德国内外被问及的问题是：犹太人是否可以在今天的德国自由地生活和呼吸。在第二次世界大战和大屠杀之后，犹太人清楚地感到他们在德国没有生意可做。大屠杀的幸存者不能原谅或者遗忘。对于他们来说，德国人是永远有罪的。不到一万的德国犹太人在最终解决方案中幸存下来。他们当中的许多人决定离开这个残暴的、他们已经感到恐惧和厌恶的国家。莱奥·贝克没有回来，大多数被阿道夫·希特勒驱逐的知识分子没有回来。一些人——比如阿尔弗雷德·德布林、阿诺德·茨威格、恩斯特·布洛赫、汉斯·约阿希姆·舍普斯——回来帮助重建这个被战争破坏的、精神贫困的国家。尽管他们在纳粹德国忍受了迫害，像维克托·克伦佩勒的其他一些人依然决定留下来，因为没有其他地方可以前往。他们的纽带似乎比纳粹施加在他们身上的伤害更加顽强。

五十年后，有超过五万的犹太人生活在德国，正如过去一样，他们当中的大部分生活在像柏林、法兰克福、杜塞尔多夫、科隆、慕尼黑这样的大城市。今天，第三代德国的犹太人依然生活在德国，第四代即将诞生。几年前，在以色列总统埃泽尔·魏茨曼访问德国的时候，他告诉一群德国犹太人，他不能理解为何他们生活在德国，他们真正的家在以色列。这不太温柔的责备引发了许多德国犹太人的强烈反对。他们回应这位以色列总统：他们在德国有家的感觉，而且没有打算生活在以色列。事实上，超过五万的犹太人显然喜欢生活在德国，他们在那里是一个受到法律承认，并受到法律保护的少数民族。但这并不意味着他们所有的人在德国都有家的感觉，同时感觉到自己是德国人。太多的德国人依然认为犹太人是非德国人。犹太人中央委员会主席伊格纳茨·布比斯叙述了一个非常生动的插曲，它体现了作为一个犹太人今天在德国的含义。借以色列总统访问德国之际，布比斯被邀到一群接待以色列总统的政府官员当中。正式仪式之后，每个人都放松下来，端着鸡尾酒杯。联邦政治教育局局长走近布比斯，高兴地说道：“你的国家总统确实进行了一场精彩的演讲。”布比斯回答道：“当然，罗曼·赫尔佐格总统的演讲一直很好。”这位德国官员回答道：“不，不，我的意思是你的国家总统魏茨曼先生。”布比斯幽默地接受了它，但是悲哀地认识到犹太人依然没有被看作完全的德国人，而只是被看作生活在德国的犹太人。正如几个民意调查所显示的，太多的德国人假定德国人和犹太人属于不同的民族团体，犹太性的中心在德国之外的以色列。但是，大多数德国人没有像一些偏执的女人，送给布比斯一个签名电报，告诉他携带自己的数百万家财前往以色列。对犹太富人的陈词滥调十分顽固，它们是日常犹太恐惧症偏见的一部分。

尽管社会歧视性的犹太恐惧症偏见继续在德国存在，但是在很大程度上它是潜伏的，被边缘化了。与新闻界造成的印象相矛盾，在德国，自从统一之后，无论是犹太恐惧症还是外国人恐惧症都没有太大的增长。对1989、1991、1994年民意测验的发现进行比较显示，一种趋势正在持续，它起始于1990年，朝向对纳粹的过去更加宽容，并更乐意与之妥协。1990年进行的对前东德反犹太人偏见的两个调查——那里之前没有进行过调查——显示：东德人甚至更少有对犹太人的偏见。这些和其他一些民意测验并不意味着，犹太恐惧症、外国人恐惧症或者民族主义的傲慢对德国的民主进程是不重要的，或者不包含危险。许多外国人恐惧症和反犹太人的暴力行为在1990年统一之后给德国打上了标记，它们是不可能被忽略的，但是它们应该无损于1945年德国人作出的进步。采用一个医学的类比来说，犹太恐惧症的偏执在今天的德国有所缓解，但是它远没有被根除。它依然是一股流动的憎恨和根深蒂固的偏见的潜流；它维系在必须支付赔款的憎恨，使得人们的和平和幸福受到纳粹残暴行为令人烦恼的提示的骚扰，尤其是受到外部世界不断提示的骚扰：他们的父母或者祖父母可能是大规模杀戮的执行者。有多少德国人如此感受是难以判定的。毫无疑问，这里存在着犹太人仇恨者小小的硬核：它不会因为奥斯威辛而宽恕犹太人。但是，这样变态的观点是潜流的一部分，它不可能膨胀成为另一股纳粹激流，也肯定不会以六十五年前的形式出现。

纳粹的种族强迫症没有使第三帝国逃脱衰亡，但是使十二年帝国存活的东西，并证明比希特勒、去纳粹化、苏维埃化、美国化更强大的东西，是德国的民族性格及其所带有的优势和劣势。在一个共产主义东部和一个资本主义西部的表层之下，德国人继续是德国人。德国人不屈不挠的、不变的核心坚持了下来，并且拒绝通过外部大国的指令加以变化和进行重大的塑造。另外，通过自己内部的逻辑来塑造德国的未来是可能的。尽管德国民族性格经久不衰的核心不是希特勒式的，它也和民主不相兼容，但它不是美国经验核心中的多元主义精神。德国人不会接受美国一个移民社会的模式：多元种族、多元宗教或者多元文化。这将违反他们德国人的身份，以及核心的信仰。德国人依然支持同质整体的文化模式，根据这种模式，德国为的是德国人，法国为的是法国人，意大利为的是意大利人。根据这种模式，群体的混合稀释了民族的实质；相反，它也剥夺了民族群体不同的身份，强迫它们进入自由主义和多元文化的（意味着最低限度的）泛欧社会或者美国社会。许多德国人，尤其是政治的右派，似乎感觉到假如民族群体不被允许在客观上相互存在差异，那么就不可能存在共同的整体。德国人正是获得了国家的统一，他们才再次寻找民族的统一，他们似乎感觉到这样的解决方案存在于重建强烈的民族自我认同之中。但是，他们对准予少数民族可许可的差异范围是含糊的，因为和以前一样，他们没有确信做一个德国人意味着什么。近来向右翼的转变看样子会使这些议题继续存在下去。

但是，从积极的方面来看，事实上大多数德国人处于五十五年民主实践的环境之中，学会了宽容、尊重个体和群体的差异，以及保护基本人权。他们是依靠法律而不是依靠好心变得宽容，它依然保持了挑衅，并且经常是自以为是的民族优越感。但是，理性的规则和民主的恩惠已经完成了大量的工作，使年轻的一代放弃了他们的父母和祖父母被污染的潮流。尽管年轻的德国人继续生活在纳粹过去的阴影中，但是他们已经得到足够的支持去面对他们国家的过去，并把这一历史作为他们的优势而非损害。人们希望他们和传统最好的东西联系起来，并从最坏的东西中汲取经验智慧地行事。

大屠杀的犯罪者和受害者都将在下一个十五年死去。这意味着德国人和犹太人的关系将移交给下一代人。后大屠杀的一代代犹太人和德国人，如何相互交往并解释大屠杀的意义，如何将它整合到他们民族的生活当中，都将对他们未来的自我认同产生深远的冲击。处于这一时刻的德国人和犹太人，尤其是德国的犹太人，都将带有破碎认同的印记。这一破碎的认同只能通过求助人道的传统，开启文明的对话才能被修复，这样，彼此的偏见和憎恶才可能被消除。过去一代人的仇恨不应该被允许感染新的一代代人，但它正在整个世界和一些地方发生，在那里，古老的残暴通过无法去除固有偏见的老一代人传递。通过无休止地转动民族优越感的、种族的、宗教的仇恨之轮，并通过沉溺于相互妖魔化、列数恶行、充满偏见的信念，除了暴力，得不到任何东西。

犹太人问题的最终解决方案，一直处于过去五百年来德国人偏执的神经官能症的中心。这个方案实际上事关德国人问题的最终解决方案。德国人一直与妄想作空拳攻防练习，他们用轻拳击打想象中的魔鬼（犹太人），而这一魔鬼实际上是他们自己更为黑暗人性的投射。这一更为黑暗的人性被赞美战争和与之相关的军人美德（光荣、荣誉、忠诚、勇气）的古老传统大量繁殖。德国人并不试图把自己定义为被赋予天生权利的、作为个人的公民，与此相对，他们试图把自己限定为一个古老的血统社会，它的成员通过民族的纽带，通过共同的传奇和英雄事迹的神话历史，实现相互依存。

犹太人将自己交付给一个不同的社会现实，他们出现在一个分裂的，有着深深民族优越感的德国文化之中，他们的出现被设想为致命的威胁。作为现代化的代理人，犹太人推动了一系列世俗的、商业的、世界主义的价值观，它们威胁到了许多德国人业已接受的、作为他们民族根本性格的东西。当自由主义和社会民主失败，德国人背离了他们的人道传统的时候，所有保留下来的东西都是一个分裂民族黑暗的阴影。战争的失败和大国地位的降低引发了沸腾的怨恨，同时到处寻找替罪羊。希特勒组织了这些怨恨，把它们和这个国家过去最坏的传统连接起来，允诺通过战争和征服获得国家的拯救。他坚持认为，德国要么是一个世界强国，要么就不再有德国。这是一个导致德国毁灭的错误困境。

对德国人问题的最终解决方案，存在于永远放弃对强国地位的追求，设定与国家资源、人力、能力相一致的、切实可行的目标。德国对世界强国的获取带来的只是痛苦和毁灭。当德国在1990年统一的时候，一些犹太人害怕德国优越感的神话可能再度出现，这一恐惧被这个国家向右翼的转变、外国人恐惧症和犹太恐惧症暴力行为的增长、国家首都从地方性的波恩江移到以前帝都柏林的计划等所强化。

但是，犹太人不必害怕出现“第四帝国”的可能性，因为已经建好了一堵不可逾越的墙堵塞了这条道路。这堵墙是坚固的、不可穿透的盾牌，它是由纳粹主义无辜受害者的鲜血和牺牲铸就的。这堵墙的名字叫奥斯威辛，它将保护犹太人和德国人，以及希望是世界其余的人，不再经历同样的地狱体验。通过某种难以解释的历史力量，奥斯威辛的象征之墙有充分的理由威慑未来的邪恶，因为难以想象发生在那里的事情能够得到重复。邪恶可能产生以纳粹毒气为能量而吞噬数百万人的地狱，同时赢得一场战争，但非常可能失去长期对善的战争。在这个意义上，大屠杀确实是一件被焚烧的祭神牲畜，因为受害者没有徒劳地死去，他们可能给予未来宝贵的生命之礼。

精选文献

以下的文献目录并不自封是完整的。可以肯定地说，大屠杀是20世纪具有决定性作用的事件之一。由于“偏爱巨大”是另一种倾向，并且有关大屠杀的文献已经无法被任何单一的想法所消化，因此可以肯定地说，这一世纪性的最大灾难有可能被埋葬在未来巨大的知识产业之中。给干扰性的学术过剩设限，是大屠杀的研究者对其读者的责任。以下的精选文献主要限于德国人与犹太人的关系，以及影响这一关系的某些更大的主题。它主要服务于两个目的：一是为那些想要探究我所认为的重要文献的人提供指南；二是为了偿还我欠许多作者的“债”，因为没有他们，这本书不可能完成。

原始资料

档案

Berlin Document Center (BDC)
Bundesarchiv Freiburg (BA Freiburg)
Centre de Documentation Juive Contemporaine (Paris)
Hoover Institution on War, Revolution and Peace (HI, Stanford, California)
Institut für Geschichte der deutschen Juden (Hamburg)
Institut für Zeitgeschichte (Munich)
Institute of Jewish Affairs (London)
Jewish Historical Institute (Zydowska Instytut Historyczny w Polce, Warsaw)
Leo Baeck Institute (New York, London, Jerusalem)
National Archives (Washington, D.C.)
Simon Wiesenthal Center (Los Angeles)
United States Holocaust Memorial Museum (Washington D.C.)
Yad Vashem (Jerusalem)
Yiddish Scientific Institute (YIVO, New York)
Zentrale Stelle der Landesjustizverwaltungen zur Aufklärung nationalsozialistischer Verbrechen (Ludwigsburg, Germany)

已出版的文件和文集

Archives of the Holocaust: An International Collection of Selected Documents. 22 vols. Ed. Henry Friedlander and Sybil Milton. New York: Garland, 1990–93.

Boberach, H., ed. *Meldungen aus dem Reich: Auswahl aus dem geheimen Lageberichten des Sicherheitsdienstes der SS, 1933 bis 1944.* Berlin: Luchterhand, 1965.

Broszat, Martin et al. *Bayern in der NS-Zeit.* 6 vols. Munich: R. Oldenbourg, 1977–83).

Dawidowicz, Lucy S. *A Holocaust Reader.* New York: Behrman House, 1976.

Deutschland-Berichte der Sozialdemokratischen Partei Deutschlands (Sopade), 1934–1940. 8 vols. Frankfurt: Verlag Petra Nettelbeck, 1980.

Documents on German Foreign Policy, 1918–1945. Washington D.C.: U.S. Department of State, 1949–83.

Dokumentation zur Geschichte der jüdischen Bevölkerung in Rheinland-Pfalz und im Saarland von 1800 bis 1945. Edited by Landesarchivserwaltung Rheinland-Pfalz in Verbindung mit dem Landesarchiv Saarbrücken. Koblenz: Selbstarchiv der Landesarchivsverwaltung Rheinland-Pfalz, 1974.

Dokumente zur Geschichte der Frankfurter Juden. Edited by Kommission zur Erforschung der Geschichte der Frankfurter Juden. Frankfurt: W. Kramer, 1963.

Ein Stempel hat gefehlt: Dokumentation zur Emigration deutscher Juden. Ed. Rolf Vogel. Munich: Droemer Knauer, 1977.

Gedenkbuch: Opfer der Verfolgung der Juden unter der Nationalsozialistischen Gewaltherrschaft in Deutschland, 1933–1945. 2 vols. Koblenz: J. Weisbecker, 1986.

Hilberg, Raul, ed. *Documents of Destruction: Germany and Jewry, 1933–1945.* Chicago: Quadrangle Books, 1971.

Holocaust: Selected Documents. Ed. John Mendelsohn. 18 vols. New York: Garland, 1982.

International Military Tribunal. *Trial of the Major War Criminals before the International Tribunal: Proceedings and Documents.* 42 vols. Nuremberg, 1947–49.

Jacobsen, Hans-Adolf and Werner Jochmann, eds. *Ausgewählte Dokumente zur Geschichte des Nazionalsozialismus.* Bielefeld: Verlag Neue Gesellschaft, 1961.

Kennzeichen J. Bilder, Dokumente, Berichte zur Geschichte der Verbrechen des Hitlerfaschismus an den deutschen Juden 1933–1945. Ed. Helmut Eschwege. Berlin: VEB Deutscher Verlag der Wissenschaften, 1981.

Meldungen aus dem Reich: Die geheimen Lageberichte des Sicherheitsdienstes der SS 1938–1945. Ed. Heinz Boberach. 17 vols. Herrsching: Pawlak, 1984.

Michaelis, Herbert, and Ernst Schraepler, eds. *Ursachen und Folgen: Vom deutschen Zusammenbruch 1918 und 1945 bis zur staatlichen Neuordnung Deutschlands in der Gegenwart.* 21 vols. Berlin: Wandler, 1958.

Nazi Conspiracy and Aggression. 8 vols. Washington, D.C.: U.S. Government Printing Office, 1946.

Noakes, Jeremy, and Geoffrey Pridham, eds. *Nazism: A History in Documents and Eyewitness Accounts, 1919–1945*. 2 vols. New York: Schocken, 1988.

Schramm, Percy E., et al., eds. *Kriegstagebuch des Oberkommandos der Wehrmacht, 1940–1945*. 4 vols. Frankfurt: Bernard Graefe, 1961–65.

文献辅助资料

Charny, Israel W., et al., eds. *Genocide: A Critical Bibliographic Review*. London: Mansell, 1988.

Edelheit, Abraham J., and Hershel Edelheit. *History of the Holocaust: A Handbook and Dictionary*. Boulder, Colo.: Westview Press, 1994.

Freeman, Michael. *Atlas of Nazi Germany*. New York: Macmillan, 1987.

Friedmann, Saul S. *Holocaust Literature: A Handbook of Critical, Historical, and Literary Writings*. Westport, Conn.: Greenwood Press, 1993.

Gilbert, Martin. *Atlas of the Holocaust*. New York: Morrow, 1993.

Hüttenberger, Peter. *Bibliographie zum Nazionalsozialismus*. Göttingen: Vandenhoeck & Ruprecht, 1980.

Jäckel, Eberhard, et al., eds. *Enzyklopädie des Holocaust: Die Verfolgung und Ermordung der europäischen Juden*. 3 vols. Berlin: Argon, 1993.

Shermis, Michael. *Jewish-Christian Relations: An Annotated Bibliography and Resource Guide*. Bloomington: Indiana University Press, 1988.

Shimoni, Gideon, ed. *The Holocaust in University Teaching*. New York: Pergamon Press, 1991.

Snyder, Louis L. *Encyclopedia of the Third Reich*. New York: Paragon, 1973.

Szonyi, David M., ed. *The Holocaust: An Annotated Bibliography and Resource Guide*. New York: Ktav, 1985.

United States Holocaust Memorial Museum. *Historical Atlas of the Holocaust*. New York: Simon & Schuster Macmillan, 1996.

Wistrich, Robert S. *Who's Who in Nazi Germany*. London: Routledge, 1995.

Zentner, Christian, and Friedemann Bedürftig, eds. *Das Grosse Lexikon des Dritten Reiches*. Munich: Südwest, 1985.

自传、日记和回忆录

Amery, Jean. *At the Mind's Limits: Contemplations by a Survivor on Auschwitz and Its Realities*. Trans. Sidney and Stella Rosenfeld. New York: Schocken, 1986.

Andreas Friedrich, Ruth. *Schauplatz Berlin: Ein deutsches Tagebuch*. Munich: Rheinsberg, 1962.

Baynes, Norman H., ed. *The Speeches of Adolf Hitler: April 1922–August 1939*. London: Oxford University Press, 1942.

Benz, Wolfgang, ed. *Das Tagebuch der Hertha Nathorff*. Frankfurt: Fischer, 1989.

Boehm, Eric H. *We Survived: The Stories of Fourteen of the Hidden and Hunted of Nazi Germany*. New Haven: Yale University Press, 1949.

Boor, Lisa de. *Tagebuchblätter aus den Jahren 1935–1945*. Munich: Biederstein, 1963.

Borowski, Tadeusz. *This Way for the Gas, Ladies and Gentlemen*. New York: Penguin, 1979.

Braun-Vogelstein, Julie. *Was niemals stirbt; Gestalten und Erinnerungen*. Stuttgart: Deutsche Verlags-Anstalt, 1966.

Cassirer, Toni. *Aus meinen Leben mit Ernst Cassirer*. Hildesheim: Gerstenberg Verlag, 1981.

Czerniakow, Adam. *Im Warschauer Getto: Das Tagebuch des Adam Czerniakow, 1939–1942*. Munich: Beck, 1986.

Des Pres, Terrence. *The Survivor: An Anatomy of Life in the Death Camps*. New York: Oxford University Press, 1976.

Deutschkron, Inge. *Ich trug den gelben Stern*. Munich: DTV, 1990.

Domarus, Max, ed. *Hitler: Reden und Proklamationen, 1932–1945*. 4 vols. in 2. Wiesbaden: R. Löwit, 1973.

Donat, Alexander. *The Holocaust Kingdom: A Memoir*. New York: Schocken, 1978.

Eichmann, Adolf. *Ich, Adolf Eichmann*. Leoni am Starnberger See: Druffel, 1980.

Frank, Anne. *The Diary of a Young Girl*. New York: Doubleday, 1952.

Frank, Hans. *Im Angesicht des Galgens*. Munich: A. Beck, 1953.

———. *Das Diensttagebuch des deutschen Generalgoverneurs in Polen, 1939–1945*. Ed. Werner Präg and Wolfgang Jacobmeyer. Stuttgart: Deutsche Verlags-Anstalt, 1975.

Fredborg, Advin. *Behind the Steel Wall: A Swedish Journalist in Berlin, 1941–43*. New York: Viking, 1944.

Fröhlich, Elke, ed. *Die Tagebücher von Joseph Goebbels: Sämtliche Fragmente*. 4 vols. Munich: Saur, 1987.

Fromm, Bella. *Blood and Banquets: A Berlin Social Diary*. New York: Harper & Brothers, 1942.

Goebbels, Joseph. *Vom Kaiserhof zur Reichskanzlei*. Munich: Eher Verlag, 1937.

Groscurth, Helmuth. *Tagebuch eines Abwehroffiziers*. Stuttgart: Deutsche Verlags-Anstalt, 1970.

Haag, Anna. *Das Glück zu Leben*. Stuttgart: Bonz, 1968.

Hahn, Lilli. *Bis alles in Scherben fällt. Tagebuchblätter, 1933–1945*. Cologne: Braun, 1979.

Halder, Franz. *Kriegstagebuch: Tägliche Aufzeichnungen des Chefs des Generalstaos des Heeres, 1939–1945*. 3 vols. Stuttgart: Kohlhammer, 1962–64.

Hassel, Ulrich von. *Vom anderen Deutschland: Aus dem nachgelassenen Tagebüchern, 1939–44*. Frankfurt: Fischer, 1962.

Haydn, Ludwig. *Meter immer nur Metter. Das Tagebuch eines Daheimgebliebenen*. Vienna: Scholle, 1946.

Heid, Ludger, and Julius H. Schoeps. *Juden in Deutschland: Von der Aufklärung bis zur Gegenwart: Ein Lesebuch*. Munich: Piper, 1994.

Höss, Rudolf. *Commandant at Auschwitz*. New York: Popular Library, n.d.

Hecht, Ingeborg. *Als unsichtbare Mauern wuchsen: Eine deutsche Familie unter den Nürnberger Rassengesetze*. Munich: DTV, 1987.

Hitler, Adolf. *Mein Kampf*. New York: Reynal & Hitchcock, 1941.

Jäckel, Eberhard, ed. *Sämtliche Aufzeichnungen, 1905–1924*. Stuttgart: Deutsche Verlags-Anstalt, 1980.

Jünger, Ernst. *Der Kampf als inneres Erlebnis*. Berlin: Mittler, 1925.

Kardorf, Ursula von. *Berliner Aufzeichnungen aus den Jahren 1942–45*. Munich: Biederstein, 1962.

Kersten, Felix. *The Kersten Memoirs, 1940–45*. New York: Macmillan, 1957.

Klemperer, Victor. *Ich will Zeugnis ablegen bis zum letzten: Tagebücher, 1933–1945*. 2 vols. Berlin: Aufbau-Verlag, 1995.

Kotze, Hildegard von. *Heeresadjutant bei Hitler 1938–1943: Aufzeichnungen des Majors Engel*. Stuttgart: Deutsche Verlags-Anstalt, 1974.

Laqueur, Walter. *Thursday's Child Has Far to Go: A Memoir of the Journeying Years* (New York: Scribners, 1992).

Levi, Primo. *Survival in Auschwitz*. New York: Collier, 1961.

Limberg, Margarete, and Hubert Rübsaat, eds. *Sie durften nicht mehr Deutsche sein*. Frankfurt: Campe Verlag, 1990.

Lochner, Louis, ed. *The Goebbels Diaries*. New York: Doubleday, 1948.

Mann, Thomas. *Diaries, 1918–1939*. Trans. Richard and Clara Winston. New York: Abrams, 1982.

Manoschek, Walter, ed. *Es gibt nur eines für das Judentum: Vernichtung. Das Judenbild in deutschen Soldatenbriefen 1939–1944*. Hamburg: HIS Verlages. mbH, 1996.

Marcuse, Ludwig. *Mein Zwanzigstes Jahrhundert: Auf dem Weg zu einer Autobiographie*. Munich: Paul List, 1960.

Obenaus, Herbert and Sibylle, eds. *"Schreiben wie es wirklich war!" Aufzeichnungen aus den Jahren 1933–1945*. Hannover: Fackelträger, 1985.

Picker, Henry. *Hitlers Tischgespräche im Führerhauptquartier*. Stuttgart: Goldmann Verlag, 1981.

Richarz, Monika, ed. *Jüdisches Leben in Deutschland: Selbstzeugnisse zur Sozialgeschichte 1918–1945*. Stuttgart: DVA, 1982.

Ringelblum, Emmanuel. *Notes from the Warsaw Ghetto*. New York: McGraw-Hill, 1958.

Rosenthal, Hans. *Zwei Leben in Deutschland*. Bergisch Gladbach: Luebbe, 1980.

Schoenaich, Paul Freiherr von. *Ich will leben: Ein autobiographischer Bericht*. Berlin: Oberbaum, 1982.

Schoeps, Hans-Joachim. *Die letzten dreissig Jahre: Rückblicke*. Stuttgart: Ernst Klett Verlag, 1956.

Seraphim, Hans-Günther, ed. *Das Politische Tagebuch Alfred Rosenbergs, 1934–5 und 1939–40*. Munich: DTV, 1956.

Shirer, William. *Berlin Diary: The Journal of a Foreign Correspondent, 1934–41*. New York: Alfred A. Knopf, 1941.

Speer, Albert. *Memoirs*. Trans. Richard and Clara Winston. New York: Macmillan, 1970.

Wassermann, Jakob. *Deutscher und Jude: Reden und Schriften, 1904–1933*. Heidelberg: Verlag Lambert Schneider, 1984.

Weil, Bruno. *Durch drei Kontinente*. Buenos Aires: Cosmopolita, 1948.

Weitzmann, Chaim. *Trial and Error: The Autobiography of Chaim Weitzmann.* New York: Harper, 1949.

Wiesel, Elie. *Night.* Trans. Stella Rodway. New York: Bantam, 1986.

Willstätter, Richard. *From My Life: The Memoirs of Richard Willstätter.* Trans. Lilli S. Horning. New York: W. A. Benjamin, 1965.

有关犹太恐惧症的主要著作

Luther, Martin. "On the Jews and Their Lies" (1543) in Jaroslav Pelikan, ed., *Luther's Works.* vol. 47 (St. Louis: Concordia Publishing House, 1955–86).

Kurze Beschreybung und Erzählung von einem Juden mit Namen Ahasverus. Leiden: Christoff Creutzer, 1602.

Hell, François. *Observation d'un Alsacien sur l'affair presente des juifs d'Alsace.* Frankfurt, 1779.

Dohm, Christian Wilhelm. *Über die bürgerlicher Verbesserung der Juden.* Berlin: Friedrich Nicolai, 1781.

Grattenauer, Karl Friedrich. *Über die physische und moralische Verfassung der heutigen Juden.* Leipzig, 1791.

Paalzow, Christian Ludwig. *Die Juden nebst einigen Bemerkungen überdas Sendschreiben an Herrn Probst Teller zu Berlin.* Berlin, 1799.

———. *Der Jude und der Christ — eine Unterhaltung auf dem Postwagen.* Berlin, 1803.

———. *Über das Bürgerrecht der Juden.* Berlin, 1803.

Schleuring, Theodor A. *Das Staatsbürgerrecht der Juden.* Würzburg, 1819.

Holst, Ludolf. *Judenthum in allen dessen Theilen aus einem staatswissenschaftlichen Standpunkte betrachtet.* Mainz: Florian Kupferberg, 1821.

Chiarini, Luigi A. *Theorie du judaisme.* Paris: J. Barbezat, 1830.

Toussenel, Alphonse. *Les Juifs rois de l'epoque, histoire de la féodalité financière.* Paris: de Gonet, 1845.

Gobineau, Arthur de. *The Inequality of Human Races.* Trans. Adrian Collins. New York: Putnam, 1915. Originally published 1853–54.

Rupert, Louis. *L'Eglise et la Synagogue.* Paris, 1859.

Stöcker, Adolf. *Das Moderne Judenthum in Deutschland, besonders in Berlin.* Berlin, 1880.

Treitschke, Heinrich von. *Ein Wort über unseres Judenthum.* Berlin: G. Reimer, 1880.

Dühring, Eugen. *Die Judenfrage als Rassen-und-Sitten-und Culturfrage.* Karlsruhe: H. Reuther, 1881.

Renan, Ernest. *Histoire du peuple d'Israel.* 5 vols. Paris: Calmann Levy, 1887.

———. *Vie de Jésus.* Paris: Nelson, 1963.

Chamberlain, Houston Stewart. *Die Grundlagen des neunzehnten Jahrhunderts.* Munich: F. Bruckmann, 1900.

———, ed. *Die Protokolle der Weisen von Zion und die jüdische Weltpolitik.* Munich: Deutscher Volksverlag, 1923.

Eckart, Dietrich. *Der Bolshevismus von Moses bis Lenin.* Munich: Hoheneichen, 1924.

Retcliff, Sir John (Hermann Goedsche.) *Biarritz*. Munich: Hoheneichen, 1929; originally published in 1868.

Rosenberg, Alfred. *Der Mythos des 20. Jahrhunderts*. Munich: Hoheneichen, 1930.

Fritsch, Theodor. *Handbuch der Judenfrage: Die wichtigsten Tatsachen zur Beurteilung des jüdischen Volkes*. 41st ed. Leipzig: Hammer Verlag, 1933.

二手资料

基督教和西方的犹太恐惧症

Almog, S. *Nationalism and Antisemitism in Modern Europe 1815–1945*. Oxford: Pergamon Press, 1990.

———, ed. *Antisemitism through the Ages*. New York: Pergamon Press, 1988.

Anderson, George K. *The Legend of the Wandering Jew*. Providence: Brown University Press, 1965.

Baron, Salo W. *Social and Religious History of the Jews*. 8 vols. 2d ed. New York: Columbia University Press, 1952.

———. *Modern Nationalism and Religion*. New York: Meridian Books, 1960.

Bein, Alexander. "Der Moderne Antisemitismus und Seine Bedeutung für die Judenfrage," *Vierteljahreshefte für Zeitgeschichte* 6 (1958): 340–60.

Chazan, Robert. *In the Year 1096: The First Crusade and the Jews*. Philadelphia: Jewish Publication Society, 1996.

Cohn, Norman. *Pursuit of the Millennium*. Fairlawn, N.J.: Essential Books, 1957.

———. *Warrant for Genocide: The Myth of the Jewish World Conspiracy*. Chico, Calif.: Judaic Studies, 1981.

Dimont, Max I. *Jews, God and History*. New York: Mentor, 1994; orig. published, 1962.

Gager, John. *Origins of Christian Anti-Semitism*. New York: Oxford University. 1983.

Gilman, Sander. *Jewish Self-Hatred: Anti-Semitism and the Hidden Language of the Jews*. Baltimore: Johns Hopkins University Press, 1986.

Hasan-Roken, G., and A. Dundes, eds. *The Wandering Jew: Essays in the Interpretation of a Christian Legend*. Bloomington: Indiana University Press, 1986.

Isaac, Jules. *The Teaching of Contempt: Christian Roots of Anti-Semitism*. New York: Holt, Rinehart and Winston, 1964.

Johnson, Paul. *A History of the Jews*. New York: Harper & Row, 1988.

Katz, Jacob. *From Prejudice to Destruction: Anti-Semitism, 1700–1933*. Cambridge, Mass.: Harvard University Press, 1981.

Katz, Steven T. *The Holocaust in Historical Perspective*. New York: Oxford University Press, 1994.

Langmuir, Gavin I. *Toward a Definition of Anti-Semitism*. Los Angeles: University of California Press, 1996.

Lindemann, Albert. *The Jew Accused: Three Anti-Semitic Affairs*. New York: Cambridge University Press, 1991.

———. *Esau's Tears: Modern Anti-Semitism and the Rise of the Jews.* New York: Cambridge University Press, 1997.

Littell, Franklin. *The Crucifixion of the Jews: The Failure of the Christian to Understand the Jewish Experience.* Detroit: Wayne State University Press, 1974.

Mann, G. *Der Antisemitismus: Wurzeln, Wirkung und Uberwindung.* Munich: New Tamid Verlag, 1971.

Manuel, Frank E. *The Broken Staff: Judaism through Christian Eyes.* Cambridge, Mass.: Harvard University Press, 1992.

Meier, Kurt. "Zur Interpretation von Luthers Judenschriften," in *Vierhundertfünfzig Jahre lutherische Reformation, 1517–1967.* Göttingen: Vandenhoeck & Ruprecht, 1967.

Poliakov, Léon. *History of Anti-Semitism.* 5 vols. New York: Schocken, 1974.

———. *The Aryan Myth.* Trans. Edmund Howard. New York: American Library, 1977.

Ruether, Rosemary R. *Faith and Fratricide: The Theological Roots of Anti-Semitism.* New York: Seabury Press, 1974.

Russell, Jeffrey Burton. *A History of Witchcraft.* London: Thomas and Hudson, 1982.

———. *Lucifer: The Devil in the Middle Ages.* Ithaca, N.Y.: Cornell University Press, 1984.

Schäfer, Peter. *Judeophobia: Attitudes towards the Jews in the Ancient World.* Cambridge, Mass.: Harvard University Press, 1997.

Tejirian, Edward J. *Sexuality and the Devil.* New York: Routledge, 1990.

Trachtenberg, Joshua. *The Devil and the Jews: The Medieval Conception of the Jew and Its Relation to Modern Anti-Semitism.* New Haven: Yale University Press, 1943.

Sartre, Jean-Paul. *Anti-Semite and Jew.* Trans. George J. Becker. New York: Schocken, 1948.

Wistrich, Robert S. *Between Redemption and Perdition: Antisemitism and Jewish Identity.* London: Routledge, 1990.

———. *Antisemitism: The Longest Hatred.* New York: Schocken, 1994.

德国人的犹太恐惧症

Adler-Rudel, S. *Ostjuden in Deutschland, 1880–1940.* Tübingen: J. C. B. Mohr, 1959.

Angress, Werner T. *Between Fear and Hope: Jewish Youth in the Third Reich.* Trans. Christine Granger. New York: Columbia University Press, 1988.

Aschheim, Steven E. *Culture and Catastrophe: German and Jewish Confrontation with National Socialism and Other Crises.* New York: New York University Press, 1996.

Baker, Leonard. *Days of Sorrow and Pain: Leo Baeck and the Berlin Jews.* New York: Macmillan, 1978.

Ball-Kaduri, Kurt J. *Das Leben der Juden in Deutschland im Jahre 1933: Ein Zeitbericht.* Frankfurt: Europäische Verlagsanstalt, 1963.

———. *Vor der Katastrophe: Juden in Deutschland, 1934–1939.* Tel Aviv: Olamenu, 1967.

Baum, Rainer C. *The Holocaust and the German Elite: Genocide and National Suicide in Germany 1871–1945*. Towata, N.J.: Rowman, 1981.

Benz, Wolfgang, ed. *Die Juden in Deutschland, 1933–45*. Munich: C. H. Beck, 1993.

Berghahn, Klaus, ed. *The German-Jewish Dialogue Reconsidered: A Symposium in Honor of George L. Mosse*. New York: Peter Lang, 1996.

Berghash, Mark W. *Jews and Germans: Aspects of the True Self*. Los Angeles: University of California Press, 1985.

Brenner, Michael. *The Renaissance of Jewish Culture in Weimar Germany*. New Haven: Yale University Press, 1996.

Chernow, Ron. *The Warburgs: The Twentieth Century Odyssey of a Remarkable Jewish Family*. New York: Random House, 1993.

Craig, Gordon. *The Germans*. New York: New American Library, 1982.

Deak, Istvan. *Weimar Germany's Left-Wing Intellectuals: A Political History of the Weltbühne and Its Circle*. Berkeley: University of California Press, 1968.

Dippel, John V. H. *Bound upon a Wheel of Fire: Why So Many Jews Made the Tragic Decision to Remain in Nazi Germany*. New York: Basic Books, 1996.

Drobisch, Klaus, ed. *Juden unterm Hakenkreuz: Verfolgung und Ausrottung der deutschen Juden, 1933–45*. Frankfurt: Roderberg-Verlag, 1973.

Dunker, Ulrich. *Der Reichsbund deutscher Frontsoldaten: Geschichte eines jüdischen Abwehrverein*. Düsseldorf: Droste, 1977.

Dwork, Deborah. *Children with a Star: Jewish Youth in Nazi Europe*. New Haven: Yale University Press, 1991.

Elias, Norbert. *The Germans*. New York: Columbia University Press, 1996.

Felden, Klemens. "Die Übernahme des antisemitischen Stereotyps als soziale Norm durch die bürgerliche Gesellschaft Deutschlands." Diss. Heidelberg, 1963.

Flade, Roland. *Die Würzburger Juden: Ihre Geschichte vom Mittelalter bis zur Gegenwart*. Würzburg: Sturtz, 1987.

Freeden, Herbert. *Die jüdische Presse im Dritten Reich*. Frankfurt: Jüdischer Verlag bei Athenaeum, 1987.

Friedländer, Saul. *Nazi Germany and the Jews: The Years of Persecution, 1933–1939*. New York: HarperCollins, 1997.

Fromm, Bella. *Blood and Banquets: A Berlin Social Diary*. New York: Car Publishing Group, 1990.

Gay. Peter. *Weimar Culture: The Outsider as Insider*. New York: Harper & Row, 1968.

———. *Freud, Jews and Other Germans*. New York: Oxford University Press, 1978.

Gay, Ruth. *The Jews of Germany: A Historical Portrait*. New Haven: Yale University Press, 1992.

Gilman, Sander L. *Jews in Today's German Culture*. Bloomington: Indiana University Press, 1995.

Gordon, Sarah. *Hitler, Germans, and the Jewish Question*. Princeton, N.J.: Princeton University Press, 1984.

Greive, Hermann. *Geschichte des modernen Antisemitismus in Deutschland.* Darmstadt: Wissenschaftliche Buchhandlung, 1983.

Grunfeld, Frederic V. *Prophets without Honor: Freud, Kafka, Einstein, and Their World.* New York: Kodansha International, 1996.

Hanke, Peter. *Zur Geschichte der Juden in München zwischen 1933 und 1945.* Munich: Schriftreihe des Staatsarchivs München, Heft 3, 1967.

Heuberger, Rachel, and Helga Krohn. *Hinaus aus dem Ghetto: Juden in Frankfurt am Main, 1800–1950.* Frankfurt: Fischer, 1978.

Kahler, Erich. *Deutsche und Juden.* Darmstadt: Erato-Presse, 1964.

Kater, Michael. "Everyday Anti-Semitism in Prewar Nazi Germany: The Popular Bases," *Yad Vashem Studies* 14 (1984): 129–59.

Laqueur, Walter. "The German Youth Movement and the Jewish Question," *Leo Baeck Year Book* 6 (1961): 193–205.

Levy, Richard. *The Downfall of the Anti-Semitic Parties of Imperial Germany.* New Haven: Yale University Press, 1975.

Lorenz, Dagmar C. G., and Gabriele Weinberger. *Insiders and Outsiders: Jewish and Gentile Culture in Germany and Austria.* Detroit: Wayne State University Press, 1994.

Lowenthal, Marvin. *The Jews of Germany: A History of Sixteen Centuries.* Philadelphia: Jewish Publication Society, 1939.

Massing, Paul W. *Rehearsal for Destruction: A Study of Political Anti-Semitism in Imperial Germany.* New York: Harper, 1949.

Maurer, Trude. *Ostjuden in Deutschland, 1918–1933.* Hamburg: H. Christians Verlag, 1986.

Meyer, Michael, ed. *German-Jewish History in Modern Times.* New York: Columbia University Press, 1996.

Milfull, John, ed. *Why Germany? National Socialist Anti-Semitism and the European Context.* New York: Berg, 1993.

Mosse, George L. *The Crisis of German Ideology.* New York: Grosset and Dunlap, 1964.

———. *Germans: The Right, the Left, and the Search for a Third Force in Pre-Nazi Germany.* New York: Grosset and Dunlap, 1970.

———. *Toward the Final Solution: A History of European Racism.* New York: Harper & Row, 1978.

———. *German Jews beyond Judaism.* Cincinnati: Hebrew Union College Press, 1985.

Mosse, Werner. "Rudolf Mosse and the House of Mosse, 1867–1920," in *Yearbook of the Leo Baeck Institute* 4 (1958).

———. *Jews in the German Economy: The German-Jewish Economic Elite, 1820–1935.* Oxford: Clarendon Press, 1987.

———, ed. *Deutsches Judenstum in Krieg und Revolution, 1916–1923.* Tübingen: J. C. B. Mohr, 1971.

Mosse, Werner, and Arnold Paucker, eds. *Entscheidungsjahr 1932: Zur Judenfrage in der Endphase der Weimarer Republik.* Tübingen: Mohr, 1965.

Müller-Claudius, Michael. *Der Antisemitismus und das deutsche Verhängnis.* Frankfurt: J. Knecht, 1948.

Nebel, Theobald. *Die Geschichte der Jüdischen Gemeinde Talheim: Ein Beispiel für das Schicksal des Judentums in Württemberg*. Heilbronn: Gemeinde Talheim, 1963.

Niewyk, Donald L. *The Jews in Weimar Germany*. Baton Rouge: Louisiana State University Press, 1980.

Paucker, Arnold. *Deutsches Judentum im Krieg und Revolution*. Tübingen: Mohr, 1971.

———. *Juden im Wilhelminischen Deutschland*, 1976.

———. *Die Juden im Nationalsozialistischen Deutschland*. Tübingen: Mohr, 1986.

Pauley, Bruce F. *From Prejudice to Persecution: A History of Austrian Antisemitism*. Chapel Hill: University of North Carolina Press, 1992.

Peck, Abraham J. *Radicals and Reactionaries: The Crisis of Conservatism in Wilhelmine Germany, 1978.*

Pulzer, Peter. *The Rise of Political Anti-Semitism in Germany and Austria*. New York: Wiley, 1964.

———. *Jews and the German State: The Political History of a Minority, 1848–1933*. Oxford: Blackwell, 1992.

Reichmann, Eva G. *Hostages to Civilization: The Social Sources of National Socialist Anti-Semitism*. London: Gollancz, 1950.

Reinharz, Jehuda, and Walter Schatzberg, eds. *The Jewish Response to German Culture*. Hanover, N.H.: University Press of New England, 1985.

Richarz, Monika, ed. *Jewish Life in Germany: Memoirs from Three Centuries*. Bloomington: Indiana University Press, 1991.

Rose, Paul Laurence. *German Question/Jewish Question: Revolutionary Anti-Semitism from Kant to Wagner*. Princeton, N.J.: Princeton University Press, 1990.

Rürup, Reinhard. *Emanzipation und Antisemitismus*. Göttingen: Vandenhoeck, 1975.

Schorsch, Ismar. *Jewish Reactions to German Anti-Semitism, 1870–1914*. New York: Columbia University Press, 1972.

Schütz, Hans-Jürgen. *Juden in der deutschen Literatur*. Munich: Piper, 1990.

Serkin, David. *The Transformation of German Jewry, 1780–1840*. New York: Oxford University Press, 1987.

Showalter, Dennis E. *Little Man, What Now?* Hamden, Conn.: Archon Books, 1982.

Sterling, Eleonore. *Judenhass: Die Anfänge des politischen Antisemitismus in Deutschland*. Frankfurt: Europäische Verlagsanstalt, 1969.

Stern, Fritz. *The Politics of Cultural Despair: A Study in the Rise of the German Ideology*. New York: Doubleday, 1963.

———. *Gold and Iron: Bismarck, Bleichröder and the Building of the German Empire*. New York: Knopf, 1977.

———. *Dreams and Delusions: National Socialism in the Drama of the German Past*. New York: Vintage Books, 1989.

Tal, Uriel. *Christians and Jews in Germany: Religion, Politics and Ideology in the Second Reich, 1870–1914*. Ithaca, N.Y.: Cornell University Press, 1975.

Uthmann, Jörg. *Doppelgänger, du bleicher Geselle: Zur Pathologie der deutsch-jüdischen Verhältnisse*. Stuttgart: Seewald Verlag, 1976.

Volkov, Shulamit. "Kontinuität und Diskontinuität im deutschen Antisemitismus, 1878–1945, *Vierteljahreshefte für Zeitgeschichte* 33 (1985): 221–43.

Weltsch, Robert, ed. *Deutsches Judentum: Aufstieg und Krise*. Stuttgart: Deutsche Verlags-Anstalt, 1963.

Wertheimer, Jack. *Unwelcome Strangers: East European Jews in Imperial Germany*. New York: Oxford University Press, 1987.

Weinreich, Max. *Hitler's Professors: The Part of Scholarship in Germany's Crimes against the Jewish People*. New York: Yiddish Scientific Institute, YIVO, 1946.

Wistrich, Robert S. *The Jews of Vienna in the Age of Franz Joseph*. Oxford: Littman Library, 1989.

希特勒的犹太恐惧症

Baldwin, Peter, ed. *Reworking the Past: Hitler, the Holocaust and the Historians' Debate*. Boston: Beacon Press, 1990.

Baynes, Norman, ed. *The Speeches of Adolf Hitler: April 1922–August 1939*. London: Oxford University Press, 1942.

Binion, Rudolph. *Hitler among the Germans*. New York: Elsevier, 1979.

Bromberg, Norbert, and Verna Volz Small. *Hitler's Psychopathology*. New York: International Universities Press, 1983.

Bullock, Alan. *Hitler: A Study in Tyranny*. New York: Harper & Row, 1962.

———. *Hitler and Stalin: Parallel Lives*. New York: Knopf, 1992.

Burrin, Philippe. *Hitler and the Jews: The Genesis of the Holocaust*. London: Edward Arnold, 1994.

Domarus, Max, ed. *Hitler: Reden und Proklamationen, 1932–1945*. 4 vols. in 2. Wiesbaden: R. Löwit, 1973.

Fest, Joachim. *Hitler*. Trans. Richard and Clara Winston. New York: Harcourt, Brace & Jovanovich, 1973.

Haffner, Sebastian. *Anmerkungen zu Hitler*. Düsseldorf: Tholenaar, 1973.

Heer, Friedrich. *Der Glaube des Adolf Hitlers: Anatomie einer politischen Religiosität*. Munich: Bechtle, 1968.

Hitler, Adolf. *Mein Kampf*. New York: Reynal & Hitchcock, 1941.

———. *Hitler's Secret Book*. Trans. Salvator Attanasio. New York: Grove Press, 1961.

Jäckel, Eberhard. *Hitlers Weltanschauung: Entwurf einer Herrschaft*. Stuttgart: Deutsche Verlags-Anstalt, 1983.

———, ed. *Sämtliche Aufzeichnungen: 1905–1924*. Stuttgart: Deutsche Verlags-Anstalt, 1980.

Jenks, W. A. *Vienna and the Young Hitler*. New York: Columbia University Press, 1960.

Jetzinger, Franz. *Hitler's Youth*. Trans. Lawrence Wilson. London: Hutchison, 1958.

Jones, Sydney J. *Hitler in Vienna, 1907–13: Clues to the Future*. London: Blond & Briggs, 1983.

Kershaw, Ian. *The Hitler Myth: Image and Reality in the Third Reich*. Oxford: Oxford University Press, 1987.

Langer, Walter. *The Mind of Adolf Hitler.* New York: Basic Books, 1982.

Maser, Werner. *Hitler.* Trans. Peter and Betty Ross. London: Allen Lane, 1973.

———. *Hitlers Briefe und Notizen*. Düsseldorf: Econ Verlag, 1973.

———. *Mein Kampf: Der Fahrplan eines Welteroberers*. Esslingen: Bechtle, 1974.

Picker, Henry, ed. *Hitlers Tischgespräche im Führerhauptquartier.* Stuttgart: Goldmann Verlag, 1981.

Rauschning, Hermann. *Gespräche mit Hitler.* New York: Europa Verlag, 1940.

Smith, Bradley. *Hitler: His Family, Childhood and Youth*. Stanford, Calif.: Hoover Institution Press, 1967.

Stern, J. P. *The Führer and His People*. Glasgow: William Collins Sons, 1975.

Stierlin, Helm. *Adolf Hitler: A Family Perspective*. New York: Psychohistory Press, 1976.

Toland, John. *Hitler.* 2 vols. New York: Doubleday, 1976.

Trevor-Roper, H. R. *The Last Days of Adolf Hitler.* New York: Macmillan, 1947.

Waite, Robert G. L. *The Psychopathic God Adolf Hitler.* New York: Basic Books, 1977.

Wistrich, Robert. *Hitler's Apocalypse: Jews and Nazi Germany.* London: Weidenfeld & Nicholson, 1985.

极权主义的种族国家及其体制

Aronson, Shlomo. *Reinhard Heydrich und die Frühgeschichte von Gestapo und SD*. Stuttgart: Deutsche Verlags-Anstalt, 1971.

Bartov, Omer. *Hitler's Army: Soldiers, Nazis, and War in the Third Reich*. New York: Oxford University Press, 1992.

Breitling, Rupert. *Die Nazionalsozialistische Rassenlehre*. Meisenheim: Hain 1971.

Browder, George C. *Foundations of the Nazi Police State: The Formation of Sipo and SD*. Lexington: University of Kentucky Press, 1990.

Browning, Christopher. *The Final Solution and the German Foreign Office*. New York: Holmes & Meier, 1978.

Buchheim, Hans, et al. *Anatomie des SS Staates*, 2 vols. Freiburg: Walter-Verlag, 1965.

Burleigh, Michael, and Wolfgang Wippermann. *The Racial State: Germany, 1933–1945*. Cambridge: Cambridge University Press, 1988.

Cecil, Robert. *The Myth of the Master Race: Alfred Rosenberg and Nazi Ideology.* New York: Dodd and Mead, 1972.

Cocks, Geoffrey. *Psychotherapy in the Third Reich: The Göring Institute*. New York: Oxford University Press, 1985.

Deichmann, Ute. *Biologists under Hitler.* Trans. Thomas Dunlap. Cambridge, Mass.: Harvard University Press, 1996.

Dicks, H. V. *Licensed Mass Murder: A Socio-Psychological Study of Some SS Killers*. New York: Basic Books, 1972.

Gellately, Robert. *The Gestapo and German Society: Enforcing Racial Policy 1933–1945*. Oxford: The Clarendon Press, 1990.

Hamburger Institut für Sozialforschung, ed. *Vernichtungskrieg: Verbrechen der Wehrmacht 1941 bis 1944*. Hamburg: HIS Verlages.mbH, 1996.

Heiber, Helmut. "Der Fall Grünspan," *Vierteljahreshefte für Zeitgeschichte* 5 (1957): 154–72.

Hillel, Marc, and Clarissa Henry. *Of Pure Blood*. Trans. Eric Mossbacher. New York: McGraw-Hill, 1976.

Höhne, Heinz. *The Order of the Death's Head*. Trans. Richard Berry. New York: Ballantine, 1971.

Kater, M. H. *Das "Ahnenerbe" der SS 1935–1945*. Stuttgart: Deutsche Verlags-Anstalt, 1974.

———. *Doctors under Hitler: The German Medical Profession in Crisis during the Third Reich*. Chapel Hill: University of North Carolina Press, 1988.

Karski, Jan. *The Story of a Secret State*. London: Hodder, 1945.

Kogon, Eugen. *The Theory and Practice of Hell: The German Concentration Camps and the System behind Them*. Trans. Heinz Norden. New York: Berkeley Publications, 1958.

Krausnick, Helmut, and Hans-Heinrich Wilhelm. *Die Truppe des Weltanschauungskrieges: Die Einsatzgruppen der Sicherheitspolizei und des SD, 1938–1942*. Stuttgart: Deutsche Verlags-Anstalt, 1981.

Koehl, Robert. *RKFDV: German Resettlement and Population Policy 1939–45*. Cambridge, Mass.: Harvard University Press, 1957.

Lilienthal, Georg. *Der Lebensborn e.V.: Ein Instrument Nationalsozialistischer Rassenpolitik*. Mainz: Akademie der Wissenschaften und der Literatur, 1985.

Lösener, Bernhard. "Als Rassereferat im Reichsministerium des Innern," *Vierteljahreshefte für Zeitgeschichte* 9 (July 1961): 264–313.

Manoschek, Walter, ed. *Die Wehrmacht im Rassenkrieg. Der Vernichtungskrieg hinter der Front*. Vienna: Picus Verlag, 1996.

Mommsen, Hans. "Dokumentation: Der nationalsozialistische Polizeistaat und die Judenverfolgung vor 1938," *Vierteljahreshefte für Zeitgeschichte* 10 (January 1962): 68–87.

Müller-Hill, Benno. *Murderous Science: Elimination by Scientific Selection of Jews, Gypsies and Others, Germany 1933–1945*. Oxford: Oxford University Press, 1988.

Pendorf, Robert. *Mörder und Ermordete: Eichmann und die Juden-politik des Dritten Reiches*. Hamburg: Rütten und Loening Verlag, 1961.

Proctor, Robert N. *Racial Hygiene: Medicine under the Nazis*. Cambridge, Mass.: Harvard University Press, 1988.

Reitlinger, Gerald. *The SS: Alibi of a Nation, 1922–1945*. Englewood-Cliffs, N.J.: Prentice-Hall, 1981.

Safrian, Hans. *Eichmann und seine Gehilfen*. Frankfurt: Fischer, 1995.

Saller, K. *Die Rassenlehre des Nationalsozialismus*. Darmstadt: Progress, 1961.

Sofsky, Wolfgang. *The Order of Terror: The Concentration Camp*. Trans. William Templer. Princeton, N.J.: Princeton University Press, 1997.

Vogelsang, R. *Der Freundeskreis Himmler*. Göttingen: Musterschmidt, 1972.

Weindling, Paul. *Health, Race and German Politics between National Unification and Nazism, 1870–1945*. New York: Cambridge University Press, 1989.

移民和雅利安化

Adler, H. G. *Der verwaltete Mensch: Studien zur Deportation der Juden aus Deutschland*. Tübingen: J. C. B. Mohr, 1974.
Barkai, Avraham. *From Boycott to Annihilation: The Economic Struggles of German Jews*. Hanover, N.H.: Brandeis University Press, 1989.
Genschel, Helmut. *Die Verdrängung der Juden aus der Wirtschaft im Dritten Reich*. Göttingen: Musterschmidt, 1966.
Graml, Hermann. *Die Auswanderung der Juden aus Deutschland-zwischen 1933 und 1939: Gutachten des Instituts für Zeitgeschichte*. Munich: Selbstverlag, 1958, pp. 79–85.
Marcus, Ernst. "The German Foreign Office and the Palestine Question in the Period 1933–1939," *Yad Vashem Studies* 2 (1958): 179–204.

安乐死

Burleigh, Michael. *Death and Deliverance: Euthanasia in Germany, 1914–1945*. Cambridge: Cambridge University Press, 1994.
Ehrhardt, Helmut. *Euthanie and Vernichtung "lebensunwerten" Lebens*. Stuttgart: F. Enke, 1965.
Friedlander, Henry. *The Origins of Nazi Genocide from Euthanasia to the Final Solution*. Chapel Hill: University of North Carolina Press, 1995.
Klee, Ernst. *Euthanasie im N.S. Staat*. Frankfurt: Fischer, 1983.
Nowak, Kurt. *Euthanie und Sterilisierung im Dritten Reich*. Göttingen: Vandenhoeck & Ruprecht, 1978.
Schmuhl, Hans-Walter. *Rassenhygiene, Nationalsozialismus, Euthanasie: Von der Verhütung zur Vernichtung "lebensunwerten Lebens," 1890–1945*. Göttingen: Vandenhoeck & Ruprecht, 1987.

强迫集中居住

Adler, H. G. *Theresienstadt, 1941–1945*. Tübingen: J. C. B. Mohr, 1960.
Arad, Yitzak. *Ghetto in Flames*. New York: Ktav, 1982.
Dobroszycki, Lucian, ed. *The Chronicle of the Lodz Ghetto*. New Haven: Yale University Press, 1984.
Trunk, Isaiah. *Judenrat: The Jewish Councils in Eastern Europe under Nazi Occupation*. New York: Macmillan, 1972.

一般的大屠杀

Adam, Uwe Dietrich. *Judenpolitik im Dritten Reich*. Düsseldorf: Droste, 1972.
Aly, Götz. *Vordenker der Vernichtung*. Frankfurt: Fischer, 1995.

Aly, Götz, and Susanne Heim. "The Economics of the Final Solution: A Case study from the General Government," *Simon Wiesenthal Center Annual* 5 (1988): 3–48.

———. "Die Ökonomie der Endlösung: Menschenvernichtung und wirtschaftliche Neuordnung," *Beiträge zur nationalsozialistischen Gesundheits- und Sozialpolitik*, vol. 5: *Sozialpolitik und Judenvernichtung: Gibt es eine Ökonomie der Endlösung?* Berlin: Rotbuch, 1987, pp. 7–10.

———. "The Holocaust and Population Policy: Remarks on the Decision on the Final Solution," *Yad Vashem Studies* 24 (1994): 45–70.

Arad, Yitzak. *Belzec, Sobibor, Treblinka: The Operation Reinhard Death Camps*. Bloomington: Indiana University Press, 1987.

Bauer, Yehuda. *They Chose Life: Jewish Resistance in the Holocaust*. New York: American Jewish Committee, 1973.

———. *The Jewish Emergence from Powerlessness*. Toronto: University of Toronto Press, 1979.

———. *A History of the Holocaust*. New York: Franklin Watts, 1982.

———. *Jews for Sale: Nazi Jewish Negotiations, 1933–1945*. New Haven: Yale University Press, 1994.

Benz, Wolfgang. *Der Holocaust*. Munich: C. H. Beck, 1995.

———, ed. *Dimension des Völkermords: Die Zahl der jüdischen Opfer des Nationalsozialimus*. Munich: Oldenbourg, 1991.

Bosmajian, Hamida. *Metaphors of Evil: Contemporary German Literature and the Shadow of Nazism*. Iowa City: University of Iowa Press, 1979.

Bower, Tom. *Nazi Gold*. New York: HarperCollins, 1997.

Braham, Randolph L. *The Politics of Genocide: The Holocaust in Hungary*. 2 vols. New York: Columbia University Press, 1981.

Browning, Christopher R. *The Fateful Months: Essays on the Emergence of the Final Solution*. New York: Holmes & Meier, 1985.

———. *Ordinary Men: Reserve Police Battalion 101 and the Final Solution in Poland*. New York: HarperCollins, 1992.

———. *The Path to Genocide: Essays on Launching the Final Solution*. Cambridge: Cambridge University Press, 1992.

Burleigh, Michael. *Germany Turns Eastward: A Study of Ostforschung in the Third Reich*. Cambridge: Cambridge University Press, 1988.

Buscher, Frank M., and Michael Phayer. "German Bishops and the Holocaust," *German Studies Review* (1988): 463–85.

Cesarini, David, ed. *The Final Solution: Origins and Implementation*. London: Routledge, 1994.

Chary, Frederick B. *The Bulgarian Jews and the Final Solution, 1940–44*. Pittsburgh: University of Pittsburgh Press, 1972.

Dawidowicz, Lucy. *The War against the Jews, 1933–1945*. New York: Bantam, 1975.

———. *The Holocaust and the Historians*. Cambridge, Mass.: Harvard University Press, 1981.

Diner, Dan. "Rationalization and Method: Critique of a New Approach in Understanding the Final Solution," *Yad Vashem Studies* 24 (1994): 71–108.

Ezrahi, Sidre. *By Words Alone: The Holocaust in Literature*. Chicago: University of Chicago Press, 1980.

Fein, Helen. *Accounting for Genocide*. New York: Free Press, 1976.

Fleming, Gerald. *Hitler and the Final Solution*. Los Angeles: University of California Press, 1982.

Fackenheim, Emil L. *To Mend the World: Foundation of Post-Holocaust Jewish Thought*. Bloomington: Indiana University Press, 1988.

Friedlander, Henry, and Sybil Milton, eds. *The Holocaust, Ideology, Bureaucracy, and Genocide*. New York: Kraus International Publications, 1980.

Friedländer, Saul. "From Anti-Semitism to Extermination: A Historiographical Study of Nazi Policies toward the Jews and an Essay in Interpretation," *Yad Vashem Studies* 16 (1984).

———. *Memory, History and the Extermination of the Jews of Europe*. Bloomington: Indiana University Press, 1993.

———. *Reflections of Nazism: An Essay on Kitsch and Death*. Bloomington: Indiana University Press, 1993.

———. *Nazi Germany and the Jews. The Years of Persecution, 1933–1945*. New York: HarperCollins, 1997.

Furet, François, ed. *Unanswered Questions: Nazi Germany and the Genocide of the Jews*. New York: Schocken, 1989.

Gilbert, Martin. *Auschwitz and the Allies*. New York: Holt, Rinehart and Winston, 1981.

———. *The Holocaust: A History of the Jews of Europe during the Second World War*. New York: Holt, Rinehart Winston, 1985.

Goldhagen, David Jonah. *Hitler's Willing Executioners: Ordinary Germans and the Holocaust*. New York: Knopf, 1996.

Goldhagen, Erich. "*Weltanschauung und Endlösung: Zum Antisemitismus der nationalsozialistischen Führungsschicht*." Vierteljahreshefte für Zeitgeschichte 24 (1974): 379–405.

Graml, Hermann. *Antisemitism in the Third Reich*. Oxford: Blackwell, 1988.

Gutman, Ysrael. *The Jews of Warsaw 1939–1943: Ghetto, Underground Revolt*. Bloomington: Indiana University Press, 1982.

Haas, Peter J. *Morality after Auschwitz*. Philadelphia: Fortress Press, 1988.

Hartman, Geoffrey H. *The Longest Shadow: In the Aftermath of the Holocaust*. Bloomington: Indiana University Press, 1996.

Hausner, Gideon. *Justice in Jerusalem*. New York: Harper & Row, 1966.

Headland, Roland. "The Einsatzgruppen: The Question of Their Initial Operations," *Holocaust and Genocide Studies* 4, no. 4 (1989): 401–12.

Hilberg, Raul. *The Destruction of the European Jews*. 3 vols. New York: Holmes and Meier, 1985.

———. *Perpetrators, Victims, Bystanders: The Jewish Catastrophe, 1933–1945*. New York: HarperCollins, 1993.

Insdorf, Annette, *Indelible Shadows: Film and the Holocaust*. New York: Random House, 1983.

Jäckel, Eberhard, and Jürgen Rohwer, eds. *Der Mord an den Juden im Zweiten Weltkrieg*. Stuttgart: Deutsche Verlags-Anstalt, 1985.

Kulka, Otto Dov. "Major Trends and Tendencies in German Historiography on National Socialism and the Jewish Question, 1924–1984." *Yearbook of the Leo Baeck Institute* 30 (1985).

Krakowski, Shmuel. *The War of the Doomed: Jewish Armed Resistance in Poland 1942–44*. Jerusalem: Holmes & Meier, 1977.

La Copra, Dominick. *Representing the Holocaust: History, Theory, Trauma*. Ithaca, N.Y.: Cornell University Press. 1994.

Laqueur, Walter. *The Terrible Secret: Suppression of the Truth about Hitler's "Final Solution."* New York: Penguin, 1982.

Langer, Lawrence L. *The Holocaust and the Literary Imagination*. New Haven: Yale University Press, 1975.

Levin, N. *The Holocaust: The Destruction of European Jewry 1933–1945*. New Haven: Yale University Press, 1975.

Longerich, Peter, ed. *Die Ermordung Europäischer Juden*. Munich: Piper, 1989.

Lozowick, Yaacov. "Rollbahn Mord: The Early Activities of Einsatzgruppe C," *Holocaust and Genocide Studies* 2, no. 2 (1987): 221–41.

Luel, Steven A., and Paul Marcus. *Psychoanalytic Reflections on the Holocaust: Selected Essays*. Denver: Holocaust Awareness Institute, Center for Judaic Studies, University of Denver; New York: Ktav, 1984.

Marrus, Michael R. *The Holocaust in History*. New York: Meridian, 1989.

Marrus, Michael, and Robert O. Paxton. *Vichy France and the Jews*. Stanford: Stanford University Press, 1995.

Mayer, Arno J. *Why Did the Heavens Not Darken? The "Final Solution" in History*. New York: Pantheon, 1988.

Milfull, John, ed. *Why Germany? National Socialist Anti-Semitism and the European Context*. Providence: Berg, 1993.

Mommsen, Hans. "Die Realisierung des Utopischen: Die Endlösung der Judenfrage im dritten Reich," *Geschichte und Gesellschaft* 9, no. 2 (Autumn 1983).

Pätzold, Kurt, and Erika Schwarz. *Tagesordnung: Judenmord. Die Wannseekonferenz am 20. Januar 1942*. Berlin: Metropol, 1992.

Pehle, Walter H., ed. *November 1938: From Kristallnacht to Genocide*. New York: Berg, 1991.

Pohl, Dieter. *Von der Judenpolitik zum Judenmord*. Frankfurt: Peter Lang, 1993.

Pressac, Jean-Claude. *Auschwitz: Technique and Operation of the Gas Chambers*. New York: Bete Klarsfeld Foundation, 1989.

Reichmann, Eva G. *Hostages of Civilization: The Social Sources of National Socialist Anti-Semitism*. London: V. Gollancz, 1950.

Reitlinger, Gerald. *The Final Solution: The Attempt to Exterminate the Jews of Europe*. New York: Beechhurst, 1953.

Rosenfeld, Alvin H. *A Double Dying: Reflection on Holocaust Literature*. Bloomington: Indiana University Press, 1980.

Roth, John K., and Michael Berenbaum. *Holocaust: Religious and Philosophical Implications*. New York: Paragon House, 1989.

Rückerl, Adalbert, ed. *NS Vernichtungslager im Spiegel deutscher Strafprozesse: Belzec, Sobibor, Treblinka, Chelmo*. Munich: DTV, 1977.

Scheffler, Wolfgang. *Judenverfolgung im Dritten Reich, 1933–1945*. Berlin: Colloquium, 1964.

Schleunes, Karl A. *The Twisted Road to Auschwitz*. Urbana: University of Illinois Press, 1990.

Sereny, Gitta. *Into That Darkness: From Mercy Killing to Mass Murder*. New York: McGraw Hill, 1974.

Streim, Alfred. "The Tasks of the Einsatzgruppen," *Simon Wiesenthal Center Annual* 4 (1987): 309–28.

Weiss, John. *Ideology of Death: Why the Holocaust Happened in Germany*. Chicago: Ivan R. Dee, 1996.

Yahil, Leni. *The Holocaust: The Fate of the European Jews*. New York: Oxford University Press, 1990.

Young, James E. *Writing and Re-thinking the Holocaust*. Bloomington: Indiana University Press, 1988.

犯罪者、受害者和旁观者

Ball-Kaduri, K. J. "Testimonies and Recollections about Activities Organized by German Jewry during the Years 1933–1945," *Yad Vashem Studies* 4 (1960): 242–60.

———. *Das Leben der Juden in Deutschland im Jahre 1933: Ein Zeitbericht*. Frankfurt: Europäische Verlagsanstalt, 1963.

———. "Zum Leben der Juden in Deutschland während des zweiten Weltkrieges, *Zeitschrift für die Gesammelte Staatswissenschaft* 10, no. 1.2 (1973): 33–38.

Breitman, Richard. *The Architect of Genocide: Heinrich Himmler and the Final Solution*. New York: Knopf, 1991.

Friedländer, Saul. *Kurt Gerstein: The Ambiguity of Good*. New York: Knopf, 1969.

Klee, Ernst, et al. *The Good Old Days: The Holocaust as Seen by Its Perpetrators and Bystanders*. Trans. Deborah Burnstone. New York: Free Press, 1991.

Lang, Jochen von. *Eichmann Interrogated: Transcripts from the Archives of the Israeli Police*. New York: Farrar, Straus & Giroux, 1983.

Safrian, Hans. *Eichmann und seine Gehilfen*. Frankfurt: Fischer, 1995.

Zofka, Zdenek. "Der KZ-Arzt Josef Mengele: Zur Typologie eines NS Verbrechers," *Vierteljahreshefte für Zeitgeschichte* 34 (1986): 245–68.

否认者

Anti-Defamation League. *Hitler's Apologists: The Anti-Semitic Propaganda of Holocaust "Revisionism."* New York: Anti-Defamation League, 1993.

Butz, A. R. *The Hoax of the Twentieth Century*. Torrance, Calif.: Institute for Historical Review, 1976.

Lipstadt, Deborah. *Denying the Holocaust: The Growing Assault on Truth and Memory*. New York: Penguin, 1994.

Stäglich, Wilhelm. *Der Auschwitz-Mythos*. Tübingen: Grabert, 1979.

Stern, Kenneth. *Holocaust Denial.* New York: American Jewish Committee, 1993.

德国人与大屠杀：后果

Augstein, Rudolf, et al. *Historikerstreit: Die Dokumentation der Kontroverse um die Einzigartigkeit der nationalsozialistischen Judenvernichtung.* Munich: Piper, 1987.

Bankier, David. "The Germans and the Holocaust," *Jewish Quarterly* (Autumn 1990).

———. "The Germans and the Holocaust: What Did They Know?" *Yad Vashem Studies* 20 (1990): 68–98.

———. *The Germans and the Final Solution: Public Opinion under Nazism.* Oxford: Blackwell, 1996.

Bergmann, Werner, and Rainer Erb. "Public Beliefs about Anti-Jewish Attitudes in West Germany," *Patterns of Prejudice* 24, no. 1 (1990): 3–18.

———. *Antisemitismus in der Bundesrepublik Deutschland.* Opladen: Leske und Budrich, 1991.

Bodemann, Michal Y. *Jews, Germans, Memory.* Ann Arbor: University of Michigan Press, 1996.

Bower, Tom. *The Pledge Betrayed: America, Britain and the Denazification of Postwar Germany.* London: Andre Deutsch, 1981.

Browning, Christopher R. "Dämonisierung erklärt nichts," *Die Zeit* (April 26, 1996): 5.

Brumlik, Micha, ed. *Jüdisches Leben in Deutschland seit 1945.* Frankfurt: Jüdischer Verlag bei Athenäum, 1986.

Bubis, Ignatz. *Juden in Deutschland.* Berlin: Aufbau Verlag, 1996.

Cohn, Michal. *The Jews in Germany, 1945–1993.* Westport, Conn.: Praeger, 1994.

Craig, Gordon A. "The War of the German Historians," *New York Review of Books* (January 15, 1987).

———. "How Hell Worked," *New York Review of Books* (April 18, 1996): 4–8.

Diner, Dan, ed. *Ist der Nationalsozialismus Geschichte? Zur Historisierung und Historikerstreit.* Frankfurt: Fischer, 1987.

Dressen, Willi. "The Role of the Wehrmacht and the Police in the Annihilation of the Jews; the Prosecution and Postwar Careers of Perpetrators in the Police Force of the Federal Republic of Germany," *Yad Vashem Studies* 23 (1993): 295–319.

Elsässer, Jürgen. *Antisemitismus das alte Gesicht des neuen Deutschland.* Berlin: Dietz Verlag, 1992.

Engelmann, Bert. *Germany without Jews.* Trans. D. J. Beer. New York: Bantam, 1984.

Geiss, Immanuel. *Die Habermas-Kontroverse: Ein deutscher Streit.* Berlin: Siedler, 1987.

Habermas, Jürgen. *Eine Art Schadensabwicklung.* Frankfurt: Suhrkamp, 1987.

Hoffmann, Hilmar, ed. *Gegen den Versuch, Vergangenheit zu verbiegen.* Frankfurt: Athenäum, 1987.

Jaspers, Karl. *The Question of German Guilt*. Trans. E. B. Ashton. New York: Capricorn, 1961.

Kershaw, Ian. "The Persecution of the Jews and German Popular Opinion in the Third Reich." *Yearbook of the Leo Baeck Institute* 26 (1981): 261–84.

——. *Popular Opinion and Political Dissent in the Third Reich: Bavaria, 1933–45*. Oxford: Clarendon Press, 1983.

Kramer, Jane. "The Politics of Memory," *New Yorker* (August 14, 1995): 48–65.

Krondorfer, Björn. *Remembrance and Reconciliation: Encounters between Young Jews and Germans*. New Haven: Yale University Press, 1995.

Kulka, Otto D. "Die deutsche Geschichtsschreibung über Nationalsozialismus und die Endlösung," *Historische Zeitschrift* 240 (1985): 399–640.

Kurthen, Hermann, Werner Bergmann, and Rainer Erb, eds. *Antisemitism and Xenophobia in Germany after Reunification*. New York: Oxford University Press, 1997.

Lavy, George. *Germany and Israel: Moral Debt and National Interest*. London: Frank Cass, 1996.

Marin, Bernd. "Ein historisch neuartiger Antisemitismus ohne Antisemiten?" *Geschichte und Gesellschaft* 5 (1979): 545–69.

Moltmann, Bernhard, et al., eds. *Erinnerung zur Gegenwart des Holocausts in Deutschland-West und Deutschland-Ost*. Frankfurt: Hagg & Harchen Verlag, 1993.

Mommsen, Hans. *Auf der Suche nach historischer Normalität: Beiträge zum Geschichtsbildstreit in der Bundesrepublik*. Berlin: Argon, 1987.

——. "Was haben die deutschen vom Völkermord an den Juden gewusst? in Werner H. Pehle, ed. *Der Judenpogrom 1938. Von der Reichskristallnacht zum Völkermord*. Frankfurt: Fischer, 1988.

Mommsen, Hans, and Dieter Obst. "Die Reaktion der deutschen Bevölkerung auf die Verfolgung der Juden," in Hans Mommsen and Susanne Willems, eds., *Herrschaftsalltag im Dritten Reich: Studien und Texte*. Düsseldorf: Schwenn, 1989.

Noelle, Elizabeth, and Erich Peter Naumann, eds. *The Germans: Public Opinion Polls 1947–1966*. Westport, Conn.: Greenwood Press, 1981.

Nolte, Ernst. *Das Vergehen der Vergangenheit: Antwort an meine Kritiker im sogenannten Historikerstreit*. Berlin: Ullstein, 1988.

Pross, Harry. *Vor und nach Hitler: Zur deutschen Sozialpathologie*. Olten: Walter, 1962.

Pulzer, Peter. "Erasing the Past: German Historians Debate the Holocaust," *Patterns of Prejudice* 21, no. 3 (1987): 4–13.

Rabinbach, Anson, and Jack Zipes, eds. *Germans and Jews since the Holocaust*. New York: Holmes and Meier, 1986.

Reinharz, Jehuda, and Walter Schatzberg, eds. *The Jewish Response to German Culture*. Hanover, N.H.: University Press of New England, 1985.

Schneider, Peter. "Hitler's Shadow: On Being a Self-Conscious German," *Harper's Magazine* (September 1987): 49–54.

Schulze, Hagen. *Wir sind was wir geworden sind: Vom Nutzen der Geschichte für die deutsche Gegenwart*. Munich: Piper, 1987.

Silbermann, Alphons. *Sind wir Antisemiten?* Cologne: Verlag Wissenschaft und Politik, 1982.

Steinert, Marlis. *Hitler's War and the Germans.* Athens, Ohio: Ohio University Press, 1977.

Sterling, Eleonore. "Judenfreunde-Judenfeinde: Fragwürdiger Philosemitismus in der Bundesrepublik," *Die Zeit* (December 10, 1965).

Stern, Susan, ed. *Speaking Out: Jewish Voices from United Germany.* Chicago: Edition q, 1995.

Stokes, Lawrence D. "The German People and the Destruction of the European Jews." *Central European History* 6, no. 2 (1973): 167–91.

Ullrich, Volker. "Hitlers willige Mordgesellen," *Die Zeit* (April 19, 1996): 1.

Wehler, Hans-Ulrich, ed. *Entsorgung der deutschen Vergangenheit? Ein polemischer Essay zum Historikerstreit.* Munich: C. H. Beck, 1988.

———. "Wie ein Stachel im Fleisch," *Die Zeit* (1996): 16.

Weil, Frederick D. "The Imperfectly Mastered Past: Anti-Semitism in West Germany since the Holocaust," *New German Critique* 29 (1980): 135–53.

Wilhelm, Hans H. "The Holocaust in National Socialist Rhetoric and Writing," *Yad Vashem Studies* 16 (1984): 95–128.

Wolffsohn, Michael. *Ewige Schuld: 40 Jahre Deutsch-Jüdisch-Israelische Beziehungen.* Munich: Piper, 1988.

———. *Verwirrtes Deutschland? Provokative Zwischenrufe eines deutschjüdischen Patrioten.* Munich: Bruckmann, 1993.

———. *Die Deutschland Akte: Juden und Deutsche in Ost und West. Tatsachen und Legenden.* Munich: Bruckmann, 1995.

Wollenberg, Jörg, ed. *Niemand war dabei und keiner hat's gewusst: Die deutsche Öffentlichkeit und die Judenverfolgung.* Munich: Piper, 1989.

邪恶、种族灭绝意识与现代官僚制

Adorno, Theodor, et al. *The Authoritarian Personality.* New York: W. W. Norton, 1969.

Allport, Gordon. *The Nature of Prejudice.* New York: Doubleday, 1958.

Barber, Zevedei. *Democracy and Dictatorship: Their Psychology and Patterns of Life.* New York: Grove Press, 1956.

Bartov, Omer. *Murder in our Midst: The Holocaust, Industrial Killing, and Representation.* New York: Oxford University Press, 1966.

Bauman, Zygmunt. *Modernity and the Holocaust.* Ithaca, N.Y.: Cornell University Press, 1989.

Becker, Ernest. *The Structure of Evil.* New York: Free Press, 1961.

———. *Escape from Evil.* New York: Free Press, 1975.

Burleigh, Michael. *Ethics and Extermination: Reflections on Nazi Genocide.* Cambridge: Cambridge University Press, 1997.

Cohn, Norman. *The Pursuit of the Millennium: Revolutionary Messianism in Medieval and Reformation Europe and Its Bearing on Modern Totalitarian Movements.* New York: Harper & Row, 1961.

Fackenheim, Emil. "Holocaust and Weltanschauung: Philosophical Reflections on Why They Did It," *Holocaust and Genocide Studies* (1988): 197–208.

Fromm, Erich. *The Anatomy of Human Destructiveness*. New York: Holt, Rinehart and Winston, 1973.

Hoffer, Eric. *The True Believer*. New York: Harper & Row, 1951.

Lifton, Robert J. *The Nazi Doctors: Medical Killing and the Psychology of Genocide*. New York: Basic Books, 1986.

Lifton, Robert J., and Eric Markusen. *The Genocidal Mentality: Nazi Holocaust and Nuclear Threat*. New York: Basic Books, 1990.

Miale, Florence R. and Michael Selzer. *The Nuremberg Mind: The Psychology of the Nazi Leaders*. New York: Quadrangle Books, 1976.

Milgram, Stanley. *Obedience to Authority*. New York: Harper & Row, 1974.

Mumford, Lewis. *The Myth of the Machine: The Pentagon of Power*. New York: Harcourt Brace, Jovanovich, 1964.

Rappoport, Leon, and George Kren. *The Holocaust and the Crisis of Human Behavior*. New York: Holmes and Meier, 1980.

Rhodes, James M. *The Hitler Movement: A Modern Millenarian Revolution*. Stanford, Calif.: Stanford University Press, 1980.

Russell, Jeffrey Burton. *Mephistopheles: The Devil in the Modern World*. Ithaca, N.Y.: Cornell University Press, 1986.

———. *The Prince of Darkness: Radical Evil and the Power of Good in History*. Ithaca, N.Y.: Cornell University Press, 1988.

Thompson, William Irwin. *Evil and the World Order*. New York: Harper & Row, 1976.

Voegelin, Eric. *The New Science of Politics*. Chicago: University of Chicago Press, 1952.

Wilson, James Q. *Crime and Human Nature*. New York: Simon and Schuster, 1986.

Yochelson, Samuel, and Stanton E. Samenow. *The Criminal Personality*. 2 vols. New York: Jason Aronson, 1977.

Zimbardo, Philip. "Interpersonal Dynamics in a Simulated Prison," *International Journal for Criminality and Penology* (1983): 64–97.